陶模奏議遺稿補證

（清）陶模　著
杜宏春　補證

商務印書館
创于1897 The Commercial Press
2015年·北京

圖書在版編目(CIP)數據

陶模奏議遺稿補證/(清)陶模著;杜宏春補證.—北京:商務印書館,2015
ISBN 978-7-100-11263-5

Ⅰ.①陶… Ⅱ.①陶…②杜… Ⅲ.①奏議—中國—清代 Ⅳ.①K249.065

中國版本圖書館 CIP 數據核字(2015)第 094186 號

陶模奏議遺稿補證
(清)陶模 著
杜宏春 補證

商 務 印 書 館 出 版
(北京王府井大街 36 號 郵政編碼 100710)
商 務 印 書 館 發 行
三河市尚藝印裝有限公司印刷
ISBN 978-7-100-11263-5

2015 年 10 月第 1 版　　開本 710×1000 1/16
2015 年 10 月北京第 1 次印刷　　印張 45 1/4

定價:220.00 圓

本書爲兵團社科基金項目《陶模奏議遺稿補證》（編號：13YB09）及石河子大學高層次人才科研啓動項目《陶勤肅公奏議整理與研究》（編號：RCSX201211）之研究成果。本書由兵團屯墾戍邊研究中心基金資助出版。

序　一

邊疆治理的論著與理念源遠流長，自清代以降，飽學之士和封疆大吏論踐其道，諸如魏源、林則徐、左宗棠等，探究其理，足行其意，逐步使邊疆治理的研究從邊緣邁入學術主流，構成了以邊政史學爲內容泱泱大觀的學術社會背景和敘述時空，成之爲邊疆治理的“形而上”的“道”之所指和“形而下”的“器”之所托。

《陶勤肅公奏議遺稿》作爲奏摺，是邊疆治理地方實踐的原始記載，焠取了新疆巡撫執政理念的精華，是難得的邊政學正史文獻。然因檔案考據受限，從文獻學視角進行勘正和校注尤爲困難。本書作者心寄清代文獻尤其是邊疆文獻的濃厚興趣，苦心孤詣，爬梳剔抉成《陶模奏議遺稿補證》一書。縱觀其書，史事校注源本清晰，既力爭“窮竭已有”，又努力做到“校計毫釐”，使之貼切吻合。對於一些語焉不詳之處，予以填充斧正，明辨歧誤，使之客觀明了。對於一些難以理解的內容，輔之背景，修潤文字，舉撮機要，使其錦上添花。整本書內容涉獵廣，點校精，史料全，價值高，值得推薦，值得出版。

杜宏春是我較早認識的學生，他能坐得住冷板凳，讀得下大部頭，一直筆耕不輟。但文獻學的探索，猶如音樂學習之中的美聲唱法，須每日苦練，倍加勤勉，方可博取其中之奧妙。願作者的研究更進一步，盼讀更佳之作。

陳　理

甲午年冬月於北京

序　二

臨近期末，突然接到宏春兄聯繫，執意邀請爲其即將出版的新著《陶模奏議遺稿補證》撰寫序言，其理由有三：其一，我瞭解宏春兄；其二，我兩同庚；其三，我在新疆工作時間長，瞭解新疆社會科學發展情況。說實話，對於古代文獻，尤其是清代有關新疆的文獻資料我是一竅不通，隔行如隔山，幾次推脱都未能如願，只好勉爲其難，爲宏春兄的新著說幾句。

在中國傳統文化中，要強調一種義氣或情感，往往會說"不求同年同月同日生，但求同年同月同日死"。言下之意是同生不易，而同死則易。非常巧的是我和宏春兄竟然是同年同月同日生，如此機緣巧合也使我進一步增強了對宏春兄的關注和瞭解。不過對宏春兄的真正瞭解還是在他讀完博士回來執教以後，在談及他所開展的研究工作方面，提出了對於新疆文獻資料方面的整理的構想，並且將自己多年來收集資料的情況也告訴了我。當時我聽完後暗暗佩服宏春兄的計畫，並且也相信他有這個能力完成計畫。果不其然，僅僅過了不到兩年，宏春兄就完成了創作計畫的部分內容，令人欽佩。

在中國文史學界，文獻整理和研究是件極其枯燥和繁瑣的工作，需要投入大量的精力和時間，按照現在一些人的觀點，從事這種研究得不償失，既不得利，也很難得名。而宏春兄卻克服了重重困難，憑藉一種毅力，完成了這部卷帙浩繁的文獻整理工作。《陶模奏議遺稿補證》是首次對陶模奏稿進行全面搜集、整理與研究。採用宮中檔還原奏稿的原始面貌，使文獻具有權威性，並運用檔案、史志等文獻對奏稿進行梳理和補證，使內容更加豐富、翔實精當，從而提高古籍整理與研究的水準。

《陶模奏議遺稿補證》選題與取材具有相當的開拓性與原創性。以民國十三年蘭州宣德堂鉛印本爲底本進行校勘與補證，對大量豐富的珍藏檔案、奏摺、疏稿進行整理與研究，這本身就是一個值得提倡的研究領域，具有非常大的拓展空間。其涉及晚清新疆地區政治、經濟、軍事、外交、民族、民生、地方治安以及宗教等一系列重大問題，對於瞭解和研究這一時期的歷史具有重大的參考價值。作爲珍貴的第一手資料，彌補了正史文獻之不足，對於研究清末新疆政治、經濟、軍事以及社會階層的變動，有著不可或缺的史料價值。該書運用歷史學、文獻學理論進行整理和研究，以兩岸故宮之原始檔案，採用對校、補證及考訂方法，對原稿208件折奏逐條逐字核查；增補其它版本或館藏奏摺；參考其它函電、書劄，補充有關人物及事蹟方面的材料，對錯名漏字處校勘補正。力爭資料翔實，體例嚴謹，爲清史研究者和邊疆史研究者提供一部內容可靠、完備的研究文本。

無疑，《陶模奏議遺稿補證》的出版，作爲珍貴的第一手資料，彌補了正史文獻之不足，對於研究清末新疆政治、經濟、軍事以及社會階層的變動，有著不可或缺的史料價值。

王立昌

甲午年孟冬於石河子

目　錄

緒　論

本書是對清代新疆巡撫陶模之《陶勤肅公奏議遺稿》的標點、校勘與補證。陶模（1835—1902），字方之，一字子方，浙江秀水（今浙江嘉興）人。同治七年（1868），中式進士，改翰林院庶吉士。十年（1871），授甘肅文縣知縣。十二年（1873），補甘肅皋蘭縣知縣。光緒元年（1875），升甘肅秦州直隸州知州。五年（1879），署甘州府知府，調甘肅迪化州知州。六年（1880），加鹽運使銜。七年（1881），擢甘肅甯夏府知府。八年（1882），充甘肅鄉試內監試。九年（1883），署蘭州府知府，同年，遷甘肅蘭州道。十年（1884），署甘肅按察使，是年，調補直隸按察使。十四年（1888），升補陝西布政使，護理陝西巡撫。十七年（1891），擢甘肅新疆巡撫。二十一年（1895），署陝甘總督。次年，實授陝甘總督。二十六年（1900），調補兩廣總督。二十八年（1902），卒於廣州行館。謚勤肅，贈太子少保。有《陶勤肅公奏議遺稿》十二卷、《養樹山房遺稿》二卷存世。

《陶勤肅公奏議遺稿》是陶模任新疆巡撫、陝甘總督以及兩廣總督期間向清廷奏報之部分摺片之彙編，凡十二卷，另有卷首一卷，共收摺片等二百一十件，涉及政治、經濟、軍事、外交、民族、民生、地方治安以及宗教等一系列重大問題，真實地記錄了陶模在任新疆巡撫、陝甘總督及兩廣總督前後，在抵禦外侮、維護國家領土主權、測繪地圖、發展交通、勘察礦藏、開發邊疆、推行教育、改善民族關係等方面所做的貢獻，真實地再現了清王朝與地方官吏對新疆、陝甘、兩廣地區的治理情況，其內容涉及相當廣泛，史料豐富翔實。因此，對《陶勤肅公奏議遺稿》的整理與研究，不僅具有重要的現實意義，而且具有非常深遠的歷史意義。

我國邊疆距內地途程窵遠、民族雜居，風俗各異，治理非易。清代同治以降，階級矛盾激化，內憂外患不斷，尤其是在邊疆民族的雜居之處，中央王朝爲鞏固自己在邊疆地區的統治地位，因地制宜地採取了一系列的特殊政策，包括武力鎮壓以及懷柔策略，以維護清王朝的統治。作爲珍貴的重要官方文書之一的奏摺，真實地記錄了當時中央王朝與地方官吏對地方治理情況，充分反映了各個歷史事件的演變進程，是難能可貴的一手文獻，彌補了正史文獻之不足。因此，《陶勤肅公奏議遺稿》的標點、校勘與補證，對於研究清末邊疆政治、經濟、軍事以及社會階層的變動，有著不可或缺的史料價值，對於地方史以及民族政策的研究，亦具有重要的文獻研究價值。

由於原稿尚未整理，閱讀極其不便，一般的研究者幾乎無從下手，兼之其原件（硃批奏摺）和錄副（錄副奏摺）珍藏於兩岸故宮，查考麻煩，傷財費時，苦心勞力，實屬非易，故研究者望而卻步。迄今爲止，海內外尚未發現有關該書點校、考辨等方面的研究成果梓行。

本書以民國十三年（1924）蘭州宣德堂鉛印本（收入《中國近代史料叢刊》第四十五輯，沈雲龍先生主編:《陶勤肅公奏議遺稿》，臺北文海出版社 1966 年版）爲底本，在全面調查相關文獻的基礎上，以中國第一歷史檔案館藏《硃批奏摺》、《軍機處錄副奏摺》和臺北"故宮博物院"藏《軍機及宮中檔》以及臺北"中央研究院"檔案館藏《總理各國事務衙門檔案》爲校本，並查照《上諭檔》和《清實錄》，採用對校、理校、補證及考辨之法，以硃批奏摺（原件）爲准，對原稿件摺片進行標點、校勘與補正，詳細而系統的考證陶模在任新疆巡撫、陝甘總督和兩廣總督期間籌辦善後、對外交涉、發展生產、推行教育、捐資助賑、關注民生等方面的所做的貢獻和取得的成就，真實地再現當時中央王朝與地方官吏對邊疆地方治理情況以及各個歷史事件的演變進程，以期達到反映目前最新研究成果之目的，爲清史研究者提供一部內容非常確信、資料極爲豐富、內容較爲完備的研究文本。

凡　例

一、底本與校本

1. 底本：本书以《陶勤肅公奏議遺稿》民國十三年（1924）蘭州宣德堂鉛印本（收入沈雲龍主編:《中國近代史料叢刊》第四十五輯，臺北文海出版社，1966）。

2. 校本：中國第一歷史檔案館藏《硃批奏摺》、《軍機處錄副奏摺》和臺北“故宮博物院”藏《軍機及宮中檔》以及臺北“中央研究院”檔案館藏《總理各國事務衙門抄檔》爲校本，並查照《上諭檔》和《清實錄》，採用對校、理校、補證及考辨之法，逐件逐字對照，相互校勘，以硃批奏摺（原件）爲准。

二、標點。本書一律採用新式標點。

三、校勘。以校本校底本，採用校勘、補正及考辨之法，逐字校勘，並於文末出校。

四、補證。對摺件所涉之事件或文獻，查找出處，並補錄，以資參考；重要人物予以注釋；相關館藏文獻全文照錄，以保證文獻的準確與完整。

五、原文無序號，茲編排序號，並于標題下方附上中、西日期，以便查照。

六、底本卷首內容並非陶模所著，或存訛誤，故亦一併略以校注，俾資參考。若缺校本，或據前後文理校，或一仍其舊。

卷　首

諭旨、碑文等

賜卹諭旨

光緒二十八年十月初三日（1902年11月2日）

光緒二十八年十月初三日，奉上諭[1]：兩廣總督陶模秉性忠誠，清勤練達，由庶吉士起家縣令，洊歷封圻，在陝甘邊境二十餘年，撫綏培養，吏畏民懷；調任兩廣總督，辦事實心，不辭勞瘁。旋因患病，疊次賞假調理，旋准開缺，方冀醫治就痊，長資倚任，兹聞溘逝，軫惜殊深！陶模著加恩追贈太子少保銜，照總督例賜卹。任內一切處分，悉予開復；應得卹典，該衙門查例具奏。靈柩回籍時，沿途地方官妥爲照料。伊子主事陶葆廉，著賞給員外郎。長孫廕生陶善培，著賞給主事，用是篤念藎臣至意。欽此。

補證

【案】此“上諭”藏於中國第一歷史檔案館①，又載於《光緒朝上諭檔》②，兹據校勘。

[1]【奉上諭】原件、《光緒朝上諭檔》均作“内閣奉上諭”，當是。

御製祭文

光緒二十八年十月初三日（1902年11月2日）

皇帝諭祭原任兩廣總督太子少保銜陶模之靈曰：朕惟書勛策府，廿年資柱石之才；總制巖疆，萬里重麾幢之寄。期餘齡之承眷，忽良

① 中國第一歷史檔案館藏：《諭旨》，檔號：03-5453-121。

② 中國第一歷史檔案館編：《光緒朝上諭檔》第28冊，廣西師範大學出版社1996年版，第266頁。

牧之告徂，用備彝章，特頒奠醊。爾原任兩廣總督贈太子少保陶模，克端人範，早勵儒修，曾入選於木天，遽出膺夫花縣。平居即以天下爲任，之官不將家纍自隨。迨幕畫之旁參，遂州府之洊綰。行王陽之畏道，叱馭無驚；酌吴隱之廉泉，處脂不潤。猷宣露冕，臨洮留遺愛之稱；政肅霜毫，戴斗佐祥刑之治。懋旬宣於分陝，重經略於籌邊。方帥府之初開，有強鄰之要挾。甌脱紛爭之際，申戒用剛；輪臺罷戍之時，永言固圉。戢雄心於葱雪，慎誠志於苞桑。當河湟逆節之滋萌，正秦隴師干之晉總；李皋詣壘，能安反側之心；裴度視師，遂有飽騰之樂。集兵力以寒賊膽，厚餉儲以固軍心。邀懋賞於膚功，被真除於心簡。屬當述職，抱疴偶至於滯留；旋值迎鑾，奉命不遑於暇逸。際滋中外危疑之日，畀以東南繁富之區，爰資靜鎮之功，不襲臥治之意；厚培元氣，宏奬人才，文章驅鮫鯽之波，廉惠靖魚龍之氣。訾平爲學，通知四夷；潞國晚年，精練庶務。乞身甫允，冀延餘蔭於桑榆；怛化俄聞，未遂歸思於枌梓。遺章入告，軫悼良深。特晉崇階，仍延世賞。勤於奉職，夙夜匪懈之忱；肅以正身，始終不渝之節。易名有典，制行無慚。於戲！文武兼資，正切倚畀於耆碩；忠清沒世，遽傷凋謝於老成。撫銅柱而名留，薦雕筵而禮重。爾靈不昧，尚克歆承！

御製碑文

光緒二十八年十月初三日（1902年11月2日）

奉天承運，皇帝製曰：朕惟簡賢作弼，爰資節鉞之勛；考禮酬庸，聿重鼎鐘之報。制南邦而盡瘁，歷西徼而宣勞。用賁絲言，式光珉質。爾原任兩廣總督贈太子少保銜陶模，性秉忠誠，才優幹濟，早登芸館，遽宰花封。二僕偕行，始下車於銀峪；一錢不取，旋移篆於金城。卓行不彰，上州遂領。邽戎故地，崔衍但撫流亡；蒲類古都，韓滉惟持儉約。逮夫靈州被澤，賀蘭留紀德之碑；都護旌能，正莢奉增銜之詔。惟監司職專廉察，地重臨洮；矧畿輔政屬殷繁，秩隆陳臬。洎秦藩之簡授，更晉秩之優加。許衣錦以歸鄉，增光祖兆；俾建旄而開府，用撫伊州。乃當強鄰窺伺之年，又際莠匪肆行之日。帕米爾界連蔥嶺，拔漢幟以紛來；撒拉回勢逼蘭山，虞胡盧而競恐。惟爾籌邊略富，坐鎮風高。趙充國通知四夷，馳陳方略；張子房決勝千里，驟固軍心。方面勛多，高牙命總。歷雪地冰天之苦，旌旆千屯；極馬騰士飽之歡，芻糧夾道。保河、湟四郡，克用簡以殲渠；勵吐、哈兩藩，俾同仇而固圉。顧茲大局，資而老謀。既而力疾迎鑾，銜恩度嶺。石永以廉率屬，州郡風清；吳琛惟德化人，猺獞兩泣。務全國體，力籌外海之泉刀；不竭民膏，仍貸鄰封之金粟。繄措施之允協，竟疾疢之纏綿。方期予假安居，頹齡或駐，詎料沉痾不起，良佐云徂。遺疏上聞，悼懷中摯，歸贈重兼金之錫，分榮參亞保之班。既賜奠以飾終，復易名以褒美。奉命馳驅之節，宣力爲勤；持躬圭璧之華，佐恭以肅。於戲！松楸勿翦，精魂歸越水吳山；婦孺咸知，遺澤徧羊城象郡。文鐫豐碣，色煥幽臺，貽而後昆，欽茲休命！

兩廣總督德壽廣東巡撫李興銳奏請賜卹摺
光緒二十八年九月十一日（1902年10月12日）

頭品頂戴署理兩廣總督臣德壽[①]、調署廣東巡撫江西巡撫臣李興

① 德壽（1837—1903），字靜山，滿洲鑲黃旗人，繙譯生員，景山官學滿洲教習。咸豐六年（1856），捐筆帖式。十一年（1861），充內務府筆帖式。同治元年（1862），委署主事。三年（1864），以堂委署理主事。次年，任堂主事，加員外郎銜。五年（1866），補慎刑司員外郎，加道銜。七年（1868），任廣儲司員外郎，調補蘇州織造。十二年（1873），補都虞司員外郎，同年，調補廣西潯州府知府。光緒三年（1877），補監督。五年（1879），升江南鹽巡道。次年，兼署江安督糧道。十年（1884），補兩淮鹽運使。十二年（1886），調補浙江鹽運使。十五年（1889），授四川按察使。次年，兼署布政使。十八年（1892），遷安徽布政使。二十年（1894），署理安徽巡撫，旋補貴州巡撫。二十一年（1895），調補湖南巡撫、江西巡撫。二十四年（1898），調江蘇巡撫。次年，轉廣東巡撫，兼署兩廣總督。二十九年（1903），升授漕運總督。是年，卒於任。

銳①跪[1]奏，爲開缺督臣因病身故，謹代遞遺摺，並臚陳事蹟，懇恩優卹，恭摺仰祈聖鑒事。

竊前任兩廣總督陶模因病勢不支，屢次陳請，荷蒙聖恩，准其開缺。七月二十五、二十六兩日，咯血數甌，並吐出肺葉一片。八月二十八日交卸督篆之後，未能起程還籍[2]，暫寓[3]南關外行館調養。至九月初七、八等日，嘔血大作，飲食不進。茲據該前督家屬稟報：陶模於九月初九日子時身故，並將遺摺呈遞[4]，業經臣等電請軍機處代奏在案[5]。伏查陶模由庶吉士改官縣令，洊列監司，迭蒙特簡，歷膺疆寄。該故督秉性忠誠，制行堅卓，久在聖明洞鑒之中，中外臣僚亦夙相推服。臣等曾與共事，知之較深，不敢不撮其生平事蹟，據實上聞。陶模初官甘肅牧令，其時回亂尚未大定，軍務方殷，諸事草創，一切興作以及徵調供億，皆苦心籌畫，不煩民力。他如臯蘭之清丈、秦州之賑飢，尤爲實惠及民，百姓至今感之。一生事業實基於此。官新疆巡撫，行省初設，強鄰密邇，措置極難。回部坎巨提酋長爲英人所逐，勢將佔踞，當時議者皆主用兵，陶模以屬地固不可坐失、又不宜輕啟兵端，獨特定見，力排眾議，經營年餘，卒能另立部長[6]，安置妥貼[7]，英人遂無異言。帕米爾在新疆西南，地勢綿長，英、俄兩國垂涎已久。英人主使阿富漢[8]進窺蘇滿，俄亦增兵向色勒庫爾。守邊將帥咸有拚與決戰之勢。陶模審慎持重，相機因應，始得晏然無事。蓋西邊屬地介在兩大國之間，爲乘機取勢者所必爭，稍有不慎，動起巨釁。惟陶模洞悉邊情，處之最合。乙未，河湟之亂，奉命署理陝甘總

---

① 李興銳（1827—1904），字勉林，湖南瀏陽人，諸生，咸豐初，隨曾國藩剿辦太平軍。咸豐十一年（1861），以軍功保直隸州知州，賞五品封典。同治元年（1862），保以知府補用，賞戴花翎。七年（1868），保道員。次年，保知府補用。九年（1870），補直隸大名府知府。光緒元年（1875），總辦上海機器製造局，晉二品頂戴。十五年（1889），署津海關道。二十一年（1895），調補山東登萊青道，轉天津道。次年，升長蘆鹽運使。二十二年（1896），署直隸按察使。次年，補授福建按察使。二十四年（1898），遷福建布政使。二十五年（1899），調廣西布政使。次年，擢補江西巡撫。二十八年（1902），調廣東巡撫，署兩廣總督。次年，署閩浙總督。三十年（1904），署兩江總督。旋病卒，謚勤恪。

督，入關之際，甘、涼、安、肅等處防營早經東調，地面空虛，西甯悍回由祁連山間道出擾驛路，攻破水泉子等堡，甘涼提臣標兵敗潰，民情大震。陶模所部祇有八營旗，與地方文武力籌守隘之策，使回匪無可窺伺，河西四郡得以保全；並預籌軍械、糧餉，源源接濟，魏光燾、董福祥諸軍賴此不乏。迨官軍雲集西甯、河洲，賊勢窮蹙，悍黨十餘萬，由青海出擾安西州。陶模預知其必出此途，調所部新軍焦大聚①等邀擊之於[9]安西州南山中，賊大敗挫，首逆奔竄無路，遂入陽關迤西，荒磧無可擄掠，卒以就擒，黨眾多餓斃山間，關內外同告肅清。遂奉徵兵調餉、不遺餘力之褒旨，補授陝甘總督。綜計陶模在陝甘邊境二十餘年，和解回漢，聯合外交，專以培養撫輯爲事。在西湘軍大率左宗棠、劉錦棠舊部，皆能受其駕馭，樂爲之用，其才智[10]實有大過人者。光緒二十六年，陶模交卸在陝，奉調任兩廣總督之旨。該前督因在西陲日久，感患喘疾已深，自以時局方艱，受恩深重，不敢固辭，力疾來粵。時值和議未就，惠州匪亂初平，人心尚未大定。粵素多盜，近則會匪處處勾結。陶模手定清鄉章程，實行緝捕之法，是以興甯匪亂起，勢甚爲猖獗，而一月之間，即就平定。欽廉匪徒徧地皆是，陶模與臣德壽會商，力任明幹大員，假以事權，卒使匪首先後就誅，餘黨分別剿撫，良民得以安業。肇羅所屬新興、陽春、東安一帶山深地險，向爲匪徒巢窟。陶模嚴劾緝捕廢弛各員，並遣員督營緝辦，兩月之間，殲獲要匪二百餘人，地方以靖。此皆成效卓著之事，臣等共見共聞者也[11]。

海外閩粵各商，旅居日久，與內地官長情意不通。自會黨竄跡，

---

① 焦大聚（1849—？），江蘇江甯府上元縣，行伍出身。同治七年（1868），賞六品軍功。光緒二年（1876），以把總儘先拔補。次年，保守備。四年（1878），保都司，加遊擊銜，推補參將。七年（1881），保副將。十年（1884），加總兵銜。十五年（1889），保以副將留於新疆，儘先補用。十七年（1891），借補新疆吐魯番營遊擊。二十一年（1895），署新疆撫標中營參將，統領督標親軍。次年，保以總兵遇缺簡放，旋以提督記名簡放。二十三年（1897），補授新疆伊犁鎮總兵，署陝西河州鎮總兵。二十六年（1900），擢新疆提督，兼署甘肅提督。先後賞加偉勇巴圖魯、胡松額巴圖魯勇號。

創立名目，結會斂財，受其愚惑者不下數萬人，勢將釀成大患。陶模派員赴南洋一帶，並[12]札新加坡領事切實勸導，曉以大義，詞意懇切，各部商民爲之感泣，於是閩商舉人邱煒萲①首輸報效，請除黨名。經湖廣總督臣張之洞奏蒙獎敘[13]，各會因而漫散。其遇事能見遠大，消患未萌，大率類此。陶模以時艱正急，首重人材，於一切新政尤注意於教育，大學堂、武備堂均先後辦有頭緒。雖病在垂危，尤復手裁函牘，商定規劃。至其生平學行，一以宋儒爲宗，而又通達時務，無拘墟腐舊[14]之見。自奉儉約清德，爲一時所稱。於公家款項，尤不肯稍有糜費。律己甚嚴，而待人則寬恕；嫉惡甚峻，而愛才若饑渴。臣德壽共事兩年，艱難周濟[15]。臣興銳昔與同官畿輔，亦深佩其廉勤。此次該督雖因病去官，方冀其調治就痊，猶可備朝廷他日任使，不謂交卸僅十九日，竟以積勞盡瘁，賫志以終，士庶官紳，同聲慟惜[16]。臣等檢閱其奏疏遺稿，忠言讜論，洞達體要，忠愛之忱、深遠之識，實有古名臣遺風，尤不能不爲國家惜此人也。合無仰懇天恩俯准從優賜卹，並將該前督事蹟宣付國使館立傳，以彰忠藎。所有開缺督臣病故日期並代遞遺摺[17]緣由，謹合詞恭摺具陳。伏乞皇太后、皇上聖鑒。再，陶模長子附生葆瑩，早故；次子分部主事葆廉；三子附生葆霖。長孫二品廕生善培，次孫善堅、善均、善膺。合併陳明。謹奏。光緒二十八年九月日[18]。

（硃批）：另有旨[19]。

光緒二十八年十月初三日，奉硃批：另有旨。欽此[20]。

---

① 邱菽園（1874—1941），名煒萲，字萲娛，號菽園，別號繡原、嘯虹生，晚年自號星洲寓公。福建漳州府海澂縣人。其父邱篤信經商南洋，成爲新加坡鉅賈。光緒十年（1884），回海澄原籍，應童子試。二十年（1894），中式舉人。次年，進京會試不售，遂無意仕途，以詩會友，創設"麗澤"、"會吟"文社，爲東南亞華僑文壇領袖。後捐內閣中書銜。二十二年（1896），移居香港，後因其父去世赴新加坡，主持家業。光緒二十四年（1898），創辦《天南新報》、《振南日報》，鼓吹維新。次年，與林文慶合創新加坡華人女校。二十六年（1900），迎康有爲來新加坡，並任保皇會新加坡分會會長，重金資助康有爲。次年，在《天南新報》發表《論康有爲》一文，與康決裂。後潛心著作寫詩，被尊爲"南僑詩宗"。晚年皈依佛門，著有《菽園詩集》、《菽園贅談》、《嘯虹生詩集》等行世。

補證

【案】此摺原件[①]、錄副[②]均藏於臺北“故宮博物院”，茲據校勘。

[1]【頭品頂戴署理兩廣總督臣德壽、調署廣東巡撫江西巡撫臣李興銳跪】底本無此前銜，茲據原件校補。

[2]【還籍】原件、錄副均作“回籍”，是。

[3]【暫寓】原件、錄副均作“暫遷”，當是。

[4]【呈遞】原件、錄副均作“呈請代遞”，是。

[5]【案】光緒二十八年九月初十日，軍機處收兩廣總督德壽等請代奏電，曰：

收兩廣總督、廣東巡撫致軍機處請代奏電：開缺兩廣總督陶模因病體難支，籲准開缺。七月下旬，咯血數次，病勢增劇。八月二十日交卸後，未能回籍，暫遷行館。九月初七、八等日，又復咯血數甌，於初九日子刻身故。陶模在任年餘，於兩粵應辦之事規畫不遺餘力，雖蒙聖恩，疊次賞假，仍復力疾從公，夙夜匪懈，竟以積勞盡瘁，卸任未及二十日，歿於行館。臨危之際，猶以受恩深重、時事艱難、未能報稱爲憾。其忠藎實屬出於至誠，紳庶寅僚，同深感悼。除將故督遺摺及履歷事實另行詳細具奏，並飭司將身後事宜妥爲料理外，謹先電請代奏。德壽、興銳，青。[③]

[6]【部長】原件、錄副皆作“酋長”。

[7]【妥貼】原件、錄副作“妥帖”。

[8]【阿富漢】原件、錄副均作“阿富汗”，是。

[9]【於】底本疑奪，茲據原件補。

[10]【其才智】原件、錄副均作“其才”。

[11]【此皆成效卓著之事，臣等共見共聞者也】原件、錄副皆作“此皆成效卓著、共見共聞者也”。

[12]【並】原件、錄副均作“及”。

---

① 臺北“故宮博物院”藏：《軍機及宮中檔》，文獻編號：408003522-0。

② 臺北“故宮博物院”藏：《軍機及宮中檔》，文獻編號：150400。

③ 中國第一歷史檔案館藏：《電報檔 · 光緒朝》，檔號：2-04-12-028-0821。

[13]【邱煒萱】又作“邱煒萲”。

【案】光緒二十七年七月十六日，湖廣總督張之洞以南洋鉅商邱煒萲悔悟捐賑請優予褒獎，具摺曰：

頭品頂戴湖廣總督臣張之洞跪奏，爲南洋鉅商始爲康逆所愚，今經勸導悔悟，報效賑需鉅款，以明心跡，懇恩優予褒獎，恭摺仰祈聖鑒事。竊查逆首康有爲逋逃海外，誑誘旅居南洋各埠華商，設會斂錢，以供作亂之資。於是僞稱新造自立之國，集資數十萬元，散放富有票，分遣死黨，勾結會匪，意圖占踞東南各省。自匪首唐才常等在漢口事敗後，本年三月間，又集資數十萬元，改造回天票號，召各亂黨萃於上海，仍欲糾合鹽梟、游勇、會匪，再擾長江，並賄買奸民徐春山等及外國流氓，包辦沿江各省，埋藏炸藥，轟燬官署、營局，雖皆先期破獲，未遂奸圖。要其錢財充裕，運用不窮，則皆由海外華商誤信其虛揑保國、保皇之名目而輸資接濟之，故康逆有恃無恐，爲患不已。臣於上年擒誅唐才常後，訪悉情形，即刊刻告示及勸戒文，將康有爲、梁啟超逆信、僞檄中自稱“自立之國”、“不認國家”及“借遵皇以復民權”等語、悖逆狡詐情形，摘發宣布，剴切戒勸，咨送各省及出使各國大臣，飭發外洋各處商埠，廣爲傳布；並另託往來南洋之正經商人多攜刊本前往，散給各商閱看。由是各華商始知康有爲陽託保皇，陰圖自立，確係悖逆之尤，絕非忠義之士。迨上年十二月間，欽奉明詔：變法自強，海外聞聲，莫不歡欣鼓舞，益知康有爲從前獲罪實因其圖爲逆，於變法毫不相關，群起抵斥而避遠之矣。查上年唐才常破案後，搜獲匪單，內有邱菽園姓名，並據匪魁唐才中供有邱菽園資助錢財之語。經臣刊入通緝匪單，分咨各省查拏在案。旋臣訪知邱菽園即邱煒萲，係福建海澄縣舉人，內閣中書銜，向在南洋新嘉坡一帶經商，開設恒春公司，家資百餘萬，且文理頗優，夙負才名，素爲各華商之望。因思該職商身爲舉人，自必讀書明理，何至附和逆謀？因託出使大臣羅豐祿，轉飭新嘉坡領事，並託兩廣督臣陶模就近在粵，託人向之開導，諭以是非順逆。現據邱煒萲稟稱：該職天南僻處，孤陋寡聞。前此康、梁輩逋逃過坡，始以文人窮竄海濱，偶與往還談論。嗣聞其有藉會斂錢、煽黨惑眾之事，立即深爲痛恨，與之絕交。不意冤被株連，名罹匪籍。該職豈無人心，何肯甘心從逆。悖妄狂愚，一至於此？幸荷明察遠茫，曲予自新，用敢輸誠陳訴，報效秦晉賑捐銀一萬兩，懇予奏明、銷案免纍，俾臣瑕玷重磨。以後如有資財助逆之事，斧鉞刀鑕，所不敢辭，等語。託古巴總領事陳綱呈交兩廣督臣陶模，轉寄來鄂。臣查閱來稟，情詞痛切，悔悟實出至誠。屢次電詢陶模，亦謂其情可原，其言可信。近閱《上海新聞》等報，載有該職商表明心跡告白，於康有爲陰賊險狠之行徑、攀滔異己之狡謀，痛斥不留餘地，具見該職商確與康逆絕交，坦然明白。該職商素爲南洋各埠華商所信重，今有此舉，各商必相隨覺悟，從此無復有資助康逆之人。康逆無財可斂，其計立窮，即再欲謀亂，而資無所出。其黨羽亦勢必渙散離心，斧底游魂，可坐而待。是邱煒萲此舉，非但深明大義，實足默挽人心，關係極爲重大；且聞該職商現因福建原籍水災，已捐助賑需銀二萬兩，另由閩浙督臣具奏。茲以秦晉荒旱，復據報效庫平銀一萬兩，於賑務不無裨益。是其急公好義、惓惓不忘宗國之心，尤堪嘉尚。合無仰懇天恩，明降諭旨，將輸誠拒逆各節優予褒獎，以勸自新而弭巨患，出自逾格鴻慈。除由臣通咨閩省暨各省准予銷案免纍，並將報效賑需銀兩分交秦晉賑捐局兑收充賑外，理合恭摺具陳。伏乞皇太后、皇上聖鑒訓示。謹奏。七月十六日。光緒二十七年八月初四日，奉硃批：另有旨。欽此。[1]

【案】湖廣總督張之洞之奏旋得清廷運行，“上諭”曰：

光緒二十七年八月初四日，內閣奉上諭：張之洞奏，出洋華商表明心跡，請准銷案免纍，並予褒獎一摺。據稱福建舉人內閣中書銜邱煒萲，向在南洋新嘉坡一帶經商，素爲華商之望。上年唐才常在漢口破案，供有邱煒萲資助康逆錢財之語，經該督通緝查拏。茲據該舉人稟稱，初與康、梁二逆往還，嗣聞其藉會斂財，煽黨謀逆，立即痛恨絕交，冤被株連，懇予自新，奏明銷案免纍，並報效賑捐銀一萬兩等語。康梁二逆逋

① 臺北“故宮博物院”藏：《軍機及宮中檔》，文獻編號：143393。

逃海外，煽惑人心，藉會斂財。似此被其誑誘者必所不免，既據該舉人輸誠悔悟，具見天良，殊堪嘉尚。邱煒萲著加恩賞給主事，並加四品銜，准其銷案，以爲去逆效順者勸。①

[14]【拘墟腐舊】原件、錄副均作“拘墟迂舊”。

[15]【艱難周濟】原件、錄副皆作“艱難同濟”。

[16]【同聲慟惜】原件、錄副均作“同聲悲惜”。

[17]【案】光緒二十八年九月初八日，開缺兩廣總督陶模以病已危殆具摺曰：

頭品頂戴開缺兩廣總督臣陶模跪奏，爲微臣病已危殆，勢將不起，瀝陳依戀感激下忱，叩謝天恩，恭摺仰祈聖鑒事。竊臣因病籲蒙天恩，准予開缺，滿擬交卸之後回籍，靜心調理，詎七月二十五、二十六兩日，喘恙大作，吐血數甌，並吐出肺葉一片，勉強支撐，至八月二十日交卸督篆後，病勢益甚，連日飲食不進，胃氣已絕，自問萬無生理。伏念微臣自詞臣改官邑令，疊邀非分，洊列疆圻，待罪新疆、陝甘。前年，更蒙聖恩，量移兩粵，事繁責重，本已竭蹶難勝，加以臥病經年，事多叢脞。既荷聖慈不加督責，復蒙矜全逾格，准予歸田，高厚之恩，百身莫報。當此商約將定，大局甫平，一切應辦事宜，無一不上廑宵旰，而微臣行將就木，神智已昏，誠不敢多所陳列。惟在粵兩歲，深知粵東虛有殷富之名，實已民窮財盡，而迫於時勢，仍不能不百計籌款，閭閻益困，盜賊日繁，長此不已，後患正多可慮。惓惓愚忱，竊願朝廷深加之意。至粵西匪事，近聞勢尚猖獗，而夏潦之後，又苦亢晴，晚造若再失收，辦理恐更棘手。此臣夙夜疚心而瞑目難忘者也。臣受恩深重，報稱未能，伏枕哀鳴，無任依戀感激之至。謹口授臣子葆廉恭繕具奏，叩謝天恩。伏乞皇太后、皇上聖鑒。謹奏。光緒二十八年九月初八日。②

[18]【光緒二十八年九月日】原件具奏日期爲“光緒二十八年九月十一

① 中國第一歷史檔案館編：《光緒朝上諭檔》第 27 冊，第 177—178 頁。又，《德宗景皇帝實錄》，卷四百八十六，光緒二十七年八月，《清實錄》第 58 冊，第 423 頁。

② 臺北“故宮博物院”藏：《軍機及宮中檔》，文獻編號：150419。

日”，當是。

[19]【另有旨】此“硃批”據原件補。

[20]【光緒二十八年十月初三日，奉硃批：另有旨。欽此】此據錄副與《隨手檔》① 校補。

陝甘總督崧蕃奏請建祠摺

光緒二十九年四月二十二日（1903 年 5 月 18 日）

頭品頂戴陝甘總督奴才崧蕃② 跪[1] 奏，爲已故疆臣公德在民，據情籲懇天恩，准建專祠，以順輿情而隆報饗，恭摺仰祈聖鑒事。

竊據甘肅布政使何福堃③、按察使黃雲④ 詳稱：調任兩廣總督原任陝甘督臣陶模在廣州行館病故，已蒙恩優卹、予諡在案。茲據在籍翰林院編修吴鈞、紳士蘇純武、羅經權等，以該督公德在民，臚列事蹟，請建專祠，呈司轉詳。查陶模，浙江秀水縣人。同治初年，以庶常改官甘肅文縣，爲故大學士左宗棠所器重，調任臯蘭縣，臯邑[2] 通省首區，夙號繁劇，舉凡清積牘、均田賦、建義塾，一年之中，百廢具舉，

① 中國第一歷史檔案館藏：《軍機處隨手登記檔》，檔案編號：03-0313-2-1228-264。

② 崧蕃（1837—1905），字錫侯，滿洲鑲藍旗人，廩生。咸豐五年（1855），中式乙卯科舉人。同治四年（1865），捐吏部候補員外郎。十年（1871），任吏部驗封司員外郎。十三年（1874），兼内務府銀庫員外郎。光緒四年（1878），補吏部考功司郎中。次年，調補四川鹽茶道。六年（1880），署四川按察使。十一年（1885），調補湖南按察使。次年，遷四川布政使。十七年（1891），升授貴州巡撫。二十年（1894），署理雲貴總督，兼雲南巡撫。二十一年（1895），實授雲貴總督，兼雲南巡撫。二十六年（1900），補授陝甘總督。三十一年（1905），調補閩浙總督，未及赴任，卒。追贈太子少保。有《貴州巡撫任奏稿存簿》（收於《續編清代稿鈔本》）。

③ 何福堃，字受軒，山西靈石人，生卒年未詳。光緒三年（1877），中式進士，改庶起士，授編修，十八年（1892），補甘肅安肅道。二十四年（1998），遷甘肅臬司。二十六年（1900），署甘肅藩司。次年，護理陝甘總督。有《午陰清舍詩草》梓行。

④ 黃雲（1837-？），字仙裳，湖南省衡州府清泉縣人，監生。同治三年（1864），奉委會辦六安團練。九年（1870），加道銜。十一年（1872），補滁州直隸州知州。次年，升鳳陽府知府。光緒三年（1877），署太平府知府。次年，調補廬州府知府。十六年（1890），遷甘肅蘭州道。二十年（1894），授甘肅按察使。三十一年（1905），署理甘肅布政使。同年，調補山東按察使。

升任秦州。時州南有藉水、挾吕二溝，水趨城下，湍悍迅激，齧及城隍，負郭田廬，半遭淹沒。遂[3]捐築長隄兩道，各三百餘丈，障之東流，水患頓息，人呼爲陶公隄。此外，救秦隴旱災，籌恤嫠經費，皆捐廉爲之，不以纍民。權守甘州，所至撫恤瘡痍，周歷村堡，慮僕從多則擾民，輒屏肩輿，策馬獨往，士民見者，皆感泣。調牧迪化，適值大亂後，城邑邱墟，田野荒蕪，招流亡，給牛種，殷勤勸導，教養兼施，勤政愛民。一如爲牧令時，光緒乙未，循化撒回肇亂，海城、河狄、西甯各屬莠回先後響應，軍書旁午，徵調紛如，是時陶模撫新疆已五年矣。新疆三面與英、俄接壤，天山南北回族尤多，帕米爾、坎巨提事甫竣，而甘回亂起，新疆岌岌不安。陶模處以鎮靜，外睦強鄰，内消反側，所節軍械協濟關内諸軍，且慮湟中群賊擾竄河西四郡，急調新軍四營旗入關，分紮山丹等處，助甘肅防守，四郡得以保全無恙。未幾，署陝甘督篆，復調馬步八營旗，親率以行，甫抵甘州，即檄所部各軍由扁都口進規北大通營城，連戰拔之，並克堅堡十數處，别遣兵邀擊賊酋劉四伏等，於安西州南山殺賊過半，殲其巨魁，餘黨震駭奔潰，竄入砂磧，凍餓死者十餘萬。關内外一律肅清。於是，拜實授總督之命。陝、甘、新三省漢回叢居[4]，輒以小忿釀大禍。該督臣在任三年，開誠心，布公道，百計調和，漢回翕然悦服。又因時局多艱，飭各營旗習練新操，課士亦改試策論，由湖北、上海購致中西圖籍數百種，分儲蘭山、求古、隴南、河西各書院，俾士子講求實學。其餘開金礦，興水利，整頓釐務，考察吏治，凡所以爲是邦善後計者，無微不至。今者日久論定，閤省士民無不謳思公德，情願集資在甘肅省建祠奉祀，等情。由司詳請具奏前來。臣[5]覆核所稟各節，稽諸案牘，參以輿情[6]，均屬實在情形。合無仰懇天恩，俯准於甘肅省爲故督臣陶模建立專祠，列入祀典，由地方官春秋致祭，以順輿情而隆報饗之處，出自逾格鴻慈。謹恭摺具陳。伏乞皇太后、皇上聖鑒訓示。謹奏。光緒二十九年四月二十二日具奏。

五月二十二日，奉硃批：著照所請，該部知道。欽此。

補證

【案】此摺原件①、錄副②均藏於臺北“故宮博物院”，茲據校勘。

[1]【頭品頂戴陝甘總督奴才崧蕃跪】底本無此前銜，茲據原件補。

[2]【皋邑】底本疑奪“皋邑”，茲據原件、錄副校補。

[3]【遂】底本疑奪“遂”，茲據補。

[4]【漢回叢居】原件、錄副均作“漢回世仇”。

[5]【臣】原件、錄副皆作“奴才”，當是。

[6]【輿情】原件、錄副均作“輿論”。

新疆巡撫潘效蘇奏請建祠摺

光緒三十年三月十八日（1904年5月3日）

甘肅新疆巡撫西林巴圖魯臣潘效蘇跪[1]奏，爲已故疆臣遺愛在民，據呈籲懇天恩，准在新疆建立專祠，並請將政績宣付國使館立傳，以順輿情，恭摺仰祈聖鑒事。

竊據署新疆布政使李滋森、署鎮迪道兼按察使慶秀詳：據迪化府知府潘震詳：據新疆在籍紳士總兵徐學功、都司張九齡、舉人劉熺、歲貢生嚴國楨、貢生蔣舉清等呈稱：已故兩廣總督升任新疆巡撫臣陶模，光緒六年，任迪化州，時值大亂之後，城鄉漢回居民不滿二千戶，又皆各省從軍流寓之眾，納戶認墾，作輟靡常，人無固志。陶模準周禮易田之制而變通之，折正等則分年升科，由是僑民始稍作久居之計，至今比戶樂業，實陶模善後初政有以基之。至招徠商賈，和輯土客漢回軍民，遷築烏魯木齊滿城，重建祠廟、公廨，兩年之間，百廢具舉，皆大有裨益於地方，邊氓蒙福不淺。十七年，來撫是邦，值英人

① 臺北“故宮博物院”藏:《軍機及宮中檔》，文獻編號：408009467。

② 臺北“故宮博物院”藏:《軍機及宮中檔》，文獻編號：156777。

入坎巨提，俄亦陳兵帕米爾境，各蓄陰謀。時内外議者皆主戰，陶模獨力排群論，徐以理爭，而邊釁不開。巴爾魯克山地方寬廣，爲塔城屏蔽，俄初借，以十年爲期，實有久假不歸之意。陶模内請政府，外商伊犁將軍，與之[2]往復辯論，逾年乃如約交還，而邊要以守。倣效德操新法，遠致教習，分遣各營，層遞教練，時集教場，統文武各員習學槍法，廣購新式利礮，儲備不虞，而軍政以修。俄商販貨，定約暫不納稅。華商狡黠，求庇假託，弊端百出。陶模以商務漸旺，議收洋稅，不果，乃請免通省華稅，而商力以紓。二十一年，甘肅河湟回變。其年九月初四夜，綏來縣城内回民托昌等乘間爲亂，幸城外民團已先整練，援賊隔絕，得即撲滅。而省垣莠回亦蠢蠢欲動，陶模從容鎮定，密擒反側數人而[3]置之法，人心大定。是年冬，遷任陝甘總督。入關，布置後路，節節嚴防，而後前進。逆酋劉四伏窮蹙出關，就擒於和爾昂，關内外同報肅清，皆陶模籌畫布置之力也。他如整頓義塾，教以禮儀，不尚虛文，開南北路金、銀、銅、鐵、煤炭、石油諸礦穴，靡不實力講求，以期利賴無窮者，不勝枚舉。總之[4]，新疆地曠人稀，民生凋敝，休養生息，待理百端，而接壤強鄰，種人雜處，華洋交涉，動礙邦交。陶模一意以安邊息民爲本，卒使中外輯睦，黔黎遂生。凡茲公德之及民，實動閭閻之思慕，惟有懇乞奏准在新疆省城捐建專祠，藉隆報饗，並請將政績宣付國使館立傳，以彰忠藎，各等情。前來。臣維故撫臣陶模忠誠，根於至性，學術本乎儒，先内行篤修，不苟言動。其爲人也，剛方廉正；其爲政也，平易慈祥。先後建言敷陳時政，莫不以憂勤惕厲之懷，發爲[5]正本清源之論。服官三十餘載，政績多在甘、新，蓋自牧令以至封圻，適值亂離之後、艱危之秋，凡所設施，處處以國計民生爲重。宜輿情之愛戴，更歷久而不忘。此又臣相隨日深、知之最悉者也。茲據士民公呈[6]，合無仰懇天恩，俯如所請，准於新疆省城捐建已故兩廣總督升任新疆巡撫臣陶模專祠，並請將政蹟宣付國史館立傳、以順輿情之處，出自高厚鴻慈。除咨部查照外，謹會同陝甘總督臣崧蕃，恭摺具陳[7]。伏乞皇太后、皇上聖鑒訓示。謹奏。

光緒三十年三月十八日，具奏。六月十四日，兵部火票遞回原摺，奉硃批：著照所請，該衙門知道。欽此。

光緒三十年五月初三日，奉硃批：著照所請，該部知道。欽此[8]。

補證

【案】此摺原件①現藏於中國第一歷史檔案館，錄副②藏於臺北"故宫博物院"，茲據校勘。

[1]【甘肅新疆巡撫西林巴圖魯臣潘效蘇跪】底本無此前銜，茲據原件校補。

[2]【與之】底本缺此二字，疑奪。茲據原件、錄副校補。

[3]【而】底本無此字，茲據校補。

[4]【總之】底本疑奪"總之"，茲據原件校補。

[5]【發爲】原件、錄副均作"而爲"。

[6]【公呈】原件、錄副皆作"公懇"。

[7]【具陳】原件、錄副均作"具奏"，當是。

[8]【光緒三十年五月初三日，奉硃批：著照所請，該部知道。欽此】此奉旨日期與內容，據錄副及《隨手檔》③校補。

秦州紳士義捐建專祠籲懇具奏公呈

具公呈：在籍吏部主事蘇統武，刑部主事哈銳，內閣中書任承允，光禄寺署正銜附貢生張金鑑，五品職銜張鐸，教職梁士俊、周遷善，舉人張思永、葛秉堃、黄國珍、蒲作新、吴衍鋆，監生張思忠、李寶珍，生

① 中國第一歷史檔案館藏：《硃批奏摺》，檔號：04-01-14-0099-041。

② 臺北"故宫博物院"藏：《軍機及宫中檔》，文獻編號：160394。

③ 中國第一歷史檔案館藏：《軍機處隨手登記檔》，檔案編號：03-0318-2-1230-121。

員舒璜、金國棟、蒲自明、王文海，候選從九王祉等，爲故升州功在地方，據實臚陳，籲懇轉詳具奏，准其捐建專祠，以順輿情而崇報饗事。

竊查故升州原任兩廣總督陶督憲模，於同治年間由庶吉士散館，改授甘肅知縣，歷官府道，所至有聲，其治績尤以秦州爲最。初涖州時當光緒元年，兵燹甫息，民困未蘇，下車伊始，即剔陋規，定賦額，簡徭役，伸士氣，振厲奮發，丰采毅然。父老拭目新政，以爲數十年未有也。丁丑、戊寅之間，秦晉大饑，流民轉徙至州，日以數百計，故升州憯然憂念，即捐俸籌賑，進紳衆開局勸捐，信義所激，輸者纍萬，爲蓬寮以資栖託，儲藥物以療疾疫，昕宵不遑，道無殣者。復兼以工代賑，州城南有二水，曰藉河，曰呂二溝，漲落無常，舊隄久蜇，每夏秋水至，漂沒田園，齧及城隍，十去二三，歷任守土之吏無過問者。故升州慨助廉俸，築藉水隄五閱月而成，隄高八尺，厚二丈，長三百五十丈，並移賑餘錢千八百緡，爲呂二溝隄，長約三百有四丈，閱八十餘日工亦竣，隄內外涸出田數百頃，其官荒及無主者，租之於民，以資歲修，至今兩隄屹然，城南永無水患。秦州戶口殷繁，嫠婦較多，或苦飢改醮，或篡取涉訟，喪節敗名，有傷風化。故升州力爲維持，倡捐錢一千數百緡，合公款共三千緡，發商生息，定爲恤嫠經費，手訂章程十餘條，泐石通詳，並永令司其事者，按季造四柱清冊，報各衙門備查，以杜官紳侵挪，近已積存五千緡，開支核實，人知敬節，意美法良，各邑漸有仿行之者。秦州舊有城四，獨東關卑薄，守禦較難。故升州作牧時即憂之，以工程浩大未能興築而去。光緒二十五年，來督陝甘，乃籌款飭修，雇工以億計，用銀以萬計。於時連歲歉收，窮民趨工覓食，踴躍爭先，既活飢黎，復蕆大役。東關高壘遂冠諸城，自來談形勝者，謂關隴據天下上游，而秦州又筦鑰關隴，菁華所薈萃，亦衝要所必爭。況界連蜀道，箐密山深，會匪堪虞，固不獨回族之逼處也。故升州既築堅城，復購外洋新槍數百桿、開花礮數尊，運交秦州，並將裝卸磨拭、仿造子藥、施放取準諸法，手自訂書貽之，俾知練習。雖似不急之需，而利器所在，隱有藜藿不採之威。其處常而能慮變如此。自來循吏盡心民事，祇於在官時則然耳。若故升州洊膺疆寄，謀略宏遠，區區舊治之利害安危，似無足縈情者。乃寓書士紳，猶諄諄以河隄及恤嫠爲言。至於疇昔所注意而卒觀厥成者，則在築城、購械二事。此豈有私於吾州者。一邑如此，全局可知。他如河湟之變，勢且燎原，自故升州入塞督師，而開誠布公，處以鎮靜，剿撫兼用，迅蕆戎功，州境亦或安堵。此猶功在全省，非一隅之烈也。

故升州操守極廉，所至不挈妻孥，服用儉樸，至老不改儒素。愛民勤政，如治家事，請託不行，疆禦不畏，卓然無忝於古人。揆諸朝廷褒德酬庸之典、祭法有功則祀之義，洵宜俎豆於不祧。上年九月中，故升州訃電至秦，民間野祭巷哭，不約而同。官積遺愛如此，紳等目覩，難安緘默，謹合詞籲懇，伏祈俯賜察核，詳請具奏，准由紳等自行捐資，建立故升州專祠，不支公款，以順輿情而崇報饗，無任悚切翹企之至。謹呈。右件由州申詳司道轉詳崧督部批，仰候具奏，飭知該州傳諭紳民知照。

賜進士出身誥授光祿大夫贈太子少保頭品頂戴兵部尚書都察院右都御史兩廣總督陶勤肅公墓誌銘

湖北漢川縣知縣仁和陳豪撰文
翰林院編修錢塘楊文瑩書
刑部福建司主事仁和王同篆蓋

光緒二十八年九月九日，兩廣總督陶公甫受代，薨於廣州行館，春秋六十有八。遺疏上，得旨：陶模秉性忠誠，清勤練達，由庶吉士起家縣令，洊歷封圻，在陝甘邊境二十餘年，撫綏培養，吏畏民懷；調任兩廣總督，辦事實心，不辭勞瘁。茲聞溘逝，軫惜殊深！著加恩追贈太子少保銜，照總督例賜卹，予謚勤肅。海內聞公喪，感喟異口同聲。今喪歸，其孤馳書乞銘其幽。豪雖不文，誼無敢辭。

公姓陶氏，諱模，字方之，一字子方，嘉興府秀水縣人。曾祖增，祖忠，考源，兼祧本生考淵。以公貴，皆贈光禄大夫。曾祖妣楊氏，祖妣宋氏、吴氏，妣楊氏，本生妣高氏，皆贈一品夫人。公舉同治丁卯科鄉試，明年成進士，入翰林。家寒苦，少有器識，端静凝遠，精討濂洛關閩之學，顧口不言，惟務踐履，散館授甘肅文縣知縣。豪時以試事留京師，是夕，公至旅舍，翦鐙共榻，從容笑語，謂吏職得勤民，縣治僻遠，此行六千里，單騎度隴矣。抵任所，貽書言："邊鄙號瘠苦，相承陋規尚三千緡，裁禁之，恐後之人無以濟，轉滋他弊。其地險阻，人從崖壁行，往往顛仆死。子弟多不識字，無能明義理，以之闢治山徑，分增鄉塾，洗手奉公，無敢負平生。"時湘鄉楊太傅撫浙，豪居幕府。一日出示疏稿，特薦公有"學宗宋儒，才德兼全，可大用"之語。調任皋蘭，田籍毁於兵火，百弊叢出，莫可究詰，力行清丈，弗憚艱阻，更定賦則，民困益紓。自是擢秦州，移迪化，再遷甯夏府、蘭州道，遂陳臬畿疆，旋拜陝藩之命。道出楚北，豪正承乏漢川，城邑濒河，公徒步過訪，留一夕。先是吾友施均父赴左文襄戎旃，書來道甘肅大饑，獨秦州不請帑，罄所儲振貸，爲之推服。至是以語。公笑應之曰："秦州之糧還之秦州，甘肅之糧還之甘肅，庸足議乎！"明日送别河干，則小舟艤岸，俯首入，接膝對語，此外無所容覺，清獻入蜀，尚餘琴鶴也。既領節鉞，新疆地苦寒，盛夏積雪，入冬堅冰在鬚，秉燭治官書，漏三下，恒不輟。帕米爾者，遠在葱嶺外，俄兵忽侵入，英人亦併坎巨提部落。公籌固防守，持理力爭，卒就約。鎮撫五載，軍民大和，然心力交瘁，病有自來矣。會甘肅循化撒拉回變亂，狄道、河州、西甯各州郡響應。奉旨移權陝甘總督，率馬步八營旗以進，且剿且撫，入塞定議，先保全河西四郡，即以其間攻拔北大通堅堡十數，邀擊賊酋劉四伏於安西州南山，多用寡敵衆。時關内將悍兵驕，公一以至誠相撫馭，咸受節度。迨内外肅清，捷書馳奏，詔補授陝甘總督，疏辭不許。三省鄰邊，要文武材用，治政殷繁，漢回多畛域，公持之以平，日與同官推究治理，吏畏其威，民懷其德，聖明日月，固早見於萬里之外。請覲述職途次，奉電旨調任兩廣總督，適兩宮幸秦，力疾迎駕，悲憤交集。召見，涕泗陳病狀，不敢堅辭。抵嶺南，百廢待治，亟於各行省。公靖盜以法，孚民以仁，嘗下一紙書於海外，解散黨類，賢於用師。公既竭篤棐之忱，忘身徇國，至此病已深。晝接僚屬，夜批案牘，猶未敢稍閑，竟積勞而薨。其整躬清約，仕宦踰三十年，未嘗攜眷屬。爲學由平實致廣大，不立崖異，奮志匡時，殊於迂闊。察吏嚴而平，每參劾，舉其尤不肖者二三人，騰章入告，群吏望風肅然，相率守法。戒政先教養，本末秩然。如請停捐納、廢科舉、訓旗兵、罷宮監，次第入告，絕無瞻顧意殆，所謂上不負吾君、下不負所學者耶。公配施夫人，繼配王夫人。子三，長葆瑩，縣學生員，前卒。葆廉，分部主事，恩賞員外郎。葆霖，府學生員。孫四人，善培，廕生，恩賞主事；善堅，國學生；善均、善賡。孫女五人，皆幼。以今年十二月十六日葬公於縣之北鄉露宇圩，銘曰：

"烈烈桓公，惜陰宣勤；子孫復始，無忝前勳；世儒講學，筆舌紛紜；恥躬不逮，十駕養心；清恪孤立，文恭勿欺。先正張陳，公實承之；起自循吏，旄節雙持；抯而弗竭，隨所設施；掬此腔血，上報彤墀；既歿猶視，匪以其私；九原難作，涕泗交頤；貞珉紀實，我無諛詞！"

皇清誥授光祿大夫贈太子少保予謚勤肅兩廣總督陶公神道碑

賜進士出身光祿大夫兵部尚書湖廣總督趙爾巽[①]撰文，賜進士出

① 趙爾巽（1844—1927），字公鑲，號次珊、旡補、無補、無補老人，遼甯奉天府鐵嶺人。同治六年（1867），以監生中丁卯科順天鄉試舉人。十三年（1874），中式進士，改庶吉士。光緒二年（1876），授翰林院編修。五年（1879），充湖北鄉試副考官。九年（1883），補福建道監察御史。次年，充鑲白旗官學管學官，調廣東道監察御史。十一年（1885），放貴州貴陽府石阡府知府。十九年（1893），升貴東道。次年，調補安徽按察使。二十四年（1898），補陝西按

身榮祿大夫內閣學士禮部侍郎銜陳寶琛①書丹。聖清帝中夏二百六十餘祀，疆臣由州縣起者康熙朝爲特盛，若于清端成龍、陳清端璸、彭尚書鵬諸公，豐功盛烈，記之國史；奇蹟異行，傳之稗官，歌詠於文人，流聞於野老者，其治民又爲特美，蓋自封建廢、郡縣興，親民者莫先令長，欲培厥基而固其本，未有舍民吏而可言治者，且未有不能治民而能辨章軍國又安方岳者。惟我聖祖眷重州縣，故能拓地數萬里。雖以遺臣頑民之思、黠虜強藩之勢，卒莫爲毫髮患者，治本舉，民氣固，實惟清端諸公；有以弼我國家丕丕基，則我陶勤肅公爲不朽矣。

公諱模，字方之，號子方，浙江秀水生員。曾祖增，祖忠，父源，兼祧本生父淵。三世皆以公貴，贈光祿大夫。妣皆一品夫人。公以同治戊辰成進士，改庶吉士，散館，選甘肅文縣，調皋蘭，補秦州，移迪化，凡任州縣者十年，歷擢甯夏府、蘭州道、按察直隸、布政陝西，再護巡撫，以籌餉籌振勞纍，賞頭品頂戴，撫新疆，督陝甘，皆五年。督兩廣，再春而病，病甚得代。光緒二十八年九月九日，薨於廣州寄

（接上页）察使，遷甘肅新疆布政使。二十八年（1902），調補山西布政使，署山西巡撫。同年，遷湖南巡撫、湖廣總督。三十年（1904），擢戶部尚書。次年，任盛京將軍，兼管盛京五部事務。三十三年（1907），補授四川總督。宣統元年（1909），兼署成都將軍。三年（1911），任欽差大臣東三省總督，兼管東三省將軍事。民國元年（1912），任奉天省都督、保安會會長。三年（1914），任清史館總裁、清史館館長、參政院參政。六年（1917），任弼德院顧問大臣。十四年（1925），任善後會議會員、臨時參政院議長。十六年（1927），病逝。著述有《無補老人哀挽錄》、《刑案新編》，主纂《清史稿》等。

① 陳寶琛（1948—1935），字伯潛、敬嘉，號弢庵，福建省閩縣人。同治七年（1868），中式進士，改庶吉士。九年（1870），授翰林院編修。十二年（1873），充順天鄉試同考官。光緒元年（1875），遷翰林院侍講，與學士張佩綸、通政使黃體芳、侍郎寶廷等好論時政，合稱“清流四諫”。五年（1879），充甘肅鄉試正考官。次年，充武英殿提調官。七年（1881），補翰林院侍講學士。次年，授江西學政，重修白鹿洞書院。九年（1883），遷內閣學士。十年（1884），以中法戰爭失利降五級，遂回鄉修葺先祖“賜書樓”，構築“滄趣樓”。二十五年（1899），任鼇峰書院山長。三十一年（1905），授福建鐵路總辦，兼福建高等學堂監督。三十三年（1907）創立全閩師範學堂。宣統元年（1909）奉召入京，充禮學館總纂大臣。三年（1911），任溥儀師，賜紫禁城騎馬。旋任漢軍副都統、弼德院顧問大臣。民國元年（1912），修《德宗實錄》。六年（1917），任內閣議政大臣。十四年（1925），隨溥儀移居天津。二十一年（1932），赴長春，拒受僞職。二十四年（1935），卒於北平。溥儀賜奠醊，賜祭一壇，特謚文忠，晉贈太師，賞給陀羅經被，賞銀九千元治喪葬。其著述有《滄趣樓詩集》十卷、《聽水齋詞》一卷、《滄趣樓文存》、《滄趣樓律賦》、《南遊草》、《陳文忠奏議》二卷、《德宗實錄》等。

舍。疏入，上軫惜，追贈太子少保，謚勤肅。自公卿百執事，下逮學校之英、山林之遺逸，外薄東西海諸國之人士，莫不同聲悲歎，爲中國惜，爲天下惜也。公始仕顧今，翰林、部曹皆易以汩人才，增習氣，因棄不爲而爲令，曰："吾以習爲民事而已。"之文縣，無幕友，公私事一身兼之，清宿獄，獲劇盜，禁淫祀，民風丕變。臯蘭督部駐所，時急徵討，調發絡繹。公撫民供軍，兩不告苦。甘闈初分，建屋合試，事雜費劇。公無鉅細，皆自經紀，一絲一粟，不以擾民。秦甘南大州歲洊，饑民無食而聚州城者數十萬，公振貸之，無失所。迪化例以旗戍，必用滿員，故大學士文襄左公條時宜謂：陝甘兩省知州可任迪化者莫陶某，若漢人任迪化，自公始。大亂之後，掃地更爲，輯土客，招流亡，邊地苦寒，佃者無固志。公準一易再易之制，損畝舊賦什四而徵，民安人集。蘭州巡道資茶商入，以贍其私，直隸臯署津貼至優，爲州縣纍，蓋相沿百十載，公皆蠲之。陝南、孝義、甯陝頻年告祲，公籌振救，必速必厚，築朝邑河垻，以防奪洛，並爲丹水縴路，以利商販。省鄉闈支差纍，獎勸實學，凡利於民者無不舉。新疆故軍府開拓百年，漢人無任帥寄者，故太子太保襄勤劉公錦棠始建行省，佩撫綬，以親老請急而去。朝廷顧西陲二萬里，外當俄英，內衛蒙番，部族至雜，經畫未竟，非公無可畀者。帕米爾爲布魯特牧地，環今疏勒府以西，綿亙至廣。坎巨提回部當莎車南，隔水爲哪格爾舊保塞屬國。庚寅，俄侵帕，英侵坎、哪，朝議大閧，爭言用兵，公熟計利害，知戰必蹙國殄民，條上，振撫坎、哪逋民，羈坎酋，爲牘告俄、英主，費爾干、印度事者與爭。壬辰，俄以兵至帕境，築壘讓庫爾。英以阿富汗兵至蘇滿、波孜納，皆帕境。新疆湘楚將士憤欲戰，前喀什噶爾提督董福祥尤與俄領事忤。公又謂："屬地當爭，邊要當守，兵衅不可開。"堅忍苦辯，止譁弭隙，卒更立坎酋，令守藩服。俄、英雖相持帕境，無闌入內卡者。纏回積苦漢民重息盤剝，浩罕、阿富汗諸部商於我者，以隸英、俄不稅。公奏禁漢民放債，蠲華商稅，又索俄還塔城之巴爾魯克山。今燉煌以西之羅布淖爾爲漢陽關，鹽澤故道，湮廢千祀。公以訪鑛故，令華洋官師由陽關分路而進，測遠邇，別夷險，詳里至。自是新疆之南、青海衛藏之北，得新道路、新山谿、新地名，及各鑛以數十百計。公又於羅布淖爾之都納里築蒲昌城，其南之卡克里克置屯防局，徙民居之。其治民吏，劾貪虐，褒廉惠，飭令約束親從僕役，毋苦纏民；更義塾規制，教多習漢語、漢字，道以孝弟忠信，益恢襄勤之緒，以養以教。東師失利，國威大挫，河湟諸回陸梁圍西甯，陷大通，覆營塢無算，河西四郡電驛皆梗。公布部勒南援東，戎無虛日；內靖迪化、綏來之亂，得權督部；命置精軍哈密、吐魯番諸隘，固根本，遏竄軼，自以親軍取南道入甘，勉諸回王，固結纏回，嚴守禦。所過整飭標練，激勵鄉團。時甘湘諸軍蹀血西甯，準賊斂，山南驛道大疏。之任蘭州，督令部將潘公效蘇諸軍，克北大通、大莊堡凡十數。公度賊且西竄，急檄諸軍扼玉門、安西之南，電新疆設伏羅布淖爾，止朝旨所遣鄧增、張俊[1]兩軍。丙申夏，賊果西就俘，膊頑健，振老弱，置之塔里木河濱，關內外平。甘本至貧，仰供鄰饋，河湟之亂，糜財至鉅。軍事甫定，董福祥、張俊移屯近畿，歲分甘饋八十萬，教民、衛民諸政，皆無以舉。公太息束手。回漢兵禍皆由習尚殊異，情好不通。公作示教誡，欲爲聯姻戚，融畛域，泯怨隙，謀久遠之安，被謗弗恤也。

廣東名富實匱，協撥之多，甲於諸省，蒱博榷捐，民力大竭，盜丐滿地。公至，疏陳出款示甲午前增五百萬，力實不支，請勿益調發。自是朝野始知廣事之困。廣西主兵者養癰久，兵盜不辨，積爲邊患。公合巡撫疏請移之格不行。葡人久踞澳門，近覬我隙，規索益廣。公堅卻之。又謂清鄉出萬不得已，民貧思亂，非殺可止。工廠教養，薄稅款民，庶幾可救。最公自州縣至督撫，凡交鄰、治軍、

[1] 張俊（1840—1900），字傑三，倭欣巴固魯，甘肅甯夏府靈州人。同治九年（1870），報捐都司。十二年（1873），署理西甯永安營遊擊。同年，升參將。次年，遷副將，加總兵銜。光緒元年（1875），任西甯北川營都司。次年，晉提督銜。三年（1877），授定遠軍統領。五年（1879），署阿克蘇鎮烏什協副將。十五年（1889），補甘肅西甯鎮總兵。同年，調伊犁鎮總兵。二十一年（1895），擢喀什噶爾提督。二十三年（1897），調署甘肅提督。二十五年（1899），授武衛全軍翼長。次年，卒於任，謚壯勤。

理財，一以民爲重。互市六十年，東西諸國情勢日異。其所以立國而用兵者，彷佛周官左氏，器械、舟車創作之盛，通天絕地，阜用康人；更伏羲、軒轅五千年後無之。士大夫習宋明習、言宋明言，併爲一譏。法越戰後，急欲一試，往平髮、捻、回、苗，諸將存者盛自矜詡，頗窺覬立奇效，朝野多信之。宋明之季范文虎、夏貴、劉澤清、陳邦傅之徒，挾兵爲市以死，汪、文、史、何諸公，而剿民覆國，蓋無以爲慮者。帕、坎事起，非公堅持，殆不可問。宦寺盛自周漢，因仍莫革，亡中夏正統之朝四，天綱之絕，地柱之折，人理之滅，皆以此。今東南諸國僅突厥有之，國勢之下，皆不與齒。公獨昌言去之。其他如甲午前言變法，戊戌後言去兵，董福祥不可恃，皆其著者。其終言朝廷實能愛國愛民，乃能以責百官；朝廷先無自私自利，乃能以望天下。公事上接下，一出以誠；律己至嚴至苦，與之處者無愚智貴賤，久而益服。今公往矣，時艱之棘至，不可思議。竊謂爲督撫者，知重民職；爲州縣者，知盡民事。師公法公，毋侈外患而忘內慮，毋侈富強而忘教養。康熙之盛，清端諸公之治猶可復也。爾巽藩新疆，備公之屬，用敢以所親炙者爲天下告。文辭譾陋，不副萬一。公子葆廉屢請，不獲辭。公原配施，繼配王，皆封一品夫人。子三，葆瑩，縣學附生，早卒。次即葆廉，附貢生，特賞員外郎。葆霖，附貢生。以光緒二十九年十二月十六日葬本縣王江涇南露圩。銘曰：縱稽世紀，横覽瀛寰，代生奇節，國蔚英賢。神州聖裔，豈無明達！功或後天，道存先覺。惟公蹇蹇，忠亮塞淵；才非百里，威鎮九邊。邊塵飛揚，借箸紆籌；絕域通款，異教懷柔。用公之長，早端揆宅；旋轉乾坤，再新日月。峨峨雪山，荒荒炎嶠；旌節逶遲，而公亦老。大球交通，法有異同；饑食渴飲，綜歸一是。是則從同，道無兩歧；其或異者，一是一非。是非既判，從違斯昭，優存劣汰，理無可逃。公誠不欺，況告君父，誼洞龜鑑，言傾肺腑。大道晦盲，吻肎光氣，公胡不待，見行諸事。立言可師，古云不朽；矧公訏謨，必行於後。我抱孤懷，天地寂寥；誰歟知者，公魂可招！繫之銘詞，以訊來茲；論世君子，庶幾罔遺！

清史館列傳

陶模，字方之，浙江秀水人。同治七年進士，改庶吉士，散館，授甘肅文縣知縣。縣在萬山中，險而瘠。模儉約自力，革朘削之政，釐宿獄，剔奸蠹。有劇盜，屢捕不得，模掩得其家人以致之，使求盜自贖。黜貓神之祀，置義學，數十月後，聲譽大起。十二年，調皋蘭縣知縣。總督左宗棠方捕治亂回，其酋閔殿臣攻河州急。宗棠徵援兵，車馬、芻糧，模主之，軍行無闕供，而民不擾。故事甘肅鄉試附陝西，光緒元年，以宗棠議，始分試。自建試院，及畢事，模躬自料量，絲粟不纍民。兵後賦籍紊，模巡行原隰，以算術步量，清士紳隱占，窮民德之。模不畏強，禦軍中裨貳大官傔從，或恣橫，爲民害。懲艾之弗縱。是年冬，遷秦州直隸州知州，歲旱饑，流民大集。模爲度棲止，設粥廠十餘所，出積俸，割公使錢，得四萬餘金，不足，貸金益之。饑者皆全。修養濟院，廣義學，恤嫠婦。州南藉水齧城堙，模爲築隄三百五十丈，因庳爲沼，植芙蕖，蓄鱗介，取其利，以時繕完，夾隄植樹，州人憩焉，目爲陶公隄。五年六月，署甘州府知府，所領廳縣供府幹，模悉罷之，貸金佐日用。新疆既復，迪化直隸州闕官，宗棠疏言："亂初定，當得賢牧令撫輯之，遴擇陜甘兩省州縣，吏無如模者"。遂調補迪化。六年，翰林院編修廖壽豐疏言："俄羅斯方爭伊犂，當留意邊才，模器識宏遠，循聲久著，請諭宗棠量加超擢，假事權，備他日閫寄"。方回亂迪化，駐防滿軍無孑遺，漢民百不存一。模到州，撫遺民，來商賈，安置屯戶，和輯漢回軍民。居二年，漢民得一千九百餘戶，回民得一千七百餘戶。其受地而耕者，漢回都一千五百餘戶，戶占地百畝至數百畝者三分之一，纍易其地，歉則棄去，豐即賣麥得金，還入塞上。官方議丈田，模謂經畫窮塞，不當拘成格，通周官一易再易之義，令民以二畝當一畝，定賦則：上地畝八升，中地五升五合，下三升。徵其六，緩其四。宗棠採其議，邊民始有久居志。遷築烏魯木齊滿城，重立祠廟、公廨，以勞加鹽運使銜。七年，擢甯夏府知府，未上。九年，署蘭州府知府，旋擢蘭州道。抽釐法行甘肅，總於蘭州道，兼筦茶榷。模一以恤商爲政。十年，署按察使。十一年，遷直隸按察使。十四年，遷陝西布政司，再護陝西巡撫。省南孝義、甯陝二廳及長安縣屬江口山田瘠，頻歲饑。模治政不囿成例，必速必厚。朝邑、河西徙，令爲之隄障；華麓渠湮潦集，妨驛道灞滻，夏秋水盛，令爲之濬治；丹水流山間險峻，不便商旅，令爲之疏鑿。十七年，選甘肅新疆巡撫，以籌餉助賑加頭品頂戴。新疆西邊，迤北鄰俄羅斯，迤南接印度，屬英吉利，當蔥嶺。西有地曰帕米爾，乾隆間，爲我軍鋒所及，高宗嘗勒銘焉。蔥嶺東南有小部落曰坎巨提，歲納貢於我。模未至新疆，俄兵侵帕米爾，謀通印度道，英攻破坎巨提，中外方議戰，模謂："將士能勘土匪，未能禦強敵；軍中資百物必運自內地，數月乃達，俄英鐵軌皆已至近塞，遲速迥殊。新疆與俄境相接幾五千餘里，即增兵十倍，不足以爲固。俄若以輕兵出齊桑斯克，走布倫托海，犯鎮西、哈密，我軍即中梗，民窮財匱，不可輕言戰"。惟購機礮，擴電綫，飭邊將爲備，羈坎巨提故酋，毋令北走，而撫其流民。與總理各國事務衙門及駐俄、英使臣合力以爭，議未定。十八年，俄兵築壘讓庫爾、六爾阿島，英嗾阿富汗遣兵至蘇滿、波孜納，皆帕米爾境也。新疆將吏咸憤激，爭請戰。模謂"屬地黨爭，邊要當守，新操法當習，兵釁不當開，備豫不虞，毋以小忿啟大釁，有罪當獨任之"。規畫主客攻守形式，忍辱含垢，邊地賴以安。五月，奏請廢黜坎巨提故酋塞必德艾里，會英人及克什米爾國人，立其弟買賣提艾孜木，令鎮撫部民，歲納貢如故事。坎巨提事乃定，而俄兵在帕米爾，意叵測。總理各國事務衙門與俄使議界，卒未得要領。模疏自劾，請罷斥，上不允。廷議將以帕米爾爲三國甌脫，英垂諾，俄猶不可陳兵相持。邊軍沿湘軍制，大旗寬衣，密行直立。模用通德意志兵法者，練幼兵百餘人，課以淺近文字並測算諸法，將徐推之各軍；見將佐必勖以習勞苦、愛槍械，遇敵採地溝，制隱身發槍，冀漸改舊習。

初，俄人借巴爾魯克山以處所屬哈薩克，期十年。山當塔城西北，廣袤數百里，有林木、水草，俄人覬久假。模爭之，逾年乃如約。俄商至新疆，約不徵稅，格里格提、克什米爾、拉達克、阿富汗諸部，以附於英，從俄例。模謂如是則獨困吾民，乃奏請暫免新疆通省釐金。纏回文字語言不相通，漢民愚之，貸金輒重息，至賣妻鬻子以償。模戒屬吏，宜察其艱苦，禁民毋得貸金。各縣舊有義學，吏督纏回子弟入塾，視若應役。模別爲規程，令譯人教以漢語，俾識字，通大義。南北路諸城，亂定重築，率循舊制，高樓無隱蔽。模令省城補作兵房十五所，簷卑於堞，使城外不可辨視。壁置空，容發礮。尋築奇臺、古城，亦令如省城制。羅布淖爾，古蒲昌海也。填閼淤涸，荒沙無垠，亘新疆中部。模議闢徑敦煌西，選吏士，自陽關、焉耆分道測繪，於是新疆之南、青海、西藏之北、噶斯烏蘭，達布遜，阿耨達、托古玆尼蟒諸大雪山之陰，迂回出入，得新道路、新山谿、新地名及金、鐵、煤諸峒，以數百計。模策採礦以利民，濟木薩之鐵，喀喇沙爾之鉛，達阪城、溫宿、拜城之銅，綏來、庫爾噶拉烏蘇、噶斯山之金，迪化之石油，皆從事察勘，終以道遠資絀，工不克舉。模規度羅布淖爾北四百餘里，築城名曰蒲昌。南一百四十里卡里克里設局屯防，致無業回民徙居之，漸成村落。其後設置營縣，實自模開之。

二十年，日本略朝鮮，議決戰，師屢敗。甘肅提督董福祥先以祝嘏，在京師募兵備戰，河湟回族聞亂，思蠢動。二十一年春，撒拉、河州、西甯、大通諸回先後爲亂，西甯回酋劉四伏尤悍。模遣將募兵，援巴燕戎格，與總督楊昌濬合奏，請命董福祥帥師西援。夏平番回亦變，河西諸府東不能通省會，則西乞於新疆。模奏陳回亂日急，部遣諸將羅平安戍哈密，牛允誠守安西、玉門，趙有正屯肅州，而於哈密置東防營務處，以候補道潘效蘇護諸將諸。亂回遣其徒出關，煽新疆回部，九月，綏來回發難，縣有備，旋定。迪化回亦將變，模詗知反側子與牙役密相結，選小校可任者，使捕渠魁，殺六人而亂弭。十月，回逼甘州，模遣有正自肅州移屯。上罷楊昌濬，以模署陝甘總督，命疏通饟道，帥師入關剿撫。時董福祥將甘軍渡洮，魏光燾將湘軍臨湟水，模策東路兵大集，回且西竄，乃遣將募兵，分駐天山北。迪化、鎮西諸府廳爲中權，而天山南塔爾納沁、圖古里克皆近哈密，有歧徑通肅州。模戒哈密將吏，繕完防禦。漠中僻路有水草處，必守要隘，遠斥堠；戒肅州鎮將，詗毛目城、王子莊諸路，如哈密後路，既設備。模率效蘇、平安、焦大聚、金蘭益，將馬步八營旗入關，道噶喇巴爾噶遜，踰騰格里山，絕沙漠，至吐魯番城。回王瑪木特來會，勖以大義。至哈密，歲將暮，校閱各軍，令回王沙木胡索特所部纏回與焉。模以有正兵寡，戒毋輕出。有正喜功，出攻察漢俄、博永安二城，皆下。二十二年元夕，薄北大通營，敗歸。模聞報，令涼州戍軍赴援，二月入關，軍民得模至，懽迓激奮，群回斂聚山南。

模至蘭州受事，令效蘇督諸將略北大通營，破所領諸寨號十大莊堡者，戮其酋八十餘，轟殲三千餘人，死溪澗者稱是諸回氣奪。會光燾亦定西甯，諸回自水峽口西竄青海。模令效蘇等出寨，陳兵玉門迤南諸山徑，戒毋縱賊出平地。青海蒙古積弱久，諸王貝勒怵回悍，告急。朝議令光燾、福祥二軍逐剿。模以羌中荒邈，必責後路州縣具芻糧、車馱，重爲民纍，且賊行速，追勿能及。當此兵單餉絀，專顧郡縣完善地，猶慮不足，若宿兵絕漠，內地空虛，爲禍滋大，乃奏罷出兵青海議。新疆將吏慮回更西竄，亦告急。朝議令固原提督鄧增出青海，喀什噶爾提督張俊防北路。模策賊非至敦煌、玉門掠食不能遽犯新疆，復請罷移軍議，而令增屯肅州爲聲援。光燾與福祥不相能，模奏令光燾將湘軍，還陝西。四月，賊自青海犯玉門，允誠等擊卻之。模令玉門軍赴安西。五月，賊大至，劉四伏厲其徒，奪路求食。諸將力戰，蘭益匹馬陷陳，大敗賊於牛橋，斬數千人，降者亦數千人，凍餓死磧中數萬人。劉四伏以千餘騎逃走。模令蘭益等星夜逐賊，而戒羅布淖爾守將設伏以俟。賊自色爾騰海向羅布淖爾，流沙荒遠，道殣過半。七月，四伏至羅布淖爾東南和兒昂，伏發就禽。於是徙降回塔里木河濱，計口授田，令大聚、平安引兵還甘州，搜餘孽，關內外悉平。十月，詔褒模，徵兵籌餉不遺餘力，授陝甘總督。方與日本戰而敗也，和戰議未定。模上疏言："國強弱視人才，人才不足，和與戰均不足恃；即戰而勝，亦無益。昔者用人，文自科目，武自營伍。立法未嘗不善，久而弊生，仕途日益雜，民生日益困，人才日益不可恃。《易》曰：窮則變，變則通。天下事當變通者非一端，而人才尤急，非懲前毖後，破除拘牽，無以作士氣、收實效，因請整飭國子監，減中額，定小試年限；停捐例，汰冗員，罷宦官，省內務府織造諸費；令尚書、侍郎升遷不出本部司員，分類治事；刪棄舊案，破除旗兵積習，禁士大夫食洋煙；分設算學、藝學科目，予水陸軍學生舉人、進士出身，廢武科，變操法，擇滿漢勳舊子弟遊學各國，培植工藝，譯諸國政書末言。當此危疑震撼之時，泥古者、守舊憂時者談新，然積習不能不改，而變法亦未敢輕言。誠能發憤自強，合群策群力，急起直追，何事不可爲？若仍縛於成例，淆於浮議，不以全力赴之，雖勉行十八九，亦無濟於事。尤願皇上鑒天災之屢警，念民困之莫蘇，懍內政之宜修，知外患之難弭，勵精圖治，自朝廷以至百執事，毋始勤而終怠，毋狃目前而忘遠慮。上有卧薪嘗膽之大臣，下有斷齏畫粥之志士，賢才爭奮，庶政修明實，天下臣民所旦夕仰望者也"。時中外諸臣條奏，多言變法，祛積習，下諸督撫議。模疏陳："推行宜漸，根本宜急。闒茸嗜利之輩，以期富強，止於舊法外增一法，不得謂之變法；於積習外增一積習，不得謂之祛積習。欲求富強，當先崇節儉，廣教化，恤農商；欲新政治，當先變士習，減中額，汰內外冗官"。別疏申請培水陸軍人才，謂宜自幼入校，分別水陸，各習專門，即罷舊例武科。甘肅民多惰，嗜洋煙，平居陵回民。回民顧堅忍，能合群，激過甚，輒生事。模力爲亭平，嘗勸漢回，蠲宿忿，通昏姻，冀以弭禍。福祥既定回亂，將兵入衛，既又召俊募軍，爲之繼。福祥所部爲甘軍，俊所部號肅軍，皆責餉於甘肅。模銳欲開礦製械，廣學校，皆坐用不足，束手不能舉。督陝甘三年，纍疏乞罷斥。

二十六年春，以述職入覲，至陝西疾作，奏請留治疾。閏八月，調補兩廣總督。九月，德宗奉慈禧皇太后西幸。模迎蒲州，入見，求罷，不許，乃力疾上官。二十七年正月，疏請分設蒙學、小學、中學、大學，求品端學粹者爲之教習。學生畢業，予生員、舉人，諸學堂次第推廣，毋一時並舉，俟備設，即罷科舉，無問自何項出身，非有學堂執照，不得授實官。二月，疏言："宦官干政，史不絕書，至其有關君德者，其幾甚微，而爲害尤烈。我朝家法嚴明，二百餘年從未有內監預聞政事。然除弊如除莠，留其芽蘖，終恐發生。前代用宦官，蓋由妃嬪衆多。皇上後宮減少左右，使令本有宮女。內廷差使，悉可改用士人，不必定須內監，臣愚以爲宜大加裁汰"。回鑾後，下王公大臣籌議，定宮府一體之制，永不再選充內監，非惟一時盛事，實亦千古美談。別疏言："變通政治，宜務本原，本原在朝廷，必朝廷實能愛國愛民，乃能以愛國愛民責百官，必朝廷先無自私自利，乃能以不自私、不自利望天下。轉移之道，一曰除壅蔽，二曰去畛域，三曰務遠大。非朝廷以身作則，克己勝私，雖日日言變通，無由獲變通之效"。廣東故多盜，州縣權輕，不能制。模定清鄉章程，信賞必罰；練軍分屯，許所在州縣節制，一歲中，捕斬名盜二千數百人。興甯民爲亂，廉欽諸屬縣及防城十萬大山，凡嚢爲盜者，皆次第討平。肇羅諸屬縣新興、陽春、東安，山深地險，群盜出沒。模劾罷縱盜將吏，遣別將捕治，殲其渠二百餘人。模以民貧且亂，非殺可止，令府縣設勤工廠，囚不至死者，令入廠教養。奏陳治盜，謂清盜源，必先寬民力。廣東名饒富，取之民者重於他行省。部督籌軍饟，任諸國償資皆多於他行省，歲不足五百餘萬，弛摴蒱之禁，供大半。其少半則貸於商，貸於外人。模視民力已屈，追呼不得，寬諸，欲有所興革，皆坐中沮病作，乞罷，迭疏力陳。六月，上允其請，甫交代。九月，卒於廣州。

遺疏言："廣東虛有富名，民窮財盡，迫於時勢，不能不百計籌款，閭閻益困，盜賊日繁，長此不已，後患正多可慮，竊欲朝廷深加之意。廣西匪勢尚猖獗，夏潦後，又苦亢晴，晚稻失收，更爲棘手。此尤臣夙夜疚心而瞑目難忘者也”。贈太子少保，謚勤肅。模自爲諸生，食貧，力學。時平湖優貢生顧廣譽、震澤諸生陳壽熊、吴江舉人沈曰富，以道義相勖。學宗張履祥、陸隴其，文宗方苞、姚鼐，模皆師事之。及仕，清介，絕干求。大學士閻敬銘、總督楊昌濬皆常論薦，不以告模，模亦不謝也。既貴顯，剛方廉正，而不樂爲崖岸，恂恂卑下，省身克己。嘗謂：“上官多取於州縣，州縣必多取於民”。故恤屬吏尤摯，不使同官知生日，絕不通饋遺，戒守令以下毋叩頭，都守以下毋跪道左，毋自稱沐恩，自奉儉約，清德稱一時。於公家帑項尤兢兢不肯稍縻，律己甚嚴，而待人則寬；嫉惡甚峻，而愛才則篤。故其所至，將吏爭樂爲用，而無敢以私事干者。旋以陝甘總督崧蕃、新疆巡撫潘效蘇疏請，先後建祠蘭州、迪化。子葆瑩，早卒。葆廉，有學行，中外交薦，模卒時，推恩授員外郎，除陸軍部郎中，宣統間，爲弼德院參議。葆霖。孫善培，法部主事。

序

民國十三年（1924）

三代而上，論政事者，著於經則爲典謨；三代而下，論政事者，載於史則爲奏議。蓋自世運嬗蛻，朝姓代興，爲正統，爲偏安。其秉國鈞綜治綱者，建一策，立一說，與夫一言一行，後之人必景休聲，纂懿烈，擴摭前聞，裒成大集，良以道所存，存乎人；人所存，存乎政，而有以昭示來許也。有清末葉，同、光繼祚，邊患滋矣，海禁開矣，內訌外侮，氾棼相續，而秀水陶勤肅公丁其運出所學，以筮仕起家詞曹，授職牧令，治行推第一，聲聞卓然，洊擢監司，筦領疆圻，歷官甘肅、陝西、直隸、新疆、兩廣諸行省，垂四十年，所至民懷。愛之者曰父母，畏之者曰神明。是誠有勛勞於國家，而光被六合、興盛百世者。洪濤少時兀兀居里閈，若無所宗，間讀官文書，知公治秦州，救山陝飢民，如恒河沙，數不可以億萬計，神爲王，心爲折，每自勖曰：“得如公者，吾師之”。

光緒癸巳，洪濤畢業於天津武備學堂，適公拜巡撫新疆之命，以新疆據西北上游，欲固邊防，必充軍實；欲充軍實，必練新操。迺就諮於合肥李文忠公，擇中西學術體用兼賅之士，爲材官選，洪濤與焉。是洪濤得公之所以教之誨之、飲之食之者，有由自已。越乙未，河湟亂，城邑邱墟，人民簸蕩，將有滋漫難圖者。公膺詔，總督陝甘，主剿撫兼施之策，未一載，大難削平，邊寇戡定。檄洪濤將左軍，駐會垣，歲歲防秋，運籌帷幄。舉凡公之經緯文武，綜理庶績，昕夕匪懈，孜孜然，汲汲然，若惟恐一夫之不獲，而其賢賢、親親、善善、惡惡，吏不敢作奸犯科，匪不敢殺人越貨。視國事如視家事，爲民謀不爲身謀。且嘗進洪濤而示之曰："督撫，重職也，上輔一人，與庶司百官共守疆圉，淬厲力行，則爲生民福；游豫自安，則爲生民殃。而其要在正己，能正己，斯苞苴絕矣。其要在知人，能知人，斯俊乂唐矣"。公持節數年、隴稱大治者，則又洪濤親炙之、服膺之書紳銘座、罔愆罔忘者耳。洎乎庚子，清廷以拳匪之變，粵西、粵東海疆孔棘，華洋事繁且重，畀公兩廣總督。公堅辭之，未報可，力疾而南授篆。朞年，復攖咯血，形神交瘁，乞骸骨歸，甫受代，遽謝世。易簀之夕，猶津津焉，以國計民生諸大端，伏枕上草遺疏。疏進，朝野悼之。嗚呼！賢哉！今者夏歷甲子，洪濤致書公之次公子葆廉參政，輯遺稿，得數十章，付手民都爲十卷，以餉後世。滄桑易運，簡籍有光，庶亦高山仰止、景行行止之意歟。抑又聞之，太上有立德，其次有立功，其次有立言，如公者，其德、其功、其言三者立已，是之謂不朽，又何疑乎！若夫節終之禮易名之典，家乘紀之，邑志載之，國史書之，吳山越水間知必有式其閭、封其墓而心儀其人者。民國十有三年夏歷甲子，長至門人陸洪濤[①] 謹識於蘭州督署宣德堂。

---

① 陸洪濤（1866—1927），字仙槎，江蘇銅山人，北洋軍閥將領，先屬皖系，後投直系。就學於天津武備學堂，爲陝甘總督陶模的隨從，歷任甘肅新軍督操官，甘肅常備軍第一標第一營管帶，第一標標統。民國二年（1913），任涼州鎮總兵。四年（1915），調隴東鎮守使。十年（1921），護理甘肅督軍。十一年（1922），實任甘肅督軍，兼甘肅陸軍第一師師長。是年，封將軍府肅武將軍。十三年（1924），兼甘肅省省長。十四年（1925），任甘肅督辦。同年，國民軍入甘，被迫下野。此後，寓居天津。十六年（1927），逝於津。

卷 一

新疆一

〇〇一 英兵入坎巨提情形摺
光緒十八年正月十九日（1892年2月17日）

頭品頂戴甘肅新疆巡撫陶模跪[1]奏，爲英兵由哪格爾入坎巨提①，頭目率眾逃竄，現擬遣送歸部各情形，恭摺仰祈聖鑒事。

竊查回部坎巨提居色勒庫爾大小帕米爾之南，歲進貢金，歸附已久。該處地勢險要，實爲喀什噶爾西南屏蔽。上年十二月並本年正月，疊據署喀什噶爾道李宗賓②稟報：英兵伐哪格爾欲修路通帕米爾，

---

① 坎巨提，一譯乾竺特、謙珠特、喀楚特，是亞洲中部古國，位於今巴基斯坦控制下的克什米爾北部吉尔吉特－巴尔蒂斯坦的棍雜河谷一帶。其居民信奉伊斯蘭教，又稱巴勒提特，今名卡里馬巴德，在棍雜河北岸。其居民主要爲勃律人、瓦罕人。乾隆年間平定大小和卓之亂後，位於克什米爾一帶的諸國始與清廷建立聯繫。乾隆二十六年（1761），其酋長黑斯婁遣其子至葉爾羌入貢，成爲屬國。其後定爲三年一貢，貢物爲砂金一兩五錢，分裝爲十五袋，一般由其酋長之子送至喀什噶爾。喀什噶爾參贊大臣或喀什噶爾道按例賞給其大緞二疋及糧餉等物。道光二十七年（1847），其酋長夏孜牌爾幫助清軍平定七和卓之亂，被賜予葉爾羌的熱瓦奇村作爲外產。清代晚期，克什米爾和帕米爾地區成爲俄羅斯、英國博弈前沿。同治間，新疆爆發動亂並遭阿古柏入侵，無暇顧及。光緒年間，清軍收復新疆，坎巨提酋長俄則項循舊例遣使貢金，清廷賞給其五品頂戴。光緒十七年（1891），英國軍队繼續向帕米爾推進，攻佔坎巨提及其鄰部落訥格爾。訥格爾酋長向英軍投降，坎巨提酋長賽必德艾里罕則逃往中國，被旗官張鴻疇羈留於新疆蒲犁廳。清廷採納新疆巡撫陶模之議，將其轉移至省城烏魯木齊。十八年（1892），立賽必德哎里罕之弟買買提艾孜木爲酋長。陶模委派阜康縣知縣田鼎銘、張鴻疇前往坎巨提，出席買買提艾孜木的冊封典禮。賽必德艾里罕則被羈禁在烏魯木齊，後又被安置於庫車。民國後，停止向中國進貢。1974年，加入巴基斯坦。

② 李宗賓（1833—1898），湖北蘄州人，咸豐六年（1856），以文童於投效前荊州將軍多隆阿軍營。七年（1857），因攻剿童司牌等處地方營壘，經前大學士湖廣總督官文等會保六品藍翎。九年（1859），回援宿、太及前攻克太湖縣城，經官文等會保，著以從九品不論雙單月，遇缺選用。又因攻拔石牌城，經官文等會保，以府經歷縣丞不論雙單月，遇缺先選用。十月，攻剿懷桐，經官文等會保，免選本班，以知縣留於安徽不論繁簡，遇缺儘先即補。十一年（1861），攻克桐、宿等縣城垣，經官文等會保，免補本班，以同知直隸州知州仍留安徽不論繁簡，遇缺前儘先即補，並賞換花翎。同治元年（1862），克復廬州府縣城垣，經前大學士兩江總督曾國藩等奏保，免補本班，以知府記名，遇缺簡放。五月，奉前荊州將軍多隆阿札委，總理營務處，隨同援陝。三年（1864），剿辦蔡、啟，攻拔西大峪堡，經前幫辦甘肅軍務荊州將軍穆圖善等會保，賞加道銜。四年（1865），收復甯靈城垣，經穆圖善等奏保，俟補缺後，以道員用，並賞加鹽運使銜。六年（1867），署理甘肅甯夏府知府。七年（1868），補授雲南臨安府知府。

坎巨提頭目賽必德哎里罕以該部與哪格爾毗連，遣兵往助，旋以兵力不敵，棄城而逃，英兵遂由哪格爾進駐其地。該頭目與哪格爾頭目烏孜爾罕率眾竄至色勒庫爾地方，臣當飭該道派員籌運食糧，暫爲賑撫，咨由喀什噶爾提督臣董福祥①飭派馬隊，分紮色勒庫爾、帕米爾一帶，以資防範，並先後咨明總理各國事務衙門在案[2]。嗣據探報：英人已將大隊撤回，另立哪格爾頭目，留步兵百餘名駐坎巨提城外。該道擬將哪格爾逃眾酌給糧斤，先送出卡，再將坎巨提頭目人等分起資送，令回原部，並先行照會英官，等情。臣查哪格爾附屬於英，應即遣送歸部。坎巨提係中國屬部，現值遷徙流離，自應曲爲排解，仰副朝廷撫綏外部之意。惟此次英兵進駐，該部並未先行知會，該道亦未接准英官覆文，能否撤兵退地，俾賽必德哎里罕率眾歸部，仍復舊業，尚未可知。除咨呈總理各國事務衙門與駐京英使理論斟酌辦理外，所有英兵入坎巨提、頭目逃竄緣由，謹恭摺具陳。伏乞皇上聖鑒。謹奏。光緒十八年正月十九日。

（硃批）：該衙門知道[3]。

光緒十八年二月二十四日，奉硃批：該衙門知道[4]。

（接上页）八年（1869），經穆圖善奏留，辦理經手未完事件，代理甯夏府知府。十年（1871），因甯夏府城防案內尤爲出力，經前大學士陝甘總督左宗棠等會保，遇有道員缺出，儘先題奏。十一月，補授甘肅肅州府遺缺知府，旋授甯夏府知府。十二年（1873），署理鞏昌府知府。十三年（1874），回甯夏府本任，因隨徵出力，經穆圖善等奏保，俟補道員後，加布政使銜。光緒二年（1876），因親老，呈請開缺終養。以前在甯夏府任內查禁罌粟不力，經左宗棠奏參，暫行革職。五年（1879），聞訃丁母憂。十一月，到籍守制。七年（1881），服滿。九年，經陝甘總督譚鍾麟奏准，原案開復。十一年（1885），經吏部帶赴引見，欽派王大臣驗看。初六日覆奏，准其開復，照例用。依議。十二年（1886），經穆圖善奏委，總理行營營務，會辦文案。十四年（1888），經署甯夏將軍金順奏准，暫留軍營辦理甘肅糧臺事務。十六年（1890），經護理甘肅新疆巡撫魏光燾奏准，以道員歸於新疆補用。十九年（1893），經甘肅新疆巡撫陶模奏請，補授新疆阿克蘇兵備道。二十四年（1898），在任病故。

①　董福祥（1839—1908），字星五，甘肅平涼府固原州人。同治元年（1862），率衆抗清，爲劉松山擊敗，投清，所部改編爲董字三營，先後從劉松山等剿辦西北民變，保提督。光緒元年（1875），進兵新疆，以收復烏魯木齊等地及平定南疆功，加雲騎尉、騎都尉世職，授阿爾杭阿巴圖魯勇號。十二年（1886），經劉錦棠奏請，補阿克蘇總兵。十六年（1890），擢喀什噶爾提督。二十年（1894），晉尚書銜。二十二年（1896），調補甘肅提督，賞太子少保銜。二十六年（1900），授隨扈大臣。宣統元年（1909），卒於甘肅。

補證

【案】此摺原件[①]現藏於臺北"故宫博物院"，兹據校勘。

[1]【頭品頂戴甘肅新疆巡撫陶模跪】原印本無此前銜，兹據原件補。

【案】光緒十六年十二月十三日，清廷以陶模等解新餉出力，賞加頭品頂戴。《清實録》："戊申，以解清甘肅新饟，賞陝西布政使陶模、江甯布政使瑞璋、江西布政使方汝翼頭品頂戴。[②]"陝西布政使陶模遂於光緒十七年正月初六日具摺謝恩，曰：

頭品頂戴陝西布政使臣陶模跪奏，爲恭謝天恩，仰祈聖鑒事。竊臣接奉巡撫臣鹿傳霖行知：准戶部咨開：光緒十六年十二月十三日，内閣奉上諭：戶部奏，遵議楊昌濬奏請將解清甘肅新餉各員分别奬敘、開單呈覽一摺。陝西布政使陶模，並賞給頭品頂戴。欽此。欽遵咨行前來。臣當即恭設香案，望闕叩頭謝恩。伏念臣旬宣乏術，餉饋攸司，僅兹擘畫之微勞，乃進頭銜於極品。聖恩至渥寡功，協惟重之謨；職事多疏受寵，切臨深之懼。臣惟有倍加策勵，勉效涓埃，冀克稍濟時艱，以仰答高厚生成於萬一。所有微臣感激慚悚下忱，理合恭謝叩謝天[③]。伏乞皇上聖鑒。謹奏。正月初六日。光緒十七年正月二十日，奉硃批：知道了。欽此。[④]

【案】光緒十七年二月，清廷以現任陝西布政使陶模調補新疆巡撫。《上諭檔》："光緒十七年二月二十三日，内閣奉上諭：甘肅新疆巡撫著陶模補授。欽此。[⑤]"是年三月十七日，新授新疆巡撫陶模具摺謝恩，並請進京陛見，得允行。摺曰：

頭品頂戴新授新疆巡撫臣陶模跪奏，爲恭謝天恩，籲請陛見，仰祈聖鑒事。竊臣於光緒十七年三月十六日奉准陝西撫臣移知：接准部咨：

---

① 臺北"故宫博物院"藏：《軍機及宫中檔》，文獻編號：408002696。

② 《德宗景皇帝實録》，卷二百九十二，光緒十六年十二月，《清實録》第55冊，第888頁。

③ 此句當爲"理合恭摺叩謝天恩"。

④ 中國第一歷史檔案館藏：《録副奏摺》，檔號：03-5275-049。

⑤ 中國第一歷史檔案館編：《光緒朝上諭檔》第17冊，第47頁。

二月二十三日，内閣奉上諭：甘肅新疆巡撫著陶模補授。欽此。跪聆之下，感激莫名。當即恭設香案，望闕叩謝天恩。伏念臣關輔忝藩，瞬周三稔，涓埃未效，愧悚時深。茲復渥荷綸音，驟膺疆寄。恩施愈重，報稱愈難。查新疆地處邊陲，巡撫任兼文武，吏治之激揚宜亟，更當整軍實而重屯防；民生之安奠宜籌，尤必固邦交以綏遠服。況行省甫立，百度維艱，自非熟悉邊情、夙嫻戎略，欲求勝任，實未易焉。如臣檮昧，更無把握，惟有籲求陛見，親領聖謨，俾有欽承，免滋貽誤。所有微臣感激下悃並瀝懇陛見緣由，謹繕摺具陳。伏乞皇上聖鑒訓示。謹奏。三月十七日。光緒十七年四月初二日，奉硃批：著來見。欽此。[①]

【案】光緒十七年五月，清廷令護理新疆巡撫魏光燾俟陶模到任，即可交卸回籍省親，“上諭”曰：“光緒十七年五月十二日，内閣奉上諭：魏光燾奏，親老多病，懇准開缺回籍省親一摺。護理甘肅新疆巡撫布政使魏光燾，著准其開缺，俟陶模到任，交卸撫篆後，再行回籍。欽此。[②]”次日，清廷又飭令迪化道饒應祺署理新疆布政使。“上諭”曰：“光緒十七年五月十三日，内閣奉上諭：甘肅新疆布政使著饒應祺署理。欽此。[③]”

【案】光緒十七年四月二十一日，新授新疆巡撫陶模奏報交卸陝藩篆務起程日期，曰：

頭品頂戴新授甘肅新疆巡撫臣陶模跪奏，爲恭報交卸藩篆起程入覲事。竊臣前蒙恩命，補授甘肅新疆巡撫，當即恭摺陳謝，籲請陛見，欽奉硃批：著來見。欽此。跪聆之下，欣忭莫名。適調任布政使臣張岳年行經西安，奉撫臣飭知赴任。臣謹將光字三十六號陝西布政使銀印一顆暨庫款、卷票，於四月二十日移交張岳年接領任事，訖。臣即檢點行裝，擬於四月二十八日起程北上，恭詣闕廷，跪聆聖訓。所有微臣卸篆起程日期，謹繕摺具陳。伏乞皇上聖鑒。再，此次拜摺係借用陝西布政使印

---

① 中國第一歷史檔案館藏：《錄副奏摺》，檔號：03-5278-014。

② 中國第一歷史檔案館編：《光緒朝上諭檔》第17冊，第104頁。又，《德宗景皇帝實錄》，卷二百九十七，光緒十七年五月，《清實錄》第55冊，第937頁。

③ 中國第一歷史檔案館編：《光緒朝上諭檔》第17冊，第104頁。又，《德宗景皇帝實錄》，卷二百九十七，光緒十七年五月，《清實錄》第55冊，第937頁。

信。合併聲明。謹奏。四月二十一日，光緒十七年五月初八日，奉硃批：知道了。欽此。[①]

【案】新授新疆巡撫陶模於光緒十七年十二月初七日抵達新疆省城，接印任事，遂於初十日具摺奏報到任日期，曰：

頭品頂戴甘肅新疆巡撫臣陶模跪奏，爲恭報微臣到任接印日期，叩謝天恩，仰祈聖鑒事。竊臣欽奉恩命，補授甘肅新疆巡撫，當即具摺謝恩。旋遵旨入都展覲，仰蒙召見二次，跪聆聖訓，欽感莫名。陛辭後，束裝起程，十月初二日，至甘肅省城，與督臣楊昌濬籌商新疆應辦諸務。十二月初七日，行抵新疆省城。初九日，准護撫臣魏光燾將甘肅新疆巡撫關防並王命旗牌、文案、卷宗等件，委員齎送前來。當即恭設香案，望闕叩頭，祇領任事。伏念臣浙西下士，識淺才庸，仰沐聖主逾格恩施，畀以疆圻重任。撫衷循省，悚惕彌深。查新疆行省初建，百度維艱，布置雖具有端倪，規畫宜益求妥善，非練兵無以固圉，在將領之得人。非察吏無以安民，當勸懲之並用。臣惟有屏除私見，殫竭愚誠，舉凡中外交涉及地方緊要事宜，隨時咨商將軍、督臣，認真辦理，以期仰答高厚鴻慈於萬一。所有微臣到任接印日期並感激下忱，理合恭摺叩謝天恩，伏乞皇上聖鑒。再，此次經過陝西、甘肅暨新疆哈密等處，雨雪應時，民情安謐，堪以上慰宸廑。合併陳明。謹奏。光緒十七年十二月初十日。[②] 光緒十八年二月初一日，奉硃批：知道了。欽此[③]。

【案】關於坎巨提之體制，光緒十六年二月十九日，出使英國大臣薛福成致函總署，曰：

敬啟者：二月初三、初九日，續奉鈞署兩電，當經先後電復在案。福成自到英後，已將坎巨提事與外部晤談三次。第一，二次情形，前已函達。末後一次，因守候半月，彼未將印督回電送來，不能不再往詰問。外部始終不肯吐一實語，總以印度政府目前既未商妥，礙難憑空回覆爲

---

① 中國第一歷史檔案館藏：《錄副奏摺》，檔號：03-5279-021。

② 臺北“故宮博物院”藏：《軍機及宮中檔》，文獻編號：408002695。

③ 中國第一歷史檔案館藏：《錄副奏摺》，檔號：03-5289-004。

詞。揣其用意，良由狃於從前琉球、越、緬榜樣，彼謂此等極小部落，一被吞併，中國斷不能用大力與爭。若只爭以口舌，彼更可置之不理。所以一聞派員會辦之説，即甚不願，慮我從此分其轄坎之權也。乃托言未接回電，欲爲並翻前議地步，堅執如故。且謂外國即辦事遲緩，較之中國猶爲快速。因詰以華使所行照會，亦僅認爲兩屬。今英廢立坎酋，不使中國與聞，兩屬之體何在？彼云：坎酋更換，中國向不遣使冊立，今忽欲派員，恐係創舉。答以英忽廢立坎酋，亦係創舉。辯論一時之久，彼始微露其意，若中國派員會立坎酋，將來不沿爲常例，或可與印督相商。福成知再爭無益，不得不見風收帆，允暫回法候信。且申明向來坎酋繼立，是否由喀道就近派員，我不深知。日後之事，不妨查照向章辦理，以昭公允。又微諷以坎事尚小，若英不還中國體面，使他國視爲榜樣，將來遇有中、英、俄三國交涉之事，恐更棘手。沙侯聞之，頗似心動。頃在法滬接英館來信，知外部已送回音，願遵前説，已發“銑”電陳明。又探聞坎酋實係惡人，不值保護，印督現擬於其兄弟子侄中擇立一人，擇定後，即請中國派員會同往立。竊思此事選酋之權，隱屬於英。在我則僅如告朔餼羊，稍存體制。然坎之政權在英，實非一日。中國因有越、緬前事，稍欲爭回體制，已若登天之難，爭回一分，即保全一分，不過求勿損上國聲名，勿使他國效尤耳。派員一節，如電喀什噶爾道就近遴委赴坎，尤覺途捷而費省，且免彼以不能久待爲詞，則事不致中變也。鈞署擬將帕米爾作爲中、英、俄三國不侵佔之地，辦法甚善。前遣馬格理赴外部微露此意，雖未始非英人所願，然亦有疑我受俄人之囑者。有云三國既皆不管，終究恐多事者。而俄人之能否意見相符，亦尚難逆料。即華使樂聞一層，想亦須由外部詳審，再行定奪。在我只能相機措注，遇便調停。但就節次而論，總須俟坎事妥協之後，始能理論帕事耳。再目下與英外部辯論之件，一滇緬邊事，一梅生罪名，俱在吃緊時候，若件件不放松，必致件件不得力。權其輕重，則坎事視二者關係較輕。坎事既可暫作收束。鄙意滇邊之事，緊要十倍於坎，何以言之？滇邊袤延三四千里，環境錯列之土司不下數十，每一土司，地廣人衆，皆數倍於坎。英人初倖我不遽與分界，乘間派兵，迭入土司各境，肆共誘脅，俾爲兩屬。及我致詰問，則以遊歷爲名，以勘界爲詞。蓋西人狡謀，先誘我所屬之小邦，號爲兩屬；及既兩屬，然後劫以兵威，奪其權利，使我無從插手，乃其慣技也。今聞普洱之車里、孟連諸土司，已被英脅爲兩屬矣。王夔帥函電頻仍，邊警日至，竊恐日後非但原議之作爲甌脱地者，及撣人、南掌之應歸中國者，俱爲英有，漸且騎及土齡土司，漸且睨及內地，大局將不堪設想。福成是以不憚煩難，擇邊事之確有證據者，逐件與之理論。雖未能顯著全效，或可冀爭回二三。而其不早分界之隱謀，微經福成點破，所以近有欲商分界之說。刻下最要關鍵，似宜由鈞署主持，趕速派員分界，以清轇轕。譬之門戶謹嚴，則宵小自絕覬覦也。以上各節，伏乞回明堂憲酌核爲禱。肅泐布達。敬請臺安。二月十九日。[①]

【案】光緒十七年正月二十七日，出使英國大臣薛福成以英兵入坎巨提意在謀帕米爾，復致函總署，曰：

敬再啟者：英兵入坎，意在謀帕，外部已明明說破，足見彼國處心積慮，著著爭先，不肯落後。若帕米爾一地，俄人讓之，英人取之，無論俄人不服，即中國亦何詞以自解於俄？而英俄兩不相下，其勢必至構兵。屆時新疆邊外，必受波及之纍。且兩國必有一勝，勝則更難免乘勢侵佔。爲今之計，但求英俄各守本界，則中國西邊，亦稍免多事。刻下專候印督回電，未知能否就範。即使此事幸而完結，在我亦宜早設法，自固藩籬。聞外部函告華爾身，有言興都哥士山北，如中國自能整理，原無須英人越境遠謀。帕米爾正在山北，而坎則通帕之道也。查中國一統輿圖所載，回疆之外，分別回部名目，凡哈薩克、布魯特各種，均爲中國轄部無疑。自咸豐年間內地多事，未遑遠略。俄人因於中亞細亞境內，盡收諸部。英之印度，向以阿富汗爲屏蔽，其注意防俄者，乃在阿富汗以北。近年中俄分界既定，英人乃覺阿富汗以東，與俄相隔甚近，俄稍得勢，即可直窺印度。客歲所送帕米爾地圖，其是否意存嫁禍？抑或冀我

---

① 丁鳳麟、王欣之編：《薛福成選集》，上海人民出版社 1987 年版，第 294—296 頁。

之枝格其間，而俄之競心稍戢？或明知我未必收受，然後彼自取之，乃爲有辭？三者均未敢懸揣。但就鄙見測之，帕、坎兩事，似已牽合爲一。若英知我意不在帕，彼以自籌保護爲言。中國既難力阻，更非口舌所能爭。而坎部存亡，終在不可知之數。然此猶僅一小端，而後患之大者，則不可勝言矣。竊思鈞署統籌全域，於俄英交涉之情形，既多成案可稽，即新疆邊界之事勢，亦可函電查問。似宜通盤合計，斟酌一大中至正之道，速定辦法。即帕米爾一事，亦當妥籌所以應之。則彼疑竇既釋，可免枝節叢生。或又謂帕米爾以外，如什克南等處，似未必非中國之地。若我但受帕，則帕以外轉皆棄之，而英坐享其利，未免得不償失。然莫如乘此機會，索性與英理論，兼索什克南等處。彼若不允，則我更有詞矣。大抵此等不毛之地，收之則猶獲石田，去之則慮撤門戶。總之，兩利相形，取其重者；兩害相形，取其輕者而已矣。近者各部落之於中國，亦尚喁喁内向，有不願服屬外國之意。因勢利導，整頓聯絡，未始非策。管蠡之見，不敢不罄其愚。伏乞回明堂憲爲禱。手此，再叩勳安。正月二十七日。[①]

【案】光緒十七年七月十二日，總署爲了結英兵侵擾坎部致電出使大臣薛福成，曰：

密疆撫文函：喀什道稟：英兵現侵坎巨提，部落酋目告急，請詢外部搆釁情形，作何了結，電復。文。[②]

【案】光緒十七年七月十五日，總署爲坎部受英侵擾事致電北洋大臣李鴻章，曰：

密"願"電悉。坎巨提如逃竄到境，即照來函辦法，令該部人衆暫駐卡外，略予賑恤。加意防範約束，勿任入境滋事。一面照會英領兵官，詢問起釁之由，暫不加兵，中國絕不袒護，彼此知會，商議酌辦。現在如何情形，隨時電報。餘詳文牘，希轉電魏護撫。咸。[③]

---

① 丁鳳麟、王欣之編：《薛福成選集》，第353—354頁。

② 中國第一歷史檔案館藏：《電報檔・光緒》，檔號：2-02-12-017-0483。

③ 中國第一歷史檔案館藏：《電報檔・光緒》，檔號：2-02-12-017-0494。

[2]【案】光緒十八年正月初三日，新疆巡撫陶模以英兵入坎致電總署，曰：

敬肅者：據喀什噶爾道十七年十一月十八日稟：據坎巨提頭目報：英兵直入坎境，懇飭張旗官帶兵助戰。傳訊何故加兵？據稱英國欲該部修路，不允，因發兵，於十一月初二在卡外交戰，頗有捐傷，並呈英國答該頭目書，內有覬覦帕米爾之意，當飭布、回頭目並張旗官，派人查探再稟，已商董提督妥防。經前護撫批，坎巨提前次告急，查屬子虛。該部首鼠兩端，所稟仍難深信。即交兵屬實，亦照前批駐兵境上，禁其敗入。於卡外酌給食糧、帳棚，並照會英領兵官，詢問事由，妥爲排解，毋得擅開邊釁，等因。現飛飭各軍密訪，俟探復到日，再行酌辦、續報。陶模謹肅。①

【案】正月初七日，新疆巡撫陶模以坎部逃亡者暫住卡外並照會英方致電總署，曰：

敬肅者：竊坎巨提前報，英兵入境，已電呈。頃接喀什道臘月初五日報：英兵與那格爾交戰。嗣坎巨提部報，該部與英兵交戰。十一月二十八等日，坎部頭目及那格爾頭目共男婦五百餘人，逃竄塔墩巴什卡外。當商提督董福祥派弁，帶隊前往，令竄到人眾暫住卡外，並照會英兵官、印度總督，詢問緣由，等情。查該處距大小帕米爾不遠，亦應預防，已咨董福祥派隊駐紮邊卡。如英兵到境，按約理論，不得妄動兵戈。當否？乞示遵，另咨呈覽。陶模謹肅。②

【案】光緒十八年正月初八日，總署爲新疆妥辦坎巨提事致電陝甘總督楊昌濬，曰：

"東"電悉。坎巨提事，所擬辦法頗合，即飭遵照妥辦，隨時電知。嗣後要件宜用官電本，並註日期，希轉新疆撫。齊。③初九日，陝甘總督楊昌濬致電總署曰："齊"電已轉遞新疆撫矣。昌濬復。佳。④

---

① 中國第一歷史檔案館藏：《電報檔·光緒》，檔號：2-02-12-018-0004。

② 中國第一歷史檔案館藏：《電報檔·光緒》，檔號：2-02-12-018-0008。

③ 中國第一歷史檔案館藏：《電報檔·光緒》，檔號：2-02-12-018-0010。

④ 中國第一歷史檔案館藏：《電報檔·光緒》，檔號：2-02-12-017-0010。

【案】光緒十八年正月十五日，總署爲查明坎部與英交戰緣由致電出使大臣薛福成，曰：

密疆撫電：坎巨提頭目報稱，英兵犯坎，於上年十二月初二日在卡外戰。據云：英欲坎修路不允，致起衅。續又電：英兵與那格爾部戰，又與坎戰。十一月廿八等日，坎部頭目、男婦五百餘人逃至塔墩巴什卡外。查上年七月尊處“篠”電，英外部謂克什彌爾築礮臺，近坎境，非侵坎。今則明是侵坎，請即詢詰外部，因何開衅，遽爾交兵？先行電復。咸。①

【案】是年正月十八日，新撫陶模以探得坎部情形致電總署，曰：

坎部情形，前經電達。頃據喀什道去臘十八稟：探英兵元自哪格爾，諭令與坎修路，通帕米爾，坎助兵阻擋，哪不勝，英遂據哪。旋據坎逃眾現自色勒庫爾，該頭目擬奔俄求援，業爲提防，不令他適，等情。查坎屬中已久，該頭目縱有不足，豈能任英佔據？且英意在帕米爾，保坎即以保帕。俄人亦意在此，拒英即以拒俄。應懇大力主持，與公使理論，作何了結，示覆照辦。餘另牘咨呈。肅此。陶模。②

【案】光緒十八年正月二十日，出使大臣薛福成爲英兵與坎部交戰緣由致電總署，曰：

“咸”電詰外部。據云英兵修路通至礮臺，坎合那格爾攔阻，英兵攻之。坎酋出奔，揚言借俄兵恢復。印督以坎酋弒父虐民，不能還，議立其子，尚未定，鈞署再向華使堅持，或辦到。成，皓。③

【案】是年正月二十四日，新撫陶模以探得英兵駐坎情形致電總署，曰：

頃接喀什道去臘二十二日探報：英伐哪，囑坎勿助。坎竟往助，未戰而逃。英入哪，另立頭目，留兵百餘，駐坎城外，似觀望中國舉動。擬將哪、坎逃眾分次送回，并照會英官，等情。查哪本屬英，自應遣去。坎眾回去，如英退地，許復其舊，彼此益敦和誼，另咨呈覽。陶模謹肅。④

---

① 中國第一歷史檔案館藏:《電報檔·光緒》，檔號：2-02-12-018-0022。

② 中國第一歷史檔案館藏:《電報檔·光緒》，檔號：2-02-12-018-0024。

③ 中國第一歷史檔案館藏:《電報檔·光緒》，檔號：2-02-12-018-0028。

④ 中國第一歷史檔案館藏:《電報檔·光緒》，檔號：2-02-12-018-0034。

【案】光緒十八年二月初六日，出使大臣薛福成爲派員會辦坎巨提事務致電總署，曰：

派員會辦一說，彼謂戊子年華使照會，早聲明坎事，當時並未駁回。中國向不管坎事，今忽欲管，未免多走一步。旋聞印督回電，願存坎而立其子，外部並不來告。及往詢，則云：因有續議，難送回音。大有并賴前議意。俟晤沙侯，再力爭。成，微。[①]

【案】二月初九日，新撫陶模以英兵仍佔坎地、難民懼不敢回，密電總署，曰：

密此間擬送哪坎逃眾歸部，業經電達並奏咨在案。頃據喀什道正月初九稟報：已送哪民一起出卡，英現派哪人充坎頭目，城卡分駐兵丁。該頭目懼不敢回，擬飭莎車州看管，以免他適。令其地帶領難民回坎。又稱英族愛烏罕在什克南運糧屯兵，俄亦在阿拉依運糧屯兵，均爲帕米爾。已派馬隊往棃蘇滿，等情。查英、俄愛部舉動，虛實尚未可知。惟坎被英佔。該道接英官覆文，並無退地之意，應懇鼎力向英使理論，迅電示遵。餘詳另牘。陶模謹肅。[②]

【案】光緒十八年二月十七日，出使大臣薛福成爲派員與英會立坎部新酋致電總署，曰：

英人狃越、緬前樣，不願我預聞坎事，殊難以口舌爭。現始允我派員會立新酋，後不爲例。恐其翻改，允以此次由彼請我派員，後來查照向章辦理。惟派員宜速，免彼以不久待爲詞，須電喀道，派員尤捷。成，銑。[③]

【案】光緒十八年二月二十二日，總署爲辦理會立坎酋等事致電陝甘總督楊昌濬，曰：

請急遞轉陶撫："江"電悉。前發"東、陽"二電，計已達。俄國已得本署覆信，或不遽爭。惟許使來函，合以英館地圖，蘇滿地名乃是撒馬塔什，已在中國舊管界外，何時新拓？尊處有無案據、御碑，足資辯

① 中國第一歷史檔案館藏：《電報檔・光緒》，檔號：2-02-12-018-0054。

② 中國第一歷史檔案館藏：《電報檔・光緒》，檔號：2-02-12-018-0065。

③ 中國第一歷史檔案館藏：《電報檔・光緒》，檔號：2-02-12-018-0084。

論，猶嫌未足。英使來述，本國電但云改立坎酋族人，未必即是其子。來咨謂：坎酋自取禍，失人心，故改立。我可不爭，惟電內語意有數端，與辯，彼允電詢再覆。坎事大致就緒，希速派員至色勒庫爾。如彼照會未來，即遣送信，約期到坎。諸須相機行事，但期無傷體制，不可務與爭權；告新酋以兼屬之部，須要敬恭兩大。此後貢金、賞緞，歲如舊例。坎事定，再議帕事。俟再電。養。同日，收陝甘總督電："養"電已飛遞陶撫矣。謹覆。漾。①

[3]【該衙門知道】此"硃批"據原件補。

[4]【光緒十八年二月二十四日，奉硃批：該衙門知道】此據《隨手檔》②校補。

【案】此摺於是年二月二十四日得允行，《清實錄》：

癸丑，甘肅新疆巡撫陶模奏，英兵由哪格爾入回部坎巨提，坎巨提頭目賽必德哎里罕與哪格爾頭目烏孜爾罕率眾竄至色勒庫，已妥爲賑撫，並擬照會英官排解送歸原部。下所司知之。③

○○二　禁止漢人重利放債摺

光緒十八年三月初八日（1892年4月4日）

頭品頂戴甘肅新疆巡撫陶模跪[1]奏，爲漢人重利放債，盤剝纏民，請照內地民人與土司交往借債例，一律治罪，以蘇民困而除積弊，恭摺仰祈聖鑒事。

竊維新疆南路向稱繁庶，戡定後，加意撫綏，元氣猶未盡復。推原其故，固由纏民拙於謀生，實苦於漢人之重利放債。纏民只圖一時之便，不顧後患，議息不論年月，但按纏俗，每七日市集一次，每次取

① 中國第一歷史檔案館藏：《電報檔・光緒》，檔號：2-02-12-018-0095。

② 中國第一歷史檔案館藏：《軍機處隨手登記檔》，檔案編號：03-0272-1-1218-051。

③《德宗景皇帝實錄》，卷之三百八，光緒十八年二月，《清實錄》第56冊，第18頁。

息五六分不等，約計本銀一兩，每月取息在二錢以外。所放者多係貨物，作價本昂，數月之間，利即過本。纏民至愚，爲日既久，愈難清算，放債者任意開報，較之短票折扣，其弊尤甚。經年纍月，未有窮期，竟有賣妻鬻子、流爲盜賊者。雖經前任撫臣深悉其弊，疊次嚴禁，無如積習相沿，已成難返之勢。蓋放債者皆係刁蠻無賴之輩，非曾當營，即舊充丁書，欺壓愚懦，任意魚肉。各署丁役、通事復藉此漁利，互相朦蔽，纏民受害，不可勝言。光緒十六年十二月，吐魯番纏民阿不都熱以木等專尋漢人、燒殺慘斃三十六命一案，亦由平日放債積怨所致，其明徵也。臣再四思維，與其禁止盤剝流弊，終難挽回，不若不准放債，源清而弊自絕。查例載：內地民人概不許與土司等交往借債，如有違犯，將放債之人照偷越番境例，加等問擬。其借債之土苗，即與同罪，等語。南疆纏回與土苗情形相似，自應仿照辦理。惟積弊已深，未便遽繩以法，應請寬其既往，擬飭各地方官傳諭放債之人，開具借戶姓名，並本銀若干、息銀若干，秉公酌量。如得息不多者，按每月三分本利歸還；如陸續取息利過於本者，祇歸本銀。設利上加利、借債者又係赤貧，即免其還本。統限兩月內清結，通詳立案，嗣後再有漢人放債情事，地方官隨時查拏，照例詳辦。倘失於覺察，從嚴議處。定例既嚴，庶共知儆惕，盤剝之害當可永除，南疆地方自必漸有起色。臣爲保衛邊民生計起見，是否有當。謹恭摺具奏。伏乞皇上聖鑒，飭部核議施行。謹奏。光緒十八年三月初八日。

（硃批）：刑部議奏[2]。

光緒十八年四月十二日，奉硃批：刑部議奏[3]。

補證

【案】此摺原件①現藏於臺北“故宮博物院”，茲據校勘。

[1]【頭品頂戴甘肅新疆巡撫陶模跪】此前銜據原件補。

① 臺北“故宮博物院”藏：《軍機及宮中檔》，文獻編號：408002705。

[2]【刑部議奏】此“硃批”據原件補。

[3]【光緒十八年四月十二日，奉硃批：刑部議奏】此據《隨手檔》[①]校補。

〇〇三　會奏請設新疆北路電綫摺
光緒十八年三月二十三日（1892年4月9日）

太子少保頭品頂戴陝甘總督臣楊昌濬[②]、頭品頂戴甘肅新疆巡撫臣陶模跪[1]奏，爲擬設肅州至新疆省城電綫，並懇籌撥銀兩，以資應用，恭摺仰祈聖鑒事。

竊查光緒十五年，臣昌濬會奏請設西安至嘉峪關電綫摺内，聲明關外應如何籌費展拓，容與新疆撫臣議商辦理[2]。現在甘肅電綫業已竣工，新疆遠處邊陲，蒙、漢、回、纏及哈薩克布魯特各部落錯雜而居，西北緊與俄鄰，西南與英所屬諸部接境，遇有緊要文報，由省城遞至肅州轉電，動需旬日，似此聲息遲滯，竊恐貽誤事機。臣模上年路過天津，與北洋大臣李鴻章[③]面商，關外電綫亟應接辦。旋經蘭州，

① 中國第一歷史檔案館藏:《軍機處隨手登記檔》，檔案編號: 03-0272-2-1218-096。

② 楊昌濬（1826—1897），湖南湘鄉人。咸豐二年（1852），從羅澤南練鄉勇。四年（1854），發布《討粵匪檄》。十年（1860），擢知縣。十二年（1862），隨左宗棠剿辦太平軍。同治三年（1864），遷浙江布政使。八年（1869），擢浙江巡撫。後因葛品連身死案革職。同治十年（1871），赴甯波籌辦海防。光緒四年（1878），授甘肅布政使。九年（1883）補漕運總督，因中法戰爭爆發，旋授幫辦福建軍務，任閩浙總督，兼署福建巡撫。十四年（1888），調補陝甘總督，旋署福州將軍并副都統，賞太子少保銜。二十年（1894），加太子太保。二十一年（1895），循化民變，以“措置乖方”革職留任。十月，開缺回籍。光緒二十三年（1897），卒於長沙。著有《平浙經略》、《平定關隴紀略》、《學海堂課藝》、《五好山房詩稿》等存世。

③ 李鴻章（1823—1901），字少荃，安徽合肥人，優貢生。道光二十四年（1844），中舉人。二十七年（1847），中式二甲三十六名進士，改庶吉士。三十年（1850），授武英殿編修、國史館協修；從曾國藩遊，講求經世之學。咸豐三年（1853），辦理團練。五年（1855），以軍功賞知府銜，並戴花翎。六年（1856），以功保道員，請旨簡放，並加按察使銜。九年（1859），授福建延建邵道（未赴任）。同治元年（1862），署江蘇巡撫，旋實授，署辦理通商事務欽差大臣，兼南洋通商大臣。二年（1863），署五口通商大臣，晉太子少保銜。三年（1864），賞騎都尉，戴雙眼花翎，封一等肅毅伯，任江南鄉試監臨官。四年（1865），署兩江總督。五年（1866），授欽差大臣。六年（1867），調補湖廣總督，賞騎都尉。七年（1868），總統北路軍務，晉太子太保

與臣昌濬議及，意見亦同。查新疆地面遼闊，伊犁、塔爾巴哈臺、喀什噶爾南北分途，距省寫遠，一時驟難籌辦。擬先由肅州接辦至新疆省城，伊犁及南路等處要件均由此綫打報進關。其設桿處所由哈密經巴里坤，天山險峻，石路崎嶇，冬令雪深，巡守不易，不如由哈密經吐魯番以達省城較爲便益。惟新疆商務甚少，此項電綫專爲邊防而設，應照甘肅作爲官綫，籌款興辦。查上年自西安設至肅州，計二千九百餘里，估用銀二十萬兩；肅州至新疆省城三千二百餘里，程途既遠，戈壁又多，經費必須加增。現值庫款支絀，就地又無可籌，相應請旨飭下戶部暨總理各國事務衙門，籌款撥銀一十萬兩，交由李鴻章派員購辦電器，迅速西來，查勘綫路，以次安設，並於甘肅新疆儲存、四分平餘項下各動撥銀五萬兩，由臣等分飭肅州、安西、哈密、吐魯番、鎮西、迪化各州廳縣，預採材料，以備取用。各項經費核實動支，如有不敷，由臣等另行籌給，一併造銷。其打報、測量、巡守各人役，均照甘肅章程，酌量擬設。除養電、歲修各費並伊犁等處應否接續安設再行分別議奏外，所有擬設肅州至新疆省城電綫緣由，謹會同北洋大臣

（接上页）銜，擢協辦大學士。八年（1869），兼署湖北巡撫，督辦剿苗軍務。九年（1870），督辦陝西軍務，調直隸總督，攝長蘆鹽政，兼北洋通商事務大臣。十二年（1873），授武英殿大學士。十三年（1874），改文華殿大學士。光緒五年（1879），加太子太傅銜。六年（1880），巴西通商，以全權大臣訂約。八年（1882），丁母憂，服滿，駐天津督練各軍，並署通商大臣。九年（1883），署直隸總督，兼通商大臣。十年（1884），補直隸總督，兼北洋通商事務大臣、文華殿大學士。十一年（1885），授全權大臣，與法增減前約。十二年（1886），以全權大臣定法國通商滇粵邊界章程。二十年（1894），賞三眼花翎。二十一年（1895），抵馬關，與日訂約。旋任致賀俄國加冕頭等專使大臣。二十二年（1896），命直總理各國事務衙門，兼經筵講官。二十三年（1897），授武英殿總裁。二十五年（1899），調商務大臣，署兩廣總督。二十六年（1900），充議和全權大臣，總督直隸，兼北洋通商大臣、權長蘆鹽。二十七年（1901），充政務處督辦大臣，旋署總理外務部事。是年，卒於任，年七十有九。贈太傅，晉封一等侯，謚文忠。著述有《十八家詩鈔》二十八卷，《李文忠公遷移蠶池口教堂函稿》一卷，《海防要覽》二卷，《李文忠公全集》六種，《李文忠公全集》一百六十六卷，《李文忠公朋僚函稿》二十卷，《李文忠公電稿》四十卷，《經史百家雜鈔》二十六卷，《曾文正公大事記》四卷，《李文忠公海軍函稿》四卷，《李文忠公外部函稿》二十八卷，《通商約章類纂》三十五卷，《李肅毅伯奏議》十三卷；《李文忠公譯署函稿》二十卷，《李文忠公奏稿》八十卷，《三省黃河全圖》，《日清講和談判秘話》；修《欽定大清會典事例》一千二百二十卷，重修《畿輔通志》三百卷，監修《保定府志》七十九卷、《畿輔通志》三百卷等。

李鴻章，合詞恭摺具奏。伏乞皇上聖鑒訓示。再此摺係臣模主稿。合併聲明。謹奏。光緒十八年三月二十三日。

（硃批）：該衙門議奏[3]。

光緒十八年四月二十四日，奉硃批：該衙門知道[4]。

補證

【案】此摺原件①現藏於臺北“故宮博物院”，鈔件②藏於臺北“中央研究院”近代史所，茲據校勘。

[1]【太子少保頭品頂戴陝甘總督臣楊昌濬、頭品頂戴甘肅新疆巡撫陶模跪】原印本無此前銜，茲據原件校補。

[2]【案】光緒十五年九月二十一日，陝甘總督楊昌濬與陝西巡撫張煦會銜奏請擬設西安至嘉峪關陸路電綫，以速邊報，曰：

> 太子少保頭品頂戴陝甘總督臣楊昌濬、頭品頂戴陝西巡撫臣張煦跪奏，爲擬設西安至嘉峪關陸路電綫，以速邊報，恭摺仰祈聖鑒事。竊查近年東、南、北各省刱設電綫，遇有緊要事件，籌畫布置，消息靈通，瞬息千里，仍極機密，勿虞洩漏，辦理已著成效。惟西路尚未舉行，陝甘番民回撒雜處，時虞蠢動。新疆自收回伊犂之後，俄人往來絡繹，南路喀什噶爾與英屬北印度接壤，中隔布魯特、坎巨提各部落，交涉日繁。西甯、青海一路爲入藏間道，英人方議進藏通商，將來難保無事，極應節節預籌設綫通報，以期無誤事機。惟道里綿遠，需費過鉅，祇能爲分段接辦之計。臣昌濬今年正月過西安時，與臣煦論及，此事誠爲當務之急，旋即函商北洋大臣李鴻章，亦謂應即時推展，以期全局貫通。飭據總辦電綫事宜登萊青道盛宣懷籌議稟覆，擬請自直隸保定起，經山西太原由蒲州渡黃至陝西西安省城，歸中國電綫公司籌款興辦，作爲商綫；自甘肅蘭州省城至嘉峪關，歸陝甘籌款興辦，作爲官綫，俟商綫造至西

---

① 臺北“故宮博物院”藏：《軍機及宮中檔》，文獻編號：408002703。

② 臺北“中央研究院”近代史所藏：《總理衙門檔案》，館藏號：01-09-011-07-009。

安，責成該公司一手接造。計官綫驛路二千九百餘里，每里通扯約估需綫竿、機器、物料、工資等費銀七十兩，共需銀二十萬兩左右，明年秋間冀可告成，等語。准李鴻章咨會前來。陝甘庫儲極絀，籌款維艱。臣等與兩省司道往復計議，查前督臣譚鍾麟去年籌借河南等省賑款銀六十萬兩，奏明自十六年起，分四年歸還。倘二三年內陝甘或有要需，應悉數籌還，不能拘四年之限，等因。經戶部奏奉諭旨，咨行欽遵在案。今陝甘擬設電綫，需款孔急，自應照案咨請河南、安徽、兩江、山東等省，於十六年分先行提還銀二十萬兩，飭發該公司，趕速定購機器、物料，尅期興辦。餘仍分年解還，俾各省得以周轉。臣等一面遴派妥員，督同該公司查勘綫路，採購木竿，並擬於蘭州省城設立學堂，就近招集學生，教習打報、測量等事，以便撥用。所有一切經費，撙節動支，事竣核實報銷。此路電綫既設，西甯、青海一路，可以就近兼顧，新疆緊要事件可馳遞嘉峪關打報，較爲便捷。將來關外應如何籌費展拓，容昌濬與新疆撫臣劉錦棠、護撫臣魏光燾等，從容議商辦理。除保定至西安商綫應由北洋大臣會奏外，所有擬設西安至嘉峪關陸路電綫緣由，謹會同北洋大臣李鴻章，恭摺具陳。伏乞皇上聖鑒訓示，施行。再，此摺係臣昌濬主稿。合併聲明。謹奏。光緒十五年九月二十一日。①

光緒十五年十月初六日，奉硃批：著照所請，該衙門知道。欽此②。

[3]【該衙門議奏】此“硃批”據原件補。

[4]【光緒十八年四月二十四日，奉硃批：該衙門知道】此據《隨手檔》③及《總理衙門檔案》校補。

【案】是年七月，新疆巡撫陶模以新疆設立電綫需撥款項咨呈總理各國事務衙門，曰：

七月初六日，新疆巡撫陶模文稱：竊照本部院於光緒十八年三月二十三日，在新疆省城會列陝甘總督部堂楊前銜，由驛具奏，擬設肅州至

---

① 中國第一歷史檔案館藏:《硃批奏摺》，檔號：04-01-30-0503-001。

② 中國第一歷史檔案館藏:《錄副奏摺》，檔號：03-9437-027。

③ 中國第一歷史檔案館藏:《軍機處隨手登記檔》，檔案編號：03-0272-2-1218-108。

新疆省城電綫，應懇籌辦銀兩，以資應用一摺，前已移稿咨呈在案。茲於本年五月二十九日，准兵部火票遞回原摺，奉硃批：該衙門議奏。欽此。除欽遵另行外，相應恭錄咨呈，爲此咨呈貴衙門，謹請欽遵鑒照施行。[1]

【案】光緒十八年十一月初五日，欽差大臣爲擬設新疆電綫，以速邊報，具報曰：

欽差大臣直隸總督一等伯臣李鴻章跪奏，爲擬設新疆省城至喀什噶爾電綫，恭摺仰祈聖鑒事。竊查光緒十五年臣等會奏請設甘肅電綫摺內，聲明新疆自收回伊犁之後，俄人往來絡繹，南路喀什噶爾與英屬北印度接壤，中隔布魯特、坎巨提各部落，交涉日繁，應節節預籌設綫通報。惟道里綿遠，需費過鉅，祇能分段接辦，先將西安電綫展至肅州。本年三月，復因新疆遠處邊陲，遇有緊要文報，由肅州轉遞，動需時日，聲息遲滯，經總理各國事務衙門籌撥款項，由臣飭令電報總局購料鳩工，將肅州電綫展至新疆省城。八月間，定購外洋料物到滬，即派熟悉委員勘路，並催分運木料。已值冰雪凝凍，須開春二月後冰融，趕緊加工，約明歲五、六月告竣。迭准總理衙門函商，以俄使喀希尼屢次晤商帕米爾勘界，語極桀驁，將來作何歸宿，尚無把握。天山南路情形重於北路，境外零星回部，此後事變尚多。烏魯木齊去京八千數百里，喀什噶爾又去烏魯木齊四千里，文報過遲，即電詢事件亦往往逾月。若值邊情緊急之時，消息不靈，必致事機多誤。除關外電綫應飭如期趕辦外，其烏魯木齊西抵喀什噶爾電綫不通，仍形隔閡，應再籌款，乘此鳩匠興工之候，爲事半功倍之謀，一氣呵成，實於邊防大局裨益，等因。臣查係籌邊至要之圖，不可再緩。俄國都城東至伊犁、喀城等處如此寫遠，皆有電報，瞬息可通。我若仍賴驛遞，因應之間，必致遲速懸殊。即經督同總辦電報事宜津海關道盛宣懷按圖查核，關外電綫原擬由哈密經吐魯番以達新省，現議展線可由吐魯番至庫車阿克蘇，以達喀什噶爾城，約計三千八百餘里。道途愈遠，轉運愈難。戈壁崎嶇，工程艱鉅，所有運費、工費必更加增，且外洋料價均以金鎊核作銀兩，比較前辦黑龍江、雲貴

① 臺北“中央研究院”近代史所檔案館藏：《總理衙門檔案》，館藏號：01-09-011-06-004。

電綫之時，加至十分之三。聞木料尚可沿途砍伐，各營助以兵力，略可節省。仍照向章約估需銀二十八萬餘兩。現值庫款支絀，新疆瘠苦，斷難籌此鉅資。臣與總理衙門籌商，擬於江海關所存出使經費暨海軍衙門生息應還出使經費項下，各提銀十四萬兩，以資應用。如蒙俞允，應請旨敕下總理各國事務衙門、海軍衙門迅速照撥，由臣轉發盛宣懷，購辦電料，派員查勘綫路，於新疆電綫設成之後，即行一氣接辦；並由新疆撫臣陶模分飭沿途各州、廳、縣預爲採辦木料，按里分屯，以備取用。各項經費核實動支，如有不敷，由臣等另行籌給。除養電、歲修各費並伊犁北路應否續展再行分別議奏外，所有擬設新疆省城至喀什噶爾電綫緣由，謹會同陝甘總督臣楊昌濬、新疆巡撫臣陶模，合詞恭摺具奏。伏乞皇上聖鑒訓示。謹奏。光緒十八年十一月初五日。[①]

光緒十八年十一月初八日，奉硃批：著照所請，該衙門知道。欽此[②]。

【案】光緒十九年九月初十日，欽差大臣李鴻章爲展設新疆北路電綫事，具摺曰：

欽差大臣直隸總督一等伯臣李鴻章跪奏，爲籌辦展設新疆北路電綫，以速邊報而竟全工，恭摺仰祈聖鑒事。竊臣於上年十一月間，奏請接辦新疆省城及喀什噶爾電綫，聲明伊犁電綫再行續議接展。查新疆巡撫駐紮迪化，爲天山南北兩路總匯之區，南抵喀什噶爾，爲提督所駐，北抵伊犁，爲將軍所駐，並是極邊重鎮，與俄羅斯及各回部、英國屬境三面接壤，交涉之事日繁，南北兩路情形均極重要，亟應分設電綫，以期消息靈通。惟以道路綿長，需費較巨，衹可分段籌辦。前因帕米爾界務未定，南路邊報尤急，是以先議接辦喀什噶爾一路。現迪化電綫已於六月間竣工，喀線尅期趲辦，如一切應手，冬間計可蕆事。邊外設線以運料爲最艱，伊犁北路勢須展設，即應乘此接續趕辦，可省再舉之煩。臣與陝甘督臣楊昌濬、新疆撫臣陶模往返電商，意見相同；並接陶模電稱：迪化至伊犁官路一千五百里，捷路可一千一百餘里，運木之費約二

① 中國第一歷史檔案館藏:《硃批奏摺》，檔號：04-01-01-0987-080。

② 中國第一歷史檔案館藏:《錄副奏摺》，檔號：03-9437-082。

萬餘兩，以後迪、喀、伊三處養綫經費，每年約一萬五、六千兩，均應由新疆籌備。至歲修綫料，仍須多爲購儲，等語。當即督同總辦電報事宜津海關道盛宣懷，詳細籌議。此次迪、喀兩路電工經費並運購料物，係按照驛路估計，現經逐段量勘，乃知關外道里較内地稍爲短縮。該員等極力撙節，料、費兩項尚有存餘。計由迪至伊捷路一千一百餘里，即就存餘之料爲展接之需。惟運料愈遠，腳價愈昂，經費恐有不足，通盤詳核，短絀尚屬無多。但料物繁賾，設有要件不敷應付，無從購覓，便須停工以待；且設綫之後仍須籌備歲修，自應將一切用料從寬估計，運往存儲，不致臨時支絀。臣查所擬辦法甚爲核實，料物均出節省，款項無庸多籌。此綫接成，則新疆南北兩路一氣貫注，全局皆靈，更無偏而不舉之患，於邊防大局深有裨益。趁此封凍之前，飭令尅日添購料物，陸續運往，一俟喀綫工竣，即接續趕辦，委員、匠役俱係熟手，不須另調，事半功倍；並由新疆撫臣照案分飭沿途營、縣，預爲採購木料，按里分屯，以備取用。各項經費核實動支，如有不敷，另行籌給，事竣彙案報銷。其購運木料及常年養綫、修理等費應由新疆撫臣專案具奏外，所有籌辦接展伊犂電綫緣由，謹會同陝甘督臣楊昌濬、新疆撫臣陶模，合詞恭摺具陳。伏乞皇上聖鑒訓示。謹奏。光緒十九年九月初十日。①

光緒十九年九月十三日，奉硃批：該衙門知道。欽此②。

○○四　請停收庫車草湖羊稅摺

光緒十八年四月十八日（1892年5月14日）

頭品頂戴甘肅新疆巡撫臣陶模跪[1]奏，爲新疆庫車廳屬草湖羊稅，擬請停收，以紓民困，恭摺仰祈聖鑒事。

---

① 中國第一歷史檔案館藏:《硃批奏摺》，檔號：04-01-01-0993-051。

② 中國第一歷史檔案館藏:《錄副奏摺》，檔號：03-9437-090。

竊臣准戶部咨：據護理甘肅新疆巡撫魏光燾[①]咨稱：庫車廳歲收草湖羊稅弊竇叢生，請自光緒十七年起概行停止。查該省歷年奏銷各冊，草湖稅每年約收銀一千二三百兩，羊稅是否草湖稅中之一？至原咨聲稱弊竇叢生，自應嚴行剔除，毋庸遽請停止。如果纍民，亦應奏明辦理，等因。飭據署布政使饒應祺[②]詳覆前來。臣查庫車廳屬草湖，前撫臣劉錦棠[③]以足資護民牧放，飭司酌議羊稅，彙冊報部。原係試

---

① 魏光燾（1837—1916），字午莊，湖南邵陽人，魏源族孫。咸豐九年（1859），保以從九品選用。次年，保以縣丞不論雙單月選用，並賞戴藍翎。十一年（1861），保以知縣選用，加知州銜。同治二年（1863），保免選本班，以知縣儘先選用，旋保以同知留於浙江補用，加運同銜，賞戴花翎。次年，保免補本班，以知府仍留浙江遇缺即補。四年（1865），保以道員留於福建、浙江，遇缺即題奏，加揚勇巴圖魯勇號。五年（1866），加鹽運使銜。七年（1868），保以道員改留陝西，歸候補班儘先補用，旋改遇有陝西道員缺出，題奏補用，加西林巴圖魯勇號，並賞二品頂戴。次年，署甘肅平慶涇固道。光緒二年（1876），晉按察使銜。七年（1881），擢甘肅按察使。次年，署甘肅布政使。九年（1883）實授甘肅布政使。十年（1884），調補新疆首任布政使。十五年（1889），護理甘肅新疆巡撫。二十年（1894），隨幫辦軍務大臣湖南巡撫吳大澂赴遼東抗日，與日軍戰海城。二十一年（1895），擢雲南巡撫，同年，調陝西巡撫。二十五年（1899），署陝甘總督，次年（1900），實授陝甘總督。二十七年（1901），調雲貴總督。二十八年（1902），兼署雲南巡撫。十一月，調兩江總督。三十年（1904），調閩浙總督。三十一年（1905），褫職。宣統三年（1911），補授湖廣總督，以武昌兵變，未赴任。民國四年（1915），卒於里。曾出資刊印魏源《海國圖志》。有《勘定新疆記》、《湖山老人自述》等存世。

② 饒應祺（1837—1903），字子維，號春山，湖北恩施人。幼穎悟好學，試作渾天儀，旋轉合度；入縣學，中秀才，選貢生，咸豐九年（1859），由候補訓導薦爲國子監學正。同治元年（1862），中式舉人，任刑部江西司行走，授知縣。旋以丁父憂回鄉守制，後入湖廣總督李鴻章幕僚。六年（1877），至甘陝總督左宗棠軍中供職，隨左攻克金積堡、巴燕戎格等地，以軍功擢知府。光緒三年（1877），任同州（今陝西大荔）知府，興修水利。四年（1878），加鹽運使銜。十年（1884），授甘肅甘州（今甘肅張掖）知府，設紡織局、孤嫠所，捐廉俸購紡織機，州民穿用有餘。十一年（1885），升補蘭州道員，署按察使銜。十五年（1889），調補新疆喀什噶爾道員，後改鎮迪道，仍兼按察使銜。十七年（1891），署新疆藩司。十九年（1893），實授甘肅新疆布政使。二十一年（1895），以藩司署理甘肅新疆巡撫。二十二年（1896），擢新疆巡撫。二十八年（1902），調補安徽巡撫。次年，行抵哈密，因病出缺。賜恤如例。有《饒應祺文獻集成》（38冊）存世。

③ 劉錦棠（1844—1894），字毅齋，湖南湘鄉人。其父亲刘厚荣戰歿於嶽州，以報其父仇，隨其叔父劉松山转戰於江西，安徽、陝西等地，成爲老湘軍中後起的年青將領。同治三年（1864），幫辦老湘軍營務，遵例報捐縣丞。四年（1865），以軍功賞戴藍翎，擢知縣，加同知銜，旋賞換花翎。五年（1866），以同知直隸州遇缺即選。六年（1867），奉旨以知府遇缺即選，旋以道員遇缺儘先即選，加按察使、布政使銜，加法福靈阿巴圖魯勇號。同治九年（1870），其叔父廣東陸路提督劉松山陣亡，經陝甘總督左宗棠舉薦，加三品卿銜，總統劉松山舊部。十年（1871），破金積堡，捕殺馬化龍，得賞穿黃馬褂、雲騎尉世職。十三年（1874），署甘肅西甯兵備道。光

辦，其册内所稱草湖稅即係前項羊稅，羊稅外並無草湖别項稅銀，當因草湖距城窵遠，派員經理，徒資繁費，就近責成各鄉約，按羊抽收，儘數報解。日久弊生，勒取浮徵，不勝擾纍。疊飭地方官嚴查懲辦，該鄉約等恃其僻遠，查察有所不及，積弊迄難盡除。現計前項稅銀爲數無幾，卽按年徵收，究於公中無甚裨益。又，自十七年起，業經前護撫臣魏光燾飭令停止。若令仍照舊章，不特旋停旋收，辦理歧異，實於邊民生計不無妨礙。可否籲懇天恩，准將庫車廳屬草湖羊稅飭部仍照前案停止，以紓民困，出自鴻慈。除咨部外，謹恭摺具奏。伏乞皇上聖鑒訓示，施行。謹奏。光緒十八年四月十八日。

（硃批）：戶部議奏[2]。

光緒十八年五月二十一日，奉硃批：戶部議奏。欽此[3]。

補證

【案】此摺原件① 現藏於臺北“故宫博物院”，錄副② 藏於中國第一歷史檔案館，玆據校勘。

[1]【頭品頂戴甘肅新疆巡撫陶模跪】原印本無此前銜，玆據原件校補。

[2]【戶部議奏】此“硃批”據原件補。

[3]【光緒十八年五月二十一日，奉硃批：戶部議奏。欽此】此日期與内容，據錄副補。

（接上页）緒元年（1875），升補甘肅甘涼道員，調甘肅西甯道。二年（1876），率部攻克烏魯木齊，殲滅天山北路的妥明等部，封騎都尉世職。三年（1877），攻佔達阪、托克遜等城，迫使阿古柏懼罪自殺。隨後乘勝追殲阿古柏殘部，攻克庫車、拜城、喀什噶爾等地，賞雙眼花翎，以三品京堂候補。四年（1878），晉二等男爵，擢太常寺卿，授通政使司通政使。六年（1880），始幫辦新疆軍務，旋以左宗棠奉詔晉京，飭署欽差大臣督辦新疆軍務，統哈密及鎮迪道所屬文武地方官。七年（1881），擢欽差大臣督辦新疆軍務。八年（1882），收復伊犁，提出新疆建省方案。九年（1883），補授兵部右侍郎。十年（1884），清廷批准新疆建省，授首任新疆巡撫，加尚書銜，仍以欽差大臣督辦新疆事宜。擔任巡撫期間，執行左宗棠建設新疆的規劃，在修水利、獎勵農桑、改革軍事和田賦制度、修治驛道和城池等方面做出了重大貢獻。十三年（1887），署伊犁將軍。十五年（1889），回籍侍養，加太子少保銜。次年，晉太子太保。二十年（1894），晉一等男爵，贈太子太傅。未幾，卒於里。謚襄勤，予建祠。有《劉襄勤公奏稿》存世。

① 臺北“故宫博物院”藏：《軍機及宮中檔》，文獻編號：408002714。

② 中國第一歷史檔案館藏：《錄副奏摺》，檔號：03-6504-033。

〇〇五　廢黜坎巨提舊酋片

光緒十八年五月十三日（1892 年 6 月 7 日）

再英兵入坎巨提，頭目賽必德吱里罕率衆逃竄各情形，前經臣奏明在案。旋查該頭目及幫辦買賣塔力，均有不法情事，其弟買賣提艾孜木素得人心，飭署喀什噶爾道李宗賓，卽令帶領難民歸部，代理頭目事務，暫資鎮撫。嗣准總理各國事務衙門先後來電：英人以賽必得吱里罕悖逆不道，擬更立新酋，由中國派員會立，等因。當派補阜康縣知縣田鼎銘①迅赴該部，察看情形，會同英官妥商辦理。一面飭將賽必德吱里罕及買賣塔力分解來省，除俟解到訊取確供，並田鼎銘前往會辦詳覆，至日再行具奏外，謹附片陳明。伏乞聖鑒。謹奏。光緒十八年五月十三日[1]

（硃批）：該衙門知道[2]。

光緒十八年六月十六日，奉硃批：該衙門知道[3]。

---

① 田鼎銘（1846—1895），原籍甘肅通渭縣，寄籍安西，附生。光緒十七年（1891），署疏附縣知縣，旋補阜康縣知縣。二十一年（1895），因病出缺。關於其生平，光緒二十一年新撫陶模奏報其出缺一摺曰："頭品頂戴甘肅新疆巡撫臣陶模跪奏，爲實任知縣因病出缺，恭摺仰祈聖鑒事。竊准總統甘軍新疆喀什噶爾提督臣董福祥咨稱：總理甘軍營務處阜康縣知縣田鼎銘，於光緒二十一年六月十九日，在直隸保定府營次病故，等因。飭據布政使饒應祺詳稱：田鼎銘，年四十七歲，原籍甘肅通渭縣，寄籍安西，由州附生投效軍營，歷經保捐花翎同知銜，分省歸候補班前儘先補用知縣。十五年，留省候補。十七年，代理疏附縣知縣。是年六月，奏補阜康縣知縣，經部覆准。新疆城署各工案內彙保，俟補缺後，以直隸州知州在任候補。十八年五月，派赴坎巨提，會同英員更立摩韓美德拏星爲坎巨提頭目。新疆七載防戍案內彙保，俟補直隸州知州後，以知府在任候補，並俟得直隸州後，加知府頂戴。二十年，隨同董福祥進京祝嘏，旋派赴甘肅招募隊伍，督帶赴京，兹復隨同回甘剿辦回匪，於途次病故，應請具奏，等情。前來。臣覆查無異。謹會同陝甘總督臣楊昌濬，恭摺具陳。伏乞皇上聖鑒。所有阜康縣知縣係衝繁難三項要缺，例應扣留外補。再，此案改題爲奏。合併聲明。謹奏。十月二十五日。光緒二十一年十一月二十八日，奉硃批：吏部知道。欽此。"（中國第一歷史檔案館藏：《錄副奏摺》，檔號：03-5908-099）

補證

【案】此奏片原件[①]現藏於臺北“故宮博物院”，茲據校勘。

【案】光緒十八年二月二十四日，新撫陶模以辦理坎首領廢立事致電總署，曰：

密敬肅者：“養電”敬悉。適接喀什道正月二十三報：坎衆盡送歸部，並諭該酋弟買賣蘇木代理坎事，正副酋已解到喀，交營看管。聞該酋上年約俄國佔帕米爾，又聞俄於阿拉依運糧調兵，已商董提督添派馬隊往紮等情。查正副坎酋均極狡詐，屢次掠賣人口。又聞助哪殺傷英兵，未知確否，已飭取供，解省治罪。廢立一節，買賣蘇木素得人心，立子不如立弟，懇電薛星使與論，撤兵退地，作速了結。餘詳另咨。模肅，佳。[②]

【案】光緒十八年二月二十五日，出使大臣薛福成致電總署，曰：

華使□□[③]請勿認所論，此次派員會立，其尋常繼位是否由喀派員，應查向章，派則仍派，否則難援此次爲例。若非常之舉，必須會商中國，貢金、賞緞如舊。員未到不說名一節，彼允電印督，初議立子，因坎酋歸家出奔，乃言明選。其兄弟子姪，難豫定人。現與言立子更好。餘函詳。成，敬。[④]

【案】光緒十八年閏六月初一日，新撫陶模爲張鴻疇速往會立坎部新酋事致電總署，曰：

同日，收甘督轉疆撫電：頃准疆撫電開：初二，接許星使轉總署電：會立坎酋，英已知派張鴻疇，不便換員。田令官小，請仍派張往，隨帶二三十人。英定閏六月會立，宜速往。馬格里之子在喀，通華、英語，張可帶往，等因。遵即轉飭速往，懇電總署鑒覈。模，陽叩，等因。昌濬，有叩。[⑤]

---

① 臺北“故宮博物院”藏：《軍機及宮中檔》，文獻編號：408002719-1-A。

② 中國第一歷史檔案館藏：《電報檔·光緒》，檔號：2-02-12-018-0098。

③ 因字迹漫漶不清，無從辨認，故有疑。

④ 中國第一歷史檔案館藏：《電報檔·光緒》，檔號：2-02-12-018-0099。

⑤ 中國第一歷史檔案館藏：《電報檔·光緒》，檔號：2-02-12-018-0338。

【案】光緒十八年閏六月初五日，新撫陶模爲會立坎巨提首領事致電總署，曰：

收甘督轉疆撫電，閏六月初五日，陶撫文開：頃喀什道報，田令四月二十七日抵坎，晤駐坎英官，會立事不能作主，已函催格里格英官，約期舉辦。五月初九日，俄官帶數十人爲進駐讓庫爾，即朗庫里，爲俄赴帕必由之路。喀什至讓八百餘里，較帕境更近，愛目仍駐蘇滿，等情。甌脱之議，須速商，懇電總署鑒覈。模。冬叩，等因。昌濬叩，宥。[①]

【案】光緒十八年三月十五日，總署爲定坎部大局致電出使大臣薛福成，曰：

前與華使論坎事，並及三國各不佔帕之意，華使已電本國。今將帀月，英無電至，未解其故。恐華已調簡，不爲本國信任。月前已電疆撫，派員赴坎。尊處與外部所議，可否即據爲定？希復。三國之議，即須開議，已電竹使詢俄，希與英籌商即覆。咸。[②]

【案】光緒十八年三月十八日，出使大臣薛福成以坎、帕之事致電總署，曰：

坎事早定，靜候選定新酋信息。帕事值外部放假，兩旬後再議。成。篠。[③]

【案】光緒十八年三月二十三日，出使大臣薛福成以派員赴坎事致電總署曰："英接印度擬立坎酋弟摩韓美德拏星爲酋。據云喀道亦函薦之，請電飭員赴坎。成，養。"同日，總署致電陝甘總督楊昌濬曰：

請速轉疆撫，"梗"電悉。接薛使"養"電：英接印度信，擬立坎酋弟摩韓美德拏星爲酋，云喀道亦函薦之，請電速飭員赴坎。查二月"佳"電買賣蘇木代理坎事，素得人心，必即其人會立爲酋，可稱妥協。希照本署二月"養"電，速派員往。許使"皓"電，帕地各不佔之說，俄外部稱，俟撤兵事竣再商。前與喀使晤語，亦持長論。希查照本月"咸"電，速飭撤回爲要。漾。[④]

---

① 中國第一歷史檔案館藏：《電報檔·光緒》，檔號：2-02-12-018-0352。
② 中國第一歷史檔案館藏：《電報檔·光緒》，檔號：2-02-12-018-0130。
③ 中國第一歷史檔案館藏：《電報檔·光緒》，檔號：2-02-12-018-0143。
④ 中國第一歷史檔案館藏：《電報檔·光緒》，檔號：2-02-12-018-0162。

【案】光緒十八年三月二十六日，疆撫陶模爲坎酋廢立並勘繪帕境地圖致電總署，曰：

頃接新撫電開："青"電敬悉。坎酋廢立事，前經電達。該酋弑父虐民，若立其子，無以處該酋。李道前令酋弟買賣蘇木帶衆回坎，並知會印督，令任坎事。如能辦到，自應派員前往會立。帕米爾，中國止一處。洪星使碁發俄圖，將附近黑孜吉牙可卡之朗庫里、坎巨提交界之塔墩巴坂，均以帕米爾三字冠首，繪在中國界外，或俄人欲將帕米爾名稱冒佔中國地段，亦未可知。至蘇滿卡設在雅什里，帕米爾現有禦碑爲屬中確證。若將帕境作爲甌脱，須從雅什里庫爾湖以西議起，庶不失舊界。現飭委員春融入山勘繪，俟圖到另呈，並飭巡兵不准出卡。和闐南伊西里庫爾與建碑處之庫爾，名同地異，懇電總署鑒覈。模肅。儉。敬轉奉聞。晉祥代。咸。①

[1]【案】慣例奏片不署日期，故此日期僅見底本。

[2]【該衙門知道】此"硃批"據原件補。

[3]【光緒十八年六月十六日，奉硃批：該衙門知道】此奉旨日期與内容，據《隨手檔》② 校補。

【案】陶模此奏，旋於是年六月十六日得允行，《清實錄》："壬寅，甘肅新疆巡撫陶模奏，派阜康縣知縣田鼎銘，會同英官更立坎巨提頭目。下所司知之。③"

【案】光緒十八年閏六月十一日④，陝甘總督楊昌濬以英俄覬覦帕米爾、坎巨提，具摺奏請派員督辦新疆防務，曰：

陝甘總督臣楊昌濬跪奏，爲英俄交訌，邊事日棘，請特派大員督辦防務以固疆圉事。竊查新疆南路喀什噶爾地方，西北與俄交界，西南與英屬鄰界。光緒初年平定以後，前督臣左宗棠奏移提督駐紥是處，並設

---

① 中國第一歷史檔案館藏：《電報檔・光緒》，檔號：2-02-12-018-0168。

② 中國第一歷史檔案館藏：《軍機處隨手登記檔》，檔案編號：03-0272-2-1218-155。

③ 《德宗景皇帝實錄》，卷三百十二，光緒十八年六月，《清實錄》第56冊，第60頁。

④ 此具奏日期，據《軍機處隨手登記檔》（檔案編號：03-0272-2-1218-188）校補。

道州等官治之。誠以該處水土肥美，地勢險要，久爲英俄所窺伺，故計慮不得不周。其西北極邊以大小帕米爾爲要隘，布回部落居之，籍隸中屬，有乾隆年間御碑爲憑，相沿已久。其西南極邊以坎巨提回部爲最著，雖近爲中英並屬之區，亦尚足爲藩籬。曩歲劉錦棠受任疆撫，籌辦邊防，不遺餘力。其聲威素著，彼族懾服，積年相安。迨劉錦棠乞假回籍，英俄交涉事件日益加多，亦益掣肘。十七年夏間，遂有俄兵數百人攔入帕米爾境内之事。經前護撫臣魏光燾派員，率兵駐守界内卡隘，並電總理衙門力與俄使理論，始行撤兵而退。然猶以帕米爾地非中屬、必須會勘爲詞，是俄人覬覦帕地已有明證。不數月間，坎巨提頭目復爲英兵所逐，其勢洶洶，直將據爲己有。往返力爭，始允中國派員會立酋目。現在事雖了結，而英人方於坎境築臺置礟，修路屯糧，彼其居心亦何可測？近准新疆撫臣咨稱：帕米爾境地蘇滿一帶突被愛烏罕即阿富汗率衆侵佔，擄掠民人。查愛烏罕雖未明爲英屬，而與英交好有案，此次舉動必爲英人嗾使無疑。帕米爾一蕞爾部落耳，坎巨提亦一彈丸黑子耳，而英俄孜孜於此，意固不在坎與帕也。俄人狡悍，英人詭譎，自愛烏罕佔據蘇滿後，俄人前進佔讓庫爾地。頃復接撫臣電稱：俄兵又移軍而南，將據色勒庫爾。色勒庫爾乃莎車州轄境。目下藩籬盡失，一旦有變，喀什即難立足。喀什既危，則南疆全局震動，其患何堪設想！撫臣陶模公正廉明，優於吏治；軍旅之事，非所素嫻。臣有兼轄之責，而路途寫遠，文報往來，動須月餘。軍情變幻，豈能遙制？再四思維，實深焦灼。可否請旨特簡熟悉邊情、威望卓著之大員，督辦新疆南路防務，庶事機歸一，彼族亦有所忌憚。至於購備軍械，籌辦轉運，業與撫臣妥商，並由關内隨時接濟，辦理固不敢稍涉張惶，尤不敢坐誤事機。臣深受國恩，忝膺疆寄，值此時事艱難，何敢安於緘默！其詳細情形另由撫臣奏報。謹恭摺馳陳。謹奏。

光緒十八年閏六月二十四日，奉硃批：該衙門知道。[①]

【案】光緒十八年六月十六日[②]，出使英國大臣薛福成具摺奏請與英外部

① 王彦威等編：《清季外交史料》，書目文獻出版社 1987 年版，第 1532—1533 頁。

② 此具奏日期，據《軍機處隨手登記檔》（檔案編號：03-0273-1-1218-232）校補。

商定派員會立坎巨提頭目，曰：

二品頂戴出使英、法、義、比國大臣大理寺卿臣薛福成跪[①]奏，爲坎巨提回部被英兵攻擊，逐其頭目，迭與英外部商議，由中國派員會同英員封立新酋，以全兩屬體統，計可克期妥結，恭摺密陳，仰祈聖鑒事。竊臣查中國回疆之外，向有羈縻各回部，遠慕聲教，列爲屏藩。或雖未設官而正朔是頒，或雖未入貢而奉命維謹。稽之《西域圖志》，知八城邊外尚多屬地，即同治初年湖北所刻《一統輿圖》，實以康熙，乾隆內府輿圖爲藍本。臣嘗觀《一統圖》所詳疆域，參以《時憲書》所頒地名，則昔年中國所屬之回部，實已可得其梗概。惟自咸豐、同治年間，中國內寇不靖，未遑遠略。俄國既以兵力吞併浩罕、布魯特、哈薩克、布哈爾諸回部，擴地不下數千里。而巴達克山、魯善、什克南、瓦罕諸小部，則皆服屬於阿富汗。邇來阿富汗爲英屬國，英之大勢駸駸，由印度北向，有與俄國爭雄之意。而中國西邊之外，遂日以多事。即如坎巨提一部，近喀什噶爾南界，在蔥嶺西南。厥地縱橫數百里，戶口約近萬人，歲貢中國沙金一兩五錢，例賞大緞兩端。近年屬回之入貢中國者，只此一部。蓋即《新疆識略》之乾竺特，《一統輿圖》及《時憲書》之喀楚特，同音而異譯也。但不知何時又服於克什彌爾，亦歲有貢獻。而克什彌爾，今亦爲英之屬國。是以英之印度總督歲貼坎巨提經費，以助彼整理防務爲名，實隱收其內政之權。去年夏秋間，坎巨提已有赴喀什噶爾告急之舉，則以英人築一砲臺俯臨坎境也。臣於本年正二月間，疊承總理各國事務衙門電信，以英兵侵坎巨提，該頭目連戰不勝，率其逃眾詣卡外求援，屬臣以起釁情節詰英外部。臣詢知英兵修築一路，直貫坎境，北抵興都哥士大山，意在扼此隘口，以杜俄眾南侵，而保印度門戶。該頭目興師攔阻，爲英兵所擊敗，其所居之棍雜城亦被英兵占踞。臣與英相兼外部尚書沙力斯伯里晤商兩次，據稱並無滅坎之意，亦無阻坎入貢中國之意，只因坎酋罪惡甚多，輕慢英宮，不

① 此前銜據同日摺件校補。

得不示懲儆，等語。臣與總理衙門往返電商，妥籌辦法。因坎酋聲名素劣，勢難必使復位。該部既系兩屬之國，與專屬中國者又稍不同，只可酌就外部之辭，與之理論。外部語言閃爍，其初次存坎之說，既甚遊移，而必欲據坎之心，則甚堅韌。幸而窺彼隱情，頗以俄焰方張，亟思聯絡中國，不欲斂怨樹敵。臣得就此設法磋磨。而英廷措注東方事務，動須俟印度總督議覆核辦。最後稱選得舊酋之弟摩韓美德拿星可爲坎巨提頭目，擬請中國派員會同英員行封立之禮。已由總理衙門電告新疆巡撫，選派妥員前往。臣與外部商訂儀節，華員、英員共爲一班，克什彌爾系英屬國，該員位次應稍居後。行禮之期，初訂在閏六月二十三日，現展至七月二十五日。只須屆時彼此和衷妥辦，即可蕆事。此與英廷商辦選立坎酋之原委也。臣惟數十年來，西洋諸國日肆東封，俄辟琿春，英守香港，其初皆系中國之地。彼族知我中國疆土廣遠，向不計較尺寸，尤不力爭藩屬，乘間抵隙，競生無饜之謀。於是，日本滅琉球，法人取越南，英人翦緬甸。相率效尤，竟無底止。甚至有覬我朝鮮、睨我臺灣者，亦事勢使然也。英人之經營坎巨提，殆非一日。此次乘釁而動，彼謂蕞爾部落，中國必皮外置之。迨臣承總理衙門指示，斷斷與爭，稍出英人意料之外。彼既以立酋爲轉圜，我即可藉保小爲退步。雖選酋之柄隱屬於英，然既稍稍爭回體制，俾各國知兩屬小部，中國尚不肯舍棄，已稍變琉球、越、緬之前規，似於大局不無裨益。且俄、法諸大邦，見中、英交誼如是親睦，亦當稍戢其囂陵之氣矣。除詳細情形暨問答節略，已節次寄呈總理衙門外，所有中英兩國會立坎巨提頭目，計可克期妥結緣由，理合恭摺密陳。伏乞皇上聖鑒訓示。謹奏。[1]

光緒十八年八月初十日，奉硃批：該衙門知道。欽此[2]。

【案】同日，出使大臣薛福成又以英俄垂涎帕米爾應請設法勘界，附片曰：

再，中國回疆邊外有回部錯居之地曰帕米爾，山勢迴環，高原綿

① 丁鳳麟、王欣之編：《薛福成選集》，第454—456頁。

② 此奉旨日期與內容，據《軍機處隨手登記檔》（檔案編號：03-0273-1-1218-232）校補。

亙。其脈發自葱嶺，實爲大地最峻之脊。其土多磽薄，所以無著名部落，從前隸我疆域羈縻不絕者，十居八九。自俄英兩國分爭環伺，而迤北、迤西稍稍歸屬於俄，迤南小部則附於英屬之阿富汗。惟中路、東路久服中國，迄今尚喁喁內嚮。然既爲三大國出入之門戶，得之則可居高臨下，不得則失險受逼。近年以來，俄人頗盡力經營，注意在此。英人知俄之有深謀也，乃急起，而隱爲之防，迭派武員赴帕米爾遊歷，探訪情形。臣於去年七月接英外部送到秘密節略及地圖各一件，以劃清阿富汗邊界爲辭，其意欲使中國收轄帕境中間之地，勘明界址，以免俄人窺伺。臣即轉送總理衙門，未及核辦，適俄兵遊獵帕境，逾月即歸。聞俄外部告駐俄使臣許景澂，會同中國勘界分疆，惟英於帕米爾本無分地，不當使其與聞等語。竊思英藉保護阿富汗之名，遠涉帕境，其意本不在分地，而在防俄。英若分地，於事不順；而隱助中國以分地，則其事易成。英冀中國得地稍多，支格其間，形勢可隔。聞俄兵之南下，又慮中國未能速辦，今春乃有坎巨提之役。蓋修築坎路實以綢繆帕事也。臣前接總理衙門電信，擬以帕米爾作爲三國公共之地，各不侵佔。曾與英外部妥商，許景澂亦以此商之俄外部。兩國之意皆不甚以爲然，似難勉強允從。惟分地則俄改前說，英亦不乖本謀。臣前商之外部，已飭駐俄英使與俄外部商辦，據稱英俄須各派員赴帕米爾查勘，再行定議。夫前日俄人所以欲擯英者，以去英則中國較易商量也。今日中國所以願合英者，以得英則俄人稍有畏憚也。臣思伊犂定約以來，俄人所自指爲邊界者，已三變其說，每變則益徙。而今俄又派兵遊帕，據其自告英員，欲以郎庫里湖爲界，益與喀什噶爾等城相近。若不妥籌分界，臣恐俄人益肆詭謀，而英人亦漸生異志，事端百出，更費躊躇。今者作爲公地一說既不能行，惟有由總理衙門設法催俄勘界，勿使藉辭推宕，以期與英使在俄商辦之事適相浹洽，則一勞永逸當有把握。英雖不肯顯助中國以結怨於俄，然密通消息，稍持公論，實在意計之中，似亦可乘之機也。謹奏。光緒十八年八月初十日，奉硃批：該衙門知道。[1]

【案】出使大臣薛福成之奏，於是年八月初十日得允行，《清實錄》載之曰：

出使英法義比國大臣薛福成奏，坎巨提回部被英兵攻擊，逐其頭目，迭與英外部商議，由中國派員會同英員，封立新酋，以全兩屬體統，計可剋期妥結。又奏，回疆邊外，有回部錯居之地曰帕米爾，爲英、俄與中國三國出入之門戶，英、俄近頗注意經營。若不妥籌分界，恐俄人益肆詭謀，英亦漸生異心。應由總理各國事務衙門催俄勘界，以期一勞永逸。均下所司知之。[2]

【案】光緒十八年七月十八日，慶親王奕劻等奏報籌辦新疆西南邊外情形，曰：

總理各國事務慶親王奕劻等跪奏，爲籌辦新疆西南邊外情形事。竊以英俄覬覦帕米爾地方，迭經陝甘、新疆督撫先後馳奏在案。伏查帕米爾地名，載籍無徵，惟一見於乾隆年間《欽定西域圖志》，證以西國輿圖，帕米爾地勢南北斜亙，皆蔥嶺中間之地。其西有阿爾楚爾河、伊西洱、庫爾淖爾。乾隆二十四年，平定新疆南路，窮追回酋，至伊西洱、庫爾淖爾，三戰三捷，遂蕆大功。高宗純皇帝御製碑文勒依綽爾，恭案文曰：伊西洱，庫爾淖爾者，我副將軍窮追二酋，至拔達克山之界，以是《西域圖志・疆域門》指爲喀什噶爾西境外，地當日喀城邊卡，西境至玉斯屯阿喇閏什卡僅八十里，西南鏡之鄂坡勒卡僅一百二十里。道光年間，欽定新疆戰略，喀城西至烏帕喇特卡一百二十里，與布魯特部連界；西北至喀浪來卡一百五十里，未嘗及帕米爾。迨光緒年間收復新疆，劉錦棠始增設屯卡於舊界之外。十五年，又設蘇滿卡伊西洱庫爾北十里。是卡距喀城卡六百里，最爲窵遠，僅以布魯特回部人守之，未駐兵也。前年英使來議中英共分帕米爾地，當以英俄皆屬強鄰，帕米爾近接俄疆，恐啟事端，未允所請。上年，俄兵闌入帕地，經臣衙門責其兵越界，俄

① 王彥威等編：《清季外交史料》，第1538頁。

② 《德宗景皇帝實錄》，卷三百十五，光緒十八年八月，《清實錄》第56冊，第85頁。

即退歸。去冬，英兵入坎巨提，逐其頭目，意在窺伺帕地。疆撫因派馬隊數旗，巡壓帕境，駐於蘇滿。本年秋間，俄人遂謂七八年來，中國逐漸拓土，帕地亦有屬俄之處，未經勘界，中國亦不應駐兵。臣等公同商酌，竊謂先朝用兵西域之時，干戈所指，陸讋水慄，猶以險遠，不列版圖。今俄既有責報之詞，在俄當是息爭之計。出使大臣許景澂來書，亦慮援軍深入，後援難繼。因電疆撫退兵，而仍留蘇滿卡倫。俄復請我盡撤新設各卡，然後勘界，否則俄國亦將進兵據地，曉瀆不已。臣等慮其得步進步，堅未允撤，正相持間，愛烏罕之兵突至蘇滿，脅擄布回，甚且揚言東犯。查愛烏罕，今世通稱阿富汗，爲印度西北大部，前聽英人指揮，必係受其嗾使。據薛大臣覆電：已告英廷嚴飭阿酋，釋放布回，賠禮償卹。英亦應允。乃阿事未平，俄兵又進。據電報傳聞，西隊已與阿人戰於蘇滿，東隊則遊弋於朗庫里湖、阿克塔什，距我邊界漸近，意殊叵測。臣等已電屬疆撫，飭令防軍預爲戒備，堅守與持。一面責問俄使，並電許景澂詰俄外部，迫令退兵，勿稍鬆勁。竊念先駐蘇滿之兵，若不及早撤回，則俄阿戰事將自我啟之，轉難收束。阿雖佔地，而適致俄兵，蠻觸相爭，原可不問，但其東隊駸駸逼近邊境，亦頗可慮。雖據許景澂電稱，外部以阿佔地爲詞，兵難即退。至明知之，喀城等地必不可越等語，然亦未可深信。就目前情勢而論，固未可以邛荒絕徼、輕啟兵端，亦不可以彼族虛詞、稍疏邊備。臣等仍當電知許景澂，與俄外部切實辯論，以杜狡謀；並由臣衙門知照新疆撫臣，嚴飭現駐色勒庫爾、布隆庫爾各營，慎固邊防，毋挑邊釁。謹奏。

光緒十八年七月十八日，奉硃批：知道了。①

【案】同日，慶親王奕劻等以帕米爾介於三國邊境應於烏孜別里往南劃分，附片曰：

再，帕米爾地處荒遠，而爲印度東北屏蔽。俄謀印度，匪伊朝夕，故英俄在所必爭。俄得是地，我害爲輕，英害爲重；我得是地，增兵轉餉，歲費不資，敝我力以固英圉，亦非勝算。臣等再四籌度，曾爲三國

① 王彥威、王亮、王敬立編:《清季外交史料》，第1534—1535頁。

各不侵佔之稅，英頗樂聞，俄則謂地屬中俄，但應兩國勘分，與英無涉。議遂中輟。伏查光緒十年，沙克都林札布會同俄官，勘定喀什噶爾界約內載：兩國界綫至烏孜別里山谿爲止，俄國界綫轉向西南，中國界綫一直往南。所有界綫以西及順該處河流之西，歸俄國屬轄；其界線以東及順河流該處之東，均歸中國屬轄。約內界限卻未勘定。當時邊外情形未得善圖，莫知底藴。比洪鈞奉使至俄，譯成《中俄界圖》，方知烏孜別里之南，東西橫亙皆是帕米爾地，喀約所謂中國界綫應介乎其間，今日俄人爭帕之根，早伏於喀城定約之年。劉錦棠添設境外卡倫，意在展拓邊防，無如喀約既有成說，已屬無益。惟照《中俄界圖》，南北經度斜綫自烏孜別里一直往南，尚可得帕米爾之少半，較諸乾隆、道光年間舊界，已稍展拓。現揣俄阿交鬨，阿非俄敵，其潰必速。阿人既去，俄人或可早歸。必須俟其退兵，乃可與之議界。甌脫之謀不遂，勢不能不事勘分。臣等更當與疆臣竭力圖維，爭得一分即是一分之益。謹奏。光緒十八年七月十八日，奉硃批：知道了。①

○○六　請旌昌吉縣節婦摺

光緒十八年六月十九日（1892年7月12日）

頭品頂戴甘肅新疆巡撫臣陶模跪[1]奏，爲節婦年例相符，懇恩旌表，以維風化，恭摺仰祈聖鑒事。

竊據署新疆布政使饒應祺詳：准署鎭迪道兼按察使銜周崇傅②

---

① 王彥威、王亮、王敬立編：《清季外交史料》，第1535頁。

② 周崇傅（1830—1892），字少白，號子岩，湖南零陵人，有文武才。同治元年（1862），舉京兆鄉試，觀政兵部。七年（1868），中式進士，入翰林，散館授編修。光緒元年（1875），改授中書，旋隨左宗棠進軍關外，參與決策，督辦軍需，收復新疆，以功績卓著，賞戴花翎。權攝鎮迪道篆、高平等處觀察使。八年（1882），又隨左宗棠到江蘇、浙江，整飭鹽綱，處鹽場腥膻之地而兩袖清風，以廉潔爲時人所稱。旋乞歸永州，主講蘋州書院。後起爲喀什噶爾兵備道，署理鎮迪道兼按察使銜。

咨：據署廸化府知府黃丙焜[①]詳：據署昌吉縣知縣任兆觀[②]詳：轉紳民徐學功等禀稱：該縣節婦馬氏，秉性淑慎，適民人徐得學爲室，内外無間言。咸豐四年，得學病故。馬氏年二十六歲，家貧，二子尚幼，氏矢志撫孤，藉鍼黹自給，不妄稱貸。旋爲子擇配，以重宗祀。現年六十四歲，計守節三十八年。又，節婦徐氏，係民人何芮生之妻，恪盡婦道。同治三年，芮生病故，遺孤子二。徐氏年二十七歲，時值兵燹，家道貧寒，有勸其適人者，徐氏以死自誓，茹苦含辛，撫子成立，鄉里賢之。現年五十五歲，計守節二十八年。職等誼屬戚族，見聞較確，未便聽其湮沒，出具甘結，由縣查造事實清冊，依次加具印結，轉詳前來。臣查定例：直省節孝婦女應旌表者，由該督撫、學政會同具題，並取具册結，送部覈議題准後，令地方官給銀三十兩，聽本家建坊，等因。兹節婦徐馬氏、何徐氏年例均屬相符，合無仰懇天恩敕部覈議，照例旌表，以彰苦節而維風化。除將册結咨部查照外，謹會同陝甘總督臣楊昌濬、甘肅學政臣蔡金臺[③]，恭摺具陳。伏乞皇上聖鑒訓示。再查禮部奏，嗣後各省貞孝節烈婦女應照例具題，不得違例奏請，

---

① 黃丙焜（1838—1919），字雲軒，湖南長沙縣人，附貢生。光緒二年（1876），隨前大學士左宗棠出關，歷保知州、直隸州知州。八年（1882），借補吐魯番同知。十二年（1886），調署疏勒直隸州知州。十五年（1889），調署迪化府知府。十七年（1891），升補伊犁府知府。十九年（1893），調署阿克蘇道。二十五年（1899），調署伊塔道。二十九年（1903），補阿克蘇道，調署鎮迪道兼按察使銜。經伊犁將軍長庚、馬亮兩次奏保，奉旨交軍機處記名，請咨併案送引。三十三年八月（1907），由吏部帶領引見，蒙恩召見一次。次年（1908）二月初九日，奉旨發交北洋大臣差遣委用。九月初三日，奉旨調補四川成棉龍茂道，蒙恩召見一次。九月二十七日，奉旨調補四川建昌道。辛亥後，去官，民國八年（1919），卒於里。

② 任兆觀（1848—？），雲南昆明縣人，附生。同治九年（1870），中式本省鄉試舉人，經吏部以知縣註冊揀選，以軍功奏保，以知縣不論雙單月，儘先選用。光緒七年（1881），隨同伊犁參贊大臣升泰出關，於辦理接收分界事務案内奏保，俟補缺後，以知州用，先換頂戴。十二年（1886），留新疆試用。嗣經伊犁將軍色楞額保奏，補缺後以同知補用。十六年（1890），署昌吉縣知縣，十九年（1893）署阜康縣知縣。二十一年（1895），實授斯缺。二十四年（1898），丁母憂，回籍守制。二十六年（1900），服滿起復。二十七年（1901），署綏來縣知縣。二十九年（1903），補授鎮西廳同知。三十一年（1905），丁父憂，回籍守制。

③ 蔡金臺，生卒年不詳，字燕生、燕孫，江西九江府德化縣人。光緒十二年（1886），中式進士，改庶吉士。十五年（1889），任翰林院編修。十七年（1891），升補甘肅學政，湖廣道監察御史。三十年（1904），任會試同考官。

等因。新疆行省初設，應題案件均未能照例辦理。合併聲明。謹奏。光緒十八年六月十九日。

（硃批）：著照所請，禮部知道[2]。

光緒十八年閏六月二十六日，奉硃批：著照所請，禮部知道。欽此[3]。

補證

【案】此摺原件①藏於臺北"故宮博物院"，錄副②現藏於中國第一歷史檔案館，茲據校勘。

[1]【頭品頂戴甘肅新疆巡撫陶模跪】底本無此前銜，茲據原件校補。

[2]【著照所請，禮部知道】此"硃批"據原件補。

[3]【光緒十八年閏六月二十六日，奉硃批：著照所請，禮部知道。欽此】此據錄副校補。

〇〇七 報英俄兩國派兵越界摺

光緒十八年閏六月初一日（1892年7月24日）

頭品頂戴甘肅新疆巡撫臣陶模跪[1]奏，爲英、俄前爲帕米爾③地

① 臺北"故宮博物院"藏：《軍機及宮中檔》，文獻編號：408002722。

② 中國第一歷史檔案館藏：《錄副奏摺》，檔號：03-5555-090。

③ 帕米爾，古稱不周山，最早見於《山海經·大荒西經》："西北海之外，大荒之隅，有山而不合，名曰不周。"即今日昆侖山西北部的帕米爾，漢朝就以"蔥嶺"相稱。漢朝國力強盛，中原開始大規模對外通商，商人沿絲綢之路往來地中海各國，必須穿越帕米爾高原。唐代又出現了一個新名字"帕米爾"。清代，帕米爾之名已完全取代了歷代使用的其它名稱，並按照自然地理狀況，將帕米爾分爲"八帕"。由北向南依次爲：和什庫珠克帕米爾、薩雷茲帕米爾、郎庫里帕米爾、阿爾楚爾帕米爾、大帕米爾、小帕米爾、塔克敦巴什帕米爾、瓦罕帕米爾。清朝在阿爾楚爾帕內立有記功碑，在各帕共建有八所卡倫，全境屬於中國所管轄。1890年間，由於俄國亟欲指染中國新疆，英國對西藏有野心，因此兩國簽定協定，由英國取得瓦罕帕米爾，俄國取得北部。1883年沙俄搶佔新疆7萬平方公里的土地後，1892年又出兵強行佔領薩雷闊勒嶺西部2萬多平方公里的土地。民國時期，無法對帕米爾有效統治，但始終將帕米爾高原西邊的噴赤河視爲是中國的極西點。

越入各卡，現探俄兵擬向色勒庫爾進發，謹將辦理情形恭摺密奏，仰祈聖鑒事。

竊維新疆沿邊一帶，毗連外部。光緒十年，巴里坤領隊大臣沙克都林札布[1]會同俄官，勘分南疆邊界，至烏斯別里山止，其南爲大小帕米爾，在喀什噶爾界外，向未勘分。嗣雖設立卡倫，以布魯特巡守，其地仍歸布魯特遊牧。就帕米爾各地形勢而論，讓庫爾迤北與俄相近，蘇滿西南與阿富汗相近。上年冬間，英兵欲修路通帕米爾，遂入坎巨提，經臣奏明在案。旋據探報：阿富汗部數十人前來蘇滿，俄亦遣人至讓庫爾，各脅布、回爲之服役。臣以帕米爾各地僻在窮荒，俄欲得此以窺印度，英欲得此以爲屏蔽。英與該處窵隔。阿富汗人之至蘇滿，是其主唆；俄人之來讓庫爾，似亦知其隱謀，而預爲布置。英、俄相持意各有，在入卡人數均屬不多，當咨商喀什噶爾提督臣董福祥，派弁理阻，並撥營旗，擇要扼紮，以備不虞。旋准總理各國事務衙門電稱：英、俄非與我搆釁，暫應靜鎮，等因。誠以彼族互相猜忌，兵端不宜自我而開也。頃據署喀什噶爾道李宗賓稟報：探聞俄馬步一千八百餘人，擬向色勒庫爾進發。查色勒庫爾離莎車州八百餘里，係我近邊布魯特屬部。俄爭帕米爾而欲進駐該處，情形實屬叵測，臣固不敢輕肇釁端，有槩大局，亦不敢稍懷疑沮，致誤事機。現查離疏勒州五百餘里之布隆庫爾，形勢扼要，已由董福祥派兵駐守，保固門戶；並飭莎車協營撥兵進駐色勒庫爾，仍於後路屯兵運糧，以爲聲援。其各險要處所，均經飛咨提臣妥爲調度，務合機宜，仍飭各將弁遇事持重，不得輕進，仰副朝廷眷念邊陲之至意。除俟得該處續報再將詳

---

① 沙克都林札布（1842—1897），字振亭，庫楚特依巴圖魯。咸豐六年（1856），授騎都尉，兼雲騎尉。同治三年（1864），補二等侍衛，旋晉頭等侍衛。四年（1865），加副都統銜。十一年（1872），調馬隊全營翼長。光緒二年（1876），幫辦軍務。十年（1884），升科布多參贊大臣。十五年（1889），調補吉林副都統。十九年（1893），署吉林將軍。二十一年（1895），調甯古塔副都統。二十二年（1896），授琿春副都統，幫辦吉林邊防事宜。二十三年（1897），卒於任。

晰情形具奏外，所有英、俄越入帕米爾各卡，俄兵擬向色勒庫爾進發，辦理各緣由，謹恭摺密陳。伏乞皇上聖鑒訓示。謹奏。光緒十八年閏六月初一日。

（硃批）：該衙門知道[2]。

光緒十八年七月初二日，奉硃批：該衙門知道[3]。

補證

【案】此摺原件①現藏於臺北"故宮博物院"，茲據校勘。

[1]【頭品頂戴甘肅新疆巡撫陶模跪】底本無此前銜，茲據原件校補。

【案】光緒十七年六月十八日，總署爲探明俄兵欲佔帕米爾礮臺事致電出使俄國大使許景澂，曰："密新現聞俄副將格魯米希倭斯克帶馬步各三百、礮二尊，往新疆邊外西南帕米爾部，欲佔其礮臺，有無其事？希設法密探電覆，勿遽詞外部。巧。②"出使俄國大臣許景澂旋於八月初九日覆電曰："密叔使告，英外部聞俄兵借游獵，派人謀劃佔喀什噶爾界。旋詢外部，力言無之。擬請咨疆撫，密查確否。澄。庚。③"八月初十日，總署即致電陝甘總督楊昌濬曰："英使來言：喀城邊外帕米爾部有俄副將前往遊獵，意欲佔據。其地如係中國所屬，極願中國自保，勿棄於人。並稱英人曾將此事向喀城官員說過，現聞有武官張姓駐紮該部左近，等語。查地圖，大小帕米爾部在新疆邊外西南，向於中國有無往來，若明言非我所屬，則俄縱不佔，英亦生心。望即遴員，酌帶弁兵前往巡歷，察看情形，與其部長聯絡羈縻，俾好備爲我用，免爲他人所併，並將辦理情形速覆。此電希照錄飛遞護撫。蒸。④"同日，總署爲帕事致電出使俄國大臣許景澂曰："新英使言：俄確有副將遊獵帕米爾，意欲佔據。其地如係中國所屬，極願中國自保，勿棄於人，等語。該部是否屬華，無可考證，然若明言非我所屬，則我縱不佔，英亦生心。現電魏護撫，派

① 臺北"故宮博物院"藏：《軍機及宮中檔》，文獻編號：408002725。

② 中國第一歷史檔案館藏：《電報檔·光緒》，檔號：2-02-12-017-0396。

③ 中國第一歷史檔案館藏：《電報檔·光緒》，檔號：2-02-12-017-0576。

④ 中國第一歷史檔案館藏：《電報檔·光緒》，檔號：2-02-12-017-0578。

員巡歷，設法羈縻。希告俄外部，以帕米爾係我屬部，傳聞俄副將遊歷其地，攜帶兵礮，究是何意？並請其確查有無其事，即電覆。蒸。[①]”

【案】光緒十八年正月二十二日，總署爲帕米爾事致電出使英國大臣薛福成，曰：

密“皓”電悉。續據疆撫電：英令哪格爾與坎修道，通帕米爾。坎、哪合兵拒英不勝，英遂據哪。現坎逃眾已至塞勒庫爾，該頭目欲犇俄求援，業爲隄防，不令其往。據此，則英外部之言顯有掩飾。坎酋實欲奔俄請援，並非揚言。查坎入貢中國已久，該酋即有不是，英應與我會商，豈宜竟自加兵且謀廢立？上年“篠”電，英欲我防俄佔帕米爾，旋因俄兵入帕，電知竹使告俄外部，即允撤兵，並云轉告該督，以後勿令弁兵越界。今英侵坎，浸將及帕，俄人焉肯默爾而息？疆撫謂“英意在帕，保坎即以保帕；俄意亦在帕，拒英即以拒俄”，實爲確論。本署與華使堅持，恐華使無權阻止，希向外部辯論。英如佔坎，俄必佔帕，我無詞拒之。廢立之事，更應會商，速止其兵，勿待俄人有詞也。即覆爲盼。養。[②]

【案】光緒十八年正月二十五日，出使英國大臣薛福成爲英在帕米爾立界牌、修墩臺、派兵巡歷等事致電總署，曰：

“養”電遵，詢外部，似疑我置帕米爾度外，乃先動手。告以在帕立界牌、修墩臺、派兵巡歷，彼欣然稱：立電印督，妥商回覆。又云我受坎貢甚微，無管轄權，實非屬國。合先聲明，復與力辯，彼始無言。成，敬。[③]

【案】光緒十八年正月二十八日，出使俄國大臣許景澂爲帕歸屬事致電總署，曰：

新俄外部稱：得喀什噶爾領事信，中國調兵赴阿爾楚爾、帕米爾，其地不屬中國，應俟公商定界，已電咯使向鈞署，請飭停調，等語。阿爾楚爾即洪圖雅什里、帕米爾，按圖已在喀城舊界以外。近考新疆文稱，蘇滿外卡，似在其地。澄，沁。[④]

---

① 中國第一歷史檔案館藏：《電報檔・光緒》，檔號：2-02-12-017-0579。

② 中國第一歷史檔案館藏：《電報檔・光緒》，檔號：2-02-12-018-0031。

③ 中國第一歷史檔案館藏：《電報檔・光緒》，檔號：2-02-12-018-0037。

④ 中國第一歷史檔案館藏：《電報檔・光緒》，檔號：2-02-12-018-0042。

【案】光緒十八年二月初二日，總署爲帕米爾三國不佔事致電陝甘總督楊昌濬，曰：

上年八月，“蒸”電囑魏護撫遴員，酌帶弁兵，巡歷帕米爾。昨陶撫函亦云派兵巡守。茲據許使電：俄外部謂，接喀什噶爾領事電，中國調兵赴阿里（爾）楚爾河、雅什里庫爾湖。其地不屬中國，應俟公商定界，請速停調。並據俄使來署，謂本國電稱：此事甚係兩國睦誼，請速撤兵。查派兵巡歷，原爲察看情形、聯絡羈縻之計。帕非俄屬，豈能阻我巡行？惟上年俄兵入帕，曾告外部阻止。今彼亦以此爲請，我若堅持不退，彼必又遣兵入帕，轉生枝節。希飛飭派出員弁，仍回原駐處所，勿事輕進。至帕地方爲英、俄注意，我先未收爲屬部，遽與爭地，難得確憑，且苦鞭長莫及。熟籌再四，莫如作爲三國各不侵佔之地較形利便。須俟坎巨提事辦妥，再及此事。特先密聞，即轉陶撫。[①]

【案】光緒十八年二月初二日，總署爲帕三國不佔事致電出使俄國大臣許景澂，曰：

英侵入坎巨提，疆撫慮其由坎入帕，遣兵出境巡歷，以免他虞。今俄即請我停調，即電疆撫撤回，以敦睦誼。英、俄皆注意於帕，將來事變正多，若作爲三國各不侵佔之地，或可相安。英頗樂聞。今俄既云公商，希略露此意探之。

【案】光緒十八年二月初二日，總署爲帕三國不佔事致電出使英國大臣薛福成，曰：

密“敬”電悉。坎事華使亦允電本國，未覆。疆撫派兵巡帕，俄得喀城領事電，即告竹使，並電喀使請我止兵。上年俄兵入帕，經我阻止。彼今以此爲報，我若遽進，俄兵又必入帕，轉生枝節，故電疆撫撤兵。“敬”電立牌、修墩等語，望勿再言。帕爲英、俄所爭，我則鞭長莫及。若作爲三國皆不侵佔之地，當可相安，已微露此意。華使亦樂聞。坎酋即有罪，能從寬不廢最善，必不得已而立其子，亦須新疆派員到坎會辦，

---

① 中國第一歷史檔案館藏：《電報檔·光緒》，檔號：2-02-12-018-0044。

庶稍收屬部之權。希與力爭，非與華使言及派員入坎，彼即申前說，欲在喀設官會議，當以此乃兩事駁斥而止，並聞。冬。

【案】光緒十八年二月初四日，出使俄國大臣許景澂爲帕三國不佔事致電總署，曰：

俄廷初疑我與英合，欲佔帕地，"東"電轉告，已釋然。各不侵佔一層，本已探過，但言俟商。容再留意。澄，江。

【案】光緒十八年三月十五日，總署爲帕三國不佔事致電出使英國大臣薛福成曰："前與華使論坎事，並及三國各不佔帕之議，華使已電本國。今將帀月，英無電至，未解其故。恐華已調。簡。"同日，又致電出使俄國大臣許景澂曰："喀使奉本國電促撤駐帕兵。希告外部，新疆未通電，故信遲。撤兵即在早晚，並希由俄綫電至俄邊，送喀什道轉呈疆撫。電云轉總署電：俄請我撤駐帕兵甚亟，恐生他故，希將先後派出之兵撤退。已電石帥轉達，恐遲誤，再由許使從俄綫轉電。十五日。新疆無紅字電本，請照舊本發。英已允我會立坎酋，大局可定。即須籌帕，希與商三國各不佔之說。彼意如何？即復。並已電叔使與英商。咸。"[①] 同日，總署爲速轉疆撫撤駐帕兵事致電陝西巡撫鹿傳霖曰："請錄電碼，飛遞固原電局，電致陝甘總督，請速轉疆撫：俄外部以華兵出紮帕境，疊請撤回。查其情形，若不見機而退，必起兵端。許使亦以我懸軍深入爲虞。刻下將以各不侵佔之說與商，非退兵則彼疑不實，於事無益有害，且我退兵，俄亦不敢遽行佔帕。希速飭令上年及本年派出之兵，一併撤回，切勿遲誤，致生邊釁。御碑之地留俟將來辯論。再，魏護撫文稱：大小帕米爾在什克南瓦罕部內，與中國無涉，去蘇滿不遠。貴撫文稱：蘇滿在兩帕米之西即建碑處。究竟此卡是否即在帕界，抑已越過帕境，殊不明晰。希查明詳示。咸。[②]"

【案】光緒十八年五月二十四日，總署爲英、俄垂涎帕米爾恐激事端致電陝甘總督楊昌濬，速電新疆巡撫靜鎮，曰：

"洽"電悉。阿兵至蘇滿，已電薛使，請英查復。頃俄使來言，俄兵

① 中國第一歷史檔案館藏：《電報檔 · 光緒》，檔號：2-02-12-018-0131。

② 中國第一歷史檔案館藏：《電報檔 · 光緒》，檔號：2-02-12-018-0134。

亦將進駐穆爾格阿布河，云係因我不肯盡撤邊外卡倫，故調兵屯紮，並非與我搆釁。據理力辯，伊允電告本國。惟英、俄皆尚力，兩國相忌已久，又均垂涎帕境，恐激成事端。我若張惶購械備兵，則是自挑外釁，希速電疆撫靜鎮，並飭沿邊文武，勿驚疑生事，切要！餘函布。敬。①

[2]【該衙門知道】此"硃批"據原件補。

[3]【光緒十八年七月初二日，奉硃批：該衙門知道】此據《隨手檔》②校補。

【案】巡撫陶模之奏旋於七月初二日得清廷允行，《清實錄》載之曰：

丁亥，諭內閣：甘肅新疆巡撫陶模奏，英、俄前爲帕米爾地越入各卡，現探俄兵馬步一千八百餘人擬向色勒庫爾進發，情形叵測。查離疏勒州五百餘里之布隆庫爾，形勢扼要，已由喀什噶爾提督董福祥派兵駐守，保固門戶，並飭莎車協營撥兵進駐色勒庫爾，仍於後路屯兵運糧，以爲聲援。其各險要均經飛咨提臣妥爲調度，仍飭遇事持重，不得輕進。下所司知之。③

【案】光緒十八年六月二十八日，總署致電陝甘總督楊昌濬曰："薛使電賠禮償恤，已告外部。彼云：俟阿戢兵、釋放布回再議，大約阿兵不至再進。又，會立坎酋禮節，我使、英使爲一班，左右各使、克什米爾居後。俟議定後，當由薛使函告喀道，請轉疆撫。勘。④"同日，總署又致電出使俄國大臣許景澂曰：

密"漾"電悉。喀使前云，俄兵將紮穆爾格阿布河，此在郎庫里湖西，尚不犯我。若至色勒庫爾，即薩電闊勒，遠入新疆西南境，以搆釁，與喀說不符，恐是喀道誤聽恫喝之詞。雖據以向外部理論，本署並未電令退出讓庫爾，俄亦未指名爭此，未免誤會。然已退不可復進，帕事一時難了，恐成陳兵相持局勢。我亦剛柔互用，不必再讓，亦勿挑釁，但

① 中國第一歷史檔案館藏：《電報檔・光緒》，檔號：2-02-12-018-0279。
② 中國第一歷史檔案館藏：《軍機處隨手登記檔》，檔案編號：03-0273-1-1218-195。
③ 《德宗景皇帝實錄》，卷三百十四，光緒十八年七月，《清實錄》第56冊，第73頁。
④ 中國第一歷史檔案館藏：《電報檔・光緒》，檔號：2-02-12-018-0331。

集兵靜守與持。俄殆疑中、英合謀，阿佔蘇滿，可告外部，探其口氣，即轉陶。勘。[①]

【案】光緒十八年六月二十八日，出使俄國大臣許景澂爲帕事難了致電總署，曰：

俄廷密告英使，派兵巡帕，無據地意，秋初即歸，但冀怵華兵全退，亦不尋釁，梅生將釋。外部謂：原控炸藥罪止此，我前受律師騙控輕罪，今又在滬阻再控，請電南洋飭滬道，以偷運洋槍等罪照會領事，即可再爭。成，儉。[②]

【案】光緒十八年閏六月十七日，北洋大臣李鴻章以俄民入帕米爾致電總署曰："倫敦來電：俄民已入帕米爾。據英國守舊黨新聞紙謂，俄民之入帕米爾，以葛拉士敦思復入相，凡事屬外部，概置不問，所以無人攔阻。鴻。篠。[③]"是月十九日，北洋大臣李鴻章又致電總署曰："倫敦電：英國泰謨士新聞紙謂，英國不應讓俄民之入帕米爾，以致自己不無吃虧。至俄國謂此舉原無意於英國，本意不外窺伺中國等語。此語是否屬實，亦應查明云。鴻。嘯。[④]"六月二十日，出使俄國大臣許景澂致亦電總署曰："俄外部云：俄兵僅巡閱帕地，不久紮，但未悉何處爲華界，請開地名，再飭勿進。至明知之喀城等地必不越入等語，喀界與帕轇轕，難遽指定，擬詳告現在華界，無待聲明帕地。兩國尚未定界，仍催退兵，抑據喀城界約一直往南之說折之，候示遵。澂，皓。[⑤]"

【案】光緒十八年七月初三日，北洋大臣李鴻章以俄與中國秉公商辦致電總署，曰：

密頃俄領事王厚送閱咯使電覆，令我聲明，有人捏稱，俄國窺伺喀什噶爾邊疆，實爲毫無根據之談。俄國近日極意與中國敦睦，所有帕米爾事宜，俄國深願與中國秉公商辦了結。至郎庫里所隸中國，欲辦之事，

---

① 中國第一歷史檔案館藏:《電報檔·光緒》，檔號：2-02-12-018-0331。

② 中國第一歷史檔案館藏:《電報檔·光緒》，檔號：2-02-12-018-0331。

③ 中國第一歷史檔案館藏:《電報檔·光緒》，檔號：2-02-12-018-0388。

④ 中國第一歷史檔案館藏:《電報檔·光緒》，檔號：2-02-12-018-0391。

⑤ 中國第一歷史檔案館藏:《電報檔·光緒》，檔號：2-02-12-018-0391。

擬代達俄京，我必盡力秉公推誠妥辦。此事中堂務必見諒。英國利在播弄是非，使我兩國不契允，宜嚴防。電報雖簡，實與公牘無異，請即代遞云云。鴻與商：帕米爾一帶，將來可作爲兩國甌脱之地。王謂當可辦到，俄實不欲佔踞等語。江。酉①。

【案】光緒十八年七月二十日，北洋大臣李鴻章以俄皇令俄兵勿越界事致電總署，曰：

倫敦十六日來電：俄皇怒兵官耶耶弗之入帕米爾、阿富汗兩地界，發電令其查探地方，以馬士打山爲限，勿逾此界，免與中國並阿富汗開釁云。鴻，效。②

【案】光緒十八年十一月十六日，新疆巡撫陶模爲帕事節節設防事致電總署，曰：

收甘督轉疆撫電，頃准疆撫電開："號" 電悉。帕地俄兵現止百餘人，我軍雖酌撤，布隆庫爾、色勒庫爾均有馬隊，後路節節設防，一俟開正，仍飭各營旗拔赴前路烏仔山豁，候查確再咨，祈轉電鑒照。模，支叩。昌濬敬轉。銑。③

○○八　會立坎布新酋摺

光緒十八年九月二十六日（1892年11月15日）

頭品頂戴甘肅新疆巡撫陶模跪[1]奏，爲委員會立坎巨提新酋事竣，並擬安置舊酋各情形，恭摺仰祈聖鑒事。

竊坎巨提頭目賽必德哎里罕，因英兵進踞，率眾逃竄，臣查其弟買賣提艾孜木素得人心，暫令代理。委准補阜康縣知縣田鼎銘前赴該部，會同英員議立，並將舊酋及幫辦買賣塔力分解來省，奏明在案。

① 中國第一歷史檔案館藏：《電報檔・光緒》，檔號：2-02-12-018-0417。
② 中國第一歷史檔案館藏：《電報檔・光緒》，檔號：2-02-12-018-0455。
③ 中國第一歷史檔案館藏：《電報檔・光緒》，檔號：2-02-12-018-0695。

嗣准總理各國事務衙門電稱：英允以摩韓美德拏星，即買賣提艾孜木充當頭目，等因[2]。臣以更立新酋事屬創辦，加委都司張鴻疇前往，以昭慎重。玆據稟報：光緒十八年七月二十五日，會同英員熱布生，立摩韓美德拏星爲坎巨提頭目。封立儀節，華員居右，英員次之，英屬克什米爾委員居右稍下，新酋又次之。張鴻疇等宣布皇上德意，賞給大緞，諭令貢金照舊呈進，鎮撫部民，毋任剽掠。該酋俯首敬聽，部眾環觀，罔弗歡舞，等情。前來。臣維坎巨提爲邊徼小部，朝廷以歸附有年，未忍聽其廢滅，懷柔之德，實屬有加。新酋摩韓美得拏星，自必勉矢恪共、永守世業，用副聖朝綏撫遠服至意。

至舊酋賽必得哎里罕等先後到省，訊取供詞，其不法情事均係幫辦買賣塔力所爲。買賣塔力旋即病故。該酋現經廢立，似未便再行深究，亦未便仍令歸部。查莎車州屬熱瓦奇地方，舊有該部莊田，如一二年後照常安靜，擬即遷赴該處居住，以示矜恤，容俟奏明辦理。所有委員會立新酋事竣並擬安置舊酋各緣由，謹恭摺具陳。伏乞皇上聖鑒。謹奏。光緒十八年九月二十六日。

（硃批）：該衙門知道[3]。

光緒十八年十月二十六日，奉硃批：該衙門知道。欽此[3]。

補證

【案】此摺原件①藏於臺北“故宮博物院”，鈔件②現藏於臺北“中央研究院”近代史所，玆據校勘。

[1]【頭品頂戴甘肅新疆巡撫陶模跪】底本無此前銜，玆據原件校補。

[2]【案】光緒十八年四月初一日，甘肅藩司沈晉祥代轉新疆巡撫陶模爲會立坎新酋事，致電總理衙門，曰：

頃奉疆撫陶電開：“效”電敬悉。會立坎酋事，已飛飭喀道迅速派員

① 臺北“故宮博物院”藏：《軍機及宮中檔》，文獻編號：408002751。

② 臺北“中央研究院”近代史所藏：《總理衙門檔案》，館藏號：01-17-056-20-003。

待於境上，俟接確信即赴坎，妥慎辦理。惟立子、立弟“巧”電並未明言。查賽必德艾里罕，弑父虐民，勾俄肇釁，一廢不足蔽辜。儻立其子，該酋殊難安置。其弟買賣蘇木現代理事，英人無異詞，立子實不如立弟。此意迭經電咨，應懇再電總署，轉電薛星使，據大義與英辯論，當無不可。模肅叩。謹轉奉聞。晉祥代，養。①

【案】光緒十八年四月二十三日，甘藩司沈晉祥代疆撫陶模爲會立坎酋事致電總署，曰：

頃接疆撫電開：密前奉“漾”電，當飭照辦。頃喀什道稟：准英官照會：買賣提艾孜木即買賣蘇木，爲人正直，堪充頭目，聞坎民亦服。英兵百餘，尚駐坎城。駐帕馬隊已退紮讓庫爾、布隆庫爾兩處。二月十四日，俄兵三百餘騎至俄屬喀喇庫爾，擬來駐讓。因我兵先退紮百餘里，現愛部頭目帶二十餘人至蘇滿，探俄兵動靜，稱中英以分水爲界，蘇滿係伊界內。已飭張旗官前往理論，等情。查會立坎部新酋，當可就緒。讓庫爾即朗庫里，距蘇滿五站，俄人當不至疑慮。蘇滿水雖西流，究係中界。坎酋應俟到省，訊明酌辦。請電總署鑒覈。模，冬。謹轉奉聞。晉祥代，願。②

【案】光緒十八年四月二十五日，甘藩司沈晉祥代疆撫陶模爲會立坎酋事致電總署，曰：

密頃接疆撫電開：“養”電敬悉。駐帕各隊，已飛飭悉數撤回。帕本屬布回牧地，南疆定後，於該處設黑孜吉牙克等卡，詳見“梗”電。中俄交界全圖，兩帕在罕部內。查此圖前准總署咨，有無歧異，尚須考證。魏護撫大約係據此圖。現查蘇滿在雅什里庫爾迤北十里，實係帕境。昨據喀道報：俄兵未退，愛部又爭蘇滿，帕境作爲甌脱，極爲妙著。會立坎酋，委盛令鼎銘三月二十七日起程，照會英官，約期舉辦。懇電總署鑒覈。模，魚叩。晉祥代。篠。③

---

① 中國第一歷史檔案館藏:《電報檔・光緒》，檔號：2-02-12-018-0178。

② 中國第一歷史檔案館藏:《電報檔・光緒》，檔號：2-02-12-018-0208。

③ 中國第一歷史檔案館藏:《電報檔・光緒》，檔號：2-02-12-018-0213。

【案】光緒十八年四月二十七日，總署爲會立坎酋是否改派事致電出使俄國大臣許景澂曰："薛使電：英外部詢，會立坎酋派員銜名。當據陶撫函派遊擊張鴻疇電覆。頃又接陶電，委盛令鼎銘，是否改派，抑係添派，希電詢陶撫，俟接覆電即告薛使，並電本署。沁。[①] 五月二十一日，總署爲派張鴻疇不便改員事致電出使英國大臣薛福成曰："請電竹使，韓電疆撫會立坎酋，英已知派張鴻疇，不便改員。盛令官小，不足爲國重，仍派張往，隨帶二三十人，不可再多。英立閏六月會立，宜速往。馬格里之子在喀，通華、英語，張可帶往。本署今日與英使商定。餘另電。馬。[②]"

【案】光緒十八年六月初八日，出使英國大臣薛福成爲到坎會立日期致電總署曰："外部來信，印督定閏月廿三會立坎酋。由喀至坎須兩旬，陶撫復改派周折，未知趕得及。成。虞。[③]" 初十日，總署即爲新疆派員何時前往致電陝甘總督楊昌濬曰："頃接薛使電：英外部來信，印督定閏月廿三會立坎酋。新疆所派張鴻疇何時前往？本署五月廿六日六百里排遞函件到否？祈轉電疆撫電覆。賄。[④]"

【案】是年六月二十四日，總署爲會立坎酋緩期事致電陝甘總督楊昌濬曰：

英使照會：接外部電，原定推立坎酋日期乃閏月廿三，因我薛使商緩，故改至中歷七月二十五日，以便華員從容前往，等語。派員仍以早到爲是。除飛咨外，先電達，乞轉疆撫。宥。[⑤]

【案】是年閏六月初一日，疆撫陶模爲張鴻疇速往坎部會立事，請甘督代電總理衙門曰：

頃接疆撫電開：初二接許星使轉總署電，會立坎酋，英已知派張鴻疇，不便換員。田令官小，請仍派張往，隨帶二三十人。英定閏六月會立，宜速往。馬格里之子在喀，通華、英語，張可帶往。等因。遵即轉

① 中國第一歷史檔案館藏：《電報檔・光緒》，檔號：2-02-12-018-0218。
② 中國第一歷史檔案館藏：《電報檔・光緒》，檔號：2-02-12-018-0269。
③ 中國第一歷史檔案館藏：《電報檔・光緒》，檔號：2-02-12-018-0300。
④ 中國第一歷史檔案館藏：《電報檔・光緒》，檔號：2-02-12-018-0304。
⑤ 中國第一歷史檔案館藏：《電報檔・光緒》，檔號：2-02-12-018-0324。

飭張速往，懇電總署鑒覈。模，陽叩。等因。昌濬，有叩。①

【案】是年閏六月初四日，出使英國大臣薛福成致電總署曰：

滇事照會外部，據云沙侯去留未定，難辯答，約計二旬後外部事定，當可開談。會立坎酋，已展緩一月。成，冬。②

【案】閏六月初五日，陝甘總督楊昌濬以疆撫會立坎部新酋事代電總理衙門：

陶撫文開：頃喀什道報：田令四月二十七日抵坎，晤駐坎英官，會立事不能作主，已函催格里格英官，約期舉辦。五月初九，俄官帶數十人爲進駐讓庫爾，即朗庫里，爲俄赴帕必由之路。喀什至讓八百餘里，較帕境更近，愛目仍駐蘇滿，等情。甌脫之議，須速商。懇電總署鑒覈。模，冬叩，等因。昌濬叩，宥。③

【案】十八年閏六月初十日，陝甘總督楊昌濬爲我軍再難後退等事致電總署，曰：

頃准疆撫陶電開："艷"電悉。據喀道初一報：阿富汗百餘人駐蘇滿，聞俄馬步三千往阿拉依修城□□□□駐喀喇庫爾，並欲至色勒庫爾，等情。查我兵前駐讓庫爾，因係帕境，遵總署電，撤退布隆庫爾。我屢退，而俄進駐，曲在彼。若來色勒庫爾，該處屬莎車州，我兵萬難再退，懇電總署與俄理論。會立坎酋，已加派張鴻疇，是否能往，尚無信。模，寒，等因。昌濬，陽。④

[3]【該衙門知道】此"硃批"據原件補。

[4]【光緒十八年十月二十六日，奉硃批：該衙門知道。欽此】此舉奉旨日期與內容，據"鈔件"及《隨手檔》⑤校補。

【案】巡撫陶模此摺之允行，《清實錄》亦載曰："庚辰。甘肅新疆巡撫陶模奏、委員會同英員議立坎巨提新酋事竣。並擬安置舊酋各情形。下所司

---

① 中國第一歷史檔案館藏：《電報檔・光緒》，檔號：2-02-12-018-0338。
② 中國第一歷史檔案館藏：《電報檔・光緒》，檔號：2-02-12-018-0346。
③ 中國第一歷史檔案館藏：《電報檔・光緒》，檔號：2-02-12-018-0352。
④ 中國第一歷史檔案館藏：《電報檔・光緒》，檔號：2-02-12-018-0370。
⑤ 中國第一歷史檔案館藏：《軍機處隨手登記檔》，檔案編號：03-0273-2-1218-304。

知之。”[1]

【案】新疆巡撫陶模奏陳會立坎酋之摺業已咨呈總理衙門，“檔案”曰：

十一月十四日，新疆巡撫陶模文稱：光緒十八年九月二十六日，在新疆省城由驛具奏，委員會立坎巨提新酋事竣，並擬安置舊酋各情形一摺。除俟奉到硃批恭錄咨呈外，相應抄稿咨呈。爲此咨呈貴衙門，謹請鑒照施行。計抄摺一紙（詳見十月二十六日軍機處抄摺）。[2]

【案】關於會立坎巨提新酋之情形，光緒十八年十一月十六日，總理衙門奏稱：

總理各國事務慶親王奕劻等[3]奏，爲新疆派員會立坎巨提頭目事竣，謹將辦理情形恭摺具陳，仰祈聖鑒事。竊查新疆西南徼外坎巨提回部，舊稱喀楚特，每歲欽天監刊發《時憲書》，具裁其地太陽出入、節氣時刻，亦譯作乾竺特，其變文爲坎巨提，則始於前陝甘督臣左宗棠光緒四年奏疏。向來該部歲貢金砂一兩五錢。嗣因叛回阻隔，無路自通。光緒四年，官軍收復南八城，該部復修歲貢，疆臣回賞大緞二疋，歷經遵辦在案。其地北連帕米爾，東北接莎車州所屬之塞呼庫勒，南鄰爲哪格爾，再南爲印度之克什米爾，東南有路可通後藏之阿里噶爾，彈丸而控扼要塞。其頭目嗣立，疆臣向不預謀，義取羈縻勿絕。迨光緒十四年，坎部與印度部人搆釁，經臣衙門照會英使轉達英外部，約束印人。英使華爾身覆文，謂該部英屬，故坎巨提亦屬於英，不能任其猖獗，等語。是後兵釁旋□，爭論亦輟。嗣於上年七月，新疆護撫臣魏光燾咨部：印度兵逼坎境。本年正月，新疆撫臣陶模電稱：上年十一月，英兵已入坎境，該部頭目賽必德哎里罕率眾敗竄塔墩巴什卡外，酌給糧食、帳棚，嚴禁入卡。臣衙門上年已電出使大臣薛福成，詰問英廷。本年復令再行詰責，旋據電覆：英兵修路，坎酋合哪格爾部阻攔。英兵攻之，坎酋出奔，揚言將借俄兵恢復。英謂賽必德哎里罕殺父虐民，

① 《德宗景皇帝實錄》，卷三百十七，光緒十八年十月，《清實錄》第56冊，第110頁。

② 臺北“中央研究院”近代史所藏：《總理衙門檔案》，館藏號：01-17-056-20-004。

③ 此前銜係據《清季外交史料》卷八十六（書目文獻出版社1987年版，第1541頁）校補。

擬廢其位。臣等以爲坎爲中屬，不能任英擅自廢立，且疆撫文稱，英欲開通帕帕米爾道路，致起釁端，其曲不專在坎。迭於英使筆舌互爭，而廢立之謀彼族持之甚力。三四月間，續接疆撫文稱：查悉賽必德哎里罕，內政不修，部眾解馳，又陰通信俄人，遵以由帕入坎。現在莎車州地方看管，屢圖逃入俄境，深費防閑。其弟摩韓美德拏星能得人心，已令督率逃眾還歸本部。薛福成亦電稱，英外部以新疆遣摩韓美德拏星頗能管轄部人，擬如新官吏之言，令繼首位。坎爲中營兩屬，請我此次派員前往會立，以後事宜仍循曩例，。英使華爾身來署，告語相同。臣等竊念坎巨提雖在邊荒，然既隸屬部，修貢有年，繼絕存亡，義難漠視。其納貢於印度，數年前已有所聞，逼處強鄰，固難以首鼠兩端爲責。其沙金之貢，物雖微末，藉存藩屬之名。英已據地駐兵，而不能謂非我屬邦，悍然翦滅。其故酋歷爲不法，速禍致兵，誠未可再令復位。兩屬之說、會立之謀，於體制尚覺無傷，於藩部亦爲有係。爰如英人所請，電屬疆撫趕速派員，勿誤七月內會立之期。十月二十六日，據撫臣陶模馳奏，會立事竣，由軍機處恭錄批旨，抄交前來。查該撫所奏中英派員位次及會立該頭目一切情形，於字小之中兼寓輯鄰之意，與臣衙門原議相符。至故酋賽必德哎里罕，固不究其既往，亦須防其將來。應如該撫所陳，妥爲安置，勿令再出滋事。所有籌辦坎巨提蕆事情形，理合繕摺縷陳。伏乞皇上聖鑒。謹奏。光緒十八年十一月十六日奏，奉硃批：知道了。欽此。[①]

【案】關於坎巨提廢酋之安置，光緒三十年十月初八日，甘肅新疆巡撫潘效蘇以將坎巨提廢酋及其家屬分別編入戶籍，片奏曰：

再，坎巨提舊酋賽必德哎里罕前因與英搆釁，經前任撫臣陶模派員會同英員，另立新酋，將該酋提省訊辦，於光緒十八年先後奏陳，並聲明莎車熱瓦奇地方舊有該部莊田，如一二年後照常安靜，即遷赴該處居住，奉旨欽遵在案。二十七年冬間，該廢酋並經前撫臣饒應祺遣回莎車，

① 臺北“中央研究院”近代史所藏：《總理衙門檔案》，館藏號：01-17-056-20-002。

行至庫車，因俄領事以該廢酋舊案未結、恐回莎車致生異議，商知喀什噶爾通商道，轉稟饒應祺電飭截留。本年五月，據庫車州稟稱：該廢酋呈請，願在庫車置產，務農度日。其莎車舊產給伊子管業，等情。經臣批行藩司，分飭查明，妥爲安置去後。茲據庫車州查明該廢酋賽必德吱里罕，在距庫城二里之西鄉沙滿巴克莊置買房屋、果園一處，與其妾居住，安心在庫爲民。又據莎車府查明，該廢酋原在府屬熱瓦奇之和加艾里克莊置有房院，共地五百六十餘畝，已傳其子米則拜爾里等接管，計家屬十三戶，大小男女五十二丁口，編籍爲民。先後詳覆前來。臣查該廢酋賽必德吱里罕，前因英兵進踞坎部逃竄，經前撫臣陶模查明，其不法情事，均係幫辦買賣塔力所爲，本難深究。且在省城廢居十年，尚屬安靜。復經前撫臣饒應祺遣回莎車，衹因俄領事恐其回莎車有礙，留住庫車。自不能不另籌安置。現既飭據查明該廢酋已在庫車置業，並將莎車舊產給予伊子接管，相應奏明准其將該廢酋及其家屬分別編入戶籍爲民，俾免失所而便約束。除分咨外務部查照外，所有分別安置坎巨提廢酋及其家屬各緣由，謹會同陝甘總督臣崧蕃，附片具奏。伏乞聖鑒訓示。謹奏。（硃批）：該部知道。①

〇〇九　請暫停華商貨稅摺

光緒十八年十一月初六日（1892年12月24日）

頭品頂戴甘肅新疆巡撫陶模跪[1]奏，爲新疆華商貨稅暫請停收，俟俄商稅則議定，再行辦理，以紓民困，而昭平允，恭摺仰祈聖鑒事。

竊查咸豐年間，軍務殷繁，各省抽收釐稅，權濟餉需，原屬不得已之舉。新疆底定後，前陝甘督臣左宗棠②以關外軍餉全恃各省協撥，

---

① 中國第一歷史檔案館藏：《硃批奏片》，檔號：04-01-01-1066-016。

② 左宗棠（1812—1885），字季高，一字樸存，號湘上農人。道光十二年（1832），中式舉人。十七年（1837），任教湖南醴陵淥江書院。咸豐元年（1851），入湘撫張亮基、駱秉章

因議行田賦、水利諸政，並及稅釐，藉資挹注，用意亦良深遠。嗣經總理各國事物衙門於光緒八年五月二十三日奏[2]，奉上諭：新疆地方設卡徵釐，藉資軍食，現在俄民運貨往來，暫不納稅，而各部落人及內地華商仍令照章完納，未免苦樂不均。著概行暫免釐稅，俟商務興旺，照約議立稅則時，再復舊章，等因。欽此。欽遵在案。時劉錦棠奉命督辦新疆軍務，以諭旨准予暫免自是專指中外往來行商而言，本地土產稅銀係屬正供，奏請仍飭戶民交納[3]，旋於十一、十三等年奏明，南路委員按章抽收，古城、哈密並省城、綏來、吐魯番設立總分各局，冀於餉需少有裨益[4]。惟利之所在，弊因以生。新疆貿易以洋貨爲大宗，各屬土產不多，又乏貴重之物，華商土貨並帶運洋貨，一局數卡，分段稽查，照章繳銀，罔敢或後！俄商則車載驢運百十成羣，驗票放行，毫無阻滯。同爲生計所係，彼此竟至懸殊，誠有如聖諭"未免苦樂不均"者。在華商明知定章如此，何敢稍有違言，而避重就輕非法令所能禁止。因俄商並不納稅，賄託包庇，謂較赴局完納，尚爲合算。俄商視爲利藪，不論土貨、洋貨，輒行包攬，甚至屬中各回部，亦復冒稱俄人，希圖蒙混。一經查出，則又揑報領事，文牘往返，轇轕滋多。華商藉其庇護，雖得微利，生計仍是日窮，而以應納之稅銀，隱人俄商之手，輿情卽嫌未順，事理尤覺未平。

現查歷年所收，自二萬至五六萬兩而止，局卡經費又於收數內，

（接上页）幕。六年（1856），升兵部郎中。十一年（1861），補太常寺卿。同治元年（1862），擢浙江巡撫，次年，升閩浙總督。三年（1864），加太子少保，封一等恪靖伯。五年（1866），創辦福州馬尾船廠、求是堂藝局。同年，創蘭州製造局。六年（1867），補授陝甘總督、欽差大臣督辦新疆軍務。次年，晉太子太保。九年（1870），賞騎都尉。十二年（1873），授協辦大學士，加一等輕車都尉。次年，授東閣大學士。光緒元年（1875），授欽差大臣陝甘總督督辦新疆軍務。四年（1878），晉二等恪靖侯。七年（1881），入職軍機大臣，管理兵部事務，旋改授兩江總督。十年（1884），任軍機大臣，管理神機營事務。是年，改任欽差大臣，督辦閩海軍務。十一年（1885），卒於福州，追贈太傅。謚文襄。著述有：《奏疏》六十六卷，《左文襄公文集》三卷，《聯語》一卷，《藝學說帖》一卷，《詩集》一卷，《兵法入門》一卷，《盾鼻餘瀋》一卷，《左文襄公謝摺》二卷，《左文襄公家書》，《朴存閣農書》，《慈雲閣詩鈔》，《浙江忠義錄》十卷，《續編》二卷，《左文襄公書牘》二十六卷，《湘陰相國文鈔》一卷，《左文襄公咨札》一卷，《告示》一卷，《左文襄公批札》七卷等。

統以二成開支，近更報解寥寥，日形減色。通盤計算，所籌之款，爲數究屬不多。卽無此銀，公家不至大損。臣到任後，與藩司再四籌商，以爲救弊補偏，惟有籲懇天恩，將華商貨稅暫行停止，以紓民困。仍欽遵光緒八年諭旨"俟商務興旺，照約議立稅則時，再復舊章"。屆時華商、俄商一律徵收，用昭平允。如蒙恩准，新疆歲少此項稅銀，經費愈形支絀，臣當督率司道，遇事節省，極力彌補，斷不敢以出款不敷另請指撥，仰副朝廷鄭重帑儲至意。除咨部外，謹會同陝甘總督臣楊昌濬，恭摺具奏。伏乞皇上聖鑒訓示。謹奏。光緒十八年十一月初六日。

（硃批）：該衙門議奏[5]。

光緒十八年十二月初四日，奉硃批：該衙門議奏[6]。

補證

【案】此摺原件①藏於臺北"故宮博物院"，茲據校勘。

[1]【頭品頂戴甘肅新疆巡撫陶模跪】底本無此前銜，茲據原件校補。

[2]【案】光緒八年五月二十三日，總理各國事務王大臣奕訢等以新疆開辦商務，奏請暫免各城釐稅，曰：

臣奕等跪奏，爲新疆開辦商務，籲懇天恩，暫免各城釐款，俾中外一律，以紓民困而固人心事。竊中俄改訂條約內第十二條載：俄國民人並准在伊犁、塔爾巴哈臺、喀什噶爾、烏魯木齊及關外之天山南北兩路各城貿易，暫不納稅，俟將來商務興旺，由兩國議定稅則，將免稅之例廢棄，各等語。伊犁地方現經收復，所有通商貿易事宜，自應按照新約陸續開辦，正在暫不納稅之時。惟查新疆各城，自光復以後，節經設有釐卡，徵收商販釐金，藉資軍食。新疆邊外各外部，其浩罕安集延各種，歸附於俄者，方藉此條約，得沾利益。其餘布噶爾、愛烏罕、巴達克山、克什米爾各部落，在中國皆有羈縻勿絕之誼。至如布魯特、哈薩克，布

① 臺北"故宮博物院"藏：《軍機及宮中檔》，文獻編號：408002763。

列沿邊，尤爲切近，多有商販載運貨物往來各城貿易營生者，今照依新約，凡俄民運貨往來暫不納稅之處，即爲各部落人及內地華商照章完稅之處，未免苦樂不均，深恐弊竇百出。如商民詭託影射俄人，包庇營私，勢必空有釐稅之名，仍無完稅之實。且新約內本有伊犁民人歸華歸俄均聽其便之議，若俄商可以免稅，華民不准免釐，恐避重就輕，更有聞而生心者。臣等再三籌度，現在伊犁收復，試辦通商之始，商民陸路負販，本與海口迴別，且兵燹之餘，邊外各種人及華民謀生不易，自宜量加體恤。所有進出卡倫貨物往來新疆各城貿易者，擬令概行暫免釐稅，俟一二年後，民氣甦復，商務興旺，俄商遵照條約議立稅則之時，仍令華民及各種人，一體照舊章完稅，庶中外一律，不致偏枯，而邊氓感戴彌深，即眾志益形團結。如蒙俞允，應請特降諭旨，飭令劉錦棠、金順、張曜等，一體遵照辦理。所有臣等擬請暫免新疆各城徵收釐稅緣由，理合恭摺具陳。伏乞皇太后、皇上聖鑒訓示。謹奏。光緒八年五月二十三日。①

軍機大臣奉旨：另有旨。欽此。②

[3]【案】光緒八年九月二十二日，欽差大臣督辦新疆軍務劉錦棠以彌補新疆所免釐金並接濟軍餉具摺請撥部款，曰：

欽差大臣督辦新疆軍務通政使司通政使二等男臣劉錦棠跪奏，爲請撥部款，彌補新疆所免釐金並軍餉將罄，擬懇飭部暫借鉅款，俾資接濟，恭摺具陳，仰祈聖鑒事。竊臣承准軍機大臣字寄：光緒八年五月二十三日，奉上諭：總理各國事務衙門奏，新疆開辦商務，懇准暫免各城釐稅一摺。新疆地方設卡徵釐，藉資軍食。現在俄民運貨往來，暫不納稅，而各部落人及內地華商，仍令照章完納，未免苦樂不均，且恐弊竇叢生，於釐金亦有名無實。至沿邊人眾，尤宜廣其謀生之路，以示招徠。所有進出卡倫貨物往來新疆各城貿易者，著概行暫免釐稅，俟商務興旺，照約議立稅則時，再復舊章。著劉錦棠、金順、張曜、升泰遵照

---

① 臺北“故宮博物院”藏：《軍機及宮中檔》，文獻編號：123368。

② 臺北“中央研究院”近代史所檔案館藏：《總理各國事務衙門檔案》，館藏號：01-20-033-01-001。

辦理，並行知各城，一體遵辦。欽此。仰見聖恩寬大、惠愛邊氓之至意，跪聆之下，欽感莫名。伏念新疆僻在極邊，土地磽瘠。自祖宗朝平定準回兩部以來，關外用款向賴內地協濟。咸豐、同治年間，粵、捻、苗、回各匪，相機叛亂，各省自救不暇，朝廷亦不能不急顧腹地。於是新疆變起，餉斷援絕。戍邊諸臣束手無策，坐以待斃。甚或臨難苟免，不復知有忠義廉恥。臣自出關辦賊，師行所至，每呼遺民老兵諮詢往事，知從前新疆之亂，固由在事諸臣奉職無狀，馴致諸事廢弛，人心離異，釀成全疆失陷之禍。然關外軍需動輒仰給於人，亦實難以自存也。大學士前任陝甘督臣左宗棠深鑒前車，於各城戡定後，議行田賦、水利、釐稅諸政，意以利源一開，即各省或有他故，協餉不以時至，尚可就地羅掘，勉強支持。其用心亦良苦矣。臣曩在喀什噶爾行營，見崇厚所議條約，內有俄商不納稅之說，即曾慮及釐務弊竇叢生，中外苦樂不均，擬請併免華商及各部落稅釐。其時，左宗棠方銳意辦理釐務，臣竊以爲不然。後接幫辦軍務臣張曜暨統領老湘右軍總理臣軍營營務道員羅長祜來函，亦以請免華商稅釐爲言。蓋臣幫辦軍務時暨羅長祜等，雖聞籌餉之難，究無籌餉之責，知督辦大員必不任餓軍譁潰。即遇空乏，馳書告急，一舉筆之勞而已。大凡天下事，不躬親閱歷，則其中之艱苦憂患，不切於己。臣自接綰欽符，始不敢仍主免釐之議率行陳請者，誠以釐稅一項，雖歲入銀不過二十餘萬兩，而在新疆視之，則如渴極思飲，滴水皆珍也。現在，既經總理各國事務衙門奏准，暫免徵收，自應欽遵辦理。臣於奉旨後，謹即行知各城，一體遵辦，將原設各局卡概行裁撤，並遍張告示，通諭商民暨沿邊諸部落，俾各周知。細繹諭旨所有進出卡倫貨物往來新疆各城貿易者，著概行暫免釐稅，等因。自是專指中外往來行商而言。至本地土產，如金銅、牲畜等項，額徵課銀，本國家維正之供，不得概予豁免，仍飭戶民赴各廳州縣衙門及各善後局，照常交納。惟此項課銀所入無幾，從前新疆釐稅收數較多，且係可靠之的款，軍食局費，藉資彌補。今驟少此一款，自不能以未克深恃之協餉，抵償歲入有著之釐金。再四思維，惟有仰懇天恩，飭令戶部從光緒八年五月二十三日奉旨免釐之日起，歲撥銀二十余萬兩，專濟關外釐金之缺，俾得稍免拮據。仍俟照約議立俄商稅則、興復商務時，再行停撥。抑臣更有請者，本年各省關協餉起解寥寥，關內外遵旨裁撤各營旗應發欠餉，無從籌給。防營月需之現餉，亦屬異常支絀，轉瞬餉項告罄。即使各省關趕緊續解，已有緩不濟急之勢。現在，洋款既未便再借，不得不於戶部暫借鉅款，以資接濟。仍於各省關應解西徵協餉項下酌量攤劃，定限歸還。昨陝甘督臣譚鍾麟與臣函商及此，意見相同，擬即由譚鍾麟主稿，核算數目，另摺詳細會奏。臣等明知部款關繫國計根本，不應妄請撥借。惟臣等忝膺重寄，諸軍饑乏堪虞。若不預爲籌畫，大局將難設想。事勢所迫，計無所出，不得不作此冒昧之請。如蒙聖慈鑒允，實西事之大幸也。所有請撥部款彌補新疆所免釐金，並軍餉將罄，擬請飭部暫借鉅款，俾資接濟各緣由，謹會同陝甘督臣譚鍾麟，恭摺具陳。伏乞皇太后、皇上聖鑒訓示。施行。謹奏。九月二十二日。

光緒八年十月十四日，軍機大臣奉旨：戶部議奏。欽此。①

[4]【案】光緒十一年十二月十九日，欽差大臣劉錦棠以開源節流就新疆情形覆陳，曰：

欽差大臣督辦新疆事宜尚書銜降一級留任甘肅新疆巡撫二等男臣劉錦棠跪奏，爲遵照部議開源節流二十四條，就新疆現在情形逐條分晰覆陳，謹繕清單，恭摺具奏，仰祈聖鑒事。竊臣於光緒十一年正月初八日接准部咨：會議開源節流二十四條，令即認真舉辦，等因。准此，竊維時勢艱難，餉糈奇絀，部臣統籌全局，規畫不厭周詳。而微臣忝任封圻，利弊尤須熟慮。查新疆屯軍設戍百有餘年，供意繁多，悉皆取之協濟。誠以地居邊遠，瘠苦異常。朝廷撫馭要荒，非有利於其地也。現雖改設行省，以規久遠，然諸凡創始，亦與內地各省事有不同。數月以來，就部議各條，督同司道、地方官熟察情形，悉心籌畫，其中有亟應照辦者，有限於地勢難於舉行者，有可收效於將來而不能期之旦夕者。茲據

① 中國第一歷史檔案館藏：《錄副奏摺》，檔號：03-6017-082。

藩司魏光燾逐條擬議，具詳前來。臣仍當率同僚屬，遇事講求，以期有益民生而漸紓餉力。所有議覆各情形，除咨部查照外，謹分晰繕具清單，恭呈御覽。是否有當。伏乞皇太后、皇上聖鑒訓示。謹奏。光緒十一年十二月十九日。①

光緒十二年正月二十九日，軍機大臣奉旨：戶部知道。單併發。欽此②。

謹將部議籌辦開源節流二十四條，就新疆情形逐條議覆，繕具清單，恭呈御覽。計開：一、領票行鹽，酌定捐輸。查新疆地處極邊，土瘠人稀，從前並無額設引鹽、徵收鹽課及開辦鹽法之案。現飭據各屬查覆，南路纏民多就地取鹻，浸以爲鹽。飲食所需，咄嗟立辦。到處有鹻，即到處皆鹽，色味不佳，而本地習食已慣，不煩購買，應用有餘。北路迪化州之土墩、南湖，鎮西廳之東西鹽池，綏來之海沿子及精河等處，向均產鹽。又，蒙地西凹慶，向亦產鹽。承平時，尚有商人販運，亂後商販絕跡，間有腳戶攜以易換糧食者。然貧民煮鹻爲鹽，與南路大率相等，故來者取值雖廉，行銷亦滯。現在南北兩路實無從招商領票，酌定捐輸。

一、整頓鹺務。查新疆向無額設鹽引及各屬產鹽情形，已於前條陳明。前准部咨：新疆既建行省，所有鹽法、茶務、關稅、錢法、庫儲各事宜，均須次第講求，圖經久遠，等因。當經通飭，認真查辦，應俟各屬產鹽之區查明能否行銷暢旺，再行試辦徵收稅課。

一、就出茶處所徵收茶課。查新疆向來行銷官茶，係歸甘肅額引分運發售，課銀亦歸甘肅，照章徵收。自兵燹後，甘肅茶務改引行票，除每引完課釐銀四兩四錢四分外，復由肅州釐局完納出口釐金一道。現在哈密設立稅局，徵收東西貨稅，將來肅州出口茶釐改由哈密帶收，每百觔徵銀二兩。其晉商由歸綏道衙門呈請部票。販運千兩、百兩等茶在北路銷售者，前已議定每引照甘肅完納課釐銀四兩四錢四分，茲仍加抽落地稅銀二兩，由古城稅局徵收，仍不准其侵佔南路引地。惟晉商原領部票本係定限一年繳銷，現已逾限，應令遵章呈繳，以杜回環冒運，有礙

① 中國第一歷史檔案館藏:《硃批奏摺》, 檔號: 04-01-35-0987-008。

② 中國第一歷史檔案館藏:《錄副奏摺》, 檔號: 03-6614-015。

甘引。如該商情願辦茶，即令來甘請票採辦，以符定章。至種茶一節，前准部咨，飭屬查覆僉稱：南北兩路從未種過茶樹，緣茶性喜暖，關外雪地冰天，寒冷倍於關內，種植本不相宜。然亦有察其地氣較暖請購茶籽試種之處，應俟購買茶籽到日，發屬試種，有無成效，隨時查明辦理。又，部咨內稱：伊犂地方出產茶觔，官爲設局抽稅，等語。飭據前署伊犂同知上官振勳查明，伊犂所屬大西溝、阿敦蓋兩處，向有一種野樹，土人取以充茶，葉大枝麤，味亦遠出南茶之下，亂後無人採用。如果將來利有可興，再行酌辦。

一、推廣洋藥捐輸。查新疆向無洋藥入境行銷，本地所銷祇有土藥一項。現飭哈密、古城兩局，按照甘肅土藥章程，徵收稅課。此物久爲民害，自未便招商領運。而來者又皆零星小販，亦無從議及捐輸。惟有飭令各該局認真稽察，嚴防偷漏，以期於稅課稍有裨益。

一、推廣沙田牙帖捐輸。查新疆向無沙田名目，無從推廣捐輸。至牙帖一項，新疆向無埠頭，牙行自來並未領帖，蓋以地處極邊，無多出產。民間日用所需不過麤布、棉花零星各物。北路多係小鋪地攤，南路每逢八栅之期，手提肩負，互相交易，無所謂行。臣現飭委員，會同地方官，查明各該處出產貨物，酌令照章納稅。俟試辦數年後，果有成效，再當飭令繳捐領帖，以符定例。

一、煙酒行店入資給帖。查新疆並無煙酒行店，無從取資給帖，已於推廣沙田牙帖捐輸條內縷晰陳明。

一、匯兌商號入資給帖。查新疆初設行省，尚無匯兌商號，無從取資給帖。

一、劃定各項減平核減。查新疆初設藩司，一切文武例款均查照定例及現時章程，分別核實支發。內文職各官廉俸、公費、役食各款，查照部議，按十成給發。武職養廉一項，亦照甘肅章程，以十成支發。其餘俸薪、疏紅、馬乾、糧料、草折各項，則按甘肅定章，分別核減。以上凡應扣六分減平者，仍扣平支發。向不扣平者，照依部章扣除四分支發。應飭司將一切支發章程專案詳由臣咨部，立案備查。

一、嚴提交代徵存未解銀兩，並嚴定交代限期。查北路各廳州縣，從前交代悉由甘藩司詳由陝甘督臣咨部核辦。現既改設行省，應自光緒十一年起，由新疆藩司詳由臣核咨。遇有交代，應照舊例，定限辦理。徵存銀兩飭令隨時解清，不准開報存庫名目。至南路皆係新設之區，尚未舉辦交代，且因賦額未定，而收支一切又多與善後軍需各款互相牽涉。藩司到任後，正在飭查各款，釐定章程，再行照例，起限辦理。

一、嚴催虧空應繳應賠各款。查新疆尚無應追虧賠案件。此後遇有應繳應賠之案，自當照例分別認真查追，以重帑項。

一、入官產業勒限變價解部。查新疆並無入官產業變價解部之案。

一、酌提漕糧、鹽務、鹽規餘款。查新疆並無漕糧、鹽務、鹽規餘款，無從酌提。此外，牲畜、貨物一切稅務正在籌辦，均令盡收盡解，並無格外餘款。

一、裁減釐局經費。查新疆本年四月，於哈密、古城兩處設立稅局，抽收百貨入境稅銀，能否抽收暢旺，此時尚不可必。另設分卡數處，以便稽查偷漏。事經創始，經費未能畫一，應俟辦有成效，再按收數多寡，將應需經費酌定章程，咨部查核。此外並無釐局。合併陳明。

一、核減各關經費。查新疆並無關稅，從未開支經費。

一、核定各省局員額數、銀數。查新疆現設糧臺、軍裝、採運、柴草、保甲、稽查、蠶桑、牛痘各局，前已於關外勇餉雜支章程案內，逐層奏咨立案。其有隨時增減者，並飭糧臺按季造冊，詳由臣咨部在案。現時毋庸另行核定。

一、隨營文武分別裁減及酌定額數、銀數。查新疆隨營文武各員弁，除七、八兩年員數、銀數已於前次報銷單內分別注明有案外，現經隨時裁減，仍於銷案內分別造報。

一、酌減內地防軍長夫。一、酌減內地防軍口糧。一、覈定內地兵勇餉數。以上三款，查部文係指內地而言。其關外防軍口糧，均經臣歷次奏咨有案，現在尚難遽減。至餉數自光緒十一年起，連善後經費每年指撥二百二十萬兩，已奉部議指撥。長夫一項，擬酌量裁減，以資節省。

一、防軍有營房者，不准再領帳棚折價。查新疆防軍，築有營防者，均不領發帳棚，亦無折價之事。如係行營，並無營房，自應發給帳棚。日久或有破損，繳舊換新，不准遺失。

一、確估各項軍餉，按年指撥一次。查新疆軍餉及善後經費，自十一年起，業經部議，按年指撥，至十三年爲止。此兩年中，應請毋庸另估請撥。

一、停止不急工程。查新疆北路各廳州縣，兵燹之後，舊制蕩然，一切應修應補工程甚多，雖歷年擇要舉辦，究以餉絀，諸從缺略。南路新設各廳州縣應修城垣、衙署各工，勢不能緩，前經請定工程經費，而各省報解寥寥，今尚停工以待。現在新設省會，亦係擇要興工，俟餉項稍裕，隨時酌量修理。此外不急之工並未舉辦。

一、各項欠發，勒限清釐。各項預支，分別核辦。查新疆自本年藩司到任後，由司核發各項，均經按季給領，尚無欠發款目。其十一年以前欠發之款，應由甘藩司核辦。至於欠發勇餉，前經臣奏請專餉，以資補發，業經部議指撥，不在此列。若預支之項，則新疆餉項支絀，從來無此名目。

一、另定各省起運存留。查新疆賦稅，各屬徵收祇有糧石，並無丁銀。所有各屬之款承平時由估撥經費項下開支，無起運存留名目。現在初設行省，一切賦額係全省入款大宗，自應釐定，報部立案。現在飭司清查，一俟定案，即行咨部查核。軍機大臣奉旨：覽。欽此。

【案】光緒十三年七月初三日，新疆巡撫劉錦棠奏報新省添設稅務局試辦情形，曰：

尚書銜降一級留任甘肅新疆巡撫二等男臣劉錦棠跪奏，爲新疆省城添設稅務總分各局，謹將試辦情形據實陳明，恭摺仰祈聖鑒事。竊維新疆防營歲餉向賴各省關協濟，而設省以來，地方應辦事宜需用浩繁，每歲就地籌款，所入無多，不敷尚鉅。前准部咨，議籌封儲之款。此時雖未遑計及，而每歲不敷既鉅，仍不能不就地力籌，期其少有裨益。臣前於光緒十一年委員於哈密、古城兩處，設局抽收百貨入稅，又委員於南路各城，會同地方官，查明出產貨物，酌令照章收納稅課，曾於籌辦開源節流二十四條案內，將試辦情形奏明在案。兩年以來，哈密、古城兩局每歲收銀二萬餘兩。南路各城土產貨稅，亦屬寥寥。推原其故，實緣地方遼闊，奸商繞越，偷漏在所不免。即如哈密一局專收東路貨稅，古城一局專收北路貨稅，而西南兩路出入貨稅，獨未開辦，無論稽查難周，亦不足以昭平允。現在省城商賈漸集，自應照章抽收貨稅，以歸一律。臣當飭在省城設立稅務總局，委員試辦，兼以稽核哈密、古城各局報銷事宜，並於西路之綏來縣、南路之吐魯番廳各設分局，抽收西路貨稅，兼事稽查，以免偷漏，庶於通省稅務可期漸有起色。抑臣更有請者，新疆開辦土稅以來，俄國商民藉有暫不納稅之條，一切土貨、牲畜任意販買，每有俄商入境，勾引中國商民，百計譸張，肆行包庇，或將原領舊票賣於商民，或引車輛同行，希圖蒙混。一經分局查明，照章收稅，俄商即稱不守條約，捏報俄官，紛紛照會查辦。其爲洋貨猶可，甚至土貨亦然。其爲真正俄商亦可，甚至久在新疆居住之安集延、哈薩克亦然。真僞混淆，巧詐百出，所由銷貨而收稅少也。查中俄改訂條約，准俄民在關外天山南北各城貿易，暫不納稅，俟將來商務暢旺，由兩國議定稅則，即將免稅之例廢棄，等語。屈指訂約已屆七年，俄商之運貨出入者，喀什噶爾道屬每年估計成本銀約百二十萬兩，阿克蘇道屬亦不下二十餘萬兩。其由伊、塔入中者，尚不在此數。新疆地方瘠苦，銷貨無多，似此即爲暢旺。若不乘此議定俄商稅則，一律抽收，竊恐俄商日逞其駔儈之心，而小民之生計因之日削。是不獨包攬土稅爲可慮也。且一經明定稅則，彼此遵行，弊竇即除，爭端亦泯，尤足以安邊息事，實於地方有裨。如蒙俞允，相應請旨飭下總理各國事務衙門，照會俄國駐京公使，議定稅則，分飭遵辦，庶商民無所藉口，而稅課亦昭平允矣。據藩司魏光燾詳請奏咨前來。臣覆查無異，當飭該司等先將土稅妥爲籌辦，總期於公家有益，而下亦不致病民。除一應開支局費章程與開辦洋稅、設立邊關各程式，俟奉到諭旨再行詳奏外，所有新疆設立稅務總分各局暨擬請議辦洋稅各緣由，謹會同陝甘總督臣譚鍾麟。恭摺具陳。伏乞皇太后、皇上聖鑒訓示。施行。謹奏。光緒十三年七月初三日①。

光緒十三年八月初三日，奉硃批：該衙門知道。欽此②。

[5]【該衙門議奏】此“硃批”據原件補。

[6]【光緒十八年十二月初四日，奉硃批：該衙門議奏】此據《隨手檔》③校補。

〇一〇　自請罷斥摺

光緒十八年十一月十七日（1893年1月4日）

頭品頂戴甘肅新疆巡撫陶模跪[1]奏，爲微臣才力短絀，難勝封疆之寄，籲懇天恩立予罷斥，別簡賢員，以重邊圻而維大局，恭摺仰祈聖鑒事。

竊維量能授職，朝廷之大權；馭遠籌邊，疆臣之重任。新疆與俄、英兩國接壤，現值邊事孔棘，非威望素著、曉暢戎機之員，實難勝任茲艱鉅。臣一介書生，毫無知識，上年春，蒙恩擢授甘肅新疆巡撫，當時卽擬疏辭，繼思邊陲寒苦之區，辭而不往，迹近規避，遂忘其固陋，冒昧出關，甫經履新，卽有英人入坎巨提之事，旋有俄人占帕米爾之事。經臣先後奏明，竝咨商總理各國事務衙門，設法理論。坎巨提雖更立新酋，俄人迄未就範，明年能否無事，正不可必。新疆文武員弁僉謂俄兵之來，由臣平日無威望所致，若前撫臣劉錦棠在任，斷不至此。互相議論，衆口同聲。臣如果學識優長，人言何恤？而撫衷循省，實屬力不任重，武不知兵，才不足以綏邊，德不足以柔遠。此時無以服衆心，臨事安能役衆力？儻或貽誤時機，臣雖委身鋒鏑，死有餘辜，而重朝廷西顧之憂，卽以肇天下全局之患。與其懲於事後，

① 中國第一歷史檔案館藏：《硃批奏摺》，檔號：04-01-35-0565-001。

② 此奉旨日期與內容，據《軍機處隨手登記檔》（檔案編號：03-0254-1-1213-228）校補。

③ 中國第一歷史檔案館藏：《軍機處隨手登記檔》，檔案編號：03-0273-2-1218-341。

曷若籌於幾先。伏墾皇上俯念新疆重地斷非微臣所能勝任，特沛恩施，立予罷斥，迅簡賢員，以重職守。臣懼以戀棧誤公，非敢希圖安逸，相應請旨將臣發交新任撫臣差遣。臣仍當勉效馳驅，藉圖報稱，萬不敢飾詞趨避，孤負生成。所有微臣才力不能勝任、懇恩罷斥以免貽誤地方緣由，理合恭摺瀝陳。伏乞皇上聖鑒訓示，施行。臣無任惶悚迫切待命之至。謹奏。光緒十八年十一月十七日。

光緒十八年十二月十七日，堂諭封存[2]。

補證

【案】此摺原件被誤作錄副①，現藏於中國第一歷史檔案館藏，茲據校勘。

[1]【頭品頂戴甘肅新疆巡撫陶模跪】底本無此前銜，茲據原件校補。

[2]【光緒十八年十二月十七日，堂諭封存】此據《隨手檔》② 校補。

○一一　籌備戰守摺

光緒十八年十二月十三日（1893 年 1 月 30 日）

頭品頂戴甘肅新疆巡撫陶模跪[1]奏，爲俄人增兵，情形叵測，亟應籌備戰守，以防決裂，恭摺密陳仰祈聖鑒事。

竊臣於光緒十八年閏六月初一日，業將俄兵入帕米爾、擬向色庫勒爾進發各情形奏明在案。嗣疊准總理各國事務衙門來電：俄兵越卡，則以防阿富汗爲詞，及議分界，輒欲廢棄舊約"由烏孜別里山一直往南"之語，改爲"順山脊轉東而南"。深謀詭計，莫可端倪。臣以數月來俄兵時增時減，游弋讓庫爾及六爾阿烏之間，未敢顯然東逼，因飭將士謹守地段，靜與相持。誠恐請啟兵端，轉難收

---

① 中國第一歷史檔案館藏：《錄副奏摺》，檔號：03-5299-033。

② 中國第一歷史檔案館藏：《軍機處隨手登記檔》，檔案編號：03-0273-2-1218-353。

拾。頃據署喀什噶爾道李宗賓探報：俄人現於讓庫爾、六爾阿烏增兵二千有奇，揚言欲奪色勒庫爾等處。查帕米爾遠處徼外，向歸布回遊牧，勘分稍有出入，猶無大礙。色勒庫爾等處雖亦布回部落，實係南疆門戶。俄若得此，南扼坎巨提以窺印度，其不利在英；東與中國爲難，委屬切膚之患；且喀什噶爾領事官近處肘腋，徒眾實繁；北路處處毗連，其狡焉思啟固不僅帕米爾而已。臣深維今日事勢，軍械之利，遠不如敵，窮邊飛輓，勞費倍難；標營不敷戰守，招募又乏精壯，較光緒初年大軍進規新疆，辦理實形棘手。如此而欲與俄從事論者，必謂徒肇釁端，致礙大局。然事勢所迫，若祇拱手相讓，不但色勒庫爾等處恐非我有，全疆斷難晏然，關內屏藩又豈堪設想？彼時即治臣以失地之罪，補救已屬莫及。日夜圖維，極爲焦灼。而屯邊將士蓄忿已深，尤難保其不激成戰事。現咨商喀什噶爾提督臣董福祥，加派隊伍，擇要扼守。如俄人必欲棄好稱兵，方可迎擊，務須調度合宜，毋涉輕率。提標馬步即經陸續分撥腹地，竊虞空虛，另募步隊前往填紮，並招募馬勇以備策應。新疆孤懸關外，尤須聯甘肅爲一氣，業咨督臣及甘肅提臣，將甘涼以西營旂一律整頓，隨時奏請調遣，藉資援助。所有俄兵情形叵測及籌備戰守各緣由，謹恭摺密陳。伏乞皇上聖鑒訓示。謹奏。光緒十八年十二月十三日。

（硃批）：另有旨[2]。

光緒十九年正月十三日，奉硃批：另有旨[3]。

補證

【案】此摺原件①現藏於臺北“故宮博物院”，鈔件載於《清季外交史料》②，兹據校勘。

[1]【頭品頂戴甘肅新疆巡撫陶模跪】底本無此前銜，兹據原件校補。

---

① 臺北“故宮博物院”藏：《軍機及宮中檔》，文獻編號：408002771。

② 王彦威、王亮、王敬立編：《清季外交史料》，第1543—1544頁。

[2]【另有旨】此“硃批”據原件補。

[3]【光緒十九年正月十三日，奉硃批：另有旨】此硃批日期據《隨手檔》[1]校補。

【案】光緒十九年正月十三日，清廷諭令確探詳細情形，隨時具奏確探詳細情形，隨時具奏，穩慎籌辦，《清實錄》：

丁酉，又諭：陶模奏，俄人增兵，情形叵測，籌備戰守一摺。據稱探聞俄人現於讓庫爾、六爾阿烏增兵二千餘人，欲奪色勒庫爾等處。現咨商喀什噶爾提督董福祥，派隊擇要扼守。如俄人必欲棄好稱兵，方可迎擊，並咨楊昌濬等，整頓營旗，豫備調遣，等語。所籌尚合機宜。此事於上年十二月十二日已有旨，諭令神機營暨北洋大臣籌備新式槍礮，撥往應用，並諭楊昌濬、陶模嚴密布置，熟籌審處，不可輕開釁端。此旨自係尚未奉到。現據許景澂電，據外部復稱，郎庫哩住兵無多，爲冬令通信。俄意仍願和好，俄兵決不至明屬喀境之地，等語。已由總理各國事務衙門電知楊昌濬，轉電陶模知悉。惟據陶模此次奏報俄人增兵二千有奇，是否屬實？仍著該撫確探詳細情形，隨時具奏。楊昌濬、陶模仍當懍遵前旨，穩慎籌辦，是爲至要。將此由五百里各密諭知之。[2]

〇一二　特參貪庸各員摺

光緒十八年十二月十九日（1893年2月5日）

頭品頂戴甘肅新疆巡撫陶模跪[1]奏，爲特參貪庸溺職各員，請旨分別降革、改教，以肅官常，恭摺仰祈聖鑒事。

竊維吏治之清濁，關地方之安危。新疆平定後，元氣未復，必須得人而理。臣莅任以來，於所屬正佐各員隨時留心考察，其中勤慎趨公、盡心民事者，固不乏人；而劣跡昭著之員，實未便稍事姑容。茲

① 中國第一歷史檔案館藏：《軍機處隨手登記檔》，檔案編號：03-0276-1-1219-012。

② 《德宗景皇帝實錄》，卷三百二十，光緒十九年正月，《清實錄》第56冊，第147—148頁。

查有留甘卽補同知前署喀喇沙爾直隸廳同知劉金藩[2]，任用劣幕，辦事顢頇；知府銜烏什直隸廳同知袁運鴻[3]，性情偏執，用人欠慎；五品銜候補知縣前署于闐縣知縣夏毓衡[4]，工於牟利，民有餘怨；補用縣丞借補喀喇沙爾、布告爾巡檢武緯，藉端科罰，擅責平民。據該管司道揭參前來。相應請旨將留甘卽補同知劉金藩以府經歷縣丞降補；知府銜烏什直隸廳同知袁運鴻，係舉人出身，文理尚優，開缺以教職歸部銓選；五品銜候補知縣夏毓衡、補用縣丞借補喀喇沙爾、布告爾巡檢武緯，均行革職，以肅吏治而儆官邪。此外實缺候補正佐各員，臣仍當認真考察，如有不堪造就者，再行隨時嚴參，以副朝廷澄敘官方至意。所有特參貪庸溺職各員分別懲處緣由，理合會同陝甘總督臣楊昌濬，恭摺具陳。伏乞皇上聖鑒訓示。再，所遺同知、檢員缺，新疆現有應補人員，容臣遴員請補。合併聲明。謹奏。光緒十八年十二月十九日。

（硃批）：另有旨[5]。

光緒十九年正月十八日，奉硃批：另有旨。欽此[6]。

補證

【案】此摺原件①藏於臺北“故宮博物院”，錄副②現藏於中國第一歷史檔案館，茲據校勘。

[1]【頭品頂戴甘肅新疆巡撫陶模跪】底本無此前銜，茲據原件校補。

[2]【案】光緒十四年十二月十九日③，陝甘總督譚鍾麟爲劉金藩等期滿甄別，附片曰：

> 再，前奉部咨：道府同通州縣，無論何項勞績保奏歸入候補班人員，以到省之日起，予限一年，詳加察看，出具切實考語，分別繁簡補用，等

① 臺北“故宮博物院”藏：《軍機及宮中檔》，文獻編號：408002775。

② 中國第一歷史檔案館藏：《錄副奏摺》，檔號：03-5302-063。

③ 此具奏日期，據《軍機處隨手登記檔》（檔案編號：03-0258-1-1215-013）之同批摺件交補。

因。歷經遵辦在案。兹查即補同知劉金藩、補用知縣宋昇平，均已試看一年期滿，由藩、臬兩司出具考語，詳請甄别具奏前來。臣查劉金藩年壯才明，辦事勤奮；宋昇平幹練有爲，講求吏治。堪以繁缺留省，照例補用。除將履歷冊咨送吏部查照外，理合附片陳明。伏乞聖鑒。謹奏。光緒十五年正月十四日，奉硃批：吏部知道。欽此。[①]

[3]【案】光緒十二年十二月初四日，新疆巡撫劉錦棠以袁運鴻勤能穩練奏請以之補授烏什同知，曰：

尚書銜降一級留任甘肅新疆巡撫二等男臣劉錦棠跪奏，爲揀員請補要缺同知，以裨地方，恭摺仰祈聖鑒事。竊據甘肅新疆布政使魏光燾、兼按察使銜鎮迪道英林會詳稱：新疆新設烏什同知，地方緊接俄夷，管轄布魯特部落，稽查卡倫，最關緊要，應請定爲繁疲難三項極邊請調最要缺。該處係屬新設，應即遴員請補，以重職守。查南路新設各缺，前經臣請照吉林章程由外揀補一次，奉部覆准在案。今烏什同知一缺，境接夷邊，時有交涉事件，非精明練達、熟悉夷情之員，難堪治理。該司等於通省現任、候補同知各員内逐加揀選，均屬人地不宜。惟查有奏留甘肅新疆委用知州袁運鴻，年四十一歲，係湖南甯鄉縣人，由附生應同治十二年癸酉科本省鄉試，中式第六十八名舉人。光緒丙子恩科會試後，遵例赴部註冊，以知縣歸部揀選。光緒七年，出關投効臣營，委辦文案、通商事件。六載邊防案内彙案保奏，光緒十年十月初四日，奉上諭：著免選本班，以知州歸部不論雙單月，遇缺儘先即選，並賞戴花翎。欽此。旋經臣飭留新省供差，於光緒十一年九月二十一日到省。本年，經臣奏留甘肅新疆差遣委用。該司等查該員袁運鴻，明幹有爲，才具開展，在營委辦中俄通商交涉各事已歷年所，措理一切，毫無貽誤；於邊俗夷情極爲熟悉，以之請補斯缺，實堪勝任，人地亦極相宜；雖以知州請補同知，與例稍有未符，但新疆初設行省，候補各班人少，與他省情形本有不同；且要缺需人，更未便拘於常格，等情。詳請具奏前來。臣查該員袁運鴻，勤能穩練，才識優長，辦理甘肅新疆中外交涉事宜，歷

① 中國第一歷史檔案館藏：《錄副奏片》，檔號：03-5245-039。

無貽誤，於邊俗夷情洵稱熟悉，以之請補烏什同知員缺，實堪勝任。合無仰懇天恩，俯念要缺需員，准以該員補授烏什同知，以裨地方。如蒙俞允，俟奉部覆，照例給咨送部引見；仍令試俸年滿，另請銷去試字。是否有當。謹會同陝甘總督臣譚鍾麟，恭摺具陳。伏乞皇太后、皇上聖鑒訓示。謹奏。光緒十二年十二月初四日。[①]

光緒十三年正月初六日，軍機大臣奉旨：吏部議奏。欽此[②]。

【案】光緒二十九年十二月初十日，新疆巡撫潘效蘇以熟悉夷情附片奏請以候補直隸州知州袁運鴻留於新疆，辦理洋務，曰：

再，新疆緊與俄鄰，通商以來，交涉事宜極爲重要。馴至今日，倍益繁難。辦理洋務必得熟悉情形、善持大體之員，始刻勝任。兹查有降選教職前新疆升用知府候補直隸州知州借補烏什直隸廳同知袁運鴻，於前撫臣劉錦棠任内委辦洋務有年，諳練妥洽，曾以熟悉邊情奏留新疆委用，旋借補烏什同知。光緒十九年，經前撫臣陶模以該員性情偏執，用人欠慎，奏改教職，清釐交代，隨即回籍。上年措資出關，適省城辦理通商事務需員，經臣委令入局會辦，冀資熟手。一年以來，凡遇交涉要件，均能盡心籌畫，因應咸宜。該員原日參案較輕，並無營私骫法劣跡，近已深知愧奮。邊地人材缺乏，自應棄短録長。檢查部章：凡參革將調人員委辦差務，應准奏咨立案。合無仰懇天恩，俯念通商關重，准將降選教職前新疆升用知府候補直隸州知州烏什同知袁運鴻留於新疆，辦理洋務，俾收得人之效，並懇飭部立案，以符定章。除履歷咨部外，謹附片具奏。伏乞聖鑒訓示。謹奏。[③]

光緒三十年正月十五日，奉硃批：該部知道。欽此[④]。

【案】光緒三十年十二月十七日，新疆巡撫潘效蘇爲將袁運鴻開復原官，具摺曰：

---

① 中國第一歷史檔案館藏：《硃批奏摺》，檔號：04-01-12-0536-061。

② 中國第一歷史檔案館藏：《録副奏摺》，檔號：03-5218-018。

③ 中國第一歷史檔案館藏：《硃批奏片》，檔號：04-01-13-0409-063。

④ 中國第一歷史檔案館藏：《録副奏片》，檔號：03-5429-060。

甘肅新疆巡撫西林巴圖魯臣潘效蘇跪奏，爲被議人員查明冤抑，籲懇天恩准於開復，以昭公允，恭摺仰祈聖鑒事。竊照前花翎知府銜升用知府新疆候補直隸州知州借補烏什廳同知袁運鴻，經前撫臣陶模以該員性情偏執，用人欠慎，奏請以教職歸部銓選，遵即清釐經手事件入關。光緒二十七年，措資出關，適值北方告警，經臣留辦中俄通商事務，並充商務委員，當經附片奏明，奉旨：該部知道。欽此。欽遵在案。該員自奉差以來，實心任事，勞怨不辭，於辦理中俄交涉各事，處置精詳，裨益宏多；且在新疆最久，地方一切利弊無不洞悉，實爲不可多得之才。伏查前撫臣僅以性情偏執、用人欠慎，奏改教職，經臣博採群僚，僉以該員原參實爲冤抑。方今時事艱難，朝廷破格用人之際，若令落置閒散，未免可惜。伏閱邸鈔：已革山西霍州學正王恩紱，經山西撫臣查明被參冤抑，奏請開復，於光緒二十九年十一月初七日奉硃批：著照所請，該部知道。欽此。仰見朝廷軫念時艱、破格用人之至意，薄海臣民，同聲欽佩。該員袁運鴻才猷卓越，器識宏深，於辦理交涉各事最擅專長。新疆地處邊陲，人才更爲難得。該員前參之案既係冤抑，自未便任其廢置，合無仰懇天恩，俯念邊地需才，准將該員袁運鴻開復直隸州知州原官升階銜翎，仍留新疆補用，並免其送部引見以昭公允之處，出自高厚鴻慈。謹繕摺具陳。伏乞皇太后、皇上聖鑒訓示。謹奏。光緒三十年十二月十七日。①

光緒三十年正月二十七日，奉硃批：著照所請，吏部知道。欽此②。

【案】光緒三十一年七月二十七日，新疆巡撫潘效蘇以省城開設商務總局，具報委派袁運鴻駐局坐辦並開印日期，曰：

甘肅新疆巡撫西林巴圖魯臣潘效蘇跪奏，爲新疆省城開設商務總局，派員試辦，並啟用關防日期，恭摺仰祈聖鑒事。竊商務之設，所以開通民智，收挽利權。朝廷增設商部，飭各省設立商務局，無非以商戰世界，亟欲濬利源而資抵制。新疆邊瘠素著，雖公司、商會不如內地富商之多，然金銅鐵煤各礦以及牛羊皮毛、花布、氈毯，本地土貨輸出，洋

---

① 中國第一歷史檔案館藏:《硃批奏摺》，檔號：04-01-12-0641-131。

② 中國第一歷史檔案館藏:《錄副奏摺》，檔號：03-5436-182。

貨輸入，其中未必全無利益可霑。上年，曾經司道等詳派商務委員，附入稅局試辦。所有石油、官當土貨設行經紀，均以粗具規模。現就省垣開設商務總局，以司道等總其成，另委升用知府候補直隸州知州袁運鴻爲提調，駐局坐辦，並刊發木質關防一顆，文曰："新疆全省商務總局關防"，於本年二月十六日啟用。據司道等詳請奏咨立案等情，前來。臣查商務爲當今要務，新疆風氣乍開，金銅鐵煤諸礦雖購機器，採掘尚未得法，且無鐵路以通內地。惟西北鄰俄，洋貨輸入甚多，全賴石油、牛羊皮毛、絲毯等物，以圖抵制。自開局數月以來，漸有起色，屢飭司道等實力舉行，以期逐漸推廣。合無仰懇天恩俯准，先行飭部立案。其應如何設法擴充，遇事官爲提倡，或集股而設公司，或合作而立商會，俟辦有成效，當隨時奏聞。所有省城開設商務總局，派員試辦並啟用關防日期各緣由，除咨商部查照外，謹會同陝甘總督臣升允，合詞恭摺。伏乞皇太后、皇上聖鑒訓示。謹奏。光緒三十一年七月二十七日。[①]

光緒三十一年九月初四日，奉硃批：商部知道。欽此[②]。

【案】光緒三十二年五月二十八日，新疆巡撫聯魁奏請以袁運鴻補授鎮西廳同知，曰：

新疆巡撫奴才聯魁跪奏，爲揀員借補要缺同知，以重地方，恭摺仰祈聖鑒事。竊查接管卷內，據署新疆布政使和爾賡額會同鎮迪道兼按察使銜榮霈詳稱：鎮西直隸廳同知任兆觀，於光緒三十一年三月十八日聞訃丁憂，應以丁憂本日作爲開缺日期。所遺鎮西直隸廳同知係衝、繁、難三項要缺，前經隨案聲明扣留外補在案。亟應遴員請補，以重職守。查北路舊有各缺，經前撫臣劉錦棠奏准，援照甘肅變通章程辦理。查章程內開：丞倅各要缺，擇現任各員人地相宜者升調。又，定例：應調缺出，俱令於現任人員內揀選調補。如無合例堪調之員，准以候補人員題補，各等語。今鎮西直隸廳同知一缺，於通省現任人員內逐加揀選，非現居要缺，即人地不宜，實無堪調之員。惟查有升用知府候補直隸州知

---

① 中國第一歷史檔案館藏：《硃批奏摺》，檔號：04-01-01-1072-007。

② 中國第一歷史檔案館藏：《錄副奏摺》，檔號：03-7132-018。

州袁運鴻，現年五十九歲，湖南甯鄉縣附生，應同治十二年癸酉科本省鄉試，中式第六十八名舉人；光緒丙子科會試後，遵例赴部，以知縣註冊揀選。七年，出關投效。新疆六載邊防案內彙保，十年十月初四日，奉上諭：著免選本班，以知州歸部不論雙單月，遇缺儘先即選，並賞戴花翎。欽此。十一年九月，留新疆差委。十二年九月，奏留新疆補用。是年十二月，借補烏什直隸廳同知。十三年四月，經部覆准，先於勘分新疆中、南及伊犂三段界務案內彙保，請免選本班，以直隸州知州歸部不論雙單月，遇缺儘先前即選，並加知府銜。經吏部議准具奏，十二年七月十八日，奉旨：依議。欽此。嗣經飭赴本任，十四年三月十五日到任。新疆城署各工案內彙保，請以知府升用，經部議准，十八年十月初八日具奏，奉旨：依議。欽此。十八年三月二十日交卸，旋經前撫臣陶模以性情偏執、用人欠慎，奏請降改教職。十九年正月十八日，奉上諭：著開缺以教職，歸部銓選。欽此。二十八年十二月，委辦中俄通商局。三十年十二月，經前撫臣潘效蘇查明被參冤抑，請開復原官銜翎，仍留新疆補用，免其送部引見，三十一年三月初九日，奉硃批：著照所請，該部知道。欽此。欽遵，均奉行知在案。該署布政使和爾賡額查該員袁運鴻，學識精明，才猷卓絕，在新疆年久，邊情最爲熟悉。以之借補鎮西直隸廳同知，實堪勝任，人地亦極相宜；雖以直隸州借補同知，銜缺稍異，而品級相同，新疆各缺歷經借補有案，等情。詳經前署撫臣吳引孫以該員袁運鴻通達時務，才經歷練，因值交卸，未及具奏，加考移請核辦前來。合無仰懇天恩，俯念要缺需員，准以候補直隸州知州袁運鴻補授鎮西直隸廳同知，實於地方有裨。如蒙俞允，俟接准部覆，再行併案給咨，送部引見，以符定制。除咨部外，謹會同陝甘總督臣升允，恭摺具陳。伏乞皇太后、皇上聖鑒訓示。再，奴才到任未及三月，例不加考。合併聲明。謹奏。光緒三十二年五月二十八日。①

光緒三十二年七月初七日，奉硃批：吏部議奏。欽此②。

---

① 中國第一歷史檔案館藏：《硃批奏摺》，檔號：04-01-12-0650-059。

② 中國第一歷史檔案館藏：《錄副奏摺》，檔號：03-7132-018。

【案】宣統三年閏六月初六日，新疆巡撫袁大化附片奏請委任袁運鴻等署理烏什直隸廳同知等員缺，曰：

再，署烏什直隸廳同知李觀春撤省遺缺。查有候補知府開缺另補同知袁運鴻，堪以署理。精河直隸廳同知黃宗海期滿遺缺，以候補通判孫傳淮委署。又，皮山縣知縣陶登科撤任遺缺。查有候補知縣湯兆蓉，堪以署理。署輪臺縣知縣張翼成，期滿遺缺。查有候補知縣李華嵩，堪以委署。昌吉縣知縣陳廷燦撤省遺缺，以候補知縣劉國光署理。據新疆布政使陳際唐、提學使杜彤、鎮迪道兼提法使銜楊增新會詳前來。除批飭給委並分咨查照外，謹會同伊犂將軍臣廣福、陝甘總督臣長庚，附片具陳。伏乞聖鑒。謹奏。①

宣統三年八月初二日，奉硃批：知道了。欽此②。

[4]【案】光緒十一年六月二十一日，陝甘總督譚鍾麟以夏毓衡等二員期滿，附片甄別曰：

再，前奉部咨：道府同通州縣，無論何項勞績保奏歸入候補班人員，以到省之日起，予限一年，詳加察看，出具切實考語，分別繁簡補用，等因。歷經遵辦在案。茲查有同知銜甘肅候補班前遇缺佟先即補知縣馮椿蔭、五品銜勞績歸候補班前補用知縣夏毓衡，均已試看一年期滿，由藩臬兩司出具考語，詳請甄別具奏前來。臣查馮椿蔭人尚樸實，夏毓衡年富才明，均堪以本班留省補用。除將履歷清冊咨送吏部查照外，謹附片具陳。伏乞聖鑒訓示。謹奏。光緒十一年七月十六日，軍機大臣奉旨：吏部知道。欽此。③

【案】光緒十三年十二月十四日④，新疆巡撫劉錦棠奏請委任夏毓衡等署理知縣缺，曰：

再，署于闐縣知縣婁紹豫請假遺缺。查有現署瑪喇巴什通判候補知縣夏毓衡，堪以調署。其遞遺之瑪喇巴什通判員缺，查有請補斯缺留陝

---

① 中國第一歷史檔案館藏：《硃批奏片》，檔號：04-01-12-0691-071。

② 中國第一歷史檔案館藏：《錄副奏片》，檔號：03-7460-044。

③ 中國第一歷史檔案館藏：《錄副奏片》，檔號：03-5198-064。

④ 此具奏日期，據《軍機處隨手登記檔》（檔案編號：03-0257-1-1214-009）校補。

補用同知楊敏，應飭先行署理。據藩臬兩司會詳前來。除由臣批飭分別給委外，謹會同陜甘總督臣譚鍾麟，附片具奏。伏乞聖鑒。謹奏。①

光緒十二年正月十四日，奉硃批：吏部知道②。

[5]【另有旨】此“硃批”據原件補。

[6]【光緒十九年正月十八日，奉硃批：另有旨。欽此】此據録副校補。

【案】此摺旋於十九年正月十八日得允行，“上諭”曰：

光緒十九年正月十八日，内閣奉上諭：陶模奏，特參庸劣不職各員一摺。甘肅新疆即補同知前署喀喇沙爾直隸廳同知劉金蕃③，任用劣幕，辦事顢頇，著以府經歷縣丞降補。烏什直隸廳同知袁運鴻，性情偏執，用人欠慎，惟係舉人出身，文理尚優，著以教職歸部銓選。候補知縣前署于闐縣知縣夏毓衡，工於牟利，民有餘怨。補用縣丞借補喀喇沙爾布吉爾巡檢武緯，藉端科罰，擅責平民，均著即行革職，以肅官方。餘著照所議辦理。該部知道。欽此。④

① 中國第一歷史檔案館藏：《硃批奏片》，檔號：04-01-12-0522-062。

② 中國第一歷史檔案館藏：《録副奏片》，檔號：03-5233-016。

③ 應爲“劉金藩”。

④ 中國第一歷史檔案館編：《光緒朝上諭檔》第19冊，第16頁。又，《德宗景皇帝實録》，卷三百二十，光緒十九年正月，《清實録》第56冊，第148頁。

卷　二

新疆二

〇一三　會商籌防邊務摺

光緒十九年二月初九日（1893年3月26日）

太子少保頭品頂戴陝甘總督臣楊昌濬、頭品頂戴甘肅新疆巡撫臣陶模跪[1]奏，爲遵旨會商，恭摺密陳，仰祈聖鑒事。

竊臣等承准軍機大臣字寄：光緒十八年十二月十二日，奉上諭：許景澂①奏，敬陳新疆南路邊境情形一摺[2]，等因。欽此[3]。並抄錄許景澂原摺，欽遵寄信前來。跪誦之下，仰見朝廷慎籌邊備、預彌釁端之至意。臣等查俄兵進踞帕米爾，往來無定，自應嚴密防範，以免疏虞。色勒庫即塔什庫爾干，距喀什噶爾九百里，塔墩爾瑪在色勒庫爾北八十里，布倫庫爾距喀什噶爾五百里。三處均布回部落，上年各駐馬隊一旂。冬間，臣模咨提臣董福祥加撥馬步，前往助防，現派署英吉沙爾參將記名總兵楊德俊，率步隊一營，駐守色勒庫爾，兼統沿邊諸營旂。奇靈桑珠等卡以外邊界，已飭加意巡防。各該處道途險遠，飭照行糧章程支給，以資鼓勵；復於撫標及阿克蘇鎮標調撥步隊三營、馬隊三旂，馳赴喀什噶爾，聽候提臣分布。臣昌濬密飭甘、涼、肅諸軍預爲整頓，以備調遣。至邊境情形，近據喀什噶爾道禀稱：俄兵駐紮讓庫爾、六爾阿烏等處不及千名，現在亦無警報。惟喀什噶爾

---

① 許景澂（1845—1900），原名癸身，字竹篔，又字竹筠，浙江嘉興人。同治六年（1867），中舉，七年（1868），中式進士，改翰林院庶吉士。十年（1871），散館，授編修。光緒元年（1875），充順天鄉試同考官。五年（1879），任四川鄉試副考官。六年（1880）授出使日本國大臣。九年（1883），調侍講學士，旋改文淵閣校理。十年（1884），任出使法、德、比、意、和、奧等國大臣。十六年（1890），任出使俄、德、奧、和國大臣。十七年（1891），擢太僕寺少卿、通政司副使。十八年（1892），授光祿寺卿。十九年（1893），遷內閣學士，兼禮部侍郎銜。二十一年（1895），調補工部左侍郎。二十二年（1896），任出使德國大臣。二十四年（1898），授總理各國事務衙門行走，署禮部右侍郎，旋補吏部右侍郎、吏部左侍郎，後任京師大學堂總教習、管學大臣、督辦關內外鐵路等職。二十六年（1900），清廷以"任意妄奏，莠言亂政，且語多離間"將其斬殺。次年，清廷頒旨開復原官，追謚文肅。有《許文肅公遺稿》、《許竹篔先生出使函稿》、《許文肅公外集》等行世。

各城處處鄰敵，提臣董福祥謀略深長，端資鎮懾。臣等以爲衝鋒陷陣，將校之職；籌畫機宜，統帥之任。提臣正須居中調度，未便遽令輕出。許景澂原奏提督出駐邊營一節，自非事勢十分吃緊，似不必定如所議。又，原奏新疆巡撫應於春夏之交赴喀城巡閱一節，竊思上兵伐謀，首貴自強。疆臣所能盡力者，以整肅吏治、講求武備爲急務。臣模於上年夏間咨商北洋大臣，選派熟諳新式操法人員來新教演，並派員分赴天津、上海購辦軍械，現均未到。臣模如赴喀城巡閱，應以察看防營爲先。竊審此時軍容，似尚未足以懾強敵，況離省寫遠，往返五六月之久，後路伏莽在在堪虞，顧彼置此，似亦非計。然許景澂既有此議，臣模若不一往，不特無以仰慰聖廑，亦無以激勵將士，再四籌思，未知所措，不得不將現在情形據實陳奏，請旨遵行；蒙諭飭神機營暨北洋大臣籌備新式槍礮，臣模已遵派員弁迎提，一俟到新，即交提臣扼要位置，仍切屬各營講求操法，極力整頓，冀有成效。色勒庫爾應否置爲重鎮，俟防務大定，再行妥議，奏明辦理。如拜摺後邊報有警，臣模自當不拘時日，馳赴南疆，辦理防務，斷不敢稍涉遲緩，致誤事機。臣等往返函商，意見相同。理合將遵旨會商籌防邊務緣由，合詞密陳。伏乞皇上聖鑒訓示。再，此摺係臣模主稿，合併聲明。謹奏。光緒十九年二月初九日。

四月初八日，准兵部火票遞回原摺，奉硃批：覽奏，均悉。即著將邊防各事嚴密布置，隨時相機辦理。欽此。

光緒十九年三月初九日，奉硃批：覽奏，均悉。即著將邊防各事嚴密布置，隨時相機辦理[4]。

補證

【案】此摺原件[①]藏於臺北“故宮博物院”，茲據校勘。

[1]【太子少保頭品頂戴陝甘總督臣楊昌濬、頭品頂戴甘肅新疆巡撫臣陶

① 臺北“故宮博物院”藏:《軍機及宮中檔》，文獻編號：408002781。

模跪】底本無此前銜，茲據原件校補。

[2]【案】光緒十八年，出使大臣許景澂以新疆南路邊境情形危急，奏請飭增繕守備，曰：

出使俄、德、奧、和國大臣許景澂跪奏，爲敬陳新疆南路邊境情形，擬請飭下疆臣增繕守備，以杜窺伺而固疆圉事。竊新疆省南路喀什噶爾一帶，地處邊陲，西控葱嶺，大山爲漢唐以來限隔華戎之界，自此入山，其間有平地寬坦可供回族遊牧者，今皆稱爲帕米爾平地，地不一處，故帕米爾亦不一名。該地荒寒不毛，冰雪早封，一歲之中僅三四月得暢往來，本無纖利可爭。然南逾因都庫什山，即達印度，東經葉爾羌可至衛藏，故俄人連歲進兵，遊弋其地，意圖佔併，與我喀城西境漸至轇轕。臣愚以爲外清邊地，不足以弭釁爭，非先增繕邊備，即不足以決界議。查喀城自烏孜別里山口以南，皆與帕米爾境連接。然山口可通者，不過數處，尤以葉爾羌之色勒庫爾爲扼要之地。該處向稱外藩總匯，遠近回、藏十數區，均係土著。其間有地曰塔什庫爾干者，舊爲東西要道，近年遊歷洋人出入帕地，本以此爲理裝停頓之所，謂其水土較善，耕牧皆宜，頗萌歆羨。夏間，俄兵揚言欲至其地，亦非無因，應調防兵一枝，常川駐紮，兼駐地方文員，撫輯回衆，置爲重鎮。其稍北塔戛爾瑪山口，即由該軍分隊邏守。再北與郎庫里、帕米爾所通山口，應由現紮布倫庫里之防營屯守，以爲次要之鎮，邊庭耳目，將帥所涖，則號令一新。烏魯木齊省城在該省已爲腹地，距邊較遠，撫臣應於明年春夏之交親赴喀城巡閲一次，察視防務，接洽外人，以利控馭。原駐喀城之提督即應出駐邊營，以資彈壓。惟西國軍勢最重礮位，新疆軍營向由泰來洋行購運光堂陸礮，均係舊式，應酌購新式過山快放礮三十七、四十七密里口徑等各數尊，各配藥彈千出。此項礮式輕便，駝馬皆可負運。每尊連彈價約三千四百兩，籌備尚不過鉅。該礮南北洋各省必有購備，並應先爲借撥，一面購補，免曠時日。以之分布要隘，庶令彼族洞知中國注重邊防，遠致利器，或可收上兵伐謀之效。又，葉爾羌南境奇靈桑株等卡以外，邊界窵遠，與印度東北境相接，英人率由此路北出，以避雪山之險，僻蹊幾成孔道，亦宜隨時巡徼，免有侵軼。謹奏。光緒十八年九月十八日。光緒十八年十二月十二日，奉硃批：另有旨。[1]

[3]【案】此“廷寄”多有節略，茲據《光緒朝上諭檔》及《清實錄》補錄：

軍機大臣密寄：陝甘總督楊、甘肅新疆巡撫陶：光緒十八年十二月十二日，奉上諭：許景澂奏，敬陳新疆南路邊境情形一摺。據稱非清畫地界，不足以弭釁爭；非先增繕邊備，不足以決界議。葉爾羌之色勒庫爾爲扼要之地，其閒有地曰塔什庫爾干者，舊爲東西要道，近年游歷洋人出入帕地，率以此爲停頓之所。應調防兵，常川駐紮，兼駐地方文員，撫輯回眾，置爲重鎮。其稍北塔戛瑪山口，即由該軍分隊邏守。北與郎庫里、帕米爾所通山口，應由現紮布倫庫里之防營屯守，作爲次要之鎮。新疆巡撫應於明年春夏之交，親赴喀城巡閱一次，以利控馭，並酌籌新式過山快放礮，以資應用。葉爾羌南境奇靈桑株等卡，亦宜隨時巡檄等語。所奏各條不爲無見。本年十月間，據總理各國事務衙門轉奏，楊昌濬等電稱色勒庫爾、布隆庫爾各留馬隊，其餘分別撤留，當經該衙門遵旨電覆，謂防兵斷不應撤。本日復據楊昌濬電稱，聞俄現增兵，欲奪塔哈爾滿，已飭籌防，等語。布隆庫爾、色勒庫爾均是第二重門戶，自應嚴密設防。著楊昌濬、陶模督飭防營將弁，加意巡守。應用新式槍礮，已諭令神機營暨北洋大臣迅速籌備，並揀派熟習槍礮之教習前往，即由陶模派員迎提。總之，交涉之事，邊釁固不可輕開，聲威斷不可不壯。彼族知我有備，或可稍杜狡謀。楊昌濬、陶模必應熟籌審處，嚴密布置，以昭慎重。許景澂原摺均著鈔給閱看，即將所陳各條並現辦情形，會商密奏。將此由六百里各密諭知之。欽此。遵旨寄信前來。[2]

【案】光緒十八年十二月十二日，清廷以新疆邊備緊要又飭令北洋大臣李鴻章等，曰：

---

① 沈雲龍主編，許景澂著：《許文肅公（景澂）遺集》，文海出版社 1966 年版，第 73—76 頁。又，王彥威等編：《清季外交史料》，第 1543 頁。

② 中國第一歷史檔案館編：《光緒朝上諭檔》第 18 冊，第 343 頁。又，《德宗景皇帝實錄》，卷三百十九，光緒十八年十二月，《清實錄》第 56 冊，第 131—132 頁。

軍機大臣字寄：神機營，大學士直隸總督一等肅毅伯李：光緒十二年十二月十二日，奉上諭：現在新疆籌辦邊防，須用新式過山快放礮三十七、四十七密里口徑等式各數尊，各項新式洋槍一二千桿，著神機營王大臣、北洋大臣李鴻章酌量撥給，配齊藥彈，行知甘肅新疆巡撫派員迎提應用，並著該王大臣等遴派熟習演放槍礮人等，隨同前往。將此諭知神機營，並諭令李鴻章知之。欽此。遵旨寄信前來。①

[4]【光緒十九年三月初九日，奉硃批：覽奏，均悉。即著將邊防各事嚴密布置，隨時相機辦理】此奉旨日期與內容，據《隨手檔》② 校補。

〇一四　興築蒲昌城片

光緒十九年三月初八日（1893 年 4 月 23 日）

再，羅布淖爾卽漢蒲昌海，光緒十五年，經前護撫臣魏光燾奏請開辦[1]，於英格可立地方設立撫輯招徠局。數年以來，計土著並新招業農纏回共一千二百餘戶、商民約二百戶，村落市集，漸有起色。惟該處荒地初闢，道里遙遠，非建立城垣，無以固人心而資保障。查距英格可立二百八十五里之都納里，河流環繞，形勢扼要，地土尤爲平衍。飭於該處築土城一座，周四百四十丈，名曰：蒲昌城。撥派營勇，分段興修。所需犒賞及雇匠、購料各項銀兩，均由該局經費項下撙節動支，併案造報。據布政司[2] 饒應祺詳請具奏前來。理合會同陝甘總督臣楊昌濬，附片陳明。伏乞聖鑒，飭部立案施行。謹奏。光緒十九年三月初八日[3]。

（硃批）：該部知道[4]。

光緒十九年四月十五日，奉硃批：該部知道。欽此[5]。

---

① 中國第一歷史檔案館編：《光緒朝上諭檔》第 18 冊，第 343 頁。又，《德宗景皇帝實錄》，卷三百十九，光緒十八年十二月，《清實錄》第 56 冊，第 131—132 頁。

② 中國第一歷史檔案館藏：《軍機處隨手登記檔》，檔案編號：03-0276-1-1219-064。

補證

【案】此奏片原件①藏於臺北“故宫博物院”，錄副②藏於中國第一歷史檔案館，兹據校勘。

[1]【案】光緒十六年十月二十四日，護理新疆巡撫魏光燾爲羅布淖爾建立郡縣，具摺曰：

頭品頂戴護理甘肅新疆巡撫新疆布政使臣魏光燾跪奏，爲創辦羅布淖爾地方事宜，以重邊要而資保障，恭摺仰祈聖鑒事。竊維皇朝肇造區夏，中外一家。新疆僻在西陲，向爲聲教所不及，經列聖文謨武烈，平準、平回，還疆二萬餘里盡隸版圖，永爲關内屏蔽。而羅布淖爾介南北路之中，犬牙相錯，歷未開闢，又爲新疆要地。溯自漢開西域，勞師徵勦，叛服無常。羅布淖爾以一隅之地渾渾噩噩，與世無爭，猶存太古遺風，蓋天時、人事隱相輻輳，以待聖天子戎索之疆也。該處即古蒲昌海，一名鹽澤，壤地廣袤，水草肥饒。光緒初年，前督臣左宗棠奉命進規新疆，南北底定，委員前赴該處勘查，撫臣劉錦棠復派員續勘，即思闢治，均以行省待建、經費支絀而止。臣在藩司任内稟商撫臣，酌擬開辦，復以伊犂、塔爾巴哈臺分隸事宜尚未定局而止。現在行省設定，地方善後具有規模，伊犂、塔爾巴哈臺事宜亦漸有端緒，羅布淖爾地既膏腴，又屬邊要，非及時經理，則南北有扞格之虞。邇來英俄遊歷人員接踵而往，荒僻窮鄉，無從保護，時勢所值，尤有不得不黽勉從事者。上年與督臣往復函商，未便再事稽緩，飭據署布政使饒應祺遴委准補阜康縣知縣李時熙，攜帶書識、醫士、通事、匠役人等，前往辦理。該處戶民罕見漢人，又忌天花，一人患痘，舉莊遷避，不復遇視，故倖生者絕少，戶口不甚加增。委員入境，宣布朝廷德意，賞以茶、布；並出示繙貼各莊，剴切開諭，俾知中國飲食居住之宜、稼穡桑麻之利。適值痘疫並行，人心惶恐，飭醫診治，應手就痊，遠近爭傳，願請醫藥，全活甚眾，民情

---

① 臺北“故宫博物院”藏：《軍機及宫中檔》，文獻編號：408002790-0-B。

② 中國第一歷史檔案館藏：《錄副奏片》，檔號：03-7161-007。

歡忭，共慶再生。旋據查勘稟報，繪齎圖說前來。其疆域東達敦煌，西抵庫車，西南界于闐，南通前藏，東南接青海，北與吐魯番、喀喇沙爾毗連。總計該處準烏里，東西廣一千六百餘里或數百里，南北袤延千餘里及數百里不等。沿河兩岸土衍地曠，實爲隩區。其河道塔里木河及渭干南河、渭干北河由庫車入境，孔雀河由喀喇沙爾入境，屈曲縈繞，乍合乍分，至阿拉罕東北，四河之水并而爲一，趨入淖爾切鏘河，自于闐入境。東北匯於淖爾，吞納眾流，瀦爲巨浸，潛行至青海境乃出爲星宿海，實據黃河上游。其物產則蘆蒲、蒹葦、榆柳、梧桐，漫澤被山，彌望蔥蔚，鱗介卵育繁衍，種類最多。而水鳥、林禽、熊麋、獺豕，飛走之屬畢萃焉。其戶民分處二十六莊，共六百四十餘戶，男女六千有奇，沿水聚居，不習耕種，捕魚爲糧，結蘆爲宇，風俗敦厚，並無爭鬥，間以牲畜出庫爾勒貿易，言語略近纏回，在西域別爲一類。臣當飭將全境區分段落，以英格可立等十三莊爲中段，卡克里克等七莊爲東段，托和拉克等六莊爲西段，約共可安數萬戶，墾地百數十萬畝。惟該處地面遼闊，又屬創闢，若三段同時並舉，勢必兼顧不及。擬先儘中段，次及東西兩段。英格可立地土平衍，居中扼要，飭立撫輯招徠總局，以便布置一切，並爲修建城署地步，傳集近局各戶，散給各色籽種，教令試種，以審土宜，農具、牛隻均由公中購發；隨派補用副將劉乾福，招募纏勇五百名，會同局員，相度地勢，芟除荊棘，俾膏腴之區豁然軒露，以資開墾。查該處地畝，中西兩段須引塔里木諸河之水灌注，東段須引切鏘河之水灌注，舊有水溝均係隨流刷成，脈絡混雜，並無常道，將來應修正渠若干、支渠若干，舊溝或濬或填，由該委員等隨所墾荒地挨段察看，派勇工作，務使派別支分，以備蓄洩，用防旱潦。渠工完竣，前項纏勇應一律指撥地畝，令成土著；另於附近各屬招集年壯知農事及有眷口纏民，分段安插，以氣類相近，自能耦俱無猜，且欲其生聚之速也。其入境道路，查吐魯番屬魯克沁及桑樹園至英格可立爲程七八百里不等，水草缺乏，山徑崎嶇，車馬既屬難行，驛站又須多設。若由喀喇沙爾屬庫爾勒前往，計二百八十餘里，路坦水饒，柴草亦便，應以此爲通衢。業據藩司詳請，按照南路各驛章程，酌減伕馬，先於英格可立和拉里、孔雀河、克尼爾等處暫設四站，蓋造房屋，作爲驛房官店，以通文報而便行旅；並於迤南勒斜爾、烏蘭達布遜東南噶斯山各要處酌設卡倫，稽查出入。以上開辦各節，一俟漸有端倪，凡蠶桑、紡織、畜牧及義學諸事，即當以次推行，將來民物日就殷繁，奏請建治設官，列爲郡縣，不獨青海、前藏足以遙樹藩籬，陽關道通，關內重增屏障，即南路各城間道思達，形勢相聯，聲息不虞阻隔；且養民儲粟，由該處舟行直達庫車、莎車等處，俾數千里駝載車行之地得以一葦往來，飛艘轉運，呼應尤覺靈通。闢窮邊未竟之洪荒，實爲要地；彰盛世無疆之丕冒，足備坦墉。此臣體察情形、急擬開辦，非僅爲收沃壤、裕餉源計也。惟開闢招徠，里以千計，戶以萬計，需費浩繁，暫於歲撥新疆善後經費項下墊支，杯水車薪，斷難濟用，容由臣會商督臣，另行設法籌措，奏明辦理。所發牛具、籽種、修蓋房屋銀兩及土勇、驛站各章程，容俟咨部立案。除繪具全境輿圖咨送軍機處備呈御覽外，謹會同陝甘總督臣楊昌濬，恭摺具奏。伏乞皇上聖鑒訓示。謹奏。光緒十六年十月二十四日。[①]

光緒十六年十一月二十八日，奉硃批：該部議奏，圖併發。欽此。[②]

【案】同日，護新撫魏光燾即將此摺咨呈軍機處，曰：

……[③]。頭品頂戴護理甘肅新疆巡撫新疆布政使魏，爲咨呈事。竊照本護部院於光緒十六年十月二十四日，在新疆省城由驛具奏創辦羅布淖爾地方事宜、以重邊要而資保障一摺。除俟奉到硃批咨呈外，相應鈔稿咨呈。爲此咨呈貴處，謹請鑒照施行。須至咨呈者。計齎備進呈圖說壹張，另鈔摺稿壹紙、圖說壹張。右咨呈軍機處。光緒十六年十月二十四日。[④]

【案】光緒十六年十月二十四日[⑤]，護理新撫魏光燾奏請加固羅布淖爾等

① 臺北“故宮博物院”藏：《軍機及宮中檔》，文獻編號：408002790。

② 中國第一歷史檔案館藏：《錄副奏摺》，檔號：03-5755-042。

③ 此處內容同原摺。

④ 中國第一歷史檔案館藏：《咨文》，檔號：03-6026-054。再，咨呈日期上蓋“甘肅新疆巡撫關防”印記。

⑤ 原片日期未確，茲據《軍機處隨手登記檔》（檔案編號：03-0265-1-1216-338）校正。

處邊防，曰：

再，羅布淖爾上年有無票俄民相率前往，迭飭地方官攔轉遞送回國。英俄各國請領護照來往遊歷者，更絡繹不絕，託名獵取牲物，請求格致，任意逗遛，或至數月。該處地土腴美，户民又渾噩無知，萬一外族以荒僻處所無人稽查，乘間抵隙，陰相要結，誠恐積重之後，補救維難，要害之區，終成隱患，不得不急行開辦，以資防範而固邊圉。臣等管見所及，謹附片密陳。伏乞聖鑒。謹奏。① 光緒十六年十一月二十八日，原片歸箍②。

[2]【布政司】原件、錄副均作"布政使"。

[3]【光緒十九年三月初八日】慣例奏片不署日期，故此日期僅見底本。

[4]【該部知道】此"硃批"據原件補。

[5]【光緒十九年四月十五日，奉硃批：該部知道。欽此】此據錄副校補。

【案】光緒二十一年十一月初六日，新疆巡撫陶模以蒲昌地居要衝附奏築城屯營，曰：

再，羅布淖爾西北四百餘里之都納里地方，於光緒十九年經臣奏築蒲昌城，移屯營及撫輯招徠局駐焉。該營局所轄東西二千餘里、南北一千餘里，程途窵遠，時慮鞭長。查淖爾西南一百四十里之卡克里克有古城頹垣，周約十五里，即漢樓蘭故國，《西域傳》所謂負水儋糧、送迎漢使者也。今委員察看，間有可耕之土，背水面山，形勢爽塏。東南戈壁距敦煌陽關一千三百里，西抵于闐縣一千七百餘里，南通青海、西藏，居磧路之要衝，爲鑛山之孔道，亟宜因時變通，於卡克里克分設屯防局，委員經理；招募業農貧户，擇地墾荒，備日後開鑛轉運之基。現值河湟回亂，恐匪黨或由番地闌入，應於各要隘布置卡汛，添紮營哨，以備不虞。所需招户川資、牛工、籽種、建屋修路、删驛站、增勇丁各費，容辦有端緒後，咨部立案。合將擬議情形先行附片具奏。伏乞聖鑒。謹奏。③

---

① 中國第一歷史檔案館藏：《錄副奏片》，檔號：03-6190-009。

② 此硃批日期與內容，據《軍機處隨手登記檔》（檔案編號：03-0265-1-1216-338）校補。

③ 臺北"故宮博物院"藏：《軍機及宮中檔》，文獻編號：408002964-0-A。

光緒二十一年十二月初六日，奉硃批：該部知道。欽此[①]。

【案】光緒二十四年十一月十七日，新疆巡撫饒應祺以羅布淖爾屯墾安插就緒，具摺奏請建臺設官，以資鎮撫。曰：

甘肅新疆巡撫臣饒應祺跪奏，爲新疆羅布淖爾屯墾安插就緒，謹擬建臺設官，以資鎮撫，恭摺仰祈聖鑒事。竊查新疆省南羅布淖爾即漢蒲昌海，爲且末、尉犁、婼羌諸國地。東達敦煌，西連庫車、喀喇沙爾，北接吐魯番，南通于闐；東西廣一千六百餘里，南北袤千數百里不等。自陽關道梗，地居偏僻，遂成甌脫窮荒，同於化外。建省以後，俄、英遊歷往來測繪，常數月魚弋其中，無從保護。光緒十五年，臣履藩司署任，議請開屯，經前護撫臣魏光燾於十六年奏請創辦羅布淖爾地方事宜，以重邊要，委員於英格可力設立撫輯招徠善後局，並派營就都納里建修蒲昌城。二十一年，升任撫臣陶模復奏分設卡克里克屯防局並各要隘，布置卡汛，添紮營哨，以備不虞。數年來，文則清查土戶，招徠漢回客纏；武則修築堡屯，濬治河渠道路。並置驛設渡，勘查地畝，發給銀糧成本，督墾勸耕，由是渾噩無知之民，漸歸王化；前患天花即死、見漢人皆避者，因種牛痘，無不存活，遂已耦居無猜。前惟捕魚而食，不知耕作；結蘆而居，不避風雨者，已知稼穡之美、屋宇之安矣。二十二年，剿辦出關竄匪，陸續收撫降回八千餘人。臣奏請安插羅境，委道員用喀喇沙爾廳同知江遇璞，督辦其事。該撫回分起解往，老弱者聽其隨地謀生，強壯者一律解交安插。江遇璞力任其難，爲之散賑糧、修房屋，發給牛具、籽種，會營修築渠堡，廣闢近水可耕之地，並與該民代籌挖礦、牧羊、通商、惠工等事。兩載以來，均已各有生業。現計全境新老各戶，共一萬九百餘丁口，房屋除由官給資幫修外，江遇璞新修一千二百七十餘間；近水可灌地畝極廣，近年已墾二十萬畝有奇，初議稟請定限升科，因其地雖水草肥美，而沙多土薄，上年及本年，督飭兵民播種二麥、蘪豆、雜糧，春夏青蔥鬱勃，滿望有秋。及遇天大雨，地生潮鹻，禾苗即漸

① 中國第一歷史檔案館藏：《錄副奏片》，檔號：03-9555-050。

摧萎。惟孔雀河北喀喇工，地土深厚，兩年豐收，餘止四五分、二三分之譜，良以土多鹵斥，半屬再易三易之地，甫經耕耨，地利天時，未盡諳習，故難驟成沃壤，應俟核實清釐，再定升科年限，酌照一歇再歇成法，寬議等則，另案奏明辦理。惟地周六千餘里，均屬邊要；戶口一萬餘衆，土客雜居，非建治設官，難資鎮撫，自應因事制宜，將各局裁撤，改設文武營署，以定經久之規。查羅境土厚水深，以英氣蓋河之北孔雀河至喀喇工爲最平衍，可墾萬頃；舊渠修開、民纏就耕者，已數百家，擬即建爲縣治，設知縣一員，管理戶籍、田賦、刑名等事，名曰：新平。監獄、緝捕等事，設典史一員專管。迤東卡克里克地土膏腴，民願趨墾，擬設縣丞一員，隸知縣管轄，如阜康、濟木薩縣丞之例，分管地糧、詞訟、彈壓等事，命盜重案，牒縣詳辦。羅境舊隸喀喇沙爾廳，廳爲古焉耆國，擬升喀喇沙爾直隸廳同知爲知府，改名焉耆府，縣歸府轄，府如貴州思州府之例，徵糧、管獄、廉俸、公費、書役工食，一切照舊，仍均隸阿克蘇道。知縣、縣丞、典史各員歲支廉俸，照迪化府屬阜康縣之例支給；知縣、縣丞照章加給公費；書役、通事人等，亦照阜康、濟木薩額數設定，薪工昭新省定章支給，另行開單，咨部立案。新設知府以下各缺，均定爲何項缺分，俟設官後，體察情形，酌量議辦；仍照吉林新章由外揀補一次，以資治理。該處一經設官，文報漸繁，擬由喀喇沙爾大路行走，自庫爾勒至英格可力，計程三百里，已安四驛；自蒲昌至卡克里克，計程五百三十里，已安六驛。原設各驛只四馬二夫，不敷馳遞。每驛應各加夫一名、馬二匹，工食、草料、油燭、紙張、站價、倒馬等項，悉依現行章程開支，按年造報。武備與文職相輔，防戍宜周。該處地廣路歧，撫回初集留駐，練軍屯營，均暫時權宜之計，尤須酌察形勢，仿舊勇改標章程，設定營制，俾資鎮撫。查喀喇工既設爲縣治，迆北之蒲昌相距四站，地形扼要，擬設蒲昌營屯防遊擊一員，募駐步隊一旗，以該旗千總帶勇一哨，駐新平縣，作爲城守千總，以各把總擇要分汛；另於卡克里克設屯防守備一員，照哈密協沁城守備之例，募步勇一百人爲一旗，撥把總一員，帶勇四十名，駐英格可力，爲巡防把總；守備歸遊擊管轄，遊擊歸阿克蘇鎮統屬。各旗員弁、勇夫應支公費、俸餉，照標營定章，就留駐練屯弁勇月餉改支；文員、書役廉費、工食，就局費、薪糧改支，均令以堡局爲城署。核計增費無多，建治遂定。設官後，每年支款暫由善後款內撥發造報。其餘未盡事宜，容患籌辦。茲據升任布政使丁振鐸會同鎮迪道兼按察使銜潘效蘇，具詳請奏前來。除飭將歷年辦理屯墾、安插用項分年核實造銷外，所有新疆羅布淖爾建治設官緣由，是否有當。謹會同陝甘總督臣陶模、署喀什噶爾提督張宗本，恭摺具奏。伏乞皇太后、皇上聖鑒訓示。謹奏。光緒二十四年十一月十七日。①

光緒二十四年十二月二十三日，奉硃批：該部議奏。欽此②。

〇一五　古城滿營仍難屯墾摺

光緒十九年三月十一日（1893 年 4 月 26 日）

頭品頂戴甘肅新疆巡撫臣陶模跪[1]奏，爲古城滿營官兵暫時仍難屯墾，懇恩再予展緩，以紓兵力，恭摺仰祈聖鑒事。

竊烏魯木齊、巴里坤各滿營遷併古城，光緒十四年十月初八日，前撫臣劉錦棠奏撥東灣等處地畝作爲隨缺地畝，當因遷併尚未就緒，請緩三年，方令屯墾。十二月二十日，奉旨允准，欽遵在案[2]。計截至十七年底，已屆三年期滿。上年復經臣咨部，請再緩三年，以便次第舉辦。嗣准部覆：該滿營如目下實難舉行屯墾，應由該撫奏明辦理，等因。飭據布政使饒應祺詳准古城城守尉克蒙額③查覆前來。臣

---

① 臺北"故宮博物院"藏:《軍機及宮中檔》，文獻編號：408006298。

② 中國第一歷史檔案館藏:《錄副奏摺》，檔號：03-5368-116。

③ 克蒙額（1842—1911），字矩菴，又字哲臣，滿洲鑲藍旗人。咸豐十年（1860），隨僧格林沁出師海口，任鳥槍護軍。同治元年（1862），往天津學練威遠隊。二年（1863），隨通商大臣崇厚出師直隸，再隨直隸總督劉長佑出兵山東。四年（1865），隨欽差大臣文祥出師奉省，以鳥槍護軍校儘先即補。七年（1868），升鳥槍護軍校。光緒五年（1879），賞戴花翎。九年（1883），委鳥槍護軍參領。十一年（1885），任副鳥槍護軍參領。十二年（1886）擢正鳥槍護軍參領。十五年（1889），加二品頂戴。十六年（1890），補授新疆古城城守尉。二十三年

查古城滿營所撥東灣等處地畝，係屬久荒，開闢不易。牛具等項，均須籌辦；修濬渠道，需款甚鉅。該各營歸併古城，借支遷費尚未扣清，現值邊防緊要，尤宜加意操演。分隊耕種，力實未逮。相應籲懇天恩，俯准再緩三年，俟該滿營修養日久，兵力漸紓，酌量借給經費，飭令墾種，以實邊儲，出自鴻施。除咨部查照外，謹會同伊犁將軍臣長庚①、陜甘總督臣楊昌濬，恭摺具陳。伏乞皇上聖鑒訓示。謹奏。光緒十九年三月十一日[3]。

（硃批）：著照所請，該衙門知道[4]。

光緒十九年四月十五日，奉硃批：著照所請，該衙門知道。欽此[5]。

補證

【案】此摺原件②現藏於臺北“故宫博物院”，兹據校勘。再，此摺具奏日期，原件署爲“光緒十九年三月十七日”，查《軍機處隨手登記檔》③，則原件日期確鑿無疑。

（接上页）（1897）加副都統銜。二十五年（1899），開缺以副都統用。二十六年（1900），補鑲白旗蒙古副都統，調西安右翼副都統，赴西巡行在扈從。宣统三年（1911），西安新軍起事，率部抵抗，力竭而死。

① 長庚（1844—1914），字少白，滿洲正黄旗人。同治三年（1864），入烏魯木齊都統平瑞幕。同治六年（1867），以監生捐縣丞，指分山西試用，俟補缺後以知縣用。九年（1870），管解撥償俄國銀兩，加知州銜。十年（1871），經伊犁將軍榮全奏調，赴新疆軍營，任文案翼長，因功以知縣仍歸原省補用，並賞戴花翎。十三年（1874），調都統金順軍營，總理營務。光緒元年（1875），經烏魯木齊都統景廉奏調，再赴新疆軍營。二年（1876），俟免補本班，以直隸州知州仍留山西，歸軍功候補班前儘先補用，並加知府銜。旋免補直隸州知州，以知府仍留山西，歸候補班遇缺儘先前補用，並加鹽運使銜。四年（1878），署伊犂巴彥岱領隊大臣。六年（1880），保免補本班，以道員仍留原省，遇缺儘先題奏，加二品頂戴。次年，晉副都統銜。八年（1882），以丁母憂扶柩回旗。十二年（1886），補伊犂副都統。十四年（1888），擢駐藏辦事大臣。十六年（1890），遷伊犁將軍。二十二年（1896），調鑲藍旗漢軍都統。二十七年（1901），補授成都將軍。二十八年（1902），赴阿爾泰山，查勘科、塔兩城借地。三十年（1904），署兵部尚書，旋實授，賜在紫禁城内騎馬。三十一年（1905），考驗改編三鎮新軍。宣統元年（1909），調補陝甘總督，兼陸軍部尚書銜，旋授會辦鹽政大臣。民國三年（1914），卒，謚恭厚。有《溫故錄》等存世。

② 臺北“故宫博物院”藏：《軍機及宫中檔》，文獻編號：408002790。

③ 中國第一歷史檔案館藏：《軍機處隨手登記檔》，檔案編號：03-0276-2-1219-098。

[1]【頭品頂戴甘肅新疆巡撫臣陶模跪】底本無此前銜，茲據原件校補。

[2]【案】光緒十四年十月初八日，新疆巡撫劉錦棠爲籌議移併古城滿營官兵隨缺地畝並懇暫緩屯墾，具摺曰：

尚書銜甘肅新疆巡撫二等男臣劉錦棠跪奏，爲滿營移併古城，遵旨籌撥官兵隨缺地畝，並懇暫緩屯墾，以紓兵力，恭摺仰祈聖鑒事。竊臣於光緒十三年二月十六日承准軍機大臣字寄：光緒十三年正月十七日，奉上諭：富勒銘額奏，烏魯木齊滿營官兵議遷古城，請援案撥還隨缺地畝一摺。據稱烏魯木齊、古城、巴里坤三營旗兵，前經撥給迪化州屬熟荒地兩萬一千餘畝，藉資生計。現遵部議，將該三營官兵一千餘名併遷古城。查有古城地方頭、二、三屯地，約計一萬一千餘畝，向爲綠營屯耕之所。目前綠營屯兵無多，堪以撥歸滿營經理，並將古城迆東吉布庫地方官屯撥爲綠營屯地，等語。烏魯木齊等處滿營遷併古城，官兵隨缺地畝，自應豫爲籌撥，以資養贍。所請以頭、二、三屯地撥給滿營，以吉布庫官屯撥給綠營之處，著劉錦棠悉心酌覈，奏明請旨辦理。原摺著鈔給劉錦棠閱看。欽此。遵旨寄信前來。等因。到臣。當經欽遵飭查，吉布庫地畝現係歸綠營耕種。其頭、二、三等屯向爲綠營屯地，自遭變亂，地畝盡荒。光緒三年，經前陝甘總督臣左宗棠招集流亡，給資承墾，迄今陸續增添，已安插數百戶，共男婦一千數百口，耕稼婚娶，漸成土著。若以此項地畝撥歸滿營，不但遷移改撥徒滋勞費，且甫經招集，忽議遷徙，亦甚非朝廷勞來還定之意。臣查古城東灣、中渠，地屬上中，接引山水繞灌，得地一萬餘畝，擬歸各滿營耕種，不敷由附近之大板河、西岔撥給。查大板河約地三四千畝，西岔約地四五千畝。該各處雖有戶民耕種，爲數尚少，遷徙較易，毋庸將頭、二、三屯地撥歸滿營。如此辦理，似屬兵民兩便，並經行司飭縣，估計修渠經費，檄行城守尉德勝委勘覆辦去後。茲據德勝呈稱：查巴里坤滿營，現未遷齊。烏魯木齊滿營雖經遷併，安插尚未就緒。所撥東灣、中渠等處地畝，修理各渠，又非急切所能蕆事，擬請展緩三年，再行屯墾，藉紓兵力，等情。前來。臣覆加查核，自係實情。惟事關旗屯，未敢擅便。除飭司查取迪化縣接收滿營原撥地畝，招民承種應完額糧清冊，另案奏咨外，所有遵撥滿營官兵隨缺地畝並暫緩屯墾各緣由，理合恭摺具陳。伏乞皇太后、皇上聖鑒訓示，施行。謹奏。光緒十四年十月初八日。①

光緒十四年十一月十三日，奉硃批：戶部知道。欽此②。

[3]【光緒十九年三月十一日】原件及《隨手檔》均作“光緒十九年三月十七日”，確。

[4]【著照所請，該衙門知道】此“硃批”據原件補。

[5]【光緒十九年四月十五日，奉硃批：著照所請，該衙門知道。欽此】此奉旨日期與內容，據《軍機處隨手登記檔》校補。

【案】陶模此奏得允行，《清實錄》記之曰：“辛丑，諭軍機大臣等：甘肅新疆巡撫陶模又奏，古城滿營軍政，歷俸未滿三年，請緩至下屆舉辦。如所請行。③”

〇一六　安插棍噶札拉參徒衆摺

光緒十九年三月十四日（1893年4月29日）

伊犁將軍臣長庚、頭品頂戴甘肅新疆巡撫臣陶模跪[1]奏，爲安插棍噶札拉參呼圖克圖④徒衆，籌修僧舍，並酌撥口糧，懇恩俯准飭部立

① 中國第一歷史檔案館藏：《硃批奏摺》，檔號：04-01-01-0963-058。

② 中國第一歷史檔案館藏：《錄副奏摺》，檔號：03-6719-026。

③《德宗景皇帝實錄》，卷三百十八，光緒十八年十一月，《清實錄》第56冊，第119—120頁。

④ 棍噶札拉參（1835—1895），又譯作“棍噶札勒參”，藏語意爲“皆喜勝幢”，又名嘉穆巴圖多普，法號察罕格根，轉世喇嘛，甘肅鞏昌府洮州廳卓尼楊氏土司所轄曲華相（又譯作“齊白西、車巴溝、垂弼勝”）相康村人。自幼披剃爲僧，性多智慧。同治元年（1862），應新疆庫爾喀拉烏蘇烏訥恩素珠克圖等延請出關，在庫爾喀喇烏蘇、塔爾巴哈臺等處傳授經典。四年（1865），以塔爾巴哈臺回族、哈薩克族起事，率衛拉特兵剿辦，賞加“呼圖克圖”名號。七年（1868），受命統轄流移于阿爾，泰山之索倫營、塔城厄魯特人衆，妥辦安插事宜。八年（1869），赴阿勒泰創修幹佛廟，賜名“承化寺”。十一年（1872），率所部索倫、厄魯特兵駐塔城，加強塔爾巴哈臺防務。光緒二年（1876），率衆迎擊沙俄波塔甯騎兵，將其逐出。光緒七年（1881），離開新疆，前往西藏熬茶布施。十三年（1887），進京陛見。二十年（1894），由八英溝赴臨洮誦經。二十二年（1896），圓寂。清廷賞銀五百兩，准其轉世爲八音溝承化寺呼圖克圖，並於塔爾巴哈臺建祠致祭。

案，恭摺仰祈聖鑒事。

竊查光緒十五年，前撫臣劉錦棠會奏籌議承化寺僧眾遷徙事宜摺內，聲明庫爾喀喇烏蘇廳屬八英溝，在西南山中舊有寺院，係棍噶札拉參建造，現住喇嘛二百餘人，距俄甚遠，遷徙相宜，請飭催該呼圖克圖速來新疆，將未盡事宜商妥，再行詳晰具奏[2]。奉硃批：著照所請。欽此。十六年十月，棍噶札拉參抵新疆省城，與前護撫臣魏光燾面商，該處不敷安插，飭由該處併綏來縣毗連處所，添撥地段。嗣據勘明，由八英溝起東至月牙臺交綏來縣界，又東至大梁頭止一百三十餘里，可爲牧場，會立界碑，俾資安插，先後附奏在案[3]。其舊日徒眾聞呼圖克圖已到該處，遠道來歸者四百餘人；其隨時往來住宿者，尤難勝數，從前所建廟宇不敷住持。上年，臣模飭司委員，前往勘估，增修僧舍二百間，山中工料俱貴，當由善後項下撥給經費銀四千兩。其佛殿院落仍由該呼圖克圖自行募修，惟近年蒙、哈貧苦，布施無多，新增徒眾四百餘人，耕牧未興，無以餬口。查《新疆識畧》，喇嘛本有口糧，棍噶札拉參前在塔爾巴哈臺，以方外之人率其徒侶，仗義殺賊，卓著勛威，蒙古、哈薩克均賴其保護，鎮迪漢民往依避難者，亦設法安置，至今稱頌不衰。今令於八英溝居住，不特蒙民遵信，即哈薩克亦均畏服；且與舊居阿爾泰山僧眾聲息相通，形勢聯絡，足以消患未萌，隱然爲西北增一重鎮，自應代爲籌計，酌給資糧，以示體恤。除往來該寺托鉢不計外，其新僧徒眾以四百人成數計算，每季人給糧一石，歲需京斗小麥一千六百石，擬由臣模飭綏來縣、庫爾喀喇烏蘇廳，於倉糧項下按季支給，庶無事足養其身，有事得資其力，於邊陲大局，裨益實非淺鮮。所有安插棍噶札拉參徒眾、籌修僧舍並酌撥口糧緣由，謹合詞恭摺具奏。伏乞皇上聖鑒，飭部立案施行。再，此摺係臣模主稿。合併聲明。謹奏。光緒十九年三月十四日[4]。

（硃批）：該衙門知道[5]。

光緒十九年四月二十日，奉硃批：該衙門知道[6]。

補證

【案】此摺原件[①]現藏於臺北“故宫博物院”，兹據校勘。再，此摺具奏日期，原件署爲“光緒十九年三月二十四日”，查《軍機處隨手登記檔》[②]，則原件日期確鑿無疑。

[1]【伊犂將軍臣長庚、頭品頂戴甘肅新疆巡撫臣陶模跪】底本無此前銜，兹據原件校補。

[2]【案】關於安置棍噶札勒參所領僧衆，光緒十三年十二月初一日，“上諭”曰：

軍機大臣字寄：甘肅新疆巡撫劉、科布多參贊大臣沙：光緒十三年十二月初一日，奉上諭：錫綸奏，遵議棍噶札勒參所領僧衆，請仍照劉錦棠前奏辦理一摺。前於三月間，諭令劉錦棠、錫綸將該僧衆等於新疆所屬，擇地安插。嗣經沙克都林札布等奏，以烏梁海蒙哈官兵逼迫該僧衆遷徙，復諭令劉錦棠等確切查明，一面咨商沙克都林札布等，秉公妥籌速奏。劉錦棠於七月間雖有仍在舊地居住之請，係尚在未奉續諭之先。兹據錫綸所稱，科布多現無尚待安插之蒙哈，該僧衆與之相處，不致滋事。若議遷徙新疆，既無隙地，亦有他虞，業已咨行劉錦棠，毋庸委員踏勘，等語。該大臣所奏，仍與前奏大略相同，與沙克都林札布等前奏迥異。劉錦棠既有委員踏勘之議，現在又未自行覆奏，未便憑錫綸一人之言，遽定辦法。著劉錦棠會同沙克都林札布，妥速籌商，並應否委員確勘，再行定議，務各破除成見，詳審酌度，奏明辦理。原摺均著鈔給閲看。將此由四百里各諭令知之。欽此。遵旨寄信前來。[③]

【案】光緒十五年正月二十四日，新撫劉錦棠爲籌議承化寺僧衆遷徙事宜，具摺曰：

尚書銜甘肅新疆巡撫二等男臣劉錦棠、伊犂將軍臣色楞額、署塔爾

---

① 臺北“故宫博物院”藏：《軍機及宫中檔》，文獻編號：408002794。

② 中國第一歷史檔案館藏：《軍機處隨手登記檔》，檔案編號：03-0276-2-1219-103。

③ 中國第一歷史檔案館編：《光緒朝上諭檔》第13冊，第457頁。又見《德宗景皇帝實録》，卷二百五十，光緒十三年十二月，《清實録》第55冊，第363—364頁。

巴哈臺參贊大臣伊犂副都統臣額爾慶額跪奏，爲遵旨籌議承化寺僧眾遷徙事宜，恭摺仰祈聖鑒事。竊臣錦棠前承准軍機大臣字寄：光緒十三年七月二十六日，奉上諭：劉錦棠奏，棍噶札拉參所領徒眾，擬請仍在舊地居住，並籌哈巴河防務一摺。覽奏，均悉。前因沙克都林札布等奏，烏梁海蒙哈官兵逼令承化寺僧眾，趕緊移挪，情形急迫，當於五月二十二日諭令劉錦棠、錫綸迅籌覆奏。此次該撫所奏，尚係議覆三月間諭旨、未經奉到續諭之件。此事頗有關係，必須得一實在情形，著劉錦棠、錫綸懍遵前旨，確切查明，迅速籌議。一面咨商沙克都林札布等，秉公酌度，務須籌一妥善辦法，奏明請旨。至所奏哈巴河以達承化寺一帶地方，擬請劃歸塔爾巴哈臺管轄等語，俟覆奏到日，再行酌定降旨，等因。欽此。又，承准軍機大臣字寄：光緒十三年十二月初一日，奉上諭：錫綸奏，遵議棍噶札拉參所領僧眾，請仍照劉錦棠前奏辦理一摺。該大臣所奏，仍與前奏大略相同。著劉錦棠會同沙克都林札布等，妥速籌商，並應否委員確勘，再行定議，務各破除成見，詳審酌度，奏明辦理，等因，欽此。伏查此案疊奉諭旨，訓示周詳，無微弗至。臣等不能及時定議，惶悚實深。前署將軍臣錫綸未及再議，旋即交卸。臣色楞額到任後，復會同籌商，沙克都林札布仍持前議，催令交還借地。是即令委員會勘，亦終無益，且臣額爾慶額曾在科布多任事，於該處情形知之甚悉。上年，復派員往查，亦毋庸再行會勘。該處原屬烏梁海蒙部，前歲該部落僱人種地，意在遷回。繼因賠纍難堪，毫無所獲，上年已無人再至。沙克都林札布原奏，請遷去承化寺僧眾，收還借地，以便安插蒙哈。此起哈薩克，其始亦祇係借地遊牧，非科布多所有，且多於承化寺僧眾約數十倍，烏梁海蒙部能聽其安插，則無爭於此土蓋可知矣。惟其地緊與俄鄰，棍噶札拉參曾與俄人搆釁，久居其地，誠恐不能相安。前奉諭旨，令於新疆所屬，擇一距俄境較遠之地，奏明安插。臣等自應恪遵，惟擇地甚難，非急切所能指定。正籌議間，適臣色楞額據舊吐爾扈特東部落盟長畢西勒爾圖郡王巴雅爾呈稱：棍噶札拉參前在庫爾喀喇烏蘇地方，該部落賴其保護，今聞會議，欲令其遷回新疆，讓還科布多借地，部眾皆願其復來，等語。復咨由臣錦棠飭據庫爾喀喇烏蘇廳，查明廳屬八英溝一名察汗烏素，在西南山中，距城一百六十餘里，原係該蒙古牧場，附近並無官地。中有寺院一所，原係棍噶札拉參建造，現住喇嘛二百餘人，皆其舊日徒眾。復詢該處蒙民，僉稱願得棍噶扎拉參復來屬實。上年十一月間，承化寺僧眾人有省視棍噶札拉參回寺者，道過省城。臣錦棠復親加詢問，據稱該寺僧眾有招之近地者，有來自遠方者。其招之近地者，現存約三百餘人。其來自遠方者，自棍噶扎拉參去日，多已從行。其後又或遊化十方，所存不過數十人而已。臣等公同商議，棍噶札拉參既應遷徙，而八英溝一帶距俄實遠，以遷於此，洵屬相宜。該蒙部又望之甚殷，自可從其所請，但其徒眾既多係招之近地，各安其土，各有布施，恐遷地弗良，徒多耗費，且承化寺名由敕賜，工在不貲，亦未便聽其毀棄。近年，棍噶札拉參遠去。該徒眾恂恂自守，亦尚相安，擬就其中量爲區別。其原係來自遠方者，前與俱來，今即應與之俱往。其原係招之近地者，即聽其留居該寺，概免遷移，仍擇大喇嘛一人領之，有願隨同遷徙亦聽。以後該處若歸塔爾巴哈臺管轄，則所留僧眾亦仍歸塔爾巴哈臺參贊大臣管轄，以專責成。如此則舉動不勞，而事機亦順。如蒙允准，應請旨飭下理藩院，催令該呼圖克圖速來新疆。其未盡事宜，應俟該呼圖克圖至日面商，再行詳晰具奏。至哈巴河一帶地方，緊與俄鄰，俄人窺伺已久。塔爾巴哈臺自借地以來，即已派兵駐守，以故數年尚稱安静。若一旦委之以去，使俄人乘虛而入，得以南下古城，則新疆隔絕在西，全局將爲之俱震，非小失也。科布多遠隔大山，勢必不能爲之固守，應否改隸塔爾巴哈臺管轄，自應恭候諭旨遵行。所有臣等會同擬議緣由，謹合詞恭摺具陳。伏乞皇太后、皇上聖鑒訓示，施行。再，此摺係由臣錦棠主稿，因往返熟商，有需時日，是以覆奏稽遲。合併聲明。謹奏。光緒十五年正月二十四日。光緒十五年二月二十六日，奉硃批：著照所請。該衙門知道。欽此。①

① 中國第一歷史檔案館藏：《硃批奏摺》，檔號：04-01-09-0005-006。

【案】新撫劉錦棠等奏於是年二月二十六日得允行,《清實錄》:

甘肅新疆巡撫劉錦棠等奏，遵旨籌議承化寺僧遷徙事宜，擬令棍噶札拉參所領徒眾，移住庫爾喀喇烏蘇所屬之八英溝，而讓還科布多借地。其在承化寺就近所招之徒眾，安土重遷，則聽其留居該寺，仍擇大喇嘛一人領之，以後該處若隸塔爾巴哈臺，則所留徒眾亦歸塔爾巴哈臺參贊大臣管轄。至哈巴河一帶地方，塔爾巴哈臺自借地以來，即已派兵駐守，尚稱安靜，未便委去，俾俄人得乘虛南下古城。應否改隸塔爾巴哈臺管轄，請旨定奪。從之。[①]

【案】又，光緒十五年九月十一日，“廷寄”曰：

軍機大臣字寄：科布多參贊大臣沙、署塔爾巴哈臺參贊大臣伊犂副都統額：光緒十五年九月十一日，奉上諭：前據色楞額等奏，籌議承化寺僧遷徙事宜，請將哈巴河一帶地方改隸塔爾巴哈臺管轄，當經降旨允准。茲據沙克都林札布奏稱，哈巴河游牧地方改歸塔爾巴哈臺管轄，本屬蒙古及前收哈薩克數萬之眾，無地謀生，懇請將承化寺一帶遊牧仍由科布多烏梁海收回，俾得就地安插，等語。與色楞額等會奏蒙哈情形不甚相符，且據該將軍等奏稱，哈巴河一帶爲邊防要地，塔爾巴哈臺於該處派兵駐守，以故數年尚稱安靜。此節尤關緊要，朝廷兼權熟計，借地自應給還，邊防尤不可忽，應否一面將該處遊牧地方仍歸烏梁海，俾得安插蒙哈，一面由塔爾巴哈臺照舊派兵駐守，期於防務民情兩無妨礙之處，著沙克都林札布與額爾慶額會商妥議具奏。沙克都林札布原摺，著鈔給額爾慶額閱看。將此由四百里各諭令知之。欽此。遵旨寄信前來。[②]

【案】光緒十五年十二月十七日，總理各國事務衙門王大臣奕劻等以棍噶札勒参赴新疆安插徒眾，具摺奏請准其馳驛前往，曰：

總理各國事務多羅慶郡王臣奕劻等跪奏，爲棍噶札勒参呼圖克圖擬赴甘肅新疆，安插徒眾，援案懇請馳驛前往，恭摺具陳，請旨遵行事。

---

① 《德宗景皇帝實錄》，卷二百六十七，光緒十五年二月,《清實錄》第 55 冊，第 578—579 頁。

② 中國第一歷史檔案館編:《光緒朝上諭檔》第 15 冊，第 306—307 頁。又,《德宗景皇帝實錄》，卷二百七十四，光緒十五年九月,《清實錄》第 55 冊，第 657—658 頁。

光緒十五年十一月十八日，准北洋大臣直隸總督咨稱：據棍噶札勒参呼圖克圖呈稱：竊棍噶札勒参於光緒十二年四月到京，十四年四月，經總理衙門傳旨，先後賞給銀七千兩，並將承化寺徒眾給予勘合，由驛資遣回寺安插，棍噶札勒参暫赴五臺山唪經。本年五月，伊犁將軍奏，籌議承化寺僧眾遷徙事宜，請旨飭令前往新疆，遵即束裝，於八月十三日到京，在理藩院報到。旋因左足舊受礙傷，觸寒舉發，來津就醫，現擬整裝，迅速前進。惟路途遙遠，資斧維艱，可否援照上年由驛遣回徒眾成案，准其由驛前往，行至甘肅省城，由藩庫支領前次恩賞銀二千兩，交垂弼勝地方所建廟宇喇嘛等，擇日永遠唪經，恭祝皇太后、皇上萬壽無疆。棍噶札勒参即當馳赴新疆，聽候妥適遷徙，懇准咨照總理衙門，據情代奏，等因。查該呼圖克圖熟悉邊情，尚係有用之才，現擬遵旨前往甘肅，請領恩賞銀兩建寺，恭祝慈壽、聖壽，並馳赴新疆，安插徒眾。既有由驛遣回徒眾成案，應請奏懇恩施，准其由驛前往甘肅新疆，以示體恤，等因。前來。臣等查上年三月二十日，臣衙門奏請將棍噶札勒参所帶徒眾三十餘人，由驛先行遣回，並籌給銀五千兩，奉旨允准在案。此次該呼圖克圖呈請由驛前往，覈與上年成案相符。合無仰懇天恩，俯如所請，准其由驛前往之處，臣等未敢擅便，謹恭摺陳明。伏乞聖鑒訓示，遵行。再，此摺係總理各國事務衙門主稿，會同理藩院辦理。合併聲明。謹奏。十二月十七日[①]。總理各國事務多羅慶郡王臣奕劻，協辦大學士戶部尚書臣宗室福錕，軍機大臣兵部尚書臣許庚身，軍機大臣刑部尚書臣孫毓汶，戶部左侍郎臣績昌，戶部右侍郎一等毅勇侯臣曾紀澤，禮部右侍郎臣廖壽恒，兵部左侍郎署刑部右侍郎臣徐用儀，經筵講官太子少保大學士管理藩院事務都統臣恩承，理藩院尚書臣宗室松森，理藩院左侍郎副都統臣恩棠，理藩院右侍郎副都統臣慶福，理藩院額外侍郎臣達木定札布。光緒十五年十二月十七日，奉硃批：依議。欽此。[②]

---

① 因錄副之具奏日期漫漶，玆據《軍機處隨手登記檔》（檔案編號：03-0259-2-1215-337）校補。

② 中國第一歷史檔案館藏：《錄副奏摺》，檔號：03-5256-094。

【案】光緒十六年四月初一日，鎮迪道爲棍噶札拉參赴新疆安插徒衆札飭吐魯番廳，曰：

爲札飭事。案奉護撫部院魏照會：承准直隸閣爵部堂李咨開：光緒十五年十二月二十二日，准總理各國事務衙門咨開：光緒十五年十二月十七日，本衙門具奏，棍噶劄拉參呼圖克圖擬赴甘肅、新疆安插徒衆，援案懇請馳馹一摺。本日，奉硃批：依議。欽此。相應恭錄，並粘原奏，咨行貴大臣遵照可也。等因。到本閣爵大臣部堂。准此，除咨行外，相應咨會，煩請查照，轉飭經過沿途州、縣一體遵照，應付前進，等因。到本護部院。承准此，除咨行外，相應照會。爲此，照會貴兼司，請煩查照轉飭施行。計抄單一紙。等因到司。奉此，除分行外，合行札飭。爲此，札仰該廳即便遵照。此札。計抄單一紙。（同原奏，略）①

[3]【案】光緒十七年十月十六日，護理新疆巡撫魏光燾奏報安插棍噶札拉參徒衆事，曰：

再，棍噶札拉参呼圖克圖所領僧衆，經前撫臣劉錦棠奏明安插庫爾喀喇烏蘇廳屬八英溝地方，該呼圖克圖上年十月抵新疆省城，與臣面商，以該處不敷安插，請飭由該廳並綏來縣毗連處所添撥地段，俾資遊牧。當飭署庫爾喀喇烏蘇廳同知周鼎銘、綏來縣知縣李原琳察看地方情形，會同履勘，酌量指撥去後。玆據呼圖克圖呈稱：勘明庫爾喀喇烏蘇地西自八英溝起，東至月牙臺止，五十餘里；綏來縣地自月牙臺交界處起，東至頭道河大梁頭止，七十餘里。統計東西長一百三十餘里，南北寬五六十里，南抵松樹根，北抵山口戈壁爲界，地勢聯絡，水草豐盛，便於遊牧，查與民屯無礙，懇請撥給，等情。並據該廳、縣會勘，稟請照撥前來。臣覆核無異，除飭呼圖克圖將所領徒衆妥爲安插，並委員會立界碑外，謹附片具奏。伏乞聖鑒。謹奏。十月十六日。光緒十七年十一月二十一日，奉硃批：該衙門知道。欽此。②

---

① 新疆維吾爾自治區檔案局等編：《近代新疆蒙古歷史檔案》，新疆人民出版社 2008 年版，第 295 頁。

② 中國第一歷史檔案館藏：《錄副奏片》，檔號：03-6722-080。

[4]【光緒十九年三月十四日】此具奏日期，據原件應爲“光緒十九年三月二十四日”。

[5]【該衙門知道】此“硃批”據原件補。

[6]【光緒十九年四月二十日，奉硃批：該衙門知道】此據《隨手檔》校補。

〇一七 會商覆奏胡編修條陳邊務摺

光緒十九年四月十八日（1893年6月2日）

太子少保頭品頂戴陝甘總督臣楊昌濬、伊犂將軍臣長庚、頭品頂戴甘肅新疆巡撫臣陶模跪[1]奏，爲遵旨議奏事。

竊臣等於光緒十七年冬間，先後承准軍機大臣字寄：光緒十七年十月十八日，奉上諭：胡景桂①奏，條陳新疆邊防善後事宜一摺[2]。所陳裁兵、裕餉、興屯各節，不無可採。其餘各條有無窒礙，著長庚、楊昌濬、陶模悉心會商，妥議具奏。原摺均著鈔給閱看。將此各諭令知之。欽此。遵旨寄信前來。臣等欽遵閱看編修胡景桂所陳各條，洵屬留意邊防，當即體察情形，往返函商。謹就原奏分別條議，爲我皇上敬陳之。

一、原奏新疆宜裕邊儲一條。查新疆開設行省，幅員遼闊，額定旗祿兵丁共三萬一千名，實不爲多。伊犁與塔爾巴哈臺三面鄰俄，南

---

① 胡景桂（1849—1905），字月舫，係直隸永年縣人。同治十二年（1863），由拔貢生中式癸酉科順天鄉試舉人。光緒九年（1883），中式癸未科貢士（二甲第二十三名），改翰林院庶吉士。十二年（1886），散館，授職編修、會典館詳校官。十四年（1888），簡放甘肅學政。十八年，差滿回京供職，充吏部撰文。二十一年（1895），考取漢禦史，奉旨記名。十月，補授河南道監察禦史。二十二年（1896），俸滿截取，經都察院堂官保送，堪勝繁缺知府。初三日，吏部帶領引見，奉旨照例用，蒙恩召見一次。十八日，補甘肅甯夏府知府，以治水有功擢甯夏道尹。二十五年（1899），升山東按察使。次年，署理山東布政使。二十八年（1902），丁憂回籍終制。三十一年（1905），調補山西按察使，因病卒於赴任途次。有《使甘奏版》一卷、《西臺諫草》一卷、《山左公版》一卷、《求是齋文稿》、《求是齋雜著》等存世。

路各城在在當衝，礙難再事裁汰。現在新疆歲撥協餉三百三十六萬兩，名爲兵餉，而一切例支、地方善後、旗營經費等項，皆在其中。自光緒十四年起，司庫、伊塔道庫、塔爾巴哈臺同知庫，每年存銀十餘萬及二十萬兩不等，此外無可再行提存。各省關銖積寸纍，公私困憊，臣等備悉其艱。無如新省歲入僅等江浙一大縣，事事仰給內地，勢處於無可如何。裁兵存餉之說，應請毋庸置議。

一、原奏兵分屯一條。查屯田足食，固籌邊者所豔稱。然四民惟農最苦，人多憚於力穡。新疆勇丁皆關內人，原因不肯力田，始甘心爲兵。既入兵籍，何能於萬里外更事耕耘？前撫臣於北路廳縣招戶墾種，假汰勇丁，亦多就募，給與房屋、牛籽成本，每戶領銀或三四十兩、或六七十兩，較該編修所奏之數有贏無絀；並設屯正、屯長，層層鈐束，而各勇丁不安耕作，動輒潛逃，即令勉就約束，而鹵莽耕穫，作輟自便，實於邊儲無甚裨益。至遣屯一項，尤難就緒。農雖小道，亦須童而習之。遣犯習於遊惰，非桀驁不馴，即素有嗜好；且半無家室，逃者徒煩緝拏，留者無裨戶口。現在北路荒地尚多，招各城業農纏回，有家室而無田產者，設法安插，俾令承墾，應徐俟成效。惟南路各城富於糧食，艱於轉運，百物昂貴，米麥獨賤。發餉時，兵勇均求全領現銀，不願領糧扣餉，良由年歲中稔、市價賤於例價之故。是儲糧有益民食，無補度支。今日邊計正非專言屯政所可賅也。

一、原奏善後經費宜核實一條。新疆諸須創辦，統言之則曰善後，分之則頭緒百端。除城垣、衙署均須重建外，凡農桑、學校下至醫藥等項，無日不爲民辦事，即無處不需款開支。現雖部撥新疆善後經費銀十四萬兩，伊犁十一萬二千兩，塔爾巴哈臺三萬兩。而南北兩路事多未竣，伊犁、塔爾巴哈臺分隸未久，百廢待舉，不敷尤鉅。查前項經費，非爲裁兵而設，亦非專爲屯田之用。至謂歷年裁勇不下數萬，嘉峪關所報不過數千，聞皆在南山中，將來恐其滋事等語。查卓勝軍、蜀軍、嵩武軍，或遣撤，或調防；湘、楚各軍亦裁汰不少。統計東旋者以數萬計。肅州迤北徑途不一，不必定由嘉峪關行走。關吏所報，未足爲憑。其流寓塞外者，散處各城，或商販，或工作，或充各衙門、局卡丁夫，本可謀生。無如懶惰性成，稍有餘資，即舍業而嬉。迨所積用罄，計無所出，間往南山，偷種罌粟。冬令雪深，仍散居各城，不願入籍爲農。黠者或誑領屯費，潛逸無蹤。原奏擬於善後經費內提二三十萬金，爲安置之費，應請毋庸置議。

一、原奏布倫托海宜屯墾一條。查布倫托海，即赫色勒巴什淖爾，在科布多西南塔爾巴哈臺東境，南至迪化，西至塔爾巴哈臺各千餘里。亂時，難民寄居者萬餘人。塔城所屬舊土爾扈特、額魯特及哈薩克部眾居多，因沙土瘠薄，平定後均各遷回。光緒九年，定界將齊桑淖爾東南地割隸俄國，斜米省設有齊桑斯克，近鄰布倫托海，於科布多，新疆形勢均有窒礙，聞近年有俄屬哈薩克潛赴布倫托海，南越沙山，冒充中屬哈薩克，至古城、綏來售賣牲畜，殊難稽查。該處本科布多屬地，如將科布多幫辦大臣移駐布倫托海，就近防守阿爾泰山，抽派蒙民常川屯駐，實於邊防有裨，應俟臣等咨商科布多大臣，酌議具奏。其瑚圖斯拉一帶金苗旺否，容查明商辦。

一、原奏礦務、商務宜籌辦一條。查華民拙於煉礦，非雇洋將、購機器不可，然治礦須習化學，運機須習重學，一知半解，輒易僨事，專恃洋人，尤非久計。言礦務於東南，當以講求藝術爲先；言礦務於西北，雖有良工奇器，亦難得利。西國開礦，必先測所產足贏所費，尤必熟查水路運道、市埠之近便者幾處，運愈速，則利愈宏，未有於不通輪船、不設鐵軌之處浪擲巨款以興礦務者也。新省鉛、鐵、銅礦以機器取之，必多且佳，而購機設局，費且百萬。地無舟楫，南路又乏車輛，馱運勞費，貴於俄產。東運甘肅，脚價尤昂。本境行銷無多，非獨工本不能取償，即常年經費亦難周轉。惟鉛內或含銀質，現擬試驗鉛礦，如雜有銀質足敷工本，再行酌辦。和闐產玉甚稀，于闐縣金苗不旺，額定金課，纍民殊甚。綏來等處金礦早廢，商民來此者，失利固難久居，得利則思歸更切。礙難招辦。原奏又云：南路可造船，轉運，北路宜仿俄國臺車之法。查南疆葱嶺、于闐諸河，地勢不平，溜急沙疏，盈涸無定。平衍處僅能截流而渡，不能從流上下。庫車南境塔里木河，東抵蒲昌海七八百里，可順流行舟，惟逆流則難行。俄境臺車，即四輪快車，日行二百餘里。其臺路修築頗平，行抵薩瑪爾干鐵路倭連布鐵路，均極便捷。俄人以臺路爲鐵路先聲。新疆因籌款艱難，坐視強鄰之布置，臣等深爲寒心。此時統籌大局，東南諸省本通舟楫，不必急行汽車，應請俟山海關外鐵路工竣，即向西展築，則秦晉驛道免種種差徭之纍，新疆局勢無鞭長莫及之憂；軍務、礦務、賑務，裨益良多。若格於浮議，日後敵人往來神速，新疆稍有疏虞，秦晉亦難安枕。似宜及早籌商。

一、原奏馬廠、駝廠宜試辦一條。查伊犁、巴里坤，舊皆有駝馬廠。兵亂後，伊犁各廠均廢，巴里坤馬廠獨存。惟孳生馬匹性欠馴良，弁勇不樂騎用。南路各營就地購用，亦不甚貴。古城、木壘河等處廢廠多經墾種。臣模擬於各廳縣另擇善地，分設小廠，責成地方文武經理。伊犁廠務，承平時極爲繁盛，兵燹後各廠荒廢。察哈爾、額魯特兩營丁眾，生計維艱，臣長庚亟思籌辦廠務，以培元氣，苦於軍標額餉並無餘款。近年由哈薩克收穫馬匹，試辦孳生，爲數不多，無裨牧政。現正商同臣模，設法籌辦，應俟另案具奏。至駱駝一項足備轉運，應俟牧政漸興，次第試辦。

一、原奏要害重地宜移兵設防一條。查全疆以伊犁爲樞紐，古來守伊犁者，必據伊犁河西岸。唐儀鳳時，王方翼築碎葉城。天實初，鎮西節度居怛邏斯。宋時，西遼建都與虎思斡耳朵。皆在伊犁河西，蓋非此不足以制南路諸部。乾隆、嘉慶間，歷任將軍斤斤於河東布置，嗣後迭經分界，伊犁一河，俄人據三之二，今雖增設郡縣，實已孤懸敵境，宜於博羅塔拉、精河等處增駐重兵，以聯東路聲勢，於冰嶺之北格登山各卡，分紮營旗，以聯南路聲勢。惟增兵又須增費，此臣等所躊躇卻顧者也。至喀喇沙爾居天山之南珠勒都斯，係舊土爾扈特、各蒙古牧地。瑪喇巴什距俄境較遠，喀浪圭等處均非要衝，毋庸更張。惟烏什邊防必兼顧布回部落，距城一百八十里之伊布拉引，距城七百六十里之哈拉布拉克，最爲扼要，已各派馬勇巡防。儻邊務喫緊，則此處必須增兵，以遏那林斯克之衝，並爲喀什噶爾後路屏蔽。

一、原奏伊犁將軍宜假以事權一條。查光緒十五年，臣昌濬與前撫臣劉錦棠等會奏伊犁等處統轄事宜摺內，聲明伊犁將軍節制鎮道，凡中俄交涉事必須隨時決制者，概歸將軍辦理，等因，奏准在案[3]。惟伊犁將軍所轄錫伯、索倫、察哈爾、額魯特四部，邊界迤長千餘里。伊犁滿營皆瘡痍之餘，難稱勁旅；四愛曼半耕半牧之兵，不足以禦強敵；霍爾果斯、特克斯等處平原無險，徑途百出，巡防不易；軍、鎮兩標宜聯絡一氣，遇有邊警，應聽將軍督率調遣。平日操防，由將軍就近督察。其軍政計典、文武補署，仍由巡撫會同將軍具奏。

一、原奏伊犁四鎮遊牧宜培養一條。查伊犁駐防及各愛曼，舊本驍勇。自經變亂，窮困流離，謀生不暇，欲收強兵之效以得其力，必先籌撫卹之政以厚其生。臣長庚到任後，查前護理將軍富勒銘額所定四愛曼兵制，額多餉薄，不能調練，亟思籌辦屯田牛種，以裕錫伯、索倫兩營生計；籌辦孳生牲畜，以裕察哈爾、額魯特兩營生計。俾各該兵丁無內顧之憂，然後輪班調至惠遠城，課以操槍演礮、打靶取准及一切新演陣式，庶可漸收成效。惟四領隊聚處一城，離防所寫遠，不能常事梭巡，當此強鄰逼處，應將錫伯營領隊出駐河南，索倫營領隊出駐霍爾果斯城，察哈爾領隊出駐博羅塔拉，額魯特領隊出駐特克斯川，以固邊防。至原奏撫卹難裔一節，當由臣長庚查明辦理。

一、原奏分疆勘界宜慎重，並歸咎分界使臣一條。查邊境被佔，由來者漸，不能專咎使臣。如前侍郎曾紀澤①爭還特克斯川，其功正

① 曾紀澤（1839—1890），字劼剛，號夢瞻，曾國藩長子，清代外交家，中興名臣。同治年間，以正二品廕生補戶部員外郎。十一年（1872），承襲一等毅勇侯。光緒四年（1878），補太常寺卿，任出使俄國大臣，賞戴花翎。旋又出使法國。六年（1880），授出使俄國大臣。次年，與俄訂《中俄伊犁條約》（《改訂條約》），補宗人府府丞、都察院左副都禦史。九年（1883），辦理洋藥稅釐併徵事務。十年（1884），免駐英、駐法公使，授兵部右侍郎。次年，幫辦海軍事務。十二年（1886），任總理各國事務衙門行走。十三年（1887），調戶部右侍郎兼管錢法堂事務。十四年（1888），管理戶部三庫事務，兼署刑部右侍郎。十五年（1889），兼吏部左侍郎，管理同文館事務。十六年（1890），卒於京，加太子少保，諡惠敏。著有《說文重文本

不可泥。伊犁舊疆索倫營及額魯特上三旗，汛地最遠，領隊大臣均駐惠遠城，照顧不及。道光二十六年以後，俄人於巴勒喀什淖爾東南築闊帕勒城，於特穆爾圖淖爾之北築威而尼城，即七河省城。兩處本列版圖，節氣時刻，並載時憲書，守土諸臣置若罔聞，於是阿克蘇天山迤北察林河等處卡倫及塔城西之舊雅爾城，逐漸入俄，蓋未定界約之前被佔不少。咸豐十年，議定浩罕爲界，彼時浩罕尚能自立，實與俄境無涉。迨浩罕八部相繼淪亡，南疆遂緊與俄鄰。回匪亂後，疆界益壞，勘界時，地名詢諸俄人，輿圖付諸畫工，回語、俄語，輾轉繙譯；急讀、緩讀，音異字殊。載諸約章，亦未詳細。嗣後如有界務，應選明於測繪之人隨同勘界。使臣如法詳繪，界綫爲經，城邑道里爲緯，方向遠近，務求密合，以杜爭端。

一、原奏通商稅關宜設、稅釐宜酌減二條。查光緒七年改定條約，有俄民於各城貿易、暫不納稅等語。嗣前撫臣劉錦棠於古城、哈密、省城、綏來、吐魯番先後設局，專收華商貨稅。上年，經臣模奏奉部覆：俄商稅則尚未議定，若免俄稅而收華稅，不特華商受困，且授俄商包攬之權。應將華商稅銀停止，俟俄商稅則議定，即復舊章，等因在案。應即遵照辦理。

一、原奏學校宜整飭一條。查鎮西、迪化各屬考試，皆關內人入籍，緣本地全是客民。如停止試事，更無以資勸導。惟甘肅鄉試鎮迪兩屬，另編字號取中，往往一經中式，便請改歸原籍，殊屬不成事體。應由禮部核議，嗣後以新疆籍貫中式者，概不准改歸原籍，庶幾邊徼殊方，絃誦不輟。至南疆義學，回童皆按名給以錢米，隨時考察獎賞，取作佾生，以示鼓勵。無如纏回言語不通，文字不同，視讀書爲畏途；爲師者又祗課詩文，不教實學。臣模到任後，另定章程，嚴飭各屬督同塾師、通事，教識漢字，學漢話，刪除虛文，以《朱子》、《小學》等

（接上页）部考》1卷、《佩文韻來古编》、《曾惠敏奏議》6卷、《出使英法日記》2卷、《使西日記》、《曾惠敏公詩文集》9卷、《歸樸齋集》、《歸樸齋詩鈔》4卷、《曾惠敏公遺集》17卷、《中國之沉睡與覺醒》（*China*, *the sleepingand the Awakening*）等行世。

書，導以孝弟、忠信、修身、敦行之道，以期轉移風會，漸有實效。

一、原奏錢法宜變通一條。查省城及南路設立官錢局，商民稱便。伊犁設局後，俄帖業已停止，辦理雖甚竭蹶，圜法籍以維持，斷不敢率爾裁撤。省城及庫車試鑄紅錢，人工、物力無不昂貴。定價每紅錢四百文合銀一兩，不免賠貼工本，較之嘉慶初年阿克蘇錢局以二百二十文合銀一兩，則現價尚不甚昂。當再行廣鑄，以期銀錢兩價漸得其平。

以上所議各條，因原奏各節有毋庸更議者，有業已辦理者，有應行籌商者。臣等悉心商酌，意見相同。謹合詞恭摺具陳。伏乞皇上聖鑒訓示，施行。再，此摺係臣模主稿。合併聲明。謹奏。光緒十九年四月十八日，拜發。六月二十二日，准兵部火票遞回原摺，奉硃批：覽奏。會議各條尚屬周妥。該衙門知道。

光緒十九年五月十九日，奉硃批：覽奏。會議各條，尚屬周妥。該衙門知道[4]。

補證

【案】此摺原件①現藏於臺北"故宫博物院"，茲據校勘。

[1]【太子少保頭品頂戴陝甘總督臣楊昌濬、伊犂將軍臣長庚、頭品頂戴甘肅新疆巡撫臣陶模跪】底本無此前銜，茲據原件補。

[2]【案】光緒十七年九月十五日，甘肅學政胡景桂爲新疆邊防善後事宜，具摺曰：

> 甘肅學政翰林院編修臣胡景桂跪奏，爲新疆邊防善後事宜敬陳管見，以備採擇，恭摺仰祈聖鑒事。竊臣聞新疆南路喀什噶爾道所轄，西北與布魯特連界，近聞多爲俄國統屬。西南什克南、瓦罕、退擺特諸部已附英國，又將納貢於中國之坎巨提部落攻逐而取之，安集延回部近又遣人滋擾嘗試。北路伊塔各城逼鄰俄界，險要大半分隸，防守、善後有

① 臺北"故宫博物院"藏:《軍機及宫中檔》，文獻編號：408002800。

宜不容稍緩者。謹就見聞所及，爲我皇上敬陳之。

一、新疆宜裕邊儲也。西北各邊，古尚屯田，誠以內地轉餉，道路阻長，緩急難恃也。現今伊犁、新疆每年協餉三百六十萬兩，年銷年款，不能贏餘。設或腹省阻滯，解不如額，則新疆束手無策，旗綠各營、練軍各旗豈能枵腹從公乎？此邊儲所宜亟籌也。臣擬此項不必另籌鉅款，值此無事之秋，用裁兵存餉之法，每年酌減三十萬兩，仍歸各省照舊協解，十年之內，即可存三百萬兩。再，四分餘平每年以十四萬兩核算，十年亦可存一百四十萬兩。南北兩路遠者距省五六十站，近者亦有一二十站，應將此等項銀分存南路兩道庫各五十萬兩，伊犁存八十萬兩，塔爾巴哈臺存五十萬兩，新疆省城存二百萬兩，從此有備無患，而內省協餉十年外，即可照所減之數永遠停解，既裕邊儲，又省轉運。此一舉兩得之道也。

一、裁兵即宜分屯也。養民實邊，經費甚多，資遣兵勇，須籌鉅款，關外地廣人稀，若田極多，莫如就應裁之兵勇，各給屯田資本，擇地開墾，以每人二十金計算，二十萬金即可安置一萬眾，編造冊籍，各設屯長，督率稽查，一二十年後，生齒日繁，邊計民生，兩有裨益。

一、善後經費宜核實也。新疆、伊犁每年善後經費各有十餘萬，原爲裁兵屯田之用。查關外湘楚各營，多招募成軍。其有家室者，事平之後，即不裁遣，而必告假。檢查無家可歸者，往往在行營處所私置家室，雖加資遣，亦□戀而不肯去，甚至將所領之川資票減價售於他人，是以歷年裁遣各營不下數萬人，而嘉峪關所報之數不過數千，聞此等遊勇皆散在新疆南山一帶，將來衣食無資，必擾害良民，甚或勾結外夷，煽亂滋事，皆屬可慮。臣擬從善後經費或邊儲內預提二三十萬金，以爲安置遊勇之費，每人撥給荒地數十畝、銀二十兩；有妻子者，略加數兩；派廉幹委員查辦造冊，令遊勇出連環保結，私逃滋事者連坐。無房舍者，即在屯田之處用官款蓋造土室，官收其租。如一處有二百口，即派一經制外委，帶兵暫駐其處，彈壓稽查。二三年後，該遊勇等安家樂業，即將兵弁撤回。若地當衝要，即常川駐防，以資震攝。如此經理，可消隱患於無形。動用善後經費若干，每年造冊報部，以資稽查，庶野無遊民，餉歸實用。

一、布倫托海地方宜屯墾也。查南路羅布淖爾，經撫藩設法開墾，可安民人一萬餘戶，將來可成郡縣。布倫托海在新疆古城西北十三站，西距塔爾巴哈臺十一站，北距阿爾臺山三百餘里，東距科布多一千五百餘里，西北距俄國之濟木奈城三百餘里，如葫蘆形，爲烏龍在河歸宿之區。元時名氣則里八與海，一名博洛爾托海。《元史・郭德海傳》：海約千餘里，中多魚可食，有碾碓以水激之。同治年間，新疆難民逃聚於此者一二萬人。溯烏龍古河而東，嚓罕河，布托干河兩岸，土肥草茅、可耕可牧之地尤多。瑚回斯拉一帶產金甚旺，此處若設官經理，招人開墾，或以兵作屯，不特俄國入新疆之捷徑可塞，而塔城及新疆後路保護嚴密，即科布多西南又添一大屏蔽矣。

一、礦務、商務宜籌辦也。新疆南北兩路□□天山，聞伊犁各山產煤、鉛、鐵三種，和田產玉，阿克蘇之滴水崖、拜城之塞里木沙雅爾均產銅，承平時，皆有銅賦。庫車之喀喇沙爾亦有銅伯克，吐魯番之五個山產紅銅，奇臺縣之都蘭哈喇產鉗，濟木薩水西溝產鐵，綏來縣有金廠，庫爾喀喇烏蘇亦產金。若招礦師，相擇開辦，雖地多沙漠，運貨不易，而南路可開道路，於兩河造船轉運。北路宜仿照俄國，造臺車轉運，山路兼用駝運。遊勇不願耕種者，亦可藉此營生。數年後，商、礦各務暢旺，內地轉餉即可大減。此事須官督其成、商辦其事，乃克經久無弊。

一、馬廠、駝廠宜試辦也。新疆南北兩路山高道險，兼多沙漠，遇有徵調，須預計馬力。康熙、乾隆時，平定準部、回部，軍醫馬駝爲要務。查巴里坤、巴爾庫勒淖爾、昌吉縣之阿雅爾草湖，伊犁各山廠暨南路瀕河一帶，水草肥美，均可放牧，宜仿照甘肅涼州、直隸張家口各馬廠章程，籌款試辦。所費繁多，而所益甚大，二三年後，滋育繁盛，無事之時，每年駝運，將領、士卒乘馬行，既利遠徵，亦能涉險，實有□□可恃也。

一、要害重地宜移兵設防也。查晶河爲新疆省赴伊犁要道，西北距俄國界僅百里，據此可以斷伊犂後路。庫爾哈喇烏蘇爲新疆省赴塔爾巴哈臺要道，西北沁達蘭地方與此甚近，俄人及哈薩克出入於此，據此可以斷塔城後路。此北路要害宜防也。南路喀喇沙爾城西北珠爾都斯山有通伊犂要道，其西那薩特達巴罕可以扼守。珠爾都斯山回還千里，泉甘土肥，可以屯田。阿克蘇東北有通伊犂之冰嶺，天險可守。烏什西北畢底爾卡外緊接布魯特牧地，北與俄國之阿里瑪圖只隔一山，西南經布魯特、闢展地方有通喀什噶爾之捷徑。此處關繫甚重，敵騎一入，則阿克蘇震動，西四城之聲援不通。宜駐重兵於烏什。而於畢底爾巴什雅哈瑪那山口嚴設碉卡，方爲周密。又，阿克蘇西南入葉爾羌境有通喀什噶爾之瑪喇爾巴什地方，爲葉、喀兩城分道處，亦宜駐兵。此南路東四城之要害宜防也。至西四城自喀什噶爾東北巴爾昌卡倫，距至葉爾羌南奇都桑珠等卡倫止，沿邊與布魯特連界，其中以喀什噶爾之喀浪圭、烏帕爾、英吉沙爾之圖不舒克等卡倫最衝要，宜擇地勢，窄處設碉卡、寬處設碉堡以扼之。和闐雖在東南，去邊稍遠，然爲我財賦之區，不可不加意保護。此西四城之要害宜防也。

一、伊犂將軍宜假以事權也。新疆南北兩路周圍二三萬里，現議統歸巡撫經理，但伊犂與南不同，南路雖距省遼遠，俱是土著回民，耕種爲業。伊犂近鄰俄界，又有察哈爾、索倫、錫伯、額魯特四部落，今雖凋敝，戶口尚有數萬。哈薩克、吐爾扈特兩藩部、駐防各旗、鎮、協各營，遊勇、纏頭，錯雜紛距，距新疆十八站之遙，山多險阻，僅有果子溝一線可通。晶河雖有僻徑，而路尤艱險，況將軍現住之城距俄國新界僅九十里，霍爾果斯河盈盈一水，夏流冬涸，既無山川之險，而大國犬牙相錯，擊柝相聞，防不勝防。白彥虎餘黨尚在邊境，俄人現築鐵道，一旦有事，風馳雨驟，有迅雷不及掩耳之勢。無論新疆兵餉一時不能接濟，即將軍、巡撫函商調度之文書亦難速達。若將軍呼應不靈，只有坐困而已。乾隆二十年將軍班第、二十一年將軍兆惠，信息被困，恒數月不得信息。是其前鑒矣。臣擬伊犂將軍宜仿照熱河都統之例，統轄伊犂文武，遇有營伍廢弛之員、地方貪酷之吏，專摺參奏，庶事權有藉，臂指相聯。鎮道以下各官，由將軍就近查核，亦可補巡撫耳目之所不及，於邊防、吏治大有裨益。而補署官缺一切地方事宜，將軍仍同巡撫商酌會辦。聞有督撫同住一城同心爲國者，尚不至參商，況此分駐兩地，又何慮掣肘乎？

一、伊犂四鎮遊牧宜培養也。錫伯、索倫二旗，乾隆年間自盛京、黑龍江調來，察哈爾自張家口外調來，額魯特爲準部舊裔，兵燹以後戶口凋殘，肥饒之地多被俄人侵佔，生計甚艱。四族人情，錫伯懦而趨時，察哈爾良莠不齊，額魯特愚而心堅，索倫驍健素著，人懷忠義，不忘國恩，故變亂之時，殉難最多。此時宜委員隨同領隊大臣，詳確訪查昔時殉難族人男女姓名，彙案奏請旌䘏，俾人知所感激。鰥寡孤獨無依者，籌款提存，酌給牛羊、籽種，以便牧畜、屯墾，俾人賴資生，庶幾該旗人心益固，衆志成城，邊防可恃矣。

一、分疆勘界宜慎重也。查伊犂舊疆，西北卡倫展至雅布霍圖山，西南過順河至貢古魯克卡倫接喀什境，即同志九年立訂之界，西北在霍爾果斯卡及伊犂河之奇欽卡，西南以善塔斯嶺、薩巴布納嶺爲界，均有險可守。今立定界，西北以拱辰城外霍爾果斯河爲界，將索倫牧地割去一半。西南繞過格登山，將額魯特上三旗牧地全行割去，距舊日霍爾果斯卡倫五六百里，失計甚矣。又將數萬回民付之俄人，俄人因其不肯遠徙，即在霍爾果斯河南安插。此實伊犂肘腋之患。塔城距俄國新界三五里，西北、西南兩面割去，統計此次分界失去地方，自阿爾泰山起至伊犂，共約長三千餘里，償俄人兵費銀九百萬羅卜。此分界使臣不明地利受人愚弄也。

一、通商稅關宜設也。查伊犂固爾札即金頂寺，爲洋人貿易之地，南路喀什噶爾，洋亦常互市。此兩處俄國均設有領事官，主持商務。而中國洋關乃設在甘肅肅州，距此兩處五六千里，終年無洋商到關報稅，而每年管道等一切開支須九千餘金，有名無實，徒耗帑項，甚可惜也。宜將新疆北路通商歸伊犂道員經理，南路通商歸喀什噶爾道員經理，入貨報稅，易於稽查。出貨如茶葉、羊毛等，均令由本關報稅，不得藉從關報稅之名，以防影射偷漏。

一、稅釐宜酌裁也。聞南路各城回民一擔之柴、一筐之菜，入城無不納稅，地方官惟利是圖，丁役假威嚇索，回民始則隱忍，久必生變，往往釀成仇殺之患。宜酌定稅章，零星販售，一概免稅，庶官有遵守，民得安業矣。

一、學校宜整飭也。南路光緒三年收復後，各城創設義學，原以化導纏回，使知禮義，每學塾師修金數百兩。回童入塾，名曰當差，欲免當差，必先行賄於塾師，而塾師欲取悦官長，往往代作詩文，博取獎賞。此項每年約費數千金，有名無實。若不整頓，終無成效。

一、錢法宜變通也。新疆銀賤錢貴，伊犁尤甚。原任伊犁將軍色楞額因俄國錢帖充斥內地，每年以數千萬金易俄國百萬張之紙票，受虧甚大，開設官錢局以救之，而定價太昂，每銀一兩，僅換制錢五百文。俄人復乘隙運錢收買伊地之銀，而官錢局遂虧閉不通，俄帖仍散行內地。爲今之計，一面招商設局出票，以攘其利；一面採銅採鉛，開鑪鼓鑄。乾隆年間，葉爾羌開鑪鑄錢，曾著明效。如此變通，俄票不致內充，銀帑不慮外散，邊境官民、兵丁，均有裨益。

以上各條，臣稽諸地圖，證以輿論，擇其利害所關、顯然有據者，聊貢一得之愚，以備蒭蕘之採。是否有當。恭摺具陳。伏乞皇上聖鑒，留覽採擇，施行。謹奏。九月十五日。光緒十七年十月十八日，奉硃批：另有旨。欽此。①

[3]【案】光緒十五年五月十七日，陝甘總督楊昌濬、新疆巡撫劉錦棠等具摺奏報會議伊犁、塔爾巴哈臺等處統轄事宜，曰：

太子少保甘肅新疆巡撫二等男臣劉錦棠、太子少保頭品頂戴陝甘總督臣楊昌濬、護理甘肅新疆巡撫布政使臣魏光燾跪奏，爲遵旨會議伊犁、塔爾巴哈臺等處統轄事宜，恭摺具陳，仰祈聖鑒事。竊臣等承准軍機大臣字寄：光緒十五年正月三十日，奉上諭：色楞額等奏，伊塔遠距邊要，巡撫礙難遥制，擬將地方文武仍歸將軍、副都統就近專轄一摺。新疆改

① 中國第一歷史檔案館藏：《録副奏摺》，檔號：03-9429-016。

設行省，分置郡縣，左宗棠創議於前，劉錦棠等詳議於後；一切官制、營制甫經議定，自未便遽行更張。惟據色楞額等所陳，伊塔距新疆省會太遠，文移往返數千里，動輒兼旬。文武各官若不就近專轄，深恐呼應不靈，致誤事機，擬援照直隸承德府歸熱河都統管轄之例，仍歸伊犂將軍、副都統專轄，等情。事關邊防緊要，不厭求詳，著楊昌濬、譚鍾麟、劉錦棠、魏光燾按照所奏各節，詳細覈議，務就現在地方情形斟酌妥善，會同覆奏。原摺著鈔給閱看。將此由四百里諭知楊昌濬、譚鍾麟、劉錦棠，並傳諭魏光燾知之。欽此。臣等竊維自古有治人無治法，而擇人以使權在朝廷，非臣下所敢私議。臣錦棠是以於本年二月初二日具奏，請旨定奪，比奉批旨，仍令會同議覆。仰見聖慮周詳、慎重邊防之至意，臣等何敢引嫌自避、終默不言？伏查色楞額等所奏各節，自係爲邊防緊要起見，但伊犁、塔爾巴哈臺本皆新疆境地，昔年屯兵置守，則南北各有不同；今既建省設官，則伊塔無容獨異。蓋同此邊疆，必須聯爲一氣，而巡撫統轄全境，尤應併計兼籌，若以伊塔一隅之地畫疆而理，不特事涉紛歧，且恐形勢扞格，貽誤必多。前此部議伊犂將軍改爲駐防，旋即奏准，裁參贊，設副都統，以改照駐防之制。是體制業經奏定，誠如聖諭“一切官制、營制甫經議定，未便遽行更張”也。況前奏聲明將軍節制鎮道，較之內地駐防，其分更崇，其權更重，何必再行改易？至原奏內稱伊犁距省太遠，巡撫礙難遙制，查南路之阿克蘇道，距省二千餘里，遠於伊犁約將一倍；喀什噶爾道距省四千餘里，遠於伊犁約且數倍。伊犁距省不過一千四百餘里已難遙制，然則南路兩道所屬又將如何？且塔爾巴哈臺之距伊犁與伊犁之距省城正相等耳。將軍能制塔爾巴哈臺之地，豈巡撫獨不能制伊犁之地？原奏又稱塔爾巴哈臺遇有要務及地方重大事件，即由副都統隨時辦理，一面咨明將軍酌覈。其倉庫之盈縮、驛傳之遲速、文武官吏之賢不肖，均由副都統就近考覈進退。若命盜案件，仍歸伊塔道覈轉，等語。體制亦多不合，惟原奏請於漢隊分撥一千五百人，倣成都將軍之例設立軍標一節，臣等查將軍、副都統設立標營，藉壯聲威，自應照辦，擬請於伊犁原定漢隊四千人之內，分撥一千人隸之將軍，餘悉隸之鎮標。塔爾巴哈臺原定漢隊二千人之內，分撥五百人隸之副都統，餘悉隸之協標。於兵數、餉數並無增加。除旗營及蒙哈藩部、喇嘛等事並中俄交涉事宜必須隨時決制者，概歸將軍辦理，其伊犁、塔爾巴哈臺等處地方文武，均請歸新疆巡撫管轄；仍照前奏，由伊犂將軍節制鎮道。如蒙俞允，其一切應辦事宜，容臣等詳晰會商，另行奏明辦理。臣錦棠於本月初間行次蘭州，與臣昌濬相見，並由臣光燾咨商各節，意見相同。謹將遵旨會議緣由合詞恭摺具陳，是否有當。伏乞皇上聖鑒訓示，施行。再，此摺係臣昌濬主稿，譚鍾麟前已交卸起程，未及會議，故未列銜。合併陳明。謹奏。光緒十五年五月十七日。①

光緒十五年六月初一日，奉硃批：著照所請，該部知道。欽此②。

[4]【光緒十九年五月十九日，奉硃批：覽奏。會議各條，尚屬周妥。該衙門知道】此奉旨日期與內容，據《隨手檔》③校補。

〇一八　推廣武職借補章程摺
光緒十九年五月二十四日（1893年7月7日）

頭品頂戴甘肅新疆巡撫臣陶模跪[1]奏，爲新疆武職各缺，擬懇暫照推廣借補章程辦理，以資委任而裨邊防，恭摺仰祈聖鑒事。

竊臣於光緒十九年二月十二日准兵部咨：議奏湖廣總督張之洞④

① 中國第一歷史檔案館藏：《硃批奏摺》，檔號：04-01-01-0968-008。

② 中國第一歷史檔案館藏：《錄副奏摺》，檔號：03-5250-007。

③ 中國第一歷史檔案館藏：《軍機處隨手登記檔》，檔案編號：03-0276-2-1219-130。

④ 張之洞（1837—1909），字孝達，號香濤、香岩，又號壹公、無競居士，晚年自號抱冰，直隸南皮人。道光十七年（1837），生於貴州。二十九年（1849），考中秀才。咸豐二年（1852年），中順天府解元。同治二年（1863年），中式進士（探花），授翰林院編修。六年（1867），出任浙江鄉試主考官，提督湖北學政。十一年（1872），加侍讀銜。十二年（1873），任四川鄉試主考官、四川學政。光緒二年（1876），調文淵閣校理，兼國子監司業。五年（1879），改詹事府左春坊左中允、司經局洗馬。六年（1880），升翰林院侍講、侍讀、詹事府左春坊右庶子、日講起居注官。七年（1881），補翰林院侍講學士，擢內閣學士，兼禮部侍郎銜，旋授山西巡撫。十年（1884），升調兩廣總督，起用退休老將馮子才，於廣西邊境擊敗法軍，設廣東水陸師學堂，

奏，武職借補章程懇續展期限一摺[2]，自應再准展緩五年。惟年限既展，限制亦應量爲變通，擬請嗣後除提督、總兵兩項人數衆多、補缺較難，准其借至副將、參將外，其副將衹准借補參將，參將衹准借補遊擊，遊擊衹准借補都司，都司衹准借補守備，守備衹准借補千總，千總衹准借補把總，均不得借至二級，等因。奉旨：依議，欽此。欽遵咨行到臣。查前直隸總督臣曾國藩①奏准推廣武職借補章程：提督、總兵借至副將、參將、遊擊止，副將、參將、遊擊借至督司、守備止，督司、守備借至千總，把總止，原爲疏通仕途起見，現經部臣更議章

（接上页）立廣雅書院。十二年（1886），兼署廣東巡撫。十五年（1889），調補湖廣總督。次年，創建兩湖書院。十九年（1893），兼署湖北巡撫，創辦自強學堂（武漢大學前身）。次年，署兩江總督。二十二年（1896），調湖廣總督，仿德國制式改湖北舊軍爲新式陸軍，並創辦湖北武備學堂。二十六年（1900），兼署湖北提督。次年，加太子少保銜。二十八年（1902），授督辦商務大臣。次年，任經濟特科閱卷大臣。三十三年（1907），調補湖廣總督、協辦大學士，遷體仁閣大學士，兼管學部。次年，授督辦粵漢鐵路大臣，晉太子太保。宣統元年（1909），任實錄館總裁官，卒於任。追謚文襄。翌年，归葬南皮。有《張文襄公全集》、《广雅堂集》、《學堂章程》等行世。

① 曾國藩（1811—1872），初名子城、子成、子誠，字居武、伯涵、滌生，湖南長沙府湘鄉縣人。道光十四年（1834），中舉人。十八年（1838），中式第三甲第42名進士，改庶吉士。二十年（1840），授檢討。二十三年（1843），任試講，充四川鄉試正考官，補文淵閣校理。次年，授侍讀。二十五年（1845），任左、右庶子，充會試同考官、侍講學士、日講起居注官。次年，任文淵閣直閣事。二十七年（1847），授內閣學士，兼禮部侍郎銜。次年，任稽察中書科事務。二十九年（1849），調禮部右侍郎，署兵部左侍郎。次年，兼署工部左侍郎。咸豐元年（1851），署刑部右侍郎，充順天武鄉試正考官。次年，兼署吏部左侍郎，充江西鄉試正考官。是年，丁母憂。四年（1854），賞三品頂戴，旋晉二品頂戴，並賞戴花翎，以兵部右侍郎署湖北巡撫。七年（1857），丁父憂。次年，辦理浙江軍務。十年（1860），署兩江總督，加兵部尚書銜。同年，旋授欽差大臣、兩江總督。十一年（1861），封太子少保。同治元年（1862），擢協辦大學士。三年（1864），晉太子太保，封一等毅勇侯。五年（1866），補授兩江總督。次年，遷大學士，轉體仁閣大學士，賞雲騎尉。七年（1868），調武英殿大學士、直隸總督管巡撫事。九年（1870），以兩江總督充任辦理南洋通商事務大臣。十三年（1874），薨于位。贈太傅，謚文正。主要著述有：《十八家詩鈔》20卷，《三十家詩鈔》6卷，《求闕齋日記類鈔》2卷，《古文四象》5卷，《江西全省輿圖》14卷、首1卷；《克復金陵生擒僞王》3卷、附奏稿2卷、上諭1卷，《求闕齋讀書錄》，《孟子要略》5卷、附錄1卷，《長江圖說》12卷，《曾文正公書札》33卷，《曾文正公手書日記》，《曾文正公文鈔》4卷，《曾文正公四種》，《曾文正公兵事手札》，《曾文正公批牘》6卷，《曾文正公奏稿》36卷，《曾文正公重定營規》1卷，《勸誡淺語十六條》，《曾文正公家書》10卷，《曾文正公家訓》2卷，《曾文正公詩集》3卷，《曾文正公雜著》4卷，《湘軍水陸戰紀》16卷，《經史百家簡編》2卷，《經史百家雜鈔》26卷，《遊後湖記》1卷，《遊麻姑山記》1卷，《鳴原堂論文》2卷，《勸誡淺語》1卷，《讀儀禮錄》1卷等。

程，示以限制，自願一體遵辦。惟新疆情形不同，通計全省提督一缺、總兵三缺、副將七缺、參將八缺，遊擊以下，以次加增。官職大則缺愈少，官職小則缺較多，而候補員弁中如提督、總兵及副將、參將、遊擊等官，人數尤眾，多係湘、楚、皖、蜀諸軍舊旅，當有事之秋，奮身行伍，衝鋒陷陣，洊保崇階。迨軍務敉平、官制設定，提督、總兵例由簡放，餘均各有本班。前次推廣借補至三四級不等，其戰功夙著、勞苦最久之員，尚多淹滯閒散，求一小缺自效不得。今祇稍爲通融，雖較按班序補差爲寬展，終不如微員末秩缺分較多，望補猶易。朝廷設官有定，既不能盡予位置，並將所謂變通推廣，以資酌劑而酬勞勩者，從而限制之。鋒鏑餘生，能無觖望？且才具短長尤難概論，提督、總兵准借補副將、參將，其祇堪爲遊擊者不少；副將准借補參將，其祇堪爲遊擊、都司、守備者實多，參將以下大率類是。新疆現設各標均係以官帶勇，或提督、總兵而帶遊擊步隊一營，或副將、參將而帶都司、守備馬隊一旂。良以戎行正須整飭，不得不量才授官，冀收人地相宜之效。銜缺懸殊，在所弗計。若不論是否勝任，但於哨隊中擇其銜缺與部議相符者，遷就請補，而舊有各營旂官半須更置，貽誤邊防，更非淺鮮。

臣再三籌度，與其遵照部議，窒礙轉多，不若暫循前規，較有實用。相應懇恩俯念新疆防務緊要、期在得人，准照前直隸督臣曾國藩奏定章程[3]，提督總兵仍借至副將、參將、遊擊止，副將、參將、遊擊仍借至都司、守備止，都司守備仍借至千總、把總止。數年後，再行察看情形，奏明辦理。至各項本班人員，臣自當酌量請補，用昭公允，俾免向隅。是否有當。謹會同陝甘督臣楊昌濬、哈什噶爾[4]提臣董福祥，恭摺具陳。伏乞皇上聖鑒訓示。謹奏。光緒十九年五月二十四日。

（硃批）：兵部議奏[5]。

光緒十九年六月二十四日，奉硃批：兵部議奏。欽此[6]。

補證

【案】此摺原件[①]現藏於臺北"故宫博物院"，錄副[②]藏於中國第一歷史檔案館，兹據校勘。

[1]【頭品頂戴甘肅新疆巡撫臣陶模跪】底本無此前銜，兹據原件補。

[2]【案】光緒十八年九月十四日，湖廣總督張之洞以湖廣提鎮以下候補員弁尚多，具摺奏請准將《武職借補章程》續展期限，曰：

頭品頂戴湖廣總督臣張之洞跪奏，爲武職借補章程展限將滿，各省提鎮以下各員候補尚多，仍形壅滯，懇恩續展期限，以資策勵而免向隅，恭摺仰祈聖鑒事。竊照前准兵部咨：查明具奏陝甘總督譚鍾麟奏緩陝甘規復舊制，並請展各省借補期限一摺。鈔奏内稱：借補定章迄今早逾十年之限，因各省提鎮人員過多，是以暫准通融。惟借補章程亦未可漫無限制，擬請暫緩五年，凡提鎮以下人員，准其通融借補。五年之後，再奏明停止，等因。光緒十三年十一月十一日具奏，奉旨：依議。欽此。通行遵照在案。查借補展限，自光緒十三年十一月奉旨之日起，截至十八年十一月十一日，即已滿限。此數年之中，各省借補者固已不少，而續有勞績保奏者，繼踵而來，仍未大見疏通。溯查四十年來，各省各營將弁以戰陣功績洊保記名提鎮，現存者總在千員内外。其保儘先副將、參將、遊擊者，友不可勝數。現在他省提、鎮、副、參、遊各項人員，未知多寡。即就兩湖而論，奏留候補之提督、總兵尚有十三人；奏調及奏咨差委者，共二十餘人；候補副、參遊各班，不下一百數十人；其在籍未經走留、亦無差委之員，尚不知凡幾。一經限滿，不准借補。提鎮係請旨簡放之員，缺少人多，特達遭逢，固屬不易，即副、參、遊各等官，人浮於缺，不止數倍，亦恐無效用之期，似非朝廷鼓勵戎行之意。合無仰懇天恩，敕部酌核，再行照案展緩數年，俾各省凡提鎮以下人員得以借補各缺，及時自效，以資策勵而免向隅。理合恭摺具陳。伏祈皇

---

① 臺北"故宫博物院"藏：《軍機及宫中檔》，文獻編號：408002809。

② 中國第一歷史檔案館藏：《錄副奏摺》，檔號：03-5894-041。

上聖鑒，敕部核議施行。謹奏。光緒十八年九月十四日。①

光緒十八年九月二十九日，奉硃批：兵部議奏。欽此②

[3]【案】同治七年十一月初三日，大學士調任直隸總督曾國藩具陳“酌擬武職借補章程”一摺，並附“江南月課歸標員弁章程”清單，旋得允行。曰：

大學士調任直隸總督一等侯臣曾國藩跪奏，爲酌擬武職借補章程，恭摺仰祈聖鑒事。竊准兵部咨：會議具奏，嗣後曾經軍務省分綠營各缺，暫准奏請通融借補。提鎮准借至副、參，副將准借至遊擊，以次遞借，不得借至三級以下。其已經借補實缺之員，即以本銜在任候補，不得照借缺品級，再行升借他缺。至已經借補一缺，每項不准接續借補。年終開單奏明借補成數，統計至多不准過五成。如逾此數，仍於次年將序補人員補還。至長江水師各缺，亦應按此次定章，以三級爲限。統俟十年後，再察情形，應否仍復舊例，奏明酌核辦理，等因。於同治七年五月初三日欽奉諭旨：著照所議辦理。欽此。查部臣所議章程，斟酌時宜，仍不背乎古法，極爲周妥，自應遵照辦理。惟與現在情形不能不再求變通者，約有數端：一在借補官階，部議不得逾三級。查軍營出力人員，洊保崇階者太多，不得不推廣借補，以爲安插之計。擬請嗣後各項補缺，提鎮借至副參遊止，副參遊借至都守止，都守借至千把止。如此明示限制，雖與部議稍有不符，而品級不甚懸殊，體制亦無窒礙。惟千把補缺，向歸咨案。現以大銜借補，擬請改歸奏案，以示區別。其本班擬補千把者，則仍歸咨案辦理。一在借補人數，部議不得逾五成。查十餘年來，各路軍營搜拔人才，稍有才略者，斷不致沉淪未弁。循例應補之員，較之降格借補之員，才具之優劣迥殊，人數之多寡亦異。即使借補人數，十居八九亦不致令本班之人頓形觖望。惟部臣慮及借補太多，易滋流弊，擬請嗣後各項補缺，借補者三缺得二，挨補者三缺得一，借補則分考試、當差兩班，擇其技藝嫺熟、差事勤奮者，按班借補。挨

① 中國第一歷史檔案館藏:《硃批奏摺》，檔號：04-01-16-0238-084。

② 中國第一歷史檔案館藏:《錄副奏摺》，檔號：03-5889-070。

補則分候補、應升兩班，核其名次在前、歷俸較深者，按班挨補。如此明定班次，既可超拔人才、亦頗限以資格，似與部議尚相吻合。一在借補後升轉之途，部議祇准照本銜候補，自屬簡便良法。惟尚有未能限定者，如提鎮借補參遊之後，本班額缺較少，斷難冀幸簡放，而著有功績亦不能不循例升轉。以下遞推，本班之難於得缺情形相同。嗣後借補各官，如遇升轉，擬請隨時酌量，奏明請旨定奪，仍照部議以十年爲限，十年之後，應否仍復舊制，再行體察情形，奏明酌辦。臣所以鰓鰓過慮者，實因三江、兩湖用兵太久，武職保舉大員太多，姑存借補小缺之途，以爲安插閑將之地。臣今奉命調任直隸，該省募勇無多，武職保舉之員較少，本可不再置議。然東南、江楚等省遣撤將弁惶惶無所依歸者，實不乏人。臣不敢以身離兩江，遂不謀一安置之法，且處處可以收標，省省可以考試。技高者固可考補實缺，技劣者亦可稍沾薪糧，庶漸少遊蕩無歸之員，亦足戢囂淩不靖之氣。謹將江南近年考試武職章程，錄呈御覽。至長江水師初次擬補各缺，尚未明定章程。即第二次，三次出缺酌補，亦尚難期畫一。臣今議奏江蘇外海水師，應俟部議允准，暨閩粤等省水師次第議定後，再由部臣議一水師班次遷補章程，與陸軍畫分兩途。而疆臣亦各參末議，庶爲可久之道。所有酌擬武職借補章程，恭摺具奏，伏乞皇太后、皇上聖鑒訓示。謹奏。十一月初三日。同治七年十一月十七日，軍機大臣奉旨：兵部知道，單併發。欽此。①

謹將江南近年考試武職章程分別四條，恭呈御覽。一、校閱弓箭、技藝。初定章時，每月於二十五日考核一次，試以射步箭、挽大弓、演鳥鎗、習長矛、馬上放鎗五事。各員弁報名時，聽其自行注明願考何技。五事中以能試兩技爲合格，僅一技者，不准與考。屆期由臣自行閱看，如一人不能遍閱，或咨提督，或札司道，隨同閱看。嗣改爲馬箭、步箭、鳥鎗三項，先馬後步。本年五月，乃改爲先射步箭，以中三矢爲合式，予考馬箭、鳥鎗。若中箭不及三矢，免考馬箭、鳥鎗。屆臘月封印以後，

① 中國第一歷史檔案館藏:《錄副奏摺》，檔號：03-4739-046。又見（清）李瀚章、李鴻章編纂:《曾文正公全集・奏稿》，光緒三年傳中書局刊本。

經前署督臣李鴻章定免考一次，仍照章酌給賞項，俾資度歲而示體恤。

一、分定班次、額數。軍營遣撤人員，官階大小不一，同治四年二月初定考試章程，係列兩班，遊擊以上者爲一班，都司以下者爲一班。丁卯年武闈鄉試後，又有武生稟求附考，因再酌分班次，遊擊以上仍爲一班，都守、千把、世職、武舉另立一班，外委、武生又爲一班，共分三班。其考取之額數，初定章時並未限定取數，數年來，報名者不下三百人。現定遊擊以上每二名取一名，都守、千把、世職、武舉等項五名取二名，外委、武生兩項三名取一名。武生一項，求收考者極多，上年十月收錄三十餘人後，旋即停止，不准預考。他省若行此法，則武生宜概不收考。

一、酌給薪水、獎賞。初定章時，遊擊以上列爲一榜，超等月給薪水錢十二千文，特等月給錢十千文，一等月給錢八千文。都司以下列爲一榜，超等月給薪水錢八千文，特等月給錢六千文，一等月給錢四千文。嗣因營中哨弁及隨轅當差人等有願與考試者，該員弁等本有月支之薪水，略給獎賞。由司道等酌議，遊擊以上一班無薪水者，超等給洋錢十二元，特等八元，一等六元。都司以下至武舉一班無薪水者，超等給洋錢八元，特等六元，一等四元。遊擊以上本有薪水者，如取超等一名，給獎賞銀五兩，二名以下，給銀四兩，特等給銀三兩，一等給銀二兩。都司以下至武舉本有薪水者，超等第一名給獎賞銀三兩，二名以下給銀二兩，特等給銀一兩五錢，一等給銀一兩。其外委、武生一班無薪水者，超等給洋錢四元，特等三元，一等二元。有薪水者減半。此項月需經費，均由善後局籌款動放，統歸外銷，業經咨明戶兵二部有案。

一、酌量補缺、委署。初定章程時，略仿書院月課之式，專爲鼓勵人才起見，本擬屢次前列者，即准儘先拔補。各員弁等人人奮興，每日自赴校場，練習功課甚密。無如缺少人多，四、五兩年，考班拔補者，甚屬寥寥。六、七年間，始酌量拔補、委署。其中如陳勝輝，五次列超等第一，委署松江城守營遊擊。楊治三次超等第一，補京口左營都司。黃炳恒三次超等第一，補江陰營把總。譚新益兩次超等第一，補安徽宿州營守備。馬祺華兩次超等第一，補淮安城守營守備。其餘一次超等第一者，如鞠登櫺署安慶協副將，顏連玉署泗州營都司，王步雲補柘林營都司，劉傳愈署江甯城守營都司，陳瑞麟補蘇松鎮中營千總，陳得順補金山營千總。其列於超等二名以後者，如劉玉堂署洪湖營都司，劉青山署葦蕩右營守備，劉得勝署鎮江營把總，奎秀補吳淞營參將，向從龍補溧陽營都司，張鵬程補蘇州營右軍守備，王占鼇補提標右營把總，略足以示獎勵，由是考班始有欣欣向榮之意。惟勇丁出身撤營投標者，尚多技藝出眾之材，嗣後仍不得不隨時遴選，或酌補，或委署，以慰將士之心。①

[4]【哈什噶爾】原件、錄副均作“喀什噶爾”。底本誤。

[5]【兵部議奏】此“硃批”據原件補。

[6]【光緒十九年六月二十四日，奉硃批：欽此】此奉旨日期與內容，據錄副補。

〇一九　駐防沿邊營旗請支行糧摺
光緒十九年七月二十一日（1893 年 9 月 1 日）

頭品頂戴甘肅新疆巡撫臣陶模跪[1]奏，爲駐防喀什噶爾沿邊馬步營旂，懇恩暫照行糧章程支給，以示體恤，恭摺仰祈聖鑒事。

竊照光緒十八年俄兵越入帕米爾各卡，臣咨商喀什噶爾提督臣董福祥，調撥營旂，擇要扼守，先後奏明在案。查新疆標防各營，光緒十四年，撫臣劉錦棠具奏，一律改支坐糧[2]。而部臣於十年奏，西路軍餉浩繁、統籌全局摺內，有無事尚支行糧，有事時不加，無以示勸，請改行糧爲坐糧，出徵外域，始照行糧支給。等語[3]。通計常變，酌節餉需，以備出徵時鼓勵士卒之用。誠以沿邊萬里，逼近強鄰，中外

① 中國第一歷史檔案館藏：《錄副奏摺》，檔號：03-5002-092。又，李瀚章、李鴻章編纂：《曾文正公全集·奏稿》，光緒三年傳中書局刊本。

斷不能百年相安，餉章即不能一成不易。其謀慮良深遠也。帕米爾自俄人肇釁以來，或移阿克蘇鎮屬營旂歸提臣調遣，或由撫標抽撥，並新招馬步填紮。喀什噶爾及阿克蘇所遣營、汛，當以移防尚在腹地、籌餉又極艱難，飭經過各屬供支糧料、柴草，稍資津貼，關餉仍按坐糧給領。惟喀什噶爾沿邊卡隘，如布倫庫爾及色勒庫爾、塔墩巴什等處，距城數百里至千餘里不等，前後抽調步隊四營、馬隊七旂、開花礮隊一哨，分段防守。其扼要處所多在層巖疊嶂之間，路徑崎嶇，水草缺乏，山嵐煙瘴，險惡異常，僅給坐糧，難資鼓勵。上年，督臣楊昌濬函商及此，臣竊計邊事如早了結，行當撤回，未及具奏。現在分界尚無定議，各將士絕徼防戍，非無事時可比。若仍支發坐糧，未免漫無區別，擬按標營人數暫給行糧餉銀。其自上年派撥者，從十九年正月初一日起支；本年陸續調往者，各從開拔之日起支。礮隊勇丁行糧過優，應照坐糧量行加給。各營旂棚帳、子藥等項，擬每棚設棚夫一名，以資經理。該處防地遼闊，提臣相距亦遠，事權若不歸一，竊恐貽誤戎機，業咨會董福祥派委記名總兵署英吉沙營參將楊德俊，統領西四城沿邊馬步，酌給統費，俾足辦公。總計現撥各營、旂、哨，除運解糧草腳價及各項雜費咨飭司取具細數、造冊詳請奏銷外，其應支月餉及統領公費，較坐糧歲多銀四萬餘兩。一俟邊務平靖，撤回原防，照舊支給坐糧，棚夫、統費一併停止。如此辦理，核與部臣“出徼外域，始給行糧”之議相符。各將士沐朝廷寬大之恩，亦必共矢忠良，勉圖報稱，實於邊陲大有裨益。據布政使饒應祺開列營、旂、餉銀數目前來。謹繕清單，會同陝甘總督臣楊昌濬，恭摺具陳。伏乞皇上聖鑒，飭部立案施行。謹奏。光緒十九年七月二十一日。

（硃批）：著照所請，該部知道。單併發[4]。

光緒十九年八月二十三日，奉硃批：著照所請，該部知道。單併發。欽此[5]。

謹將光緒十八、十九兩年調防喀什噶爾沿邊馬步營旂、開花礮隊開拔日期、駐紮處所並暫給行糧餉數，繕具清單，恭呈御覽。計開：

一、提標前營步隊一營，於光緒十九年四月初九日開赴改孜卡駐紮。

一、英吉沙爾步隊一營，於光緒十九年二月十二日開赴色勒庫爾駐紮。

一、董字前營步隊一營，於光緒十九年二月十二日開赴塔什米利克駐紮。

一、阿克蘇鎮標中營步隊一營，於光緒十九年四月初一日開赴布隆庫爾駐紮。

一、提標中營左旂中軍馬隊一旂，於光緒十九年四月二十二日開赴恰爾倫駐紮。

一、提標城守營中軍馬隊一旂，於光緒十八年十二月初八日開赴蘇巴什駐紮。

一、喀什噶爾回城協營左旂中軍馬隊一旂，於光緒十九年二月初二開赴布隆庫爾駐紮

一、英吉沙爾營中軍馬隊一旂，於光緒十九年二月十二日開赴屈滿駐紮。

一、莎車協營中旂中軍馬隊一旂，於光緒十九年三月初二日開赴塔哈爾滿駐紮；分撥一哨，駐紮塔墩巴什。

一、恪靖後旂馬隊一旂，於光緒十九年三月初六開赴塔哈爾滿駐紮。

一、阿克蘇鎮標中營右旗馬隊一旂，於光緒十九年四月初九日開赴木吉駐紮。

一、提標開花礮隊一哨，於光緒十九年四月初一日開赴色勒庫爾駐紮。

一、步隊一營，營官一員，月支薪水銀五十兩。實缺署事人員均不支給。又，支製辦旗幟、號衣、油燭、紙張等項銀一百二十兩，均不扣建。私夫十六名，每名月支銀三兩。營書四名，每名月支銀七兩二錢。哨長四員，每員月支銀九兩六錢。私夫二名，每名月支銀三兩。巡查二員，每員月支銀五兩一錢。私夫二名，每名月支銀三兩。親兵什長六名，每名月支五兩一錢。各哨什長三十二名，每名月支銀四兩

八錢。親兵六十六名、哨書護兵二十名，每名每月支銀四兩五錢。正勇三百二十名，每名月支銀四兩二錢。伙夫四十三名，每名月支銀三兩三錢。棚夫四十二名，每名月支銀三兩。均扣建，共大建月支銀二千五百一十四兩五錢，小建月支銀二千四百三十六兩三錢五分。

一、馬隊一旂，旂官一員，月支薪水銀四十兩。實缺署事人員均不支給。又，支製辦旗幟、號衣、油燭、紙張等項銀五十兩，均不扣建。私夫八名、馬夫一名半，每名月支銀三兩，均扣建。營書二名，每名月支銀七兩二錢；馬夫各半名，月支銀一兩五錢，均扣建。雜費銀六錢，不扣建。哨長二員，每員月支銀九兩六錢。私夫二名、馬夫一名，每名月支銀三兩，均扣建。月支雜費銀一兩二錢，不扣建。巡查一員，月支銀五兩一錢。私夫二名，每名月支銀三兩。馬夫半名，月支銀一兩五錢，均扣建。雜費銀六錢，不扣建。親兵領旂三名，每名月支銀五兩一錢。各哨領旂八名，每名月支銀四兩八錢。馬夫各半名，月支銀一兩五錢，均扣建。月支雜費銀六錢，不扣建。親兵二十七名、哨書護兵十名，每名月支銀四兩五錢。馬夫各半名，月支銀一兩五錢，均扣建。月支雜費銀六錢，不扣建。馬勇七十二名，每名月支銀四兩二錢。馬夫各半名，月支銀一兩五錢，均扣建。月支雜費銀六錢，不扣建。額外伙夫十四名，每名月支銀三兩三錢。棚夫十三名，每名月支銀三兩，均扣建。又，旂官需用騎操馬三匹，其餘營書弁勇均每名用馬一匹，計共額馬一百二十八匹，每匹仍照標營章程，月支馬乾銀二兩四錢，扣建。共大建月支銀一千三百五十六兩九錢，小建月支銀一千三百一十七兩二錢一分。

一、開花礮隊一哨，管帶官一員，月支薪水銀十八兩。實缺署事人員均不支給。又，支製辦旗幟、號衣、油燭、紙張等項銀二十兩，均不扣建。私夫四名，每名月支銀三兩。營書一名，月支銀七兩二錢。隊長一員，月支銀九兩六錢。私夫二名，每名月支銀三兩。什長六名，每名月支銀五兩一錢。護兵四名，每名月支銀四兩八錢。礮勇七十二名，每名月支銀四兩五錢。伙夫七名，每名月支銀三兩三錢。

車夫八名，每名月支銀三兩三錢。棚夫七名，每名月支銀三兩。車騾十六頭，仍照標營章程，月支乾銀二兩四錢，均扣建。共大建月支銀五百五十五兩五錢，小建月支銀五百三十八兩二錢五分。

一、統領一員，月支公費銀一百兩。（硃批）：覽[6]。

補證

【案】此摺原件①現藏於臺北"故宮博物院"，錄副②與"清單③"均藏於中國第一歷史檔案館，茲據校勘。

[1]【頭品頂戴甘肅新疆巡撫臣陶模跪】底本無此前銜，茲據原件補。

[2]【案】光緒十三年十二月十四日，新疆巡撫劉錦棠爲新疆需餉實數等事具摺曰：

尚書銜降一級留任甘肅新疆巡撫二等男臣劉錦棠跪奏，爲新疆省十四年實需餉數並應議各條，謹分晰開單覆陳，恭摺仰祈聖鑒事。竊甘肅十四年新疆經戶部奏請援案指撥，並繕具八條，令臣與督臣等會商，分別關內外裁省若干，實需若干，妥籌奏辦，等因。咨行到臣。當飭藩司、糧臺議覆去後。茲據詳稱：新疆省應分新餉，自光緒十一年起至十三年止，歲需勇餉銀一百九十萬兩，製辦軍裝、器械銀十六萬兩，善後經費銀十四萬兩，共銀二百二十萬兩。又由四分平餘項下另撥旗營經費銀十萬兩，實共歲需銀二百三十萬兩。現將防營一律裁併，奏設撫提鎮標，自十四年起，官弁兵勇俸餉等項歲需銀一百五十六萬兩，計減銀三十四萬兩。添制軍裝、器械歲需銀十萬兩，計減銀六萬兩。善後經費歲需銀七萬兩，計減銀七萬兩。旗營俸餉等項歲需銀六萬五千兩，計減銀三萬五千兩。惟前撥善後經費、部議北路城工，令於此項銀兩內取給，應請仍照原議銀十四萬兩，旗營經費十一、二、三等年支發餉項並修理衙署等工已將罄盡，遷徙費仍無出，請仍照原撥銀十萬兩。又，原估勇

---

① 臺北"故宮博物院"藏：《軍機及宮中檔》，文獻編號：408002815。

② 中國第一歷史檔案館藏：《錄副奏摺》，檔號：03-6131-111。

③ 中國第一歷史檔案館藏：《單》，檔號：03-6131-112。

餉皆計口授食，自設行省，出款隱增，如烏魯木齊提標、巴里坤鎮標官弁俸餉歲需銀九萬餘兩，向由甘肅藩庫搭解支放。自十一年以後，概由新疆在於新餉内挪移墊發。又，司庫例支不敷，歲需銀十五萬兩，以及地方供應例支雜差作正開報之款，皆當日原估所未計及，無不指餉挪墊。計三年中共已墊銀八十餘萬兩，益以各省欠解南路經費銀十九萬兩，並各省欠解新餉又不下數十萬兩，新虧極鉅，應請補撥補解，以資清釐。茲切實估計，光緒十四年實需官弁勇丁俸餉銀一百五十六萬兩，添制軍裝、器械銀十萬兩，善後經費銀十四萬兩，旗營經費銀十萬兩，司庫例支不敷銀十五萬兩，糧餉、軍裝運脚暨地方例支雜差、車脚口分銀五萬兩。通共需銀二百一十萬兩。繕具應議各條清摺，詳請具奏前來。臣查光緒十年臣原奏新疆裁撤舊勇，改支坐糧，歲可省銀八十萬兩，係合伊犁、塔爾巴哈臺等處統籌核計。其時省制未興，諸凡未備，如司庫例支及地方雜差等項，非臣愚所能預估。茲據該司道等估詳前情，查明實係萬無可省。然歲需俸餉及軍裝、器械等項已省銀四十萬兩，核與本年四月部議臣軍改支坐糧後歲可省銀三十餘萬兩一語，尚無不合。提鎮兩標支款，本不在原撥之内，既悉由新疆支給，則出款隱增，於撥款又爲隱減，合之司庫例支等項，共需銀二百一十萬兩，較原撥二百三十萬兩之數，仍屬有減無增。伊犁、塔爾巴哈臺等處，前經臣咨商辦理，旋准錫綸等均以行糧不能遽改，請照原撥，等因。先後咨覆。臣固未便置議。其關内撤勇改兵，亦已由督臣力求節省，減撥銀十萬兩，另案奏明。當此河患方深，偏災疊見，惟有與將軍、督臣等共體時艱，核實減省，下以紓鄰封協濟之勞，上以慰皇上眷念邊陲之至意。除伊犁、塔爾巴哈臺額餉應由錫綸及現署塔爾巴哈臺參贊大臣額爾慶額會商奏辦外，所有新疆省十四年實需餉數暨應議各條，謹繕清單，恭呈禦覽。伏乞皇太后、皇上聖鑒訓示。謹奏。光緒十三年十二月十四日①。

光緒十四年正月十二日，奉硃批：戶部知道。單併發。欽此②。

① 中國第一歷史檔案館藏：《硃批奏摺》，檔號：04-01-30-0214-018。

② 中國第一歷史檔案館藏：《錄副奏摺》，檔號：03-6619-013。

【案】劉錦棠隨摺呈報關外新疆省應議各條分晰覆陳清單，曰：

謹將關外新疆省應議各條分晰覆陳，繕具清單，恭呈禦覽。一、部議兵餉等項應劃定數目一條，內載常年款目應分爲十二，新疆巡撫所屬古城旗營應分某某等項若干，綠營某某等項若干，勇餉若干，軍裝、器械銀若干。伊犂、塔爾巴哈臺兩處亦倣照分別酌定，等因。查新疆省原奏設官兵二萬一千人，於十四年起，業經酌定餉章，次第奏設。計撫標官弁歲需廉俸、薪蔬、糧折、草折、公費等項銀四萬二千三百餘兩，喀什噶爾提標官弁歲需廉、公等項銀四萬四千四百餘兩，阿克蘇鎮標官弁歲需廉、公等項銀三萬七百餘兩，巴里坤鎮標官弁歲需廉、公等項銀二萬八千五百餘兩。又，各標歲需倒馬價銀就欠八百餘兩。通共計歲需銀十五萬五千八百餘兩。此新省標營廉公、俸薪、倒馬各等項常年應需實在數目也。撫標鎮迪屬步隊八營三旗、馬隊十五旗、開花礮隊一哨，歲需勇餉銀四十三萬三千二百餘兩。提標喀什噶爾步隊九營一旗、馬隊十六旗、開花礮隊一哨，歲需勇餉銀四是三萬五千五百餘兩。鎮標阿克蘇屬步隊五營三旗、馬隊十旗、開花礮隊一哨，歲需勇餉銀二十九萬九千七百餘兩。巴里坤屬步隊五營一旗一哨、馬隊七旗，歲需勇餉銀二十二萬六千七百餘兩。通共計步隊二十七營八旗一哨、馬隊四十八旗、開花礮隊三哨，歲需餉銀一百三十九萬五千一百餘兩。此新省標營餉項常年應需實在數目也。新疆地處極邊，需用軍裝、器械、子藥大率採諸內地，購自外洋，操防所必需。每歲原撥銀十六萬兩。現改坐糧，通盤核計，每歲至減仍需銀十萬兩。此新省軍械製辦常年應需實在數目也。旗營經費原撥每歲銀十萬兩，遷徙之費一併在內。現在核定餉章，奏明每歲需銀六萬五千餘兩，但十一、二、三等年由四分平餘項下，奉撥銀三十萬兩支發餉項。至修理古城城垣、衙署、兵房、廟宇各費已將罄盡，遷徙費仍無出，遽難減估，擬請仍照原撥旗營經費營十萬兩，以備支發。此又旗營經費十四年仍需銀十萬兩之實在情形也。又，司庫支發文職廉公、驛站各款，以每歲地糧稅課所入盡數抵支，尚不敷銀十五萬兩，前已另案詳晰奏咨。此亦常年應需應請隨餉估撥之數也。又，善後經費每歲原撥銀十四萬兩，內義學一項每年支款二萬六千餘兩，由雜稅項下動支，不敷始由善後經費內添撥。查雜稅係地方例款，現在由司提歸例支項下統算，備抵例支義學經費，別無所出，不能不由善後款內專撥。他若牛痘、保甲、蠶桑、礦務、測繪疆里、經理通商各事宜，以及渠道、工程、卡倫、屯墾各項，在在需費，各臺局員弁、丁夫、通事、繙譯各項，亦不能概行裁撤，統計仍需銀七萬兩。惟北路城工動用銀一十九萬四千九百餘兩，部議於新疆巡撫每年應分善後銀兩內取給。善後經費，三年之內祇有此數，不敷甚鉅，應請仍照原撥銀十四萬兩，以資彌補。運解糧餉、軍裝、脚價、川資、官車、駝騾、雜費，現在驛站未復，奉准由餉內動支。又，各屬地方官支應過往雜差、車價、口分等項，例准作正開報。新省別無他款抵支，亦不能不預請指撥，約共每歲需銀五萬兩。此非常年應需暫請隨餉估撥之數也。以上除歲需旗營經費十萬兩、善後經費銀十四萬兩外，軍餉、軍裝、轉運及不敷廉費等項，歲需銀一百八十六萬兩，內司庫廉俸經費不敷銀十五萬兩，轉運各費銀五萬兩，爲當日統籌全局案內所未估及其餘標營官弁兵勇俸餉、軍裝、製辦，歲需銀一百六十六萬兩，較原分軍餉、軍裝兩項銀二百六萬兩，已減銀四十萬兩。烏魯木齊提標官弁廉俸暨巴里坤鎮標官弁廉俸、餉乾，向例應由甘藩庫搭解支放。自十一年起，歷由新疆藩庫墊支，較原估隱增出款，每歲約九萬餘兩。以此乘除減數，約已將及五十萬兩。原奏舊餉裁畢統改坐糧，可省餉銀八十萬兩，係併伊犂、塔爾巴哈臺合算，計亦不相逕庭。惟善後經費原請三年後停止，現在察酌情形，不能不請展緩，則因初設行省，一切應辦之事實非倉促所能就緒，且加入義學支款，與原估之數絜量所減已將及二萬。至劃還部墊撥款一節，所省坐糧雖可漸次改定，十一、二兩年新省應分新餉，各省欠解已三十八萬餘兩，南路工程經費銀十九萬兩，剜肉補瘡，新虧尚鉅。所有部款百萬應請仍由部臣前次指撥各省關光緒十年以前舊欠餉內，按限解還部庫清款。關外轉運軍餉，除南北各城餉裝運費已估請撥款備支外，其新餉自涇州運至新省所需轉運公費，另於下條登覆。

一、部議軍餉等項應統收分支一條。查光緒十一、二、三等年，甘肅新餉由承協各省分派員解交甘藩庫統收，按月分數開單彙總，派員解交新疆糧臺統收，按月分數解赴南北路各處支放。伊犂、塔爾巴哈臺兩城派員赴新省，自行領用散放，歷經辦理在案。應請仍照舊章辦理。

一、部議解餉腳價應分別辦理一條。查光緒十一、二、三等年，新餉由承協各省派員解赴甘肅，自涇州至肅州，歷哈密以達新疆省城，所需腳價、川資、鞘釘、紙張等項，均由甘肅新餉內扣除四分平餘項下開支。光緒十四年以後新省估撥餉數，皆係計口授食，纍銖積算，纖毫無溢。倘於應分餉內提一公用之款，即於應發餉內短一實支之數，故分運南北各城裝餉腳價，尚請估撥備支。其新餉由涇州轉運新省，以新省應分餉數二百二十萬兩，估計需運費銀二萬二千兩，非比關內爲數有限，可就估撥餉數內提出，應請另撥專款，作爲轉運公用。

一、部議軍餉內扣除湘平銀兩應照劃扣一條。查甘肅收各省解到庫平新餉，以湘平折支，每銀一兩，扣平銀四分，封存備用。十三年以前，每歲撥給旗營經費十萬兩。部議自十四年起，由新疆軍餉內勻出供支，現在仍請照撥。計十四年新餉，部臣係照原數指撥，關內外實用餉數均有節減，應請於十四年軍餉四百八十萬兩之中，提撥銀十萬兩，作爲新省十四年分旗營經費，毋庸指撥四分平餘。又，關外餉銀自涇州直達新省，運費向指四分平餘開支，現在聲明請籌專款。若並於關內外節減贏餘數內專提備用，前項平餘自可遵照部示，自光緒十七年起，循章劃扣湘平，以一半存儲甘肅司庫，一半存儲新疆司庫，以重邊儲。

一、部議正雜款內扣除湘平六分平應令封儲一條。查新疆省司庫支發例支各款，應扣六分平餘，歷經遵辦在案。惟歲入之款抵支文職公用、廉俸、驛站各項，不敷甚鉅，業經另案奏咨，請每歲撥銀十五萬兩。倘撥解如額，足備支發。所有前項六分減平銀應遵部示封儲，專備緊急軍需之用，並於年終盤查奏報一次，以備稽考。

一、部議賦稅流抵應從緩議一條。查新疆省城賦稅所入，以之抵支出款，尚有不敷，應遵部示緩議。本地所入銀糧仍認真經理，不敢濫支。

一、部議解部書吏飯銀應分别辦理一條。查前山西撫臣張之洞前奏軍需善後銷案内，每准銷一萬兩，解飯銀十兩，專指軍需善後報銷而言，業經遵辦在案。自光緒十一年起，除伊犂、塔爾巴哈臺如何辦理應咨明查覆彙辦外，甘肅議由甘藩庫籌解。所有新省軍需善後用款照章應解飯銀，請隨案先解八成，其餘二成俟核准後補解，均由新疆知會甘藩庫批解，歸新省應分餉内劃扣。

一、部議新餉應按年指撥一條。查甘肅新餉，光緒十三年以前，每年撥銀四百八十萬兩。十四年分，新省估餉實需銀一百二十萬兩，又甯夏、涼莊、西甯等處銀二十萬兩。惟部臣既照原案指撥新省，應請仍照原數，劃分銀二百三十萬兩，餘存仍留抵十五年新餉。其伊犂、塔爾巴哈臺實需餉數，應由該將軍、參贊等確估奏辦。合併聲明。（硃批）：覽。①

[3]【案】光緒十年二月十七日，戶部尚書額勒和布等具摺奏陳西路軍餉浩繁，急須統籌全局情形，曰：

戶部尚書臣額勒和布等跪奏，爲西路軍餉浩繁，中外交困，急須統籌全局，以規久遠而固國本，恭摺仰祈聖鑒事。竊維理財之要在量入以爲出，考之禮曰：財用足，故百志成。又曰：國無九年之蓄，曰不足。是知財用窘乏，則苟且之法繁興，即天下之大患潛伏非小故也。我朝用兵之費，未有如今之多且久，財用窘乏，亦未有如今之甚者。軍興以來近三十年，用財何止萬萬，迄寰宇底定，惟甘肅、新疆需餉孔多。除明春一軍業經裁撤不計外，以現在調撥而論，劉錦棠、譚鍾麟關内外之師，歲撥銀七百九十三萬兩，是爲西徵軍餉。若西甯歲撥之一萬、甯夏歲撥之十萬、涼莊歲撥之八萬四千兩不與焉。金順一軍並接統榮全、景廉舊部，歲撥銀二百二十八萬兩，部墊三十六萬兩，是爲伊犁軍餉。若巴里坤專餉迭次提撥之四十萬兩不與焉。錫綸接統英廉所部並新募諸軍，歲撥銀三十三萬兩，是爲塔爾巴哈臺軍餉。長順接統恭鏜所部，歲撥銀九萬六千兩，是爲烏魯木齊軍餉。若張曜所帶豫軍歲需銀六十余萬兩，向

① 中國第一歷史檔案館藏：《單》，檔號：03-6619-014。

由河南供支，亦不與焉。以上西路各軍每歲共需銀一千一百八十余萬兩，遇閏加銀九十余萬兩。軍需而外，善後經費又每次動撥數萬、數十萬兩不等。事權本未畫一，故勇無定數，餉尤無定額。通盤計算，甘肅新疆歲餉耗近歲財賦所入六分之一。各省關或括庫儲，或向商借，剜肉補瘡，設法籌解，已屬不遺餘力。各路猶以餉不足用，屢請於朝。臣部不得已爲之提積欠，各省關解積欠則停月餉，解月餉則停積欠。雖疊奉諭旨，令統兵大臣將欠解之藩司、監督指名嚴參。各將帥深知艱窘情形，礙難參劾。公議既窮，不得已私函婉託委員，守催提解，偶有不前，飛章告匱。咸謂嗷嗷待哺，奏請部儲。臣部無可指撥，不得已於封儲洋稅項下動撥數萬或數十萬兩，以救其窮。此處甫行領完，彼處告急又至，事同一律，本難歧視，不得已再撥庫儲。所有歷年部墊餉銀，各省關未能悉數清還，出款暗增，入款暗耗。臣等以部庫關係根本，儲積無多，實難輕予外撥。而各處領到部餉，甫清舊欠，又有新虧，不得已另向商借，或將勇數浮報，暗地賠償，或將應協餉銀明請抵補。一款未清，又借一款，重重計息，愈纍愈多。近來所償息款將近千萬兩，上損國帑，下竭民膏，艱窘情形，日甚一日。查光緒八年分各省關實解西路餉銀，尚有五百八十萬兩，劃還洋款銀二百一十六萬九千餘兩，部墊銀四十八萬兩，部庫另撥銀八十一萬兩。各軍共受協餉銀八百五十三萬餘兩。夫協餉必出於庫，今則庫款空虛矣。從前因軍餉不敷，務求節省，葬銀、紅事等賞，久已悉停。廉俸、兵餉、役食，莫不減折，一切支款又須減平。總計裁省之數，悉以供軍。既供本省各營，又顧各路協餉，豫挪來年錢糧，不足填補上年舊欠。疆吏則以羅掘一空，頻登奏牘。臣部亦以庫款支絀，屢瀆宸聰。上年籌辦海防，西路協餉頗難兼顧。各省奏請改撥，臣部幾無可改。各省奏請停解，臣部不敢遽從。各省聲稱萬分艱難，臣部猶謂務當籌解，不量其力，徒托空言。天下無大患難之時，猶且拮據如此，萬一海疆有警，歲入更減，各省自顧不暇，西路之事何堪設想！協餉究出於民，今則民益困窮矣。查咸豐初年，抽釐助餉，於關稅之外復設釐卡，迹近重徵。大吏諭民，以暫時抽收，事竣裁撤。小民均切同仇之義，勉強輸將。其後釐卡愈密，法網愈周，析及秋毫，販負俱不得免。因軍餉不足，迄今未能遽裁。計每年報部收釐數目千數百萬。至外銷之款，與夫官吏所侵蝕、書役所勒索，又無論已。層層剝削，竭澤而漁。商賈咸謂事竣不裁，久爲商纍，貨物昂貴，終歸纍民。至於田賦所出，具有常經，軍興既久，供億不恒，遂隳經制。如四川之按量津貼，捐輸已近加賦。各省遭賊蹂躪，城池甫復，遽事徵收，兵燹孑遺，靡得喘息。本年之錢糧既須完納，歷年之積欠又須帶徵。餉需緊要，不得不嚴其考成，考成綦嚴，不得不出於敲撲。至於州縣之勒派、胥吏之誅求，尚不在其中。而民間捐資以應差徭攤派，以辦團保，又無論已。雖官非增賦，私已倍輸。數十年來，海內罷弊，戶鮮殷實，田多汙萊，率以此故。近年如山西、河南二省，迭遭大旱，死亡枕藉，里閭爲墟，竭全力以救之，殆僅有存者。至今元氣未復，生計蕭條。上年山東黃河潰隄，橫流千里，沿河之眾，半付波臣，輾轉流亡，以百萬計。雖蒙聖恩，截漕發帑，恤此災黎，猶有居無室盧、食無湹藜藿、鬻男賣女、聊圖苟活者。飢民既眾，隱患方深。至於順天、直隸、湖北、江蘇、浙江、安徽、河南、四川等省水旱偏災，又無論已。大亂甫靖，又罹奇災，一切苟且之法，皆未停罷。臣等竊危之伏，查我朝戡定準、回兩部，舉全疆二萬里隸之職方。其時府庫充溢當世，猶不免耗中事西之疑。今則府庫空虛如此，民力困窮又如彼，而西路軍餉數倍於國家全盛之時，悉索以供，靡所底止。若不豫爲籌畫，仰屋徒嗟。倘蒙聖明垂詢空虛之由，臣等毫無補救，實難辭咎。即聖慈不加譴責，天下萬事清議，其謂之何？臣等再四思維，耗中以奉邊，終非長策，但西陲要地，非內地爲之調撥，亦不能支。是用稽考舊章，旁參眾說，不揣冒昧，敬爲我皇太后、皇上陳之。

一曰定額餉。甘肅新疆歲需撥餉千數百萬，斷難供億，且斷無全解之理，徒使應協者任意挪移，盈虛難考，受協者藉口欠解，借墊頻仍。皆額餉未定之故。查道光年間，額兵尚未裁減，臣部估撥甘肅新疆歲餉等項四百四萬或四百十五萬兩有奇。除留抵外，實調銀三百余萬兩。咸豐年間，陸續裁減裁扣，每年估撥銀三百二萬兩。除核減折放留抵外，僅調撥銀二百四十四萬五千餘兩。迨回逆搆亂，攻剿之師另撥月餉，額餉久已停解。光緒四年，西路漸就肅清，前督臣左宗棠覆陳新疆情形摺內，請於三年之後部撥甘肅新疆的餉每年以三百數十萬兩爲度。臣部議覆，屆時再行奏明辦理。迄今久逾三年之期，所有甘肅新疆各軍餉應照左宗棠奏案，每年調撥的款三百數十萬兩，不准各省蒂欠。合之本處歲入留抵之款，已在四百萬兩上下。嗣後不准再向商借，亦不得率請部儲。經久之圖，莫要於此。

一曰定兵額。查關內減兵裁勇，已有規模。惟關外統兵大員太多，均得專摺奏請，招募兵勇，迄無定額。現查劉錦棠所部馬步二萬三千餘人，張曜所部六千餘人，烏魯木齊、古城兵勇八百餘人，巴里坤官兵九百人，金順、錫綸所部約有二萬餘人。綜計全疆兵勇數逾五萬，較承平額兵四萬之數，已多一萬有奇。力分於將多，財匱於兵眾。臣等竊以爲新疆既改設州縣，時勢變遷，烏魯木齊、巴里坤、古城、庫爾喀喇烏蘇等處自遭回亂，旗丁所存無多，宜歸併伊犁。即以伊犁將軍專轄旗兵，如內地駐防之例，應令劉錦棠等通盤籌畫，就額餉數目酌留兵勇，應併者速併，應裁者速裁。合南北兩路滿、蒙、漢兵勇，總不得逾舊額四萬之數。現在防營無事，口分尚給行糧。若有事之時，加餉則款愈難籌，不加則何以示勸！臣等擬倣成法，量爲變通，暫以二萬人爲勇，改行糧爲坐糧，出徼外域，始照行糧支給，再於客勇願留關外者，選精壯萬數千人，規復制兵，照土勇章程支給。其駐防及臺站、卡倫各項官兵口分有較土勇少者，毋庸議增，以節餉項。惟各路兵勇餉章歧異，約有數十等。應令劉錦棠等查明各路章程，殫心經畫，力任其難，將兵數、勇數、餉數妥議定章，奏明辦理。

一曰一事權。查新疆南北兩路歲需兵餉等項，向由該將軍、都統、參贊大臣核明確數，豫先在甘省調撥，仍由陝甘總督將調撥各數歸入甘省兵餉，於年終造冊請估。臣部於冬撥案內彙總撥給。至今成法蕩然，募勇則各請專餉，善後則各立章程。餉則各自迎提，浮開盤費。局則各自添設，經費尤多。至無事之員，亦復張頤待哺。一官之費，耗十數勇之口糧，官階無可清查，虚冒更難考核。即如前烏魯木齊都統恭鏜所部一千餘人，開報差員至一百七十餘名之多，幾於數勇一官，紛紛濫支薪水，尤出情理之外。良由事權不一，無所考核，以至於此。雖有督辦軍務大臣，而各將帥位敵勢均，究不能如內地督撫可以節制全省。今議調撥額餉，彙總發給，必須得人總會其成，俾各營章程畫一，解到之款專歸一處，分撥各軍。各路差員儘可裁撤以裕兵食。

臣等所議三事，旁參遠證，理在不疑，猶慮有沮臣等之議而撓臣等之説者，或曰西事孔棘，今昔情形不同，撥餉千萬，猶若不及，乃僅以三百數十萬兩爲額。西陲瘠區，歲入有限，爲邊計者不已疏乎！不知內地根本也，邊陲枝葉也。公私匱竭則根本傷，根本傷則枝葉將安所附？夫天下之患不在於外，常在於內，史冊所載，具有明徵。今自通商以來，寰海之內皆有敵人，幾於無處不防。遇事虚聲恫喝，使我常爲之備師老財殫，以冀乘間一逞。方今要策在蓄財力以待時，斷無偏重一隅之理。新疆遠隔神京萬里，僻在西域，而耗竭中原予人以隙，非計之得也。溯查同治初年，各省辦剿辦防，未能兼顧額餉。每年調撥新疆經費僅四十萬兩，尚未解齊。此後若有闕乏，客勇剽悍，豈止譁潰堪虞，欲求如旗丁之甘心窮餓，誠不可得，能不爲之寒心哉？即謂邊備不可不修，而籌畫必規久遠，故額餉宜復。復額餉則當裁勇，以復兵屯田以抵餉。所議額餉，原係左宗棠奏案，其時甘省尚未裁兵。查左宗棠奏甘省裁兵節餉案內，較咸豐年間調撥二百四十萬兩之數，已減去銀四十九萬二千兩有奇。是調撥應減爲一百九十餘萬兩。今照左宗棠原議，以三百數十萬兩爲額，實已多銀一百數十萬兩。此外尚有本地租賦、雜税釐金等款可資抵放，誠如左宗棠前奏新疆利源可開、流亦可節、就地取資之説。將來調撥，尚應照咸豐年間成案核減。若徒求目前調撥之多，而忘日久難繼之患，變出意外，恐非淺識所能窺耳。或又曰逆酋句煽回眾，俄人潛蓄陰謀，縱使益兵，猶慮疏失。裁客勇則軍威不競，減勇餉則口分不敷。所慮得毋未周，不知自古有必勝之將、無必勝之兵，故謀略何如耳！若處處填紮兵勇，則備多力分，善用兵者，必不出此。方今養勇太多，浮冒居其半，老弱居其半。而西陲各軍日虞敵至，不敢遽裁，坐致罷敝，久皆無用，殊爲失策。夫用兵猶弈碁，然巧者熟審全局，置數子於要害，足以制人。拙者昧犄角之方，即布子滿局，不免於敗。現議汰弱留強，合全疆兵勇以四萬人爲額，一半列成防守之局，一半居中爲遊擊之師。苟將得其人，軍無虛籍。平時屯田以勞勩之，農隙訓練而整齊之，必大可恃。縱俄人起釁，逆酋窺邊，悉眾徵行不難，調關内之兵，防顧後路，固不在多養無事之勇，蠹耗國家有限之財。議者以爲兵多足恃，譬之千金之家，常慮盜竊，日蓄數十人以防之，盜尚未至。不終歲而千金之家已爲窶人矣。勇餉不敷之説，當以關外糧價昂貴故。查關外糧價，與關内不殊，且有比關内稍賤之處。前據劉錦棠奏稱，頗有穀賤傷農之患，況楚軍坐糧已較土勇爲優，土勇章程較之制兵額餉已加二三倍，亦不爲少。遠考之軍需則例，出徵加給鹽菜，事竣即應住支。近考之劉錦棠、張曜所議，亦以改行糧爲坐糧、招募土勇、規復兵制爲請。但須嚴禁剋扣軍餉，口分必無不敷。

至各城回民雖眾，同是血氣之倫，綏之斯來，虐之則叛。疆臣仰體皇仁，奉揚風化，蚩蚩之氓，未有不帖然服者。間有頑梗之輩，不難誅鋤，又何句煽之足慮哉？竊揣眾流所議，略盡於斯。臣等亦非故爲高論，漫相窮詰。至於用人者皇上之大柄，臣下所不敢言。而籌兵籌餉，疆吏與臣等當共體時艱，勉圖久安長治之規，以維國本。劉錦棠等身膺重寄，洞悉邊情，尤當蕆此一簣之功，恢宏遠略，相應請旨飭下督辦新疆軍務大臣劉錦棠等，會同陝甘總督譚鍾麟，統籌全局，就左宗棠議撥三百數十萬兩之數，會計所有甘肅及新疆南北兩路某處酌留若干兵勇，某處實需若干錢糧，賦稅留抵若干，一切經費若干，無論如何區畫，總應照原議餉數，量入爲出。一俟議覆後，臣部即於本年秋季，照新定額餉，將十一年分餉項豫爲奏撥。該大臣等務當力求撙節，慮始圖終，庶免牽動大局，臣等幸甚，天下幸甚。所有西路軍餉浩繁、中外交困、急須統籌全局緣由，謹合詞恭摺具陳。伏乞皇太后、皇上聖鑒訓示。謹奏。光緒十年二月十七日。戶部尚書臣額勒和布，戶部尚書臣閻敬銘，戶部左侍郎臣宗室福錕，戶部左侍郎臣孫詒經學差，署戶部左侍郎順天府府尹臣周家楣，戶部右侍郎臣嵩申，戶部右侍郎臣孫家鼐。[①]

[4]【著照所請，該部知道。單併發。】此“硃批”據原件補。

[5]【光緒十九年八月二十三日，奉硃批：……欽此】此奉旨日期與內容，據錄副補。

[6]【覽】此“硃批”據原“單”補。

【案】光緒十九年九月二十七日，戶部爲鈔錄新疆巡撫陶模奏請駐防喀什沿邊營旗官兵照章支給餉銀之摺事致軍機處咨呈，曰：

……[②]。戶部爲欽奉事。陝西司案呈：新疆巡撫陶模奏，駐喀什噶爾沿邊馬步營旗，懇恩暫照行糧章程支給，等因，一摺、清單一件。光緒十九年八月二十三日，奉硃批：著照所請，該部知道，單併發。欽此。欽遵，由軍機處鈔交到部。相應恭錄硃批，飛咨新疆巡撫遵照。至抽調各營旗哨，據原奏內稱：飭經過各屬供支糧料、柴草，稍資津貼，等語。查所稱供支糧料等項，係照何項例章，並如何供支細數？未據聲敘。令詳細聲覆。又單開調防馬步各營旗哨，據稱暫照行糧章程支給。查本部奏定行糧章程內，步隊哨長每員日支薪糧銀三錢，計月支銀九兩。此次單開步隊哨長月支銀九兩六錢，因何不符？應令一併聲覆，以憑核辦；並鈔錄原奏、清單，咨呈軍機處可也。須至咨呈者。右咨呈（計單）軍機處。光緒十九年九月二十七日。[③]

〇二〇　師勞餉竭請迅議界務片
光緒十九年七月二十一日（1893 年 9 月 1 日）

再，自俄兵越卡，論者不體察一切，動以不戰相訾議。顧疆埸之

① 臺北“故宮博物院”藏：《軍機及宮中檔》，文獻編號：125333。
② 此省略部分爲陶模之奏折及清單。
③ 中國第一歷史檔案館藏：《咨呈》，檔號：03-6131-137。

事，戰固慮妨大局，不戰而曠日持久，亦必有師勞餉竭之虞。帕米爾本邊徼瘠區，俄欲得此，其意固有所在；我則沿邊設備，處處宜嚴，故俄以數百人綴我數千之師。俄不見不足，我未見有餘；我防俄，俄不防我也。該處山嶺阻深，八月卽凍，狂風走石，瘴氣翳空。各將士奉調久役，瘦削黧黑，無復人狀，徵戍之苦，未有甚於此者。至糧料、草束，運費，動增數倍，良由布回遊牧之地，間有糧草，僅足自給，無從購買；加以山路陡峻，車輛難行，均由疏勒、莎車等屬用馬馱運，一往一返，近則經旬，遠且逾月。馬運爲數無幾，而沿途餵養，既取給於此，回空又須酌帶，層層耗減，愈遠愈多。其充軍食者，較原運之數或不得半。綜計現撥營旂及各項員役共三千數百名、騾馬一千數百匹，每月所需運腳並局卡等項雜費，約在二萬兩以外。夫久暴師則用不足，最爲兵家所忌。現在陳兵相持，爲時已久，歲糜數十萬金，坐受疲敝；而俄祗是遣兵遊弋六爾阿烏之間，以相牽綴於彼，究無大損。斯即將來勘分並無出入，亦豈合算？此臣深維事勢，輒中夜傍徨、惄焉不自安者也。相應懇恩飭下總理各國事物衙門，該處界務究應如何辦理，迅與駐京俄使議結，以期休息士卒、節省度支，邊陲幸甚。謹附片密陳。伏乞聖鑒訓示。謹奏。光緒十九年七月二十一日[1]。

（硃批）：該衙門知道[2]。

光緒十九年八月二十三日，奉硃批：該衙門知道[3]。

補證

【案】此奏片原件①現藏於臺北“故宮博物院”，兹據校勘。

[1]【光緒十九年七月二十一日】此日期僅見底本。

[2]【該衙門知道】此“硃批”據原件補。

[3]【光緒十九年八月二十三日，奉硃批：該衙門知道】因缺錄副，此硃

① 臺北“故宮博物院”藏：《軍機及宮中檔》，檔案編號：408002545-0-A。

批日期與內容，據《隨手檔》[1]校補。

【案】關於辦理帕米爾界務情形，慶親王奕劻等於光緒二十年二月二十日具摺奏報曰：

臣奕劻等跪奏，爲詳陳帕米爾界務現辦情形，恭摺仰祈聖鑒事。竊新疆西南邊外帕米爾地方，與俄人分界。臣等業將帕地形勢及擇要增戍各節，於光緒十九年正月二十九日具摺奏陳，奉硃批：知道了。等因。欽此。是年正、二月間，迭准出使大臣許景澂來電，俄外部本擬以薩雷闊勒山爲界，今願於此山之西請中國指出應劃入華界地名，可允和商。俄國駐京使臣喀希呢亦言：薩山以西，中國最爲注意之處，可爲指明商量。臣等以我之要地在郎庫里、阿克塔什等處，初議劃分，必須扼定要隘，稍事展拓，方不至自窘退步，因備節略一紙，面交俄國使臣，略言：自烏孜別里山口南行，稍西以阿克拜塔爾山口爲界；再南至東來島提山口，由卑來島提南行至帕沙脫山口爲界；再南至昔木甫喀，過阿克蘇河，順喀喇蘇河至尼赤塔什山口爲界；由此山口再東南至喀馬烏推克之西，往南至薩雷庫里之東爲界。經該使臣轉達外部後，久未答覆。嗣許景澂以俄外部大臣嘎爾斯在外部多年，頗能顧全中俄睦誼，時適患病在假，派令駐法參贊慶常，前往訂晤，語以"保和好、守喀約、止派兵"三端。嘎爾斯爲轉啟俄主。嘎爾斯銷假後，許景澂復奏調慶常赴俄，屢向催辦。至八月間，始據嘎爾斯稱：俄主謂中國所擬地界難允，擬就中國所擬之界，薩山以東、薩山以西，別籌調停之法。惟俄主前往丹國，須十月望後回至俄都，屆時必可妥賞，等語。迨十月二十五日，接許景澂來電：嘎爾斯送回地圖，擬劃華界自烏孜別里向南數俄里，順東南山梁折東，沿郎庫湖北岸，又東南順山坳轉至派格土別山梁，其南仍劃薩山爲界。臣等以嘎爾斯擬分之界將郎庫里、阿克塔什大半佔去，完不能允，電令許景澂轉覆俄外部，另籌公平辦法。十一月間，接許景澂覆電：俄外部不肯再讓，並言英國允酌讓小帕米爾地歸俄。如與英議定南界，明

---

① 中國第一歷史檔案館藏：《軍機處隨手登記檔》，檔案編號：03-0277-1-1219-218。

春即須添兵，在東南兩面畫守，俄國即爲定局，應請中國早酌。經慶常力爭，中國決不能認。嘎爾斯言：阿克塔什設卡地段，俟分界時或可通融。餘無可商。同時，英國使臣歐格訥至臣衙門會晤，亦言英俄在倫敦商議帕事，俄自烏孜別里東南由阿克蘇河至阿克塔什，南抵小帕山嶺北麓爲界，大致可定。餘與俄外部告許景澂之言略同。臣等以如此畫分，則薩山以西我之餘地無多，即分電薛福成、許景澂，與英俄外部執約力辯。嗣准薛福成電覆：英俄畫分帕界，已將小帕米爾畫歸英綫。商之英廷，可將小帕畫與中國，俄不能阻。中國如得小帕，衹須與俄商定西界，事較易了。應否與議，請旨定奪。臣等即遵旨，電令妥商。而許景澂疊次來電，傳述俄外部之意，謂南界自薩湖及阿克塔什以南，英俄已有成議。中俄關涉乃是東界，必須中國指出酌讓地名，方可再商。臣等慮相持過久，英俄合謀商辦，更形棘手，不得不稍與通融，以期暢導；遂電許景澂擬將原議阿克拜塔爾山口及卑來烏提、帕沙脫、昔來甫克，過喀喇蘇河，至尼赤塔什等處之在烏孜往南直線以西者，酌議改擬順阿克拜塔爾河，經沙展過阿克蘇河，由庫那克拜之西至喀馬烏推克，再由沙里塔什西面南通伊什提克河至小帕米爾山北爲止，東屬中，西屬俄。令與俄外部次第磋磨，以期就範。乃本年正月，許景澂來電：嘎爾斯謂中國改擬地界，與前議相差無多，仍難允許，擬另籌兩益辦法。尚未就緒，嘎爾斯忽患病，未能辦公，暫須停議。至英人許讓小帕之議，經薛福成商之英廷，據云前告俄國尚無回音，俄國雖不能阻，總須得復，方可互立約據。而中俄之界未定，俄亦未必答英，一時亦難商定。此籌辦帕米爾界務尚未能定議之情形也。臣等以嘎爾斯現雖患病，暫停商議，而因應之策不可不先事圖維，復電商許景澂：如果前議難持，應如何畫分，以期就範。旋准許景澂電覆：若順烏孜迤南山梁接郎庫以西山梁，至留庫茲塞、馬克拉札中間山梁，轉西至阿克蘇河；自此沿河至伊什提克河匯處，改沿烏勒干奇告克中間小嶺，南至小帕山北爲止，似已扼要。惟阿克平地一帶，俄亦注爭界議。棘手在此，等語。臣等正在酌核間，二月十三日，英國使臣歐格訥至臣衙門，面言：聞俄備兵三千，如界務議久不成，四月間即恐生事，請早爲籌備，等語。十四日，復接許景澂來電：嘎爾斯告慶常云，俄主意皆通融，惟請中國將實在注重之地指明界至、地名，以便酌商；應否就前此豫擬地界與之磋磨之處，囑臣等核覆。臣等伏思英使備兵之説，似非無因，蓋俄人陽示遷延，陰圖侵佔，實亦不可不慮；且此事自開議至今，兩年有餘，防邊之兵亦多勞費。若不量予通融，致開兵釁，以爭此荒遠不毛之地，誠恐鞭長莫及，諸多棘手，轉難結束。現已電令許景澂，就前擬地界再與酌商，總期無損邊防，自以速了爲妙。相應請旨飭下該大臣，酌度地勢，與俄外部設法辯論，妥籌議結。如有端緒，即行電至臣衙門，請旨辦理。所有臣衙門與許景澂往來電信，繕具清單，恭呈御覽。伏乞皇上聖鑒訓示。遵行。謹奏。二月二十日。臣奕劻，臣宗室福錕，臣孫毓汶，臣崇禮，臣徐用儀，臣廖壽恒，臣張蔭桓。光緒二十年二月二十日，奉硃批：另有旨。欽此。[①]

【案】奕劻等之奏，清廷於當日允行，飭令許景澂按照所奏辦理，《清實錄》：

諭軍機大臣等：電寄許景澂，總理各國事務衙門奏，現辦帕米爾界務情形一摺，著許景澂按照該衙門節次電商辦法，與俄外部相機辦理，自郎庫里至阿克塔什一帶，爲邊防阨要之地，務當切實辯論，俾就範圍，妥籌擬結。一俟議有端緒，即電知該衙門，奏明請旨遵行。[②]

【案】出使大臣許景澂遂於光緒二十年三月二十五日爲商辦帕米爾情形，具摺曰：

出使大臣内閣學士兼禮部侍郎銜臣許景澂跪奏，爲遵奉諭旨詳陳商辦帕米爾現在情形，恭摺仰祈聖鑒事。竊臣於本年二月二十一日承准總理衙門電開：奉旨：總理各國事務衙門奏，現辦帕米爾界務情形一摺，著許景澂按照該衙門節次電商辦法，與俄外部相機辦理，自郎庫里至阿克塔什一帶，爲邊防阨要之地，務當切實辯論，俾就範圍，妥籌擬結。一俟議有端緒，即電知該衙門，奏明請旨遵行。欽此。等因。伏查此案

① 臺北“故宫博物院”藏：《軍機及宫中檔》，文獻編號：130704。
② 《德宗景皇帝實錄》，卷之三百三十五，光緒二十年二月，《清實錄》第56冊，第301頁。

先於光緒十八年九月間，接總理衙門來電：俄使喀希尼奉外部命，議分帕界，出示地圖，欲自烏孜別里山轉東而南，違背喀約，一直往南之說。令臣與俄外部辯論。臣即前赴外部詰問，一面奏請增繕邊備，以杜狡謀。旋據外部總辦格畢尼斯稱：俄國擬按地勢，就分水山嶺爲界，喀約語太寬混，恐難作據。顯露違約佔地之意。經臣據理駁斥，屢催照約議分。該外部旋覆：中國所議辦法，俄國亦不能允。界議因此齟齬。其時，俄國入帕兵隊雖經撤歸，尚在穆爾格布河等處留設兵卡度冬。至十二月間，新疆報稱：俄謀增兵，欲佔色勒庫爾及塔哈爾滿各地，邊事頗爲喫緊。經總理衙門電臣，嚴辭詰問。上年二月間，始據該總辦面告：請中國在色勒庫爾山嶺之西，指出實地，俄國可以酌商。詞氣稍鬆。三月初，臣以洋報傳聞，俄將調兵赴帕，因向署外部大臣基斯敬曉譬利害，遂與約明，兩國今歲各不進兵，以待和商。經臣先後電達總理衙門在案。此上年四月以前之商辦情形也。自去夏以來，喀城邊境漸臻安靖，而議界一節，該外部以總理衙門所指地界，自烏孜別里西偏至薩雷庫里。仍如初議，延不接商。時值俄外部大臣嘎爾斯自義國假旋，養疴鄉居。臣以駐法參贊官慶常前在俄都，與嘎爾斯熟識，三月間，曾經商令該員前赴奧國訂晤，探論帕事，因奏請暫調慶常來俄催商。該員於七月杪間到差，經與嘎爾斯辯論再四，始允會商兵部。候至十月俄主回都，時開議。嗣據交閱地圖，擬讓郎庫里北半之地。臣以離約太遠，當即駁覆。至十一月間，俄英所商帕界，頗有成說。臣因電商總理衙門，爲扼要與爭之計，按照約文往南地勢，順阿克托塔阿河至小帕米爾山嶺，略示通融。俄外部仍不肯允。並據嘎爾斯稱，實因兵部所爭在通印度之路。此路正在阿克蘇河以東，地勢相厄，爲難殊甚。本年，欽奉諭旨後，臣復曉以郎庫里、阿克塔什一帶尤爲中國注重之地，萬不能讓，杜其覬覦。經嘎爾斯轉達俄主，據覆仍爲兵部堅持，且有俟開凍後派兵據守之議。臣以成約俱在，何能過涉遷就？仍飭慶常力執原議，不爲所動。三月間，嘎爾斯始以界議一時難結，另籌調停辦法，訂明兩國各不進兵，徐候此事定議，以保和好。旋據總理衙門電覆，再令切實訂定。復由慶常與嘎爾斯商明，互送照會爲據。是月十八日，臣接俄外部文稱：本國國家已飭俄官仍紮原處，於帕界未經定議以前，不准前進，等因。當即電達總理衙門查照。竊惟中外交涉之案，商議不合，勢必出於相持。惟當邊境，兩軍近逼，事機輒虞牽制。今互約止兵，議由彼發，冀於顧全事體之中，稍收銷弭釁爭之益。除將俄外部來文譯送總理衙門備案，並以後情形另行續報外，謹就臣與俄外部商辦界務現在情形，恭摺具陳。伏乞皇上聖鑒。謹奏。三月二十五日。光緒二十年五月二十九日，奉硃批：該衙門知道。欽此。①

〇二一　神機營及北洋弁勇擇地暫紮片
光緒十九年七月二十一日（1893 年 9 月 1 日）

再，光緒十九年正月十七、二十六等日，先後承准神機營②並北洋大臣李鴻章咨：遵旨奏撥新疆邊防需用槍礮，並派熟悉操演官弁人等隨同前往，各等因[1]。到臣。當即分派員弁前往甘肅，沿路迎提。茲據記名副都統護軍參領德克津布③率帶官兵六十六員名，管解神機營克虜

① 臺北“故宮博物院”藏:《軍機及宮中檔》，文獻編號：132954。

② 清代的神機營建於咸豐十年（1860），英法犯天津，文祥密疏選練八旗兵丁，添置槍炮。次年，建立神機營，選八旗滿洲、蒙古、漢軍及前鋒、護軍、步軍、火器、健鋭諸營之精鋭者充之，守衛於紫禁城及三海，皇帝巡行時亦扈從。同治初，設選八旗精鋭，別立此營，下轄馬、步隊 25 營，官兵 14000 多名，總以親王大臣。其下全營翼長二人，下分爲文案、營務、印務、糧餉、核對、稿案六處，各有翼長、委員。此外軍火局、槍炮廠、軍器庫、機器局，各有專司。

③ 德克津布（1833—1900），鑲白旗滿洲英麟佐領下人。同治五年（1866），由護軍校因奉省一律肅清安内奏請，以護軍參領，遇缺侭先即補，先換頂戴。六年（1867），補委護軍參領。七年（1868），以直隸肅清案内奏保，以副護軍參領補用，先換頂戴。十年（1871），授副護軍參領。是年十月，經神機營保奏，以護軍參領升用。光緒二年（1876），因攻克瑪納斯南北兩城案内奏請，以護軍參領儘先即補，並賞加二品銜。五年（1879），遷護軍參領。八年（1882），護理巴彥岱領隊大臣。嗣因收還伊犁等案内尤爲出力，保以副都統記名簡放，並賞戴花翎。十三年（1887），署理察哈爾領隊大臣。十五年（1889），交卸署任，經將軍色楞額奏請，給咨送部引見，經兵部帶領引見，仍以副都統，記名簡放。二十年（1894），經伊犁將軍長庚咨調，赴伊犁差委，旋補錫伯營領隊大臣。二十六年（1900），因病出缺。

卜後膛礮六尊、哈乞開斯槍一千桿；記名提督蘭福喜率帶弁勇、長夫等八十六員名，管解北洋三十七密里過山快礮六尊、哈乞開斯槍一千桿。各分起數，接續運到。配帶子碼，均屬齊全。臣維前項槍礮原系籌備邊防之需，自應飭赴喀什噶爾，以資防守。惟該處沿邊一帶前經調派各營旗嚴密防守，現駐六爾阿烏等處，俄兵爲數不多，亦無舉動。疊接總理各國事務衙門來電：俄願和商，我宜按兵不動，勿輕出挑釁，致礙界務，等因。神機營聲威夙著，非標防各營可比，若開赴前路，轉恐啟人驚疑，致滋口實；且禁旅久留邊徼，亦於事體不宜，擬令暫駐省城，由各營旗挑選勇丁，學習演放，俟明年春暖，即飭德克津布率帶官兵回京。其北洋一起，此時亦未便徑進。查阿克蘇距喀什噶爾較近，應飭酌帶槍礮，暫赴該處屯紮，以備調遣[2]；仍由阿克蘇鎮總兵黃萬鵬挑撥營勇，演習操法，一俟界務辦有端緒，再行遣回天津。是否有當。謹附片陳明。伏乞聖鑒訓示。謹奏。光緒十九年七月二十一日[3]。

（硃批）：該衙門知道[4]。

光緒十九年八月二十三日，奉硃批：該衙門知道[5]。

補證

【案】此奏片原件①現藏於臺北"故宫博物院"，兹據校勘。

【案】關於新疆籌辦邊防、配送槍礮一案，光緒十八年十二月"寄論"曰：

軍機大臣字寄：神機營、大學士直隸總督一等肅毅伯李：光緒十八年十二月十二日，奉上諭：現在新疆籌辦邊防，須用新式過山快放礮三十七、四十七密里口徑等式各數尊，各項新式洋槍一二千桿，著神機營王大臣、北洋大臣李鴻章酌量撥給，配齊藥彈，行知甘肅、新疆巡撫，派員迎提應用；並著該王大臣等遴派熟習演放槍礮人等，隨同前往。將此論知神機營，並論令李鴻章知之。欽此。遵旨寄信前來。②

---

① 臺北"故宫博物院"藏：《軍機及宫中檔》，文獻編號：408002815-0-B。

② 中國第一歷史檔案館編：《光緒朝上諭檔》第18冊，第342頁。又，《德宗景皇帝實錄》，卷三百十九，光緒十八年十二月，《清實錄》第56冊，第130頁。

[1]【案】光緒十八年十二月二十三日，欽差大臣李鴻章爲籌撥新疆槍礮，具報曰：

欽差大臣大學士直隸總督一等伯李鴻章跪奏，爲遵旨籌撥新疆邊防需用槍礮，並酌派熟習操法弁勇，籌給口糧運費，恭摺仰祈聖鑒事。竊臣承准軍機大臣字寄：光緒十八年十二月十二日，奉上諭：現在新疆籌辦邊防，須用新式過山快放砲三十七、四十七密里口徑等式各數尊，各項新式洋槍一二千杆，著神機營王大臣、北洋大臣李鴻章酌量撥給，配齊藥彈，行知甘肅新疆巡撫，派員迎提應用；並著該王大臣等遴派熟悉演放槍礮人等，隨同前往，等因。欽此。伏查新疆地接強鄰，近因南路議界未定，邊防尤關緊要，亟宜訓練軍實，先事籌維。前接新疆撫臣陶模函稱：該處現存外洋軍械均系十年前購備，多已損壞。商由臣代購後膛毛瑟馬槍一千桿、前膛兵槍一千五百桿，分批解運；並派熟悉德國操法之武備學生二名隨同前往。業將第一批槍械於十月間由津起運，明春可抵新疆。正當續籌撥運，玆復欽奉前因，仰見聖明洞燭萬里，欽服莫名。遵查天津軍械局有購備三十七密里過山快放砲，系德國葛魯森廠製造最新之式，迭次校試，一分鐘時可放子二十四出，及遠二千五百密達，能用騾馬馱運過山，輕靈快捷，用於新疆邊境山嶺叢雜之處，最爲相宜。現擬撥給六尊，隨礮開花子彈三千箇，並撥後膛哈乞開思六響步槍一千桿，隨槍子彈五十萬粒，隨帶車架、器具、零件，選派熟習演放之管帶哨官一員、哨長一員、教習二名、砲目什長及兵勇三十八名，酌照淮軍行營章程，配齊長夫、火夫，隨礮前往。到新疆後，認真教練，再由該省酌量添練槍隊，足成一哨，以爲護礮之用，可期得力。查德國砲隊章程，以六砲爲一隊，每砲應用馱運砲身、器具、車輪等件，馬四匹。又馱運備戰子藥騾二匹，照章騾馬七匹、用夫二名，所需夫、馬應俟運至後，由該省自行配用。現擬購騾十二匹，交該弁等乘騎護運。新式砲身機件器具異常精巧，在邊省沙漠之地尤須隨時油擦，應照海防各營章程，月給砲費，勤加油飾，免致鏽損。該弁勇等遠役九千里，歷時四、五月，應先籌給口糧六箇月，仍另發給盤費，俾利遄行。運到後由該省按月接支口糧，應需車輛現由天津雇備，運至西安後，再由各該地方官按站妥爲接運。此項槍礮係遵奉協撥之件，暫由北洋海防經費項下核辦，無須由新疆籌還價值。所有弁勇人等口糧、盤費、騾價、車價等項，一併飭局籌撥，事竣核實報銷。車價一項，因遠道運送，器件繁重，均按民價發給。事屬創辦，未便以例價相繩，致多窒礙。除將礮隊應需夫馬、餉數及月給礮費章程，咨明新疆撫臣查照辦理，並迅速派員沿途迎提暨分咨各衙門及經過各省督撫臣查照外，理合繕摺由驛覆陳。伏乞皇上聖鑒。謹奏。十二月二十三日。光緒十八年十二月二十五日，奉硃批：該衙門知道。欽此。[①]

[2]【遷】原件作“遣”，確。底本誤。

[3]【光緒十九年七月二十一日】此具奏日期僅見於底本。

[4]【該衙門知道】此“硃批”據原件補。

[5]【光緒十九年八月二十三日，奉硃批：該衙門知道】此據《隨手檔》[②]校補。

【案】光緒二十年年五月初一日，新疆巡撫陶模奏報神機營管解槍礮官兵先後回京，曰：

頭品頂戴甘肅新疆巡撫臣陶模跪奏，爲神機營管解槍礮官兵先後飭令回京，恭摺仰祈聖鑒事。竊照光緒十九年，承准神機營遵旨撥給新疆邊防需用槍礮，奏派記名副都統護軍參領德克津布率帶隊官、隊兵共六十六員名，分起解到。當經臣奏明，前項官兵擬暫住省城，教習演放，俟來年春暖，即令回京，等因。在案。旋由撫標各營旗挑選步隊五百名，歸德克津布督率操練。邊荒地氣嚴寒，原來兵丁多不服水土。上年十月，酌派隊長二名，率帶隊兵二十五名，撥給車輛及口分、行裝銀兩，先行回京，俾資調理。其留駐省城各官兵，經臣派委隊官護軍參領文隆，酌帶隊兵二名前往古城，教習滿營各旗操練。並准伊犂將軍臣長庚咨調德克津布及隊官儘先即補參領廣福，前赴伊犁差委。其餘官兵三十五員

① 中國第一歷史檔案館藏:《錄副奏摺》，檔號：03-9422-073。

② 中國第一歷史檔案館藏:《軍機處隨手登記檔》，檔案編號：03-0277-1-1219-218。

名，現值天氣和暖，分别發給車輛及口分等項銀兩，就隊官中揀派補用印務章京驍騎校耀保，於四月十六日，悉數帶領回京，以符奏案而紓宸廑。惟前項槍礮經德克津布及各官兵長途運解，尚無貽誤，教習操演，均能認真。可否由神機營開單奏請賞給虚銜、封典以資鼓勵之處，出自鴻慈。除將槍礮派員妥爲經理外，謹恭摺具陳。伏乞皇上聖鑒訓示。謹奏。光緒二十年五月初一日。[①]

光緒二十年六月三十日，奉硃批：兵部議奏。欽此[②]。

【案】光緒二十年八月十二日，新疆巡撫陶模以神機營運到槍礮擬設礮隊一哨具摺曰：

頭品頂戴甘肅新疆巡撫臣陶模跪奏，爲神機營運到槍礮，擬設礮隊一哨，以資經理而便操演，恭摺仰祈聖鑒事。竊神機營官兵先後由新疆回京，業經奏明將各項槍礮派員經理在案。查光緒十八年，臣函商北洋大臣李鴻章。由武備學堂遴派補用守備張志文、把總王恩貴前來新疆，當飭照標營章程，於十九年七月初一日募成新式槍隊一哨，教習陣法、操法及挖溝、築壘諸事，現有成效。前項槍礮應即飭交張志文、王恩貴接管，並將所帶新式槍隊改爲礮隊一哨，名爲“威遠礮隊”，由臣督飭操練，俾成勁旅。應需月餉及車騾等項經費，均照標營礮隊章程，從本年五月初一日起支。據布政使饒應祺詳請具奏前來。臣覆核無異，謹繕清單，合同陝甘總督臣楊昌濬，恭摺具陳。伏乞皇上聖鑒，飭部立案施行。謹奏。光緒二十年八月十二日。[③]

光緒二十年九月十四日，奉硃批：該部知道，單併發。欽此[④]。

謹將擬設威遠礮隊員弁、勇夫、餉章各數目，繕具清單，恭呈御覽。計開：

威遠礮隊一哨，以九十二人爲定額，私夫、車夫在外。管帶官一員，月支薪水銀十八兩，每月加製辦、旗幟、號衣銀十六兩，均不扣建。私

---

① 臺北“故宫博物院”藏：《軍機及宫中檔》，文獻編號：408002874。

② 臺北“故宫博物院”藏：《軍機及宫中檔》，文獻編號：132987。

③ 臺北“故宫博物院”藏：《軍機及宫中檔》，文獻編號：408002889。

④ 臺北“故宫博物院”藏：《軍機及宫中檔》，文獻編號：135407。

夫四名，每名月支銀二兩七錢。營書一名，月支銀六兩。哨長一員，月支薪糧銀七兩二錢。什長六名，每名月支銀四兩五錢。護兵四名，每名月支銀四兩二錢。礮勇七十二名，每名月支銀三兩九錢。火夫七名，每名月支銀三兩。車夫八名，每名月支銀三兩。車騾十六頭，每頭月支乾銀二兩四錢，均扣建。計大建月共支銀四百七十一兩四錢，小建月支銀四百五十六兩八錢二分。（硃批）：覽。①

【案】關於撥協並運送新疆新式槍礮薪糧、脚價等項費用，欽差大臣直隸總督李鴻章於光緒二十年九月初一日附片曰：

再，前因新疆籌辦邊防需用新式快礮、洋槍等項，經臣遵奉諭旨，由北洋酌量撥給，遴派熟習演放槍礮人等護運前往；並派記名提督藺福喜專司管解，隨帶馬勇、長夫人等，由津起程，前赴新疆。應需薪費、糧幹、川資、價脚等項．即在張家口地租項下動撥，業經咨部立案。所有前項用款，計應歸戶部核銷銀三千七百七十兩零，兵部核銷銀三千七百三十七兩零，工部核銷銀三百七十兩零，合共銷銀七千八百七十八兩零。據天津支應局司道造具細數清冊，詳請奏銷前來。臣逐加覆核．均係實用實銷，並無絲毫浮濫。除清冊分咨外，謹附片具陳。伏乞聖鑒，敕部照數准銷。謹奏。②

光緒二十年九月初四日，奉硃批：該部議奏。欽此。③

【案】光緒二十一年，神機營以錫伯營領隊大臣德克津布等解運軍火赴疆，路途遙遠，護解無誤，奏請給予獎敘，曰：

再，查光緒十九年間，新疆請撥槍礮，曾經臣營派護軍參領德克津布率領官兵，分起解往。嗣於二十年七月，臣營據兵部咨稱，具奏議覆甘肅新疆巡撫陶模奏稱神機營撥給新疆邊防需用槍礮，奏派記名副都統護軍參領德克津布，率帶官兵共二十二員名，分起解到，當經奏明，由撫標各營旗挑選步隊五百名，歸德克津布督率操練。惟前項槍礮經德克

① 臺北“故宮博物院”藏：《軍機及宮中檔》，文獻編號：135407-0-B。
② 中國第一歷史檔案館藏：《錄副奏片》，檔號：04-9424-012。
③ 臺北“故宮博物院”藏：《軍機及宮中檔》，文獻編號：135190。

津布等官兵長途運解，尚無貽誤；教習操練，均能認真。可否由神機營開單奏請賞給虛銜、封典，以資鼓勵，等因。於光緒二十年六月初三日，奉硃批：兵部議奏。欽此。欽遵到部。查解運軍火，除軍營章程准其保獎外，其並無軍務省分，例無准給獎敘明文。惟新疆路程遙遠，護解無誤，亦有微勞，擬請由神機營暫行存記，俟該營五年開保時，一併覈給獎敘，等因，一摺。光緒二十年七月十二日，奉硃批：依議。欽此。鈔錄原奏咨行前來。茲屆臣營例保之期，自應遵照辦理。所有花翎副都統銜記名簡放副都統錫伯營領隊大臣德克津布、花翎三品頂戴儘先即補參領俟補缺後加副都統銜馬甲廣福等二員，均擬請交部，從優議敘。五品頂戴補用印務章京驍騎校耀保，擬請賞給四品頂戴。五品銜補用驍騎校玉連、五品頂戴即補驍騎校補缺後以印務章京升用領催松玉等二員，均擬請俟補驍騎校後，以印務章京補用。二品頂戴領催富珠隆阿，擬請以驍騎校補用。五品頂戴額外藍翎長鳥槍護軍常福、二品頂戴鳥槍護軍玉陛等二員，擬請以鳥槍護軍校補用。六品頂戴坐補領催馬甲崇祿，擬請俟補領催後，以驍騎校補用。其餘微末弁兵，由臣營咨獎升階、頂戴、錢糧，以示鼓勵。謹附片具聞請旨。①

〇二二　請核銷歷年積牘摺

光緒十九年八月二十五日（1893年10月4日）

頭品頂戴甘肅新疆巡撫臣陶模跪[1]奏，爲新疆自光緒四年起至十五年止奏報銀糧、草束、防軍、善後各案，懇恩飭部核銷，以清積牘，恭摺仰祈聖鑒事。

竊臣到任以來，檢查案卷，逐一清釐，計光緒四年起至十五年止，銀糧、草束、防軍、善後各銷案，其經部議奏、飭令查覆、刪除

① 中國第一歷史檔案館藏：《錄副奏片》，檔號：03-6137-096。

等項，大意不外“照何例案、核與例章不符”兩端。疆臣一再奏覆，不外“無例可循、隨時酌辦”等語。案覆復一案，頭緒紛繁，報銷積滯，未有甚於此者。竊維例者所以統多寡不齊之數，各限以準則，以杜冒濫，以重度支，如衡有權，立法至當。顧時勢所值，殊難概論。新疆以邊荒開設行省，其在在需款及辦理竭蹶情形，具見前督臣左宗棠、前撫臣劉錦棠所奏各摺，早邀聖明洞鑒。斯卽明知例章所在，揆諸因時制宜之道，猶應量爲變通，以期措置之當。況創辦伊始，本無成法可遵，如何開支卽如何造報，必責以如此爲照例、如此爲違例。其不能脗合也明矣。且報銷一事，固有舍例而得其實、執例轉失其眞者，蓋數雖無定，止期針孔相符；例雖有定，要可遷就而合。概以儘徵儘解、實用實銷之言，不足憑造銷；一切必求如例而止，萬一經收人員設法彌縫，勉強牽合，欲駁則與例符，欲准實非確數。部臣職司綜核，亦安用此合例不實之報銷爲哉？查各案開支，係左宗棠、劉錦棠經辦事件。如有浮冒，臣何敢曲爲迴護，致涉欺朦？惟逐核部駁各節，爲數究屬不多，槪與核銷，無關公帑盈絀。現在官經數任，承辦各員半已星散；再歷年所，勢必茫無端倪，查無可查，追無可追。朝廷爲新疆一隅，不惜歲撥鉅款，而爲此無多之數，至令案牘積壓，無從完結。如臣愚昧，竊不謂然。相應懇恩飭下各部，將新疆自光緒四年起至十五年止歷奏銀糧、草束、防軍、善後各案，原册未經發還者，變通成例，按起核銷，藉清積牘；其發還原册及十五年後尚未奏報各案，由臣飭司遵照部議，分別趕辦。凡實應刪除之款，仍令照例辦理，以重帑項而昭實在。謹會同陝甘總督臣楊昌濬，恭摺具陳。伏乞皇上聖鑒訓示，施行。謹奏。光緒十九年八月二十五日。

十月二十八日，奉硃批：著照所請，該部知道。

光緒十九年九月二十五日，奉硃批：著照所請，該部知道。欽此[2]。

補證

【案】此摺原件①現藏於臺北“故宮博物院”，錄副②藏於中國第一歷史檔案館，兹據校勘。

[1]【頭品頂戴甘肅新疆巡撫臣陶模跪】底本無此前銜，兹據原件補。

[2]【光緒十九年九月二十五日，奉硃批：著照所請，該部知道。欽此】此據錄副校補。

〇二三　新疆變賣草束礙難援照甘肅例價摺

光緒十九年九月二十日（1893年10月29日）

頭品頂戴甘肅新疆巡撫臣陶模跪[1]奏，爲新疆變賣草束礙難援照甘肅例價，擬請仍照折徵價銀辦理，以歸畫一，恭摺仰祈聖鑒事。

竊准戶部咨覆：署烏什廳同知江景耀接收前任袁運鴻草束一案內開：光緒十八年以前，各州縣變賣草束，均准每百斤照銀五分之數辦理。自光緒十九年起，各州縣變賣草束即照甘肅例價，每百斤定價銀一錢報部，等因。飭據布政使饒應祺詳覆前來。臣查新疆北路向不徵草，南路本折草束與額糧並徵。經前撫臣劉錦棠奏准，每百斤折收銀五分，嗣後各屬稟請變賣，均飭照五分之數辦理[2]。在劉錦棠非不知市價有漲落，顧以五分折收即以五分變賣者，誠以立制貴得其平，體察地方一切情形，酌中定擬。凡見爲少者，或欲加而不得。現在南路草束視往年尤爲饒足，間值騰貴，比較折徵價銀不過一分數釐而止。若圖多得贏餘，每百斤定銀一錢，雖屬甘肅例價所有，實爲新疆市估所無；而欲以此爲限制，不特高擡價值，與民爭利，似非政體所宜，竊恐勢有所不行，公中究不免於折耗。蓋南路各屬轄地數百里、

① 臺北“故宫博物院”藏：《軍機及宮中檔》，文獻編號：408002819。

② 中國第一歷史檔案館藏：《錄副奏摺》，檔號：03-6633-112。

千餘里不等，存草數十萬、百餘萬不等，戈壁長途，不能連赴別處銷售。除商民零星購買，以營旂領用爲大宗，按季支放，由舊管項下酌搭數成，爲推陳易新之計。而各勇丁以爲雖按五分核扣，實不如採買民草之適用，又豈肯以加倍之值，領此新陳攙半之草？勢必銷路日隘，既愈積而愈多。州縣恐致賠貼，不敢請售，且愈積而愈壞，年復一年，將有并此五分之價亦不能如算者。是草價一項，照舊則銀數似覺輕減，議加則虧折轉在將來。利病所在，固不得不通盤籌畫也。部臣以新疆、甘肅轄境毗連，援甘肅以例新疆，持論原非刻覈。惟關內外情形各異，礙難執以相繩。合無仰懇天恩，俯准新疆各屬草束仍照每百斤扣銀五分例價變賣，以歸畫一，出自鴻施。除咨部查照外，謹會同陝甘總督臣楊昌濬，恭摺具奏。伏乞皇上聖鑒訓示，施行。謹奏。光緒十九年九月二十日。

十一月二十一日，准兵部火票遞回原摺，奉硃批：著照所請，戶部知道。欽此。

光緒十九年十月二十一日，奉硃批：著照所請，戶部知道。欽此[3]。

補證

【案】此摺原件①現藏於臺北“故宮博物院”，録副②藏於中國第一歷史檔案館，茲據校勘。

[1]【頭品頂戴甘肅新疆巡撫臣陶模跪】底本無此前銜，茲據原件補。

[2]【案】光緒十三年三月初五日，新疆巡撫爲新疆田賦戶籍造册咨部立案具摺曰：

尚書銜降一級留任甘肅新疆巡撫二等男臣劉錦棠跪，爲新疆通省田賦、戶籍彙造清册，咨部立案，恭摺具陳，仰祈聖鑒事。竊照新疆軍興以來，地多荒廢，收復之後，漸次招墾。不特昔年民屯、兵屯、園租地畝

① 臺北“故宮博物院”藏：《軍機及宮中檔》，文獻編號：408002824-0-A。

② 中國第一歷史檔案館藏：《録副奏摺》，檔號：03-6688-029。

不能悉依舊地，即各屬原管地畝，亦有非復舊制者。如昌吉縣舊管頭屯所地畝，早經撥作迪化兵屯。喀喇巴爾噶遜糧員舊管地畝，亦歸迪化管轄。是事雖因舊，不啻更新。現在清理田賦，只期丈量地畝，按地科糧。若必牽合舊章，轉多窒礙。經前陝甘督臣左宗棠暨臣疊詞派員清丈，迪化、昌吉、阜康、綏來、奇臺、吐魯番、濟木薩、呼圖壁各屬，均按上中下地畝，分別升科。上地每畝科糧七升，中地四升，下地三升，照章概不徵耗。其鎮西、哈密、庫爾喀喇烏蘇、精河，仍照舊章科則辦理。疊據各屬清查科算，除去兵屯，荒熟並計，應徵糧石，均與原額相若。惟吐魯番科徵糧數多於原額，科徵銀數少於原額，而銀糧相抵，有赢無絀。此北路清查田賦情形也。南路徵糧，前准部案，或有地畝科則，或無地數科則，並有徵收銅觔、普爾錢，一切章程不同。且從前分駐大臣經管，此時改設郡縣，劃分疆界，情形大非昔比，不能不從新釐定。前督臣左宗棠派員辦理善後、徵糧各局，暫按什一徵收。嗣臣查照各局員詳齎畝冊等則，酌定試辦，繼以輕重間有失平，復經酌減，各按地方情形，上地每畝科糧五升、四升不等，科草五觔。中地每畝科糧三升，科草三觔。下地每畝科糧一升五合、一升不等，科草二觔。耗草不另加徵。其折徵銅觔、金課、地畝，向章無論是否業銅、業金，戶民但種額銅額金之地，即須交納銅金，於民殊多未便。臣現酌定章程，委員試辦礦務，凡舊日額徵桐金地畝，一律改徵糧石。所有銅觔各礦，聽民開採，納課歸官。又，各城伯克向有養廉地畝，自改郡縣，伯克多經裁撤，廉地歸官，招佃承租，額糧照則收納。其未裁伯克廉地及撥作義學、壇廟香火各官地，均科額糧，歸入此次田賦案內。至額徵糧石，以小麥六成、包穀四成交納，亦間有搭徵稻穀之處。其距城二百里以外完納本色不便者，則准完折色，按時估酌定每小麥一石，折銀一兩，包穀一石，折銀六錢。第倉儲爲兵食所關，自又以多徵本色爲是。現定需糧較多之區，則全徵本色，或僅折三成，或准折五成，或量准五成以上。惟草束需用較少，折色較多，每百觔折銀五分，統於此次一律核定，作爲永額。此南路清查田賦情形也。綜計通省南北兩路三道屬，共查丈各等荒熟地一千一百四十八萬一百九十四畝四分五釐。其額徵本色糧二十七萬六千五十一石三斗一升四合一勺，本色草一千四百九十萬二千七百一觔七兩七分。額徵糧草折色及地課銀五萬九千一百四十八兩四錢一分一釐四毫四絲七忽，內現墾熟地每年應徵本色糧二十萬二千二十九石二斗三升八合二勺，應徵本色草一千三百九十五萬八千二百一十六觔一十兩二錢八分，應徵糧草折色及地課銀五萬七千九百五十二兩一錢六釐二毫一絲七忽。其荒地已經招墾者，升科之年，再列入熟地核算。未經開墾者，飭令隨時招墾，照章科糧，以昭核實。又糧由戶出，田賦既均，戶口即可併計。現飭造齎戶口清冊，通省漢回纏民及入籍安民共計二十六萬六千九百五十九戶，男女大小一百二十三萬八千五百八十三丁口。逐加查核，內以北路戶口爲最稀，尚須極力招徠撫輯，以期生齒日盛，額賦日增，等情。據藩司魏光燾詳請具奏前來。臣覆核無異，除將彙齎田賦、戶口各冊咨部查核立案外，謹會同陝甘總督臣譚鍾麟，恭摺具奏。是否有當。伏乞皇太后、皇上聖鑒訓示。再，新疆各屬徵收銀兩，皆於每年秋收後開徵，並無上忙應徵之款，以後應辦考核各案，應請免造上忙。合併陳明。謹奏。光緒十三年三月初五日。①

光緒十三年四月初四日，奉硃批：戶部知道。欽此②。

[3]【光緒十九年十月二十一日，奉硃批：著照所請，戶部知道。欽此】此據錄副校補。

① 中國第一歷史檔案館藏：《硃批奏摺》，檔號：04-01-35-0610-022。

② 中國第一歷史檔案館藏：《錄副奏摺》，檔號：03-9470-005。

卷　三

新疆三

〇二四　查勘南路邊界經費摺

光緒二十年正月二十五日（1894 年 3 月 2 日）

頭品頂戴甘肅新疆巡撫臣陶模跪[1]奏，爲派員分查喀什噶爾邊界，應需各項經費，懇恩飭部立案，恭摺仰祈聖鑒事。

竊查新疆邊界袤延數千里，西北與俄境毗連，西南與英屬外部接壤。光緒十年，分界大臣沙克都林札布會同俄使，議定喀什噶爾西北界綫至烏仔別里山豁爲止。彼時如何會同設立牌博，新疆官弁無人隨往，以致烏仔別里實在地址一時無從指證。其自烏仔別里以南，從前卽未劃分，此時尤難辨晰。十七年，俄人垂涎帕米爾，派兵越卡。疊承總理衙門查問界址。是年七月，前護撫臣魏光燾派委降選府經歷海英、候補主簿李源鈵，分赴西南、西北各邊境，查勘雪嶺冰山，奇險萬狀。該員等深探窮入，相度再三，十九年秋，始有端倪，屢據繪圖貼說，經臣先後咨送總理衙門在案。旋復承准電詢因都庫什以北薩雷闊勒東西一帶地勢，兼查阿富汗交界地方，臣當飛飭分履復查。現在該員等已到之處，地名音譯、山川源委，尚須詳細考證；未到之處，尤須週遭徧歷，俾形勢了然，將來議分界務，方有把握。惟念各該員跋涉窮荒，衝冒瘴癘，實屬異常辛苦。除月支薪水外，不得不酌加津貼，以示體卹。隨帶繪圖書士、通事、嚮導，並遞文、開路人等，均須分別給予口食；騎馬及行裝、駝運等費，核計每員每月各需湘平銀二百一十兩零；添置儀象、鐵器等物，仍准另報一次。自十七年七月起，已按月支給，擬俟查勘完竣，隨時停止，期歸節省，等情。由藩司饒應祺造册，詳請奏咨前來。除將清冊分咨總理衙門暨戶部外，謹恭摺具呈[2]。伏乞皇上聖鑒，飭部立案施行。謹奏。光緒二十年正月二十五日。

（硃批）：該衙門知道[3]。

光緒二十年二月二十六日，奉硃批：該衙門知道[4]。

補證

【案】此摺原件[①]現藏於臺北"故宫博物院"，茲據校勘。

[1]【頭品頂戴甘肅新疆巡撫臣陶模跪】底本無此前銜，茲據原件補。

[2]【具呈】原件作"具陳"，確。

[3]【該衙門知道】此"硃批"據原件補。

[4]【光緒二十年二月二十六日，奉硃批：該衙門知道】此據《隨手檔》[②]校補。

【案】此奏之允行，《清實録》亦載之曰："甘肅新疆巡撫陶模奏，派員分查喀什噶爾邊界，酌給薪水、津貼，以示體恤。下所司知之。[③]"

〇二五 請銷迪化喀什文武衙署經費摺

光緒二十年二月初一日（1894年3月7日）

頭品頂戴甘肅新疆巡撫臣陶模跪[1]奏，爲新疆造報修建喀什噶爾提督、溫宿州、迪化府及吏目、經歷衙署等工[2]用過經費，懇恩飭部仍照原册核銷，恭摺仰祈聖鑒事。

竊臣准工部咨：會同户部議奏，新疆修建喀什噶爾提督及溫宿州、迪化府各衙署並吏目、經歷衙署、監獄等工，共用工料銀三萬七千九百九十兩一錢七分六釐，等因，一摺。鈔單內開薪工、犒賞一項，請銷銀二千二十二兩一錢六釐，户部議准於新疆應得善後項下核實開銷；工部應銷甎瓦、木料、匠夫、糧價等項銀三萬五千九百六十八兩六分，有與例相符者，有與例不符並有所不載者，礙難如數照准。惟念新疆遠在關外，兵燹之後，物料一切不無昂貴，若必欲以定例相繩，亦不足以示體恤。此項修署等工例應銷銀二萬

---

① 臺北"故宫博物院"藏：《軍機及宫中檔》，文獻編號：408002846。

② 中國第一歷史檔案館藏：《軍機處隨手登記檔》，檔案編號：03-0280-1-1220-053。

③ 《德宗景皇帝實録》，卷之三百三十五，光緒二十年二月，《清實録》第56冊，第305頁。

五千八百六十九兩六錢五分四釐三毫八絲五忽，應減銀一萬九十八兩四錢五釐六毫一絲五忽，擬按七成核減銀七千六十八兩八錢八分三釐九毫三絲五微，實准銷銀二萬八千八百九十九兩一錢七分六釐六絲九忽五微。其核減銀兩在於承辦官名下，照數追交，等因。到臣。竊維部臣辦理一切，非執定例，無以爲核銷之準，而於新疆前項工程，深念物料昂貴，不以定例相繩，就應減銀數復按七成核減，體恤不可謂不至。惟所減銀七千餘兩，均係需用之款，當工作伊始，既未便減省物料、匠工，致涉偷率；而欲於業經支發之後，責令承辦官照數賠還，不特無款可資彌補，揆之人情，亦殊未順。新疆遠居極塞，一料之購、一工之僱，比內省動增數倍，致朝廷所爲格外從寬者，仍不免於事後受纍。地勢所限，莫可如何。此經手人員每以造銷爲難者也。相應籲懇天恩俯念邊圉情形不同，飭部將造報喀什噶爾提督、溫宿州、迪化府及吏目、經歷衙署等工用過經費，仍照原册核銷，以免賠貼，出自鴻施。除咨部外，謹會同陝甘總督臣楊昌濬，恭摺具陳。伏乞皇上聖鑒訓示。謹奏。光緒二十年二月初一日。

（硃批）：該部議奏[3]。

光緒二十年二月二十日，奉硃批：該部議奏。欽此[4]。

補證

【案】此摺原件①與錄副②均藏於臺北“故宫博物院”，兹據校勘。

[1]【頭品頂戴甘肅新疆巡撫臣陶模跪】底本無此前銜，兹據原件補。

[2]【案】關於修建喀什噶爾提督、阿克蘇鎮總兵等各衙署，原任新疆巡撫劉錦棠於光緒十四年三月二十八日具摺曰：

尚書銜降一級留任甘肅新疆巡撫二等男臣劉錦棠跪奏，爲南路提鎮各衙署現擬分別修建，並擬陸續籌修通省副、參、遊、都、守等官營署，

① 臺北“故宫博物院”藏：《軍機及宫中檔》，文獻編號：408002850。

② 臺北“故宫博物院”藏：《軍機及宫中檔》，文獻編號：130892。

請旨飭部立案，恭摺仰祈聖鑒事。竊南路新設道廳州縣等官，臣前奏請興修城工十三起、衙署十五起，所有已竣各工曾於上年恭摺奏明，並飭趕造銷冊在案。惟查喀什噶爾提督、阿克蘇總兵，均職在守邊，責任綦重。而設標既定，衙署未修，恐外無以觀示遠人，內無以緝綏眾志，當經咨行估辦去後。茲據會勘估報：喀什噶爾地處極邊，一切工料均較他處爲貴。木料雖派勇砍伐，用費略省，而深山窮谷之中，車路不通，實難搬運。及舁至平地，僱車轉運，尚離城二三百里或四五百里不等，運腳極多。通盤估計，共需銀二萬二千四百餘兩，需糧九萬六百餘斤。阿克蘇應修鎮署，查該處道署，尚爲寬敞。現擬將道署改作鎮署，州署改作道署，另修溫宿州署，以資節省。鎮署計原用銀一萬三千二百餘兩，道署計原用銀八千九百餘兩，食糧在外。新修州署並吏目衙署以及監獄，計需銀五千六百餘兩，需糧六萬六千六百餘斤。據藩司魏光燾詳請具奏前來。臣查所估各工，均尚核實，分飭趕緊興修，工竣造冊具報。至通省撫提鎮各標，雖參用勇營章程，仍居營壘，然既各有官守，亦須略具規模。際此時艱，未便率請撥款。現擬各營所需兵房及哨長巡查應需公廨，諸從簡樸，均令自行修造，派勇赴工。其副、參、遊、都、守等官，或帶步隊一營，或帶馬隊一旗，概令於營中蓋造營署一所，取足辦公，不求美備。惟需用匠工、木料等項，需費頗鉅，應由臣另行籌款。各營副將及撫標中軍，擬各給銀二千兩，參將、遊擊擬各給銀一千二百兩，都司、守備擬各給銀八百兩，略資津貼，邀免造報。如此變通辦理，庶餉力既紓，而辦公亦便。是否有當。謹會同陝甘總督臣譚鍾麟，恭摺具奏。伏乞皇太后、皇上聖鑒訓示。飭部立案施行。謹奏。光緒十四年三月二十八日。①

光緒十四年四月二十八日，奉硃批：該部知道。欽此②。

【案】是日，爲估修迪化府及經歷衙署監獄銀數事，劉錦棠又附片曰：

再，新疆省城及撫藩衙署各工次第告竣，上年曾經奏明在案。惟迪化向係州治，自設行省改升爲府，並添迪化縣爲附府首縣。其舊有州署

---

① 中國第一歷史檔案館藏：《硃批奏摺》，檔號：04-01-20-0019-056。

② 中國第一歷史檔案館藏：《錄副奏摺》，檔號：03-7156-048。

業經改爲縣署，府署暨經歷衙署、監獄，均須另建，當經行司轉飭迪化府知府，會同省城工程局委員勘估去後。茲據藩司魏光燾詳稱：照依例制，切實估計，共需工料銀九千二百餘兩，委屬極力核減，懇請興修，等情。前來。臣查核屬實。除飭一面興修，工竣造冊請銷外，謹會同陝甘總督臣譚鍾麟，附片具陳。伏乞聖鑒，飭部立案。謹奏。

光緒十四年四月二十八日，[①] 奉硃批：該部知道。欽此[②]。

【案】光緒十八年十月十六日，新疆巡撫陶模爲修建喀什噶爾提督各衙署動用經費，並附清單，奏請飭部核銷，曰：

頭品頂戴甘肅新疆巡撫臣陶模跪奏，爲喀什噶爾提督各衙署動用經費，懇恩飭部核銷，恭摺仰祈聖鑒事。竊臣查喀什噶爾提督衙署，前經撫臣劉錦棠於光緒十四年三月奏請興修，估需銀二萬二千四百餘兩，糧九萬六百餘斤，並擬將原修溫宿州署改作阿克蘇道署，另修州署及吏目衙署、監獄，估需銀五千六百餘兩，糧六萬六千六百餘斤。又附奏舊有迪化州署改作現署，另建迪化府署及經歷衙署、監獄，估需銀九千二百餘兩，食糧在內。均奉硃批：該部知道。欽此。欽遵在案。茲據糧臺司道詳稱：各處工程需用樹木採運維艱，物料、匠工價值昂貴。提督衙署、溫宿、迪化各衙署、監獄，均派營勇，幫同工作，共用工七萬一千六百有奇，祇按旬犒賞酒肉，或日給食糧，以期節省。現在工程一律告竣，核計前項衙署三起，實共用過工料各款銀三萬七千三百八十八兩九錢四分八釐，與原估銀數尚屬相符。提督衙署用過糧價銀三百五十四兩一錢七分九釐，溫宿州署食糧較原估減少，實祇用過糧價銀二百四十七兩四分九釐，均於善後項下勻挪應用。查新疆郡縣初設，工料價值無例可循，概係遵照光緒十七年十一月十六日工部奏奉諭旨准銷。南北兩路城垣、衙署工料價值發給，實用實銷，委無浮冒；取具印委保固各結，並造具做法、丈尺、工料、銀糧細數清冊、圖說，詳齎前來。臣覆查無異。相應繕具清單，恭呈御覽。仰懇天恩飭部核銷，以清款目。除將冊結、圖說咨部查照外，謹

① 中國第一歷史檔案館藏：《硃批奏片》，檔號：04-01-37-0131-004。

② 中國第一歷史檔案館藏：《錄副奏片》，檔號：03-7156-049。

會同陝甘總督臣楊昌濬，恭摺具陳。伏乞皇上聖鑒訓示。謹奏[①]。

光緒十八年十一月十七日，奉硃批：該部議奏，單併發。欽此[②]。

謹將建修喀什噶爾提督衙署並溫宿州、迪化府各衙署、監獄動用經費銀兩，繕具簡明清單，恭呈御覽。計開：

收款：一、收善後項下撥發工程經費新餉平銀三萬七千六百九十五兩四錢七分七。一、收扣回採買、物料、犒賞、糧價各款平餘銀二百九十四兩六錢九分九釐。查支發工資、薪公，均不扣平。其物料、犒賞、糧價各款，照章每百兩扣平銀一兩。喀什噶爾提督衙署共用物料、犒賞、糧價銀一萬八千三百一十六兩二錢五分九釐，溫宿州衙署共用物料、糧價銀四千六百九十兩三錢七分二釐，迪化府衙署共用物料、犒賞、糧價銀六千四百六十三兩四錢一分五釐，照章扣收平餘，合符前數。理合登明。以上共收新餉平銀三萬七千九百九十兩一錢七分六釐。

支款：一、建修喀什噶爾提督衙署，共支經費銀二萬二千四百二十六兩七千六分二釐，糧價銀三百五十四兩一錢七分九釐。一、建修溫宿州並吏目各衙署、監獄，共支經費銀五千六百八十二兩二分三釐，糧價銀二百四十七兩四分九釐。一、建修迪化府並經歷各衙署、監獄，共支經費、糧價銀九千二百八十兩一錢六分三釐。以上總共支發新餉平銀三萬七千九百九十兩一錢七分六釐，合符收數。理合登明。(硃批)：覽。[③]

[3]【該部議奏】此"硃批"據原件補。

[4]【光緒二十年二月二十日，奉硃批：該部議奏。欽此】此據錄副校補。

【案】新疆巡撫陶模奏銷建修衙署經費等摺件，旋得批復，《清實錄》：

甘肅新疆巡撫陶模奏，修建喀什噶爾提督、溫宿州、迪化府及吏目、經歷衙署，用過經費，懇飭部照原冊覈銷。下部議駮。又奏，修建鎮迪道、奇臺、綏來衙署、庫爾喀喇烏蘇城垣並昌吉、阜康各城垣、衙署，動用經費，懇飭部覈銷。下部議行。[④]

---

① 臺北"故宮博物院"藏：《軍機及宮中檔》，文獻編號：408002755-0-A。

② 中國第一歷史檔案館藏：《錄副奏摺》，檔號：03-7160-046。

③ 中國第一歷史檔案館藏：《單》，檔號：03-7160-047。

④《德宗景皇帝實錄》，卷之三百三十六，光緒二十年三月，《清實錄》第56冊，第310頁。

〇二六　呈進回部貢金摺
光緒二十年三月初七日（1894年4月12日）

頭品頂戴甘肅新疆巡撫臣陶模跪[1]奏，爲呈進回部貢金，恭摺仰祈聖鑒事。

竊照新疆色勒庫爾之南回部坎巨提，向來按年進貢沙金，循例奏明，賞給緞匹。茲據署喀什噶爾道李宗賓詳：據坎巨提新酋摩韓美德拏星呈稱：該部遠居邊徼，久託帡幪，竊幸世業之克承，無非天恩之渥被。所有光緒十九年分應進貢金一兩五錢，敬謹齎呈，等情。遵將例賞大緞二疋，發給該酋祇領，懇請具奏前來。臣覆查無異。除將沙金咨送內務府呈進外，理合恭摺具陳。伏乞皇上聖鑒。謹奏。光緒二十年三月初七日。

（硃批）：該衙門知道[2]。

光緒二十年四月二十八日，奉硃批：該衙門知道。欽此[3]。

補證

【案】此摺原件①與錄副②均藏於臺北"故宮博物院"，茲據校勘。

[1]【頭品頂戴甘肅新疆巡撫臣陶模跪】底本無此前銜，茲據原件補。

[2]【該衙門知道】此"硃批"據原件補。

[3]【光緒二十年四月二十八日，奉硃批：該衙門知道。欽此】此據錄副校補。

① 臺北"故宮博物院"藏：《軍機及宮中檔》，文獻編號：408002855。

② 臺北"故宮博物院"藏：《軍機及宮中檔》，文獻編號：132178。

〇二七　籌議電報經費摺

光緒二十年三月十六日（1894 年 4 月 21 日）

頭品頂戴甘肅新疆巡撫臣陶模跪[1]奏，爲新疆分設電報，籌議養綫等費，恭摺仰祈聖鑒事。

竊新疆東、南、北三路，次第安設電綫，經北洋大臣李鴻章、陝甘督臣楊昌濬會同臣先後奏明、籌款興辦在案。東路自嘉峪關至新疆省城，十九年夏間蕆事；南路自吐魯番廳至喀什噶爾，本年二月亦經告竣。現在北路展至伊犁，四月即可開辦。各路採運電料，均由總辦電報事宜直隸津海關道盛宣懷①派員經理；應需杆木，由臣分飭各廳州縣，按段購備；木料運價，造册送交盛宣懷，彙案報銷。至常年需用養綫、修理等費，前摺申明由新疆籌備。接據盛宣懷酌定章程，臣逐加核閱，關外瘠苦，百物昂貴，一切費用較內地須稍從寬，方能經久。計東路安西州酌設報房，哈密廳設子局，吐魯番廳設分局，省城設總局。南路喀喇沙爾廳、庫車廳、瑪喇巴什廳，分設報房，阿克蘇酌設子局，喀什噶爾設分局。北路擬於庫爾喀喇烏蘇廳設報房，伊犁惠遠新城設分局。計總局一處、分局三處、子局二處、

---

① 盛宣懷（1844—1916），字杏蓀，又字幼勖、荇生、杏生，號次沂，又號補樓，別署愚齋，晚年自號止叟，有思惠齋、東海、孤山居士、紫杏、愚卿等號。江蘇武進人，由附監生報捐主事、直隸州知州。同治五年（1866），署天津河間兵備道。十二年（1873），創辦輪船招商局，任督辦。十三年（1874），襄辦淮軍營務。光緒六年（1880），創辦中國電報局，任總辦。十年（1884），署天津海關道。十二年（1886），補山東登萊青道。十八年（1882），調天津海關道。二十一年（1895），辦理上海輪船招商局及機器紡織廠事務，奏設北洋大學堂、南洋公學。次年，經理湖北鐵廠，遷太常寺少卿，兼督辦鐵路大臣。次年，調補大理寺少卿，創設南洋公學，任督辦。二十六年（1900），補宗人府府丞，遷會辦商務大臣。次年，調辦理商稅事務大臣，加太子太保銜。二十八年（1902），授工部左侍郎，兼會辦商約大臣。三十四年（1908），調郵傳部右侍郎。宣統二年（1910），升郵傳部尚書。次年，授郵傳大臣。民國五年（1916），卒於滬。有《愚齋存稿》一百卷及《盛宣懷未刊信稿》等存世。

報房五處。綜核委員、領辦[2]、司事、工頭、巡目、丁役人等薪工、火食並修理等費，每年約需銀二萬七千餘兩，遇閏加增。五年大修，需費尤鉅。臣業飭電報總局，督率試辦，如能敷用，即將章程、款目分咨總理各國事務衙門暨戶部存案。查陝、甘兩省養電經費，係由關內外轉運公費賸存項下動支。新疆餉項歲有定額，又無閑款可籌，臣與藩司熟商，查有甘肅新疆歲收協餉四分減平，每年新疆分銀十萬兩，歷年存儲。上項經費關繫邊防大局，合無仰懇天恩俯准在於四分平餘項下動用，由司按年造報，以顧要需而昭核實。所有新疆分設電報、籌議養綫等費緣由，謹會同北洋大臣李鴻章、陝甘總督臣楊昌濬，恭摺具陳。伏乞皇上聖鑒訓示。謹奏。光緒二十年三月十六日。

（硃批）：著照所請，該衙門知道[3]。

光緒二十年四月十七日，奉硃批：著照所請，該衙門知道[4]。

補證

【案】此摺原件①現藏於臺北"故宮博物院"，茲據校勘。

[1]【頭品頂戴甘肅新疆巡撫臣陶模跪】底本無此前銜，茲據原件補。

[2]【領辦】原件作"領班"。

[3]【著照所請，該衙門知道】此"硃批"據原件補。

[4]【光緒二十年四月二十八日，奉硃批：著照所請，該衙門知道】此硃批日期與內容，據《隨手檔》②校補。

【案】此摺之得允行，《清實錄》載曰："甘肅新疆巡撫陶模奏，新疆分設電報，籌議養綫等費。從之。③"

① 臺北"故宮博物院"藏：《軍機及宮中檔》，文獻編號：408002864。

② 中國第一歷史檔案館藏：《軍機處隨手登記檔》，檔案編號：03-0280-2-1220-103。

③《德宗景皇帝實錄》，卷之三百三十九，光緒二十年四月，《清實錄》第56冊，第341頁。

○二八　籌議喀什邊防經費摺

光緒二十年四月十一日（1894 年 5 月 15 日）

頭品頂戴甘肅新疆巡撫臣陶模跪[1]奏，爲籌辦邊防[2]，應需轉運等項經費，請旨飭部立案，恭摺仰祈聖鑒事。

竊喀什噶爾邊界，自俄、英肇釁，委員勘查界務、加支行糧各事宜，經臣隨時奏明在案。查該處辦理防守，需用、轉運及一切雜費，款目紛繁。計自光緒十七年冬間，英兵進踞坎巨提，當派馬隊一旂，南防塔敦巴什邊卡；十八年春，俄兵窺伺帕米爾，復調馬隊三旂，開赴蘇滿及布倫庫爾等處；另派步隊一營，屯紮疏勒州西南之改孜卡，爲布倫庫爾後勁並委員經理糧運。嗣聞俄兵擬向色勒庫爾進發，加調馬隊七旂、步隊兩營，分赴色勒庫爾附近各要隘及疏勒州西南之塔什米利克、莎車州西之恰爾倫等處，擇要扼紮，預爲防範。計轉運餉裝、糧料、修築卡堡、撫恤災黎等款，用銀六萬餘兩。又，十七年，坎巨提、哪格爾兩部因英兵進逼，該酋長率衆內竄，委員辦理賑撫、資遣，並會立坎巨提新酋，用銀四千餘兩。先後設立素蓋提、八紮達拉及伯加什等卡，酌設卡卒、探巡。截止十八年底止，共支薪糧銀三千餘兩。此南疆邊防十八年以前用款也。旋因俄復添兵，欲奪色勒庫爾等處，添派隊伍，分駐各邊要，計步隊四營、馬隊七旗、開花礮隊一哨，員弁、勇丁、夫役、卡卒共四千二百餘員名，月需食糧一千八百餘石、料草四十餘萬斤。駐紮地段，距治城遠或千里，近亦數百里，月需運腳銀一萬餘兩，其糧局員役薪工月需銀一百餘兩，素蓋提等卡月需薪糧銀四百餘兩，均須另支。沿邊柴薪稀少，須從遠道購運，當飭步隊一營，每月津貼銀四百八十兩，馬隊一旂一百二十兩，礮隊一哨八十兩。至拔隊需用運費、差弁偵探邊情、安撫窮民、修整局卡，需銀若干，應俟確查彙送。此南疆邊防十九年用款也。

臣維興師動衆，財用加增，現在界務未定，防守礙難稍鬆。所有十七、八、九等年用過銀兩並二十年及二十年後應需經費，相應請旨飭部，一併立案，並懇恩准彙入各年防軍案內請銷。謹會同陝甘總督臣楊昌濬，恭摺具陳。伏乞皇上聖鑒訓示，施行。謹奏。光緒二十年四月十一日。

（硃批）：該部知道[3]。

光緒二十年五月十一日，奉硃批：該部知道[4]。

補證

【案】此摺原件①現藏於臺北"故宮博物院"，茲據校勘。

[1]【頭品頂戴甘肅新疆巡撫臣陶模跪】底本無此前銜，茲據原件補。

[2]【籌辦邊防】原件作"籌辦南疆邊防"。

[3]【該部知道】此"硃批"據原件補。

[4]【光緒二十年五月十一日，奉硃批：該部知道】此據《隨手檔》②校補。

〇二九　改發新疆人犯無裨屯政擬請停止摺
光緒二十年五月初一日（1894年6月4日）

頭品頂戴甘肅新疆巡撫臣陶模跪[1]奏，爲改發新疆人犯無裨屯政，擬請一律停止，就地另行招墾，恭摺仰祈聖鑒事。

竊維實邊莫先於興屯，興屯莫難於招戶。新疆自經兵燹，地廣人稀。部議將直隸、山東、山西、河南、四川、陝西、甘肅七省免死減等人犯，改發新疆助屯，立法不可謂不善。嗣因到配不安耕作，有室家

① 臺北"故宮博物院"藏：《軍機及宮中檔》，文獻編號：408002868。

② 中國第一歷史檔案館藏：《軍機處隨手登記檔》，檔案編號：03-0280-2-1220-127。

者方行起解，防弊不可謂不周[2]。光緒十五年，復經前護撫臣魏光燾奏准，釋罪入籍爲民，被恩不可謂不厚[3]。計必地日加闢，戶日加增，用副朝廷實邊至意。乃臣到任以來，疊據各屬稟報，逃亡仍復不少，成本概屬虛懸。在屯者憚於耕耘，迄無成效，甚至欺壓平民，窩藏奸宄，鬭毆搶刦之案，層見疊出。欲興屯田而其弊如此，良由遣犯不盡耕耘[4]，語以稼穡之艱難，或非所素習。此輩本屬敗類，欲令薰蒸爲良善，更有所不能。斯即勉就鈐束，不至潛逃，而以此無賴之徒聚居邊塞荒曠之地，當不僅虛擲帑項，貽誤屯田，爲可慮也。臣與藩、臬兩司再四籌商，以爲欲救其敝，莫如將前項人犯概行停解，就本地之民力，墾未種之田畝。上年，臣覆奏編修胡景桂條陳摺內，有招無業纏民設法安插之議，誠以纏民世居邊徼，身與地習，即心與業安，招一戶可收一戶之效。各屬老戶，生長蕃育，歷有年所，擬擇壯丁較多者，酌量加撥地段。主伯、亞旅本屬一家，地既議增，力必倍奮。是一戶更得兩戶之用。如此辦理，就地可以取材，公款無須多費，而逃亡、虧本各弊，不禁自絕，富庶亦可漸臻。此其利害較然，不得不及早變計者也。所有懇請停止改發新疆助屯人犯、就地另行招墾各緣由，謹會同陝甘總督臣楊昌濬，恭摺具陳。伏乞皇上聖鑒訓示，施行。謹奏。光緒二十年五月初一日。

（硃批）：該部議奏[5]。

光緒二十年六月初三日，奉硃批：該部議奏。欽此[6]。

補證

【案】此摺原件①與錄副②現均藏於臺北"故宮博物院"，茲據校勘。

[1]【頭品頂戴甘肅新疆巡撫臣陶模跪】底本無此前銜，茲據原件補。

[2]【案】光緒十年九月二十四日，前任新疆巡撫劉錦棠覆陳新疆遣犯酌

① 臺北"故宮博物院"藏：《軍機及宮中檔》，文獻編號：408002872。

② 臺北"故宮博物院"藏：《軍機及宮中檔》，文獻編號：132986。

量變通，曰：

幫辦新疆軍務伊犁將軍臣金順、欽差大臣督辦新疆軍務兵部右侍郎二等男臣劉錦棠、頭品頂戴陝甘總督臣譚鍾麟、烏魯木齊都統臣升泰跪奏，爲新疆遣犯宜酌量變通，謹按部臣前奏，並就地方情形悉心會議，恭摺覆陳，仰祈聖鑒事。竊臣鍾麟准刑部咨，議覆臣錦棠前奏，發遣回城爲奴人犯改歸南路各廳州縣印官安置管束一片，請旨飭下臣等通盤籌畫，會商議奏，等因。伏查部臣前奏，新疆平靖已久，正在招募屯墾，似可將改發充軍人犯仍復舊例，發往種地、當差，係爲疏通內地起見。嗣奏新疆密邇外夷，此例一開，人數擁擠，設如紛紛逃入異域，難保不滋事端，係爲慎重邊圉起見。一貴隨時補救，一貴因地制宜。要在妥籌安插，方於時局有裨。當飭南北兩路各巡道，籌議具詳，旋據各該道詳覆前來。或稱西四城緊接俄境，交涉事多，目前兵制未定，此等遣犯，誠恐羈管難周。或稱南路回民生聚日繁，荒地不及北路之多。郡縣初設，百廢具舉，於改交州縣役使爲宜。或稱北路地曠人稀，頻年招徠，戶鮮加增。若以各省罪犯改發種地，用實邊徼，誠爲目前至計。臣等覆覈，均與部議略同。但臣順查伊犁距俄僅隔霍爾果斯一河，沿途環居隨俄纏頭、哈薩克、漢回、陝回，俱非良善。各犯照舊發遣於伊犁，似不相宜。臣泰亦慮撫馭失宜，咨商嚴定管束章程，以免流弊。臣錦棠現在緘商臣鍾麟，通盤籌畫，應如部臣前奏所云，不必拘泥成法，但求於事有濟。例載：新疆遣犯，北路發烏魯木齊、伊犁等處，南路發回城爲奴。今請北路以鎮迪道轄境爲限，南路除阿克蘇道轄境應聽酌發外，其喀什噶爾道所屬，惟和闐直隸州尚有荒地，且距外夷甚遠，儘可安置。此外各屬及伊塔等處，均屬極邊衝要，毗連俄境，應請暫從緩議，俟數年後，酌量情形，再行奏復定地舊例。此因地制宜不能拘泥成法者一也。溯查道光年間，因新疆遣犯擁擠，部議酌停二十六項。咸豐八年，因新疆遣犯日積日多，部議改發極邊足四千里充軍加等擬遣者三十八條，改發駐防爲奴者三條。至同治九年，續纂暫行監禁八條。俟新疆道路疏通，再行照例發往。又改發極邊煙瘴充軍，仍以足四千里爲限，到配後，鎖帶鐵桿石墩二年者十一條。又照前改發到配鎖帶鐵桿石墩一年者十四條。是新疆人犯擁擠，承平時已屬不免。今定地較窄，勻撥愈難。設以數十年停遣，一旦起解，誠如部議，接踵而至，難以拘管。若待人數擁擠，復請停發，亦屬不成事體，應請將從前業經停遣者概行截止，或暫行監禁八條，人犯人數不多，暫將此項人犯先行起解。其餘已改歸内地發遣者，悉仍其舊。自此次奏定章程奉准部文之日起，以後各直省辦理此等案犯，照例發遣，仍將年逾五十不能耕作之人，毋庸擬發新疆。如此量爲變通，庶於内地無日益增加之患，而於新疆亦無壅滯之虞。此隨時補救不能拘泥成法者又其一也。至遣犯到配，由臣等妥籌安插，先儘兵屯，察其年力精壯者，照章發給牛仔、口糧，按屯均勻撥派種地、當差，交屯官兵目管束，即以屯官爲專管官。其不能種地者，由配所衙門於輿轎、傘扇、水火、巡更等夫，量爲役使，即給以額設夫役應得口分。其餘小貿技藝，各隨其長。後有年老力衰者，酌量應當差使，責令承充，俾資養贍。均責成巡典官，依限點驗，仍照例各設總散遣頭，取具連環保結，以資鈐束。然此等遣犯素性不馴，狡脫是其慣技。必使其心有所懾而不敢逃，情有所繫而不輕逃。查例載：民人發往伊犁、烏魯木齊等處爲奴遣犯，在配安分已逾十年，止令永遠種地，不准爲民。若發往當差遣犯，果能悔過悛改，定限五年，編入該處民戶冊内，給地耕種納糧，俱不准回籍。又例載：待罪應緣坐等項犯屬，仍照例僉發。其餘發烏魯木齊等處人犯家屬，均毋庸僉配。如有情願攜帶妻室、子女者，聽其自便，不得官爲咨送，各等語。新疆邊界甫定，諸事草刱。其撥派屯種之犯，應請破除成例。例如，原犯爲奴罪名定限五年，原犯當差罪名定限三年，果能安分出力，即編入本地民冊，給地耕種納糧。如有能將該處脫逃遣犯拏獲者，無論當差、爲奴，仍照例不拘年限，准其爲民入籍。犯屬除照例僉配不計外，其有情願攜帶妻室子女者，應請量爲資送，藉以羈縻。如此則各犯謀食有資，安身有所，又得室家相聚。更遇招徠屯墾之際，寬其期限，予以自新。復與專管官時常見面，不許遠離散處。雖在獷悍之徒，當亦奉法維謹。如再有briefly

官兵爲奴人犯，仍照例拏獲後，即行正法。餘亦按例，分別懲辦，專管官依例議處。倘有行兇爲匪及另有不法情事，各按罪名輕重，查照定例辦理，俾知儆懼而勉效尤，庶犯徒就此安置，不致別滋事端，而墾荒實邊之道，即隱寓其中矣。所有遵議安插遣犯，謹按部臣前奏並就地方情形，擬請酌量變通緣由，是否有當。謹合詞恭摺具奏。伏乞皇太后、皇上聖鑒。飭部酌議，核覆施行。再，此摺係臣錦棠主稿。合併聲明。謹奏。光緒十年九月二十四日。①

光緒十年十月十八日，軍機大臣奉旨：刑部議奏。欽此②。

【案】光緒十年十一月十八日，陝甘總督譚鍾麟爲遵議安置軍流徒犯就地方情形擬請量爲變通辦理，具摺曰：

頭品頂戴陝甘總督臣譚鍾麟跪奏，爲遵議安置軍流徒犯量爲變通，恭摺仰祈聖鑒事。竊准刑部咨：各省軍流徒犯逃脫日眾，亟宜變通整頓，應令各就地方情形妥議具奏，等因，咨行到臣。當即轉行陝甘兩省按察使，並咨關外各大臣，悉心籌議。玆據甘肅按察使譚繼洵詳稱：甘肅現在安置軍流徒犯共八百七十餘名，繁庶州縣至四十餘名。偏僻之區或十餘名、六七名不等。前年因脫逃日眾，嚴定章程，州縣於照例議處外，加以記過，主守提責革役，而逃者如故。固由主守拘束不嚴，實因配所窮苦，無以爲生。檢查犯冊，未見配所有家，而逃者若分別情罪，如尋常命案情有可原者，發配之初，概令攜帶家口到配。或充衙門夫役，或□□自食其力。其無家者，或籌給資本數錢，貿易爲生，日在署前，不令遠離。如係積猾盜賊、兇惡棍徒，本難望其遷善改過，令州縣添造軍流所帶以鎖禁，加帶腳鐐，責成主守嚴加管束。再有疏脫，將該管官加重處分，主守加等治罪。至於附近、近邊、邊遠三項應如部議刪減，酌留極邊足四千里及煙瘴充軍兩項，爲滿流加等之罪，實得情法之平，等語。詳請覆奏前來。臣覆加查核，與陝西按察使張煦所擬大同小異。除陝西已由撫臣邊寶泉會銜具奏，新疆情形臣與劉錦棠往返緘商，聯銜

---

① 中國第一歷史檔案館藏：《硃批奏摺》，檔號：04-01-28-0023-009。

② 中國第一歷史檔案館藏：《錄副奏摺》，檔號：03-7400-038。

覆陳外，所有遵議安置軍流犯緣由，謹繕摺具陳。伏乞皇太后、皇上聖鑒，飭部彙核，施行。謹奏。十一月十八日。

光緒十年十二月初八日，軍機大臣奉旨：刑部知道。欽此。[①]

[3]【案】光緒十五年十二月初九日，護理甘肅新疆巡撫魏光燾爲發新人犯本年恭逢恩詔擬請量予施恩，具摺曰：

頭品頂戴護理甘肅新疆巡撫新疆布政使臣魏光燾跪奏，爲發新助屯人犯本年恭逢恩詔，擬懇量予恩施，恭摺仰祈聖鑒事。竊維新疆遠處極邊，兵燹之後，地曠人稀，部議將直隸、山東、山西、河南、四川、陝西、甘肅七省斬絞減等人犯，發往新疆助興屯政。嗣因單身人犯沿途滋事，到配又不能咸安耕鑿，十年生聚之謀，於若輩無望。經部議凡有家室者，簽同起解；實係單身人犯，仍令按表定發內地。又准部議：此項改發新疆人犯，原與實在遣犯不同，應於錢糧全完之年，即准入籍爲民，等因。在案。茲查前項人犯，陸續解到一千六十四名。除逃亡病故外，共九百七十六名，分置迪化、昌吉、阜康、奇臺等縣屯墾，按照原奏章程，每戶借給耕牛、農具等項成本銀七十三兩有奇，初年限還一半，次年全還。錢糧自第三年起，初年徵半，次年全徵。計自光緒十二年到配安置起，迄今有已滿年限者，有未滿年限者；亦有年限雖滿，因所墾荒地工本較費，加之收成豐歉不一，還本力有未逮，尚須量展升科者。本年恭逢恩詔，此項減流人犯，內地本在應赦之列，若因遠徙邊庭、助興屯墾，不與查辦，未免向隅。若竟援赦釋回，又與實邊之初意不合。臣再四籌思，擬懇量予恩施，無論該犯是否已滿升科年限、錢糧全繳與否，凡到配在本年三月十五日以前者，即准一體免罪，入籍爲民，遇事照平民辦理；仍責成各地方官妥爲撫馭，督飭認真屯墾，照章繳本納糧，以期永實邊荒，俾臻富庶。此後如有成本未繳，私行逃脫，即屬該犯自外生成，應由各地方官隨時詳報，咨行拏辦。如此量爲變通，庶於推廣皇仁之中，仍不至有礙屯政。據署布政使饒應祺、鎮迪道兼按察使銜恩綸會詳前

① 中國第一歷史檔案館藏：《錄副奏摺》，檔號：03-7400-045。

來。臣覆查無異。謹會同陝甘總督臣楊昌濬，恭摺具陳。是否有當。伏乞皇上聖鑒，飭部核議實行。謹奏。光緒十五年十二月初九日。①

光緒十六年正月二十一日，奉硃批：刑部議奏。欽此②。

[4]【耕耘】原件作“耕氓”，確。

[5]【該部議奏】此“硃批”據原件補。

[6]【光緒二十年六月初三日，奉硃批：該部議奏。欽此】此據錄副校補。

【案】關於此摺之批復，《清實錄》曰：“諭軍機大臣等：甘肅親疆巡撫陶模奏，改發新疆人犯，無裨屯政，請一律停止，就地另行招墾。下部議。③”

〇三〇　尋常盜案擬請酌復舊例摺

光緒二十年六月二十二日（1894年7月24日）

頭品頂戴甘肅新疆巡撫臣陶模跪[1]奏，爲尋常盜案擬請酌復舊例，以廣皇仁，而弭兇暴，恭摺仰祈聖鑒事。

竊維張弛因時，立法期於禁暴，寬嚴並濟，治獄尤貴持平。溯查康熙五十四年舊例：改定強盜首犯及殺傷人者正法，餘俱減等發遣；雍正五年，將法所難宥及情有可原各犯分別辦理；乾隆二十六年，續議夥盜曾經糾黨及持火、執械入室搜贜並行劫二次者，俱擬斬立決；其在外瞭望、接贜並被人誘脅隨行及年未成丁或行劫止一次者，照情有可原，免死發遣。各等因[2]。刊布刑章，歷經遵奉在案。迨咸豐年間，髮捻蠭起，盜賊滋多，不得不從嚴懲辦，把風、接贜等犯，雖未分贜，亦係同惡相濟，均照爲首，一律問擬，辟以止辟。事所宜然。顧自大難削平，又二十餘載，臣歷官令牧，洊綰疆符，每審盜案，其入

① 臺北“故宮博物院”藏：《軍機及宮中檔》，文獻編號：408006654。

② 中國第一歷史檔案館藏：《錄副奏摺》，檔號：03-9555-001。

③《德宗景皇帝實錄》，卷三百四十二，光緒二十年六月，《清實錄》第56冊，第374頁。

室行強首犯往往飾詞狡展，堅不承認，多係把風、接贓等犯供吐眞情，從旁質證，藉以定讞。在把風、接贓之犯，自謂未經入室動手，國法必可從寬，而不知仍擬駢誅，情亦不無可憫。竊思事主被盜，或僅失財，或失財而又傷人，受害究有輕重，辦法似應區別。擬請嗣後尋常盜案，首夥十人以下得財而又傷人者，把風、接贓各犯，應與首盜及入室行強者，仍一律問擬斬決；如得財而未傷人，把風、接贓各犯，應准照情有可原舊例，免死發遣。如此量爲分別，庶尋常盜匪知不傷人，則餘犯罪止發遣，或不敢致人於死，並罹大辟。否則傷人固誅，不傷人亦誅，一經入盜，並無末減，竊恐助虐更甚，轉非所以保全事主之道。臣管見所及，是否有當？謹恭摺具陳。伏乞皇上聖鑒訓示，施行。謹奏。光緒二十二年六月二十二日[3]。

（硃批）：刑部議奏[4]。

光緒二十年七月二十三日，奉硃批：刑部議奏。欽此[5]。

補證

【案】此摺原件①與錄副②現均藏於臺北“故宮博物院”，茲據校勘。

[1]【頭品頂戴甘肅新疆巡撫臣陶模跪】底本無此前銜，茲據原件補。

[2]【案】雍正五年二月初九日，清廷以刑部議覆直省盜案務嚴行究審，批示曰：

> 丙寅，刑部遵旨議覆直省盜案，嗣後州縣以至巡撫務嚴行究審，將法所難宥及情有可原者一一分晰，於疏內聲明，照律不分首從，擬斬立決具題，大學士會同三法司，仍照從前將應正法、應減等發遣者，分別詳議請旨。其應發遣者，改發內地三千里，撥入驛站及營兵差使，仍交與該管官員，不時查點管轄，毋致脫逃。得旨：緝盜乃安民之要務，兇暴不翦，則善良不獲甯居，故立法不容寬貸，祇因同夥多人，其中原有

---

① 臺北“故宮博物院”藏：《軍機及宮中檔》，文獻編號：408002881。

② 臺北“故宮博物院”藏：《軍機及宮中檔》，文獻編號：134028。

被人誘脅，而非秉性姦回、屢行劫奪者。朕仰體聖祖仁皇帝好生之仁，施恩法外，必須各省督撫大吏實心奉行，分晰至當，使積賊大盜不至漏網，方爲用法之平。儻姑息養姦，意謂多寬一人即可造福，是乃縱盜殃民。其造作罪孽，更甚於嚴厲苛刻者。嗣後督撫所議減等之盜犯，儻至發遣之處怙惡不悛，一經發覺，定將原議之督撫從重議處。[①]

【案】乾隆二十六年正月二十二日，山東按察使沈廷芳爲夥盜自首量刑等事具陳曰：

山東按察使臣沈廷芳謹奏，爲敬臣末議，仰祈聖鑒事。竊臣仰沐聖恩，畀以刑名重任，雖知識短淺，於弭盜事宜不敢稍有率忽。今查律例所載懲勸之法，就臣管見所及，似尚有應行斟酌損益者二條，敬爲我皇上陳之。一、未傷人之夥盜自首，請酌定罪名也。查例載：強盜雖曾傷人，隨即平復，亦姑准自首，照兇徒執持兇器傷人例，問遣衛充軍。又例載：強盜爲首並窩線於未經到官之先自行陳首，請旨酌其情罪，量從寬減。若跟隨爲盜、並未傷人之犯，自行出首，將伊應得之罪悉行寬免，等語。推原定例之意，於懲創之中予自新之路；酌情立法，非不寬嚴並濟，惟是夥盜明火持械，助勢肆劫，其兇横情形，迥非穴壁穿窬者比。如因其事後悔過、未曾傷人，即准全免其罪，竟得逍遙事外，殊不足以儆兇頑而昭炯戒。查竊盜臨時拒捕，例應擬軍之犯自首者，杖一百、徒三年。夥盜之情罪，浮於擬軍之竊盜，乃竊盜自首尚擬滿徒，而夥盜自首反得全免！權衡輕重之間似覺未盡平允。請嗣後行劫一二次未傷人之夥盜，果於事未發之先投首者，除首出盜首即行拏獲仍照例全免其罪外，如止係自行投首，照竊盜拘捕自首之例，杖一百、徒三年，似亦弭盜懲奸之一法。一、拏獲鄰境夥盜，請按名議敘也。查地方文武員弁緝獲逃犯，定有議敘之條，所以鼓勵勤勞，俾知奮勉。處分則例內開：鄰境他省之地方官拏獲別案內首盜者，加一級；夥盜每按二名，紀錄一次。又，一月內拏獲鄰境首盜者，加一級，再

① 《世宗憲皇帝實錄》卷五十三，雍正五年二月，《清實錄》第7冊，第803—804頁。

紀錄一次；夥盜每一名，紀錄一次。至一月後拏獲者，仍照前例議敘。拏獲單身脱逃軍流罪犯，每一名紀錄一次；拏獲脱逃徒犯，每二名紀錄一次。誠以逃犯之情罪輕重不同，拏獲之月日遲速各別，是以議敘亦有差等。伏思盜案夥犯，較之在配軍流，其情實重。軍流脱逃，經鄰境地方拏獲，不計限期，按名記錄。至拏獲鄰境夥盜，惟一月內者一名紀錄一次；其在一月以後拏獲之案，必須二名方准紀錄。雖緝捕係地方官專責，不容稍存邀功之心，第細譯前後例文，似當再爲區別，庶幾輕重適均。請嗣後鄰境地方員弁拏獲別案盜犯，除一月之內拏獲者，查明首盜、夥盜、照例分別紀錄外，如一月後拏獲夥盜，照拏獲脱逃軍流人犯之例，每一名紀錄一次，則文武各官自必益知奮勉，盡心緝拿，賊匪不致漏網，於地方頗有裨益。以上二條，是否有當。伏祈皇上訓示。謹奏。乾隆二十六年正月二十二日。[①]

乾隆二十六年正月二十七日，奉硃批：該部議奏。欽此[②]。

【案】是年四月初五日，兩江總督尹繼善奏請嚴強盜免死減等之例以儆兇頑，曰：

臣尹繼善謹奏，爲請嚴強盜免死減等之例，以儆兇頑事。竊查強盜一項，最爲地方之害，是以律載但得財者，不分首從，皆擬斬決。康熙五十四年，聖祖仁皇帝法外施仁，特頒諭旨：凡強盜重案，著大學士會同三法司，將此内造意爲首及殺傷人者，於各本案内一二人正法，餘俱照例減等發遣。欽此。雍正五年，經九卿遵旨定議，分別法無可貸、情有可原，將應正法者正法，應發遣者發遣。纂入成例，遵行在案。是強盜一項，本係原應斬決而免死減等，擬以發遣，乃係國家矜宥之恩，苟非實在情可矜原者，即不得濫邀曠典。惟是定例所載，除首盜殺人及傷人夥盜並行劫三次者，例應正法。又例載：行劫二次之夥盜，又於每案内轉糾三人以上及幫助捆毆、按捺事主、逼索財物者，無論傷人不傷人，並不得以情有可原奏請，等語。是以各省辦理之法每一案内，惟爲首之盜及傷人、捆

① 中國第一歷史檔案館藏:《硃批奏摺》, 檔號: 04-01-01-0250-006。
② 中國第一歷史檔案館藏:《錄副奏摺》, 檔號: 03-1251-002。

縛事主並行劫三次之夥盜，始問法無可貸，其餘俱擬情有可原，概予減等發遣。非特情罪未平，且恐法輕易犯，似於辟以止辟之義，殊有未符。臣再四斟酌，必須於定例之中略爲變通，請嗣後審理盜案，凡跟隨上盜之人，詳細確審，如實係誘脅入夥及年未成丁，或止於在外瞭望，無別項兇惡情節者，方准依例減等。若曾經轉糾黨羽及持火執械、入室搜贓、情形兇惡者，無論犯案幾次，既經得財，雖未傷人、捆縛事主，概不得以情有可原定擬。其雖審係誘脅及在外瞭望，如犯至二次以上者，亦不准減等。倘州縣過於姑息，將法無可貸之人避重就輕、曲爲遷就，一經院司審出，即行嚴參。如此庶寬典不致濫邀，而兇徒各知儆懼，於地方民生似有裨益。是否有當。伏乞皇上訓示，勅部施行。謹奏。[①]

乾隆二十六年四月初五日，奉硃批：大學士會同該部議奏。欽此[②]。

【案】乾隆二十六年四月二十六日，尹繼善等摺得允行，《清實錄》：

乙未，刑部議准兩江總督尹繼善奏請嗣後審理盜案，除大盜情法俱無可寬，仍照定例，不分首從悉擬斬決外，其尋常盜劫。未經傷人之夥犯，或轉糾黨羽，持火執械，塗臉入室，搜索財物，到案誣扳良民，及上盜已至二次者，與首犯一例擬斬立決。其止在外瞭望接應，并被脅入夥及年未成丁，或止行劫一次，照情有可原例發遣。再，強盜內有爲首傷人，傷輕平復，自行投首，改擬斬監候。至江洋大盜，較陸地劫奪更重，請無分首從，均擬斬立決。從之。[③]

【案】又，乾隆二十六年五月二十四日，甘肅按察使文綬奏請竊盜自首應分別定罪，曰：

甘肅按察使奴才文綬謹奏，爲請竊盜自首應分別完贓之多寡定以治罪之條，以示懲儆、以安民生事。查律載：犯罪未發而自首者，免其罪，猶徵正贓，等語。是竊盜自首，無論竊贓之多寡及原贓之有無，俱

---

① 中國第一歷史檔案館藏：《硃批奏摺》，檔號：04-01-01-0251-029。

② 中國第一歷史檔案館藏：《錄副奏摺》，檔號：03-1251-003。

③《高宗純皇帝實錄》，卷六百三十五，乾隆二十六年四月下，《清實錄》第17冊，第95—96頁。

應免罪。夫竊盜計贓定罪，自笞杖以至徒流、絞候，層層加增，原係懲奸貪而安良善。若原贓全無，或完不足數，惟因其畏罪自首，即全行免罪，則凡盜竊重贓之犯，或任意花消，或隱匿寄頓，監追一年之後，即得題請豁免，逍遙事外。雖非損傷於人於物不可賠償不准自首者可比，但被竊之人或係居民，或係行旅，非力耕積蓄，即經營資本，父母、妻子賴以養贍。一遇罄囊竊去，均有性命相連之憂。如竊盜自首無論完贓之多寡，即全行免罪，似非懲奸安良之意。奴才請嗣後凡盜竊得贓，於事未發覺之先畏法懼罪，抱攜全贓出首者，准其照律免罪外，如無原贓、或贓數不全者，仍照例監追；能於一年限內全完給主者，亦一體免罪。倘監追一年之上仍不能完，應請豁免者比依自首不盡科罪之條，計未完贓數，照竊盜贓減一等，按律治罪。至死者廳減二等，俱免刺字。如此分別完贓之多寡定以治罪之條，庶奸徒知儆而良善獲安矣。奴才管窺之見，是否可採。伏乞皇上睿鑒。謹奏。乾隆二十六年五月二十四日。①

乾隆二十六年六月二十七日，奉硃批：該部議奏。欽此②。

[3]【光緒二十二年六月二十二日】原件、錄副及《隨手檔》③均作“光緒二十年六月二十二日”。底本誤。

[4]【刑部議奏】此“硃批”據原件補。

[5]【光緒二十年七月二十三日，奉硃批：刑部議奏。欽此】此據錄副校補。

〇三一　籌撥的餉以濟要需摺

光緒二十年九月初二（1894 年 9 月 30 日）

頭品頂戴甘肅新疆巡撫臣陶模跪[1]奏，爲遵旨籌撥的餉，以濟要

---

① 中國第一歷史檔案館藏：《硃批奏摺》，檔號：04-01-01-0250-009。

② 中國第一歷史檔案館藏：《錄副奏摺》，檔號：03-1251-007。

③ 中國第一歷史檔案館藏：《軍機處隨手登記檔》，檔案編號：03-0281-1-1220-197。

需，恭摺仰祈聖鑒事。

竊臣准兵部火票遞到軍機大臣字寄：奉上諭，戶部奏，餉需緊要，請飭各省就地籌款等語。現在倭氛不靖，沿海籌防，募勇練兵，以籌餉爲最要。各該督撫均有理財之責，即著各就地方近日情形，通盤籌畫，何費可減、何利可興、何項可先行提存、何款可暫時挪借，務須分籌的餉，湊支海上用兵之需。一面先行奏咨立案，毋得以空言搪塞。如其軍事速平，仍准該省留用，總期寬籌的款，有濟時艱，是爲至要。將此各諭令知之。欽此。當即欽遵，飭據布政使饒應祺詳覆：遵於部議，提存新疆藩庫銀兩內，籌撥二十萬兩，等情。臣查倭氛不靖，需餉甚急，自應籌撥的款，以資協濟。惟新疆遠處邊陲，運解有稽時日，前項銀二十萬兩，應由戶部於應解新疆協餉省分，就近指提，以期迅速。所有遵旨籌餉緣由，謹恭摺具奏。伏乞皇上聖鑒，飭部立案施行。謹奏。光緒二十年九月初二日。

（硃批）：戶部知道[2]。

光緒二十年十月初三日，奉硃批：戶部知道。欽此[3]。

補證

【案】此摺原件①與錄副②現均藏於臺北“故宮博物院”，茲據校勘。

[1]【頭品頂戴甘肅新疆巡撫臣陶模跪】底本無此前銜，茲據原件補。

[2]【戶部知道】此“硃批”據原件補。

[3]【光緒二十年十月初三日，奉硃批：戶部知道。欽此】此據錄副校補。

① 臺北“故宮博物院”藏：《軍機及宮中檔》，文獻編號：408002892。

② 臺北“故宮博物院”藏：《軍機及宮中檔》，文獻編號：136017。

○三二 派馬隊解槍械進京交董福祥應用摺

光緒二十年十月二十四日（1894 年 11 月 21 日）

頭品頂戴甘肅新疆巡撫臣陶模跪[1]奏，爲派撥馬隊護解槍械進京，交喀什噶爾提督董福祥行營，以資應用而備調遣，恭摺仰祈聖鑒事。

竊臣准喀什噶爾提臣董福祥由京來電：現值倭氛不靖，欽奉諭旨，統帶西勇，惟槍械缺乏，無從購買，請由新疆撥發，等因[2]。臣查海疆軍務正在喫緊，自應通融辦理，以顧急需，當於購存項下騰撥毛瑟槍二千桿，每桿配藥彈子三百顆，共六十萬顆，派委撫標中軍左旂馬隊旂官總兵銜補用參將謝典禮①、幫帶官補用參將儘先補用遊擊馬明其，僱駝裝運，率帶該旂馬隊，由古城取道近邊草地，徑解進京，呈交董福祥備用；並派補用總兵湯殿恒、推補副將趙達元、候選縣丞蘇潮，酌給薪糧，幫同護送，分作兩起行走，頭起業於十月二十四日起程，二起卽於二十七日繼進。查新疆撫標中軍左旂馬隊，勇丁精壯，操練有素，抵京後應仍歸謝典禮管帶，作爲董福祥親兵馬隊。所派各員均歸董福祥調遣，以資得力。藥彈子一項，新疆距京甚遠，礙難多帶，應請旨飭下督辦軍務大臣，隨時接濟，俾免缺乏。一俟軍務平靖，前項毛瑟槍桿仍令謝典禮等率隊解回新疆，存儲備撥。至各勇丁遠道於役，冒雪衝風，飭司援照上年駐防喀什噶爾沿邊馬步營旂成案，酌給行糧，並撥發六個月現餉，此後由臣匯解董福祥經手支放，容俟彙

---

① 謝典禮，生卒年不詳。光緒二十九年，湖南巡撫趙爾巽附片奏請將其改留湖南差委曰："再，湘省邊防緊要，奴才到任後，復將營務實力整頓，亟須有樸實強幹、堪耐勞苦之員，藉資任使。玆查有保留新疆儘先補用總兵綏勇巴圖魯謝典禮，湖南湘潭縣人，於同治年間投效新疆軍營，轉戰烏魯木齊、瑪納斯並甘肅之河州等處，迭破賊巢，擒獲首逆，遞保今職。前以丁本生母艱請假，回籍守制，正擬起復，仍回原省。奴才前在新疆，稔知其樸誠勇敢，歷著戰功。湘省正值營務需才，合無仰懇天恩俯准，將該總兵改留湖南差遣委用，出自鴻慈。謹附片具陳。伏乞聖鑒訓示。謹奏。硃批：著照所請，兵部知道（中國第一歷史檔案館藏：《硃批奏片》，檔號：04-01-16-0277-083）"。

入新疆防軍銷案內，按年造報，謹繕清單，恭摺具陳。伏乞皇上聖鑒。謹奏。光緒二十年十月二十四日。

（硃批）：該衙門知道，單併發。欽此[2]。

光緒二十年十一月二十六日，奉硃批：該衙門知道，單併發[3]。欽此[4]。

補證

【案】此摺原件①藏於臺北"故宫博物院"，録副②藏於中國第一歷史檔案館，茲據校勘。

[1]【頭品頂戴甘肅新疆巡撫臣陶模跪】底本無此前銜，茲據原件補。

【案】光緒二十年正月十八日，清廷以慈禧太后六旬慶典，頒布諭旨曰：

> 光緒二十年正月十八日，内閣奉上諭：朕欽奉慈禧端佑康頤昭豫莊誠壽恭欽獻皇太后懿旨：本年予六旬慶辰，各省文武大員情殷祝嘏，業經降旨於各省將軍、督撫、副都統、提鎮、藩臬内，每省各酌派二三員，來京慶祝。茲派盛京禮部侍郎文興、副都統濟禄、吉林副都統沙克都林札布、黑龍江副都統文全、直隸總督李鴻章、察哈爾副都統吉陞阿、密雲副都統國俊、直隸提督葉志超、江甯將軍豐紳、漕運總督松椿、江甯布政使瑞璋、江蘇按察使陳湜、安徽壽春鎮總兵任祖文、布政使德壽、青州副都統訥欽、山東布政使湯聘珍、綏遠城將軍克蒙額、山西按察使張汝梅、河南巡撫裕寬、河北鎮總兵劉盛休、西安將軍榮禄、陝西布政使張岳年、甯夏副都統蘇嚕岱、甘肅按察使裕祥、喀什噶爾提督董福祥、杭州將軍吉和、浙江提督馮南斌、布政使趙舒翹、福州將軍希元、福建按察使張國正、江西布政使方汝翼、荊州將軍祥亨、湖北提督吳鳳柱、布政使王之春、湖南布政使何樞、廣州將軍繼格、廣東巡撫剛毅、廣西

---

① 臺北"故宫博物院"藏：《軍機及宫中檔》，文獻編號：408002897。

② 中國第一歷史檔案館藏：《録副奏摺》，檔號：03-6635-040。

按察使胡燏棻、成都將軍恭壽、四川松潘鎮總兵陳金鼇、雲南布政使史念祖、貴州按察使唐樹森，均著於十月派出各員，毋庸再行籲請。[①]

【案】光緒二十年正月，新疆喀什噶爾提督董福祥爲恭逢慶典懇奏請進京祝嘏，曰：

頭品頂戴甘肅新疆喀什噶爾提督奴才董福祥跪奏，爲恭逢慶典，籲請進京祝嘏，虔展微忱，恭摺仰祈聖鑒事。伏以萱闈篤慶，初逢周甲之年；楓陛祝釐，丕獻昌辰之瑞。休風遐鬯，向日臚歡。欽維慈禧端佑康頤昭豫壯誠壽恭欽獻皇太后，懋啟洪基，誕膺純嘏，坤元育物，躋斯民於仁壽之滅；泰運凝祥，衍福祚於光華之宇。皇上稱觴介祉，舞綵娛親。玉承顔極，一人之尊養；璇宮備禮，合萬國之歡心。慶洽垓埏，忱傾邊圉。奴才欣逢盛典，願覩隆儀，伏冀綸音，允趨金闕，庶幾瞻懿範扈從，近鳳輿鸞輅之光；拜頌慈齡，舞蹈隨鷺，序鵷班之後。所有奴才籲懇進京伸祝緣由，理合恭摺具陳。伏乞皇上聖鑒訓示。謹奏。

光緒二十年二月初四日，奉硃批：已有旨。欽此。[②]

【案】董福祥進京祝嘏，途次聞賞加尚書銜，遂於光緒二十年四月二十日具摺謝恩，曰：

尚書銜頭品頂戴甘肅新疆喀什噶爾提督奴才董福祥跪奏，爲恭謝天恩，仰祈聖鑒事。竊奴才於三月初一日交卸喀什噶爾提督印務，起程進京，途次准甘肅新疆巡撫臣陶模咨稱：轉准禮部咨開：光緒二十年正月初一日，内閣奉上諭：朕欽奉慈禧端佑康頤昭豫莊誠壽恭欽獻皇太后懿旨：本年予六旬慶辰，在廷臣工業經降旨加恩。因念各省文武大臣，有久膺重寄、卓著勳勞者，允宜同膺懋賞，喀什噶爾提督董福祥，著賞加尚書銜，等因。欽此。跪誦之餘，莫名欽感，當即恭設香案，望闕叩頭謝恩。欽惟皇上慶周寰宇，壽介璇宮。奉聖母之徽音，仁享八表；宣慈闈之懋賞，恩被三邊。奴才幸際昌辰，渥邀曠典，顧以涓埃未報，晉頭

① 中國第一歷史檔案館編:《光緒朝上諭檔》第 20 冊，第 38 頁。又,《德宗景皇帝實錄》，卷三百三十三，光緒二十年正月,《清實錄》第 56 冊，第 279 頁。

② 臺北“故宮博物院”藏:《軍機及宮中檔》，文獻編號：130415。

銜而忝附六卿；惟有殿陛親趨，賡眉壽而虔伸九拜。所有奴才感激歡忭下忱，理合恭摺具陳，叩謝天恩。伏乞皇上聖鑒。再，奴才現抵新疆省城，此摺借用新疆巡撫關防拜發。合併聲明。謹奏。四月二十日。光緒二十年六月初十日，奉硃批：知道了。欽此。①

【案】光緒二十年八月二十二日，御史易俊以董福祥等帶兵得力，屢著戰功，奏請授以兵柄，俾收克敵致果之功，曰：

再，倭人異常猖獗，非有大支勁旅不足以遏兇鋒，俟各路兵到齊，大約有五萬人上下之譜。惟是千軍易得，一將難求。緣兵隨將轉，若將能得人，無論兵之多寡、強弱，皆緩急可恃，否則雖帶甲十萬，一臂先事而敗矣。哈什噶爾提督董福祥，卓著殊勳，久爲外夷所憚；候補總兵余虎恩謀勇兼優，前在甘肅克復金積堡等處，厥功甚偉。如令該提督等分統大軍，各當一面，必能得力。余虎恩業已來京，董福祥亦不日可到，可否授以兵柄，俾成克敵致果之功，伏候聖裁。謹奏。②

【案】光緒二十年九月十三日，清廷以董福祥帶兵得力，電諭曰：

丙戌，又諭：電寄楊昌濬，據電奏改調馬步八營，並擬再募數營，請自行統帶赴京，等語。楊昌濬職任兼圻，地方緊要，著毋庸來京。董福祥現已到京，該提督籍隸甘肅，統帶四勇，定能得力。此項馬步八營到時，即令該提督管帶，毋庸再行添募。③

[2]【該衙門知道，單併發。欽此】此“硃批”據原件補。

[3]【案】巡撫陶模隨摺呈報新疆派撥馬隊護解軍械進京，酌給行糧餉數清單，曰：

謹將新疆派撥馬隊，護解軍械進京，酌給行糧餉數，繕具清單，恭呈御覽。計開：

一、馬隊一旗，旗官一員，月支薪水銀四十兩，不扣建；私夫六名，馬夫二名，每名月支銀三兩，均扣建。幫帶官一員，月支薪水銀三十二兩，不

---

① 臺北“故宮博物院”藏：《軍機及宮中檔》，文獻編號：133139。

② 臺北“故宮博物院”藏：《軍機及宮中檔》，文獻編號：134781。

③ 《德宗景皇帝實錄》，卷三百四十九，光緒二十年九月，《清實錄》第56冊，第487頁。

扣建；私夫四名，馬夫一名，每名月支銀三兩，均扣建。合旗辦公費銀五十兩，不扣建。營書二名，每名月支銀七兩二錢；馬夫各半名，月支銀一兩五錢，均扣建；月支雜費銀六錢，不扣建。哨長二員，每名月支銀九兩六錢；私夫二名，馬夫一名，每名月支銀三兩，均扣建；雜費銀一兩二錢，不扣建。巡查一員，月支銀五兩一錢；私夫二名，每名月支銀三兩；馬夫半名，月支銀一兩五錢，均扣建；月支雜費銀六錢，不扣建。親兵領旗三名，每名月支銀五兩一錢。各哨領旗八名，每名月支銀四兩八錢；馬夫各半名，月支銀一兩五錢，均扣建。月支雜費銀六錢，不扣建。親兵二十七名，哨書護兵十名，每名月支銀四兩五錢；馬夫各半名，月支銀一兩五錢，均扣建；月支雜費銀六錢，不扣建。馬勇七十二名，每名月支銀四兩二錢；馬夫各半名，月支銀一兩五錢，均扣建；月支雜費銀六錢，不扣建。額外火夫十四名，每名月支銀三兩三錢，均扣建。又，旗官需用騎操馬二匹，幫帶官騎操馬二匹，其餘營書弁勇各用馬一匹，共馬一百二十九匹，每匹月支馬乾銀二兩四錢，扣建。計大建月支銀一千三百六十二兩八錢，小建月共支銀一千三百二十三兩九錢八分。（硃批）：覽。①

[4]【光緒二十年十一月二十六日，奉硃批：該衙門知道，單併發。欽此】此據錄副補。

【案】此摺之得允行，《清實錄》亦載曰："甘肅新疆巡撫陶模奏，派馬隊護解槍械進京，交喀什噶爾提督董福祥行營，以資應用。下所司知之②"。

○三三　請將已故降調總兵何琯開復處分從優議卹摺

光緒二十年十一月二十六日（1894 年 12 月 22 日）

頭品頂戴甘肅新疆巡撫臣陶模跪[1]奏，爲已故降調總兵勳勞卓

① 中國第一歷史檔案館藏：《單》，檔號：03-6635-041。

② 《德宗景皇帝實錄》，卷三百五十四，光緒二十年十一月，《清實錄》第 56 冊，第 609 頁。

著，遺愛在民，籲懇天恩開復處分，並從優賜卹，以彰忠藎，恭摺仰祈聖鑒事。

竊據鎮西廳紳士候選府經歷縣丞李長年、候選訓導劉熹等聯名稟稱：已故記名提督降三級調用前巴里坤鎮總兵何琯[①]，甘肅張掖縣人，於咸豐年間起自行伍，隨徵江南，轉戰安徽、江蘇、山東等省，屢著戰功，補授巴里坤鎮標左營遊擊。咸豐十一年，代辦巴里坤鎮總兵印務。同治四年，升補巴里坤鎮總兵，賞給果勇巴圖魯名號，賞換花翎，以提督記名簡放。何故鎮初蒞巴里坤，整頓營伍，紀律嚴明，因邊地風氣強悍，商同地方官增設義學，令兵民子弟讀書。其中威惠並行，軍民悅服。同治三年，回匪煽亂，新疆全境淪陷。巴里坤漢回雜處，警報時聞，何故鎮分兵四營，扼紮城外，又就地籌餉，練成民團，與官兵相維擊。是年九月，外賊與城內回民勾結，倉猝變起。何故鎮督兵巷戰，立時撲滅。四年五月，賊陷哈密。六月，馬步賊二萬直趨巴里坤城。時兵團僅二千有奇，滿漢兩城不敷分布。何故鎮激勵將士，登陴固守，旋率兵團出城決戰，殺賊甚眾，奪獲槍礮、駝馬無算，重圍遂解。各處難民數萬，麕集城外，何故鎮悉納入城，不令失所。八月，正當收割秋麥，哈密賊萬餘復來攻城。何故鎮躬冒矢石，三戰三捷，斃賊甚多，餘黨遁去。五年五月，賊復率大股來犯。何故鎮督兵奮擊，陣斬執旗賊目數名，窮追二十餘里，斃賊數百。餘黨仍回哈密。適哈密回王伯錫爾派人乞援，維時糧道梗塞，兵民採野菜、雜糠秕爲食，聞欲赴援，皆有難色。何故鎮以攻克哈密，則糧道可通，與其餓死，何如戰死？涕泣開導，士皆感奮；遂派參將芮林、凌祥，率馬步二千六百人，向商戶借數日糧，兼程而進。六月初九，夜度天山，遇大股賊，

① 何琯，甘肅張掖人，咸豐初，以軍功委甘肅提標把總。六年（1856），升調陝西撫標左營守備，旋遷保安營都司。十年（1860），升補巴里坤鎮左營遊擊。十一年（1861），護理巴里坤鎮總兵篆務。同治四年（1865），實授巴里坤鎮總兵，加果勇巴圖魯名號，賞換花翎，以提督記名簡放。光緒元年（1875），經前陝甘總督左宗棠奏參看，勒令休致。十二年（1886），舊傷復發，在籍病故。

戰於南山口，破之；乘勝追逐，天明抵哈密。賊由南湖竄去。立將哈密克復，盡殲城內餘賊。是年十一月，西路回逆再陷哈密。十二月，賊馬隊數千由沙棗泉、越草、達坂攻撲巴里坤城。何故鎮擊之，連獲大勝。六年正月，復派芮林攻哈密。賊潰敗。二月，又將哈密克復，奏上，欽奉諭旨獎勵。九年，烏里雅蘇臺告急，何故鎮派都司郭永慶率馬隊往援，將賊擊退，分軍駐要隘。賊遂不敢東竄，關內外及蒙古站道始通。旋因巴里坤鎮兵丁稟控巡捕劉光珍短交餉銀，經前烏魯木齊都統景廉①查明，將何故鎮奏請議處，部議降三級調用[2]。光緒元年，經前陝甘總督左宗棠察看，何故鎮倔強糊塗，年力衰邁，奏奉諭旨，勒令休致[3]。十二年十二月，舊傷舉發，在籍病故。竊念何故鎮督兵籌餉，捍衛地方，在任十二年，保全甚大。追維往事，羣相感泣，擬捐資建立祠宇，以申酬報私情；稟經鎮西廳同知甘承謨，會同署巴里坤鎮總兵蕭元亨，造具事蹟履歷清册，由布政

① 景廉（1823—1885），字儉卿、季泉，秋坪、樸孫、隅齋，顏札氏，滿洲正黃旗人。咸豐元年（1851），鄉試中舉。二年（1852），中式進士，改庶吉士。三年（1853），授翰林院編修、侍講，兼國史館協修、文淵閣校理。四年（1854），任日講起居注官，授翰林院侍講學士，兼文淵閣直閣事。五年（855），升咸安宮總裁、管道大臣、內閣學士兼禮部侍郎銜。同年，任福建鄉試正考官。六年（1856），授會試覆試閱卷大臣、散館閱卷大臣、武會試磨勘試卷大臣、殿試讀卷大臣、朝考閱卷大臣、玉牒館副總裁。同年，補鑲白旗蒙古副都統。七年（1857），擢工部右侍郎，兼管錢法堂事務，又兼考試漢御史閱卷大臣、考試漢教習閱卷大臣，管火藥局、鑲白旗蒙古新舊營房事務。次年，授考試試差閱卷大臣、查齋大臣，改鑲紅旗滿洲副都統，署正藍旗滿洲副都；旋兼順天鄉試監臨，署正紅旗滿洲副都統。次年，補刑部右侍郎，兼吏部右侍郎。旋調伊犁參贊大臣。同治元年（1862），改葉爾羌參贊大臣。五年（1866），補哈密幫辦大臣，加頭等侍衛。同治十年（1871），擢烏魯木齊都統。光緒元年（1875），調補正白旗漢軍都統，賞在紫禁城內騎馬，兼覆勘各省鄉試閱卷、繙譯覆試閱卷大臣、武鄉試監射大臣、小考宗室翎緞大臣、武鄉試專司稽查大臣、點驗軍器大臣、驗放大臣，署步軍統領、正白旗蒙古都統。二年（1876），任會試覆試閱卷大臣、補行大考閱卷大臣、文會試監射大臣，兼軍機大臣上學習行走、考驗幼官學大臣、教習庶吉士、崇文門副監督。同年，署工部尚書，補正紅旗滿洲都統授，總理各國事務大臣。三年（1877），遷工部尚書，擢軍機大臣，兼管內繙書房、火藥局事務，署正藍旗蒙古都統，兼署鑲紅旗漢軍都統。四年（1878），調戶部尚書，署工部尚書，兼管新舊營房、戶部三庫事務，授國史館正總裁。五年（1879），署吏部尚書，考試大臣，會試正考官。六年（1880），管理左翼幼官學事務，補經筵講官。次年，任前引大臣。九年（1883），授內閣學士，吏部左侍郎兼禮部侍郎，兼考試大臣，調兵部尚書。十一年（1885），卒於任。有《奏疏》四卷、《冰嶺紀程》一卷、《古近體詩》二卷等行世。

使饒應祺、迪道兼按察使銜丁振鐸[①]轉詳請奏前來。

臣查何琯當逆回猖獗之時，餉缺援絕，獨能激勵將士，奮身血戰，保守危城，全活滿漢民人至六七萬之多，尚有餘力，一解烏里雅蘇臺之圍，兩次攻克哈密，勳績爛然。厥後左宗棠奉命督辦新疆軍務，實賴巴里坤一隅完固，以爲屯糧進兵之地。迨全疆底定，各統兵大員生前悉沐殊恩，沒後復邀曠典；何琯祇緣賦性粗直，不能俯仰隨人，卒以一眚去官，迄今年久，在昔勳勞幾於泯滅。臣每見僚屬、紳耆，詢及何琯戰功，皆能言之鑿鑿。伏查前浙江處州鎮總兵陳國瑞[②]以革職遣戍之員，及其卽沒，渥蒙恩卹，開復原官，建祠立傳[4]，仰見朝廷眷念前勞至意。茲何琯雖經被議，功績實有難忘。合無籲懇天恩俯准，開復已故記名提督前巴里坤鎮總兵何琯降三級調用處分，照軍營立功後積勞病故例，從優賜卹，並將戰功事蹟宣付國史館立傳。至應否由各紳民捐建祠宇以順輿情之處，出自鴻施。除將事蹟履歷清册咨部查照外，謹會同陝甘總督臣楊昌濬，恭摺具陳。伏乞皇上聖鑒訓示。謹

---

① 丁振鐸（1846—1914），字聲伯、循卿，號巡卿，筆名振鐸，河南省汝甯府羅山縣人。咸豐九年（1859），中舉。同治十年（1871），中式進士，改庶吉士。十三年（1874），散館，授翰林院編修。光緒三年（1877），任會試同考官。次年，任國史館纂修官、武英殿功臣館纂修官。七年（1881），升國史館總纂官。九年（1883），調浙江道監察御史，旋掌雲南道監察御史。十年（1884），改巡視東城事務御史。次年，兼署協理京畿道御史。十一年（1885），授廣西副考官。十三年（1887），補陝西道監察御史。十四年（1888），調甘肅鞏昌府知府。十九年（1893），升調甘肅新疆鎮迪道，兼按察使銜。二十二年（1896），遷甘肅新疆布政使。二十四年（1898），升授雲南巡撫。次年，兼署雲貴總督。二十七年（1901），調補廣西巡撫。次年，調任山西巡撫。旋署雲貴總督。三十年（1904），升補雲貴總督。三十二年（1906），調補閩浙總督，協辦資政院事宜。三十四年（1908），授禁煙大臣。宣統三年（1911），任弼德院顧問大臣。民國三年（1914），任參政院參政、審計院院長，兼大總統高級顧問。是年，卒於任。

② 陳國瑞（1837—1882），字慶雲，湖北應城人。咸豐年間，參加太平軍，後投黃開榜，）收爲義子，易姓黃。咸豐九年（1859），以軍功加都司銜。十年（1860），隨袁甲三於懷遠、壽州一帶剿辦髮、捻，以驍勇善戰補遊擊，賜技勇巴圖魯名號。十一年（1861），兩破捻軍，加副將銜。同治元年（1862），實授副將，加總兵銜，賞黃馬褂，封頭品頂戴。三年（1864），擢浙江處州鎮總兵，因性桀驁不馴，引兵濟甯，尋釁與劉銘傳火拼，旋率兵漕運總督衙門，經漕運總督吳棠以病顛奏參，奪職，押送回籍。六年（1867），調北京，封御前正黃旗頭等侍衛。次年，受神機營管隊侍衛，封雲騎尉。旋因屢在軍中滋事、縱部掠奪、殺傷民團，發往軍臺效力，改戍黑龍江。光緒八年（1882），病卒於戍所。

奏。光緒二十年十一月二十六日。

(硃批):另有旨[5]。

光緒二十年十二月二十七日,奉硃批:另有旨。欽此[6]。

補證

【案】此摺原件①藏於臺北"故宫博物院",録副②藏於中國第一歷史檔案館,兹據校勘。

[1]【頭品頂戴甘肅新疆巡撫臣陶模跪】底本無此前銜,兹據原件補。

[2]【案】同治九年十二月初二日,巴里坤領隊大臣伊勒屯以巴里坤總兵何琯迴護屬員,違例擅奏,具摺密陳曰:

奴才伊勒屯跪奏,爲總兵何琯迴護屬員,違例擅奏,仰懇嚴旨懲戒,以肅紀綱,恭折奏祈聖鑒事。竊奴才於本年二月十一日接奉上諭:何琯前因奏事殊爲失實,嗣後巴、哈兩城軍務,伊勒屯務當飭令何琯,隨時與文麟等悉心酌辦,不得稍有參差,致彼此各存意見。其應行具奏事宜,著會同伊勒屯列銜入告。何琯不得率行單銜具奏。欽此。等因。奴才當即行知該總兵業經欽遵在案。兹於十月十三日准烏里雅蘇臺將軍福濟咨稱:同治九年九月十八日,恭閲邸鈔,奉上諭:前據伊勒屯查明巴里坤鎮總兵何琯被參各節,及署遊擊孫淵椿被控等情。當經降旨將何琯交部議處,並將孫淵椿革職,交部議處。兹據何琯奏稱,文麟把持糧道,不顧大局,確有實據。該大臣挾嫌奏參巴里坤鎮標兵驕劣,伊勒屯並未將驕縱情由及何琯不能統馭之處詳細聲敘,含混具奏,實屬虚妄。至孫淵椿被敦煌民人陳國清控告各節,伊勒屯未將原告、見證人等調赴巴城質訊,亦未傳唤孫淵椿訊問,僅據原控、原詳一面之詞,咨送刑部,含混奏結,請飭確實查辦,等語。此案文麟所奏,是否屬實,伊勒屯查辦有無草率,均應徹底根究。著福濟即將文麟原參何琯暨孫淵椿

① 臺北"故宫博物院"藏:《軍機及宫中檔》,文獻編號:4080022901。

② 中國第一歷史檔案館藏:《録副奏摺》,檔號:03-5899-088。

被控各款，及此次何琯具奏情節，逐款詳查，據實具奏，不得稍有含混，以成信讞。欽此。等因。前來。奴才始知何琯又經單銜奏事。竊聞同寅和衷，又聞師克在機，當此兵戈之年，何琯與奴才理宜臭味相聯，一心一德，庶能並力剿敵，相與有成。乃何琯以未嘗學問三乎，濟以驕恣之性，貪天蒙賞，作僞自矜，而左右辦事、公事者，又無老成曉事之人，遇事慫恿，輒自浪行；時復縱容標弁，假以狐威。前次奉旨，著奴才查辦文麟奏參何琯驕縱標兵各款，及何琯平日爲人，奴才不敢不據實聞奏，而何琯乃以奴才不能與被偏袒，彌銜憾恨，竟敢潛發奏摺，冀圖蒙混。至署遊擊孫淵椿被控一案，奴才深悉孫淵椿爲人強横，誠恐原告人等到巴生出意外事端，是以暗地訪查。據敦煌縣詳稿咨行刑部治罪，而何琯並未與奴才商酌辦理，率爾單銜具奏，迴護屬員。其藐視法紀，無知妄爲，概可想見。今於十月二十九日，何琯又復單銜具奏，不知所奏何事，亦未知會奴才，況現在軍務旁午，皇上正在宵旰之際。奴才滿洲世僕，纍受國恩，至渥至隆，曷敢竟存異見，冒瀆聖聰？但何琯自烏城失陷，愈加驕恣，凡一切軍務事件，並不與奴才商酌辦理，率性單銜具奏，希圖邀功。滿漢兩成相隔半里之途，如此緊急軍務不與聞問，奴才每思及此，實深畏懼。若不據實奏明，誠恐將來隱壞大局。現在時事漸迫，奴才不得不據實秘陳。謹將何琯不遵諭旨緣由，恭摺秘奏。伏乞皇太后、皇上聖鑒。謹奏。九年十二月初二日。

同治十年正月初八日，軍機大臣奉旨，欽此。[1]

【案】伊勒屯之奏於是年正月初八日得允行，令左宗棠將何琯調營察看具奏，曰：

軍機大臣字寄：欽差大臣陝甘總督一等恪靖伯左：同治十年正月初八日，奉上諭：據伊勒屯奏，巴里坤鎮總兵何琯袒護已革署遊擊孫淵椿被控各節，不遵諭旨，復行單銜陳奏。該總兵自烏城賊擾後，愈加驕恣，於一切軍務事件並不商酌辦理，請嚴旨懲戒，等語。巴里坤地方緊要，

① 中國第一歷史檔案館藏：《錄副奏摺》，檔號：03-4746-001。

現值西陲軍務未平，該總兵尤當與伊勒屯和衷共濟，妥籌布置。若如所奏，何琯遇事專擅，是該員於軍務、地方各事宜，甚不得力。著左宗棠將何琯調赴軍營，悉心察看，據實具奏。其巴里坤鎮總兵篆務，著左宗棠遴派曉暢營務、帶兵得力之員，前往接署，或即奏請補授，以重職守，並著一面派往，一面奏聞。原摺著鈔給閱看。將此由六百里諭令知之。欽此。遵旨寄信前來。①

【案】同治十年，陝甘總督左宗棠奏報遵旨飭調何琯並委員署巴鎮篆各緣由，曰：

再，臣欽奉同治十年正月初八日上諭：據伊勒屯奏，巴里坤鎮總兵何琯袒護已革署遊擊孫淵椿被控各節，等因。欽此。當即欽遵，檄調何琯來臣行營，以憑察看。其所遺巴里坤總兵一缺，查有記名提督趙德正，明幹老成，久經行陣，前經烏魯木齊提臣成祿委署甘肅甘州鎮總兵，咨會到營，尚未具奏。以之署理巴里坤鎮總兵，實堪勝任。其甘州鎮總兵一缺，臣已咨會署甘肅提臣楊占鼇，就近遴委員前往署理。除俟何琯到營察看如何情形暨肅州鎮總兵委署有員、再行隨時奏報外，所有遵旨飭調何琯來臣行營，並委員接署巴里坤鎮篆各緣由，謹附片具陳。伏乞聖鑒。謹奏。

同治十年三月十一日，軍機大臣奉旨，欽此。②

【案】同治十二年五月初七日，烏魯木齊都統景廉以巴里坤鎮總兵何琯防務疏懈，請旨將其開缺，聽候查辦，曰：

再，奴才前因巴里坤鎮總兵何琯久仕西疆，熟悉地方情形，於奴才軍營採買糧石、製造軍火等項，均能竭力勷助，曾於同治十年十二月二十七日奏請，將該總兵仍留本任。旋奉寄諭：何琯業已有旨，調營察看。既經景廉奏稱，該員熟悉情形，採辦糧石、製造軍火，尚屬盡力，即著准其暫留本任，並著景廉責令該總兵，將巴里坤防剿各事宜認真辦理。如不得力，即行據實參奏，不得稍涉迴護，等因。欽此。欽遵檄飭去後。

---

① 臺北“故宮博物院”藏:《軍機及宮中檔》，文獻編號：408017459。又，《穆宗毅皇帝實錄》，卷三百二，同治十年正月上，《清實錄》第 51 冊，第 8 頁。

② 臺北“故宮博物院”藏:《軍機及宮中檔》，文獻編號：106652。

奴才隨時察看，一年有餘，當奉旨之初，該總兵頗知感激圖報，奮勉趨公。惟近來精神漸覺頹敗，不第城防事宜，辦理疏懈，即日行公事亦多廢弛。此次派撥，奴才奏調赴古之綠營官兵種種推諉遲延，尤屬不知緩急。奴才既奉明諭，不敢迴護前奏，況大兵剋期西進，後路防務關繫綦重，未便稍事姑容，應請旨將巴里坤鎮總兵何琯即行開缺，飭赴左宗棠軍營，聽候查辦。所遺巴里坤鎮總兵一缺，除咨明陝甘督臣派員署理外，請旨迅賜簡放，以重職守。惟刻下關内道路梗阻，新蘭之員及署任人員一時均不能到任，邊疆專閫員缺未便久懸，奴才軍營無員可委。查有巴里坤鎮中營遊擊陳升恒，明白老成，堪以暫行護理。又，文麟前奏，調赴哈密軍營之已革甘州提督成瑞，久任綠營，諳練沉毅，惟係革員，甫經到營。可否籲懇天恩賞給該員頂戴，暫令署理，抑或敕令遊擊陳升恒護理之處，奴才未敢擅便，伏候聖裁。再，據綠營兵丁稟稱：何琯前差巡捕劉光珍赴京，請領餉銀，回坤短交二萬三千兩，以致無款採買月糧，實屬苦纍，等情。奴才接到此稟時，劉光珍已經何琯派令進京，呈遞賀摺，無憑質對。咨詢何琯，亦未聲覆。奴才擬俟該巡捕劉光珍差竣回坤後，檄飭署總兵，據實查明，再爲奏聞。總兵何琯請暫留巴里坤，聽候質詢。是否有當。理合附片陳明。伏乞訓示。遵行。謹奏。[①] 同治十二年五月初七日，奉硃批：另有旨。欽此[②]。

【案】烏魯木齊都統景廉之奏，於是年七月初五日得允行，《清實錄》:

甲申，諭内閣景廉奏，總兵不能得力，請開缺聽候查辦，等語。前有旨令將巴里坤鎮總兵何琯調赴左宗棠軍營察看，因景廉奏稱，該總兵熟悉西疆情形，准其暫留本任。兹據該都統奏，何琯近來精神頹敗，辦理城防，頗形疏懈，公事亦多廢弛，派撥調赴古城官兵，推諉遷延，尤屬不知緩急。何琯著即行開缺。該總兵現有應在巴里坤候質之案，俟質訊明確後，仍赴左宗棠軍營，聽候查辦。[③]

---

① 中國第一歷史檔案館藏:《硃批奏片》，檔號：04-01-16-0197-041。

② 中國第一歷史檔案館藏:《錄副奏片》，檔號：03-4756-079。

③《穆宗毅皇帝實錄》，卷三百五十二，同治十二年五月，《清實錄》第 51 冊，第 652 頁。

【案】光緒元年二月二十二日，烏魯木齊都統景廉爲查明巴里坤鎮標兵孫玉連等控告把總劉光珍短交軍餉銀兩酌核定擬，具摺陳奏曰：

奴才景廉跪奏，爲據咨查明鎮標兵丁誣控把總短交軍餉銀兩，酌核定擬，恭摺仰乞聖鑒事。竊臣於同治十二年三月二十日具奏，巴里坤鎮標兵丁在奴才軍營稟控鎮署巡捕城守營把總劉光珍短交軍餉銀二萬二千餘兩一案，聲明照會署總兵，俟劉光珍差竣旋坤，徹底清查，以重軍儲。奉上諭：何琯現有應在巴里坤候質之案，俟質訊明確後，仍赴左宗棠軍營，聽候查辦，等因。欽此。當即咨行前署總兵成瑞，欽遵辦理。成瑞旋奉旨署理烏魯木齊提督，交卸鎮篆，未及查辦。奴才復檄飭護總兵陳升恒，詳細查訊呈覆，以憑具奏。該護總兵初次呈覆内稱：據署中軍遊擊尹吉寶呈：據四營守備、千把丁永慶、劉安泰等轉據隊目、馬步兵丁等結稱：把總劉光珍所領軍餉，實無虧短，等情。語多含混，並未取具鎮標四營遊、都、守加結，該護總兵文内亦無勘語，又未將誣控兵丁擬罪。續次呈覆，始取具各結，並該護總兵加結。惟把總劉光珍並無親供，是否相符，無從核對。誣控兵丁僅以越訴科罪，辦理實屬草率。兩次均經奴才嚴札飭駁去後。嗣於同治十三年十二月十一日，據該護總兵呈齎劉光珍親供内稱：小的於同治九年十二月内，蒙前任何鎮差派齎摺，進京請餉，於十年二月到京，呈遞奏摺，請領部文，赴省提餉，於六月内從張家口領獲銀六千兩，十一月内，由山東領獲銀二萬兩，二共銀二萬六千兩。内分撥滿營銀三千兩，交給千總李鳳鳴帶回銀三千兩；又交千總張積功採辦兵糧銀二千兩；提餉官兵往返盤費銀八百兩；在歸化城清還同治五年起八年止本城商民匯兑營中官兵糧餉銀九千一百九十一兩；又還義昌店接濟糧價銀七千兩；交過營中現銀五百二十五兩五錢；與鎮料採奏摺紙張、筆墨等項銀四百八十三兩五錢。以上通共銀二萬六千兩，如數交清，並不短少。但此匯兑銀一萬六千餘兩，係商民在歸化城執票守討，小的照票交還，將匯票隨時抽回，寄交彼處商鋪，天成泰崔姓央其帶回坤城呈交。小的復行進京，懇求提餉文檄，因未請獲部文，當即由京旋營銷差，於十一年七月内到營，詎料崔姓病故，鋪内人等不知公事緩急，將匯票留在歸化城，耽延一年，尚未交營，以致闔營兵丁因無匯票，未能憑信；又兼天寒，兵丁窮苦，冒昧具稟。小的夙夜思維，無策可展，當將情由呈明何鎮。蒙派小的進京呈遞賀摺，並在歸化城追取匯票，於五月間到歸化城，即將匯票要獲。正在回營間，復蒙何鎮札委小的幫同守備劉漢章，領提兵餉。小的遵即協同滿營委員多貴，前赴山西，領提軍餉，並專差兵丁，將匯票持送回營，以昭慎重。在山西領獲銀七千兩，內多貴提去銀六千兩，小的解回銀一千兩，已於本年八月內回營呈交訖。此係實在情形，不敢稍有含混。所供是實。查與兵丁所具甘結銀數相同。並據陳升恒來文內稱：訊據爲首具稟之兵丁孫玉連、王生發供稱：劉光珍領餉回營，多日不見呈交銀兩，小的們飢寒難忍，一時糊塗，冒昧誤稟，實不知歸還匯兑之項。今蒙查明，實是小的們錯處，只求施恩，等供。卑職反復推詳，案無遁飾。爲首之兵丁孫玉連、王生發不問情由，輒敢上控，實屬頑惡非常。前將該兵丁照越訴律懲辦，殊未允協。所有兵丁孫玉連、王生發應照不應重律，杖八十，再枷號一箇月，以示懲儆。事犯在同治十一年九月十五日並十二年正月二十六日、十三年十月初十日恭逢恩詔以前，應得枷杖罪名，概請援免。把總劉光珍業經咨革，請免再議，無干省釋，等情。呈覆前來。據此，查巴里坤鎮標兵丁在奴才軍營稟控把總劉光珍短交軍餉銀二萬三千兩一案，現經護總兵陳升恒訊明，係因饑寒交迫、情急上控，與實在誣告者有間。惟該兵丁孫玉連、王生發等爲首可長，應否照該護總兵所擬罪名定案，抑或從重定擬、以儆刁風之處，奴才軍營無律可查，請敕下刑部核擬，以憑遵辦。前任巴里坤鎮總兵何琯明知劉光珍未將匯票攜回，乃並不明白宣示衆兵，復派該把總進京呈遞奏摺，以致衆兵情急上控；而奴才屢次咨詢，何琯又復置若罔聞，絕無隻字回覆，殊屬非是。應請旨將前任巴里坤鎮總兵何琯交部議處，仍由奴才檄令遵照前奉諭旨，迅赴蘭州，聽候左宗棠查辦。城守營把總劉光珍匯兑軍餉，未將匯票攜回，已屬疏忽，且膽敢不候傳訊，尤爲謬妄，已經奴才咨行署提督成瑞，咨部斥革，應毋庸議。至所稱用過盤費銀八百兩，未便准銷，應令前在中營遊擊任內之現護總兵陳升恒及把總劉光珍，如數分賠，以重軍餉。除將親供印結咨送刑部外，理合繕摺具奏。伏乞皇上聖鑒訓示。遵行。謹奏。光緒元年二月二十二日。[1]

光緒元年四月初九日，軍機大臣奉旨：刑部議奏。欽此[2]。

[3]【案】光緒二年八月十八日[3]，陝甘總督左宗棠請將巴里坤鎮總兵何琯勒令休致，曰：

再，臣於同治十年正月十五日欽奉上諭："據伊勒屯奏，巴里坤鎮總兵何琯袒護已革署遊擊孫淵椿被控各節，及遇事專擅。是該員於軍務、地方各事宜，甚不得力。著左宗棠將何琯調赴軍營，悉心察看，據實具奏。其巴里坤總兵篆務，著左宗棠派員前往接署，或即奏請補授，以重職守，等因。欽此。比經臣將委員前往接署巴里坤鎮總兵篆務，並檄調何琯來營各情形奏明在案。嗣准景廉咨：何琯因巴里坤鎮標兵稟其巡捕劉光珍短交餉銀，應留巴候質，俟質訊明確，再赴臣營察看。奏奉諭旨允准。旋經景廉查明劉光珍短交軍餉緣由復奏，經部核議，將何琯降三級調用，咨臣轉行知照，並令何琯遵照前旨，迅速赴營察看。嗣何琯於本年七月間來營稟到。臣查何琯倔強糊塗，年力衰邁，伊勒屯前參該員袒護已革遊擊孫淵椿及遇事專擅各節，未爲無因。相應請旨將降三級調用之巴里坤鎮總兵何琯勒令休致。其所遺巴里坤總兵一缺，容臣遵旨揀員請補。以重職守。謹附片具陳。伏乞聖鑒訓示。謹奏。[4]光緒二年九月二十二日，軍機大臣奉旨：何琯著勒令休致，該部知道。欽此[5]。

[4]【案】同治四年十一月二十七日，漕運總督吳棠以浙江處州鎮總兵陳國瑞患病瘋狂，奏請革職，並押送回籍照料，曰：

頭品頂戴署兩廣總督漕運總督臣吳棠跪奏，爲總兵患病瘋狂，現在

---

① 中國第一歷史檔案館藏：《硃批奏摺》，檔號：04-01-01-0929-004。

② 中國第一歷史檔案館藏：《錄副奏摺》，檔號：03-7229-042。

③ 此具奏日期，據《軍機處隨手登記檔》（檔案編號：03-0217-3-1202-284）之同批摺件校正。

④ 中國第一歷史檔案館藏：《硃批奏片》，檔號：04-01-17-0181-054。

⑤ 中國第一歷史檔案館藏：《錄副奏片》，檔號：03-5779-040。

派員押送回籍，請旨革職示懲，仰祈聖鑒事。竊臣前據浙江處州鎮總兵官陳國瑞呈請，請假在淮就醫，當經恭折奏奉俞允在案。本年十一月初六日，臣在清江接據淮安府知府、山陽縣知縣等稟稱：總兵陳國瑞因義子副將陳振邦逃走，派弁飭令閉城搜索，等情。臣以該總兵陳國瑞尚知體制，不應如是妄爲，臣當赴淮察看，始見該總兵言語尚能明白，繼則笑啼間作，語無倫次，病類瘋狂，旋即延醫赴陳國瑞寓所，趕爲診治。又據副將陳振邦投署稟稱，陳國瑞病勢至十月下旬，忽又更變，喜怒無常，終日鞭責陳振邦等。十一月初五日夜間，陳國瑞尋刀逐殺陳振邦，以致陳振邦情急逃避，求臣飭令歸宗各情。臣當飭令陳振邦候臣勸諭陳國瑞後，再行往見。十一月二十五日，臣正派員勸諭陳國瑞間，乃於三更後，陳國瑞率勇丁，徒步行抵漕臣衙署，將頭門碰撞，肆口辱罵。經臣派員禁止，該隨勇始行散退，陳國瑞當即疲厥倒地。臣復令人送回寓所調理。除將滋鬧衙署之隨勇另行拿辦、並派弁押送陳振邦歸寄外，伏查陳國瑞在淮安一帶並無家屬，照料乏人，近患瘋狂日甚，更慮妄滋事端。臣現已派弁押令回籍，咨交湖廣督臣、湖北撫臣，飭令地方官管束。至陳國瑞雖病瘋狂，滋鬧衙署，究屬罪有應得。相應請旨將浙江處州鎮總兵陳國瑞即行革職，以示懲儆，而肅營規。所有總兵患病瘋狂押送回籍各緣由，恭折具陳。伏乞皇太后、皇上聖鑒。謹奏。十一月二十七日。同治四年十二月初二日，軍機大臣奉旨，欽此。①

【案】同日，漕運總督吳棠附片奏請飭下湖廣督撫，派員妥視瘋病回籍總兵陳國瑞，曰：

再，陳國瑞性本耐苦，自俸甚薄。歷年軍需節省，尚有盈餘，月前幾次即思捐助軍餉。現今病殆，苦無司事帳目稽查。聞參將陳浚家領有資本銀數萬兩，出湖售鹽，容臣派員查明實數，奏請提充淮徐兵餉。又聞實應置有田產數處，爲陳振邦婚宴之資。查陳振邦系前守天長總兵陳文勝之侄，今既歸宗，則田產無用。應飭地方官查明，存備公款。又，

---

① 中國第一歷史檔案館藏:《錄副奏摺》，檔號：03-4719-073。

該營尚存小隊三百名，已由臣派員管帶，戰馬四十匹，一併交營。另存現銀庫平二萬五千兩，擬由臣封解官文，飭司分年交陳國瑞收領，以資回籍生計。臣思陳國瑞戰功屢著，深沐天恩。跡其生平，奮勇過人，是其所長；性情躁急，是其所短。方冀陶鎔獎勵，宣力戎行，乃因病致狂，細故不忍，幾成大惡，實出臣意料之外。惟仰體聖朝保全功臣之意，仍請飭下兩湖督臣、湖北撫臣，派員妥視，縱使他日病痊，而性情仍舊獷悍，慎勿輕任兵事，出自高厚鴻慈。臣不勝待命之至。謹附片陳明。伏乞聖鑒。謹奏。同治四年十二月初二日，軍機大臣奉旨，欽此。[①]

【案】漕運總督吳棠之摺片是年十二月初四日得允行，《清實錄》：

又諭，吳棠奏，陳國瑞患病瘋狂，押送回籍，請旨革職，並請飭湖北督撫派員妥視各摺、片。本日已降旨，將該總兵革職矣。所有該革員售鹽資本提充淮徐兵餉、實應田產歸公、戰馬交營各節，均著照所請行。其另存現銀二萬五千兩，已由吳棠封解官文。即著官文、鄭敦謹飭司存儲，分年交陳國瑞收領，以資回籍生計。該革員現既病瘋，即使他日就痊，而喜怒無常，性情獷悍，官文等亦不可再任以兵事，致滋貽誤。第念其從前宣力戎行，戰功疊著，今竟成廢，情殊可憫。官文等務當隨時派員妥視，毋令失所。其瘋疾能否痊愈，並著隨時察看具奏，以副朝廷保全愛惜之至意。原摺片著鈔給官文、鄭敦謹閱看。將此各諭令知之。尋奏，陳國瑞業經到籍，察看病勢，漸可痊愈。其胞兄陳光榮、堂兄陳光藻出結，領回原籍應城縣醫治。解到銀兩，存漢黃道庫，以備該革員隨時支領，俾資養贍。報聞。[②]

【案】光緒二十五年十月二十九日[③]，漕運總督松春爲已故總兵陳國瑞戰功卓著請旨恩准附祀前漕臣吳棠專祠，附片曰：

再，據署清河縣知縣陳崇煌詳稱：據清河縣附貢生方鴻賓等稟稱：

---

① 中國第一歷史檔案館藏：《錄副奏片》，檔號：03-4719-072。

② 《穆宗毅皇帝實錄》，卷之一百六十二，同治四年十二月上，《清實錄》第48冊，第743頁。

③ 此具奏日期，據《軍機處隨手登記檔》（檔案編號：03-0301-2-1225-304）之同批摺件校正。

已故記名提督前浙江處州鎮總兵陳國瑞，於咸豐年間從徵皖北，克府州縣城池多處，屢著戰功。同治初年，清淮髮、捻勢極猖獗，經前漕督吳棠奏調來浦，帶兵迎剿。其時，清江無城，築圩未就，捻匪大至，情形岌岌可危。該故鎮親率壯士數百人，馳入賊陣，往來突擊。賊眾披靡，夜半遁去，仍踞桃源縣之眾聚集，日出肆擾，越境四掠。該故鎮復整隊前往，兼帶炮船數十艘，晝夜攻擊，水陸疊進。捻賊被創，氣懾而走。是清淮賴以安堵。嗣隨忠親王僧格林沁轉戰山東、安徽、湖北、直隸、河南等省，所向克捷，淩厲無前。如破白蓮教，平苗沛霖，剿張總愚等寇，尤其戰功最著、昭昭在人耳目者也。光緒初年，緣案發黑龍江，歿於戍所。荷蒙恩旨褒恤，開復原官，並准于山東立功地方、湖北應城縣本籍建立專祠。清淮受其保障，功德在民，擬請奏懇附祀前漕臣吳棠專祠，以遂報饗之忱，等情。前來。奴才伏查總兵陳國瑞，勇敢性成，戰績昭著。當前漕臣吳棠奏調來浦，正在匪勢鴟張、人心惶惶之際，用能以少擊眾，轉危爲安，清淮士民到今謳思弗輟。查上年四月間，曾將已故記名提督前南贛鎮總兵姚廣武、已故補用副將唐高斗奏請附祀前漕臣吳棠專祠，欽奉俞允，轉行遵照在案。該故鎮勞績昭著，實有保障清淮之功。今據士民瀝誠具稟，未便壅于上聞。合無仰懇天恩俯准，將以故記名提督前浙江處州鎮總兵陳國瑞附祀前漕臣吳棠專祠，以順輿情，出自逾格鴻慈。謹附片具陳。伏乞聖鑒訓示，謹奏。光緒二十五年十一月十三日，奉硃批：著照所請，該部知道。欽此。①

[5]【另有旨】此“硃批”據原件補。

[6]【光緒二十年十二月二十七日，奉硃批：另有旨。欽此】此據錄副校補。

【案】新撫陶模之奏得清廷允行，《清實錄》曰：“予故降調前巴里坤鎮總兵何琯開復處分，祭葬卹廕加等，宣付史館立傳，並建專祠。從甘肅新疆巡撫陶模請也。②”

---

① 中國第一歷史檔案館藏：《錄副奏片》，檔號：03-5564-114。

② 《德宗景皇帝實錄》，卷三百五十七，光緒二十年十二月，《清實錄》第56冊，第650頁。

〇三四 莎車等屬收買英屬各部爲奴丁口給價贖出以示矜恤摺

光緒二十年十二月十九日（1895 年 1 月 14 日）

頭品頂戴甘肅新疆巡撫臣陶模跪[1]奏，爲莎車等屬戶民收買英屬各部爲奴丁口，擬懇給價贖出，以示矜恤，恭摺仰祈聖鑒事。

竊查喀什噶爾西南一帶，與英屬印度各部毗連，南路纏民罔識例禁，有力之家向蓄奴婢，多係各部轉售，旋將男女配合，生有子女，永充賤隸，甚至遞相承買，苛虐情形最爲可憫。前據署莎車直隸州知州潘震①、和闐直隸州知州黄袁②稟稱：該各屬蓄奴最多，正擬查明稟辦，適據英員馬繼業請將印度各部及什克南等處出賣與莎車、和闐爲奴丁口，一律釋放，等情。當飭喀什噶爾道黄光達③查辦去後。

① 潘震（1851—1926），字鹿磧，安徽當塗人。光緒年間，歷任甘肅華亭縣知縣、新疆莎車直隸州、和闐直隸州知州、阿克蘇、伊塔道道員。民國元年（1912），任新疆布按使，兼國稅廳籌備處、計分處處長。三年（1914），出任新疆財政廳長。

② 黄袁（1842—1900），湖南善化縣人，附貢生，由捐納鹽提舉銜廣東試用鹽運司經歷保舉花翎，在任候補直隸州知州，仍留廣東，歸候補班前先補用知縣。光緒十二年（1886），留新疆委用。十三年（1887），補葉城縣知縣。十六年（1890），調補迪化縣知縣，復於新疆城工防戍、肅清各案內，保鹽運使銜道員用，在任候補知府，並加一級。歷署疏附縣及和闐直隸州各缺。二十一年（1895），升補英吉沙爾直隸廳同知。二十三年（1897），署溫宿直隸州知州。二十五年（1899），交卸回省。次年九月，赴英吉沙爾同知本任，行抵焉耆府，因病身故。

③ 黄光達（1844—1901），湖南湘鄉縣人。由文童投效軍營，同治四年（1865），以從九品遇缺即選。是年，截剿江閩一帶並克復嘉應州城案内保，以應升之缺升用，准戴藍翎。六年（1867），於陝西同朝剿捻案内保，免選本班，以縣丞不論雙單月儘先即選。旋以克復陝西綏德州城案内保，免選本班，以知縣不論雙單月，儘先即選，賞加同知銜，賞戴花翎。旋以肅清陝北並克復甘肅靈州城池併保，以本班留於陝西，歸軍功候補班前先補用。補缺後，以同知直隸州知州歸候補班，前先補用，並賞五品封典。又於蕩平金積堡、甯靈肅清案內保，俟補同知直隸州後，以知府用，先換頂戴，並賞給四品封典。十三年（1874），以同知直隸州知州仍留原省補用。光緒二年（1876）免補同知直隸州知州，以知府仍留原省，歸候補班前補用。旋以攻拔新疆古牧地並克復迪化州城案內保，免補本班，以道員仍留原省，儘先補用。四年（1878），賞加鹽運使銜。六年（1880），以道員改留甘肅，遇缺儘先題奏。歷署阿克蘇道、喀什噶爾道道員。

茲據查明：莎車等屬戶民收買英屬各部爲奴男女共一百七十一丁口，應請釋放爲良。其願回者給照，護送出卡；願留者編入戶籍，永爲華民。惟從前收買之家均給有身價銀兩，並請大口由公中酌給銀二十兩、小口十兩作爲取贖之資，以順輿情。計共需銀二千八百餘兩，由善後項下開支造報，咨由布政使饒應祺詳請具奏前來。臣查取贖奴婢各節，公中所費無多，而釋賤爲良，足示朝廷一視同仁之意，於睦鄰之道亦屬相宜，理合恭摺具奏。伏乞皇上聖鑒訓示。謹奏。光緒二十年十二月十九日。

（硃批）：著照所請，該部知道[2]。

光緒二十一年正月二十日，奉硃批：著照所請，該部知道[3]。

補證

【案】此摺原件①現藏於臺北"故宮博物院"，茲據校勘。

[1]【頭品頂戴甘肅新疆巡撫臣陶模跪】底本無此前銜，茲據原件補。

[2]【著照所請，該部知道】此"硃批"據原件補。

[3]【光緒二十一年正月二十日，奉硃批：著照所請，該部知道】此據《隨手檔》②校補。

【案】此摺之得允行，《清實錄》載之曰："甘肅新疆巡撫陶模奏，喀什噶爾、莎車、和闐等屬戶民，被英屬印度各部收買爲奴男女共一百七十一丁口，請由公家備銀贖放，以示懷柔。如所請行。③"

（接上页）光緒十九年（1893），以阿克蘇駐營較多，商旅輻輳，兵勇、細民日用所需零星者多，成整者少，且紅錢素窘，兌換維艱，軍民俱困，乃向道庫借成本銀，鑄造光緒銀元，史稱"阿克蘇造光緒銀元"。二十七年（1901），卒於任。

① 臺北"故宮博物院"藏：《軍機及宮中檔》，文獻編號：408002907。

② 中國第一歷史檔案館藏：《軍機處隨手登記檔》，檔案編號：03-0284-1-1221-020。

③ 《德宗景皇帝實錄》，卷三百六十，光緒二十一年正月，《清實錄》第56冊，第683頁。

〇三五　請核銷光緒十一年至十六年新疆驛站經費摺

光緒二十一年四月初一日（1894年4月25日）

頭品頂戴甘肅新疆巡撫臣陶模跪[1]奏，爲造報新疆光緒十一年八月初一日起至十五年底止，並十六年分支發通省驛站經費總散清册，懇恩飭部核銷，恭摺仰乞聖鑒事。

竊新疆驛站自光緒十一年八月初一日改設起至十五年底止支發銀兩，業經併入養廉、俸工案内造報。十六年分支發經費，另案奏銷。疊准部咨：新疆驛站錢糧，十五年以前僅據咨銷，並未按限具題。各年支過工料等銀，應扣六分減平；倒馬皮臟變價及小建銀兩，曾否扣存報撥，買補倒馬日期，毛片、口齒，均未開造；截曠銀兩亦未扣除，且仍有長支、未支銀數，均與立案不符，應令更造題銷，等因。並將十六年分經費各册發還。飭據布政使饒應祺詳覆：前項六分減平銀兩，業經按年核扣，列入庫款作收；倒馬皮臟變價係由買補馬價内，每匹扣除五錢小建銀兩，均於給領時按數扣除，並未另款提存，無從報撥。倒馬一項，新疆原設塘站、軍臺係按三分報倒。自改設驛站，部議准報二分。查關外現設驛馬，較舊例所載，核減不少，戈壁長途，晝夜馳遞，馬匹最易疲瘦。各屬歲倒之數牽勻計算，實不止二分。若再於二分内扣除截曠，則賠貼愈多，不足以示體恤。況歷年已久，官經數任，其倒補日期及毛片、口齒無從查考。長支一項，現已補扣，列册作收；未支一項，係各屬應領之款，已陸續補發。造具總散清册，詳請具奏前來。臣覆查前項驛站經費，委係實支實報，並無冒濫，理合繕具簡明清單，恭呈御覽，仰懇天恩俯准，飭部一律核銷，並免造買補倒馬日期及毛片、口齒清册，以清積案，出自鴻施。除將清册送部並飭司將十七年起趕緊造銷外，所有請銷光緒十一年八月初一日起至十五年底止，並十六年分支發通省驛站銀兩各緣由，謹會同陝甘總督臣楊昌濬，恭摺具奏。伏乞皇上聖鑒訓示。再，此案改題爲奏。合併聲明。謹奏。光緒二十一年四月初一日[2]。

（硃批）：該部議奏，單併發[3]。

光緒二十一年五月二十九日，奉硃批：該部議奏，單併發。欽此[4]。

謹將光緒十一年八月初一日起至十五年底止，並十六年分支發通省驛站經費銀兩，繕具清單，恭呈御覽。計開：

一、光緒十一年八月初一日起至年底止，支發經費銀三萬七千二百二十四兩九錢一分三釐。一、光緒十二年分支發經費銀一十萬七千三百七十七兩六錢四分三釐。一、光緒十三年分支發經費銀一十一萬九十一兩六錢六分。一、光緒十四年分支發經費銀一十萬四千八百八十兩七錢四分四釐；又，支發甯遠縣新設驛站買馬價銀一百二十八兩。一、光緒十五年分支發經費銀一十萬六千三百七十五兩二錢。一、光緒十六年分支發經費銀一十一萬四千六百六十兩五錢六分四釐。以上七項均係已支數目，其應支、長支、未支各數，業於册內分別造報。合併聲明。（硃批）：覽[5]。

補證

【案】此摺原件①現藏於臺北“故宫博物院”，錄副②、清單③均藏於中國第一歷史檔案館，兹據校勘。

[1]【頭品頂戴甘肅新疆巡撫臣陶模跪】底本無此前銜，兹據原件補。

[2]【光緒二十一年四月初一日】此摺之具奏日期，原件、錄副及隨摺清單均作“光緒二十一年五月初一日”，查閲《隨手檔》④亦然。底本具奏日期訛誤無疑。

① 臺北“故宫博物院”藏：《軍機及宫中檔》，文獻編號：408002938-0-A。

② 中國第一歷史檔案館藏：《錄副奏摺》，檔號：03-6636-140。

③ 中國第一歷史檔案館藏：《單》，檔號：03-6636-141。

④ 中國第一歷史檔案館藏：《軍機處隨手登記檔》，檔案編號：03-0284-2-1221-146。

[3]【該部議奏，單併發】此“硃批”據原件補。

[4]【光緒二十一年五月二十九日，奉硃批：該部議奏，單併發。欽此】此據錄副校補。

[5]【覽】此“硃批”據原《單》補。

〇三六　請令棍噶札拉參回新片

光緒二十一年五月初一日（1895年5月24日）

再，棍噶札拉參呼圖克圖嘉穆巴圖多普，前請由新疆八音溝馳赴甘肅洮州新寺誦經，恭祝皇太后六旬萬壽、皇上聖壽，當經伊犁將軍臣長庚會同臣附奏，奉旨：著照所請。欽此。欽遵知照，旋據具報於光緒二十年六月十九日起程在案。茲准舊吐爾扈特東部落盟長郡王巴雅爾呈稱：該呼圖克圖向在關外辦理防剿，安輯流民，蒙古各部均受其福。現呼圖克圖進關，日久未回，吐爾扈特及額魯特各頭目咸深盼望，呈請奏催速回，等因。前來。臣查棍噶札拉參呼圖克圖嘉穆巴圖多普曾在新疆有年，熟習邊情，屢著勞績，各蒙古及哈薩克部落同深愛敬，洵足以化導愚民，隱消邊患。現計誦經事宜已敬謹完竣，相應請旨飭下陝甘總督臣楊昌濬，催令棍噶札拉參呼圖克圖嘉穆巴圖多普仍回新疆八音溝新寺，以安眾心。謹會同伊犁將軍臣長庚，附片具奏。伏乞皇上聖鑒訓示。謹奏。光緒二十一年五月初一日[1]。

（硃批）：另有旨[2]。

光緒二十一年五月二十九日，奉硃批：另有旨[3]。

補證

【案】此奏片原件①現藏於臺北“故宮博物院”，茲據校勘。

---

① 臺北“故宮博物院”藏：《軍機及宮中檔》，文獻編號：408002938。

[1]【光緒二十一年五月初一日】慣例奏片不署日期，此日期僅見底本。

[2]【另有旨】此“硃批”據原件補。

[3]【光緒二十一年五月二十九日，奉硃批：另有旨】此具奏日期據《隨手檔》[①] 校補。

【案】此奏片旋於是年五月二十九日得允行，《清實錄》：

已亥，諭軍機大臣等：電寄楊昌濬，陶模奏，棍噶札拉參於上年六月間由八音溝馳赴洮州新寺誦經，爲日已久，現據土爾扈特及額魯特各頭目呈請，催令速回，等語。即著楊昌濬催令棍噶札拉參，仍回新疆八音溝新寺，以安衆心。[②]

【案】此奏片業已咨呈總理衙門，“總理衙門檔案”曰：

六月初二日，新疆巡撫陶（模）[③] 文稱：竊照本部院於光緒二十一年五月初一日，在新疆省城由驛附奏棍噶劄拉參呼圖克圖嘉穆巴圖多普仍回新疆八音溝、以安衆心一片，除俟奉到硃批恭錄咨呈外，相應鈔稿咨呈。爲（此）[④] 咨呈貴衙門，謹請鑒照施行。[⑤]

【案】光緒二十五年八月二十九日，陝甘總督陶模爲已故棍噶札拉參呼圖克圖嘉穆巴圖多普在洮州垂弼勝地方建立新寺等事，具摺曰：

頭品頂戴陝甘總督臣陶模跪奏，爲已故棍噶劄拉參呼圖克圖嘉穆巴圖多普在洮州垂弼勝地方建立新寺，懇恩賞賜寺名，並援案擬請賞給喇嘛口糧，以廣皇仁，恭摺仰祈聖鑒事。竊據甘肅布政使岑春煊呈：據署洮州廳同知熊振槩詳：據廳屬垂弼勝德慶寺僧衆體娃穀、馬倉等稟稱：已故棍噶札拉參呼圖克圖嘉穆巴圖多普，於光緒十年十月間，稟蒙西藏達賴喇嘛指在洮州垂弼勝地方建立廟宇，恭誦皇經，跪祝皇太后、皇上聖壽。十一年八月內動工興修，先後荷蒙恩賞銀七千兩，謹已祇領在案。所有建造經堂、僧舍計一千一百三十九間，現已一律告成，僧衆集五百

---

① 中國第一歷史檔案館藏：《軍機處隨手登記檔》，檔案編號：03-0284-2-1221-146。

② 《德宗景皇帝實錄》，卷三百六十八，光緒二十一年五月，《清實錄》第56冊，第818頁。

③ 此處空名諱“模”，茲據補。

④ 此處疑奪“此”，茲推補。

⑤ 臺北“中央研究院”近代史所藏：《總理衙門檔案》，館藏號：01-17-053-03-010。

餘名，朝夕跪誦，保皇圖於永固，祝聖壽之無疆。惟是寺名未請御賜，無以昭尊崇；僧眾未領口糧，無以資養贍。仰乞轉詳，奏懇天恩賞給寺名，並求按名支給口糧，以便專心虔誦，報答皇恩，各等情。經該司以建寺至一千餘間、集僧至五百餘名，核與請賜寺名、准給口糧之例相符，並擬請以五百名爲定額。查西甯府各寺院喇嘛歲支口糧，多寡未能一律，茲擬酌中定議，每名請支糧一石二斗，合共歲需倉斗下色糧六百石，即由洮州廳徵收番糧項下盡數開支，不敷另行指撥，按年造報請銷，詳請具奏前來。臣覆核無異，合無仰懇天恩賞賜寺名，給予口糧，俾廣皇仁而示榮寵。理合恭摺具陳。伏乞皇太后、皇上聖鑒訓示。並乞飭下理藩院核議施行。謹奏。光緒二十五年八月二十九日。①

光緒二十九年九月二十二日，奉硃批：該衙門議奏②。

〇三七　培養人才勉圖補救摺

光緒二十一年五月十一日（1895年6月3日）

頭品頂戴甘肅新疆巡撫臣陶模跪[1]奏，爲培養人才，勉圖補救，敬陳管見，恭摺仰乞聖鑒事。

竊維海防事起，議和議戰，眾論紛然。臣愚以爲國之強弱視人才爲轉移，人才不足，不但和與戰均無可恃，即幸而戰勝，亦無益於根本。自古用人，文武並重，文有科目，武有營伍。立法之初，未嘗不善，積久弊生，仕途日益雜，民生日益困，人才日益不可恃，臣竊傷之。夫所用非所養，所養非所用，古今同慨。人才不養於平日而欲招致於臨時，雖伊呂復生，無能爲力。今日者創鉅矣，痛深矣，善於謀國者不以勝而志滿，不以敗而氣沮，艱難困苦之時，正聖主激勵奮興之日。《易》曰："窮則變，變則通"。天下事所當變通者不止一端，

---

① 臺北"故宮博物院"藏：《軍機及宮中檔》，文獻編號：408003292。

② 此奉旨日期與內容，據《軍機處隨手登記檔》校補（檔案編號：03-0301-1-1225-254）。

而人才其尤亟，非懲前毖後、破除一切拘牽之習，無以作天下之士氣而收實效於將來。臣不揣愚昧，敬就管見所及，畧舉其概，爲我皇上陳之。

一、國子監宜先整飭也。京師爲首善之地，太學爲育才之所，教法未修，何以得士？臣以爲宜敕督撫、學政，選擇舉人、貢生之敦行力學者及大臣子弟蒙恩廕者，入監肄業，略倣周官師氏、保氏之法，宋儒程、朱學校之議，胡瑗經義治事之規，治經務通大義，治事必達時務；祭酒司業，當擇學行兼優、衆所推服者，久於其任，教以致君澤民之道，修已治人之方，擇學業有成者，上其名於朝。凡部院需人、督撫請揀，皆於是選取之成效既著，復取堪爲人師者，令分教於天下，庶學官不爲虛設，士子皆有實行。治平之基實在於此。至納粟入監，係明景泰間秕政，沿至今日，流弊實多。所多有捐納貢、監生舊例，擬請一律停止。

一、汰考生，減中額，以慎科名也。學術不明士鮮，實行徇俗濫取，安望得人？邇來應考人多，作弊愈巧，條例雖密，仍屬具文。天下事惟簡可以御繁，學臣歲、科試，輪流校藝，抉擇易精。乃鄉試之前又錄遺才，復將歲科試不取者概行送考，試卷過多，考官校閱難徧，或潛使子弟、幕友，隨入襄理，餘如彌封謄錄，弊端尤多。擬請敕禮部定議，各省學政於歲、科兩試，悉心衡校，考列三等及新生未經歲試者，均勿錄送鄉試。如此則考官得從容評閱，文理平常之士不至徒勞跋涉，吏役可減，經費可省，宿弊可除，真才可得，一舉而數善備焉。臣伏讀乾隆九年八月上諭：從來爲治之道，貴乎覈實一切；因循姑息之習，皆當痛除。近者士風之器一至於此，而好諛之人、浮薄之士尚言，國家人文日盛，以冀開恩科、廣解額者，往往有之，初不以士習之邪正、人品之醇疵爲念。嗣後若有以加科、廣額爲請者，必加以違制之處分，著爲令。至於議減中式之額，則非衆所樂聞，或言士子類皆寒素，專藉科目爲進身之階；或言一習舉業，則不能更爲農商，謀生無計。甚至有言士心失望，或妄生議論，或別出事端者，此皆毫無識見之人，不知爲政之體，要國家科目豈爲養老恤貧而設乎？若有造言生事者，是身投憲網，國法具在，何能逃於天壤哉？夫國家旁求俊乂，本欲量能授官以熙庶績，若一味濫取廣收，如何可得真才實濟，等因。欽此。聖訓煌煌，允宜萬世遵守。臣竊思所貴乎讀書者，欲人人爲忠臣孝子也。若徒事虛文，雖人盡登科，有何裨益？今日士習益陋，宜援照乾隆年間裁減中額舊案，將鄉、會試中額各減數成，俾知科名非可幸邀，學問必益加奮。至考試之法，亦宜變通，時文必不能廢，而浮靡之詩賦宜裁。策問貴乎通今，而禁言時事之條例宜改，庶幾明體達用，人才自蒸蒸日上矣。

一、定小試年限以端蒙養也。夫進德修業，本與詞章科第無涉。宋儒程顥謂子弟輕俊只教以經學，念書勿令作文字。程頤以少年登科爲不幸，朱子謂俗儒記誦詞章之習，其功倍於小學而無用。蓋童子氣血未定，養其良知，良能導以孝弟忠信尚慮不及，若令作文干祿，縱獲科名，懵未見道，處則無益鄉里，仕則貽誤民生。擬請飭部明定限制，凡年未及冠者，概不准應府、縣試，庶培養深厚，遠大可期。

一、停捐例以清仕途也。天下大弊在官多，官有限而後補之官無限，於是有筮士一二十年而不得一事者。及其有事，則久困之餘，難言志節。文官則剝民蝕帑，武官則侵餉缺額，幾乎相習成風矣。且入官既易，則謀爲官者日多，士不安於學校，農不安於畎畝，工商不安於廛肆。或謀捐納，或求保舉，或倖獲科名，紛紛擾擾，皆有不可終日之勢。其託足宦途者，莫不仰給於有事之官。官之應酬愈繁，其操守愈難信。民俗之敝，士習之偷，官箴之敗，軍實之隳，皆由於此。科目、勞績、捐納三途，弊實相等，而捐班其較著也。人以爲報捐者皆殷實，而不知貧人反居大半。在四民中一無所能，謀生無計，稱貸入官，本已行同商賈，乃竟有爲商賈所不忍爲者。雖捐班不盡無才，然源既未澄，流何由清？安得以一二人有才概諸人人耶！督撫雖有甄別之權，猶之縱狼入羊羣，責牧人以調馴狼性，勢必不能。既懸其格以招之，安得盡人而劾之？此弊不除，小民因此藐視官長，強鄰因此非笑中華，一旦禍發，再擲千萬金，亦難平定。飲酖止渴，利害昭然。明知理財爲第一難事，遽議停捐，鮮不謂妄然。近年捐例所入，歲不過一百數十萬兩，此後恐日見其少，留此區區無補於貧，徒貽後患，非計之得也。擬請皇上斷自宸衷，將捐例概敕停止；一面將內外冗員及宦官等大加裁汰，凡用度之無關國計民生及內務府織造衙門各項費用可裁則裁，可減則減，所省當不只一百數十萬，而官常以飭，民志以定，鄰國亦當欽服，不戰制勝之策，莫先於此。至勞績保舉之濫，弊尤百出，新定部章較嚴，臣不再贅陳。

一、各部院堂司官宜練習政事也。自部務權歸書吏，而司官絕少真才。臣所聞惟刑部司官尚有明白例案者，此外但能潤色文稿，便稱有才。堂官隨時更調，成案山積，雖有過人之資，勢難徧覽。書吏名爲年滿更易，實則無異世業，故部務莫昧於官莫熟於吏舞文弄法、賄賂公行一事也。欲准欲駁，皆有案可引，堂司官即再三斟酌，仍不免墮其彀中。夫棄爲后稷，契爲司徒，終身不遷，用能庶積咸熙。後世人才遜古，政事愈繁，責任不專，治效奚彰？臣愚以爲尚書、侍郎升遷宜不出本部，一部堂官六員，本近於冗，苟有懸缺，不妨兼攝司員。應令嫻習例案，分類經管。各員有履歷可稽，非若奸胥之詭託姓名莫可究詰。各部本有則例，足資援引，一切舊案，概可弗用。儻遇疑難堂官不能决者，奏明請旨，不必定憑故紙，仍入胥吏掌握。臣見戶部山西司每奏一案，必以活字板印行，積久成帙，名曰：陝曹奏牘。始自光緒九年，各部儻皆倣行，則准駁之故，人人可以檢察，不但舞弊者有所顧忌，堂司官練達事理，所益尤多。

一、旗兵宜破除積習以固根本也。各省駐防旂兵向稱忠勇，承平日久，習於驕惰，無異閑民。值海氛不靖，朝廷選擇將才，廣招新勇，內地旂兵罕聞、徵調廢弛情形，已在聖明洞鑒。夫運用槍礮各法，必學習二三年，方能心手相應。以精械付粗人，旬日間便成廢物。新勇皆市井無賴，而宿將願招募者爲其能耐苦耳。驅不教之卒，禦精嫺技藝之敵，徒恃耐苦二字，作萬一或勝之想，臣實不知其可，而慨然於旗兵之急宜精練也。練技藝、練攻守，須自練筋骨始。旗兵不執他役，原屬格外優待，然同治以來，湘楚諸軍，土木各工，皆責成勇丁，無礙戰事，蓋精力愈勞愈出，築疊挖濠，係行軍本分。請敕各將軍、都統，除實力訓練外，遇有臺壘、城濠、渠隄等事，應借資兵力者，令旗兵一體幫作。又，各省防軍練勇分紮要隘，均有護送餉差、緝捕盜賊之責，較旗兵苦樂懸殊。兵法首重地理，斷無株守城垣可稱有用之師者。宜將各省駐防旂兵酌抽數成，出屯要道，歸督撫兼轄，繩以漢人軍法，於護餉、緝捕等事分任辦理，以資練習。旗兵無忽招忽散、入會傳教諸弊，果能悉成勁旅，則綠營可減，餉項亦可稍節。值此時勢日棘，愈蹉跎愈難致力。滿蒙官員爲國家世僕，爲漢人表率，使人人知宴安酖毒之非，克自振作，一二十年後，滿蒙人才不亞於乾隆以前，天下幸甚。

一、文武大員宜勤以率屬也。屬員之賢否，視上官之好尚爲轉移，彼溺於聲色、貨利者，無論矣。卽或怡情金石，寄興詩詞，多一嗜好必多一懈弛，而屬員之勤政者怠矣。又如將軍提鎮舍馬坐轎，水師將領離船住屋，身耽安逸，何以督率弁兵？並有武員學爲詩畫，自鳴高雅，其於戎務廢弛必多。應請旨通行禁止，乃令於應事之餘，縱觀經史，激發忠誠；涉獵近令、地理、政書，講究新譯水陸兵法，期於實用有裨。夫人才不擇地而生，各省大員果能破除情面，屏斥浮文，於吏治、營務切實講求，需以歲月，當有可觀。此亦造就人才之一端也。

一、禁食洋煙，宜自士大夫始也。天下人才半壞於煙，士爲四民之首，不先立戒，何以責民？官爲民之表率，儻有嗜好，何以服眾？請敕各督撫、學政徧諭教官廩生，嗣後童生喫煙者，不准保送府縣試；諸生喫煙者，不准鄉試，並不准補廩；報優舉人喫煙者，不准會試。如有蒙混，從嚴徵辦；並請敕在京各部院堂官、在外將軍、督撫，查察有癮官弁，悉命回籍戒煙。查各國洋人均不喫煙，中華士大夫高談學問，侈言攘夷，於煙尚不如島族，恥孰甚焉！

一、分設算學、藝學科目以裨時務也。周官有九數之教，“曲禮”判六工之名，力必專精，詣乃深造。近年定算學取士之例，先由總理各國事務衙門考試算學後，送入順天鄉闈，同試詩文，華實兼收，非唐代明算科所得比。然習算之士罕來應試，其故有二，緣九章難於八股，算書中足資問難而非切用者，反覆窮究，皓首難盡究之。制器者衹須略知幾何、重學，而算家一切考據辯難，可弗偏習。今定例以算學及格物測量、機器製造、水陸軍法、船礮、水雷、公法條約、各國史事，一律考試，安有如此奇才，一人而兼眾長乎？徒令知難者逡巡不前，輕於嘗試者仍蹈空言無補之病，未盡善者一也。合眾人而衡，文或百無一取，或十取四五。令考算學者鄉試，卷面另編字號，每二十名取中一名，定額不得過三名。儻諸生文理均優，反因考算而限於定額，未盡善者二也。擬請分算學、藝學爲二門，試算學者兼天文及地理測繪，試藝學者以鑛學及製造船礮之學爲主，由總理各國事務衙門於秋闈之前嚴密三試之，擇優錄送順天鄉試，分編算學、藝學字號，增加中額，以廣招徠。臣更有請者，算、藝與詩文、試帖兼習之，未必兼精。定章令習算者並考詩文，不過借此以塞文士之口，徒徇俗情，仍歸敷衍。近時保舉、捐納，庸人皆可得官，獨於稍有實用者，必多方以靳之。可否專設算、藝二科，欽派大臣特試，倣照繙譯舉人、進士之例，不必兼試詩文，庶專門名家，各得自見。

一、水軍、陸軍急需文武兼通之才，宜破格鼓勵也。天津、閩粤設立水陸各學堂，本係因時制宜，而臣工猶或泥《海國圖志》舊說，謂“守外洋不如守海口，守海口不如守內河，”以學習船礮爲多事。如果船礮不必習，敵人果何恃而横行海上乎？夫沿海萬里，防不勝防，必有海軍數大枝，海口方能聯絡，各岸防軍亦可酌減。惟駕駛兵輪，法至精密，海道沙綫，固應熟悉，尤須知算學、汽學，乃可司機；能測七政恒星，乃可司舵。非獨武夫不足任，卽才智之士亦罕臻此詣。擬請敕各督撫督，令水師學堂學生勤習天文、海道、御風布陣、修造汽機、演放水雷諸法，期於能言能行，每若干年奏派海軍提鎮，率領學生駕駛練船，遊歷外洋，途中親試各生所學專門之技是否純熟，分記等第；到外洋時，由駐洋大臣按名試以水軍兵法各論，果能清通，奏明作爲水軍秀才，送辦理海軍南北洋大臣再加考試，擇其優者爲水軍舉人；並請敕各督撫督，令武備學堂學生勤習西國整散陣法、測算、遙擊、挖溝、交轟、馬步起伏及明暗臺塹、測繪地圖、管理軍械各事，每若干年奏派司道分內外場校閱技藝，條封兵法。果能精熟，作爲陸軍秀才，送南北洋大臣再加考試，擇其優者爲陸軍舉人，仍欽派王大臣覆校水軍、陸軍各舉人，擇最優者作爲進士。如文理較長，明白治體，量授文職，與文進士一體優待，上下毋欺，真才自出。臣又查武備水師學堂章程，本尚周密，近聞有將少年不能讀書者濫行送入，何能確收實效？應由該管大臣嚴行遴選，無論旗漢文武官員及士民子弟，須明白謹慎，文理清通，方准留學。凡文字、算學等，擇關係武備者設課，其餘概勿教學，免致分心。沿海海邊各省擇要增設水師，武備學堂一律辦理，以時宣講“聖諭”、“廣訓”及“朱子”、“小學”等淺近切要之書，啟發忠君愛國之忱。至舊有武科，得人本少，若輩恃有頂戴，往往武斷鄉曲，轉難約束。儻謂弓矢無益而改習火器，則家家可置槍礮，流弊尤甚，似應將舊例武科一律停止。

一、各省操法宜變通也。水師武備學堂非三四年所能見效，宜令各營先將新式後門槍礮及西人水陸操法擇要學習。今各督撫亦有知西人治軍之善者，以經費不盡合例未能一意講求，且大閱時仍須合操舊法，武弁既憚其勤勞，文員尤多所訾議，譬如鄉村富人延師課子，其子既畏讀書之難，旁觀亦謂不必效寒士攻苦，且謂其子聰明，足傲文士。一旦入文場，始悔學之未至。今之講求洋務者何以異是？擬請敕明白中外情形大臣，參考德、英諸國兵法，舍短取長，酌定簡明章程，認真教練。近來礮火猛烈，城垣難禦，外洋各國將舊有城郭撤毀，專事溝塹暗壘及升降不定之礮。蓋攻法變，則守法不能不變。各處緊要地方不可專恃高城大臺，亦宜令知兵大臣，籌畫設險之法，預爲演習。

一、工藝爲富強之基，宜加意考求也。古之教者，合道與藝爲一；唐虞之世，殳斨與皋夔同列朝班，誠以有裨。國家之事，雖至微細，必授以專官，俾求精造。惟樞機之運、鍊冶之純，悉本於算學、重學、化學、汽學，歷世傳授，方能以器製器，斷非一知半解所能窺見奧窮。各省機器、軍械、船政、電報各局委員多未學習，間或鹵莽涉獵，究難洞達精微。今各國往往遣王子赴他國學習工藝、兵法，用以深遠，可以想見。國家創辦幼童出洋之舉，行之已二十餘年，而成效尚未大著者，一則官場視爲鄙事，辦理仍等具文；一則專門之學，本非一蹴可幾；况所派子弟多未讀書，文義不明，難資重用。擬請敕總理各國事務衙門，察覈歷次奏定章程，切實推廣，選擇滿漢勳舊子弟已讀《孝經》、《四書》略知大義者，送同文館，教以淺近"九數"，視其性之所近，咨明駐洋大臣，分送各國書院、機廠、鑛局，於製器、駕船、兵法、商務、鑛務、農政、水法，殫精肄習。其水陸學堂、船政、機器各局優等學生，亦酌遣出洋，再加歷練，務期各擅一藝。回華後，派充諸局所委員，庶幾駕輕就熟，成效益彰。今日致富之要，當與地爭利，勿與民爭利。當栽培工商，以敵洋貨；而杜漏卮，勿搜括稅釐，以病民而自病。此礦務、商務、工藝所當竭力研求、以冀漸收力權者也。至添購兵艦，似可暫緩。以此財用培植工藝，俟學業有成後，或購或造，較有把握。

一、大小臣工宜力戒自欺也。世變之奇，有先聖所不及料者，而士大夫猶以不談洋務爲高。夫不談洋務可也，不知彼并不知己不可也。今我政事因循，上下粉飾，吏治、營務久爲鄰國所竊笑，明明不如人，而論事者動發大言，自謂出於義憤，不知適以長庸臣之怠傲，蔽志之聰明。一二有識者，畏受訾謷，或曲爲附和，或甘於緘默，絕無古名臣交相警戒之風。平日視危爲安，視弱爲強，文武驕惰，莫由覺悟。一旦有事，不肯平心體察，謬托正論，務虛名而罥實禍，誠可爲痛哭流涕者也。事前既莫知不如人，事後衆論，仍莫肯直認不如人，甘心自畫，又安望有自強之一日？擬請敕總理各國事務衙門，選擇同治以來辦理洋務奏摺、文牘，翻譯各國政務諸書，呈備御覽，並刊發各衙門、各處書院，俾天下士大夫洞悉中外情形，曉然於朝廷爲天下萬姓多方斡旋不得已之苦衷，庶人人知恥知難，愈恐懼愈發憤，人才以策厲而愈出，易危爲安，轉弱爲強，機實在此。

以上十三條，略知事務者類能言之，特爲嘗爲皇上切實敷陳耳。當此危疑震撼之時，輿論孔多，泥古者謹守舊章，憂時者競談新法，然積習實不能不改，而變法亦未敢輕言。臣祇就事所可行者，爲救弊補偏之計，非激揚士類，則虛文相市，可與共安樂而不可與濟艱危；非精究洋務，則成法雖高，可以制土寇而不可以備強敵。環海各國，以中華爲魚肉，皆由我之痼疾久中於腹心，而肢體之痿痺隨之。彼日本於三十年前爲英、美所敗，納弊行成，因懼而奮，遂成強國。我誠能發憤自強，合羣策羣力，急起直追，何事不可勉爲？若仍縛於成例、淆於浮議，不以全力赴之，雖勉行，十之八九亦無濟於事。伏乞皇上俯納芻蕘，迅飭內外各大臣悉心核議，實力實行，以振人心而扶危局。臣尤伏願皇上鑒天災之屢警，念民困之莫蘇，知外患之難弭，勵精圖治，日新又新，默究理亂之根源，曠覽宇宙之大勢，敕軍機處、總理各國事務衙門王大臣等，各矢公忠，綢繆未雨，集思廣益，共濟艱難；各部院堂司官精白一心，綜覈名實，使胥吏毋上下其手，以壞法度；將軍、督撫、提鎮各率其屬，懍然於朝政之嚴明，寡欲清心，杜絕請託，用人理財，一秉至公。自朝廷以致百執事，毋使勤而終怠，毋狃目前而忘遠慮。上有臥薪嘗膽之大臣，下有斷齏畫粥之志士，賢才爭奮，庶政修明，四境綏安，遠人賓服，實天下臣民所旦夕仰望者也。微臣遠處西陲，於海防近事未得其詳。念時局之日艱，愧獻言之已晚，冒昧上陳，敬效愚者千慮之一。伏乞皇上聖鑒訓示。謹奏。光緒二十一年五月十一日。光緒二十一年六月十五日，奉旨：留中。欽此。

光緒二十一年閏五月十二日，奉旨：原折封存，另鈔歸箍[2]。

補證

【案】此摺原件兩岸各档案机构查無著落，錄副[①]現藏於中國第一歷史檔案館，又載於《皇清經世文編》[②]，兹據校勘。

[1]【頭品頂戴甘肅新疆巡撫臣陶模跪】底本無前銜，兹據錄副校補。

[2]【光緒二十一年閏五月十二日，奉旨：原折封存，另鈔歸箍】因錄副奉旨日期字跡漫漶不清，兹據《隨手檔》[③]校補。

① 中國第一歷史檔案館藏：《錄副奏摺》，檔號：03-5325-050。

② 邵之棠編：《皇清經世文編》，卷三十一，內政部四，用人。

③ 中國第一歷史檔案館藏：《軍機處隨手登記檔》，檔案編號：03-0284-2-1221-159。

卷　四

新疆四

〇三八　請將新操武員留於新疆補用摺

光緒二十一年閏五月十九日（1895 年 7 月 11 日）

頭品頂戴甘肅新疆巡撫臣陶模跪[1]奏，爲教習新式操法武員才堪補用，擬請留於甘肅新疆候補，並俟各教習均著成效，再行量請獎敘，恭摺仰祈聖鑒事。

竊維兵法視時勢爲變通，蹈常襲故向所稱爲勁旅者，或至漸成弩末。新疆自經戡定，馬步操演仍沿湘、楚諸軍之舊。臣到任後，竊欲參用各種新式步法、陣法及槍礮測準、挖溝築壘諸法，惟人情憚於謀新，難與慮始，因咨商北洋大臣李鴻章，先後由武備學堂選派教習花翎補用都司儘先補用守備張志文等前來新疆，以資試辦；並募成威遠礮隊一哨，歸張志文管帶，均經奏明在案。現在撫標及提鎮各標，飭同各教習以次教練，各營弁勇罔不按時演習，以期漸臻嫺熟，良由該守備操法既悉竅要、辦理復能認眞也。臣查花翎補用都司儘先補用守備張志文，材藝優長，兼明書算，現雖官階較小，充其才識所至，實屬不可多得之員，相應懇恩准將該守備留於甘肅新疆候補，以儲邊才而備擢用，並懇俯准俟各教習均著成效，由臣分別請獎，以示鼓勵，出自鴻施。除開具各銜名清摺咨部存記外，謹會同陝甘總督臣楊昌濬，恭摺具陳。伏乞皇上聖鑒訓示。謹奏。光緒二十一年閏五月十九日。

（硃批）：著照所請，兵部知道[2]。

光緒二十一年六月二十日，奉硃批：著照所請，兵部知道。欽此[3]。

補證

【案】此摺原件①現藏於臺北“故宮博物院”，錄副②藏於中國第一歷史

① 臺北“故宮博物院”藏：《軍機及宮中檔》，文獻編號：408002945。

② 中國第一歷史檔案館藏：《錄副奏摺》，檔號：03-5996-022。

檔案館，兹據校勘。

[1]【頭品頂戴甘肅新疆巡撫臣陶模跪】底本無此前銜，兹據原件補。

[2]【著照所請，兵部知道】此“硃批”據原件補。

[3]【光緒二十一年六月二十日，奉硃批：著照所請，兵部知道。欽此】此據録副校補。

【案】光緒二十一年九月二十八日，新疆巡撫陶模奏請以張志文補授喀什噶爾提標城守營開花炮隊守備員缺，曰：

頭品頂戴甘肅新疆巡撫臣陶模跪奏，爲揀員請補守備員缺，以重操防，恭摺仰祈聖鑒事。竊新疆喀什噶爾提標城守營開花礮隊守備員缺，業經奏准作爲題缺，亟應揀員請補，以專責成。查有花翎補缺後補用都司留甘肅新疆儘先補用守備張志文，熟悉礮法，堪以請補。合無仰懇天恩，俯准以張志文補授喀什噶爾提標城守營開花礮隊守備員缺，以裨營伍。如蒙俞允，並懇敕部發給劄付。該員應照烏魯木齊補放守備例，毋庸送部引見。除飭取履歷清冊咨部外，謹會同陝甘總督臣楊昌濬、署喀什噶爾提督臣張俊，恭摺具陳。伏乞皇上聖鑒訓示。謹奏。光緒二十一年九月二十八日。① 光緒二十一年十二月十二月初二日，奉硃批：兵部議奏。欽此②。

〇三九　預估光緒二十二年新餉摺

光緒二十一年六月十九日（1895 年 8 月 9 日）

頭品頂戴甘肅新疆巡撫臣陶模跪[1]奏，爲援案預估光緒二十二年新疆等處新餉，懇恩飭部指撥，以濟要需，恭摺仰祈聖鑒事。

竊查光緒二十一年餉數，上年經部指撥銀二百五十二萬兩。兹居估撥二十二年新餉之期，飭據布政使饒應祺議覆新疆撫標、提標、阿克蘇、巴里坤兩鎮標，應需俸餉銀一百五十六萬兩，軍裝、器械銀十

① 臺北“故宫博物院”藏：《軍機及宫中檔》，文獻編號：408002960。

② 中國第一歷史檔案館藏：《録副奏摺》，檔號：03-5909-007。

萬兩，地方例支、雜差、車脚、口分銀五萬兩，古城旗營經費銀六萬五千兩，司庫例支不敷銀十八萬八千兩，善後經費銀七萬兩；伊犁鎮標俸餉銀二十四萬六千兩，軍裝、器械銀二萬兩，善後經費銀六萬四千兩；塔爾巴哈臺協標俸餉、軍裝、器械、驛站經費銀十二萬七千兩，善後經費銀三萬兩。共需銀二百五十二萬兩，均係實需款項，萬難核減。惟現值時事多艱，款項支絀，自應勉圖節省，以紓餉力。前項應撥餉數，除撫、提、鎮、協各標俸餉、旗營經費、司庫例支不敷並塔城驛站經費共銀二百一十八萬六千兩仍難議減外，其餘製辦、軍裝、器械、地方例支、雜差、車脚、口分並善後經費等項銀三十三萬四千兩，擬酌減銀十萬兩，將來能否敷用，尚難逆計。倘實有不敷，屆時再行酌辦。共計實需銀二百四十二萬兩，詳請具奏前來。查新疆餉數，光緒二十年分經臣核減銀四萬二千兩，茲復酌減銀十萬兩。計光緒二十二年分新疆、伊犁、塔爾巴哈臺共需銀二百四十二萬兩，相應懇恩飭部，照數指撥，由甘肅藩司統收分發，以濟要需。此外，喀什噶爾沿邊帕米爾等處調紮馬步營旂，加給行糧及轉運等項經費，部議由新疆防軍存款、司庫歷年用存常餉銀內動撥，容俟察看情形，酌量抽回，藉資節省。至新疆司庫、伊塔道庫、塔爾巴哈臺同知庫應否照案提撥銀兩，另款封存，並懇飭部核議。所有預估光緒二十二年分新疆等處餉數各緣由，謹會同陝甘總督臣楊昌濬，恭摺具奏。伏乞皇上聖鑒訓示。謹奏。光緒二十一年六月十九日。

（硃批）：戶部議奏[2]。

光緒二十一年七月二十三日，奉硃批：戶部議奏。欽此[3]。

補證

【案】此摺原件①藏於臺北“故宮博物院”，錄副②藏於中國第一歷史檔

① 臺北“故宮博物院”藏：《軍機及宮中檔》，文獻編號：408002949-0。

② 中國第一歷史檔案館藏：《錄副奏摺》，檔號：03-6637-124。

案館，兹據校勘。

[1]【頭品頂戴甘肅新疆巡撫臣陶模跪】底本無此前銜，兹據原件補。

[2]【戶部議奏】此"硃批"據原件補。

[3]【光緒二十一年七月二十三日，奉硃批：戶部議奏。欽此】此奉旨日期等，據錄副補。

〇四〇　請將新疆回部王公年班展緩片
光緒二十一年八月初一日（1895年9月19日）

再，臣准理藩院咨：續添新疆回子王公等年班班次，二十年係哈密回子親王沙木胡索特①，二十一年輪應吐魯番回子郡王瑪木特②，二十二年輪應庫車回子郡王阿密特③，二十三年即以阿克蘇回子郡王銜貝勒哈的爾來京該班，二十四年卽令拜城回子輔國公愛瑪特來京該班，並准咨催本年年班，應飭該回部郡王依限來京，各等因。事關年班盛典，自應飭令起程，以符例制。惟現值甘肅回氛未靖，道途時梗，若令冒險前進，竊恐按限既未能抵京，疏虞更在所難免，且吐魯番所屬纏民良莠不齊，難保關內回匪不隱相勾結，得該郡王就近彈壓，於邊防亦屬有裨。相應懇恩俯准，將吐魯番回子郡王瑪木特應行光緒二十一年年班展至

---

① 沙木胡索特（1857—1930），哈密札薩克和碩親王，哈密札薩克和碩親王伯錫爾王府塔爾臺吉之子。光緒八年（1882），襲札薩克和碩親王位。十一年（1885），賞戴三眼花翎。光緒廿一年（1895），賞黃韁。三十年（1904），賞穿帶月素貂褂。民國四年（1915），授翊衛使、一等嘉禾章，特給雙俸，封"管理哈密地方鑲紅旗世襲罔替頭等札薩克雙親王"。民國十九年（1930），卒於哈密。

② 瑪木特（1881—?），阿克拉依都之子。光緒七年（1881），承襲吐魯番郡王爵。十年（1884），以修墓署、葬親請領伊故父恤賞銀兩，得允行。十五年（1889），進京朝覲，賞三眼花翎。卒年未詳。

③ 阿密特（?—1895），維吾爾族，庫車王族，米爾札·愛瑪特次子。道光二十二年（1842），隨父進京。同治三年（1864），其父遇害。光緒四年（1879），承襲爵位。九年（1883），封親王爵位，賜頂戴、花翎。二十一年（1895），進京覲見，歸途次卒於蘭州。

二十二年，依限赴京，作爲正班，毋庸補行二十一年年班；並將各回子、王公年班以次遞展一年，計二十三、四、五年等年，以庫車、阿克蘇、拜城回子王公等三人分年該班。自二十六年起，再以哈密回子親王爲始，按班輪轉，出自鴻慈。謹會同陝甘總督臣楊昌濬，附片具陳。伏乞聖鑒訓示。謹奏。光緒二十一年八月初一日[1]。

（硃批）：著照所請，該衙門知道[2]。

光緒二十一年九月初三日，奉硃批：著照所請，該衙門知道[3]。

補證

【案】此奏片原件①現藏於臺北"故宮博物院"，兹據校勘。

[1]【光緒二十一年八月初一日】此具奏日期僅見於底本。

[2]【著照所請，該衙門知道】此"硃批"據原件補。

[3]【光緒二十一年九月初三日，奉硃批：著照所請，該衙門知道】此奉旨日期與內容，據《隨手檔》②校補。

〇四一　調馬步三營旗增防哈密片

光緒二十一年八月十四日（1895年10月2日）

再，甘肅回氛猖獗，新疆防務以省城爲根本，哈密尤屬東路門戶。現委補用遊擊焦生有，就省城城關招募馬隊一旗，並調駐紮阿克蘇新字營步隊一營、撫標礮隊一哨回省，以備調遣。哈密廳城除現駐協營步隊一營、馬隊一旗外，並調該營分駐七克勝木右旗馬隊一旗、署古城營遊擊羅平安步隊一營、署吐魯番營中軍守備周陞朝馬隊一旗，前赴該廳，擇要扼紮。此後應否加添馬步，容俟察看情形，再行辦理。

---

① 臺北"故宮博物院"藏：《軍機及宮中檔》，文獻編號：408002954-0-A。

② 中國第一歷史檔案館藏：《軍機處隨手登記檔》，檔案編號：03-0285-1-1221-226。

謹附片陳明。伏乞聖鑒。謹奏。光緒二十一年八月十四日[1]。

（硃批）：知道了[2]。

光緒二十二年正月二十九日，奉硃批：知道了[3]。

補證

【案】此奏片原件①現藏於臺北"故宫博物院"，兹據校勘。

[1]【光緒二十一年八月十四日】此具奏日期僅見於底本。

[2]【知道了】此"硃批"據原件補。

[3]【光緒二十二年正月二十九日，奉硃批：知道了】此據《隨手檔》②校補。

○四二　委道員潘效蘇辦新疆東防營務處片
光緒二十一年八月十四日（1895年10月2日）

再，哈密安西防務關重，非遴委妥員、會同各將領隨時商辦，不足以昭周密。查有鹽運使銜遇缺題奏道迪化府知府潘效蘇③，才識閎通，素明韜略，向在陝甘總督左宗棠行營，辦事多年，營務最爲熟悉，應飭前往哈密，辦理新疆東防馬步各軍營務處事宜。所有迪化府日行

---

① 臺北"故宫博物院"藏：《軍機及宫中檔》，文獻編號：408002958-0-A。

② 中國第一歷史檔案館藏：《軍機處隨手登記檔》，檔案編號：03-0288-1-1222-019。

③ 潘效蘇（1838—1913），原名潘德音，字重賢，號少泉，後改效蘇，湖南省長沙府湘鄉縣人。咸豐十一年（1861），由俊秀投効軍營。同治二年（1863），以克復杭州等城功，經左宗棠保奏，以縣丞留於浙江，賞加同知銜。五年（1866），任西甯府循化同知。七年（1868），經左宗棠保奏，以同知改留陝西補用。八年（1869），署膚施、澄城等縣知縣。嗣丁母憂，回籍守制。服滿後赴甘肅，經理恪靖中營營務。十年（1871），調署狄道州知州。次年，調署河州知州。光緒四年（1878），經左宗棠奏保，以知府用，補河州知州，轉循化廳同知。九年（1883），經劉錦棠調赴新疆軍營，旋補迪化直隸州知州。十二年（1886），署和闐直隸州知州。十四年（1888），調署伊犁府知府。十五年（1889），經護理新疆巡撫魏光燾奏補迪化府知府，並加鹽運使銜。二十一年（1895），經前陝甘總督陶模保奏，以道員歸甘肅新疆補用，賞西林巴圖魯勇號。次年，遷新疆鎮迪道，兼按察使銜。二十四年（1898），調補巴里坤道，署新疆藩司。二十七年（1901），升補甘肅按察使，擢新疆布政使。次年，升授甘肅新疆巡撫。三十一年（1905），褫职。次年，回籍。後爲盛京將軍趙爾巽顧問。民國二年（1913），卒。

事件，暫委署迪化縣知縣劉澄清代折代行，以重公務。謹附片陳明。伏乞聖鑒。謹奏。光緒二十一年八月十四日[1]。

（硃批）：知道了[2]。

光緒二十二年正月二十九日，奉硃批：知道了。欽此[3]。

補證

【案】此片原件①現藏於臺北“故宫博物院”，錄副②藏於中國第一歷史檔案館，茲據校勘。

[1]【光緒二十一年八月十四日】此具奏日期僅見於底本。

[2]【知道了】此“硃批”據原件補。

[3]【光緒二十二年正月二十九日，奉硃批：知道了。欽此】此硃批日期等，據錄副校補。

〇四三　添調馬步進紮安肅等處摺
光緒二十一年八月十七日（1895年10月5日）

頭品頂戴甘肅新疆巡撫陶模跪[1]奏，爲甘肅回匪不靖，抽調馬步進關扼紮，並調馬隊分駐安西一帶，以防西竄，恭摺仰祈聖鑒事。

竊照甘肅自循化撒拉回子肇亂，河州、狄道、西甯等處回民先後蠢動，勢日蔓延。臣以甘、涼兩府係蘭州迤西沃壤，肅州又爲關内外樞要，該各處有事，則甘省軍務更形棘手，新疆東路亦屬可虞。正擬籌撥[2]營旂前往助勦，適准督臣楊昌濬咨商前來。查新疆回民甚衆，良莠不齊，若就近抽調，竊恐兵力單薄，根本空虛，難保彼族不因而生心，致有勾結、煽動之患。當商署喀什噶爾提臣張俊，派阿克蘇鎮標中營遊

① 臺北“故宫博物院”藏：《軍機及宫中檔》，文獻編號：408002958-0-B。

② 中國第一歷史檔案館藏：《錄副奏片》，檔號：03-5911-073。

擊補用總兵趙有正步隊一營，改爲新軍中營，署伊犁鎮標城守營都司補用副將魏其德步隊一旂改爲新軍前旂，署提標莎車協中軍都司補用提督陳國民馬隊一旂改爲新軍左旂，護理提標城守營中軍守備補用都司張守祥馬隊一旂改爲新軍右旂。合計步隊一營一旂、馬隊二旗，均歸趙有正統帶，先後開拔進關。又，查安西、玉門等屬，原設營兵無多，並派補用提督牛允誠所帶定邊馬隊一旂，改爲定邊中旂，瑪納斯協左旂都司補用參將陶廷相馬隊一旂改爲定邊左旂，署塔城協前旂守備補用都司陳泗海馬隊一旂改爲定邊右旂。合計馬隊三旂，均歸牛允誠統帶，先後開拔前進。惟程途甚遠，到防需時，賊勢、軍情時有變易。頃接督臣來電；探聞賊酋計議，有如事不成，當效白彥虎故轍，直竄新疆，等語。查董福祥、牛師韓各軍，指日進勦，倘賊勢窮蹙，并力西竄，安西南山岐路甚多，并無須由肅州大道，各路均應嚴防。牛允誠馬隊三旂尚慮不敷分布，現飭趙有正馬步四營旂分紮肅州地面，東爲甘涼聲援，萬一賊由小路竄出，則移師西轉，以爲牛允誠接濟。似此東西兼顧，於甘、新兩省均屬有裨。至各馬步派赴安西、肅州等處，係屬離省，應照光緒十九年駐防喀什噶爾沿邊營旂章程，從本年十月初一日起暫支行糧，並添設棚夫，以示體恤。趙有正、牛允誠酌給統費，俾資辦公。一俟事竣回防，仍支坐糧，統費、棚夫概行停止，往返需用運費，據實造銷。飭據布政使饒應祺具詳前來。相應繕具清單，恭呈預覽。所有抽調馬步前赴安西、肅州防剿各緣由，謹會同陝甘總督臣楊昌濬，恭摺具陳。伏乞皇上聖鑒訓示。謹奏。光緒二十一年八月十七日[3]。

（硃批）：該部知道[4]。

光緒二十二年正月二十九日，奉硃批：該部知道[5]。

補證

【案】此摺原件①現藏於臺北“故宫博物院”，兹據校勘。

① 臺北“故宫博物院”藏：《軍機及宫中檔》，文獻編號：408002958。

[1]【頭品頂戴甘肅新疆巡撫陶模跪】底本無此前銜，茲據原件補。

[2]【籌撥】原件作“抽撥”，當是。

[3]【光緒二十一年八月十七日】原件具奏日期爲“光緒二十一年八月十四日”，查《隨手檔》亦然。底本當訛誤。

[4]【該部知道】此“硃批”據原件補。

[5]【光緒二十二年正月二十九日，奉硃批：該部知道】此硃批日期等，據《隨手檔》① 補。

〇四四 覆奏中外臣工條陳時務摺

光緒二十一年八月二十六日（1895 年 10 月 14 日）

頭品頂戴甘肅新疆巡撫臣陶模跪[1]奏，爲遵旨覆奏，恭摺馳陳，仰祈聖鑒事。

竊臣於光緒二十一年七月十五日承准軍機大臣字寄：光緒二十一年閏五月二十七日，欽奉上諭：自來求治之道，必當因時制宜，況當國事艱難，尤應上下一心，圖自強而弭隱患。朕宵旰憂勤，懲前毖後，惟以蠲除痼習、力行實政爲先，疊據中外臣工條陳時務，詳加披覽，採擇施行。如修鐵路、鑄鈔幣、造機器、開礦產、折南漕、減兵額、創郵政、練陸軍、整海軍、立學堂，大抵以籌餉、練兵爲急務，以恤商、惠工爲本源，皆應及時舉辦。至整頓釐金、嚴覈關稅、稽察荒田、汰除冗員各節，但能破除情面，實力講求，必於國計、民生兩有裨益。著各直省將軍、督撫將以上諸條各就本省情形，與藩、臬兩司暨各地方官悉心籌畫，酌度辦法，限文到一月内分晰覆奏。當此創鉅痛深之日，正我君臣臥薪嘗膽之時，各將軍、督撫受恩深重，具有天良，諒不至畏難苟安，空言塞責。原摺、片均著鈔給閱看。將此由四百里

① 中國第一歷史檔案館藏：《軍機處隨手登記檔》，檔案編號：03-0288-1-1222-028。

各諭令知之。欽此。等因。伏念臣以菲材，受恩最渥，値此時勢艱虞，曷敢不殫竭愚忱，以冀涓埃裨補。惟是新疆情形與內地不同，戈壁荒寒，無多物產，俄商既未榷稅，如僅榷華商，則影射生端，徒滋轇轕，是以臣於光緒十八年奏准，將土貨釐金概行裁免，是新疆並無釐金可徵。營制雖改防爲標，而一切章程仍照營勇辦法，新疆孤懸塞外，幅員萬里，平日已不敷分布，近因甘回叛亂，調兵分防哈密、安西、肅州等處，不得不暫時添募，應俟回匪平定後酌量裁減。是新疆目前尚無可裁之兵。夫議裁綠營，亦以其狃於積習耳。自光緒十九年調派洋操教習西來，臣督飭各營依次習練，雖未能悉改舊章，而運用槍礮諸法，弁勇間有領悟。惟火器不能一律，亦勢使之。然向來綠營參用鳥槍不多，近來湘、楚各軍火器不過四五成[2]，耗費已增於舊，若槪用後膛新械，固將弁所甚願。惟操演槍礮所需藥彈及修理各費，又將倍蓰，平日限於財力，臨時安得不拉雜？購用艱難情形不獨新疆爲然也。和闐金鑛暨迪化、溫宿銅、鐵諸鑛，前撫臣及臣先後勘採，祇因鑛學乏人，沙漠長途，轉運薪糧，所費尤鉅，歷年虧纍，無從報銷。光緒十九年十二月，奉上諭商辦和闐金鑛，遵卽會同陝甘督臣楊昌濬，札委嘉峪關洋弁比利時國人遊擊銜林輔臣、候選巡檢施再萌，裹糧往勘，從羅布淖爾以南縱橫二千餘里，曠無人煙，山谷幽邃，察看稽遲，疊據稟報，尚無端緒。容俟該委員等回省，詳詢情形，再行覆奏。新疆屯墾，自安插遣犯，招徠流氓，厚給牛工、籽種，爲款頗鉅，乃旋懇旋逃，迄無成效，良以農事最苦，非退卒、遊民所樂爲。嗣後惟有責成地方官，加意撫循，招徠土戶，逐漸墾闢，寬定升科年限，務期歲有增加。惟地曠人稀，非剋期所能奏效。臣復詳閱大學士徐桐①、廣西按察使胡燏

① 徐桐（1819—1900），字豫如，號蔭軒、仲琴，漢軍正藍旗人。道光三十年（1850），中式進士，改庶吉士。咸豐二年（1852），授翰林院編修。次年，任武英殿纂修。八年（1858），充文淵閣校理，任順天鄉試同考官。十年（1860），任實錄館協修。同治元年（1862），補實錄館纂修、上書房行走。次年，升實錄館漢總纂。三年（1864），轉翰林院侍講，署日講起居注官、教習庶吉士。五年（1866），任漢日講官。次年，充侍講學士。七年（1868），任侍讀學士。九年（1870），補太常寺卿，署都察院左副都御史。次年，遷內閣學士，兼禮部右侍郎。十二年（1873），

棻①等各條奏[3]，或意在剔除時弊，或意在步武泰西，言之極爲懇切。世變日棘，非更法無以自強，臣於本年五月十一日具奏培養人才、勉圖補救一摺，意亦同此。第更法非難，更法而無弊爲難。今日帑藏空竭，豈容以羅掘之餘，輕率從事？夫不知我之所以失者，不足語於彼之所以得也；不懲既往之幣者，不足與於將來之利也。臣謹就臣所奏各條，推廣其意，約舉四端：

一曰核實用材。伏讀上諭“臥薪嚐膽”等語，凡在臣下敢不激發天良，於艱難困苦中屏絕浮華，力行實政，以仰副我皇上宵旰憂勤至意。臣聞西人豐於實事，儉於浮文，雖宮府儀衛，亦甚簡略。華人辦理洋務，他無所得，而侈靡先之。各局總辦、提調委員或要津屬託，或親故攀援，虛領薪資，徒滋弊竇。目前如諸臣所奏，將鐵路、開鑛諸政一一舉行，恐閑員、遊士濫厠其間，更不知伊於胡底。自後各項人員應請先行考核，事非素習，毋許濫竽，浮冒開支，概行刪汰，庶費不虛擲、效可漸收矣。

一曰破格儲材。算藝取士，應加額分科，水、陸學生必兼通文

（接上页）兼署戶部左侍郎、工部左侍郎。光緒元年（1875），任實錄館副總裁。是年，充順天恩科鄉試副考官。二年（1876），轉吏部右侍郎。次年，補都察院左都御史。四年（1878），擢禮部尚書，兼署吏部尚書。次年，加管理三庫大臣，加太子少保銜。八年（1882），任翰林院掌院學士，兼管八旗官學。次年，補國史館正總裁，兼會試正考官。十年（1884），調吏部尚書，兼兵部尚書，並任上書房總師傅。十四年（1888），兼武鄉試正考官。次年，升協辦大學士，兼會典館正總裁，晉太子太保銜，署工部尚書、戶部尚書。二十年（1894），兼署禮部尚書。二十二年（1896），升補大學士，管吏部事務。是年，調體仁閣大學士。二十六年（1900），自縊身亡。著有《治平寶鑒》行世。

① 胡燏棻（1840—1906），字芸楣、雲楣，安徽泗州人，浙江蕭山，監生。同治三年（1864），中舉，捐候選郎中，補刑部奉天司行走。八年（1869），任刑部奉天司主稿。十三年（1874），中式進士，改翰林院庶吉士。光緒二年（1876），授廣西靈川縣知縣。五年（1879），署直隸大順廣道。八年（1882），署直隸天津道。十二年（1886），實授直隸天津道。十五年（1889），署長蘆鹽運使。十七年（1891），遷調廣西按察使。次年，署廣西布政使。二十一年（1895），升補順天府尹。二十三年（1897），兼任順天鄉試監臨，稽查左翼宗學。次年，以候補侍郎充考試大臣，並任總理衙門行走。二十七年（1901），署工部右侍郎兼管錢法堂事務，襄辦京畿善後營務事宜。次年，調刑部右侍郎。三十一年（1905），兼署工部左侍郎。次年，補禮部右侍郎、郵傳部右侍郎。卒於任。

武，出洋人員宜如何端品而矢忠愛之忱，奉使大臣宜如何稽察而任考試之責，不拘文武，惟視所能，臣前摺亦經詳細陳明。曩時出洋學生可用者，亦多祗以拘於資格，令素未諳習之員駕乎其上，全局因之不振。嗣後水陸將弁不諳各國兵法者，各局、所監督委員不諳製造各學者，皆當逐漸更易，卽以優等學生充之。舊例武科，無裨軍事，徒害鄉閭，急當罷行，斷不可改習火器，致滋流弊。西人弁兵之長在明於製器、用器之理及兵法、輿地各書，必須入學堂肄業，師友觀摩，並非但知施放槍礮已也。草野武夫既乏新書、奇器，又不便聚徒講貫，性情椎魯，難習韜鈐。今議者欲改試槍礮，勢必家置火器，後患更難設想。應於沿江、沿海設立武備水師學堂，卽以此爲武學，秀才、舉人，於此拔之；都、守、千、把於此取之。果能實力栽培，分布各處，足敷干城之用，西北諸省無庸徧設武學。至於各項武備工藝、考試優劣，苦無深通此事之大臣以爲試官。閱進士康有爲所陳，“近支王公妙年英邁者，宜令入學堂學習”。洵爲儲材要計。臣以爲既學洋務，在華不若出洋，地遠誼疏則瞻徇少，見多識廣則學業精。此卽各國致強之本，應卽請旨辦理，以爲士民表率。

一曰推行宜漸。論時事者急求富強，然理財當靜不當擾，農、商二業疲困已極，取民之數無可再增。臣生長江浙之間釐金最旺之地，目擊商民由富而貧，由貧以至於赤貧，皆由釐金纍之。委員、司巡稍不如意，卽指爲偷漏，勒罰十倍至二、三十倍不等。若輩囊橐得自侵匿者多，得自勒索者亦不少。今議者欲盡括此數爲公家應得之款，並以收數最鉅之年爲定額，抑知正項旣增，委員、司巡之私入能禁乎？立法從寬尚流於刻，如此不留餘地，名爲惠商，實則病商。議者又欲以比較數目按月報部，不知吏胥以報部爲良法，外官視報部爲弊政。往年戶部所定錢糧徵信册之類，汗牛充棟，孰能檢閱？外官慮受駁斥，或賄吏胥以求省事。前大學士閻敬銘致仕還家，深知其非。釐金繁瑣，若亦如此辦理，徒爲吏胥增一利藪，爲小民加一番剥削耳。天下合例之案卷日多，天下守法之廉吏日少，其弊可以想見。夫良民孰不畏官，但願無留難需索，本自樂輸。商人每業皆有首領，市廛每歲出納貨物，成本若干、應税若干，人所共知，或令公舉一二正人在會館包繳釐金，一切局卡、委員、浮費、叢弊似可悉除。惟各處情形不同，應由地方官斟酌辦理。至於開墾荒地，亦難急切，民果見利，無勞督促；廢地不墾，自有苦衷。如江蘇之吴江、震澤，往往富人視田爲纍，甘心送人，他處更可類推。經理墾荒，有司之責，若考成太嚴，猾者必借此邀功，以荒報熟。曩年陝西延安、綏德、鄜州各屬，曾有此弊，纍民殊甚。要之事不通籌，動多窒礙。司農歲入較之於古，未嘗不富，然民氣漸凋，度支日絀，嘉慶、道光年間已有銀荒之患。各國通商後，每歲漏卮數千萬，中國銀根已竭，無論如何整頓擴充，斷未能一時復原。紛紛立法，謀利愈急，纍民愈甚，欲無纍民，舍開鑛無他術。然自辦則虧折立見，延洋員則駕馭殊難，急宜於京師及濱臨江海之區設立鑛務學堂，加意講求，鑛學既明，派赴各國鑛廠閲歷考證，然後還勘各省五金諸鑛，一一開採，庶有實效。人人知寶藏，自在不藉搜括，民心亦可稍安，人才得地利興，方有成本；以行鈔鑄幣，方可自設製造各廠；能自製造，方可將兵器歸於一律，方可令鐵軌、鋼艦左宜右有。若不按次序，雜然並興，果有富人承辦固善，否則専恃借貸，勢必利歸人而害仍在已，不可不深長思也。

一曰根本宜急。臣按:《大學》先論本末，後言生財。終斥務財用之，非孟子“先仁義而後利”，使孔孟再生，必議變法，必不専言富强。夫有弊當革，有利當興，不求富强，而富强自致。是謂王道。急欲富强而競謀功利，是謂雜霸。朝野上下，堂堂言利。北宋之覆轍，宜懲憂貧而勤繭絲，同舟且成敵國，遑論海外？臣非阻撓洋務者也。竊意更張不可少緩，而根本急宜先治，根本莫要於取士用人，人才之所以不振，皆由考試太濫，捐納太廣，保舉太多，名成年長，境窮志汚，教無從教，劾不勝劾。日日言破除情面，而終無由破除；日日言實事求是，而終不得實效。此病根之所在也。不治病根，但學西法，聚闒茸嗜利之輩，以期富強，祇於舊法外增一法，不得謂之變法；且於積習外增一積習，不得謂之祛積習夫東、西洋各國之所以自立者，在法亦在人。試令各國亦學我之取士、用人，則彼所謂富強不過四、五年而衰弱矣。又，試令島族納士歸誠，取其已富之財、已強之兵，令我闒茸嗜利之輩往治之，不過一、二年而弊端百出矣。今日之敗，釀之甚久，癰瘍已發，雜治更危。當靜查其病所由來，求對病之藥，庶無療根解毒而徐收其效。我皇上懲前毖後，以蠲除痼習，力行實政爲先，誠大有爲之機也。臣竊謂天下有漢以來之痼習，納資得官是也；有唐以來之痼習，詩賦取士是也。昔程子以館閣清選爲名實未正，以增設解額爲利誘之法。朱子論科舉之弊，其說尤多，甚至謂“若要恢復，須罷三十年科舉”。蓋庠序之教宜廣，而選舉之制貴嚴。今濫取濫保，名爲得士，實則害政。捐班則況而愈下捐，至於武職，更無論矣。今年不能停止則明年，明年不能則後年，捐班之弊，實較洋債爲重。各省匪類日滋，甚或猖狂叛逆，豈盡民之無良，大半由官吏激成之。官吏豈樂爲不肖，大都由學術未正、仕途擁擠釀成之。多取一遊士，即多傷一分元氣。每年收百餘萬之捐資，將來即償以千百倍之脂膏。興言及此，能弗寒心！急宜抑其浮囂，歸之農畝，停止分發一、二十年，官少政清，得良有司以撫民，則黎庶悉敦本業；得良有司以弭盜，則營勇亦可議裁。至於農桑諸務，西人皆設學講求，而華人概從鹵莽。此亦根本所當急者。臣反覆籌思，竊以爲欲求富強，必以崇節儉、廣教化、恤農商爲先；欲新政治，必以變士習、減中額、汰內外冗官爲先。伏乞皇上宸衷獨斷，於根本之病先行清理，然後安內攘外之策綱舉目張矣。微臣迂謬之識，非敢故爲高論，誠恐急功近利，效未見而害更大。因與布政使臣饒應祺、鎮迪道兼按察使銜臣丁振鐸再三商榷，意見相同，謹恭摺覆奏，是否有當？伏乞皇上聖鑒訓示。謹奏。光緒二十一年八月二十六日拜發。十月初四日，奉旨：留中。

補證

【案】此摺原件[①]人爲一分爲二，現均藏於中國第一歷史檔案館藏，兹據校勘。

[1]【頭品頂戴甘肅新疆巡撫陶模跪】底本無此前銜，兹據原件補。

[2]【四五成】原件作“三四成”，當是。

[3]【案】光緒二十一年五月二十六日，内閣學士徐桐以國用日絀，宜正本清源，以挽頽局而培國脈，具摺曰：

臣徐桐跪奏，爲國用日絀，亟宜正本清源，以挽頽俗而培國脈，恭摺瀝陳，仰祈聖鑒事。竊維孔門論政，節用爲先，是以唐虞以茅茨土階而興，大禹以卑宮菲食而王。矧國家多難之際，尤宜慎乃儉德，以爲永固。現在和議雖成，軍事未蕆，賠款二萬萬兩，合之洋債之利，已非數十年所能清償。重以内地通商，民生日盛；倭船所至，稅釐全虧。以後出款日益加多，進款則日益加少，數年之間，民窮財盡，不待外夷之生心，而將有坐困不支之勢矣。議者必曰稅項有可益也，礦利有可開也。夫今之子口，洋稅與土藥稅釐，誠宜增加，最爲有益無損。然必須洋人遵我約束，方可舉辦，若復纍及商民，則我朝列聖相承，必以節用愛人爲本務。所以髮、捻之亂，四海騷動，而民無離心。今各省之釐金、川省之津貼，已屬萬不得已之舉，豈忍復增絲毫以爲民纍？至於開礦之利，固屬取之自地，然非有千萬成本，何能容易施功？即使礦利有加，而輸之官不過十之一二，餘則盡飽私囊，徒虧成本，未見實效。若歸商辦，更啟紛爭。均非經國之謀所宜出也。爲今之計，非躬行節儉爲天下先，不足爲裕國足民之本。恭讀宣宗成皇帝“御製慎德堂記”曰：“我大清龍興東土，首要樸實，列聖丕承，凡心法治法，無非以勤儉訓後”。御製又曰：“飲食勿尚珍異，冠裳勿求華美，耳目勿爲物欲所誘，居處勿爲淫巧所惑。此猶儉德之小者。不作無益害有益，不貴異物賤用物，一絲一

---

① 中國第一歷史檔案館藏:《硃批奏摺》，檔號：04-01-02-0108-003，又 04-01-02-0108-007。

粟，皆出於民脂民膏。思及此，又豈容逞欲妄爲哉！所謂無爲而治，俾天下陰受其福，而民不知者是也”。又恭讀咸豐二年十二月文宗顯皇帝諭曰：“近年楚粵軍餉多在常年經費之外，而各省水旱偏災，經朕隨時加恩蠲免，歲入之數，不能如額，著戶部會同內務府大臣，通盤籌畫。其應行撙節之處，即分別酌議覈減”。咸豐八年六月，蘇州織造文煓奏，大運銀款短少，請飭撥給。又蒙諭曰：“該衙門通盤籌畫，能否酌減數目足敷支用，則所節省亦於該省軍餉有益”。聖謨洋洋，誠因時制宜之道，所當萬世遵守者也。伏願我皇上仰稽彝訓之昭垂，俯念時艱之孔棘，清心寡欲，以撙節愛養爲正本清源之道，宮廷服御，概從簡薄；土木工作，概緩興修；奇技淫巧，屏斥勿觀；誡諭關稅諸臣，涓滴歸公；毋得廣購珍奇，藉端貢獻；外省織造，凡遇傳辦之件，悉循舊制，勿有增加。其於舊額之外再請添撥者，即由戶部從嚴核定，無任浮濫；嚴飭內務府懍遵上年正月十四日諭旨，將常年用款核實，撙節開支，毋令任意糜費，並遵照戶部奏准之案，不得再向部庫借撥正款。君臣內外，痛自刻厲，時時以國恥未雪爲念，凡在臣民孰敢不仰體聖德，黜奢崇儉，咸與維新？如此則庫儲雖未能即充，而國用或不至立竭，節無謂之虛糜，培將來之元氣，轉弱爲強，其機先由於此。況當強寇覬覦，邊陲多故，此正聖主思患豫防之日。外洋各國必隱窺朝廷之舉動，以爲目前向背之機。若非有憂勤惕厲之心、震動恪恭之氣，感孚中外，激厲臣民，彼族將視我爲無志奮興，必有益肆其欺侮者，不獨倭奴前事爲足，仰勞聖慮也。臣爲慎重國計、維繫人心起見，是否有當。伏祈皇上聖鑒。謹奏。光緒二十一年五月二十六日。[1]

【案】又，同日，翰林院內閣學士徐桐爲撥本清源、整頓兵餉等事敬陳管見，曰：

臣徐桐跪奏，爲時事日棘，後患方長，兵事、餉事亟宜認真整頓，敬陳管見，仰祈聖鑒事。竊維扶衰救國，當因時爲變通；思患豫防，宜懲前而毖後。方今時局艱難，外夷環伺，有必待改弦更張，有必當拔本塞源

① 中國第一歷史檔案館藏：《硃批奏摺》，檔號：04-01-35-1387-006。

者，謹就蠡測所及，敬擬四條，爲我皇上陳之。一、北洋請另簡賢能也。李鴻章養淮軍三十年，費國帑一萬萬兩以外，一敗塗地，前事昭然。今欲重加振作，非將帥得人、嚴立賞罰不可。淮軍積弊在層層刻扣，每勇一名月餉四兩二錢者，聞止領得一兩二錢，無怪軍心不服、遇敵即潰也。此由李鴻章不能潔己率屬、實心整頓，以致各將領相率效尤，成爲風氣。雖於侵餉縱擾之衛汝貴立加懲辦，而錮習相仍，牢不可破。淮軍僨事已有明證，豈可再尋覆轍？擬請嗣後直督與北洋分而爲二，於督撫中擇其清正廉毅、辦事結實可考者，俾督直隸，仍駐保定，專管地方應辦事宜；另簡久歷兵事、熟悉夷情之大臣，畀以北洋重寄，總統師旅，籌辦海防，並責令於關内外各軍統歸稽察。有敢仍蹈故轍、刻扣軍餉者，一經查出奏明，立寘重典，必可蕩除痼弊，整肅師干，或疑地方與兵事分而爲二不無掣肘之虞，不知北洋大臣有兼轄奉東兩省海口之責，防務、洋務本極繁難，已無暇兼顧地方吏事，且北洋所用之人不必皆本省之官，所需之款不必皆本省之餉；吏治、軍政各有專司，自無慮互相牽制，而職任既分，事權不至太盛，可免外重内輕之弊，亦弭患之一端也。一、防營請酌留備邊也。倭釁之起，募勇至四五百營，事定裁撤，必不容緩。然而交戰半年，將則歷練漸深，士則膽藝俱進，此時遣散，誠爲可惜；且遼南之地尚未來歸，倭奴之師尚未全撤，設有緩急，再募維艱。爲今之計，邊備無時可鬆，武備即無時可緩，莫若於各防營中酌量挑出百十營，嚴加訓練，駐紮關外，永遠不撤。宋慶、依克唐阿二人素知大義，即令核實挑選，汰弱留強，取其樸誠，去其猾懦；諸將領中如馬玉崑、徐邦道屢經戰陣，著有微勞；李光久當吳大澂全軍潰敗時，獨能堅立不動，尚知軍律壽山，名位未顯，而血性過人，勇敢善戰，卓有其父富明阿之風。凡此數員，皆曾與外洋接仗，於彼族用兵長短、利鈍之故具有閲歷，留之營中，必資得力。擬請以後奉省練兵事宜，即責成宋慶、依克唐阿分駐邊要，督率操防；以馬玉崑等分司統帶，務使簡練精良，悉成勁旅。吉林、黑龍江防務仍專責長順、恩澤二人，選擇良將，勤加操演，俾士皆敢戰，一洗近來因循疲軟之痼習，且可與奉省之宋慶、依克唐阿等軍互爲聲援，聯絡一氣，猛虎在山，藜藿爲之不採；陪京重地有此節制之師，自可建威而銷萌矣。一、軍政請嚴定考成也。督撫職司軍務，選將籌兵是其專責。至於礮臺、船械、水路戰備，尤應平日早爲存儲。甲申，法越搆釁，戰事方利，和議遽成，內外諸臣專以和爲可恃，不數年而泄沓如故。一切武備廢弛不講，及至有事，紛紛以倉促召募、毫無把握爲辭，軍實久已空虛，並不及時舉辦；即使奏請舉辦，而營私肥己，攘利逢迎，無弊不有。迨至兵機失誤，措手無從，乃諉過於司農撥款之不繼。此等情形直隸尤甚。擬請飭部嚴定考成，以後設有邊疆僨事，除本任調度乖方者嚴行懲處外，其餘船礮不利，軍械不精，兵不素練，餉不宿儲，一併根究從何任廢弛，查其在官久暫年限，分別從重治罪；並請明降嚴旨，有犯必懲，此後庶可警其翫愒。一、兵餉請核實鉤稽也。北洋淮軍自髮、捻既平，留防畿輔，每歲需餉數百萬兩，皆解李鴻章糧臺散放。其營數較多者，以銘、盛兩軍爲最，自去年平壤之敗，盛軍譁潰，喪失大半；九連城之敗，銘軍亦首先倡逃十去其五。聞各營開支勇餉，仍然虛冒，利藪所在，莫肯釐剔；間有募補一二，亦係臨時烏合，不足成軍。此等臨陣潰逃之勇丁，即使原數具存，亦應立予裁革，況額已久缺、餉仍虛懸、國用支絀之際，豈能任其浮銷濫支，以飽積蠹。擬請飭下王文韶將銘、盛兩軍盡數裁撤。現在外省每年應解海軍衙門正款，業經王大臣奏請改解戶部。其由各省徑解北洋經費，豫備威、旅等處船塢、臺礮之用者，每歲亦數逾鉅萬。直隸海軍規復尚需時日，此款暫可節省存儲，應請敕諭王文韶將各項款目應支應停，分析奏明，結清前案；並諭中外此後何省勇營餉項即由何省支發，均歸督撫考核，不准再立某軍名目，以杜壟斷而昭核實，庶於兵事、餉事兩有裨益。以上四條分陳兵餉事宜，皆就現在情形熟籌補救之法。其他張惶苟且及易滋流弊者，均不敢以上瀆宸聰。伏願皇上俯察邇言，深維至計遠鑒、武不可玩之意，以激厲戎行常存、餉不可糜之心，以寬紓國用，則武備以修，度支以裕，自強之始基立，而後可徐圖治理也。臣愚昧之見，是否有當。伏祈皇上聖鑒。謹奏。光緒二十一年五月二十六日。[1]

① 中國第一歷史檔案館藏：《錄副奏摺》，檔號：03-5757-027。

○四五　覆奏考核錢糧整頓釐金各節摺

光緒二十一年九月二十八日（1895 年 11 月 14 日）

頭品頂戴甘肅新疆巡撫陶模跪[1]奏，爲遵旨覆奏事。

竊准兵部火票遞到軍機大臣字寄：光緒二十一年六月初六日，奉上諭：戶部奏，需餉孔殷，謹陳辦理情形一摺[2]。覽奏，均悉。現因償款過鉅，息借洋款，每年籌還本息約須一千五六百萬兩；各路防軍又未能盡撤，需餉亦繁，亟需預爲奏備。該部所擬考核錢糧、整頓釐金各節，皆屬切實可行，著各直省將軍、督撫查照該部所擬，認真妥辦，據實具奏。又，裁減制兵一條，擬令各省挑留精壯三成，其餘老弱一概裁撤。著該督撫各就地方情形，悉心妥籌，核實裁汰，奏明請旨辦理。該將軍、督撫皆受國厚恩，務當體念時艱，共矢公忠，力圖補救不得瞻徇遷就，畏難苟安，僅以一奏塞責，是爲至要。該部另單所陳各條，除停放米折一項本日已有旨令八旂都統議奏外，其監斤加價、裁減局員薪費、重抽菸酒稅釐各條，並著各該將軍、督撫一體實力舉行，妥速籌辦，以期有裨急需。原摺、單均著鈔給閱看。將此諭知戶部，並由四百里各諭令知之。欽此。並准戶部鈔單咨行，各等因。到臣。飭據布政使饒應祺、鎮迪道兼按察使銜丁振鐸詳覆：新疆僻處邊陲，與內省情形不同，有爲戶部原議所有、新疆未經舉辦者，有爲新疆所有、揆之時勢萬難裁減者。如裁減制兵一節，新疆建設行省，改勇爲標，以官帶勇，定額二萬五千餘名，悉仿內地防營之制，本與制兵不同。現值甘肅回氛不靖，節次抽調營旂前赴肅州、玉門等處，以資防禦，後路兵力單薄，又不能添募填紮，是定額尚屬不敷，礙難更行議減，須俟防務大定，再行酌量辦理。此制兵急難裁減之實在情形也。又，考核錢糧一節，新疆賦稅以南路各屬爲多，年清年款，並無蒂欠。北路地氣苦寒，安插各戶逃亡不少，故荒地迄未盡闢，擬責成各屬於應完正賦按年徵收，未墾各地，設法招墾，以期錢糧日有起色。至災緩分數、完欠、考成，由司認真稽查，核實舉報。如有隱匿，即行嚴參。此考察錢糧之實在情形也。又，裁減局員薪費一節，新疆向設臺局，僅糧臺、善後、軍裝等項名目及各屬保甲、牛痘、義學並沿邊通商卡倫，疊次裁併，所支薪糧已經減少，此後如有可以歸併、可以酌減者，當隨時酌辦，以期節省。此局員薪費現難裁減之實在情形也。又，重抽菸酒釐稅並加監價各節，新疆百貨釐稅業經奏請停止，土藥雖照章徵收，究屬無幾。至一切雜菸及坊肆燒酒，行銷無多，容俟設法試辦。食監一項，邊疆地多斥鹵，隨處可取，價值極賤，從前並未收稅，今亦無從議加。此釐稅刻難興旺之實在情形也。

竊維各省利源出於地方，新疆餉源協自鄰省，故他省以興利爲籌餉，新疆惟有以節餉爲理財，是以前次估撥二十二年新餉，議由軍裝、善後等項極力節省，減撥銀一十萬兩，其封存十八萬五千兩應否提撥，悉聽部核。現在甘回變亂，遵旨嚴爲防範，調赴肅州等處營旂，應加行糧，添募馬步新勇需用月餉及軍火、運價等項，均由歷年餘存餉項內暫行挪用，以支邊局。此外如有可節之費、可興之利，仍當悉心酌核妥擬，妥擬詳辦，等情。前來。臣覆核無異，理合恭摺覆奏。伏乞皇上聖鑒訓示。謹奏。光緒二十一年九月二十八日。

光緒二十一年十二月初二日，奉硃批[3]。

補證

【案】此摺原件查無下落，錄副①現藏於中國第一歷史檔案館，玆據校勘。

[1]【頭品頂戴甘肅新疆巡撫陶模跪】底本無此前銜，玆據原件補。

[2]【案】此摺遍查兩岸各档案机构，暫無著落，待補。

[3]【光緒二十一年十二月初二日，奉硃批】此硃批日期據《隨手檔》②校補。

① 中國第一歷史檔案館藏：《錄副奏摺》，檔號：03-6031-162。

② 中國第一歷史檔案館藏：《軍機處隨手登記檔》，檔案編號：03-0285-2-1221-354。

○四六　綏來縣客回謀變拏獲多名地方安謐摺

光緒二十一年十月二十五日（1895年12月11日）

頭品頂戴甘肅新疆巡撫陶模跪[1]奏，爲新疆綏來縣客回謀變，拏獲首要多名，先後正法，地方如常安謐，擬將出力官紳及陣亡武弁請旨分別獎卹，以昭激勸，恭摺仰祈聖鑒事。

竊查本年春、夏間，甘肅河州、西甯回匪相繼煽亂，蔓延日廣。新疆各屬客、土回民甚多，訛言屢起。臣揣必有奸回潛來勾結，密飭地方文武加意稽查，並出示曉諭。九月初五日，忽據瑪納斯協副將張清和、署綏來縣知縣高敬昌稟報：九月初四日酉刻，據城關鄉約投稱：聞有逆回托菖等暗約城鄉客回，定於是晚起事。該營縣密爲防備，分派兵役，逐段嚴查。三更時，突有回匪數十人分執刀械，在城內放火，餘黨在城外吶喊，希圖撲城。該副將等各撥兵役，護守城垣、衙署、倉庫；派中營左哨千總推補遊擊侯補都司曹喜，督率兵役，分起捕拏。該匪拚死抵禦，拒傷兵役七名。副哨長把總王崑山、勇丁李良有、羅道威均受傷陣亡。各兵役奮勇直前，槍矛齊施，當將首逆托菖、安起澐格斃，轟殺夥賊四名，餘匪紛紛逃竄[2]。是晚回紳從九銜馬玉章、藍翎把總吳啟山、團首監生陸福緯、附生趙寅卿，望見城內火光，知有變故，各帶民團前往，力保關廂，故外賊未能攔入。初五日黎明，該營、團清查城關，並分赴四鄉搜捕，探聞餘匪退至南山、石窰等處，嘯聚盤踞，殺斃漢人數名，尚圖糾眾復舉，等情。臣札派守備董大榮、遊擊焦生有，各帶馬隊一旂馳往，續派總兵徐學功馬步兩營同往協捕。該匪知官軍齊集，望風潛竄。據營、縣、民團先後拏獲逆匪馬見因、馬得菖、馬伏潰、馬逞、蘇力兒、蘇得苞、馬添剛、馬萬裁、趙伏海、劉僧層、虎益、麻阿渾、小撒拉阿渾等十三名，均認助逆抗拒不諱。九月初七日，省城保甲局聞綏來有警，在南關外查獲逆回馬浸河、馬層二名，訊出該犯等先與綏來逆首互通聲息，約期九月初九日在省謀反接應。臣分飭附省各營、廳、縣懸立重賞，陸續拏獲楊進裁、楊幅菖、馬五十一、張萌海、王進層等五名，供認聽從馬浸河等分起糾人謀叛，並馬浸河等於初四日晚潛至綏來，探聽消息，等語。情形均屬確鑿。臣先後批飭就地正法，將首逆托菖等梟首示眾，以昭炯戒。逸犯馬進裁、馬娃子等尚未弋獲，業經通飭各州、廳、縣一體緝拏嚴辦，地方如常安謐，堪以上慰宸廑。惟現在甘肅回氛未靖，新疆唇齒相依，各處寄居客回良莠不齊，防範不易。臣仍嚴飭各屬，編查保甲，舉辦民團，以期消弭隱患。此次綏來回匪滋事，該回紳、團首捕拏逆匪，不遺餘力，洵屬有裨大局，擬請將從九銜馬玉章以州吏目歸部，遇缺即選；藍翎把總吳啟山請免補把總，以千總補用；監生陸福緯請以巡檢歸部，不論雙單月遇缺即選；附生趙寅卿請以縣丞歸部，不論雙單月儘先前選用；推補遊擊候補都司曹喜帶隊剿捕，奮勇爭先，亦屬異常出力，請免補都司，以遊擊留新疆補用，並請加參將銜，用示鼓勵。陣亡、受傷勇丁，照例䘏賞造報。把總王崑山臨陣捐軀，應請飭部優䘏，以慰忠魂。謹會同陝甘總督臣楊昌濬，恭摺具奏。伏乞皇上聖鑒訓示。施行。謹奏。光緒二十一年十月二十五日。

（硃批）：另有旨[3]。

光緒二十一年十一月二十八日，硃批：另有旨[4]。

補證

【案】此摺原件①現藏於臺北"故宮博物院"，兹據校勘。

[1]【頭品頂戴甘肅新疆巡撫陶模跪】底本無此前銜，兹據原件補。

[2]【逃竄】原件作"逃匿"，當是。

[3]【另有旨】此"硃批"據原件補。

[4]【光緒二十一年十一月二十八日，硃批：另有旨】此奉旨日期，據

① 臺北"故宮博物院"藏：《軍機及宮中檔》，文獻編號：408002963-0。

《隨手檔》[①]校補。

【案】此摺於是年十一月二十八日得允行，“上諭”曰：

光緒二十一年十一月二十八日，内閣奉上諭：陶模奏，綏來縣客回謀變，拏獲首要多名正法，請將出力官紳及陣亡武弁分別奬恤一摺。本年九月間，新疆綏來縣逆回托莒等在城内放火起事，經該營縣分派兵役捕拏，當將首逆托莒、安畝澐格㱁，先後搜獲餘匪，拏獲正法，地方如常安謐。辦理尚爲迅速。從九品銜馬玉章著以州吏目歸部，遇缺即選；藍翎把總吳啟山著免補把總，以千總補用；監生陸福緯著以巡檢歸部，不論雙單月遇缺即選；附生趙寅卿著以縣丞歸部，不論雙單月儘先前選用；候補都司曹喜著免補都司，以遊擊留於新疆補用，並加參將銜。陣亡把總王崑山著交部從優議卹。餘著照所議辦理，該部知道。欽此。[②]

〇四七　叩謝天恩並縷陳下情摺

光緒二十一年十一月初一日（1895年12月16日）

頭品頂戴甘肅新疆巡撫陶模跪[1]奏，爲叩謝天恩，並縷陳下情，恭摺仰祈聖鑒事。

竊臣於光緒二十一年十月二十八日由俄電，欽奉諭旨：陶模著署理陝甘總督，即著迅速赴任。饒應祺署理新疆巡撫，新疆藩司著陶模派員護理。欽此[2]。跪誦之餘，罔知所措。伏念臣猥以凡植，遭際聖朝，疊邀寵遇之隆，洊受[3]封疆之重。計到新疆巡撫本任，倏歷四年，自慙才不足以濟時，德不足以服衆，方擬上章乞退，藉免愆尤，乃復忝攝兼圻，益增惶悚。竊謂臣子任事，欲求其心之所安，必揣其力之所及，苟或稍逾乎量，即已自涉於欺。總督任重事艱，甘肅又值回民

---

① 中國第一歷史檔案館藏：《軍機處隨手登記檔》，檔案編號：03-0285-2-1221-350。

② 中國第一歷史檔案館編：《光緒朝上諭檔》第21冊，第476頁。

之變，以臣署理斯篆，譬未諳海道沙綫，顧欲揚帆駕舵於驚濤駭浪之中，其不能濟亦明矣。惟現在甘、涼一路文報不通，董福祥諸軍進剿河湟未知已否得手[4]，際此生靈塗炭，宵旰憂勤，臣亦何敢畏葸不前，夠於規避？擬揀抽馬步，率帶進關，應如何分別剿撫，容俟查看情形，再行酌辦。仍懇皇上迅簡賢能前來接替，庶於大局有裨。刻值大雪封途，各處抽調營旂，動輒千數百里，一俟就緒，卽行起程。所有叩謝天恩並縷陳下情各緣由，謹恭摺具奏。伏乞皇上聖鑒。再，此摺理應專差齎京，因道途梗阻，改由科布多臺站轉遞。合併聲明。謹奏。光緒二十一年十一月初一日。

（硃批）：覽奏，均悉[5]。

光緒二十一年十二月初五日，奉硃批：覽奏，均悉。欽此[6]。

補證

【案】此摺原件①藏於臺北"故宮博物院"，錄副②藏於中國第一歷史檔案館，茲據校勘。

[1]【頭品頂戴甘肅新疆巡撫臣陶模跪】底本無此前銜，茲據原件補。

【案】光緒二十一年七月二十五日，大學士張之萬等爲議覆陝甘總督楊昌濬奏參總兵援剿不力請旨懲處事，具摺曰：

> 吏部等部大學士管理吏部事務臣張之萬等謹奏，爲遵旨議覆具奏事。內閣鈔出光緒二十一年七月十六日奉上諭：楊昌濬奏，總兵援勦不力，請旨懲處一摺。甘肅逆回滋事，日益蔓延，自海城收復、循化解圍後，河狄、西甯又復聚眾猖獗。總兵湯彥和奉調赴援，遷延日久，迨行抵河州，又不偵探虛實，冒昧進攻，以致全軍潰退，貽誤戎機。湯彥和著革職留營，戴罪圖功，以觀後效。楊昌濬在甘有年，於回眾情形豈未深悉？乃忽勦忽撫，迄無定見，以致湟中、河狄徧地皆賊，實屬措置乖方。雷正綰受回愚弄，發給槍械，轉藉寇兵，亦屬庸憒不職。楊昌

---

① 臺北"故宮博物院"藏：《軍機及宮中檔》，文獻編號：408002973。

② 中國第一歷史檔案館藏：《錄副奏摺》，檔號：03-5333-020。

濬、雷正綰均著交部議處。此後務當振刷精神，破除壅蔽。董福祥等軍到後，合力同心，將回氛迅速埽蕩，庶可稍贖前愆，懍之！欽此。欽遵到部。除陝西河州鎮總兵湯彥和革職留營、戴罪圖功之處另行遵旨註冊知照外，吏部查定例：官員溺職者革職私罪。兵部查定例：官員溺職者革職私罪。又定例：派往出兵及新疆等處屯種、駐劄官員，遇有議處之案、例應革職者，兵部於議處本内將該員應否開缺留於軍營效力、或作爲兵丁效力之處，聲明請旨，各等語。此案陝甘總督楊昌濬奏，總兵援勦不力，請旨懲處一摺，欽奉諭旨：楊昌濬在甘有年，於回衆情形豈未深悉？乃忽勦忽撫，迄無定見，以致湟中、河狄徧地皆賊，實屬措置乖方。雷正綰受回愚弄，發給槍械，轉藉寇兵，亦屬庸憒不職。楊昌濬、雷正綰均著交部議處，等因。欽此。應請將陝甘總督楊昌濬照官員溺職革職私罪例，議以革職。兵部查陝西固原提督雷正綰，應請照官員溺職革職私罪例，議以革職。至應否開缺留於軍營效力、或作兵丁效力之處，恭候欽定。所有臣等遵旨議處緣由，理合恭摺具奏。伏乞皇上聖鑒訓示。遵行。再，此摺係吏部主稿，會同兵部辦理。合併聲明。謹奏。光緒二十一年七月二十五日。大學士管理吏部事務臣張之萬，吏部尚書臣熙敬，協辦大學士吏部尚書臣徐桐，降二級留任、降一級留任吏部左侍郎臣崇光（差），吏部左侍郎臣徐用儀（感冒），吏部右侍郎臣長萃，降一級留任吏部右侍郎臣汪鳴鑾，大學士管理兵部事務臣額勒和布（假），兵部尚書臣榮祿，兵部尚書臣徐郙（假），降一級留任、降二級留任、降一級留任、降一級留任兵部左侍郎臣巴克坦布。①

【案】大學士張之萬、額勒和布之摺，於同日得清廷批復，《清實錄》：

癸亥，諭内閣：吏部、兵部會奏，遵議處分一摺。陝甘總督楊昌濬、陝西固原提督雷正綰應得革職處分，均著加恩改爲革職留任。該督等當知感奮，迅將回逆埽蕩，力贖前愆。②

【案】光緒二十一年十月二十六日，給事中褚成博以楊昌濬東徵失利奏

① 中國第一歷史檔案館藏：《錄副奏摺》，檔號：03-5328-046。

② 《德宗景皇帝實錄》，卷三百七十三，光緒二十一年七月，《清實錄》第56冊，第885頁。

請將其革職，曰：

再，查陝甘總督楊昌濬在任多年，平時不能綏輯漢回、震懾反側。傳聞去年自東徵失利後，陝甘回眾乘機思逞，隴右舊日悍酋皆變服東行，伺探軍情，心懷叵測，而該督如在夢中，未聞其有一字奏報，因循庸瞶，咎已難辭。迨回變初起，苟能操縱得宜，迅速撲滅，尚可藉蓋前愆；乃仍怯懦遷延，毫無布置，將士之功過不問，賊蹤之分合不知，以致滋蔓難圖，殃民糜餉。前雖奉旨飭令開缺回籍，予以薄懲，惟平日既已釀成亂端，遇變轉得置身事外，似覺罰輕咎重，無以儆惕人心。伏念我朝武功赫濯，皆由列聖賞罰嚴明，雖親貴如順承親王尚以調遣失宜革職，留營效力贖罪，以故三軍畏服，所向有功。今楊昌濬久任封圻，貽誤至此，更非視事日淺、倉猝失律者可比。可否請旨將該督革職、留營效力贖罪之處，伏候聖裁。謹奏。[①] 光緒二十一年十月二十六日，隨事遞上[②]。

【案】光緒二十一年七月二十日，陝西道監察御史熙麟以楊昌濬庸懦玩寇具摺奏參，曰：

陝西道監察御史奴才熙麟跪奏，爲疆臣庸懦玩寇，所奏與甘省輿論歧異，請旨另簡大員馳往查辦，並就近督辦軍務，以救甘省殘黎而固邊圉，恭摺具陳，仰祈聖鑒事。竊奴才恭讀十六日上諭：陝甘總督楊昌濬、固原提督雷正綰，均以回氛日熾交部議處。仰見我皇上聖明昭察，洞見萬里，該督等自必咸知警懼，以期迅掃回氛。惟該督奏中止請奉調赴援之總兵湯彥和，其所稱有與甘省輿論大相徑庭者。據奴才所聞，甘省輿論僉謂循化撒拉回匪自去年十一月間滋事，總督楊昌濬以爲爭教械鬬，無關緊要。延至本年二月，始委西甯道陳嘉績、河州鎮湯彥和隨帶奸回馬永璘等，前往和解。馬永璘等暗通撒匪，賺湯彥和於奇臺堡，困陳嘉績於循化城。圍攻月餘，陳嘉績飛稟請救，該督始又委西甯鎮鄧增帶兵助剿，一面照會固原提督雷正綰，赴河州督剿。該提督至河，河回迎於道左，陳請願爲官用。適值該提督生辰，奸回醵金爲壽，凡肩挑貿易之

① 中國第一歷史檔案館藏：《錄副奏片》，檔號：03-5908-051。
② 中國第一歷史檔案館藏：《軍機處隨手登記檔》，檔號：03-0285-2-1221-319。

人，均勒派銀一兩，該提督欣然受之，歲深信不疑。既而官兵攻破上下北莊，撒拉八工，已平其五。該提督忽阻湯彥和，不令進剿。湯彥和不允，乃密請總督阻之，於是停剿議撫，功敗垂成，等語。果如所言，是湯彥和始而被賺，原屬咎有應得，而八工已破其五，似亦尚屬勇往。至功敗垂成，特誤於提臣、督臣之力阻耳。奴才竊觀該督奏中既謂湯彥和赴援遷延，又謂不偵探虛實，冒昧進攻，措詞顯已矛盾。而輿論謂該督力阻進剿一語，似亦隱然可據。又，雷正綰既受回重賄，坐守河城，不出一兵，並允回請給以槍械。河州牧查之屏亦力勸民團解散，盡收民間軍械。回遂復叛，河州大東鄉及附城八方之回焚燒漢民數百家，死者千餘人。該提督、該牧均以民逼回反上報，由是回益無忌，北則勾通米拉溝之回，圍攻碾伯、平番、大通，大通既陷，甘涼大震，涼州鎮劉璞兵敗不知下落；南則勾通狄道唐王川之回，圍攻狄道、渭源，渭源已陷。東則勾通安定之回，聚集數千人於傅家川內官營地方。陝西副將何健威援剿狄回，路經其地，意欲先滅此賊，而安定捕役即狄回目，爲署令程德音最信用者，十日前，忽逸去敵，該督深諱之，力白無賊，事遂中止。而維時循化、河州已復被圍，省城西、南、北三路文報已斷，難民雲集省城，紳耆公稟請救，該督又聽信武巡捕陳鴻儀之言，竟斥紳耆公稟爲非，而不知陳鴻儀與回目通，譜已受賄多金也。學政及司道目擊情急，因同至督署，力陳各處被困、失陷情形，該督始信撫不可恃，而附生數十里內賊已出沒無常，省內回民亦有蠢動之意。該督張惶無計，乃派蘭州道黄雲總辦全省營務，甯夏道周綬總辦省城團練。該道黄雲貪鄙淫縱，種種劣跡，昭人耳目，而周綬與之狼狽爲奸，每百人扣十人口糧，名爲親兵費，雖日招募，餉項大半入己，人數迥然不敷。現在省西北之大通、省南之渭源已失，而循化、河州、狄道及省北之平番、碾伯亦皆被圍甚急；省東之安定尤爲全省後路咽喉，亦有回匪聚集甚眾，焚掠劫殺，殆無虛日。統計甘省漢民死者已不下三四萬人，各等語。綜觀甘省輿論，省城勢已岌岌，和則因其潰敗而力參之，且有冒昧前進之語。竊恐該督始終横一撫字於胸中，而奸回馬永璘等益得逞其伎倆，倘再勾通清水、張家川等處，牽動陝西諸回，則不獨甘省可危，而陝西亦殆矣。擬請簡派大員馳往，按照甘省輿論，逐款詳查，並就近督辦軍務，抑或即派提督董福祥督辦，並就近詳查，俾逆回咸知撫不可倖，餘黨庶漸解散，而甘省殘黎亦可得慶更生矣。愚昧之見，是否有當。伏乞皇上聖鑒。謹奏。光緒二十一年七月二十日。①

【案】光緒二十一年七月二十日②，御史熙麟又以楊昌濬奏報軍務、邊情含混不清附片奏請嚴懲，曰：

再，奴才詳覈楊昌濬所奏，於循化何以解圍？河州何以起事？湯彥和敗後，河回若何情形？該督若何調度？均未聲明。其湯彥和所稱“屢戰屢勝，嗣因藥缺糧乏，敵眾我寡，衝出槐樹關”各情，亦未聲明是否屬實。至該督所稱“湯彥和受回愚弄，冒昧前進，以致全軍潰退”等語，似如何受回愚弄細情，該督已了然於心，而絕無一言以實其事，惟以“雖據，究屬”四字含混參之。夫奏章陳於君父之前，臣子立言宜如何詳慎，而乃簡略含混至此，以大失敬事之義，況其事有爲我兵潰敗、逆回變亂、軍務邊情之尤重者乎？奴才既有所見，不敢以楊昌濬業已奉旨交部議處緘默不言，且邇來各省督撫奏報似此者，亦聞有之。我皇上如天之量，未嘗過事苛求。然敬事之義，不可不嚴；慢易之漸，尤不可長。擬請旨通飭各省督撫，嗣後奏報務當詳切著名，有仍簡略含混如楊昌濬此摺，立予嚴懲不貸。愚昧之見，是否有當。伏乞聖鑒。謹奏。③

【案】光緒二十一年十月初四日，清廷“命陝甘總督楊昌濬開缺回籍，以甘肅新疆巡撫陶模署陝甘總督。甘肅新疆布政使饒應祺署甘肅新疆巡撫④”。

【案】光緒二十一年十一月十四日⑤，御史胡景桂以陝甘總督楊昌濬賞罰不明奏請嚴查，撤銷保案，曰：

---

① 中國第一歷史檔案館藏：《錄副奏摺》，檔號：03-5328-019。
② 此具奏日期，據《軍機處隨手登記檔》（檔案編號：03-0285-1-1221-224）校補。
③ 中國第一歷史檔案館藏：《錄副奏片》，檔號：03-5335-045。
④ 《德宗景皇帝實錄》，卷三百七十七，光緒二十一年十月，《清實錄》第56冊，第934頁。
⑤ 此具奏日期，據《軍機處隨手登記檔》（檔案編號：03-0285-2-1221-336）校補。

再，臣聞甘肅營官王正坤駐防河州積石關，不遵調遣，遁歸省城，過黃河時，被回匪截殺，勇丁、器械傷亡殆盡。督臣楊昌濬不治其罪，復令另招勇營，駐防白塔川。八月十二日，團目康達、張正源等與賊接仗，擊斃回匪甚多，並殺悍目二人，將首級、器械解省。王正坤半途截奪，攘爲已功，暗嗾回匪圍攻康達，並有"團練不殺盡，撫局不能成"之語。陽助康達，陰誘回匪。及康達被圍，而正坤則率軍潛逃矣。似此違律喪師、通賊冒功之營官，人人痛恨。督臣不加詳察，反飾詞以請獎。此次恩旨復加超擢，免補參將，以副將儘先補用。賞罰倒置，何以洽服軍心？相應請旨飭下董福祥查明，撤銷保案，俾知恩賞不可倖邀，前敵各軍亦更有所激勸矣。附片具陳，伏乞聖鑒。謹奏。①

【案】胡景桂之奏於同日得允行，"上諭"曰：

軍機大臣字寄：甘肅新疆喀什噶爾提督董：光緒二十一年十一月十四日，奉上諭：有人奏，甘肅營官王正坤駐防河州積石關，私遁歸省，被回匪截殺，勇丁傷亡殆盡。督臣楊昌濬復令招勇，駐防白塔川。八月間，團目康達、張正源等擊斃回匪，將首級、器械解省。王正坤半途截奪，攘爲已功，並暗嗾回匪圍攻康達，隨即率軍潛逃。督臣反爲飾詞請獎，請飭查明、撤銷保案，等語。王正坤冒功各節，前有人參奏，業令董福祥查明具奏。玆又被人參劾，著董福祥歸入前次所參各節，一併確切嚴查。如果屬實，即行參奏，毋稍徇隱。原片著鈔給閱看。將此諭令知之。欽此。遵旨寄信前來。②

[2]【案】光緒二十一年十一月十八日，饒應祺奏報接署新疆巡撫日期並謝恩，曰：

署理甘肅新疆巡撫布政使臣饒應祺跪奏，爲恭報微臣接署撫篆日期，叩謝天恩，仰祈聖鑒事。竊臣於光緒二十一年十一月初二日接奉新疆巡撫臣鈔電咨會：陝甘總督著陶模署理，饒應祺著署理甘肅新疆

① 中國第一歷史檔案館藏：《錄副奏片》，檔號：03-5335-011。

② 中國第一歷史檔案館編：《光緒朝上諭檔》第21冊，第446頁。又，《德宗景皇帝實錄》，卷三百七十九，光緒二十一年十一月，《清實錄》第56冊，第965頁。

巡撫。欽此。跪誦之下，感懼交并。旋由撫臣將巡撫關防、王命旗牌、文卷等件，派委代理迪化府知府張開鑑、署撫標中軍參將焦大聚，於十一月十七日齎送前來。陳謹即恭設香案，望闕叩頭謝恩，祇領任事。伏念臣荊南下士，建樹毫無，疊邀簡擢之榮，忝備旬宣之任。七年承乏，愧未效乎涓埃；萬里承恩，復暫權乎疆寄。自天錫命，伏地悚惶。新疆地廣土荒，巡撫事繁任重，番回雜處，未易輯柔。中外通商，尤難妥善。本地不能籌餉，未復多設重兵。平日備豫防邊，已覺不敷分布；近因河湟告警，派撥馬隊援防。撫臣入關，抽帶精鋭備剿，前敵之軍威稍壯，新省之兵力更單。不特伏莽堪虞，更慮甘回出竄，内防外禦，左絀右支。臣之庸愚，何能勝任？謹與撫臣悉心籌畫，設法調募填防；督飭各營嚴密守禦，毋稍疏虞，以副諭旨諄諄告誡之意。臣惟有矢以慎勤，持以鎮靜，遇事會商將軍、督臣，實力講求，認真辦理，不敢以暫時攝篆，稍涉因循，以冀仰答高厚鴻慈於萬一。所有微臣接署撫篆日期並感激下忱，謹繕摺叩謝天恩，伏祈皇上聖鑒。謹奏。光緒二十一年十一月十八日。①

光緒二十二年正月二十三日，奉硃批：知道了。欽此②。

[3]【洊受】原件、錄副均作“洊授”，當是。

[4]【案】光緒二十一年九月十一日，新疆喀什噶爾提督董福祥具報行抵安定，布置後路，並開赴前敵日期，曰：

尚書銜總統甘軍新疆喀什噶爾提督奴才董福祥跪奏，爲恭報奴才行抵安定，布置後路，與督臣函商進兵機宜及督隊開赴前敵日期，恭摺具陳，仰祈聖鑒事。竊奴才於八月十五日平涼奉陝甘督臣電寄諭旨：楊昌濬電悉。西甯道路梗阻，情形喫緊，著責成李培榮節節埽蕩前進。董福祥到甘，著即迅赴前敵，相機進剿，毋庸進省，以免濡滯。莱占魁、何建威均歸董福祥節制調遣，如不聽令，即行嚴參。欽此。二十日，由督臣電寄諭旨：董福祥電悉。該軍到甘，當確探賊情，休養兵力，察看何路緊要，即由何路進剿，朝廷不爲遥制。甘省新募各營，著統歸該提督

---

① 臺北“故宫博物院”藏：《軍機及宫中檔》，文獻編號：408006224。

② 中國第一歷史檔案館藏：《錄副奏摺》，檔號：03-5561-006。

節制調遣，以一事權。欽此。二十六日，督臣寄奉諭旨：楊昌濬、董福祥電均悉。平涇布置尚妥，董福祥著先解河圍，其救援西甯，著牛師韓、李培榮合力進攻小峽口，以通道路。至甘涼等處，亦當設法防剿，著楊昌濬隨時接濟。所需軍火已飭王文韶酌撥解往矣。欽此。跪讀之下，仰見皇上廑念西陲、整軍經武之至意，莫名欽服。伏查甘省軍務與他省不同，自隴以西，在在漢回錯處。而清水之張家川等處係從前陝回安插之地，生齒繁庶，性尤獷悍，平日畜牧爲生。自海城劫獄、河州起釁以來，訛言蜂起，各處回民無論客籍、土著，半以防同類裹脅爲名，相率賣牛買馬，賣羊買刀，情勢洶洶，一日數警。奴才查探得實，進甘境後，廣張淺明告示，宣布朝廷威德，到處傳見其酋，剴切曉諭，兼責成以搒緝彈壓，近日似漸帖然。至平涼，與平慶涇固化道祝維城商辦海城善後事宜，舊紮總兵郎永清、總兵易順勝兩營，嫌於單薄，添派總兵何美玉步兵一營，駐海城、平遠之交，搒捕餘匪，招輯流離。又派吳雲伍之五營，分駐平涼上下一帶，以護餉運。布置粗有頭緒，即當開差。而陰雨連綿，不能前進。二十一日，冒雨就道，山路崎嶇，益以泥淋，軍火重車，處處阻滯，至二十八日始抵安定。擬俟隊伍畢至，略爲休息，重加整頓，即赴前敵。又復陰雨廉纖，九月初五日，後軍始行到齊。此一路遲滯之實在情形也。敬謹遵旨，不赴省垣，督臣派蘭州道黄雲來商一切。竊查安定距洮河沿一百八十餘里，距河州三百九十餘里，欲赴河州，必渡洮河，現飭地方備船造橋，以便濟師。正會商間，聞和政驛、甯河等處堡寨危困，情形喫緊，當飭何建威派兩營往援。續接公牘，渡河至景谷城，即與賊遇，小獲勝捷，已嚴飭其協同民團固守矣。查探得狄道四鄉，雖強半被賊蹂躪，而強悍之賊實聚於洮河之西河州境内。查河州境内，除西南和政驛、甯河等數處難民力守堡寨外，其餘處處皆賊，東則大東鄉、下東鄉、唐汪川、三甲集，東南則景谷城、葑臺堡、太子寺、甯河堡，西南則買家集、八方、沙漫等處，皆賊窟穴所在，精鋭聚焉。奴才擬督所部，東路由康家崖渡河至三甲集，以趨太子寺；南路由臙脂川、葑臺堡、松鳴巖，以趨甯河。兩路夾攻，直搗巢穴，賊必釋河州之圍，悉力回顧。

商約督臣，飭派所部李良穆之西軍並新募之慶字、春字六營，又陳宗蕃之改併河鎮四營，暨現駐白塔寺各營，一由唐汪川、一由北原，自西北亦由兩路而進，直入河州；並約固原提臣雷正綰開城接應，以收夾攻之效。茲於初七日，令前隊七營先開，續當節節前進。奴才定於十一日督全隊，馳赴前敵，俟至狄道，再將進剿情形詳報外，所有行抵安定與督臣函商布置進兵事宜，謹恭摺具陳。伏乞皇上聖鑒訓示。謹奏。光緒二十一年九月十一日。①

光緒二十一年九月二十二日，奉硃批：另有旨。欽此②。

[5]【覽奏，均悉】此"硃批"據原件補。

[6]【光緒二十一年十二月初五日，奉硃批：覽奏，均悉。欽此】此日期等據錄副補。

〇四八　覆奏和闐金鑛情形摺

光緒二十一年十一月初六日（1895年12月21日）

頭品頂戴甘肅新疆巡撫陶模跪[1]奏，爲遵旨查明和闐一帶金鑛，臚陳詳細情形，恭摺仰祈聖鑒事。

竊臣於光緒十九年十二月二十二日准軍機大臣字寄：光緒十九年十一月十九日，奉上諭：前據許景澂奏新疆和闐一帶金鑛旺聚，並詳述遊歷洋人測探情形，當令總理各國事務衙門議奏。茲據該衙門奏稱，和闐產金之盛，據許景澂原奏圖說，覈以近日新疆測繪輿圖，大致相同。克里雅城毗連帕米爾諸處邊疆重地，綢繆未雨，宜在機先，若照漠河金廠章程辦理得宜，自可濬利源於不竭，請飭妥議辦理，等語[2]。著楊昌濬、陶模按照所奏各節，會商辦法，妥議具奏。總理各國事務衙門摺均著鈔給閱看。將此各諭令知之。欽此。遵旨寄信前

① 中國第一歷史檔案館藏：《硃批奏折》，檔號：04-01-01-1005-030。

② 中國第一歷史檔案館藏：《錄副奏摺》，檔號：03-5758-018。

來。旋准總理各國事務衙門咨送奏稿、圖說、遊記、漠河金廠章程等件到新[3]。復接督臣楊昌濬電稱：嘉峪關通商洋弁比利時國人遊擊銜林輔臣可以派往。臣隨電囑該洋弁取道敦煌、陽關，由磧路西進，並遴委候選巡檢施再萌，齎帶札文[4]圖說、案卷，馳赴蒲昌海南岸，於二十年四月中會齊入山，幽谷鬱盤，探求濡滯，至二十一年九月，始由疏勒還抵省垣。臣屢次面詢，備悉回疆金鑛名在和闐，實距和闐甚遠。其山脈起自尼蟒依，東行伏於白龍堆，纚屬三千餘里，金沙多產澗谷之交。漢人罕涉此境，纏回呼山曰塔克，蒲昌西南至和闐，塔克以百數。各國遊人皆指爲崑崙，纏回呼河曰達里雅，呼金鑛曰阿騰亢，崑崙北麓達里雅以十數，惟卡牆和闐最大；阿騰亢以千數，惟闊帕與索爾憂克最著，卽公牘所稱小金廠、大金廠者也。大金廠廣袤四、五十里，其新舊、水旱井穴錯若繁星，今有人掘劚者僅百餘處。其鑛丁自六七百至千人不定，皆和闐諸邑無業纏回。闊帕小金廠井穴鑛丁數減過半，他山各鑛人又遞少，較大、小二廠不及十分之一，或八、九人合穿一峒，或一家獨佔數窟。其法風簸、水淘、轆轤畚挶，旋興旋廢，作輟無恒。其利每穴每日得金屑分釐，或兼旬無所獲，剷斵纍世，刓孔成虛。欲裕邊儲，必舍舊圖新，庶無害貧民生計。椈始之道不外官辦、商辦、中法、西法、購機器、延鑛師諸大端。然絕域外垂，形隔勢閡，人才、庫帑二者胥窮；盈縮乘除，未操勝算。微臣愚見，不敢貿然鳩工，熟籌全局，有七難焉。際此公私交困，仰屋興嗟，百術鈎稽，窘同畫餅。謀益上而不損下，莫如求地利於卝人。微臣向持此見，如拜城、達阪城之銅，喀喇沙爾之鉛，噶斯山等處之金，濟木薩之鐵，迪化之石油，均經開採。無如戈壁錯雜，轉運艱辛，人工倍昂，百物奇貴，所費溢於所得，或虧纍罷棄，無從報銷；或勉強支持，終憂折耗。天下事皆言易行難。西人羡稱鑛產，良由習慣。大役能集鉅資，材藝旣精，舟車又速，坐忘百載經營之苦，競詡一時獲利之方。中國地勢、人事未能遽臻利便，各省試辦鑛政，半屬徒勞。新省瘠區，尤未易議，若照漠河章程，遽拋三、四十萬成本，以邀難必之利源，邊臣皆無是膽略。此官辦之難也。海濱有公司合股之策，農部頒官督商辦之章，衆力共擎，洵爲良法。然新疆本乏富紳，尤少碩賈，農商流寓，罕有恒心。偶得贏餘，長歌入塞。和闐去江海一萬餘里，較漢河之有輪帆以利行程者，形勢判如霄壤[5]。况纏回語言、文字、衣服、器用種種不同，漢人既挾貲而來，孰肯與他族爲伍？鑛丁又復麤魯，莫識遠謀，西人遊記謂闊帕鑛金有大似胡桃，或如鴿蛋、如馬首者，實百十年來所僅有。倘常若此，纏回當盡以淘金爲生矣。今回民小康之家率望金山而裹足。此商辦之難也。駐俄使臣許景澂致總理各國事務衙門信函，謂西國有聽民請照赴挖，繳官給値而徵其稅，則又於常例之外別事變通。臣將此説告之查鑛委員，令到彼察看。委員抵山麓，鑛丁謠傳發給衣食貲本，紛紛走集。迨遣譯者問以請照徵稅之事，卽閧然四散，莫有應者。是否民性之不馴，抑亦辦理之未善，相離窵遠，未能周知。徧詢衆人，或謂[6]鑛丁拮据，終年僅免枵腹，巖棲穴處，殆無人狀。如令納稅辦理，更屬爲難。舊例和闐州歲徵課金五百兩，于闐縣課金二百九十餘兩，因鑛丁無從查收，向來攤入錢糧數內，官吏方愧無法以蘇民困。是故回疆南山中外經濟家指爲金穴，在和闐農民或且視爲禍根。今若不顧嚴酷，師西人操切之政，按名囊括，每年或可增入銀數千兩至萬餘兩，無補度支，而漁奪歛怨，微臣心有所不忍。鑛丁麕集獸散，山徑紛岐，竄匿伏行，窮於捕逐，將如何廣設卡倫，披沙求金？微等毫末，潛藏妙手，巧不勝防，將如何設法搜檢？西人於此諒別有權術，臣之見聞，又有未逮。此變通徵稅之難也。寶藏不能大興，固由中法之未盡善；鑛學家言，率資機器，軋磨鎔鍊，所用多鋼鐵重大之物，或由上海輪舟運至湖北登陸，或由俄國鐵路運至撒麻耳干卸載，距鑛所仍遠，內地商車力難任重。前陝甘督臣左宗棠在蘭州設織呢局，定造大車[7]，載運機器，途徑村落，或拆壞門垣[8]以過，不久卽虧本廢棄。新疆路程倍於甘省，如俄國烏拉嶺金廠機架高大，恍同樓屋，當以何術挽致？此不難於購機而運機之難也。西國治鑛獲富，端賴專門名家，然精於格致化分者，在歐洲亦不多艱，中原[9]尤未易招延。前年奉文查看鑛山，臣慮鑛師求聘需時，性多驕貴，鑛政果否創立，又未可預期，電商督臣先行派員察視大概。洋弁林輔臣嘗屢次自薦，願辦鑛務，曾在安西州試挖鉛苗。臣以爲該洋弁縱未能程巧致功，當必有片長薄技，因卽就近調往。迨差還，詢以鑛學、化學，殊欠明曉，猶嫌入山疲困，恨無優差以償其勞。想材愈高者，氣亦愈傲，必有深知洋務之大員，方能駕馭。而西北仕途罕談洋務，臣與司道均屬門外。閱許景澂信函稱：但慮辦理之不善，不患經費之難供。竊意非久遊外洋者，孰能確有把握？應懇天恩，就出使大臣中擇任邊疆，庶可收借材之效而垂利賴於無窮，否則雖有精明洋匠，仍苦莫能驅策。此延鑛師難而更難於用鑛師之人也。覓鑛必入深山，無論中法、西法，均以通道爲先。新疆省城至于闐縣六十四驛五千三百八十二里，皆與鑛山無涉。金鑛多在縣治迤東，須取道蒲昌海僻徑，由吐魯番西南十九程而至海南之卡克里克，折西八程至卡牆，爲達鑛山之要地，又西十二程以至于闐縣，合於《漢書》"傍南山西行之南道，荒蕪沙磧，斷絕人煙"。平治道途，創建驛舍，所費當又不貲。是猶山外幹路耳。若山間枝路，無不巃嵸崔巍，繩引懸度，欲興鑛政，並宜開通，斷非四、五年所能竣事。此闢路置郵之難也。董勸百工，首資餼廩；負擔千里，倍耗銀錢。自委員啟程，時臣飭各屬備辦米薪、器用，分遣司事，沿途存儲遞送，吏民苦之。而委員入山愈深，仍慮供支不繼，還省後卽以此事爲言。臣查蒲昌海西北境塔里木河濱，經前護撫臣魏光燾及臣先後派員招徠戶口，闢治草萊，阡陌新成，倉庾無幾，加以鹽澤泥淖，南山窊隆，登降坎坷，轉輸勞悴，必將蒲昌海西南卡牆河左右就有水草處，度地募農，爲日後鑛局購糧之本。惟沙漠土壤，華離不連，地曠人稀，遷移鮮願。釃渠築室，經畫維艱。臣與司道諸臣商議鑛務，所賅者眾。屯墾一事，當陸續勉籌，俾大漠之中間有小邑，將來匠工於役，菽粟可求。然千歲窮荒，未易數年成聚。此墾田積穀之難也。

餘若擇地建局，則有用人庀材之難；分汛緝奸，則有增兵加費之難。棘手滋多，未可枚舉。嘗聞西國罕在不通輪舶、不設鐵軌之處興鑛務者。臣於光緒十九年四月十八日議覆編修胡景桂條陳摺內，曾略述新疆開鑛竭蹶情形。本年八月二十六日，遵旨覆奏條陳時務摺內，請於沿江、沿海設立鑛務學堂，誠以求其在我，莫此爲急，庶幾由近及遠、由易入難，若夫雄材大略，何地不可有爲？微臣知識庸愚，動虞窒礙，亦未便諱而不言。南山各鑛金沙雖將淘盡，而金璞則深藏尚多。今值理財乏術之秋，倘有遠識者於難中生易，或可建策興辦。微臣夙夜期望，猶之盲不忘視，跛不忘走，深顧利民裕國，而非甘心含糊，以一覆了事，貽笑外人也。伏乞皇上飭下總理各國事務衙門及出使外洋各大臣，詳加考核，悉心酌議，邊陲幸甚！至和闐西境，阻於莎車葱嶺，距帕米爾尚遠。惟南踰崑崙，可由阿克塞成達英屬之條拜提卽土伯特。據洋弁林輔臣稟稱：阿克塞成等處產金亦旺，似可劃崑崙南坡借給英人開鑛，而坐收租息。臣查彼處遐荒無人，勢難設官，聽其自然，又虞侵越，應否由後藏分明界限，請飭總理各國事務衙門一併籌議。除鈔錄查鑛委員稟稿、輿圖咨送軍機處、總理各國事務衙門外，謹將和闐一帶金鑛詳細情形會同陝甘總督臣楊昌濬[10]恭摺具陳。伏乞皇上聖鑒訓示。謹奏。光緒二十一年十一月初六日。

（硃批）：該衙門知道[11]。

光緒二十一年十二月初六日，奉硃批：該衙門知道。欽此[12]。

補證

【案】此摺原件①藏於臺北“故宮博物院”，錄副②藏於中國第一歷史檔案館，玆據校勘。

[1]【頭品頂戴甘肅新疆巡撫陶模跪】底本無前銜，玆據原件補。

[2]【案】光緒十九年九月初三日，出使大臣內閣學士許景澂奏報洋人測

---

① 臺北“故宮博物院”藏：《軍機及宮中檔》，文獻編號：408002964。

② 中國第一歷史檔案館藏：《錄副奏摺》，檔號：03-9531-067。

探新疆和闐金礦情形，曰：

出使大臣内閣學士兼禮部侍郎銜臣許景澂跪奏，爲新疆和闐一帶金鑛旺聚，謹陳遊歷洋人測探情形，恭摺仰祈聖鑒事。竊查甘肅新疆省南路，以和闐州爲極邊。其地西南界印度，南通後藏，境内大山自葉爾羌分支東行，綿亙二千餘里，西洋人通稱爲崑崙山，即《漢書·西域傳》所稱南山也。漢時自玉門、陽關從鄯善傍南山，北波河西行至莎車，爲出西域之南道。自唐而後，鄯善以西諸國皆淪入沙磧，其道遂塞。今改輿圖，自克里雅回城以東悉係大戈壁。《新疆識略》亦稱和闐以南皆大山沙磧，路不復通。故情形莫得而詳。光緒十年，俄國武員普舌瓦爾斯基始自羅布泊西南，沿河以達克里雅所屬之策爾滿地方，再循山之北麓迤邐至於和闐，正與漢之南道相合。歸而作記，頗稱崑崙山金鑛之旺。十六年，俄國地理會復遣鑛學人博格達諾委翅前往該處，詳測金鑛所在，留住幾及一歲，著有《圖説》，俄人重而密之。經臣處洋繙譯官金楷理輾轉覓獲，將其要譯述。據言：西起哈朗歸山，東抵羅布泊，產金之地就所已悉者，有十二處。計自和闐州至克里雅城，得鑛三處：曰玉龍哈什河，曰策勒村，曰克里雅。自克里雅以東得鑛五處：曰索爾戛克，曰烏魯克河，曰闊帕，曰莫羅札河，曰池日干河。以上均在崑崙山北麓。逾山而南，得鑛一處，曰坎波拉克。凡九處，皆爲該俄人親歷。又，極東在策爾滿一帶未經赴探者得鑛三處，曰豁達列克，曰托爾肯散，曰阿克塔克。每一處之鑛，又各析有數處、十餘處不等。其金砂或凝結巖壁，或隨山水衝注，散在澗河之中。諸鑛皆經淘挖。無水之地，則用風簸。其内索爾戛克、闊帕二處土民赴採者，約及二千人，日可出金五千餘兩，其金往往售諸印度。若以洋法開採，出金尤必增多。此山内鑛地之大略情形也。該俄人書内又言：俄主大彼得時即聞其地產金，欲自中亞、西亞通道，卒不能達。迨回酋阿古柏佔據喀什噶爾，令民所挖鑛金，官爲收買，稅其十分之二。當時養兵之費賴以取給。同治十二年，英使福舍至喀城，曾派人赴索爾戛克、闊帕等處查察金苗。光緒十一年，俄領事撇特羅夫曾將崑崙山產金情形密報外部，核其砂淨質重，實出烏拉嶺暨英美新舊金山之上，允爲五大洲之冠，等情。伏查新疆邊外，自俄人翦食，回部藩籬久撤，莎車、和闐等處復與英國屬地相接，故南路邊防在今日尤爲扼重。近歲俄兵入帕，益鶩南牧，與英爭因都庫什之險，漸有通道西藏之志。和闐南山一帶，地勢適介其衝，山中金穴尤動彼以可欲。其屢次遣員遊歷，名爲考察方輿，實則覬圖利便。該處又與英界轇轕，未經勘定。英人心計絕精，亦未必無所垂涎。前黑龍江省之漠河金鑛，與俄境隔江相望，經李鴻章招商開採，以杜窺伺，迄今已有成效。和闐形勢更偪，鑛產更富，大山阻深，徒眾麕聚，官司稽查所不及，營汛巡歷所難周。若不早謀措置，難保不勾結他族滋生事端。遠慮近憂，皆不容忽，且控馭嚴疆，兵力不能不厚。該省餉源動賴各省協濟，稍議增兵，輒苦餉絀，誠能就已開鑛地由官設廠經理，數年而後，材用漸裕，尤可資塞上之飽騰，省中原之輸輓。籌邊之謀，莫利於此。惟籌辦開採必以查勘鑛地爲先務，似應按照該俄人所述各鑛情形，復加察看，庶於邊情、地利得有確徵。可否請旨飭下總理各國事務衙門行商新疆巡撫飭查之處，伏候聖裁。除照譯俄人博格達諾委翅“說略”，並摩繪總、分各圖咨送總理衙門備查外，謹繪圖貼說，恭呈御覽。所有洋人測探和闐金鑛關繫情形，理合恭摺具陳。伏乞皇上聖鑒。謹奏。九月初三日。光緒十九年十月二十六日，奉硃批：該衙門議奏，圖併發。欽此。[①]

【案】光緒十九年十一月十九日，總理各國事務王大臣奕劻等爲籌議新疆金礦和闐情形，具摺曰：

臣奕劻等跪奏，爲遵義新疆金礦情形，請旨飭查，恭摺仰祈聖鑒事。竊臣衙門於光緒十九年十月二十六日准軍機處鈔交出使大臣許景澂奏，新疆和闐一帶金鑛旺聚，謹陳洋人遊歷測探情形一摺，奉硃批：該衙門議奏，圖併發。欽此。查原奏內稱，俄人在新疆南路屢經遊歷，詳測金鑛。其“圖說”內言：自和闐至克里雅城得鑛三處，自克里雅以東得鑛五處，均在崑崙山北麓。逾山而南，得鑛一處。又，極東在

① 中國第一歷史檔案館藏：《錄副奏摺》，檔號：03-9429-074。

策爾滿一帶未經親歷者，得鑛三處。每一處之鑛，又各析有數處至十余處不等，内索爾戛克及闊帕兩處，土人赴採者數千人。若以洋法開採，出金必多，其金質爲五大洲之冠，等語。臣等竊維新疆南路西四城歲有貢金，原是任土作貢之義。回部產金之區甚廣，而開採之多寡向係聽民自便，是以莫得其詳。近日新疆測繪輿圖，於于闐縣境列有卡拔小金廠、梭爾瓦克大金廠之目。于闐縣即克里雅城，其卡拔小金廠即原奏所稱闊帕金鑛，索爾瓦克大金廠即原奏所稱索爾戛克金鑛。既有金礦名目，自必開採已久，是和闐金鑛之盛可知。又原奏所稱策爾滿地方，即新疆所稱卡牆河，近年以來，俄國遊歷人之經此出入者不絕於途，地方官照料保護，隨時見於公牘。其與崑崙山產金處所，採訪頗詳，著爲圖說，不無欣羡之心。圖中產金之地綿亙二千餘里，實襟帶回部、藏番之天然要隘。克里雅城爲居中綰轂之區，其西界越薩雷闊勒即屬帕米爾地。其西南徑接坎巨提條拜提部落。其南面爲藏邊之拉達克部落地方，英人於近日於印度東北經商闢路，日事開拓，加以藏地通商異日，南路邊疆關繫綦重，綢繆未雨，宜在機先，西人以利源所在，雖越國過都尚不憚煩勞，詳細探訪。中國於自有之利，若竟聽其貨其於地，甚爲可惜。惟是造瑞圖始，事藉諏咨，規模務在宏達，經畫必有實際。查近日邊疆鑛務，惟漠河金鑛章程備具，成效可觀，良由北洋大臣、黑龍江將軍等籌議經年，而又經理得人，故諸事胥臻妥協。和闐所屬之地，不似漠河之山河遼隔。其金砂據“圖說”所稱，成色似亦較高，若使辦理得宜，自可濬利源於不竭。惟該處向來金廠一切情形，及現在應如何延請可考之鑛師認真查察，官辦商辦孰爲利便，中法西法能否兼資，以及將來能否招商集股，等情。臣衙門無從懸揣，應請旨飭下陝甘總督、新疆巡撫，按照原奏各節，逐一詳查，妥議具奏。一面由臣衙門將原奏“圖說”及漠河金鑛開辦成案行知該督撫閱看，俟復奏到日，再行酌覈定議。所有臣等遵議新疆金鑛情形，理合恭摺覆陳。伏乞皇上聖鑒訓示。遵行。謹奏。光緒十九年十一月十九日。臣奕劻（假），臣宗室福錕（假），臣許庚身，臣孫毓汶，臣徐用儀，臣廖壽恒，臣崇禮，臣張蔭桓。[①] 光緒十九年十一月十九日，奉硃批：另有旨[②]。

[3]【案】光緒十二年十二月十五日，黑龍江將軍恭鏜等爲派員籌辦漠河金礦事具奏曰：

奴才恭鏜、祿彭跪奏，爲密陳漠河金廠亟應舉辦，江省現無熟習礦務人員，擬請旨飭下北洋大臣遴派幹員，攜帶礦工來江，以資籌辦，恭摺具陳，仰祈聖鑒事。竊查漠河金廠，上年俄人勾結華匪過江佔據，疊經派兵彈壓驅除，孽芽未淨。前經總理衙門王大臣函稱：接據出使大臣劉瑞函稱：俄國官紳有思集股採取黑龍江粗魯海圖金廠之議，若久禁閉不採，恐俄人將來圖占、貽患，等因。奴才恭鏜前過天津時，曾經面商李鴻章，亦以爲辦不可緩，並許協力相助，足見謀國公忠。到任後，以該金廠事關緊要，一面飛函商請李鴻章派員代約德國礦師於開歲來江，隨同奴才恭鏜前往履勘；一面周諮博訪，大抵辦法不越官辦、商辦、官商合辦三層。揆之江省，諸多棘手，若由官督商辦，江省各城均係貧民瘠戶，並無承辦可靠股商；若由官自開採，不但經費不貲，而且麕集窮邊，無業遊民鈐束不易，將來礦苗稍弱，遣散尤難。惟有招募津、滬商人醵股來江承辦，較無流弊。然非得南、北洋熟習礦務人員與內地商人素相信習者，招募亦非容易。正在籌議間，適接黑龍江副都統成慶呈稱：派員往勘，該金廠漠河、阿爾罕、奇乾三處金坑，每年可出金沙若干，詢據華、俄人等，俱稱不悉。前次偷挖之人俱已散去，無從詢訪。又接李鴻章函稱：德國礦師暫不易得，各等語。查該廠距江省二千數百餘里，須繞由黑龍江雇船上駛，來往動經三月。該處既無熟諳礦脈之人，若非攜帶礦工，要亦無從相度。事關杜患防邊，早辦一日，則可息外邦覬覦之心，亦可弭內地奸民之隙。稽延輾轉，反恐失誤事機。伏思江省僻在一隅，遇有洋務一切事宜，不得不仰賴北洋籌助。上年吉林創設機局，近來東三省建立電竿，皆由北洋遴派委員，辦理方期迅速。津、滬各局人材濟濟，不少熟悉商情、礦務人員。該大臣與江省關防素深，不分畛

① 中國第一歷史檔案館藏：《硃批奏摺》，檔號：04-01-36-0108-027。

② 此硃批日期，據《軍機處隨手登記檔》（檔案編號：03-0277-2-1219-300）校補。

域，合無仰懇天恩，俯念金廠事關緊要，江省辦理乏員，飭下北洋大臣李鴻章遴派幹員，飭令約帶礦、化各工，攜帶機器，迅速來江，隨同奴才恭鏜前往履勘。奴才恭鏜一面函商李鴻章，如有津、滬殷實商人情願來江承辦者，即令該委員一同前來，以期迅速開辦，庶可事冀有成，機無曠誤，邊務、礦務均有裨益。所有籌辦金廠緣由，理合具摺密陳。伏乞皇太后、皇上聖鑒訓示。謹奏。光緒十二年十二月十五日。①

光緒十二年十二月二十八日，軍機大臣奉旨：另有旨。欽此②。

【案】同日，恭鏜等又附片奏請飭令候補知府李金鏞來江省籌辦金礦，曰：

再，據李鴻章函稱：現有吉林候補知府李金鏞熟習礦務，任事勇敢，兼與蘇、滬商人相熟，可以就近商令招募集股興工，等語。查金廠事係創始，必須幹員前往經理，專任責成，方期得力。可否仰懇天恩，飭下吉林將軍希元，飭令候補知府李金鏞就近來江，以資籌辦。如李鴻章派員前來，即令會同辦理。一俟金廠辦有成效，可循即給咨，令其回省。奴才爲慎重礦務起見，是否有當。伏乞聖鑒。謹奏。

光緒十二年十二月二十八日，軍機大臣奉旨：另有旨。欽此。③

【案】黑龍江將軍恭鏜等之奏，旋於十年十二月二十八日得允行，清廷飭令李鴻章遴派熟悉礦務幹員，迅往勘辦，"廷寄"曰：

軍機大臣密寄：大學士直隸總督一等肅毅伯李、吉林將軍希：光緒十二年十二月二十八日，奉上諭：恭鏜等奏漠河金廠亟應舉辦一摺。黑龍江漠河山地方上年曾有中俄匪徒過江偷挖金礦，雖經派兵驅除，孽芽未淨，自應及時開採，以杜外人覬覦。著李鴻章遴派熟悉礦務幹員，飭令選帶礦、化各工，攜帶機器，迅往黑龍江，隨同恭鏜認真勘辦。如津、滬殷實各商有情願承辦之人，並著飭令同往，俾可圖成。另片奏，吉林候補知府李金鏞熟習礦務，請飭派往會辦，等語。即著希元轉飭該員赴

① 中國第一歷史檔案館藏：《錄副奏摺》，檔號：03-9642-052。

② 此奉旨日期，據《軍機處隨手登記檔》（檔案編號：03-0250-4-1212-339）校補。

③ 中國第一歷史檔案館藏：《錄副奏片》，檔號：03-9427-033。

黑龍江會辦。原摺、片均著鈔給閱看。將此由四百里各密諭知之。欽此。遵旨寄信前來。[①]

【案】光緒十三年九月二十五日，黑龍江將軍恭鏜爲派員查看漠河金廠並擬開辦等事，具摺曰：

奴才恭鏜跪奏，爲派員查看漠河金廠並擬開辦大略情形，據實密陳，仰祈聖鑒事。竊奴才前於光緒十二年十二月十五日，謹將漠河金廠亟應舉辦並擬調派吉林道員用候補知府李金鏞會辦，恭摺具陳，仰蒙諭旨，並飭下北洋大臣李鴻章、吉林將軍希元一體欽遵在案。續於本年四月間，該府李金鏞遵由吉林來省面商，一是當以興辦礦務，首重運道。漠河面江背嶺，水陸均需兼籌。遂先取道墨爾根城，蹇山而進，復由漠河出江乘輪，以達黑龍江城，往返數月，艱險備嘗。博訪周諮，略得梗概，九月間始經旋省。奴才面詢顛末，並據該府李金鏞稟稱：漠河一區界連俄人邊境，號稱金穴，狡焉思啟，防不勝防。開礦之舉，實關邊要利害，與內地礦務之專以利言者不同。顧其難有數端，請質陳之。中國自泰西集股以來，就上海一隅而論，設公司者數十家，鮮克有終，而礦爲尤甚。承辦者往往蕩產傾家，猶有餘纍。公司二字久爲人所厭聞，官項竭蹶，所不待言，則籌費難。漠河地處荒僻，人跡罕通，最近之市爲黑龍江城，物價昂貴，較之南中已加十倍或二十倍。漠河更遠至二千里，地鄰北極，嚴冬則雪高盈丈，馬死人僵；夏秋多蟲，塞耳盈鼻，起居服食，無一不難，無一不苦。金鏞出關十年，舊時賑礦諸友大率散處四方，集置艱苦之地，恐非所樂，而不招自至者，又未信心，則用人難。黑龍江雖有俄國輪船，逆流而上，非十余日不達。呼蘭爲裕米之處，無輪可乘，中國小舟逆水不能上駛，必車運至黑龍江城，而俄輪居奇特甚，礦局所用機器重物，除上海運至營口不計外，而自營口運至漠河，水陸並馳已五千里。若自備輪舟，購之津、滬洋行，而內地無由駛入，謀之吉林機器局而急切未可圖成。至於由陸道以通呼蘭糧運，在齊齊哈爾省城北行，介

① 中國第一歷史檔案館編：《光緒朝上諭檔》第12冊，第512頁。

墨爾根、呼倫貝爾之間別開一路，較諸水陸周轉加倍便捷。而窮崖絕壑，密箐深林，率皆終古未開之道，又非月役千人期以周年不能就功；而工用未免浩大，無此餘力則轉運難。漠河金匪雖以驅逐經年，而逃匿俄疆者眾，一旦礦夫四集，良莠雜處，易滋事端，非有重兵彈壓以保礦而防邊則可慮，良非一端。今奉調在防各兵，將非一人，兵非一地，兼係經制額設旗兵，難以力作苦役，更非金鏞所可調遣。客官辦事本難，自專省治既遠又難動輒稟候，則駕馭難。所幸金沙尚旺，其苗顯見。舊時金匪六七千人盤踞至四五年，而俄屯糧食一石價貴至五十兩，得金之多可以想見。金鏞詳考陳跡，以機器未備，僅就河旁隨手開挖，甚爲淺窄，其沙石之下皆爲堅冰。訪之土人，當時金匪徒手挖沙，開冰無術，惟以亂石燒紅融之。至金沙之下尚有堅冰如鐵者，去之則復見金沙，而水中之金尤旺，似非將河身讓出不易見功，而凡開沙、吸水、融冰、淘金皆非機器不可。至於召集民夫以助機器，無需多人應用。襄理之員則以求舊爲主，參用新知，必須能耐勞苦，於礦務略有研究，不敢徇情。其防兵一層爲費甚鉅，暫亦難籌，或就近酌調數營，並歸節制，仍支原餉，一俟金廠有效，再議自募。金鏞昔年辦礦，成敗間出，曾未纍及友朋。此次既蒙奏調，欽奉特旨，中外共知，南中官商必有聞而助理者，擬且集貲二十萬以爲延礦師、購機器、置輪船、買糧食、造房屋、修道路之用。遵即先赴北洋大臣衙門稟商一切，隨至煙臺、平度、上海等處集股商辦，並俟美礦師哲爾者回，自熱河面述礦情，由渠指購各器，一切籌備既妥，再行詳細稟請具奏，定期開辦。附金沙一封呈驗。等情。前來。奴才伏念漠河金廠之舉，重在防邊，兼籌利國，本屬遠大之圖，而地處窮荒，籌款無出，事屬創始，得人尤難。奴才素絀理財，又於礦務毫無閱歷，撫躬自省，殊失顧言顧行之義。幸賴北洋大臣李鴻章遵奉諭旨，力與扶持，遂得指調吉林道員用候補知府李金鏞以資臂助。查據所呈金沙爲數雖微，尚屬材良質美，稟議各節亦均詳慎周妥。但得貲本充足，器具周備，似不至於徒勞鮮獲。奴才現飭前赴李鴻章處呈驗金沙，並一應擬辦事宜逐層稟商後，擬定詳細章程，或即由李鴻章先行具奏，請旨飭下總理各國事務衙門王大臣覈議，以期仰慰宸廑。惟近值封河之期，該府李金鏞前赴北洋，仍當續往煙臺、上海各處，南北陸程計非半年以後不能往復，開辦之期當在明年春夏之交。而奴才前經奏將軍政展至明年，以便親詣漠河查看，亦緣美國礦師未到，延滯至今，殊深惶悚，祇俟該府李金鏞開辦礦局時，再行奏請前往。合併陳明。所有派員查看漠河金廠並擬開辦大略情形緣由，理合恭摺密陳。伏乞皇太后、皇上聖鑒訓示。謹奏。光緒十三年九月二十五日①。

光緒十三年十月初九日，奉硃批：該衙門知道。欽此②。

【案】光緒十三年十二月初五日，欽差大臣直隸總督李鴻章奏報黑龍江漠河金廠官督商辦緣由並擬定章程，曰：

欽差大臣大學士直隸總督一等伯臣李鴻章跪奏，爲黑龍江漠河金廠擬定官督商辦詳細章程，以開利源而杜邊患，恭摺密陳，仰祈聖鑒事。竊臣前准軍機大臣密寄：光緒十二年十二月二十八日，奉上渝：恭鏜等奏漠河金廠亟宜舉辦一摺。黑龍江漠河山地方，上年曾有中俄匪徒過江偷挖金礦，自應及時開採，以杜外人覬覦。著李鴻章遴派熟習礦務幹員迅往黑龍江，隨同恭鏜認真勘辦。如津滬殷實各商有情願承辦之人，並著飭令同往，俾可圖成。另片奏，吉林候補知府李金鏞熟悉礦務，請飭派往會辦，等語。即著希元轉飭赴黑龍江會辦，等因。欽此。仰見聖明思患豫防、籌邊興利之至意。臣查漠河金礦出產頗旺，往年俄人越境開採，華商間往收買金沙。自光緒十一年秋間派兵驅逐，孽芽未淨。迭接出使大臣劉瑞芬函稱：俄國官商仍思集股採取，若不及早籌辦，久必爲人佔據，貽患匪輕。惟地處極邊，集資不易，得人尤難，當經恭鏜奏派道員用候補知府李金鏞前往查勘，所有勘礦及籌辦大略情形，恭鏜已于本年九月奏明，飭李金鏞來臣處稟商一切，擬定詳細章程，由臣先行具奏在案。該員於十一月杪來保定面稟，據呈章程十六條。臣逐一覆核，皆該處開礦應辦之事，其中自備輪船、開通陸路、募通保護、招回流民

① 中國第一歷史檔案館藏：《硃批奏摺》，檔號：04-01-36-0106-014。

② 中國第一歷史檔案館藏：《錄副奏摺》，檔號：03-9427-039。

四條，於邊防尤有關繫。現擬仿照西國公司之法，招集股本二十萬兩，先行試辦。惟近日商情困敝，股分驟難集成。據該員聲稱：年內外趕緊勸集，約不過六、七萬金，合之恭鏜籌借庫款三萬兩，僅得其半。北洋庫儲支絀，無可騰挪，適有天津商人情願出借，當即由臣代借十萬兩，以足二十萬之數。一俟股分招齊，將借款陸續繳還。將來開辦後所獲餘利，除開支局用官利外，當以十成之三呈交黑龍江將軍衙門，報充軍餉，應用礦師。詢據山東平度州礦局道員李宗岱電稟：該局礦師美國人阿魯士威明年四月內可往漠河察勘，一面購置機器，建造廠屋，以備剋期開工。前奉諭旨敕臣遴派幹員迅往勘辦，臣查李金鏞血性忠勇，不避艱險，向本隨臣辦事，經前吉林將軍銘安奏辦琿春墾務，兼理中俄交涉事件，先後將及十年，邊情最爲熟悉。此次勘礦之便，恭鏜派赴精奇里江南岸，與俄酋釐定四十八旗屯地界，尤能力持正義，動合機宜。現與恭鏜往返函商，擬即飭令該員總辦礦務。該廠地處極邊，驛程稽滯，除重大事件應稟商黑龍江將軍酌奪，其餘一切准由該員相機妥辦，以專責成。竊惟金礦之興數十年來，競推美之舊金山、英之新金山及俄之悉畢爾部，皆系荒地開採，以後日臻繁殖，遂成都會。新、舊兩金山近年出金漸少，而耕牧之利代興，惟俄猶擅此爲國大利。查漠河一帶山脈，正接俄境悉畢爾諸山，據稱金苗長及五百里。李金鏞所呈金樣成色尚佳，中外謂爲金穴，似非無據。從來疆埸之間常以虛實爲強弱。俄自嘉慶季年創開金礦，逐漸締造。至道光、咸豐之際，尼布楚遂爲雄城，已有駸駸東逼之勢。其時，中原多故，未暇兼營，遂至以彼之實乘我之虛，侵我邊陲，如涉庭戶。今之新界三面斗入，僅隔一江。彼方治兵、招礦並議，自阿穆斯克至烏蘇里、海參崴一帶興築鐵路，綿亙黑龍江、吉林東北，伺隙蹈瑕，意殊叵測。漠河、奇乾河之間尤所注意。漠河距將軍、都統所駐均極寫遠，而齊齊哈爾、黑爾根兩城且隔在內興安嶺之南，若不及早經營，誠爲可慮。夫實邊之計在人，聚人之計在財。該處林木富饒，地氣本旺，特以極邊寒苦千餘里，荒僻絕無人煙。若金礦一開，人皆趨利，商賈駢集，屯牧並興，可與黑龍江北岸俄城聲勢對抗；外以折強鄰窺伺之漸，內以植百年根本之謀；且因此自行輪船，則江面不令獨佔；開通山路，則軍府不至遠懸。此皆防患未萌而不容稍緩者也。現在開通運道，工程尤爲緊要，必須借資兵力。應請勅下黑龍江將軍會商練兵大臣，派兵一二千名隨往調遣。至經辦各員涉歷險遠，創造艱難，將來著有成效，應將出力人員懇恩准予從優保獎，以昭激勸。謹將李金鏞籌議章程十六條照繕清單，恭呈御覽。除咨總理各國事務衙門查核外，所有議辦漠河金礦緣由，理合會同署黑龍江將軍臣恭鏜，恭摺由驛密奏。伏乞皇太后、皇上聖鑒訓示。遵行。謹奏。光緒十三年十二月初五日。①

光緒十三年十二月初七日，奉硃批：該衙門議奏，單併發。欽此。②

【案】光緒十三年十二月初五日，李鴻章又呈候補知府李金鏞籌議黑龍江金廠公司章程十六條清單，曰：

謹將候補知府李金鏞籌議黑龍江金廠公司章程十六條繕具清摺，恭呈御覽。計開：

一、設局宜統籌也。僱礦師，購機器，蓋房屋，置車輛，買牲口，設碼頭，招流民，募勇丁，造輪船，開山路，事多用繁，非籌足資本無從入手。惟近年南北災荒，勢難剋期集事，今擬先招商股二十萬兩，惟恐一時難齊，仰蒙北洋大臣李保借商人銀十萬兩，又蒙黑龍江將軍恭籌撥庫銀三萬兩。此兩款應俟招股齊時先行繳還。

一、股本宜招集也。南中近年市面蕭條，其殷實之家固尚不少，或因他處之礦得手無多，不免裹足，不知漠河金沙已爲俄人確著明效，然恐群情多疑，故先借款創舉，以期共信。凡官紳、富商同抱公忠，必有樂助其成者，應仍招股集資辦理。現議籌本二十萬兩，分作二千股，每股收天津行平化寶銀一百兩，如交上海規元，每股收一百零六兩，填發股票一張，息摺一扣，認票不認人。一股至百股，均可附搭。擬于上海、天津、吉林等處遴派妥友，設立分局招徠，俟股滿即行截數。長年官利七厘，均於次年端節憑折支付，屆期先應匯銀至各分局，就近支付，以

① 中國第一歷史檔案館藏:《硃批奏摺》，檔號: 04-01-36-0106-019。

② 中國第一歷史檔案館藏:《錄副奏摺》，檔號: 03-9427-042。

免輾轉遠寄。即將來得金，亦運往各分局銷售。

一、開辦宜定地也。勘得漠河在愛琿之西，江道一千五百餘里，是處起旱七十里即達金廠，地名元寶山，兩邊帶坡高山，中間有溪河一道，寬一丈至丈三四尺不等。昔年，俄人即在此溪兩邊盜挖五六年，已挖長十四五里，惟溪身正脈尚未挖及。西至奇乾、阿勒罕等河均二百餘里，東至阿木爾河下游口三百餘里。據俄人云：此道金脈自額爾古納河西山發源，經奇乾、阿勒罕直至阿木爾河下游，計長五百餘里，奇乾河與阿勒罕、阿木爾河均有挖跡可指。俄人所稱脈長五百餘里，或非無因，須俟美國礦師前往試鑽扦探，方知確鑿。茲擬就昔日俄人盜挖之處先行開辦，俟辦有成效，其奇乾、阿勒罕等處可次第辦理。卑府前此赴漠河所得金樣，即在溪邊之殘沙內淘出，經美國化學師樂百時化煉，計一千分中得淨金八百七十一分、銀七十五分，鉛、硫磺、鐵五十四分。據該化學師稱：此金可與美國舊金山之金並埒云。

一、礦師宜妥延也。既用機器，即不能無礦師。說者以爲雇用工頭較礦師爲廉。然工頭僅熟機器，不識金脈，非老於礦學者未易推測，況漠河金廠尚有數處，擬一面開辦，一面即四出相度，而工頭仍須雇用。惟向來泰西礦師聲價自高，居處、飲食，性喜侈靡。本公司事事核實，兼之僻在荒漠，須耐艱苦，宜擇用西國礦師之肯耐勞、耐煩者，自總辦以下只能與廠中司事同其隆殺，有功則賞，有過則罰。雖礦師所用之通事人等，亦不能任其迴護。如熱河礦師之哲爾者、平度礦師之阿魯士威，皆有本領，延訂合同內聲明到廠後，如無明效，不拘年限，即行辭換。

一、事權宜歸一也。竊以開創之事難，邊疆之事更難，邊疆而兼開創之事，難而又難。漠河金廠去齊齊哈爾省城陸路幾二千里，內多人跡未到之地。凡有公文要件須派人專送，或附俄輪送至愛琿驛站轉遞，往返極速，亦須三、四十日。凡遇風雪雨雹，更難定期。該處與俄界一江之隔，俄人久在漠河竊挖，今一旦收回，俄人眈眈逐逐之心尤所莫測，此後交涉事件勢必常有，遠道稟商，誠恐緩不濟急。可否遇有小事，即由卑府相機酌量妥辦，其重大事件仍稟商北洋大臣、黑龍江將軍核奪。

一、輪船宜自備也。黑龍江本隸中國版圖，今則爲俄人獨行之江，由於我無船也。所設駐防，僅東有愛琿一處。其西至額爾古納河一千七百里，如入無人之境。雖新設卡倫二十處，兵力極單，山深路遙，消息難通。愛琿至漠河，水路一千五百里，冬時猶可踏冰行車，夏則我無一舟可濟，因之兵糧往來不得不借坐俄輪，種種受其挾制，然此猶患之輕者。其大害則在漠河金廠久爲俄人竊挖覬覦，此次卑府奉差前赴黑龍江左分界，俄員諄諄以稅租金廠爲託。今我一旦開採，彼不必違好興戎，只須輪不我借，即糧無可運，金廠中人便有束手待斃之慮。反覆籌議，必須自備輪船，庶幾有恃無恐，且於邊防信息亦可靈捷。惟黑龍江海口久爲人有，如輪船由他省置造，苦無海口可入，祇得商請吉林機器局代造小輪船二隻，一上一下，專以拖帶駁船爲主。造成後，可由松花江轉入黑龍江，直達漠河。查松花江上抵黑龍江之水道，淺處不過四五尺，小輪吃水當以四尺爲度，可期往來適用；並擬製造十二槳之小長龍船四隻，以濟輪船之不及，且可往來梭巡江面。再，黑龍江二千里內尚未探得產煤之處，俄國輪船往來，俱用木柴代煤，故江左沿江每距三、五十里，即有一村，村民砍木存儲，供賣俄輪之用。江右絕無居民，我輪往來用柴不便，擬稟請黑龍江將軍恭將原設之卡倫一律整頓，就飭各卡兵一體砍儲木柴待用，立定章程，給予價值，卡兵儲木不得缺誤，輪船給價不得短少。行船半年核計，每卡可得市錢數百千，該兵有此分外出息，當以卡倫爲優差，不但不視爲畏途，抑且爭從其事矣。

一、機器宜購置也。產金之處地氣嚴寒，夏秋之間積雪始化，掘地四、五尺，堅冰如鐵。金生於沙，沙凝於冰，須先融冰而後得沙，淘沙而後見金工作非易。若全賴民夫，則費力多而見功難；佐以機器，則吸水淘金，事半功倍。且人夫少用，則良莠易辨，不使無業莠民聚在而成黨，其利一；人夫少用，則稽查易周，不致有藏匿、影射、價漏等弊，其利二；人夫少用，則工價可省，且該處無謀而有樹，或用木柴，或燒木炭，皆極便易。惟此項機器必須購自外洋，幸漠河之沙金與礦金不同，所用機器無多，僅需吸水、淘金、鑽地等件，每副價值亦不甚鉅。但定購之時宜加詳考，須求其至精至堅、可適久用者，以免停工待修，虚糜貽誤。

一、用人宜慎選也。開辦一事尤在襄助得人，惟黑龍江爲邊遠苦寒之地，漠河更遠更寒，内地有用之才，孰肯謀食於負罪謫戍之鄉？而巨細諸務，非賴群策群力不克相與有成。今欲任用得人，非豐薪優奬不足養其家而得其力。所有監工、稽查、辦糧、押運、文案、收支等事宜均關重要，俟三年有成，實效昭彰，擬請擇其尤爲出力者，照異常勞績，詳請從優保奬，以資觀感。漠河一帶千餘里無人煙，艱險勞苦勝於内地十倍，且開辦金廠，既藉以防邊，又可抽助軍餉。二者均關軍國大事，非破格奬賞不足昭激勸也。

一、流民宜招回也。查工作之役應招土著之民。漠河金廠地屬遐荒，民無土著。前有流入俄境之華民，即昔日俄人盜挖時招集之華民也（當時俄人從海參崴、恰克圖等處僱覓山東直隸之民）。若輩開礦，尚稱熟手。自官兵驅逐後，絕其歸途，俄人仍收作傭工。蚩蚩之衆，誰不思歸？不得已而易服從人，以圖生命，陵辱威赫，困苦備嘗。今擬招回此項流民，仍爲我用，並優給工食，勤加約束，賞罰嚴明。在若輩久思仍回父母之邦，今一旦遂其所欲，其悦服可知。倘流民不敷遣用，所有愛琿等處八旗苦寒之人願充斯工者，亦一體招入。

一、陸路宜開通也。查齊齊哈爾省城至愛琿，計程八百五十里；自愛琿附俄輪至漠河，有江道千五百里，水陸兼程共二千三百五十里。若省城徑至漠河，由墨爾根取道入山，本有陸路可通，因山深林密，向爲人跡所不到。卑府親率員弁，冒險直入，探明捷徑。漠河去墨爾根一千五百里，墨爾根距省四百五十里，共一千九百五十里。復又另探一路，由齊齊哈爾逕達漠河，旱路僅止一千四五百里，照向來水陸兼程，可近八九百里。是開通運道爲急務也。惟雇募夫役，經費較巨。擬請兵一二千人，除底餉外，量予犒賞。開路寬以一丈爲率，分哨定段，限日興挑。其監察一切及設渡造橋，因地制宜，另議細目。斯役約一年可竣工，竣即可安電線，置卡房，次第舉行；且道路既通，即以此項兵丁分布要隘，人煙漸集，邊庭日益強固，亦足消強敵覬覦之心。即不開礦，亦是邊防要圖。

一、保護宜募勇也。查開辦後，招集流民，動以千計，日夕相聚，加以強鄰逼處，在在堪虞。存廠之款，既必不少；挖出之金，尤關重要。漠河口現有五百兵，以之駐防，尚慮不足，勢難調遣入廠，必須另募一營，即在金廠内自行籌給口分，由總辦爲統領，用西法、西械勤加訓練，庶内可以資彈壓，外可以與防兵聯爲一氣，聲勢既壯，礦務、邊務兩有裨益。

一、司帳宜公舉也。錢財出入爲金廠之根本，況屬公司，尤宜公辦。主廠者不當兼理錢財，致涉嫌疑。今擬將收支事務由股本最大者公舉保薦平素誠實有望之人，然後延訂，將來如有虧空、舞弊等情，一經查出，惟原薦主理直認賠（即在股本内扣還）。凡經理銀錢，非任勞任怨者不能稱職。倘有人商借挪移，自當破除情面，一概回絕。即如總辦員司等，除每月初二日給領薪水外，亦不得透支分文，以重公款。

一、股友宜助理也。凡入股之友皆與廠中有維繫之勢，議定萬金之股，或自駐廠，或派人駐廠，以便監察金銀出入。如廠中有合宜職司，自當量才派事，開支薪水；如不諳公務，或無職可派，僅能供給火食，不送薪水，衹可在廠查察帳房、侵虧、浮冒等弊，他處公事不得與聞。即司帳之人，於銀錢有出入不當處，亦宜通知總辦核奪。至於未滿百股之友，亦有三四千金搭入者，准期二三人湊足百股，公派一人到廠監視，以憑共信。其餘零星股友均不得援以爲例。

一、局用宜節省也。所用各員司人等，按其責任之輕重、才能之大小，酌定薪水之多寡，既不失之於刻，亦不失之於寬。即因邊地苦寒，非重祿不足以勸士。然少用一人，則費自省矣。至局中飯食、油燭、芯紅、筆墨、紙張、雜用一切等項，必須實用實銷，不得浮開浪費，致使公本虛糜。如各員司因公他往，無論遠近，車馬等費由局動支。至因一己私事出外，由本人自備。事事皆歸實濟。凡收支各帳，周年彙齊，刊刻清冊，分送各股友閱核，以憑徵信，並呈報北洋大臣、黑龍江將軍查覈。

一、盈虧宜預計也。開辦一年後，出金果旺，獲利果多，是公司與股友幸事。如無盈餘，亦未折耗，在股者一時不准提本，只准招人接替，更易姓名，調換股票息摺。萬一股本有虧折之處，由總辦稟知北洋大臣、黑龍江將軍，並函商股份最大者定奪辦理，不參私意，當取公評，以爲行止。

一、餘利宜分派也。金廠開辦後，每日所得金沙，由監工稽查，同送至收金所。經主廠者眼同兑收，登冊蓋戳，聚總熔煉成條，運售津滬各處，按月一小結，周年一總結。共得金沙合銀若干兩，除將借款陸續提還，並將官利及員司、礦師薪水、局費，夫役、護勇工食一切開支外，若有盈餘，作爲二十成均分，內交黑龍江將軍衙門六成，報充軍餉；商股十成，本廠員友司事花紅四成；在廠之人自總辦及員司、夫役等，皆得均沾，酌賞計人、計功，不得使有一人向隅。（硃批）：覽。[①]

【案】光緒十四年正月初七日，總理各國事務王大臣奕劻等爲議覆黑龍江漠河金廠開辦事宜，具摺曰：

總理各國事務和碩慶郡王臣奕劻等跪奏，爲遵議黑龍江漠河金廠開辦事宜，恭摺覆陳，仰祈聖鑒事。竊臣衙門於光緒十三年十月初十日准軍機處鈔交黑龍江將軍恭鏜奏派員查看漠河金廠一摺，奉硃批：該衙門知道。欽此。又，十二月初七日，鈔交大學士直隸總督臣李鴻章奏擬定漠河金廠官督商辦詳細章程一摺，奉硃批：該衙門議奏，單併發。欽此。臣等查漠河山在黑龍江屬墨爾根城之西北，界於額爾古納河、旁鳥河之間，地勢背內興安嶺，面黑龍江，南至墨爾根，經度斜距鳥道約八百里，紆道計一千餘里，距齊齊哈爾省城經度約一千五百里，東由水路達愛琿一千五百里，北距俄國新設之博克諾付克屯及阿勒巴金城僅一江之隔，其地即今年新設之博羅哈達卡倫也。由興安嶺向有東金山之名，國語謂之金阿林，別乎阿爾泰山之爲西金山而言也。該處金苗頗旺，而地處邊荒，外來匪徒在彼偷挖金沙，出沒無定，經前任將軍文緒派兵驅逐，佈置卡倫，邊境始得廓清。然地不愛寶，蓄久必廢，利之所在，人輒爭趨。

① 中國第一歷史檔案館藏：《單》，檔號：03-9427-043。

況當邊遠之區，防範亦難周密，前有俄商薩比湯在出使大臣處呈請，欲租粗魯海圖地方設廠挖金，其地即在漠河之西。彼蓋以中國未經官爲開辦，故有此請。嗣經臣等與李鴻章、恭鏜咨牘往來，籌商辦法，歷據該大臣、將軍等先後遵奉上年十二月二十八日諭旨，派員查勘，並籌議辦法。臣等查閱李鴻章所奏章程十六條，頗爲詳明。竊思英之新金山、美之舊金山、俄之悉畢爾，莫不淘挖金礦，以爲富強之計。中國雖有產金之地，向來不事開採，所出無多。又經西人收買，以致金價日昂，況黑龍江地方自與俄國畫江分界，情勢又與往昔不同。自來謀國遠圖，不外興利、實邊二策。漠河礦務若果辦理得宜，則利源日開，人民漸聚，富庶之基胥由於此。現就原訂章程，逐條詳議，應如所請開辦。惟事屬創始，經理匪易，既據李鴻章奏稱道員用候補知府李金鏞血性忠勇，不避艱險，應請旨即派該員督理黑龍江等處礦務，以專責成。至其中如造輪船、開運道、招流民一事，權添護勇各條，於邊防均有關係，且于中外交涉尤應處置得宜，並請飭下黑龍江將軍，督同該員審慎辦理，不可稍涉大意。此外未盡事宜，仍由該員隨時稟請北洋大臣、黑龍江將軍核奪，咨送臣署備查。謹將遵議章程十六條開列清單，恭呈御覽，伏乞皇太后、皇上聖鑒訓示。再，此摺系總理各國事務衙門主稿，會同吏部、戶部議奏。合併聲明。謹奏。正月初七日①。

光緒十四年正月初七日奉旨，欽此。②

【案】總理王大臣奕劻等於同日又呈議覆李金鏞所擬漠河金廠章程十六條清單，曰：

謹將遵議李金鏞所擬漠河金廠章程十六條繕具清單，恭呈御覽。

一、原奏統籌設局一條。查開廠之始，凡購器、蓋屋、造船、開路及延雇礦師、添設防勇等項，需用經費先須籌定，非招集商股無以濟事。現已由北洋大臣借用商款銀十萬兩、黑龍江將軍動撥庫款銀三萬兩，自可先行開辦。一俟商股招齊，即將前款歸還。應如所議辦理。

一、原奏招集商股一條。查招商集股，西洋名爲公司，原屬眾擎易

---

① 此具奏日期，據《軍機處隨手登記檔》推補（檔案編號：03-0257-1-1214-004）。

② 中國第一歷史檔案館藏：《錄副奏摺》，檔號：03-9427-047。

舉，近年如輪船招商局及開平等處煤礦，皆賴商股以資周轉，但經理未能盡善，無以取信於人。今擬招集股本二十萬，分作二千股，於上海、天津、吉林等處設立分局，支付息銀及運金銷售各節，務須核實辦理，俾出資者得有利益，庶足以廣招徠。

一、原奏定地開辦一條。查金脈自額爾古訥河西山起，經奇乾、阿勒罕直至阿木爾河下游，計長五百里，夙稱金穴。漠河之元寶山溪邊尚有金匪盜挖之跡，現擬先從此處開起，俟礦師探得苗旺之處，次第辦理。應如所擬，先在該處擇地設廠，作爲開辦根基，俟辦有成效，然後由漠河以至奇乾、阿勒罕河等處逐漸推廣。

一、原奏妥延礦師一條。查各處礦局，每爲西人庸劣礦師所誤，其真正高手礦師甚爲難得。據稱熱河礦師哲爾者、山東平度州礦師阿魯士威，皆有本領。此次延訂礦師，必須訪求確係可靠之人，合同內亦宜詳細聲明，免致虛縻款項。

一、原奏事權宜一一條。查漠河距齊齊哈爾省城陸路一千五百里，若繞愛琿水路尤爲迂遠。該處上游係俄之士帖列省，下游係海蘭泡省，時有輪船往來，開廠以後，難保無交涉之事。若無辦事之權，往返稟商，誠恐緩不濟急。現擬責成李金鏞督理礦務，所有一切交涉事件，即由該員一面相機妥辦，一面稟報。如有事關重大者，仍分別稟商北洋大臣、黑龍江將軍覈奪。

一、原奏創造輪船一條。查咸豐八年《愛琿條約》，訂明黑龍江只准中俄兩國行船，不准別國行船。光緒十二年四月間，該將軍用兵漠河，驅逐金匪，每借俄輪以濟糧運，諸多不便。嗣購買俄商輪船一艘，又復議而未成。茲擬在吉林機器局代造小輪船二隻，以便拖帶運糧船隻，並造小長龍船四隻，梭巡江面，應如所請辦理。至卡兵斫儲木柴以備輪船購用，應由黑龍江將軍通飭遵辦。

一、原奏購買機器一條。查淘金必先汲水，人力殊不易施，若用外洋機器，則事半功倍。且漠河產金之處距地面深不及丈，所用機器較簡，應即選擇購辦，以資應用。

一、原奏慎選用人一條。查漠河爲邊遠苦寒之地，人皆視爲畏途，金廠襄辦需人，非尋常局務可比，若非破格優獎，不足以示鼓勵。應如所請，在廠經辦各員俟三年後，如果實效昭彰，准擇其尤爲出力者，照異常勞績從優酌保數員；其出力較次之員，照尋常勞績保獎，不得概從優保，以示區別。仍應查照定章，將各該員到廠日期及經營何項事務先行咨部立案，不咨者不准入保。至將來保獎員數，擬臨時察看情形，按成效之大小，定人數之多寡。倘稍涉浮濫，即將出力稍次及在事未久之員酌量刪減，庶於激勸之中，仍寓核實之意。

一、原奏招回流民一條。查從前盜挖金砂，大率皆山東、直隸遊手傭工之人，由海參崴、恰克圖流徙至彼。自經官兵驅逐渡江，流入俄境者頗不乏人。此次招工開挖，如有自願來歸者，自可酌量收用。惟其中如有已入俄籍之人，即不應濫行收留，以示區別。此事務宜妥慎籌辦，不可孟浪從事。

一、原奏開通陸路一條。查自齊齊哈爾至愛琿，復由愛琿至漠河，水陸計程二千三百五十里。據李金鏞探得，由齊齊哈爾徑達漠河，旱路僅止一千四五百里，照向來程途可近八九百里。惟山深林密，向爲人跡所不到，擬請撥兵一二千人，伐木開路，除底餉外，量給犒賞，係爲運糧便捷起見。應請飭下黑龍江將軍會商東三省練兵大臣，即行酌派練軍前往，俾資調遣。其安設電線卡房、分布弁勇汛守各節，應俟工竣後，次第辦理。

一、原奏募勇保護一條。查新設之博羅哈達卡倫，防兵只五百名，以之彈壓礦廠兼顧防秋，尚嫌單薄，既據稱另募一營，餉由金廠籌給，即歸該員統領，俾收指臂之效，事亦可行。至勇營編成後，應仍造冊詳報該將軍，以備稽考。

一、原奏公舉司帳、股友助理、節省局用、預計盈虧各條。以上四端皆系參酌公司辦法，應責成該員隨宜斟酌，稟明該管上司，核實辦理。

一、原奏均派餘利一條。擬照所請，辦有成效之後，除將借款陸續提還，並將官利及員司、礦師薪水、局費、勇糧一切開支外，酌定所有盈餘，作爲二十成計算，以六成提充軍餉，四成作爲該局花紅，其餘十成歸商股勻分，俾得均沾利益；並將收支款目按年送部備查，免其造冊報銷。將來金砂果旺，規模日益擴充，應如何開拓變通以裕邊餉之處，屆時察看情形，再行酌辦。①

[4]【札文】原件、錄副無“札文”二字，底本疑衍。

[5]【判如霄壤】原件、錄副作“判若霄壤”，當是。

[6]【或謂】原件、錄副均作“咸謂”，是。

[7]【定造大車】原件、錄副均作“別製大車”，當是。

[8]【拆壞門垣】原件、錄副均作“折毀門垣”，確。

[9]【中原】原件、錄副均作“中華”，當是。

[10]【會同陝甘總督臣楊昌濬】此句僅存於底本，原件、錄副均無此句。存疑。

[11]【該衙門知道】此“硃批”，據原件補。

[12]【光緒二十一年十二月初六日，奉硃批：該衙門知道。欽此】此日期等據錄副校補。

〇四九　卡克里克設立營局片

光緒二十一年十一月初六日（1895年12月21日）

再，羅布淖爾西北四百餘里之都納里地方，於光緒十九年經臣奏築蒲昌城，移屯營及撫輯招徠局駐焉。該營局所轄東西二千餘里、南北一千餘里，程途遼遠，時慮鞭長。查淖爾西南一百四十里之卡克里克有古城頹垣，周約十五里，卽漢樓蘭故國，《西域傳》所謂負水儋糧送迎漢使者也。今委員查看，間有可耕之土，背水面山，形勢爽塏，東南戈壁，距敦煌、陽關一千三百里，西抵于闐縣一千七百餘里，南通青海、西藏，居磧路之要衝，爲鑛山之孔道，亟宜應時變通，於卡克

① 中國第一歷史檔案館藏：《單》，檔號：03-9427-048。

里克分設屯防局，委員經理，招募業農、貧戶，擇地墾荒，備日後開鑛轉運之基。現值河湟回亂，恐匪黨或由番地闌入，應於各要隘布置卡汛、添紮營哨，以備不虞。所需招戶川資、牛工、子種、建屋、修路、創驛站、增勇丁各費，容辦有端緒後，咨部立案。合將擬議情形先行附片陳明。伏乞聖鑒。謹奏。

（硃批）：該部知道[1]。

光緒二十一年十二月初六日，奉硃批：該部知道。欽此[2]。

補證

【案】此摺原件①藏於臺北“故宮博物院”，錄副②藏於中國第一歷史檔案館，茲據校勘。

[1]【該部知道】此“硃批”據原件補。

[2]【光緒二十一年十二月初六日，奉硃批：該部知道。欽此】此句據錄副校補。

[3]【案】此奏之獲允行，《清實錄》亦載曰：“甘肅新疆巡撫陶模奏，卡克里克爲漢樓蘭故城，正當礦山孔道，擬分設屯防，以備轉運。下部知之。③”

〇五〇　報交卸起程各日期並酌帶營旂數目摺

光緒二十一年十一月二十一日（1896年1月5日）

頭品頂戴署理陝甘總督新疆巡撫臣陶模跪[1]奏，爲恭報微臣交卸、起程各日期，並酌帶馬步營旂數目，繕具清單，恭摺仰祈聖鑒事。

竊臣欽奉電旨，署理陝甘總督，並奉旨：如能再帶數營進關，沿

① 臺北“故宮博物院”藏：《軍機及宮中檔》，文獻編號：408002964-0-A。

② 中國第一歷史檔案館藏：《錄副奏摺》，檔號：03-5555-050。

③ 《德宗景皇帝實錄》，卷三百八十一，光緒二十一年十二月，《清實錄》第56冊，第981頁。

途勦撫，更資得力，等因。欽此。當於叩謝天恩摺内聲明，俟營旂抽調就緒，卽行起程在案。兹於光緒二十一年十一月十七日，謹將甘肅新疆巡撫關防並王命旗牌、文案、卷宗等件派員齎送署撫臣饒應祺接管任事。臣定於十二月初四日由省起程，長途冰凍，年内計可行過哈密。近接甘州來電：涼州南山仍有賊踞，西甯圍尚未解。臣以官軍正在進剿，難保該匪不聚衆西竄，現由撫、提、鎮標揀抽步隊二營一旂、馬隊二營三旂、礮隊一哨，隨同東進，以便沿途相機剿撫。仰仗朝廷威福，如臣未入關，西甯河狄漸就敉平，當將所帶馬步酌留幾成，暫駐肅州、甘州等處，無庸概赴蘭州，蓋遠道行師，勞費實甚，不得不察看情形酌量辦理也。竊維甘肅自循化逆回，煽亂，遂至河湟糜爛，蔓延甘涼，徵兵遠及數省，文吏闇於治體，未能預遏亂萌；武員畏縮成風，不肯向前殺賊。浩劫之遭，不必盡關氣數。臣現擇辦事可靠文武員弁，或派充統帶營旂哨官，或令隨營差遣，如所過各屬有溺職太甚者，擬於各員内遴選，隨時更換。誠以吏治、戎政關係甚重，消弭禍亂莫急於此。所有恭報交卸、起程日期並繕陳馬步營旂數目清單各緣由，謹恭摺具奏。伏乞皇上聖鑒訓示。再，此摺仍用甘肅新疆巡撫關防。合併陳明，謹奏。光緒二十一年十一月二十一日。

（硃批）：該部知道，單併發[2]。

光緒二十一年十二月十七日，奉硃批：該部知道，單併發。欽此[3]。

補證

【案】此摺原件①現藏於臺北"故宫博物院"，錄副②藏於中國第一歷史檔案館，兹據校勘。又，錄副、清單所署日期爲"光緒二十一年十一月二十二日"，顯誤，兹據原件校正。

① 臺北"故宫博物院"藏：《軍機及宫中檔》，文獻編號：408002975。

② 中國第一歷史檔案館藏：《錄副奏摺》，檔號：03-5909-056。

[1]【頭品頂戴署理陝甘總督新疆巡撫臣陶模跪】此前銜據原件校補。

[2]【該部知道，單併發】此"硃批"據原件補。

[3]【光緒二十一年十二月十七日，奉硃批：該部知道，單併發。欽此】此硃批日期與內容，據錄副校補。

【案】此摺隨呈"酌帶進關馬步營旗數目清單"一件，曰：

謹將酌帶進關馬步營旗數目繕具清單，恭呈御覽。計開：正中親軍步隊一營，管帶官總兵銜留新疆補用副將吐魯番營遊擊焦大聚。查該營弁勇係由省城各營旗內挑撥，各營旗缺額仍令隨時募補。副中親軍步隊一營，管帶官留新疆儘先補用提督署巴里坤鎮屬古城營遊擊羅平安。查該營係古城營所改。親軍衛隊步勇一旗，管帶官推補副將留甘儘先補用參將文福基。查該旗係親軍中旗所改。營務處馬隊一旗，管帶官鹽運使銜遇缺題奏道迪化府知府潘效蘇。查該旗係撫標營務處馬隊所改。親軍前營馬隊一營，管帶官副將銜儘先補用參將阿克蘇鎮屬庫車營遊擊周陞朝。查該營係就吐魯番營中軍馬隊一旗添募成營。親軍後營馬隊一營，管帶官參將銜儘先補用遊擊署伊犁鎮標左營右旗守備周得金。查該營係就伊犁鎮標左營右旗馬隊一旗添募成營。其左營右旗馬隊，另行招募。親軍左旗馬隊一旗，管帶官副將銜儘先補用參將巴里坤鎮屬木壘營守備徐春先。查該旗係木壘營馬隊一旗所改。親軍右旗馬隊一旗，管帶官留新疆儘先補用參將金蘭益。查該旗係迪化城守協左旗馬隊所改，其右旗馬隊，另以新字旗員弁勇丁六十九員名，添募成旂。親軍礮隊一哨，管帶官補用守備胡得貴。查該哨係撫標礮隊所改。以上步隊二營一旗、馬隊二營三旗、礮隊一哨，均自光緒二十一年十二月初一日起支行糧。（硃批）：覽。[①]

① 中國第一歷史檔案館藏：《單》，檔號：03-5909-057。

〇五一 行抵哈密整練隊伍即行東進摺

光緒二十二年正月初二日（1896年2月14日）

頭品頂戴署理陝甘總督新疆巡撫臣陶模跪[1]奏，爲微臣行抵哈密，整練隊伍，即行東進，恭摺馳陳，仰祈聖鑒事。

竊臣於光緒二十一年十一月二十一日恭報交卸新疆巡撫印務並起程日期，由科布多臺站馳奏在案。旋於十二月初四日帶隊起程，初五日宿迪化縣屬之芨芨槽，夜遇大風，帳棚多被颺破，臣與諸將士露立風中，天明始整隊徐行。嗣是日日有風，時作時止。臣近年入冬即苦咳嗽，至是又兼氣喘，軍士亦多病咳。十一日，至吐魯番，修補帳棚，停留二日。行過鎮西廳所屬之車轂泉、一碗泉等處，水泉缺乏，軍士負冰而行，仍不敷食飲，因將隊伍分作數起行走，俾得勉敷炊汲。二十七、八等日，先後抵哈密，軍士病咳尚未全愈，臣氣喘尤甚，所幸已交春令，或可不至增劇。現聞西甯賊勢尚盛，其麕聚永安、大通營一帶者，皆屬河湟悍賊。該處北通甘州，西由青海番地可徑達關外。此時東路各軍進剿，西竄自在意中。臣所帶各營旂多係湘、楚、皖、蜀諸軍舊部，操法、陣法各自不同，擬在此暫停數日，督飭各將領合隊操演，俾彼此相習，於戰事較有把握。惟馬步僅二千餘人，兵力尚嫌單薄，萬一賊眾我寡，或由前路咨調營旂，或就近另行添募，屆時相機辦理。至新疆南北兩路已處處設防，吐魯番回部郡王瑪木特、哈密回部親王沙木胡索特現正辦理團練，臣接見勉以大義，點閱纏勇，酌加犒賞。該回王等感戴朝廷厚恩，忠義奮發，與地方文武商辦防務，亦極和衷。臣所過地方，民情均屬安謐，知關聖廑，謹以附陳。所有微臣行抵哈密、整練隊伍、即行東進各緣由，理合恭摺馳奏，伏乞皇上聖鑒。謹奏。光緒二十二年正月初二日[2]。

（硃批）：知道了[3]。

光緒二十二年正月二十七日，奉硃批：知道了。欽此[4]。

補證

【案】此摺①原件藏於臺北"故宫博物院"，錄副②藏於中國第一歷史檔案館，兹據校勘。

[1]【頭品頂戴署理陝甘總督新疆巡撫臣陶模跪】此前銜據原件校補。

[2]【光緒二十二年正月初二日】底本缺具奏日期，兹據原件補。

[3]【知道了】此"硃批"據原件補。

[4]【光緒二十二年正月二十七日，奉硃批：知道了。欽此】此硃批日期等，據錄副校補。

---

① 臺北"故宫博物院"藏：《軍機及宫中檔》，文獻編號：408002976。

② 中國第一歷史檔案館藏：《錄副奏摺》，檔號：03-6032-006。

卷　五

陕甘一

○五二　恭報到任日期叩謝天恩復縷陳下情摺
光緒二十二年三月初八日（1896年4月20日）

頭品頂戴署理陝甘總督新疆巡撫臣陶模跪[1]奏，爲恭報微臣到任接印日期，叩謝天恩，並覆陳下悃，恭摺仰祈聖鑒事。

竊臣欽奉諭旨，署理陝甘總督，先後將交卸新疆撫篆及行抵哈密、甘州各日期奏明在案。嗣於光緒二十二年二月二十三日由甘州按站東進，三月初六日抵甘肅省城，初七日准督臣楊昌濬委員齎到陝甘總督銀印一顆、王命旗牌、文案、卷宗等件，當即望闕叩頭謝恩，祇領任事。伏念臣渥蒙寵遇，忝攝師干，聞命以來，時深悚懼，比於謝恩摺內縷陳下情，早邀聖鑒。現在西甯等處逆回如何分別剿撫，董福祥、魏光燾自必權衡至當，仰紓宵旰憂勤。其善後事宜頭緒紛繁，應由督臣經理，然非籌撥鉅款，又得實心愛民之員分任其事，辦理諸多棘手。臣向患咳嗽，入春即已，現近夏令，嗽既未痊，喘復增劇，似此日形衰憊，即竭蹶以圖，竊恐上無以副委任之隆，下無以起彫殘之衆。應仍懇恩另簡賢能署理，以裨大局。至目前應辦事件，自當與各文武和衷商榷，期無貽誤，仰答高厚鴻慈於萬一。所有微臣到任接印，叩謝天恩並覆陳下悃各緣由，謹恭摺具奏，伏乞皇上聖鑒訓示。再，臣經過永昌、平番所屬各站，多被回匪蹂躪，滿目瘡痍，深堪憫惻！應與河湟等處一併設法賑撫，附省一帶近得時雨，麥苗青葱，民情亦尚安帖。臣所刊署理陝甘總督新疆巡撫行營木質關防應即請銷。合併聲明。謹奏。光緒二十二年三月初八日。

（硃批）：知道了[2]。

光緒二十二年四月初十日，奉硃批：知道了。欽此[3]。

補證

【案】此摺①原件藏於臺北“故宫博物院”，錄副②藏於中國第一歷史檔案館，茲據校勘。

[1]【頭品頂戴署理陝甘總督新疆巡撫臣陶模跪】此前銜據原件校補。

[2]【知道了】此“硃批”據原件補。

[3]【光緒二十二年四月初十日，奉硃批：知道了。欽此】此硃批日期，據錄副補。

〇五三　請添撥二十二年軍餉並補撥上年所短銀數摺

光緒二十二年四月初二日（1896年5月14日）

頭品頂戴署理陝甘總督新疆巡撫臣陶模跪[1]奏，爲懇請添撥光緒二十二年軍餉，並補撥上年所短銀數，以濟急需，恭摺仰祈聖鑒事。

竊前陝甘督臣楊昌濬因去歲回匪擾亂，防勦均關緊要，陸續招募兵勇，需用浩繁，於常年防餉外兩次奏請添撥軍餉銀二百萬兩，内初次奉撥銀一百二十萬兩，除收到山西、四川兩省撥款并甘肅藩庫封存、減平、裁省、滿營支存、子藥夫口糧、糶糧變價等項銀八十七萬三千六百五十兩四錢八分三釐外，尚不敷銀三十二萬六千三百四十四兩五錢一分七釐，已於二次請撥銀八十萬兩摺内聲明請撥足數在案[2]。嗣准部覆：由甘肅司庫節省項下提用銀一十四萬八千兩，仍不敷銀一十七萬八千三百四十四兩五錢一分七釐，現已遵照部議，由存糧變價内陸續收回銀二萬九千四百二十兩八分四釐。又，已報未解存糧變價銀五萬二百六十四兩四錢九分五釐，亦作收回計算，實不敷銀

① 臺北“故宫博物院”藏：《軍機及宫中檔》，文獻編號：408002980。

② 中國第一歷史檔案館藏：《錄副奏摺》，檔號：03-5340-042。

九萬八千六百五十九兩九錢三分八釐，仍應在存糧內變價抵款。無如各屬倉糧奉准截留二十萬石，以備賑濟，未便再令變價，致形空匱，以致初次所撥一百二十萬兩之數仍有不敷。至二次請撥銀八十萬兩，祇奉撥司庫秋撥實存及兵餉待支款內銀五十萬兩，尚短撥銀三十萬兩。以上二十一年，除賑款、車價另蒙估撥外，兩次共請撥銀二百萬兩，內計實收銀一百六十萬兩之譜，尚有糧價已報未解五萬餘兩在內。連去歲防軍新餉分收銀九十二萬兩零，二共銀二百五十餘萬兩，爲數不爲不多。惟甘省軍務自去年三月循化滋事起，前督臣派募防練各軍、青海辦事大臣添募馬步隊土勇，每月共需銀十餘萬及二十餘萬兩不等。八月以來，每月需銀三十餘萬兩。截至十二月底止，通共需銀三百餘萬兩。除實收奉撥並防軍新餉照數支發外，計尚不敷銀四十餘萬兩。此二十一年軍餉不敷之實在情形也。本年河狄雖已收撫，防營尚難全撤，而西甯一帶剿撫猶未大定，各軍餉項刻不容緩；加之採辦軍火、製造器械、犒賞獲勝之士卒、卹養傷亡之勇丁，在在需款。臣酌量緩急，力求節省，已將東南路各屬城防土勇分次裁撤。現在威定右營步隊、卓泥營馬隊、洮防春字營、鎮夏前營，均經陸續裁遣，豫凱一軍亦已奉旨調豫遣散。其舊存、新添各軍行、坐糧餉並採辦賞卹各費，雖設法撙節，尚屬不少。此二十二年軍餉不敷之實在情形也。現經藩司督同糧臺委員，通盤計算，委實無款可籌，若不預請酌撥的款，竊恐貽誤非細，應懇於常年防餉之外，再請添撥本年軍餉的款銀一百二十萬兩，並前請撥餉銀八十萬兩內少撥銀三十萬兩，二共請撥銀一百五十萬兩，以備軍需而清墊款。統俟軍務平定，核實造銷。再，二年奉撥變賣糧價一款，尚不敷銀九萬餘兩，可否另撥的款以符原撥一百二十萬兩之數，抑或仍在本年收穫額糧內變價足數之處，據藩司曾鉌[①]詳請奏咨，等情。前來。臣查甘省軍興以後，帑藏告竭，現雖將

---

① 曾鉌（1839—1901），字和淑、懷清，滿洲正白旗人。咸豐十一年（1861），捐任戶部筆帖式。同治五年（1866），任工部學習行走。七年（1868），以記名軍機章京，補工部主事。十一年（1872），補工部屯田司主事。光緒元年（1875），升工部營繕司員外郎中，旋補軍機章

營勇分別裁併，無如河湟撫回時虞反覆，賊黨又出竄青海，分擾撫彝、高臺、安肅各屬之南境，處處戒嚴；西路防練各軍尚嫌單薄，斷不能一時遣散，前經奉撥之餉實在不敷支用。合無仰懇天恩，俯准飭部添撥本年軍餉的款銀一百二十萬兩，並補發上年第二次奉撥短少銀三十萬兩，以濟急需。其變賣糧價內不敷銀兩，可否仰懇天恩一併撥補，抑應在本年徵糧內變抵之處，伏候聖裁。再，臣由新疆起程，酌帶馬步入營旂、礮隊一哨，應支行糧暨轉運各費，已由新疆發至本年二月底止，三月卽歸甘肅發給，每月計需銀二萬餘兩。此目前新增之款，容俟彙案具奏。所有擬請添撥軍餉並補撥上年所短銀數各緣由，謹恭摺馳陳。伏乞皇上聖鑒訓示。謹奏。光緒二十二年四月初二日[3]。

（硃批）：戶部議奏[4]。

光緒二十二年四月十七日，奉硃批：戶部議奏。欽此[5]。

補證

【案】此摺①原件藏於臺北"故宮博物院"，錄副②藏於中國第一歷史檔案館，茲據校勘。

[1]【頭品頂戴署理陝甘總督新疆巡撫臣陶模跪】此前銜據原件校補。

[2]【案】光緒二十一年閏五月二十七日，陝甘總督楊昌濬奏請飭部籌撥新添餉銀，曰：

> 太子太保頭品頂戴陝甘總督臣楊昌濬跪奏，爲添估軍餉，請旨飭部籌撥的款，以備供支，恭摺仰祈聖鑒事。竊甘肅二十一年關內防軍馬步

（接上页）京。五年（1879），調工部都水司郎中，掌都水司印鑰。次年，任則例館提調，兼則例館總纂官，並總理各國事務衙門兼行章京。八年（1882），補河南道監察御史。九年（1883），調陝西督糧道，署陝西按察使。十二年（1886），署陝西布政使。十三年（1887），授陝西按察使。次年，署陝西布政使。二十年（1894），調補甘肅布政使。次年，總理甘肅全省防練各軍營務事宜，加頭品頂戴。二十四年（1898），擢湖北巡撫，以莠言亂政、擅請變法褫職。二十七年（1901），卒。宣統元年（1909），追復原官原銜。

① 臺北"故宮博物院"藏：《軍機及宮中檔》，文獻編號：408002986。

② 中國第一歷史檔案館藏：《錄副奏摺》，檔號：03-6138-113。

各營旂應需餉項，經前藩司沈晉祥具詳請奏，奉部照舊指撥在案。臣維此項餉銀，係按照常年用款切實估計。自去歲九月間西軍八營奉調北上，起支行糧，經戶部准由甘庫封存四分減平項下開支，所遺坐糧之款留備填募營餉，原可匀挪撥給。詎本年入春以來，循化撒回滋事，繼以河州肆擾，先後添調營勇，均經臣分別奏報在案。其應支餉裝銀兩，防餉已屬不敷。近來賊勢猖獗，狄河事棘，所有防營不敷分布，臣復分飭中軍副將湯仁和添募一營，城守營參將田連考添足一營，督標前營遊擊孟根和加添一百名，右營參將許耀文加募一百名，武毅中旂添足一營，又添親兵及開花礮隊一百四十三員名，都司武林新募城防勇一營，都司潘廣湘加募土勇二百名，遊擊陳香慶募土勇一旂，參將王榮茂募□夫三百名。省外則固原提臣雷正綰添募馬步兩旂，總兵王文安添募步隊一營，遊擊沈福清添募馬隊一旂，肅州鎮總兵田在田募步隊一營，署涼州鎮總兵劉漢添募一營、挑練一旂，署甯夏鎮總兵李春山添募，副將喻東高、盧萬德添募馬隊一旂、步隊一營，西甯鎮總兵鄧增添足馬步各一營，加募土勇一營，巴燕戎遊擊譚榮興募土勇一旂，又有調來陝西之馬步四旂，又委城守協副將何建威添募威遠軍六營。此外又調洮州土司楊作霖番兵二千名，又調涼莊馬隊五百名，歸莊浪城守尉統帶。大抵各營已到前敵，皆須開支行糧，並加給番兵口糧、八旗馬隊薪乾、整裝銀兩，統鎮各員亦應給以公費，以及犒獎、卹養、製造、旗幟、號衣、採買鞍衣、採買馬、刀矛，加購帳棚、洋槍、添備火藥、鉛子，轉運糧餉腳價、押解員弁薪糧，安插就撫之回眾，賑濟被難之漢民，遠籌援剿，近顧省防，款項在所必需，絲毫不能短少，所費均屬不貲。至於各府州縣招募土勇，防守城池，鎮壓地方，尚不在內。統核現有各軍，每月行糧約計月需銀十二萬兩有奇。除原有之軍各有坐糧不計外，每月加銀十萬兩有奇，尚恐不足。其軍裝照章配發，軍火隨時備支，約計非二十萬金未能敷用。欲其克敵致果，固不能計較錙銖也。以上用款，值此軍務吃緊之際，斷不容稍有遲緩，致誤事機。徑前署司聯魁及現任藩司曾鉌從權辦理，先儘本年防軍新餉款內動撥，不敷之數，暫由司庫存儲各款陸續借墊，以顧急需。惟是軍情既難預定，用款尚屬虛懸，再四籌維，祇得專案請添本年軍餉銀一百二十萬兩，俾資供支，而清墊款。此項添撥之餉，一俟軍務告蕆，即行停止，分款報銷，以示限制。據藩司曾鉌具詳請奏前來。臣查甘肅本年新餉，奉部照常指撥，皆係計口授食，本無盈餘。況司庫封存各款節奉戶部提撥，搜括已空，實在無可挪用。相應籲懇天恩，飭部籌添本年新餉銀一百二十萬兩，分批解甘，以顧急需而支危局。除咨戶部查照外，謹恭摺具陳。伏乞皇上聖鑒訓示。祇遵。再，西軍八營並叉子槍一旂現已次第回甘，調往狄道等處剿賊，應領餉項，甘省防營新餉實已無從勻支，應請仍在四分減平款內動用。合併聲明。謹奏。閏五月二十七日。光緒二十一年六月初十日，奉硃批：戶部速議具奏。欽此。[1]

【案】光緒二十一年十一月初三日，陝甘總督楊昌濬爲餉項不敷請加撥軍需，具摺曰：

太子太保頭品頂戴陝甘總督臣楊昌濬跪奏，爲添估前撥餉內不敷銀兩，並續請加撥軍需的款，以濟急需，恭摺仰祈聖鑒事。竊臣前因甘省河湟回匪變亂，日益猖獗，招募兵勇，費用浩繁，當經奏准添撥軍餉銀一百二十萬兩在案。茲據甘肅布政使曾鉌詳稱：前項奉撥軍餉內，山西省撥銀四十萬兩，四川省撥銀一十二萬八千兩，均已先後解彙前來。惟奉撥甘肅藩庫封儲各項銀七十一萬兩，內封存減平項下提收銀一十三萬五千兩。又，指撥封儲裁省項下銀十七萬數千兩。除二十年提抵新餉外，僅存銀六萬五百二十一兩九錢二分，較原撥計不敷銀一十萬兩零。又，指撥滿營支存銀十一萬八千兩，除正支外，僅存銀一十一萬三千六百四十九兩七錢三分五釐，較原撥計不敷銀四千三百五十兩二錢六分五釐。又，指撥裁撤子藥夫口糧銀四萬一千餘兩，除奉提永定河工經費外，僅存銀三千三百四十七兩七錢四分四釐，較原撥計不敷銀三萬七千六百五十二兩二錢五分六釐。又，指撥甘省糶糧變價銀二十五萬兩，。此項銀兩僅據各屬解到三萬三千一百三十六兩八分四釐，其餘現因道梗，一時不能解齊，且亦不能盡變，尚難視爲的款。統計奉添軍餉

[1] 中國第一歷史檔案館藏：《錄副奏摺》，檔號：03-6637-077。

銀一百二十萬兩，實不敷銀三十二萬六千三百四十四兩五錢一分七釐，自應呈請估撥足數，以符原案。至甘省賊勢蔓延，軍情萬變，自前次添估軍餉之後，除提臣董福祥所部、甯夏將軍鍾泰新募以及陜西永定、永興諸軍各有專餉不計外，復陸續飭加馬步各營旂，隨時奏明在案，現尚有添募及改旂成營未經奏報者二十余處，此外河州、西甯調派番隊早已許給月餉。近賊之處綠營弁兵，均加鹽菜、口食。各府州縣均招城防勇丁，即後路各屬護運餉裝、彈壓遊匪，又各招有土勇，均已先後募齊，分別起支口糧。目下甯夏鎮總兵牛師韓所部豫凱七營月餉，又需銀二萬二千有奇。統計行糧、坐餉、營兵鹽菜、土勇口糧新添用款，每月不下二十余萬。其製備軍械、轉運腳價、犒賞獲勝之士卒、卹賞傷亡之勇丁，需款尚不在內。合之舊存、新添、行糧、坐糧、採辦各費，自八月以來，每月實已需銀三十余萬兩。前次添撥銀一百二十萬兩，若全數收足，亦抵敷四箇月之用。今原估既不敷銀三十二萬餘兩，十月以後餉項即屬無著。本司督率糧臺各員悉心經理，竭力騰挪，實已支絀萬分，而軍事尚難逆料，用款半由借墊。若不早請的款，勢必貽誤事機，再四思維，惟有於常年防餉外，再請添撥軍需的餉銀八十萬兩，以備供支而清積欠；明知帑項有限，曷敢瀆請加增？但以上各項均係必不能少之款，與其貽誤於後，曷若聲請於先？此項添餉一俟軍務平定，即當核實，詳請裁減，以示限制而昭核實，等情。詳請奏咨前來。臣查前經奉撥之餉已屬不敷支用，值此軍務方殷，河州雖經解圍，西甯攻剿未已，甘涼亦正在籌剿，各路增兵必須加餉，合無仰懇天恩俯准，飭部續撥的款，俾濟急需。倘剋期蕩平，隨時酌裁，斷不敢稍事虛糜，致滋浪費。除將前經添估軍餉以後節次加募各營旂另繕清單，恭呈御覽，並咨送戶部查照，暨綠營酌加鹽菜、口食另行咨部外，所有擬請添估前撥餉內不敷銀兩並再請加撥軍餉緣由，理合恭摺馳陳。伏乞皇上聖鑒訓示。謹奏。光緒二十一年十一月初三日。[1]

① 中國第一歷史檔案館藏：《硃批奏摺》，檔號：04-01-01-1007-116。

光緒二十一年十一月十四日，奉硃批：戶部議奏，單併發。欽此①。

[3]【光緒二十二年四月初二日】原件、錄副及《隨手檔》②均作"光緒二十二年四月初五日"。底本似誤。

[4]【戶部議奏】此"硃批"據原件補。

[5]【光緒二十二年四月十七日，奉硃批：戶部議奏。欽此】此硃批日期等，據錄副補。

〇五四　捐升郎中彭福孫請改爲同知直隸州仍留甘補用摺

光緒二十二年四月十六日（1896年5月28日）

頭品頂戴署理陝甘總督新疆巡撫臣陶模跪[1]奏，爲吏治需人，請將捐升京秩人員留外補用，恭摺具奏，仰祈聖鑒事。

竊州縣爲親民之官，吏治之得失、地方之安危繫焉。甘肅回匪屢叛，民氣凋傷，休養生息當以整飭吏治爲先。臣自新疆入關，訪查甘肅文武員弁，賢否不一，容再隨時察看、分別舉劾外，茲查有武威縣知縣彭福孫，撫馭得宜，民情愛戴。其舉辦團練及供支來往兵差，潔己奉公，無一毫擾纍，亦無一事遣誤。似此實心實政，誠爲牧令中不可多得之員。惟該員已由知縣捐升郎中，光緒二十二年正月二十日，接准部咨，准其離任開缺在案。臣到任後，與藩、臬兩司勤諮吏治，皆以該員清勤詳慎，素得民心，與臣在關外平素所聞大致相同。又據署甘肅甘凉道王儆③稟稱：該員在武威縣任內，值地方多事，辦理一切悉臻妥善，闔縣紳民聞其開缺，聯名具呈懇留，等情。前來。臣查

① 中國第一歷史檔案館藏：《錄副奏摺》，檔號：03-6137-015。

② 中國第一歷史檔案館藏：《軍機處隨手登記檔》，檔案編號：03-0288-2-1222-106。

③ 王儆，生卒年未詳。光緒十一年（1895），以吏部主事補軍機處額外章京。十二年（1886），充補軍機處章京。後補江西道監察御史。二十年（1894），放甘肅涼州府知府。二十二年（1896），署甘涼道。其他待考。

該員彭福孫，年五十二歲，江蘇長洲縣人，由刑部主事中式光緒五年順天鄉試舉人。十二年，遵海防例改捐知縣。十三年五月，部選甘肅秦安縣知縣，六月初二日引見，奉旨補授。七月，報捐同知升銜，十二月二十日到任。歷署臯蘭、武威等縣知縣。二十年十月二十三日，調補武威縣。二十一年十一月十六日，在部庫遵例報捐郎中雙月選用。二十二年正月二十日，奉部文離任開缺。臣以甘省吏治之不飭已非一日，現在時局艱難，人心不靖，招徠撫輯，正需才孔急之時。該員年富力強，循聲卓著，正宜力圖報効，共濟時艱。查郎中與外官同知直隸州係屬對品，合無仰懇天恩，俯念吏治需人，准以捐升郎中開缺知縣彭福孫改爲同知直隸州，仍留甘肅補用，並請俟補缺後，再行送部引見，實於吏治有裨。臣爲整頓地方起見，謹恭摺具奏。伏乞皇上聖鑒訓示，施行。謹奏。光緒二十二年四月十六日[2]。

（硃批）：著照所請，吏部知道[3]。

光緒二十二年五月初五日，奉硃批：著照所請，吏部知道。欽此[4]。

補證

【案】此摺原件①藏於臺北“故宫博物院”，錄副②現藏於中國第一歷史檔案館，茲據校勘。

[1]【頭品頂戴署理陝甘總督新疆巡撫臣陶模跪】此前銜據原件校補。

[2]【光緒二十二年四月十七日】原件、錄副均作“光緒二十二年四月二十二日”，查《隨手檔》③亦然。底本當誤。

[3]【著照所請，吏部知道】此“硃批”據原件補。

[4]【光緒二十二年五月初五日，奉硃批：著照所請，該部知道。欽此】此奉旨日期與內容，據錄副校補。

---

① 臺北“故宫博物院”藏：《軍機及宫中檔》，文獻編號：408002989。

② 中國第一歷史檔案館藏：《錄副奏摺》，檔號：03-5914-013。

③ 中國第一歷史檔案館藏：《軍機處隨手登記檔》，檔案編號：03-0288-2-1222-123。

〇五五　遣撤營勇酌給恩餉摺

光緒二十二年四月十七日（1896 年 5 月 29 日）

頭品頂戴署理陝甘總督新疆巡撫臣陶模跪[1]奏，爲遣撤營勇，酌給恩餉，以廣皇仁，恭摺仰祈聖鑒事。

竊查甘省去歲軍興，經前督臣楊昌濬隨時奏明添募營勇，並調各軍協同剿辦。現在軍事漸定，准戶部咨：奏奉諭旨，飭令裁撤營勇，以節餉需，等因。當即轉飭遵辦去後。兹據甘肅新疆總糧臺布政使司曾鉌詳稱：查湘軍、甘軍、陝軍各有專餉，應由各軍自行辦理外，如豫凱一軍七營兩哨調自河南，全勝一軍三營旗募自漢中，其餘添募各營亦係客籍多土著少，總緣甘省土曠人稀，應募無幾，即間有入伍者，均屬狄河難民。目下次第遣散，若將應發月餉截至裁撤之日止，恐此輩勇丁素無恆業，所得月餉不免隨時耗費，一經裁遣，不特盤費無出，抑且度日無資，朝爲戰士，夕就流離，似不足以示體恤。本臺再三酌議，擬援去歲北洋定章：凡回防之勇由陸路撤回者，給予口糧一月，以作川資。甘省概係陸道，距湘、距豫動至數千餘里，遣散之勇又與撤還有別，應即查明撤勇原籍地方道路遠近，酌給口糧，或一月或月半，極遠以兩月爲止；其籍隸湖南者，由甘省發給一半，下餘餉銀解由陝省、湖北分給；其籍隸河南者，解由陝西、河南分給；其籍隸漢中者，省中秦州分給；其籍隸河狄者，查實係難民，亦准給半月口糧，俾資歸農。如此分別辦理，庶士卒均沾實惠，即沿途亦籍免騷擾，等情。詳請奏咨前來。臣覆查招勇易集，散勇最難，遠道遣歸，非於正餉之外酌給口糧，誠慮沿途乏資，或致逗遛生事。除照詳酌准並令將續裁營旗隨時詳報另辦，並咨明戶部查照立案外，所有酌給散勇口糧緣由，合理恭摺具陳。伏乞皇上聖鑒。謹奏。光緒二十二年四月十七日[2]。

（硃批）：著照所請，該部知道[3]。

光緒二十二年五月初五日，奉硃批：著照所請，該部知道。欽此[4]。

補證

【案】此摺①原件藏於臺北“故宮博物院”，錄副②藏於中國第一歷史檔案館，茲據校勘。

[1]【頭品頂戴署理陝甘總督新疆巡撫臣陶模跪】此前銜據原件校補。

[2]【光緒二十二年四月十七日】原件、錄副均作“光緒二十二年四月二十二日”，查《隨手檔》③亦然。底本當誤。

[3]【著照所請，該部知道】此“硃批”據原件補。

[4]【光緒二十二年五月初五日，奉硃批：著照所請，該部知道。欽此】此奉旨日期與內容，據錄副校補。

【案】光緒二十二年四月二十二日，署陝甘總督陶模爲遣勇回豫發放川資，附片曰：

再，豫凱一軍馬步七營、礮隊兩哨，去歲來甘助剿，調赴碾伯平戎驛一帶，扼守西甯後路。現在該軍遵旨回豫遣散，於本年三月十九、二十等日先後到省，原帶軍械均交署碾伯縣余承曾點收具報。其格林礮、子藥等項，亦經交由省城軍裝局照數收儲。該軍月餉應即截至三月底止照常發給。惟該軍七營兩哨，均係河南士卒，此次帶回原省遣散，路遙日久，費用無資，甚恐沿途逗遛，騷擾滋事，擬即援照北洋定章：回防之勇，陸路撤回者，給予口糧一月，以作川資。甘省距河南概係陸路，計程必須四十余日，方能行抵省會。扣至四月初一日起至五月十五日止，發給該軍一月半口糧作爲路費。其銀解由陝省給予半月，下餘一月兌由河南發給，以昭核實。據甘肅布政使司曾鉌詳請奏咨，並附呈點

① 臺北“故宮博物院”藏：《軍機及宮中檔》，文獻編號：408002988。

② 中國第一歷史檔案館藏：《錄副奏摺》，檔號：03-5561-050。

③ 中國第一歷史檔案館藏：《軍機處隨手登記檔》，檔案編號：03-0288-2-1222-123。

收軍械清摺前來。臣覆核無異，除將清摺咨送軍務處及咨明戶部查照外，謹附片具陳。伏乞聖鑒。謹奏。光緒二十二年五月初五日，奉硃批：該衙門知道。欽此。[①]

〇五六　請以孫金彪署理固原提篆片

光緒二十二年四月十八日（1896 年 5 月 30 日）

再，陝西固原提督雷正綰[②]奉旨開缺回籍，以西甯鎮總兵鄧增補授。鄧增現奉諭旨，帶隊出關，未能卽赴新任。陝、甘兩省武職大員除現在前敵諸將領外，實無可以署理斯缺之人。查有陝西漢中鎮總兵孫金彪[③]，勇略兼優，臣所素悉，且其讀書有年，文理通達，與遇事難以函牘相商者有別。該員現在山東煙臺帶隊，刻値海疆防務稍鬆，相應請旨飭下北洋大臣、山東巡撫另揀妥員接辦，飭孫金彪迅卽赴陝，署理提篆，一俟鄧增到任，卽令前赴漢中鎮本任，以重職守，於陝、甘兩省軍務均有裨益，謹會同護理陝甘巡撫布政使臣張汝梅[④]，附片具

---

① 中國第一歷史檔案館藏：《錄副奏片》，檔號：03-6139-010。

② 雷正綰（？—1897），字偉堂、緯堂，四川成都府華陽縣人。咸豐初年，從軍湖北，由把總拔千總，補守備。咸豐四年（1854），任梁萬營都司，遷遊擊，升參將。九年（1859），加副將銜。十年（1860），晉提督銜。十一年（1861），調補陝安鎮總兵。同治元年（1862），擢陝西固原提督。三年（1864），賜黃馬褂。十年（1871），加達春巴圖魯名號。光緒十六年（1890），賞太子少保銜。二十年（1894），晉尚書銜，加騎都尉。二十一年（1895），以循化撒回倡亂，督剿無功，革職留任。二十三年（1897），罷，卒於家，仍以前勞賜卹。

③ 孫金彪（？—1905），江蘇蘇州府元和縣（一說蘇州府吳江縣）武生。咸豐十年（1860），任鎗船首領。同治元年（1862），以軍功補千總。七年（1868），以出兵河南勦捻功升參將，加博奇巴圖魯名號。十年（1871），出兵甘肅，保以記名提督，賞穿黃馬褂。光緒三年（1877），出兵新疆，統領嵩武軍。次年，加頭品頂戴。十三年（1887），調補陝西漢中鎮總兵。同年，任山東煙臺海口防營統領，歸李鴻章節制調遣。二十五年（1899），赴京陛見。次年，任武毅右軍先鋒隊右翼長。二十七年（1901），調湖南永州鎮總兵。二十九年（1903），辦理蘇州營務。二十九年（1903），卒於任。

④ 張汝梅（？—1902），勵勇巴圖魯，河南開封府密縣人，監生。咸豐八年（1858），保加同知銜。次年，晉知府銜。同治元年（1862），河南軍營辦理營務，保升按察使銜。光緒六

奏。伏乞聖鑒訓示。謹奏。光緒二十二年四月十八日[1]。

光緒二十二年五月初五日，奉硃批：孫金彪現在煙臺統帶防營，所請著毋庸議。欽此[2]。

補證

【案】此奏片缺原件，錄副①現藏於中國第一歷史檔案館，茲據校勘。

[1]【光緒二十二年四月十八日】查《隨手檔》②，此片之具奏日期爲“光緒二十二年四月二十二日”。底本當誤。

[2]【光緒二十二年五月初五日，奉硃批：孫金彪現在煙臺統帶防營，所請著毋庸議。欽此】此硃批日期與內容，據錄副校補。

〇五七　補報甘省添募各軍請飭部立案摺
光緒二十二年四月二十日（1896年6月1日）

頭品頂戴署理陝甘總督新疆巡撫臣陶模跪[1]奏，爲補報甘省添募各軍，謹請敕部立案，恭摺仰祈聖鑒事。

竊臣自履署任，清釐積牘，查有去歲陸續招募、添改各營旗，雖經前督臣楊昌濬隨時具奏，其中不無遺漏，當飭甘肅布政使曾鉌詳晰查報。茲據詳稱：遵查去年甘肅回匪不靖，河湟一帶相率蠢動，東擾海城，西竄甘涼。舊有營旂不敷防勦，所有陸續添募各軍暨城防土勇，均經疊次詳奏在案。惟賊勢流竄無常，即軍情瞬息立變，一經改動，實據即有參差，招募既多，奏報不無遺漏。有已經奏明立案後，因該

（接上页）年（1880），賞雲騎尉。十五年（1899），補廣西右江道。十七年（1891），遷山西按察使，署山西布政使。二十一年（1895），實授陝西布政使。次年，護理陝西巡撫。二十三年（1897），調補山東巡撫。二十八年（1902），卒。著有《夢花居文存》行世。

① 中國第一歷史檔案館藏：《錄副奏片》，檔號：03-5914-014。

② 中國第一歷史檔案館藏：《軍機處隨手登記檔》，檔案編號：03-0288-2-1222-123。

軍所部足敷調遣並未招募者；有未經奏明立案，因防剿實在喫緊，從權酌量飭招成旗、成哨者；又有因賊蹤逼近、防剿在急，未及奏明將舊有之軍量爲添改者。彼時均因軍務倥偬，案牘紛繁，未及卽時詳請奏明。刻下賊氛稍靖，所有漏未奏報各軍，理合逐一查明，開具清單，詳請補行奏咨立案前來。臣覆核無異，惟查前敵剿撫事宜，辦理粗有頭緒。各軍分駐要隘，仍資鎮壓，未便遽行裁撤。此外城防土勇及不得力營旗，現已分別接續裁減，以期節省餉需，容另行彙案具奏。所有前次漏未奏報各軍，除咨明戶、兵二部查照外，謹補繕清單[2]，恭呈御覽。相應恭摺馳陳。伏乞皇上聖鑒，飭部立案施行。謹奏。光緒二十二年四月二十日[3]。

（硃批）：另有旨[4]。

光緒二十二年五月初五日，奉硃批：著照所請，該部知道。欽此[5]。

補證

【案】此摺①原件藏於臺北“故宮博物院”，錄副②藏於中國第一歷史檔案館，兹據校勘。

[1]【頭品頂戴署理陝甘總督新疆巡撫臣陶模跪】此前銜據原件校補。

[2]【案】同日，署甘督陶模呈招募及添改成軍未咨未奏等各軍清單，曰：

謹將招募及添改成軍未奏未咨並未奏已咨奏准未招各軍，分別繕具清單，恭呈御覽。

計開　招募未奏未咨各軍：靖逆開花礮隊兩哨，都司李雙慶帶，二十一年九月二十六日開招，十月十五日成哨，原駐省城，調往西甯助剿。格林礮隊一哨，軍功成竹生帶，二十二年正月十五日成哨，駐省城。碾伯馬步土勇二百二十名，土司祁貴玉帶，二十一年七月二十二日開

① 臺北“故宮博物院”藏：《軍機及宮中檔》，文獻編號：408002991。

② 中國第一歷史檔案館藏：《錄副奏摺》，檔號：03-5759-068。

招，八月十四日成軍，駐碾伯。西甯土勇二百二十四名，土司祁敘古帶，二十一年八月初四日開招，十一月初八日成軍，駐西甯。河州知州馬隊一旗，二十一年十月初一日開招，十一月初八日成旗，駐河州。永昌縣土勇一百名，二十一年八月十四日成哨，駐永昌。河州善後局土勇一百名，二十一年十月初八日成哨，駐河州。隆德縣土勇一百名，二十一年四月十三日開招，五月初一日成哨，駐龍德。海城縣土勇二百名，二十一年十月初二日成哨，駐海城。東樂縣丞土勇五十名，二十一年九月二十七日招成，駐東樂。太子寺州判土勇二十名，二十一年六月二十日成隊，駐太子寺，十二月底止裁撤。硝河城州判土勇二十名，二十一年八月二十日招成，駐硝河城，十二月底止裁撤。鎮南右營馬隊五十騎，總兵易順勝帶，二十一年十月初二日開招，十月十五日招成，駐涼州。

添改未奏未咨各軍：河標練軍步隊一哨，遊擊曾永國帶，二十二年二月初一日添募成旗，駐甯河。鎮南後旗步隊添足成營，二十一年四月十三日添招，五月初一日成營，駐河州。安西州土勇二百名，添募一百十二名，二十一年十月初一日開招，十一月初八日成軍，駐安西。安洮練勇步隊一營，改爲馬隊一旗，二十一年十二月初一日成軍，駐洮州。督標左右兩翼馬隊二旗，二十一年八月二十七日開招，十月十三日成旂，左翼駐新城，右翼駐教場。

招募已咨未奏各軍：西甯練軍步隊一旗添募成營，二十一年六月十五日添足成營，駐西甯。正威右營步隊一營，二十一年五月十六日成營，原係正字營守備張正元帶，後改爲正威右營，委都司陳明山接帶，駐俄博扁都口。鎮夏副右旗步隊一旗，二十一年閏五月初三日成旗，駐甯夏。鎮夏後旗步隊一旗，二十一年四月十五日成旗，駐甯夏。衡字中營步隊一營，二十一年六月十一日成營，駐西甯。衡字左營步隊一營，二十一年九月初一日成營，駐西甯。署河州鎮李良穆馬隊兩棚，二十一年閏五月初一日成軍，原駐白塔寺，後駐河州。沙泥州判馬隊二十騎，二十一年九月十五日招成，駐沙泥站。通渭縣土勇一百四十名，二十一年八月初一日招成，駐通渭，十二月底止裁撤。宕昌土司馬承烈土勇一旗，二十一年十月初十日成旗，駐岷州。甯州土勇一百名，二十一年九月初一日招成，駐甯州，十二月底止裁撤。會甯營土勇四十名，二十一年七月初一日招成，駐會甯，十二月底止裁撤。奏准未招各軍：李良穆步隊一旗，督標右營土勇一百名。（硃批）：覽。①

[3]【光緒二十二年四月二十日】原件、錄副均作“光緒二十二年四月二十二日”，查《隨手檔》②亦然。底本當誤。

[4]【另有旨】此“硃批”據原件補。

[5]【光緒二十二年五月初五日，奉硃批：另有旨。欽此】此奉旨日期，據錄副校補。

【案】此摺旋於是月得允行，“上諭”曰：

光緒二十二年五月初五日，內閣奉上諭：陶模奏，補報甘省添慕各軍，請飭部立案、開單呈覽一摺。各省添募營旗，餉項攸關，例應隨時奏咨立案。上年甘省辦理防勦，楊昌濬添募各軍竟有未經奏明之案，殊屬疏漏，楊昌濬著交部議處。此項營旗著陶模認真裁汰，以節餉需。該部知道，單併發。欽此。③尋，吏部奏，楊昌濬應降二級留任。得旨：准其抵銷④。

○五八　新軍前旗改營日期片

光緒二十二年五月初二日（1896年6月12日）

再，臣模去歲抽調伊犁鎮標城守營都司補用副將魏其德步隊一旗，改爲新軍前旗，歸總兵趙有正統帶入關，已於光緒二十一年八月十四日在新疆巡撫任內奏明在案。嗣新軍進駐山丹，因北大通賊勢吃

---

① 中國第一歷史檔案館藏：《單》，檔號：03-5759-069。

② 中國第一歷史檔案館藏：《軍機處隨手登記檔》，檔案編號：03-0288-2-1222-123。

③ 中國第一歷史檔案館編：《光緒朝上諭檔》第22冊，第100頁。

④《德宗景皇帝實錄》，卷三百九十，光緒二十二年五月上，《清實錄》第57冊，第84頁。

緊，趙有正稟稱兵力尚單，請將魏其德一旗添募成營。當卽批准，適臣模奉命進關，途中接據趙有正稟報：光緒二十一年十一月二十七日奉文添募，於十二月初五日成營。時值軍書旁午，漏未奏報，理合會同署新疆巡撫布政使臣饒應祺，將新軍前旂添募成營日期附片馳陳，伏乞聖鑒，飭部立案施行。謹奏。光緒二十二年五月初二日[1]。

光緒二十二年五月二十日，奉硃批：該部知道[2]。

補證

【案】此奏片原件、錄副查無下落，玆理校之。

[1]【光緒二十二年五月初二日】此具奏日期，查《隨手檔》①，爲“光緒二十二年五月初七日”，當是。

[2]【光緒二十二年五月二十日，奉硃批：該部知道】此硃批日期等，據《隨手檔》校補。

〇五九　官軍會攻北大通營城並連克十大回莊摺
光緒二十二年五月初四日（1896 年 6 月 14 日）

頭品頂戴署理陜甘總督新疆巡撫臣陶模、頭品頂戴尚書銜甘肅提督董福祥跪[1]奏，爲官軍會攻北大通營城，連克附近十大回莊，恭摺具奏，仰祈聖鑒事。

竊去年回匪竄擾甘涼，臣模奏派總兵趙有正統帶新軍馬步四營旗，入關防堵，進紮山丹。時河湟悍回麕集北大通營一帶，據爲巢穴。三月間，統帶連勝軍總兵劉璞、統帶鎮南等營總兵易順勝約同趙有正，由扁都口、老虎溝分路進勦。十四日，趙有正及甘標毅武後營遊擊黃文新等督率馬步，懸軍深入，收復永安營城，連夜銳進，攻圍北大通

① 中國第一歷史檔案館藏：《軍機處隨手登記檔》，檔案編號：03-0288-2-1222-138。

營城。管帶新軍前營步隊副將魏其德肉薄先登，中槍陣亡；管帶新軍左旗馬隊提督陳國明及黃文新皆受重創，陣亡哨官四員、勇丁五十二名。我軍亦殺賊四百餘，擊斃賊酋劉伏等二名，賊衆喪膽。其時易順勝等以山路崎嶇失期未至，賊見官軍無後繼之師，糾衆七八千，傾城猛撲。趙有正率孤軍衝突，鏖戰數日，退守永安。二十九日，劉璞偕參將朱萬榮等帶隊往援，深山乏糧，趙有正卽於是日全師還紮漢俄博營。正月杪，臣模在安西途次得信，飭令堅守，以待大軍會剿。二月中旬，臣模行抵甘州，卽派行營總理營務處甘肅補用道潘效蘇等率親軍馬步諸營，仍由扁都口進北大通，會同甘軍勦辦。臣福祥先已飭令甘軍營務處分省補用道張成基統帶左軍馬隊等營，副將張銘新統帶鎮南、靖洮馬步等營，副將馬安良等由西甯進規北大通。二月初八，逾冰達阪，擊退憑河悍賊，乘勝渡河，將北大通營城克復，追至大小沙溝，連破二堡，陣斬一千餘名，生擒逆目三名、餘匪二百餘名，一併正法。其餘賊堡林立，馬安良遣人諭令投誠，適臣福祥檄調張成基、馬安良回紮古鄯驛，各賊堡仍復抗拒，無就撫之意。查北大通營城在大通河北岸，城以西沙磧荒灘，向無莊村；城以東河北有八大回莊：曰小沙溝莊，曰大沙溝莊，曰牙豁莊，曰大莊，曰旱臺莊，曰黃田莊，曰全溝臺莊，曰俄博莊。河南有二大回莊：曰瓜喇莊，曰陰田莊，共計十大回莊，每莊各有附近小堡。張銘新等既攻克大、小沙溝二莊，而牙豁莊爲劉伏老巢，賊尤強悍。三月初四日，張銘新約同趙有正，出其不意，五鼓進攻。張銘新率隊由東北，趙有正由西南，兩軍夾擊，立破其巢。因陳勝移攻大莊，趙有正率所部在堡前誘戰，張銘新繞出賊後，奮力攻擊。該逆腹背受敵，勢不能支。遂將大莊攻克。旱臺莊賊見我軍連克二莊，不戰而潰。計三莊共殺賊一千餘人，此外尚有五大莊，惟黃田負山面河，堡牆堅厚，環開槍孔，攻擊最難。初八日，潘效蘇會同記名副都統奇克伸佈等，駐紮大通營城，議定先勦黃田莊悍賊，次及南北兩岸各莊之賊。十一日，統帶督標親軍正、中馬步等營副將焦大聚率馬步六營旗馳赴旱臺莊，紮營未畢，黃田莊賊攻我不備，蜂擁而來。我軍堅持不動，賊愈逼愈近，槍傷築營勇丁數人。時河灘、山上徧地皆賊，焦大聚、易順勝分路出隊，焦大聚派總哨記名總兵易盛富率中哨步隊，由中路進，前哨、左哨步隊由山左邊進，後哨、右哨步隊由山右邊進；前營管帶參將周陞朝、左營旗管帶參將徐春先、右旗營管帶參將金蘭益、後營管帶遊擊周得金，各率馬隊，從右邊河灘包抄。焦大聚自率親兵馬隊督勦，從山坳橫截而出；易順勝率鎮南右營，總兵張玉魁率鎮夏左營，都司陳松泉率武毅後營，守備陳香慶率慶字營，都司陳明山率正威右營各步隊，都司許春廷率霆字營馬隊分路策應，布置已定。易盛富先由旱臺莊後將山下磨房內匿賊圍殺淨盡，踰溝上山，左、右步隊奮勇齊進，由高壓下，槍礮齊施；右邊河灘馬隊橫掃而前，賊勢不支，紛紛敗入堡內。我軍步隊跟追而入，立將黃田莊攻克。該逆從堡內竄出，馬隊迎頭截殺，內外夾擊，橫屍徧地，又乘勢將黃田莊東北二里許之全溝臺莊攻克。兩莊共斃賊千餘名，撲河奔竄，淹斃者無算。日暮收隊。焦大聚復於夜間帶隊搜殺黃田莊外匿匪六十餘名，至是河北袛俄博、河南袛瓜喇、陰田三莊未下。奇克伸佈與潘效蘇商議，乘此機會分道進攻，爲一鼓蕩平之計。張銘新、趙有正渡河，先攻瓜喇莊，次及陰田。焦大聚、易順勝先攻俄博莊，再渡河會攻陰田。議既定，張銘新、趙有正於十二日天未明，帶隊齊集河干，以馬渡步，進距瓜喇莊二里許，曉霧瀰漫，賊未及覺。張銘新率步隊攻西北，飭參將王時應率甘軍前旗馬隊截賊出走之路，趙有正率新軍中營、前營，朱萬榮率毅武中營各步隊，攻東南；左旗管帶遊擊李喜恩、右旗管帶都司張守祥、毅武後營幫帶守備胡弼英，各率馬隊，攔賊去路，合力圍攻，不一時許，立將瓜喇莊攻克，殺賊三百餘名。其由堡內逸出者，又經馬隊截殺數十名。焦大聚等於十二日黎明率隊由黃田進攻俄博莊，馬步各營仍分三路夾擊，克之。焦大聚復乘勝連克莊外諸小堡，殺賊三百餘名。是日奇克伸佈、潘效蘇率開花礮隊，循河北岸東進，行數里，見隔河瓜喇莊禮拜寺火起，人聲沸天；又行十餘里，至陰田莊。對岸莊賊傾巢出，排集河邊拒敵，勢將渡河北竄。因飭管帶開花礮隊守備胡得貴、軍功張得元，隔河轟擊，斃賊數十人。適瓜喇、俄博之軍先後齊集，焦大聚率周得金、周陞朝等鳧水而南，合力圍殺，斃賊二百餘人。該逆紛紛投河溺斃。各軍還攻入堡，立將陰田莊攻克，即下令於南北兩岸山上搜殺三日，共殺四百餘人，收撫老弱男婦三千餘人。通計十莊逆回，斬殺三千餘名，淹斃者以數千計，禽斬逆目包明、馬元等八十餘人，奪獲器械、馬匹無算。我軍亦陣亡勇丁二十餘名，受傷一百餘名。

查大通營城，河南北大十莊回匪著名兇悍，與上五莊多巴一帶逆回互爲犄角，去年竄擾甘涼所屬永昌、山丹諸縣，攻陷民堡數十，南山一帶幾無淨土。臣福祥派隊將北大通營城收復，業經電奏在案。各將士仰仗天威，先後會攻北大通附近各回莊，痛加剿洗，一律肅清，實足快人心而伸天討。此次在事出力員弁，合無仰懇恩施，准臣模、臣福祥開單擇尤保獎，並查明陣亡弁勇，彙報請卹，以示激勸。所有官軍會攻北大通營城、連克附近十莊各緣由，理合會同署新疆巡撫布政使臣饒應祺，恭摺由驛馳奏。伏乞皇上聖鑒訓示，遵行。再，臣模於三月十八日接到奇克伸佈①、潘效蘇等稟報攻克各莊情形，當以臣福祥節制前敵各軍，咨請主稿具奏。臣福祥以三月內攻克各賊堡新疆將士之力較多，囑臣模主稿。往返咨商，致延時日。合併聲明。謹奏。光緒二十二年五月初四日[2]。

（硃批）：覽奏，均悉。所有出力將弁准其擇尤保獎，毋許冒濫；陣亡弁勇並著彙報請卹[3]。

光緒二十二年五月二十日，奉硃批：覽奏，均悉。所有出力將弁准其擇尤保獎，毋許冒濫；陣亡弁勇並著彙報請卹[4]。

---

① 奇克伸佈（1838—？），字健亭，京城鑲紅旗蒙古恩成佐領下人，馬甲，霍隆武巴圖魯勇號。同治元年（1862），以軍功保儘先驍騎校。十年（1871），借補甯夏駐防左翼正白旗滿洲驍騎校。次年，保儘先防禦，加佐領銜。十三年（1874），補防禦，保儘先佐領。光緒三年（1877），保儘先協領。四年（1878），加副都統銜。八年（1882），借補甯夏駐防鑲白旗蒙古佐領。十年（1884），以副都統記名。二十三年（1897），擢甯夏滿營鑲黃正白兩旗協領。二十五年（1899），補福州副都統。次年，調正白旗漢軍副都統。二十七年（1901），調補京口副都統。

補證

【案】此摺原件①現藏於臺北“故宮博物院”，茲據校勘。

[1]【頭品頂戴署理陝甘總督新疆巡撫臣陶模、頭品頂戴尚書銜甘肅提督董福祥跪】底本無此前銜，茲據原件補。

[2]【光緒二十二年五月初四日】此具奏日期，原件作“光緒二十二年五月初七日”，查《隨手檔》②與原件同。

[3]【覽奏，均悉。所有出力將弁准其擇尤保獎，毋許冒濫；陣亡弁勇並著彙報請卹】此“硃批”據原件補。

[4]【光緒二十二年五月二十日，……】此硃批日期等，據《隨手檔》校補。

【案】此摺之允行，《清實錄》載之曰：“甲寅，署陝甘總督陶模等奏，會攻北大通營城，連克附近十六回莊，出力將弁請獎。得旨：所有出力將弁准其擇尤保獎，毋許冒濫；陣亡弁勇並著彙報請卹③”。

〇六〇　特參文員黃炳辰等摺

光緒二十二年五月十四日（1896年6月24日）

頭品頂戴署理陝甘總督新疆巡撫臣陶模跪[1]奏，爲特參貪劣文員，請旨斥革，以肅官箴事。

竊維設官分職，無論正佐，均宜恪守官箴。其有貪劣不職者，自應隨時嚴參，不容姑待。茲查有捐升道員分發四川試用前甘肅古浪縣知縣黃炳辰，貌似有才，心實貪酷，於徵收額糧擅定折色六成，勒令農民每石交銀二兩六錢，浮收過倍。農民納本色糧過四成者，竟令退糧補銀，或拒而不收，多方留難。其徵收草束亦全改折色，每束勒取

---

① 臺北“故宮博物院”藏：《軍機及宮中檔》，文獻編號：408002997。

② 中國第一歷史檔案館藏：《軍機處隨手登記檔》，檔案編號：03-0288-2-1222-138。

③ 《德宗景皇帝實錄》，卷三百九十一，光緒二十二年五月下，《清實錄》第57冊，第94頁。

錢九十文。審理詞訟，藉城工爲名，動輒科罰錢百數十千不等，悉飽私囊。更倚監生張應龍爲腹心、蠹役俞廷秀爲爪牙，恫喝魚肉，無所不至；濫用非刑，鞭背輒以千計，種種貪酷，直堪髮指。經前督臣楊昌濬查明撤任。該令工於謀畫，託人赴直隸海防捐局報捐道員，指分四川，希圖規避。又查有五品銜開缺皋蘭縣紅水縣丞查德朗，性情浮躁，行爲貪鄙，初任布政司照磨，遇事招搖，甚滋物議。及升補紅水縣丞，值回匪不靖，招募土勇，任意虛冒，縱庇勇丁，強伐民樹一千餘株。其衙署馬廄需用麥豆，輒令百姓供應。信任劣生張希孔等，藉修理卡房，苛派民錢五百串，以致民怨沸騰。撤任後並不聽候查辦，自請修墓開缺，尤屬異常狡猾。據布政使會鉌、署按察使周綬會詳揭參前來。臣查該兩員貪虐之尤，一則援例捐升，一則藉詞回籍，若不立予糾參，何以儆官邪而蘇民困？相應請旨將捐升道員分發四川試用前甘肅古浪縣知縣黃炳辰、五品銜開缺皋蘭縣紅水縣丞查德朗，一併革職，永不敘用，俾奸巧之徒稍知警戒。除飭司將該兩員貪婪各款照例查辦，並將劣生、蠹役分別懲處外，理合恭摺具奏。伏乞皇上聖鑒訓示。謹奏。光緒二十二年五月十四日[2]。

（硃批）：另有旨[3]。

光緒二十二年六月初八日，奉硃批：另有旨。欽此[4]。

補證

【案】此摺原件①藏於臺北“故宮博物院”，錄副②藏於中國第一歷史檔案館，兹據校勘。

[1]【頭品頂戴署理陝甘總督新疆巡撫臣陶模跪】底本無此前銜，兹據原件補。

[2]【光緒二十二年五月十四日】此具奏日期，原件、錄副均作“光緒

① 臺北“故宮博物院”藏：《軍機及宮中檔》，文獻編號：408003002。

② 中國第一歷史檔案館藏：《錄副奏摺》，檔號：03-5342-027。

二十二年五月十六日”，查《隨手檔》① 與原件、錄副同。

[3]【另有旨】此“硃批”據原件補。

[4]【光緒二十二年六月初八日，奉硃批：另有旨。欽此】此奉旨日期，據錄副校補。

【案】此摺旋於是年六月得允行，“上諭”曰：

光緒二十二年六月初八日，內閣奉上諭：陶模奏，特參貪劣不職各員一摺。捐升道員分發四川試用前甘肅古浪縣知縣黃炳辰，貌似有才，心實貪酷。開缺臯蘭縣紅水縣丞查德朗，性情浮躁，行爲貪鄙。均著革職，永不敘用，以懲貪劣。該部知道。欽此。②

○六一　節次裁撤營勇起數開單報部摺

光緒二十二年五月十五日（1896年6月21日）

頭品頂戴署理陝甘總督新疆巡撫臣陶模跪[1]奏，爲節次裁撤營勇起數，另開清單報部，恭摺具陳，仰祈聖鑒事。

竊照甘肅自上年軍興，陸續添募營旗及各屬土勇，因其時軍情甚緊，地廣兵單，召募不能不多。逮河狄肅清，防務稍鬆，前督臣楊昌濬將後路土勇各營、旗、哨酌量分別遣散，適值交卸，未及彙案奏明，移交到臣。旋接准部咨：奉旨：甘肅添募營勇量加裁撤，以節餉需，等因。臣隨查看各路情形，權其緩急，查詢營伍強弱，或行撤換，或即裁併，稍資節省，仍於緊要地方勻撥酌留。核計前後撤去各營、旗、哨共已三十餘起，所有餉項均經總糧臺截清。茲據甘肅布政使曾鉌開單具詳前來。臣覆核無異，當此軍需浩繁，籌款不易，早裁一營旗，即早紓一日餉力。此外尚有未截餉各起營旗，俟查明日期，再行據實奏報。除將清單咨送戶、兵二部外，所有前後已裁馬步各營勇起數緣由，理合恭

---

① 中國第一歷史檔案館藏：《軍機處隨手登記檔》，檔案編號：03-0288-2-1222-156。

② 中國第一歷史檔案館編：《光緒朝上諭檔》第22冊，第131頁。

摺具陳。伏乞皇上聖鑒。謹奏。光緒二十二年五月十五日[2]。

光緒二十二年六月初七日，奉硃批：該部知道。欽此[3]。

補證

【案】此摺原件①藏於臺北“故宫博物院”，録副②藏於中國第一歷史檔案館，兹據校勘。

[1]【頭品頂戴署理陝甘總督新疆巡撫臣陶模跪】此前銜據原件補。

[2]【光緒二十二年五月十五日】此摺具奏日期，原件、録副均爲“光緒二十二年五月十三日”，當是。

[3]【光緒二十二年六月初七日，奉硃批：該部知道。欽此】此日期與内容，據録副補。

〇六二　裁撤糧臺護運營片

光緒二十二年六月初一日（1896 年 7 月 11 日）

再，甘肅新疆總糧臺上年因省城防堵，道路戒嚴，招募蘭防糧運步隊一營，專司護臺押運，於光緒二十一年八月初一日成軍，經前督臣楊昌濬於十一月初三日附奏在案。兹據布政使會銶詳稱：現在河湟勦撫事宜漸次就緒，省防解嚴，轉運稍鬆，前募之糧運營應即裁撤，以節靡費，所支口糧截至光緒二十二年五月底止。惟該臺經理糧餉、軍裝，前往後繼，爲數尚多，看守押運，均關緊要，擬請在於裁撤營内，暫挑留勇丁一哨，以資防護。其正、副哨弁、親兵、什長、勇夫等項薪糧，仍照楚軍營制坐餉章程，自六月初一日起支造報。俟軍務大定，再行酌辦。詳請奏咨立案，等情。前來。臣覆核無異，除咨部外，

① 臺北“故宫博物院”藏：《軍機及宫中檔》，文獻編號：408002999。

② 中國第一歷史檔案館藏：《録副奏摺》，檔號：03-5760-005。

理合將裁營留哨緣由謹附片具陳。伏乞聖鑒。謹奏。光緒二十二年六月初一日[2]。

（硃批）：該部知道[3]。

光緒二十二年七月二十三日，奉硃批：該部知道。欽此[4]。

補證

【案】此片原件①藏於臺北“故宫博物院”，錄副②藏於中國第一歷史檔案館，茲據校勘。

[1]【案】光緒二十一年十一月初三日，陝甘總督楊昌濬奏報招募蘭防糧運成軍日期，曰：

再，據甘肅藩司曾鉌詳稱：茲因前敵各軍需用糧麵爲數甚鉅，當飭省城糧臺撥發糧料並需麵斤，分批運解，俾資接濟。惟自省西至白塔寺、南至狄道州各糧局，沿途零星遊匪出沒無常。每批委員車駝，人夫不過十餘人，祇可照料載運，一遇賊匪，不能抵禦，而省標弁兵各有城防之責；駐紮防勇均經調赴前敵，實屬無可衛護。設有疏虞，所關匪細。本司隨經飭募步隊一營，無事則輪流護運，分派偵探，若有警信，並可幫助城防，已於八月初一日招募成軍，名曰：蘭防糧運營，即委候補知府羅鎮嵩管帶，俾專責成。其每月薪糧仍照楚軍營制坐糧章程開支，以節餉需。仍俟軍務大定，即行裁撤。詳請奏咨立案，等情。前來。臣覆查無異，除咨明戶部外，謹附片具陳。伏乞聖鑒訓示。謹奏。光緒二十一年十一月十四日，奉硃批：戶部知道。欽此。③

[2]【光緒二十二年六月初一日】此片具奏日期，僅見於底本。又，原件之具奏日期爲“光緒二十二年六月二十八日”，查《隨手檔》④亦然。

[3]【該部知道】此“硃批”據原件補。

---

① 臺北“故宫博物院”藏：《軍機及宫中檔》，文獻編號：408003010-0-B。

② 中國第一歷史檔案館藏：《錄副奏片》，檔號：03-6140-024。

③ 中國第一歷史檔案館藏：《錄副奏片》，檔號：03-6137-017。

④ 中國第一歷史檔案館藏：《軍機處隨手登記檔》，檔案編號：03-0289-1-1222-200。

[4]【光緒二十二年七月二十三日，奉硃批：該部知道。欽此】此硃批日期，據錄副校補。

○六三　加撥第六案茶票片

光緒二十二年六月初六日（1896年7月16日）

再，光緒二十二年輪發第六案茶票，經前督臣楊昌濬先發過甘陝甯茶票四百二十七張，計引二萬一千三百二十道，移由臣具摺奏明在案[1]。旋據蘭州道轉據各茶商呈懇加發前來。臣查茶務屢准部咨，有以後承領新票只准加多、不准減少等語，當即核准在於各商原存六成票根內加發票三十張，計引一千五百道，並飭照章預繳二分課銀三千兩，由道解存藩庫。其餘欠繳一分茶課，隨釐並繳，仍請作爲第六案官茶，挈檔輪銷，俾歸畫一，藉裕餉需。除咨明戶部及湖南巡撫查照外，謹附片陳明。伏乞聖鑒。謹奏。光緒二十二年六月初六日[2]。

（硃批）：戶部知道[3]。

光緒二十二年七月二十三日，奉硃批：戶部知道。欽此[4]。

補證

【案】此片原件①藏於臺北"故宮博物院"，錄副②藏於中國第一歷史檔案館，茲據校勘。

[1]【案】光緒二十二年三月二十七日，署理陝甘總督陶模奏報陝甘續發第六案茶票情形，得允行。曰：

頭品頂戴署理陝甘總督新疆巡撫臣陶模跪奏，爲陝甘續發第六案茶票情形，恭摺具陳，仰祈聖鑒事。竊照甘省試辦茶務，自光緒十九年

① 臺北"故宮博物院"藏：《軍機及宮中檔》，文獻編號：408003010。

② 中國第一歷史檔案館藏：《錄副奏摺》，檔號：03-6508-009。

起至二十一年止計第五案，共發甘陝甯茶票四百二十三張，計引二萬一千一百二十道，業經前陝甘督臣楊昌濬將辦理情形專摺奏明，並奉准部覆遵行在案。茲查接管卷內，據蘭州道黃雲詳：據東、西、南各商請領第六案新票，自光緒二十二年正月起扣至二十四年十二月止，仍遵照向章，掣檔輪銷，試辦三年，共請發甘陝甯茶票四百二十七張，較上次多增四票，計引二萬一千三百二十道，預繳課銀四萬二千六百四十兩。本應照上屆辦理，惟據稱各商以回匪滋擾，各處引地蹂躪不堪，數月以來，查無銷售，帳不能收，且道路時虞梗塞，撥匯維艱，資本懸擱，受纍殊深，懇將每票預繳課銀一百兩限於今歲，分作四季呈繳，其餘欠繳課銀五十兩，仍隨釐並繳，等情。當經前督臣照數填發，並先行咨部查照在案。旋因卸事在即，未及具奏，移交到臣。查陝、甘、新疆三省，地廣人稀，銷茶固少，加以各處私茶，雖經屢次嚴禁，卒難禁絕；新疆尤有晉私偷漏、俄私倒灌，種種侵銷，以致官茶未能暢旺，茶務急難復額。從前每定一案三年，前後牽搭，雖逾限制，惟行銷尚能接續，引數有增無減。現在發過第六案新票，仍飭蘭州道轉諭各商遵照定章，再行試辦三年。至光緒二十四年發票之期，容臣察看情形，能否酌爲定額，隨時舉辦。除咨陝西、新疆各撫臣暨通飭所屬一體嚴禁私茶，以暢官引，並咨部查照外，所有陝甘續發第六案茶票情形，理合恭摺具奏。伏乞皇上聖鑒訓示。謹奏。光緒二十二年三月二十七日。①

光緒二十二年四月十九日，奉硃批：戶部知道。欽此②。

[2]【光緒二十二年六月初六日】此具奏日期僅見於底稿。

[3]【戶部知道】此“硃批”據原件補。

[4]【光緒二十二年七月二十三日，奉硃批：戶部知道。欽此】此硃批日期，據錄副校補。

【案】戶部於光緒二十二年五月十八日將陶模之奏鈔錄、咨呈軍機處查照，曰：

---

① 臺北“故宮博物院”藏:《軍機及宮中檔》，文獻編號：408002980。

② 中國第一歷史檔案館藏:《錄副奏摺》，檔號：03-6507-027。

……[①]。戶部爲欽奉事。陝西司案呈署理陝甘總督陶奏前事一摺，相應抄錄原奏咨呈軍機處可也。須至咨呈者。右咨呈軍機處。光緒二十二年五月十八日。主政：楊。[②]

【案】光緒二十四年三月二十三日，陝甘總督陶模又奏報陝甘第七案茶票情形，曰：

頭品頂戴陝甘總督臣陶模跪奏，爲陝甘續發第七案茶票情形，恭摺具陳，仰祈聖鑒事。竊照甘省試辦茶務，以票代引，前於光緒二十二年先後發過陝甘甯第六案茶票四百五十七張，計引二萬二千八百二十道，經臣將辦理情形先後奏明在案。玆據蘭州道黃雲詳：轉據東、南、西各商稟稱：商等前領第六案茶票，此時雖未運齊銷罄，若不豫先續領，誠恐難於接售，緣領票赴湖，入山採茶，裝到涇陽成封，然後運至陝、甘、新疆，程途既遠，爲日頗多，懇請將第七案新票先期給領。並以各引地前遭回匪滋擾，現雖平定，銷售仍不甚暢，兼以從前賒欠茶帳之人逃亡殆盡，無從追討，資本虧折，受纍已深，仍懇援照上屆，俯准變通將每票預繳課銀一百兩限於今歲，分作四季呈交，以紓商力，其餘照章隨釐併繳，各等情。臣覆加查核，尚係實在情形，當經批准照辦，並飭遵照部咨每案承領新票，衹准加多、不准減少去後。旋據呈請加發前來。經臣酌量核准，在於各商原存六成懸票根內加發而成，計七案共發過甘陝甯票五百四十九張，計引二萬七千四百二十道，預繳二分課銀五萬四千八百四十兩，限令今歲分作四季呈繳，由道解存藩庫，其餘欠繳一分查課銀五十兩，隨釐併繳，仍飭遵照向章，掣檔輪銷，以免攙越，據蘭州道詳請具奏前來。臣查陝、甘、新疆，地曠人稀，河湟適當兵燹之後，引地雖寬，銷茶本少，加以私茶屢經嚴禁，迄未盡絕。新疆尤有晉私偷漏、俄私倒灌，種種侵銷，以致官茶未能十分暢旺，茶務仍難復額。惟此次較上案加領新票九十二張，試辦略有起色。除飭蘭州道轉論各商遵照定章，仍再試辦三年，俟屆二十七年發票之期，容

① 省略部分爲陶模原奏全文。

② 中國第一歷史檔案館藏：《咨呈》，檔號：03-6507-032。

臣察看情形，能否酌爲定額，隨時舉辦；並咨陝西、新疆各撫臣，暨通飭所屬一體嚴禁私茶，以暢官引，仍咨部查照外，所有陝甘續發第七案茶票情形，理合恭摺具奏。伏乞皇上聖鑒訓示，施行。謹奏。光緒二十四年三月二十三日。①

光緒二十四年閏三月十七日，奉硃批：戶部知道。欽此②。

○六四　肅州中營遊擊楊德明因傷身故片
光緒二十二年六月二十六日（1896年8月5日）

再，臣據肅州鎮總兵田在田③呈稱：肅標中營遊擊兼帶練軍之楊德明率隊出關，駐防赤金一帶。五月二十五日，突有零匪從山竄出，該遊擊督隊截勦，身受石傷，登時吐血，仍復帶傷進山追捕，致石傷益劇，隨卽轉回。六月初十日，方抵肅城，卽行身故，等情。呈請核辦前來。臣查楊德明從戎年久，屢立戰功，現因勦賊受傷殞命，殊堪憫惜。除俟彙案奏請賜卹，並飭查取原領劄付另咨送部外，相應先行請旨開缺。其所遺肅州鎮標中營遊擊員缺，陝甘現有應補人員，容臣另揀請補。理合附片具陳。伏乞聖鑒。謹奏。光緒二十二年六月二十六日[1]。

（硃批）：兵部知道[2]。

光緒二十二年七月二十二日，奉硃批：兵部知道。欽此[3]。

---

① 臺北“故宮博物院”藏：《軍機及宮中檔》，文獻編號：408003151。

② 中國第一歷史檔案館藏：《錄副奏摺》，檔號：03-7130-060。

③ 田在田（1830—1912），字象乾，山東曹州府鉅野縣人。咸豐元年（1851），中武舉人。二年（1852），中式一甲第一名武進士（武狀元），加頭等侍衛。旋獲勝保舉薦，加副將銜。六年（1856），補授直隸大名鎮開州協副將。八年（1858），升山西太原鎮總兵。十一年（1861），加提督銜。同治元年（1862），被劾落職。九年（1870），調赴金陵辦理營務。光緒二年（1876），署四川重慶鎮總兵。五年（1879），補四川重慶鎮總兵。二十年（1894），調補甘肅肅州鎮總兵。二十三年（1897），交卸回籍修墓。三十四年（1908），加太子少保。宣統元年（1909），賞都統。民國元年（1912），卒於田家公館。

補證

【案】此奏片原件[①]藏於臺北“故宫博物院”，錄副[②]藏於中國第一歷史檔案館，兹據校勘。

[1]【光緒二十二年六月二十六日】此具奏日期僅見於底本。

[2]【兵部知道】此“硃批”據原件補。

[3]【光緒二十二年七月二十二日，奉硃批：兵部知道。欽此】此奉旨日期等，據錄副補。

【案】光緒十八年十月二十四日，甘督楊昌濬奏留楊德明借補肅州鎮標右營遊擊，曰：

> 太子少保頭品頂戴陝甘總督臣楊昌濬跪奏，爲揀員借補遊擊要缺，以裨營伍，恭摺仰祈聖鑒事。竊查甘肅肅州鎮標中營遊擊係題補第三輪第七缺，輪用儘先人員，經前臣請以儘先遊擊翟湜龍請補，嗣准部咨以名次在前者，尚有趙琦一員漏未聲敘，令查覆到日，再行核辦，等因。正核辦間，即據報翟湜龍生母胡氏在籍病故丁艱，例應停止升轉。所遺肅州鎮標中營遊擊員缺，自應另揀請補。查有現署斯缺之留陝甘儘先補用總兵楊德明，前經委署漢中鎮屬華陽、固原提屬化平、利橋各都司、隆德守備暨陝西提標前營、後營各遊擊事務，頗資得力，隨委署肅標左營遊擊，改委署肅州中營遊擊。履任以來，於整頓營伍、緝捕賊匪、防護餉運，均能認真經理。該員老成練達，不染習氣，且於該處情形熟悉，以之借補斯缺，實屬人地相宜。合無仰懇天恩，俯念邊關要缺，准以該員楊德明借補肅州鎮標中營遊擊員缺，俾期得力。如蒙俞允，俟接准部覆後，即行給咨赴部引見，以符定制。除飭取該員履歷清冊另咨送部外，謹會同甘肅提臣周達武，合詞恭摺具陳。伏乞皇上聖鑒訓示。謹奏。光緒十八年十一月二十四日。[③]

---

① 臺北“故宫博物院”藏：《軍機及宫中檔》，文獻編號：408003007-0-B。

② 中國第一歷史檔案館藏：《錄副奏片》，檔號：03-5916-056。

③ 中國第一歷史檔案館藏：《硃批奏摺》，檔號：04-01-12-106-1329。

光緒十八年十一月十五日，奉硃批：兵部議奏。欽此[①]。

【案】光緒二十年八月初八日，楊德明以得借補肅州中營遊擊遺缺具摺謝恩曰：

奴才楊德明跪奏，爲叩謝天恩，恭摺仰祈聖鑒事。竊奴才於本月初六日由兵部帶領引見，仰蒙天恩，准奴才准其借補肅州鎮標中營遊擊。欽此。伏思奴才一介庸愚，知識淺陋，由行伍洊保總兵以來，毫無報效。正在兢惕，復蒙聖主恩施，奴才實不勝感激之至。惟有奴才到任後謹將該處一切應辦事宜勤慎辦理，勉竭駑駘，以期仰答高厚鴻慈於萬一。所有奴才感激下忱，謹繕摺叩謝天恩。伏乞皇上聖鑒。謹奏。光緒二十年八月初八日。[②]

【案】光緒二十年八月初七日，兵部將補用總兵借補遊擊楊德明履歷開送軍機處，曰：

楊德明，現年五十八歲，係湖南湘潭縣人，於咸豐七年投効湘軍果營，隨援江西。八年四月，克服崇仁縣暨撫州府兩城案內，蒙湖南撫駱開單請奬，內開楊德明賞給軍功，以外委補用在案。十年，隨同進援四川。五月，力解井研縣城圍案內，蒙四川總督崇請奬，內開外委楊德明著以把總拔補在案。十一月內，攻克河壩場等處、剿平股匪、生擒逆首李玉曾案內，蒙署理四川總督崇請奬，內開把總楊德明著以千總拔補在案。十一年三月內，克復牛腹渡賊巢、五月內力解大邑縣城圍案內，四川總督駱、成都將軍臣崇會奏保，十年十一月二十九日，奉上諭：千總楊德明著以守備，儘先補用。欽此。是年八月，力解綿州城圍案內，蒙四川總督駱奏保，同治元年二月初八日，奉上諭：補用守備楊德明，著以都司儘先補用，並賞戴花翎。欽此。是年三月，收復青神縣城、踏燬鐵山賊巢、生擒首逆周廷洸案內，蒙四川總督駱奏保，二年二月二十日，奉上諭：補用都司楊德明，著以遊擊儘先補用。欽此。元年閏八月，圍剿犍爲屬之龍窡場、生擒逆首李永和、卯得慪案內，蒙四川總督駱奏保，

① 中國第一歷史檔案館藏：《録副奏摺》，檔號：03-5890-058。

② 中國第一歷史檔案館藏：《硃批奏摺》，檔號：04-01-17-0153-019。

二年七月十九日，奉上諭：補用遊擊楊德明，著以參將留於湖南補用。欽此。元年十二月內，連克横江汛雙龍場石逆堅巢、擒斬賊目任甫州案內，蒙四川總督駱奏，同治三年六月十六日，奉上諭：湖南補用參將楊德明，著以副將仍留湖南補用。欽此。同治二、三等年，隨眾克復漢中府固羊縣、西鄉等縣城池，攻破法慈院、新集各場賊巢，暨大破上亢觀賊壘案內，蒙山西巡撫劉奏保，五月初五日，奉上諭：湖南補用副將楊德明，著賞加總兵銜。欽此。是年九月，署理華陽都司事務。七年五月，攻克宜川屬之雲岩鎮城池、生擒賊目張大有，復奉調白水屬田家灣、腰河一帶回逆，大獲勝仗，旋蒙西安將軍庫、山西巡撫劉會奏，七年六月十八日，奉上諭：湖南補用副將楊德明，著賞給克勇巴圖魯名號。欽此。攻克金積堡甯靈肅清案內，蒙陝督左奏，十年十月初三日，奉上諭：湖南補用副將楊德明，著以總兵補用，依議。欽此。八月內，蒙陝西固原提督雷軍前效力，十一年四月二十四日，署理提標前營遊擊事務，即於十月二十八日到營，接管任事，蒙陝督左改委管帶豫軍強營，遵於十月二十八日交卸提標前營事務。光緒二年正月十三日，蒙陝督左於同治十二年肅州克復以後關內一律肅清保奏，二年二月初四日，奉上諭：總兵銜副將楊德明，著以副將留陝甘儘先補用。欽此。五月（年）十二月十八日，於新疆南北兩路一舉蕩平案內，蒙陝督左保奏，六年正月三十日，奉上諭：補用總兵楊德明，著賞給三代一品封典。欽此。是年八月內，蒙陝西固原提督雷咨請，委署化平營都司；隨蒙陝督譚於八年正月間，抄錄前案，附片奏明。查楊德明前於蕩平金積堡案內儘先補用副將，蒙保以總兵補用；嗣於關隴案內，又蒙保以副將留陝甘儘先補用。惟保總兵補用在前、保副將留省在後，開保時繕寫錯誤，奏請將關隴肅清案內錯誤留陝甘儘先補用副將一案，改爲總兵留陝甘儘先補用，更正註冊，奉旨兵部議奏。嗣經核准覆奏，於八年六月初六日奉旨：依議。欽此。更正以儘先總兵留陝甘補用註冊。九年三月內，蒙陝西固原提督雷委署梨橋營都司事務；又於十一年十一月初三日，蒙署理陝西固原提督沈委署龍德營守備事務；於光緒十四年六月初一日，蒙陝西固原提督雷咨請陝督譚，委署理陝西固原提標後營遊擊事務；於光緒十五年正月初二日，將提標後營遊擊事務交卸清楚，於六月內進省，稟請收入督標差委。七月十一日，蒙陝督楊收入督標中營，聽候差遣，已於本年十二月初六日造冊達部，註冊留甘在案。於十六年十月二十九日，署理肅州鎮標左營遊擊事務；又於十八年三月初一日，調署肅州鎮標中營遊擊事務。光緒十八年十月內，蒙陝督楊奏，借補甘肅肅州鎮標中營遊擊員缺，於十九年六月初十日兵部單開：留陝甘儘先補用總兵楊德明，准其借補甘肅肅州鎮標中營遊擊。現供今職，任內並無參罰、服制事件。理合登明。光緒二十年八月初七日。[①]

〇六五　鎮羌營遊擊黃文新落水淹斃片

光緒二十二年六月二十六日（1896年8月5日）

再，臣接准署甘肅提臣張永清[②]咨稱：管帶甘防毅武後營涼州鎮屬鎮羌營遊擊黃文新，率隊入山搜賊，於五月十六日行至黑河上流，策馬渡河，被水冲倒，迨兵丁趕救，業經氣絕，等情。咨請核辦前來。臣查該故員黃文新，從戎已久，屢立戰功，前因進攻北大通城，骽受矛傷，猶未全愈，此次帶隊入山搜賊，竟因渡河冲倒，被溺身亡，實屬因公殞命，殊堪憫惜！除彙案另行奏請賜卹，並查取該故員原領劄付，另文咨送兵部查銷外，相應先行請旨開缺。其所遺遊擊員缺，陝甘現

① 臺北"故宮博物院"藏：《軍機及宮中檔》，文獻編號：135119。

② 張永清（1843—1909），河南南陽府舞陽縣人，武生出身。同治元年（1862），經張之萬派充豫軍大營營務處，管帶親軍。二年（1863），以軍功賞六品頂戴。次年，保以外委儘先拔補。四年（1865），保以把總儘先補用。七年（1868），保以千總補用，先戴藍翎。同年，保以守備儘先補用，加都司銜，並賞換花翎。八年（1869），保河南儘先都司。十年（1871），保以遊擊儘先題補。次年，晉副將銜。光緒二年（1876），先保參將，旋保副將，予正二品封典，加方勇巴圖魯勇號。六年（1880），保以總兵交軍機處記名簡放，晉頭品頂戴。十九年（1893），補甘肅涼州鎮總兵。次年，署甘肅提督。二十九年（1903），調補甘肅甯夏鎮總兵。宣統元年（1909），病故。

有應補人員，容臣另揀請補。理合附片具陳。伏乞聖鑒。謹奏。光緒二十二年六月二十六日[1]。

（硃批）：兵部知道[2]。

光緒二十二年七月二十二日，奉硃批：兵部知道。欽此[3]。

補證

【案】此片原件①藏於臺北"故宫博物院"，錄副②現藏於中國第一歷史檔案館，兹據校勘。

[1]【光緒二十二年六月二十六日】此具奏日期僅見於底本。

[2]【兵部知道】此"硃批"據原件補。

[3]【光緒二十二年七月二十二日，奉硃批：兵部知道。欽此】此奉旨日期等，據錄副補。

【案】光緒七年六月二十九日，護理陝甘總督楊昌濬奏請黄文新等員留於陝甘補用，曰：

> 再，臣前將副將銜儘先參將劉楚田等三員奏請留於陝甘，按班序補，並聲明尚有堪留陝甘之員，隨時察看陳明，分别改留，奉旨：著照所請，兵部知道。欽此。欽遵咨行在案。兹准甘肅提督周達武咨稱：查有留黔遇缺儘先前補用副將後補用總兵署甘肅提標右營遊擊達勇巴圖魯黄文新、留川遇缺儘先補用副將後補用總兵黄棠吉、留黔儘先補用副將張英俊、儘先補用參將何永協、留黔儘先補用遊擊周懷德、遊擊銜留安徽壽春鎮標儘先補用都司李元成等六員，隨徵陝甘兩省歷有年所，熟習邊防、營伍，若以原官原銜留於陝甘按班補用，實於營伍有裨，等情。臣覆核無異，合無仰懇天恩俯准，將黄文新等六員一併留於陝甘、按班序補，出自逾格鴻慈。除將該員等履歷清册隨摺咨送兵部查核外，謹附片具陳。伏乞聖鑒訓示。謹奏。光緒七年七月二十二日，軍機大臣奉旨：著

① 臺北"故宫博物院"藏：《軍機及宫中檔》，文獻編號：408003007-0-A。

② 中國第一歷史檔案館藏：《錄副奏片》，檔號：03-5916-056。

照所請，兵部知道。欽此。[1]

【案】光緒八年十一月十六日，陝甘總督譚鍾麟奏請黃文新借補鎮羌營遊擊，曰：

頭品頂戴陝甘總督臣譚鍾麟跪奏，爲揀員借補要缺遊擊，以裨營伍，恭摺仰祈聖鑒事。竊前准部咨：甘肅涼州鎮屬鎮羌營遊擊鐘本英，以原官改留兩江，開除底缺，各等因。當經轉飭遵照。玆准甘肅提督周達武咨稱：查有現署山丹營遊擊之留陝甘儘先補用副將後升總兵達勇巴圖魯黃文新，在營操防，卓著辛勞，歷署提屬標、協各缺，辦事均能實心，堪以借補鎮羌營遊擊。咨請酌補前來。臣查黃文新，年力強壯，辦事穩實，以之借補，可期勝任。合無仰懇天恩，俯念員缺緊要，准以黃文新借補鎮羌營遊擊員缺，以裨營伍。如蒙俞允，應請飭部先給劄付，俟防務告竣，即行給咨赴部引見，以符定制。除將該員履歷清冊查明送部外，理合恭摺具陳。伏乞皇太后、皇上聖鑒訓示。謹奏。十一月十六日。光緒八年十二月初八日，軍機大臣奉旨：兵部議奏。欽此。[2]

【案】直至光緒十八年，黃文新始得借補鎮羌營遊擊。是年十二月初六日，具摺謝恩曰：

奴才黃文新跪奏，爲恭摺叩謝天恩，仰祈聖鑒事。竊奴才於本月初三日由兵部帶領引見，仰蒙天恩，著准其借補，照例用。伏思奴才一介庸愚，知識淺陋，由行伍薦保副將以來，毫無報效。正在兢惕，復蒙聖主恩施，著奴才借補甘肅鎮羌營遊擊，欽此。奴才實不勝感激之至。惟有到任後，凡有一切差使，留心奮勉，以期仰答高厚鴻慈於萬一。所有奴才感激下忱，謹繕摺叩謝天恩。伏乞聖鑒。謹奏。光緒十八年十二月初六日。[3]

---

① 中國第一歷史檔案館藏：《錄副奏片》，檔號：03-5817-062。

② 中國第一歷史檔案館藏：《錄副奏摺》，檔號：03-5822-026。

③ 中國第一歷史檔案館藏：《硃批奏摺》，檔號：04-01-17-0149-001。

卷　六
陕甘二

〇六六　懇續撥賑款摺

光緒二十二年七月初四日（1896年8月12日）

頭品頂戴署理陝甘總督新疆巡撫臣陶模跪[1]奏，爲甘肅賑撫難民，前次撥款用罄，籲懇天恩，飭准續撥，以資接濟，恭摺具陳，仰祈聖鑒事。

竊維去歲回亂，自循化以訖河狄、西甯，蹂躪地方，幾成焦土，生民塗炭，慘不堪言。前督臣楊昌濬於是年九月初五日，奏撥司庫新草變價銀十六萬兩，驛站扣留銀四萬兩，各屬變價未盡糧二十萬石，截留新海防及籌餉新捐兩項銀兩，並函請各省勸募善捐，悉備賑撫之用，聲明事靡有定，款仍不敷，容隨時察核續請，已邀恩允在案[2]。仰見皇上軫恤殘黎、不忍一夫失所至意，莫名欽感。自開賑以來，先後在河州、西甯設立總局，每一處賊氛稍平，賑撫即難稍緩，分局漸設漸多，銀糧愈用愈廣。難民流離初歸，所有屋舍、牛糧、籽種蕩然無存，必須一一籌給，約計待賑丁口不下十五、六萬。現雖軍事漸平，而西甯府屬如大通縣，北大通、哆巴一帶難民，歸莊尤多，東作失時，力難自給，一律接賑，需費更繁。現又增關外撫回男女數千人，亦須籌給口食。前請之糧本二十萬石，逮奉文時，各屬事前續糶不少，經戶部將此款分撥軍餉內動用，致前請賑糧短絀數萬石。其截留兩項捐款僅一萬七千餘兩，各省善捐六萬餘兩，閱時已久，而賑務方殷，銀兩、糧石早已告罄，刻不及待。經藩司在庫存制錢項下先行挪用四萬二千餘串，若不亟爲續籌，不獨挪款無著，賑事更難爲繼。擬請仍在司庫所存十九、二十兩年待支兵餉款內各提銀五萬兩，庫存制錢項下提用錢五萬串。此外仍照前案請將二十二年分新海防及籌餉新捐銀兩截留一年，俾資救濟而還挪項。據甘肅布政使會鉌等會詳請奏前來。臣伏查此次被兵之區，實非水旱偏災可比。前請動撥各款賑濟，爲日太長，難民太眾，委實不敷，不能不續籌添撥，用以推廣皇仁。合無仰懇天恩，俯准將本省司庫所存十九、二十兩年待支兵餉款內各提銀五萬兩，司庫存儲制錢項下提用錢五萬串，並將本年新海防及籌餉新捐銀仍截留一年，以便接賑而救殘黎。俟賑事告竣，即造册請銷。除咨明戶部查照外，所有懇請續撥賑撫銀錢緣由，理合恭摺馳陳。伏乞皇上聖鑒訓示。謹奏。光緒二十二年七月初四日[3]。八月初七日，奉硃批：戶部知道。

（硃批）：戶部知道[4]。

光緒二十二年七月二十一日，奉硃批：戶部知道。欽此[5]。

補證

【案】此摺原件①藏於臺北“故宮博物院”，錄副②現藏於中國第一歷史檔案館，茲據校勘。又，關於此摺之具奏日期，原件、錄副均作“光緒二十二年七月初八日”，查《隨手檔》③，則與原件、錄副同。

[1]【頭品頂戴署理陝甘總督新疆巡撫臣陶模跪】底本無前銜，此據原件校補。

[2]【案】光緒二十一年九月初五日，陝甘總督楊昌濬爲光緒二十一年甘省被回難民待賑具摺奏請撥銀辦捐，曰：

太子太保頭品頂戴革職留任陝甘總督臣楊昌濬跪奏，爲甘省回氛未息，被害難民待賑孔殷，擬請動撥銀糧，兼辦善捐，並截留捐項，以濟殘黎，恭摺馳陳，仰祈聖鑒事。竊查本年回匪變亂，蔓延循化、河州、狄道、西甯、大通、碾伯、巴燕戎格、海城、平遠等廳州縣，凡賊蹤所到，慘殺之餘，繼以焚燒，廬舍、薪糧，全成灰燼。難民顛沛流離，約計不下二三十萬，雖目前已辦急賑，而轉瞬嚴冬，無衣無室。若待事平招集，

---

① 臺北“故宮博物院”藏：《軍機及宮中檔》，文獻編號：408003013。

② 中國第一歷史檔案館藏：《錄副奏摺》，檔號：03-5602-024。又，《災賑檔》，檔號：02-10041。

③ 中國第一歷史檔案館藏：《軍機處隨手登記檔》，檔案編號：03-0289-1-1222-198。

幾何不殣死道塗？臣與司道籌商，除省城附近及各州縣逃來難民先已籌辦賑撫外，其餘賊踞各處擬就兵力所到，節節安撫。然故墟蕩盡，儲積一空，棲身餬口，均屬急需，以及耕作器具、牛刀、籽種，在在皆須籌給。日長地廣，用款浩繁。甘省邊苦著名，在承平時尚難就地籌款，況現今遍地瘡痍，從何辦起？是此次賑撫惟有全賴公家。雖當此庫藏支絀，軍餉方殷，而民命攸關，不容不並籌兼顧。前於閏五月間奏請籌撥軍餉一百二十萬兩案內，曾有賑濟被難漢民一語。彼時賊氛尚不至如此之甚，難民尚不至如此之多。現在情形非專請鉅款，實不濟事。悉心酌度，擬先在庫存薪草變價項下提銀十六萬兩，驛站扣留項下提銀四萬兩，共銀二十萬兩，在前飭各屬變價未盡糧內提糧二十萬石，以爲箇難民搭蓋窩房、冬春賑濟口食並購買牛隻、農具、預備籽種之需。誠如事靡有定，款仍不敷。第初辦約計，未敢過於擴充，容隨時查核，續行籌請。此外欲求挹注，惟有廣開捐輸。而順天、直隸、山東等省方辦賑捐，亦不敢接踵相請、致多牽制，擬倣南省勸辦善捐之法，刊刻捐簿，函致各省，零星勸募，隨願助資。如有樂善好施之士捐及千兩者，請旨建坊，以昭激勸。倘各省垂念患難，積有成數，尚可爲後繼之助。其甘省新海防捐二十二次批解後，現在收數有限；籌餉新捐，更屬寥寥。應請截至本年年底得有若干，全數留助賑撫，亦當不無小補。據藩司曾鉌、臬司裕祥、蘭州道黃雲會詳請奏前來。臣覆加查核，均係實情。所有甘省回氛未息、被害難民待賑孔殷，擬請動撥銀糧、兼辦善後暨截留捐項、以賑殘黎緣由，理合恭摺由驛馳陳。伏乞皇上聖鑒，飭部核覆施行。謹奏。光緒二十一年九月初五日。[①]

光緒二十一年九月十八日，奉硃批：著照所請，戶部知道。欽此[②]。

[3]【光緒二十二年七月初四日】此具奏日期訛誤，原件“光緒二十二年七月初八日”確。

---

① 中國第一歷史檔案館藏：《硃批奏摺》，檔號：04-01-01-1003-029。

② 中國第一歷史檔案館藏：《錄副奏摺》，檔號：03-5601-098。

[4]【戶部知道】此"硃批"據原件補。

[5]【光緒二十二年七月二十一日，奉硃批：戶部知道。欽此】此硃批日期，據錄副補。

〇六七 特參庸劣不職文員摺

光緒二十二年七月初五日（1896年8月13日）

頭品頂戴署理陝甘總督新疆巡撫臣陶模跪[1]奏，爲特參庸劣不職文員，請旨分別革職改教，以肅官方，恭摺仰祈聖鑒事。

竊維吏治之得失，地方之安危係焉。其有庸劣不職者，自應隨時嚴參。兹查有在任候補知縣高臺縣毛目縣丞蔡世德，情性乖張，因修理衙署，擅派民錢，復創設差局，任意科歛，致交卸後民有餘怨。試用通判李附枝，工於牟利，前辦河州釐金，收報不實，以致羣相效尤，釐務減色。候補知縣柏以麗，性情粗鄙，前署海城縣事，詳報命案，任意欺飾。准調海城縣知縣劉藜光才具平庸，前在渭源縣任內，值河州回亂，張皇失措，毫無布置，幸賊未攻城，不致失守。候補縣丞王榮德，遇事侵欺，代行營領餉，藉詞乾沒，業經查追有案。以上五員均屬劣蹟昭著，據布政使曾鉌、署按察使周綬①會詳揭參前來。相應請旨將在任候補知縣高臺縣毛目縣丞蔡世德、同知用甘肅試用通判李附枝、同知銜甘肅候補知縣柏以麗、藍翎甘肅補用縣丞王榮德四員一併革職。同知銜准調海城縣知縣劉藜光係進士出身，文理尚優，請以教職歸部銓選，以儆庸劣，而肅官方。如蒙俞允，所遺海城縣知縣、毛目縣丞兩缺，甘省現有應補人員，擬請扣留外補。合併聲明。所有特參庸劣不職文員，理合恭摺具陳。伏乞皇上聖鑒訓示。謹奏。光緒

① 周綬（1830—1897），湖南平江縣人。光緒十年（1884），以道員發往湖北補用。十四年（1888），以捐助海防銀兩得獎敘。十七年（1891），捐鉅資賑災，交軍機處存記。十八年（1892），補授陝西潼商道。二十一年（1895），署甘肅按察使。二十三年（1897），卒於任。

二十二年七月初五日[2]。九月初五日，奉硃批：另有旨。

（硃批）：另有旨[3]。

光緒二十二年八月十九日，奉硃批：另有旨。欽此[4]。

補證

【案】此摺原件①藏於臺北“故宮博物院”，錄副②現藏於中國第一歷史檔案館，茲據校勘。又，關於此摺之具奏日期，原件、錄副均作“光緒二十二年八月初七日”，與底本相差一月有餘。查《隨手檔》③，則與原件、錄副同。

[1]【頭品頂戴署理陝甘總督新疆巡撫臣陶模跪】底本無前銜，此據原件校補。

[2]【光緒二十二年七月初五日】此具奏日期訛誤，原件“光緒二十二年八月初七日”確。

[3]【另有旨】此“硃批”據原件補。

[4]【光緒二十二年八月十九日，奉硃批：另有旨。欽此】此硃批日期，據錄副補。

【案】此摺於是年八月十九日得允行，“上諭”曰：

> 光緒二十二年八月十九日，內閣奉上諭：陶模奏，特參庸劣不職文員一摺。甘肅在任候補知縣高臺縣毛目縣丞蔡世德，性情乖張，修理衙署，擅派民錢；創設差局，任意科斂。試用通判李附枝，工於牟利，前辦河州釐金，收報不實。候補知縣柏以麗，性情粗鄙，前署海城縣任內詳報命案，任意欺飾。候補縣丞王榮德，遇事侵欺，代行營領餉，藉詞乾沒。均著即行革職。准調海城縣知縣劉榮光，才具平庸，前在渭源縣任內，值河州回亂，毫無布置。惟文理尚優，著以教職歸部銓選。餘著照所議辦理，該部知道。欽此。④

---

① 臺北“故宮博物院”藏：《軍機及宮中檔》，文獻編號：408003019。

② 中國第一歷史檔案館藏：《錄副奏摺》，檔號：03-5345-009。

③ 中國第一歷史檔案館藏：《軍機處隨手登記檔》，檔案編號：03-0289-1-1222-225。

④ 中國第一歷史檔案館編：《光緒朝上諭檔》第22冊，第184頁。又，《德宗景皇帝實錄》，卷三百九十四，光緒二十二年八月，《清實錄》第57冊，第142頁。

○六八　懇撥補不敷軍餉及運費摺

光緒二十二年七月初七日（1896年8月15日）

頭品頂戴署理陝甘總督新疆巡撫臣陶模跪[1]奏，爲懇請撥補不敷軍餉，並添撥運費，以還舊欠而濟急需，恭摺仰祈聖鑒事。

竊甘省自去歲軍興以來，需餉浩繁，前督臣楊昌濬兩次請撥銀一百七十萬兩，内有存糧，變價抵算銀九萬餘兩，實收一百六十萬兩之譜，連上年常餉九十二萬兩，共合二百五十餘兩。截至二十一年年底止，除西軍八營杈槍一旗係照奏案在四分減平内支餉不計外，已用銀三百餘萬兩，實虧銀四十餘萬兩，曾於本年四月初五日請餉摺内奏明在案。原冀軍務早竣，用費可省，故撙節估計請添本年軍餉銀一百五十萬兩。無如歸還舊欠，僅剩一百餘萬，供支數月，又將罄盡。疊接部咨裁營節餉，業已次第遵辦，惟撤營甚難，稍形操切即滋事端，既須找清存餉，又應發給恩餉，欲省此後之款，斷不能惜目前之費。刻下極力删併月餉，約已減半。所留支領行餉之鄧增、潘效蘇、馬福祿等所部各營，尚難遽改坐餉。湟屬遺孽及安、肅一帶南山零匪迄未勦除盡淨，深恐乘虛竄擾，轉勞兵力。蓋有求省而不能多省者，此軍餉不敷，必須再請撥補之實在情形也。更有轉運脚價一項，前督臣楊昌濬初請二十萬，本屬從簡核估，蒙准十萬，原不敷用。此項多係州縣墊發，分起報領。臣前請撥餉時到任不久，尚未深悉底藴，近核册報，始知去歲迄今已用銀四十萬兩有奇。期間若董軍、湘軍、陝軍、豫凱軍糧餉、器械不絕於道，而本省一百十餘營旗之軍糧、各屬之賑糧皆由異地採辦、轉輸，動逾千里，加以干戈紛擾，脊秣價昂，較諸平時僱値或相倍蓰。此又運費不敷之實在情形也。

以上兩項，現經藩司督同糧臺委員，連本年奉撥常餉統作已收，通盤合算，軍餉截至年底、運費截至六月，實虧銀八十餘萬兩，若不據實籲請，設有貽誤，關繫非輕，應懇再請添撥的款銀八十萬兩，俾得還挪款而濟急需。不敷尾數卽以存糧變價彌補。據藩司會鋉詳請奏撥前來。臣詳加查核，軍餉之虧，虧自去年；運費之虧，今年較鉅。現在軍務漸定，運費當可大減。惟所虧八十餘萬兩，實係刻不容緩之款，明知庫帑奇絀，何敢妄請增添？第事關大局，不得不據實陳明。合無仰懇天恩，飭部添撥軍餉、運費銀八十萬兩，以應要需。現查甘庫有實存、新收百貨釐金、扣存三成養廉等款銀四十四萬餘兩，尚可就近撥用，下短三十餘萬，再由戶部另行指撥，仍俟軍務平定，彙案核實造銷。所有懇請撥補不敷軍餉並添撥運費緣由，理合恭摺馳陳。伏乞皇上聖鑒訓示。謹奏。光緒二十二年七月初七日[2]。八月初七日，奉硃批：戶部速議具奏。

（硃批）：戶部速議具奏[3]。

光緒二十二年七月二十一日，奉硃批：戶部速議具奏。欽此[4]。

補證

【案】此摺原件①藏於臺北“故宮博物院”，錄副②現藏於中國第一歷史檔案館，茲據校勘。又，關於此摺之具奏日期，原件、錄副均作“光緒二十二年七月初八日”。查《隨手檔》③，則與原件、錄副同。

[1]【頭品頂戴署理陝甘總督新疆巡撫臣陶模跪】底本無前銜，此據原件校補。

[2]【光緒二十二年七月初七日】此具奏日期訛誤，原件“光緒二十二年七月初八日”確。

[3]【戶部速議具奏】此“硃批”據原件補。

[4]【光緒二十二年七月二十一日，奉硃批：戶部速議具奏。欽此】此硃批日期與內容，據錄副補。

---

① 臺北“故宮博物院”藏：《軍機及宮中檔》，文獻編號：408003012。

② 中國第一歷史檔案館藏：《錄副奏摺》，檔號：03-6140-020。

③ 中國第一歷史檔案館藏：《軍機處隨手登記檔》，檔案編號：03-0289-1-1222-198。

〇六九 預估光緒二十三年甘肅關内軍餉摺

光緒二十二年七月十一日（1896年8月19日）

頭品頂戴署理陝甘總督新疆巡撫臣陶模跪[1]奏，爲援案預估光緒二十三年分甘肅關内軍餉，恭摺馳陳，仰祈聖鑒事。

竊臣前准部咨：將光緒二十三年應需餉項迅速分晰奏估，以憑彙撥，等因。當即行司去後。茲據甘肅布政使曾鉌詳稱：遵查甘肅關内協餉，自光緒十四年起，每年奉撥銀一百一十八萬兩，嗣經先後議減銀二十三萬七千八百餘兩，仍奉部提存司庫，每年只准按九十四萬餘兩撙節開支。此前地方平定，尚可勉資敷衍，惟自去歲甘肅回匪變亂，籌辦防剿，需餉更鉅。雖於常餉外節次另請添撥，軍餉仍多不敷。所有二十三年甘肅關内應需常餉，擬請照舊仍按一百一十八萬兩，如數指撥，准予全數開支，免其提存。一俟軍需、善後一律蕆事，仍卽遵照提存，以符定章。此外甯夏、涼州、莊浪三滿營並青海王公等餉需，自光緒十四年起，每年奉部專撥銀二十二萬兩。數年以來，滿營生齒日繁，原撥餉銀實難核減，併請仍照二十二萬兩協撥。詳請具奏前來。臣查關内餉項，歷年核減，已屬有絀無贏。軍興以來，費用驟增，近雖軍事漸平，人心未固，舊設防營，不敷分布，尚須將得力之營酌留數起，以資鎮懾。明年餉需，本難預定，當此籌款竭蹶之際，惟有力期撙節，設法補苴，相應籲懇天恩，准將二十三年分關内應需軍餉飭部照舊指撥銀共一百四十萬兩，以濟要需。俟防務如常，仍卽遵照提存，以符定章。所有預估甘肅關内光緒二十三年分實需軍餉數目緣由，謹恭摺馳陳。伏乞皇上聖鑒訓示。遵行。謹奏。光緒二十二年七月十一日[2]。八月十二日，奉硃批：戶部議奏。

（硃批）：戶部議奏[3]。

光緒二十二年七月二十六日，奉硃批：戶部議奏。欽此[4]。

補證

【案】此摺原件[①]藏於臺北“故宫博物院”，錄副[②]現藏於中國第一歷史檔案館，茲據校勘。又，關於此摺之具奏日期，原件、錄副均作“光緒二十二年七月十三日”。查《隨手檔》[③]，則與原件、錄副同。底本當誤。

[1]【頭品頂戴署理陝甘總督新疆巡撫臣陶模跪】底本無前銜，此據原件校補。

[2]【光緒二十二年七月十一日】此具奏日期，原件作“光緒二十二年七月十三日”，確。

[3]【戶部議奏】此“硃批”據原件補。

[4]【光緒二十二年七月二十六日，奉硃批：戶部議奏。欽此】此硃批日期，據錄副補。

〇七〇　添募景字三營片

光緒二十二年七月二十六日（1896年9月3日）

再，查升授陝西固原提督鄧增[④]，前由西甯率隊出關會剿，呈請添募馬步三營，以厚兵力。所招馬隊景字左、右二營，以守備楊占元、都司陳正魁分帶，景字中營步隊一營，以都司王翰文幫帶。均係就

① 臺北“故宫博物院”藏:《軍機及宮中檔》，文獻編號：408003015。

② 中國第一歷史檔案館藏:《錄副奏摺》，檔號：03-6140-032。

③ 中國第一歷史檔案館藏:《軍機處隨手登記檔》，檔案編號：03-0289-1-1222-203。

④ 鄧增（1843—1905），字錦亭，廣東新會人，武童。咸豐十一年（1861），賞給六品軍功，旋換五品頂戴。同治二年（1863），保以把總儘先拔補，並賞戴藍翎。次年，賞換花翎。五年（1866），保以都司留福建儘先補用，加遊擊銜。同年，再保遊擊，晉參將銜。九年（1870），保參將。次年，保升副將。十一年（1872），保總兵銜，加伊博德恩巴圖魯勇號。次年，保以總兵記名簡放。光緒二年（1876），保以提督記名簡放，並賞穿黃馬褂。六年（1880），晉頭品頂戴。十一年（1885），署伊犁鎮總兵，旋實授。十五年（1889），調補甘肅西甯鎮總兵。二十二年（1896），遷陝西固原提督。三十一年（1905），卒於任。三十三年（1907），附祀故大學士左宗棠專祠。

地招募，於本年四月初九日點驗成軍，起支行餉，陸續開拔西進，於六月初三日行抵肅州，具報前來。臣覆查無異，除將挑募景字馬隊三營成軍起餉日期咨部立案外，謹附片陳明。伏乞聖鑒。謹奏。光緒二十二年七月二十六日[1]。九月初五日，奉硃批：該部知道。

（硃批）：該部知道[2]。

光緒二十二年八月十九日，奉硃批：該部知道。欽此[3]。

補證

【案】此片原件①藏於臺北“故宮博物院”，錄副②藏於中國第一歷史檔案館，茲據校勘。

[1]【光緒二十二年七月二十六日】此具奏日期，原件“光緒二十二年八月初七日”，隨查《隨手檔》③，則亦與原件同。

[2]【該部知道】此“硃批”據原件補。

[3]【光緒二十二年八月十九日，奉硃批：戶部議奏。欽此】此硃批日期，據錄副補。

〇七一　續裁馬步營旗改支坐餉練餉摺
光緒二十二年八月初四日（1896 年 9 月 10 日）

頭品頂戴署理陝甘總督新疆巡撫臣陶模跪[1]奏，爲續行裁減馬步營旗，並分別改支坐餉、練餉各起數目，另開清單報部，恭摺仰祈聖鑒事。

竊查甘肅去歲軍興，添募馬步營旗暨各屬城防土勇，爲數頗多，需餉甚鉅。嗣因防務漸鬆，陸續酌裁營勇，截清餉項，共三十餘起，

① 臺北“故宮博物院”藏：《軍機及宮中檔》，文獻編號：408003016-0-B。

② 中國第一歷史檔案館藏《錄副奏片》，檔號：03-5917-038。

③ 中國第一歷史檔案館藏：《軍機處隨手登記檔》，檔案編號：03-0289-1-1222-225。

業於本年五月十三日彙奏在案。五月以來，仰賴皇上威福，西路迭報肅清，所有前敵營旗及城防土勇，隨察其地方關要興否、營武強弱若何，或撥留防守，或量行遣撤，或改支坐餉、練餉。核計前後裁減營勇六十三起，改營成旗九起，改支坐餉二十八起，改歸練餉六起，共一百零六起，分析截餉日期，由甘肅布政使曾鉌開單，詳請奏咨立案前來。臣覆加查核，此次裁勇改餉起數不少，藉可節省帑項。惟邊疆遼闊，軍務雖平，人心未定，仍須新舊防軍分要駐紮，庶足以資鎮護。臣前隨帶入關親軍，仍擬酌調回省，藉資得利，並有現支行餉、未能遽改坐餉各營旗，一俟統籌就緒，飭司查明留防馬步營旗數目，再行分別裁留，據實奏報。除將清單咨送戶、兵二部外，所有續行裁減馬步營旗及改歸坐餉、練餉各起數目緣由，理合恭摺具陳。伏乞皇上聖鑒。謹奏。光緒二十二年八月初四日[2]。九月初五日，奉硃批：該部議奏。

（硃批）：吏部議奏[3]。

光緒二十二年八月十九日，奉硃批：吏部議奏。欽此[4]。

補證

【案】此摺原件①藏於臺北"故宮博物院"，錄副②現藏於中國第一歷史檔案館，茲據校勘。又，關於此摺之具奏日期，原件、錄副均作"光緒二十二年八月初七日"，隨查《隨手檔》③，則亦與原件、錄副同。

[1]【頭品頂戴署理陝甘總督新疆巡撫臣陶模跪】底本無前銜，此據原件校補。

[2]【光緒二十二年八月初四日】此具奏日期，原件作"光緒二十二年八月初七日"，確。

① 臺北"故宮博物院"藏：《軍機及宮中檔》，文獻編號：408003016。

② 中國第一歷史檔案館藏：《錄副奏摺》，檔號：03-5917-034。

③ 中國第一歷史檔案館藏：《軍機處隨手登記檔》，檔案編號：03-0289-1-1222-225。

[3]【該部議奏】此“硃批”據原件補。

[4]【光緒二十二年八月十九日，奉硃批：該部議奏。欽此】此硃批日期，據錄副補。

〇七二　添募威定新左營土勇片

光緒二十二年八月初五日（1896年9月11日）

再，本年四月以後，裁減營旗，爲數不少，並經臣與董福祥、魏光燾函商，議將駐防河州太子寺等處總兵葉占魁所統永定一軍遣散，仍以河狄兵單預飭統帶威定軍本任。河州鎮總兵何建威添募精壯土勇一營，擇要塡紮，編爲威定新左營，業於五月二十日開招，六月初一日成軍起餉。所有葉占魁所統永定一軍已飭裁撤，截至七月二十九日止，另加恩餉一月，以便遣散。除另文咨部外，謹附片陳明。伏乞聖鑒。謹奏。光緒二十二年八月初五日[1]。九月初五日，奉硃批：該部知道。

（硃批）：該部知道[2]。

光緒二十二年八月十九日，奉硃批：該部知道。欽此[3]。

補證

【案】此摺原件①藏於臺北“故宮博物院”，錄副②現藏於中國第一歷史檔案館，茲據校勘。又，關於此摺之具奏日期，原件、錄副均作“光緒二十二年八月初七日”，隨查《隨手檔》③，則亦與原件、錄副同。

[1]【光緒二十二年八月初五日】此具奏日期，原件作“光緒二十二年八月初七日”，確。

---

① 臺北“故宮博物院”藏：《軍機及宮中檔》，文獻編號：408003016-0-A。

② 中國第一歷史檔案館藏：《錄副奏摺》，檔號：03-5917-035。

③ 中國第一歷史檔案館藏：《軍機處隨手登記檔》，檔案編號：03-0289-1-1222-225。

[2]【該部知道】此“硃批”據原件補。

[3]【光緒二十二年八月十九日，奉硃批：該部知道。欽此】此硃批日期，據錄副補。

○七三 參革知縣余起鴻爭財傷母片
光緒二十二年八月初五日（1896年9月11日）

再，據署皋蘭縣知縣姚世貞禀報：本年七月二十日，據余起昌喊稱伊嫡長兄余起鴻，因父歿爭分家產未遂，雇倩多人，強搬寓所靈柩、衣物，致伊生母張氏、庶母陳氏均被毆傷。維時另有遣散營勇乘間擁進，行強劫奪，伊繼母余石氏亦被毆傷，等情。經該縣前往勘驗屬實，登時拏獲夏得華、曾茂林、王有得、李玉山並余起鴻到案，餘俱逃跑。經臣批飭臬司轉飭蘭州府，迅即提犯，審明孰是余起鴻雇倩、孰是乘間劫毆，分別照例詳辦，並令嚴拏在逃各犯務獲究報外，查余起鴻曾保同知銜分省儘先補用知縣，自應先行參革，歸案審辦。據藩臬兩司曾詳請奏前來。相應請旨將同知銜分省儘先補用知縣余起鴻先行革職，以便歸案審辦。謹附片具陳。伏乞聖鑒訓示，施行。謹奏。光緒二十二年八月初五日[1]。九月初五日，奉硃批：著照所請，吏部知道[2]。

（硃批）：著照所請，該部知道[3]。

光緒二十二年八月十九日，奉硃批：著照所請，該部知道。欽此[4]。

補證

【案】此奏片原件①藏於臺北“故宮博物院”，錄副②藏於中國第一歷史

---

① 臺北“故宮博物院”藏：《軍機及宮中檔》，文獻編號：408003019-0-A。

② 中國第一歷史檔案館藏：《錄副奏片》，檔號：03-5345-011。

檔案館，兹據校勘。

[1]【光緒二十二年八月初五日】原件、錄副均作“光緒二十二年八月初七日”，查《隨手檔》[1]，亦與原件、錄副同。

[2]【吏部知道】原件、錄副均作“該部知道”，底本誤。

[3]【著照所請，該部知道】此“硃批”據原件補。

[4]【光緒二十二年八月十九日，奉硃批：著照所請，該部知道。欽此】此硃批日期與內容，據錄副校補。

【案】光緒二十四年五月十六日，陝甘總督陶模奏報審明補用知縣余起鴻率眾強搬父柩、衣物，致劉炳山等乘間竊劫一案，曰：

頭品頂戴陝甘總督臣陶模跪奏，爲審明已革分省補用知縣余起鴻率眾強搬父柩、衣物，致劉炳山等乘間竊劫，拒傷余石氏平復，按例分別量減定擬，恭摺仰祈聖鑒事。竊查前據署皋蘭縣知縣姚世貞稟稱：光緒二十二年七月二十日，據已故原任秦州直隸州余澤春次子余起昌喊控伊嫡長兄余起鴻，以父歿索分家財未遂，雇倩多人，強搬寓所靈柩、衣物，致伊生母張氏、庶母陳氏均被毆傷。維時，另有遣散營勇乘間混進，行強劫奪，伊繼母余石氏亦被毆傷，等情。當經姚署令馳往勘驗，獲犯訊供，起贓給領，稟經臣將余起鴻奏參革職，並行司飭府提審詳辦，仍令嚴緝逸犯，務獲究辦去後。該前府胡孚駿未及訊詳卸事，接署府周景曾到任准交，正集訊間，即據皋蘭縣於八月十八日續獲劉新堂一名到案，訊據供認伊與在逃之王明德等一共六人，乘間混進，伊拒傷余石氏，各搶皮箱一口攜至院前，被余起鴻擋住，各將皮箱丟棄逃跑等情不諱。詎該犯於被獲之時已經潛服洋煙，於訊供後，移時毒發殞命。驗無別故，稟經臣批飭核入正案詳辦，並經該署府訪聞，甘肅試用巡檢李昕、甘肅試用典史杜汝鑣牽涉在內，呈由臣咨部斥革，傳同一干人等，由署蘭州府知府周景曾訊明，分別議擬，解經甘肅布政使曾鉌、按察使丁體常會同覆審，轉詳前來。臣覆加確核，緣余起鴻籍隸浙江遂安縣，寄居湖南善化縣。劉炳山、李玉

① 中國第一歷史檔案館藏：《軍機處隨手登記檔》，檔案編號：03-0289-1-1222-225。

山、王有得、夏得華分隸湖南湘潭、瀏陽、善化、四川巴州等州縣。余起鴻先在湖南協黔局報捐縣丞，後於剿平新疆南路邊寇案內出力，保以知縣分省補用。劉炳山、李玉山、王有得、夏得華均各小貿營生，先未爲匪，與余起鴻俱想認識。余起鴻之父余澤春前任甘肅秦州直隸州，嫡妻方氏即余起鴻生母早故，繼妻石氏、妾張氏、陳氏各生子女。余澤春先因母故丁憂開缺，嗣經服滿起復，來甘候補。光緒二十一年，在省病故，柩停在寓。二十二年五月，聞余起鴻來向余石氏說要搬送父柩回湖南安葬，余石氏等均未應允。余起鴻又向索分家財，余石氏等亦未答應。余起鴻即起意將父柩、衣物強行搬出，暫寄孝義祠內，然後再勸余石氏等偕歸湖南，諒必允從。七月十九日，往向孝義祠内寄居素好之甘肅試用典史杜汝鑣，商借房屋，厝放柩物，杜汝鑣當即應允。復往向素好之甘肅試用巡檢李昕，託其照料父柩，李昕亦即允諾。又雇不識姓名擡夫十六人，擡送父柩；雇劉炳山、李玉山、王有得、夏得華、魏三五人，前往幫忙；雇梁升、曾茂林轎車二輛，往孝義祠運送行李。均約定七月二十日早前來，並未提及強搬情由。屆期各人到齊，衹杜汝鑣未至。余起鴻帶領劉炳山、李玉山、王有得、夏得華、魏三五人，走進余石氏房内，余石氏尚未起炕，指令劉炳山拏取板箱一隻，李玉山等各拏皮箱一隻，令其裝上轎車。余起鴻即一面喝令接夫將父柩用繩絡住，套入擡杠。余張氏趕出喊駡，並用鞭桿向余起鴻毆打。余起鴻用手格回，致鞭桿格傷余張氏額顱。余陳氏拉住擡杠不放，余起鴻喝令擡夫起行，致棺木撞跌余陳氏倒地，在地上磕傷右膝，即令李昕隨同靈柩照料送赴孝義祠内厝放。是時，李玉山等各將皮箱裝車吆走。劉炳山等拏出板箱，走至前院，失守落地，將箱碰散，傾出銀包。劉炳山見財起意，竊取兩包。李玉山、魏三各拏兩包，王有得、夏得華各拏一包，均各跑走。又，其時遊勇劉新堂、王明德、柳老五、杜興、白連升、金祥發路過聞鬧，探知前情。劉新堂即起意乘間搶些財物，邀允王明德等一齊混進，直至余石氏房内，大家搬搶，經余石氏上前拉奪，被劉新堂用拳毆傷右乳、右臂膊、右肐肘，各劫皮箱一隻，剛至前院，余石氏跟追喊拏，余起鴻瞥見擋住。劉新堂等均各棄箱而逸。經余起鴻之弟余起昌報經皋蘭縣姚署令馳詣勘驗，飭差先後拏獲余起鴻、劉炳山、李玉山、王有得、夏得華、梁升、曾茂林到案，並兩次起獲原贓衣箱、銀包，給余石氏認領；查拏魏三等，逃逸無蹤。稟經臣將余起鴻奏參革職，行司飭府提審詳辦。該前府胡孚駿未及訊詳卸事，該署府周景曾到任，接准移交。正在集訊間，旋據皋蘭縣續獲劉新堂一名到案。該犯先自畏罪，潛服身帶洋煙，於訊供後，移時毒發殞命。驗無別故，稟經臣批飭核入正案詳辦。李昕、杜汝鑣經該署府訪聞，呈請咨部斥革。旋即提齊一干，訊供通報，批飭覆鞫。茲據該署府查明，逃犯魏三等屢緝無獲，余石氏傷早平復。提犯研訊，分別議擬，解由藩、臬兩司覆審，轉詳到臣，覆核無異。查例載：同居卑幼將引他人強劫己家財物，依各居親屬引強盜、卑幼犯尊長，以凡人論斬。又律載：竊盜贓一百二十兩以上絞監候，一百兩杖一百、流二千里。各等語。此案已革分省補用知縣余起鴻，因繼母余石氏等不允搬柩回南並分給家產，起意雇倩多人，強行搬寄，意欲挾制偕歸，即所應雇之人，亦未商謀強劫，究與實在將引他人搶劫己家財物情形不同。至遊勇劉新堂等混入行劫，並拒毆余石氏致傷，實非余起鴻意料所及，亦與盜己家財物、他人毆傷之律有間。遍查律例，並無恰合專條，自應酌量減等問擬。余起鴻除鞭桿回擊致傷庶母張氏、磕傷庶母陳氏均止擬徒輕罪不議外，應請於同居卑幼將引他人強劫己家財物，依各居親屬引强盜、卑幼犯尊長以凡人論斬罪上，量減一等，擬杖一百，流三千里。係職官，從重發往新疆，充當苦差。劉炳山、李玉山、王有得、夏得華受余起鴻之雇，搬運余起鴻家箱隻，既未謀盜在先，自未便照強盜科罪。即竊取板箱內傾出銀兩，亦與同謀上盜行竊有間。惟所竊銀兩，劉炳山、李玉山已在一百二十兩以上，王有得、夏得華已至百兩，亦應酌量分別減等問擬。劉炳山、李玉山應請於竊盜贓一百二十兩以上絞罪上，量減一等，各擬杖一百，流三千里，至配折責安置。王有得、夏得華應請於竊盜贓一百二十兩，杖一百、流二千里罪上，量減一等，各擬杖一百，徒三年，遞籍定地，折責充徒。仍各照例刺字。已革甘肅試用巡檢李昕爲余起鴻押送父柩，已革甘肅試用典史杜汝鑣爲余起鴻受寄柩物，雖訊係礙於情面難卻，並不知強搬情由。惟先未查明，究屬非是，且另有唆人爭訟、代作詞狀之事，業經咨革，請免再議。車夫梁升、曾茂林得受雇價，裝運衣箱，訊無別情，均毋庸議。余澤春所遺資財，應飭查明，按股均分，以杜後釁。劉新堂乘間行劫傷人，罪應斬候，已於尚未到案之先潛自吞服洋煙，訊供後毒發身死，驗訊並無別故，亦毋庸議。受雇擡柩不識姓名十六人，應免查拘。逸犯魏三等飭緝，獲日另結。除全案供招咨部外，所有審明已革分省補用知縣余起鴻率眾強搬父柩、衣物，致劉炳山等乘間竊劫，拒傷余石氏平服，按例分別量減定擬緣由，理合恭摺具陳。伏乞皇上聖鑒訓示，飭部核覆施行。謹奏。光緒二十四年五月十六日。①

光緒二十四年六月十一日，奉硃批：刑部議奏。欽此②。

〇七四　參革縣丞王植山片
光緒二十二年八月初六日（1896年9月12日）

再，知縣用分省卽補縣丞王植山，在駐防甘肅巴燕戎格之新疆撫標練軍提督蘇貴興營次辦理文案，屢向所轄各營需索銀物，稍不遂意，卽揚言稟撤，恐嚇多端；又在營販貨圖利，一昧貪婪。據各該營管帶張宗文、賀福春等揭稟前來。經臣委查屬實，未便稍涉姑容，相應請旨將知縣用分省卽補縣丞王植山卽行革職，驅逐回籍，不准投效別營，以示懲儆而肅軍政。謹會同署新疆撫臣饒應祺，附片具陳。伏乞聖鑒訓示。謹奏。光緒二十二年八月初六日[1]。九月初五日，奉硃批：著照所請，該部知道[2]。

（硃批）：著照所請，吏部知道[3]。

光緒二十二年八月十九日，奉硃批：著照所請，該部知道。欽此[4]。

---

① 臺北“故宮博物院”藏：《軍機及宮中檔》，文獻編號：408003171。

② 中國第一歷史檔案館藏：《錄副奏摺》，檔號：03-7371-065。

補證

【案】此奏片原件①藏於臺北"故宮博物院",錄副②藏於中國第一歷史檔案館,茲據校勘。

[1]【光緒二十二年八月初六日】原件、錄副均作"光緒二十二年八月初七日",查《隨手檔》③,亦與原件、錄副同。

[2]【吏部知道】原件、錄副均作"該部知道",底本誤。

[3]【著照所請,吏部知道】此"硃批"據原件補。

[4]【光緒二十二年八月十九日,奉硃批:著照所請,該部知道。欽此】此硃批日期與內容,據錄副校補。

〇七五　會勦北大通等處出力員弁請獎摺

光緒二十二年八月十三日(1896年9月19日)

頭品頂戴署理陝甘總督新疆巡撫臣陶模、頭品頂戴尚書銜甘肅提督董福祥跪[1]奏,爲遵旨將督標及新軍各營旗會勦北大通踞匪,并連克十大回莊所有出力員弁開單,懇恩分別獎敘,恭摺具陳,仰祈聖鑒事。

竊臣模、臣福祥於五月初七日將勦辦北大通營等處情形由驛馳奏,齎回原摺,光緒二十二年六月初三日,欽奉上諭:覽奏,均悉。所有出力將弁,准其擇尤保奬,毋許冒濫;陣亡弁勇并著彙報請卹,等因。欽此。欽遵在案。查北大通營一帶山水深阻,爲悍賊老巢,與哆巴諸堡互相犄角。哆巴上五莊諸處甫經戡定,該處逆回勾結逸匪,誓死抗拒,勢極猖獗。督標親軍暨新軍各營旗遠道數千里,赴甘勦辦,時甫居春初,苦寒未解。該將士等未及休息,會同甘軍分道深入,出

---

① 臺北"故宮博物院"藏:《軍機及宮中檔》,文獻編號:408003019-0-B。

② 中國第一歷史檔案館藏:《錄副奏片》,檔號:03-5917-037。

③ 中國第一歷史檔案館藏:《軍機處隨手登記檔》,檔案編號:03-0289-1-1222-225。

沒於山谷崎嶇之境，馳驟於嚴天風雪之中，卒能掃蕩堅巢，力摧踞逆，使甘涼完善之地得以安堵無虞。此次擒斬之多、赴機之速，非將士用命曷克臻此？仰荷皇仁錄及徵勞，特許甄敍。比將諭旨宣示，各營無不感激踴躍，益加奮勉。茲據各營旗統領開具清單請獎前來。臣等嚴加覆核，務期核實甄錄，不敢稍有冒濫。除將各員弁履歷行取、咨部查核，並千總以下各弁均係前敵打仗尤爲出力，邀免填註考語，謹繕清單，恭呈預覽。合無仰懇天恩俯准照單給獎，以示鼓勵。謹恭摺具陳。伏乞皇上聖鑒訓示，施行。再，此摺係臣模主稿。至此次臣福祥所統各軍出力員弁，統歸西甯肅清案內另行開單，分別奏咨。合併聲明。謹奏。光緒二十二年八月十三日[2]。

光緒二十二年十月初二日，批復[3]。

補證

【案】此摺原件、錄副及所附“清單”俱缺，茲據理校。

[1]【頭品頂戴署理陝甘總督新疆巡撫臣陶模、頭品頂戴尚書銜甘肅提督董福祥跪】底本無此前銜，茲據《隨手檔》① 推補。

[2]【光緒二十二年八月十三日】據《隨手檔》“報四百里，九月十九日發”，底本之具奏日期訛誤。

[3]【光緒二十二年十月初二日，批復】此批復日期，據《隨手檔》補。

○七六　百戶職銜杜正澤捐助書院膏火請獎片

光緒二十二年八月二十三日（1896 年 9 月 29 日）

再，查例載：凡捐修城垣、衙署及各公所並軍需等項銀至千兩以上者，請旨建坊，給與“急公好義”字樣，由地方官給銀三十兩，聽

① 中國第一歷史檔案館藏：《軍機處隨手登記檔》，檔案編號：03-0289-2-1222-267。

本家自行建坊，等語。茲據西和縣知縣蔡如蘇詳稱，該縣舊有水南書院，年久失修，並以肄業士子膏火缺資，正擬籌辦，即據本邑花翎衔聖公百戶職衔杜正澤捐錢五千串文，充作書院修理、膏火之用，由該縣取結造册，賫府詳司核明轉詳前來。臣查該花翎衔聖公百戶職衔杜正澤，家僅小康，一聞義舉，即慨然捐助書院膏火經費錢至五千串，實屬高義可風，有裨文教。計以錢合銀在三千兩以上，核與建坊之例相符。合無仰懇天恩，俯准西和縣花翎衍聖公百戶職衔杜正澤由該縣給銀建坊，給與"急公好義"字樣，以昭激動而資表揚。除冊結咨部外，謹會同甘肅學政臣劉世安，附片具奏。伏乞聖鑒訓示。謹奏，光緒二十二年八月二十三日[1]。

（硃批）：著照所請，該部知道[2]。

光緒二十二年九月二十四日，奉硃批：著照所請，該部知道。欽此[3]。

補證

【案】此奏片原件①藏於臺北"故宮博物院"，錄副②藏於中國第一歷史檔案館，茲據校勘。

[1]【光緒二十二年八月二十三日】原件、錄副均作"光緒二十二年九月初一日"，查《隨手檔》③，亦與原件、錄副同。

[2]【著照所請，吏部知道】此"硃批"據原件補。

[3]【光緒二十二年九月二十四日，奉硃批：著照所請，該部知道。欽此】此硃批日期與內容，據錄副校補。

① 臺北"故宮博物院"藏：《軍機及宮中檔》，文獻編號：408003024-0-B。
② 中國第一歷史檔案館藏：《錄副奏片》，檔號：03-7162-077。
③ 中國第一歷史檔案館藏：《軍機處隨手登記檔》，檔案編號：03-0289-1-1222-260。

〇七七　固原提督鄧增遵旨赴任片

光緒二十二年八月二十四日（1896年9月30日）

再，臣於本年八月初四日承准總理各國事務衙門電寄：奉上諭：陶模、董福祥電悉，據報關內外肅清，大局已定，惟安插悍衆、收捕殘匪，應責成派出各員妥慎經理。鄧增著赴固原提督本任，所有海城逸匪，卽著該提督就近查辦，毋使漏網。一俟辦理完竣，地方平靖，卽著速行馳奏，以慰廑懷，等因。欽此。除安插悍衆、收捕殘匪，應遵旨責成派出各員妥慎經理外，查該提督鄧增帶隊駐防肅州一帶，已移行遵照赴任，並將海城逸匪就近妥爲辦理，毋使漏網，以靖地方。容俟該提督到任後辦理完竣，卽行馳奏，上慰宸廑。謹先附片陳明。伏乞聖鑒。謹奏。光緒二十二年八月二十四日[1]。

（硃批）：知道了[2]。

光緒二十二年九月二十四日，奉硃批：知道了。欽此[3]。

補證

【案】此奏片原件①藏於臺北"故宮博物院"，錄副②藏於中國第一歷史檔案館，茲據校勘。

[1]【光緒二十二年八月二十四日】原件、錄副均作"光緒二十二年九月初一日"，查《隨手檔》③，亦與原件、錄副同。

[2]【知道了】此"硃批"據原件補。

[3]【光緒二十二年九月二十四日，奉硃批：知道了。欽此】此硃批日期，據錄副校補。

---

① 臺北"故宮博物院"藏：《軍機及宮中檔》，文獻編號：408003024-0-C。

② 中國第一歷史檔案館藏：《錄副奏片》，檔號：03-5917-114。

③ 中國第一歷史檔案館藏：《軍機處隨手登記檔》，檔案編號：03-0289-1-1222-260。

○七八　陝西鹽道江匯川捐賑請爲父母建坊片
光緒二十二年九月十一日（1896年10月17日）

再，臣前據陝西鳳邠鹽法道江滙川具稟：甘肅、西甯、河州等處被災，難民待賑孔殷。該道克承先志，捐助銀一千兩，呈請飭收，等情。當經轉行遵照去後。玆據甘肅布政使曾鉌詳稱：前項捐款已於光緒二十一年十二月二十三日照數兑收，儲庫備用。查例載：士民人等捐資助賑銀至千兩以上者，請旨建坊，給與"樂善好施"字樣，由地方官給銀三十兩，聽本家自行建坊，等語。該道捐助銀一千兩，核與建坊之例相符。詳請核奏前來。臣查江滙川克遵父母遺命，報捐鉅款，賑濟災黎，洵屬見義勇爲，深堪嘉尚，相應請旨俯准爲已故從一品封職江爐、江蕭氏照例建坊，給與"樂善好施"字樣，以示旌揚而昭激勸。除咨部查照外，謹附片具陳，伏乞聖鑒訓示。謹奏。光緒二十二年九月十一日[1]。

（硃批）：著照所請，禮部知道[2]。

光緒二十二年十（月）十八日，奉硃批：著照所請，禮部知道。欽此[3]。

補證

【案】此奏片原件①藏於臺北"故宫博物院"，錄副②藏於中國第一歷史檔案館，玆據校勘。

[1]【光緒二十二年九月十一日】原件作"光緒二十二年九月二十六日"，查《隨手檔》③，亦與原件同。

---

① 臺北"故宫博物院"藏：《軍機及宫中檔》，文獻編號：408003027-0-B。

② 中國第一歷史檔案館藏：《錄副奏片》，檔號：03-5561-130。

③ 中國第一歷史檔案館藏：《軍機處隨手登記檔》，檔案編號：03-0289-1-1222-281。

[2]【著照所請，禮部知道】此“硃批”據原件補。

[3]【光緒二十二年九月二十六日，奉硃批：著照所請，禮部知道。欽此】此硃批日期與內容，據錄副校補。

【案】光緒十六年十月十六日，陝西巡撫鹿傳霖以江匯川遵故祖父母遺命捐助賑銀，奏請於原籍自行建坊，曰：

再，順直本年夏間水災甚重，賑繁款絀，經臣督同司道僚屬勸捐協濟。玆據陝西鳳邠鹽法道江匯川，籍隸湖北鄖陽，遵其故祖父從一品封職江之楫、故祖母從一品命婦江王氏遺命，捐銀一千兩，兌交司庫，解直助賑，等情。由藩司具詳請奏前來。臣查該道江匯川，因畿輔受災追遵遺命，捐助賑銀一千兩，洵屬善承先志，好義急公，覈與建坊之例相符。相應仰懇天恩俯准，將已故從一品封職江之楫、從一品命婦江王氏在於原籍地方自行建坊，給予“樂施好善”匾額，以示旌獎。謹附片具陳。伏乞聖鑒訓示。謹奏。光緒十六年十月二十九日，奉硃批：著照所請，禮部知道。欽此。①

【案】關於江匯川之生平事跡，光緒三十三年十月初五日，陝西巡撫曹鴻勛爲已故鳳邠鹽法道江匯川政績卓著奏請立傳，曰：

開缺陝西巡撫臣曹鴻勛跪奏，爲已故道員政績卓著，懇恩宣付史館立傳，以順輿情而資觀感，恭摺仰祈聖鑒事。竊維天下之安危，視乎吏治之隆信。近年以來，迭奉諭旨，皆殷殷以恤民艱、清吏治爲首務。故凡親民之官有循良著績者，一經疆吏入告，皆得上荷褒嘉，垂諸不朽。聖謨廣運，薄海同欽。玆查有已故前署陝西按察使正任鳳邠鹽法道江匯川，湖北鄖陽縣廩貢生，曾署襄陽訓導，以知縣仕陝，歷署富平、安定、甯陝各處，所至有聲，屢膺保薦，由廳縣以至監司，勵精圖治，數十年如一日。溯其生平政績，如裁陋規，節差徭，興學校，務農桑，振工商，濬渠塘，事事以闢通風氣、舒展民力爲宗旨。其署安定也，兵燹以後，城無居人，爲之招集流亡，還定安集，操練兵民，援剿餘匪。又復貸錢買

① 中國第一歷史檔案館藏：《錄副奏片》，03-5553-102。

牛，借穀作種，鄰縣堡寨，無分畛域。凡叛產荒地無人耕種者，招撫南山客農，攜眷開墾。其初至也，荒田滿目，閤邑僅數百人，迨撫綏三年，墾地十四萬畝，戶口增至數萬人。其在監司任內，州縣利弊無不洞悉，凡事認真，百廢俱舉，故民教相安而盜匪斂跡。遇有各省偏災，即解囊施助，毫無吝色。致仕以後，秦晉災重，慨然又助二千金。生平自奉極薄，身故後，子孫僅以餬口。其德澤所敷，深入人心，至今父老謳思有泣下者，洵屬循績可風，典型足式。由署藩司錫桐據紳士詹事府主簿趙元忠等，合詞稟請具奏前來。臣覆查該故道治行雙美，善政得人，律以古之循良，殆無愧色。合無仰懇天恩俯准，將已故前署陝西按察使正任鳳邠鹽法道江匯川生平政績宣付史館立傳，列入循吏，以順輿情而資觀感之處，出自逾格隆恩。除將該故員履歷事實清冊咨部查照外，謹會同陝甘總督臣升允，恭摺具陳。伏乞皇太后、皇上聖鑒訓示。謹奏。十月初五日。

光緒三十三年十月十七日，奉硃批：著照所請，該衙門知道。欽此。[1]

〇七九　潘效蘇焦大聚二員請記名簡放片

光緒二十二年九月十七日（1896年10月23日）

再，北大通營城附近回堡林立，周圍一百餘里徧地皆賊。督標營務處甘肅新疆補用道潘效蘇督飭各營旗，深入賊叢，相機進攻，爲一鼓蕩平之計。復親帶開花礮隊，擊斃多賊，兩日之間，各大回莊勁壘堅巢一律剷洗淨盡，雖由將士用命，戮力同心，亦潘效蘇忠勇奮發，調度有方，故能神速若此也。統帶督標親軍正中馬步等營副將焦大聚，以河北黃田莊爲悍賊堅巢，首先率隊攻撲，陣斃千餘人，黃田莊既下，其餘各莊賊眾均已膽寒，遂乘勢連破全溝臺、俄博諸莊，軍威

---

① 中國第一歷史檔案館藏：《錄副奏摺》，檔號：03-5577-041。

所至，如摧枯拉朽，大通河南北賊堡悉平。此次戰功實該副將之力居多。臣模暨署新疆撫臣饒應祺於八月初三日，曾報關外肅清摺內，業經隨保監運使銜甘肅新疆候補道潘效蘇請以道員交軍機處存記，並賞給二品頂戴；總兵銜留新儘先補用副將焦大聚請免補副將，以總兵遇缺儘先簡放。九月初三日，欽奉電旨照准在案。此次攻克北大通踞匪及附近一帶回堡，該二員戰績尤爲卓著，合無仰懇天恩俯准，將潘效蘇仍請以道員交軍機處存記，遇有缺出，開列在前，請旨簡放，並賞給清字勇號；焦大聚請以提督交軍機處記名簡放，以示優異。謹附片具陳。伏乞聖鑒訓示，施行。謹奏。光緒二十二年九月十七日。

補證

【案】此奏片原件、錄副均查無下落，兹據理校之。

〇八〇　籌商河湟善後情形片

光緒二十二年九月二十一日（1896年10月27日）

再，甘肅漢回錯處，綜稽民數，本漢少而回多，漢弱而回強。自入我朝二百餘年，不遵正朔，屢徵屢叛，習若性成。此次屠殺焚掠之慘，尤爲酷烈，特以族類繁衆，誅不勝誅，而勦辦過嚴，又恐牽動大局。臣等謹遵迭次諭旨，勦撫兼施，除其巨憝，宥其脅徒，以廣皇仁而重生命。惟是關內新撫之衆，實無多曠土可以分別安插，勢不得不仍令與漢民錯處其間，而仇隙既深，猜疑益甚，欲令釋其嫌怨，相睦相親，實非急切所能見效。計惟有慎擇廉直明練之地方官，撫綏開導，徐與漸摩，久之庶可相安於無事。現在反側初定，不能不攝以兵威，擬於回亂甫平之區，如狄道、河州、西甯、循化、巴燕戎格、大通及碾伯之米拉溝等處，酌留防營，以資鎮攝。俟半年之後，再酌量情形，分別留遣。至撫輯賑恤事宜，河州粗已就緒。其未盡歸業者，容再招徠。此外用兵地方新經安撫者，漢民固待賑孔急，卽回民亦糊口無資，已通飭地方官清查戶口，籌款賑給，務使遭難黎民不至流離失所，以求仰副朝廷子惠元元之至意。所有臣等籌商善後大概情形，理合附片陳明。伏乞聖鑒訓示。謹奏。光緒二十二年九月二十一日[1]。

光緒二十二年十月初五日，原片歸箍[2]。

補證

【案】此奏片查遍無下落，茲據前後摺件及《隨手檔》① 校補。

[1]【光緒二十二年九月二十一日】據《隨手檔》"報四百里，九月二十三日發"，原件之具奏日期應爲"光緒二十二年九月二十三日"。

[2]【光緒二十二年十月初五日，原片歸箍】此硃批日期等，就《隨手檔》校補。

【案】此奏片旋於十年十月初五日得允行，《光緒朝上諭檔》：

> 光緒二十二年十月初五日，內閣奉上諭：甘肅一省，漢回錯處，同隸帡幪，皆我赤子。朝廷撫育兆民，斷無歧視，祇因地方官不善拊循，於漢回交涉事件未能持平辦理。其漢民、回民之奸黠者，又遇事生風，藉端互煽，猜疑既久，嫌怨愈深，遂致燎原之禍，一發而不可遏。朝廷安良除暴，不得已而用兵，迨至一律肅清，而地方之蹂躪，民戶之凋殘，已不知凡幾矣。興言及此，良用惻然！著陶模選擇廉正明練之地方官，撫綏開導，勤求民隱，遇有漢回爭執之事，專論是非，不分漢回，務當酌理準情，持平辦理。所有被兵地方並著分別查勘，籌款撫恤，務使漢回各得其所，永遠相安，用示一視同仁、安撫黎庶至意。欽此。②

---

① 中國第一歷史檔案館藏：《軍機處隨手登記檔》，檔案編號：03-0289-2-1222-269。

② 中國第一歷史檔案館編：《光緒朝上諭檔》第22冊，第237頁。又，《德宗景皇帝實錄》，卷三百九十六，光緒二十二年十月，《清實錄》第57冊，第169—170頁。

〇八一　青海大臣奎順勤勞卓著片

光緒二十二年九月二十三日（1896 年 10 月 29 日）

再，上年春間，循化撒回滋事，湟中回匪蠭起，西甯郡城孤懸賊窟之中。西甯辦事大臣奎順①電奏，添募土勇十三起、馬隊兩旗，並調集番兵，嚴密布置，使各處回逆不得聯爲一氣。秋冬之間，賊屢率大股悍黨撲城，該大臣督令在郡各軍，前後大、小數十戰，均能以少擊眾，力挫兇鋒，並迭次分兵出城，攻破上下丹麻及拉樹馬廠諸逆堡。該大臣半年以來，晝夜登埤守禦，嚴風凍雪，未嘗少休，實屬奮不顧身，力全危局。二月間，賊竄青海，該大臣檄調蒙番各兵，扼要堵截。賊屢戰不得逞，由柴達木竄出關外荒磧之地。不但青海得以保全，並甘涼一帶大路亦不至再有驚擾。其謀畫之周詳，尤爲有功邊徼，裨益全局。臣深悉該大臣勤勞卓著，不敢壅於上聞，謹附片具陳。伏乞聖鑒訓示。謹奏。光緒二十二年九月二十三日[1]，由驛五百里具奏。十月十九日[2]，奉旨留中。

十月十三日。

光緒二十二年十月二十五日，封籤[3]。

補證

【案】此摺缺原件，錄副②現藏於中國第一歷史檔案館，茲據校勘。

---

① 奎順（1846—？），滿洲正藍旗人，監生，捐納貢生。同治九年（1870），再捐筆帖式。次年，保主事、員外郎。十二年（1873），籤分戶部員外郎。光緒元年（1875），監修普祥峪工程。三年（1877），補戶部員外郎，加四品銜。五年（1879），升補戶部郎中。九年（1883），充捐納房幫辦，調戶部江南司郎中。十一年（1885），放甘肅甘涼道。十三年（1887），署西甯辦事大臣。十八年（1892），遷西甯辦事大臣，加副都統銜。二十五年（1899），任正黃旗漢軍副都統、馬蘭鎮總兵官兼總管內務府大臣。次年，調鑲白旗漢軍副都統。同年，授察哈爾都統。三十年（1904），補烏里雅蘇臺將軍。三十一年（1905），調補正藍旗漢軍都統。

② 中國第一歷史檔案館藏：《錄副奏片》，檔號：03-5918-008。

[1]【光緒二十二年九月二十三日】關於此片之具奏日期，錄副作“十月十三日”，查《隨手檔》① 同錄副。底本疑誤。

[2]【十月十九日】據《隨手檔》，底本疑誤。

[3]【光緒二十二年十月二十五日，封籤】此奉旨日期等，據《隨手檔》校補。

〇八二　查覆崔嶽所帶回勇情形摺

光緒二十二年十月初八日（1896 年 11 月 12 日）

頭品頂戴署理陝甘總督新疆巡撫臣陶模跪[1]奏，爲遵旨查覆，恭摺密陳，仰祈聖鑒事。

竊臣於光緒二十二年二月初二日承准軍機大臣字寄：正月十四日，奉上諭：據董福祥奏：崔嶽所帶回勇從未出力，卽其教下人，亦謂其居心叵測。近又散布謠言，惑亂兵眾，以致西甯愈加戒嚴，請飭裁撤，等語。回情狡詐異常，崔嶽所部旣不得力，又復造謠惑眾，自應卽行裁撤。惟西甯逆燄尚張，此項回勇遽行遣散，勾結滋患，亦不可不豫爲慮及，應如何妥爲遣散之處，著陶模體察情形，斟酌辦理，毋致別滋事端，是爲至要。將此由四百里諭令知之。欽此。臣查崔嶽以武生投効軍營，同治、光緒年間，隨大軍剿辦回匪、番匪，歷保遊擊。光緒十九年五月二十七日，前督臣楊昌濬委帶武毅左旗馬隊，尚無貽誤。上年回匪亂起，提督李培榮困於西甯之平戎驛，十一月，總兵牛師韓② 由安定率兵馳援。十三日，牛師韓派隊入大峽，賊數千圍

① 中國第一歷史檔案館藏：《軍機處隨手登記檔》，檔案編號：03-0289-2-1222-288。

② 牛師韓（1846—1895），安徽省穎州府渦陽縣人。咸豐八年（1858），以六品軍功投效皖軍。十年（1860），賞戴花翎。十一年（1861），保千總。同治元年（1862），保守備。次年，保都司。四年（1865），保升遊擊，加副將銜，賞信勇巴圖魯勇號。六年（1867），保副將，加達春巴圖魯勇號。七年（1868），報總兵，晉提督銜。十一年（1872），晉頭品頂戴。光緒元年（1875），補河南歸德鎮總兵。十五年（1889），署河北鎮總兵。十七年（1891），丁父憂，回籍

之。鏖戰一日，斃賊數百名，賊衆由此膽寒。副將湯仁和等率馬隊由碾伯馳赴大峽，分路進剿，賊遂紛紛潰退。崔嶽因乘機說降，賊目韓文秀、包良等懲於十三日之敗，又恐大兵繼至，遂於十六日詣李培榮營中乞降。十八日，崔嶽隨同李培榮、湯仁和由小峽直抵西甯，城圍遂解。此係當時實在情事。竊查平戎驛回匪，雖未經大創，然自崔嶽說降之後，大、小峽之路遂通，與馬安良之招撫河回，其用意大致相等。雖有爭功之心，並無造謠惑衆之事。崔嶽旋於今年二月初一日病故，所遺武毅左旗馬隊，楊昌濬委其姪黎園營都司崔金魁接帶，駐紮皋蘭西鄉之漫坪，尚稱得力。現經臣與董福祥商派崔金魁帶勇四十名，前赴固原，隨同鄧增查辦海城逸匪。此項回勇以後應否遣散，容臣隨時斟酌辦理外，所有查明崔嶽所帶回勇並無造謠、惑衆緣由，謹恭摺密陳。伏乞皇上聖鑒訓示。謹奏。光緒二十二年十月初八日[2]。

（硃批）：知道了[3]。

光緒二十二年十月二十五日，奉硃批：知道了。欽此[4]。

補證

【案】此摺原件①藏於臺北“故宮博物院”，錄副②藏於中國第一歷史檔案館，茲據校勘。

[1]【頭品頂戴署理陝甘總督新疆巡撫臣陶模跪】底本無此前銜，茲據原件補。

[2]【光緒二十二年十月初八日】原件、錄副均作“光緒二十二年十月十三日”，查《隨手檔》③，署“報四百里，十月十三日”字樣。底本疑誤。

[3]【知道了】此“硃批”據原件補。

[4]【光緒二十二年十月二十五日，奉硃批：知道了。欽此】此硃批日期，據錄副補。

守制。二十年（1894），還甘肅甯夏鎮總兵。二十一年（1895），卒於任。

① 臺北“故宮博物院”藏：《軍機及宮中檔》，文獻編號：408003031。

② 中國第一歷史檔案館藏：《錄副奏摺》，檔號：03-5760-036。

③ 中國第一歷史檔案館藏：《軍機處隨手登記檔》，檔案編號：03-0289-2-1222-288。

〇八三 查覆提督雷正綰被參各節摺

光緒二十二年十月初八日（1896年11月12日）

頭品頂戴署理陝甘總督新疆巡撫臣陶模跪[1]奏，爲遵旨查明，據實覆奏，仰祈聖鑒事。

竊臣於本年二月十三日承准軍機大臣字寄：光緒二十一年正月二十四日，奉上諭：有人奏甘肅逆回煽亂，實由提臣首禍，請飭查辦一摺。據稱循化爭教之始，楊昌濬咨請雷正綰統帶所部前赴河州駐紮，逮循化告急，該提督並不出河州一步，以爲聲援，任聽兵丁在城騷擾。回目馬彪派人赴雷營求示曉諭，以安眾心，雷正綰即將所派頭目二人斬首，回民因而大譟。當河回事發，該提督就地募勇，回民之黠者冒名入伍，甫經招募，旋即叛去，軍械反爲賊用。雷正綰年逾七十，嗜好甚深，任聽所部虛冒缺額，該提督從中分潤，各等語。著陶模按照所參各節確切查明，據實具奏，毋稍徇隱。原摺著鈔給閱看。將此諭令知之。欽此。遵旨寄信前來。臣伏查上年三月初間，循化撒回起事，河州一帶回匪蠢然思動。前督臣楊昌濬電調雷正綰帶隊馳赴河州彈壓。三月二十五日，雷正綰抽帶馬步抵河。五月十八日，八坊回變，勾引撒回，屢次攻城。該提督分派隊伍，出城迎擊，自五月至九月，接戰十餘次，疊獲勝仗，特以兵單賊眾，未能大挫兇鋒，而困守危城。時逾半載，卒獲保全，其勞亦未可盡沒。原奏稱循化告急，該提督並不出河州一步，以爲聲援，任聽兵丁在城騷擾，強索回民食物，價值不肯付足一節。查循化告急，該提督派遊擊余魁龍、哨長羅俊儒帶隊，隨同總兵湯彥和進攻白莊；派遊擊劉宗璋率馬隊，隨同鄧增進攻果什灘等處。五月十七日，羅俊儒戰歿，均有案可證，並非坐視循圍不救。至河州城內向無回民，其兵丁強索回民食物。徧行查訪，實無其事。原奏又稱回目馬彪赴蘭州督署求發告示，以安眾心，並派頭目二人赴雷營求示曉諭。楊昌濬誤聽人言，延不給示，雷正綰並將所派二人斬首，回民因而大噪。指此爲首禍之由。此則傳聞失實之辭。臣入關後，博訪人言，又檢閱案卷，楊昌濬於三月、四月兩次刊發告示，曉諭漢回人等，毋聽謠言，解釋嫌怨，並諭飭回紳馬騏、馬茀祿等，開導河州回衆，並無馬彪求發告示、雷正綰將馬彪所派頭目斬首之事。回民同姓名者甚多，西甯、大通等處均有馬彪，河州有馬如彪，亦均無派人求示之事。四月十五日，河州東鄉瑣南壩回匪起事，雷正綰責成該教頭人祁道和將起事人犯馬得旺、楊梅環捆送。嗣又拏獲鄭安保、談牙古二名，均經訊明正法。原奏所稱殺其頭目，或即以此致訛。原奏又稱雷正綰就地募土勇兩營，回民之黠者冒名入伍，甫經招募，旋即叛去，軍械反爲賊用一節。查該提督抽帶馬步各隊到河，祗七百餘名。四月間，招募回兵六哨，以回目馬福壽、馬茀祿、馬騏、馬如麟、馬萬福、馬占奎等六人，分帶各一百名，發給矛桿四十餘件，駐紥城外，意在以回制回，爲羈摩收撫之計。五月十八日，八坊回變，全境騷然，該提督深恐回兵暗與賊通，不敢發給口糧，因而星散。現在馬占奎尚帶一旂，歸提臣董福祥差遣，其餘亦無叛逆確據。然雷正綰以提督大員不能震懾[2]奸民，忽招忽散，毫無成算，久爲回民所藐視。其才具平庸，已可概見。原奏又稱雷正綰任聽所部虛冒餉額，從中分潤，前帶十旗赴河，例需勇丁三千六百人，其實不過千人一節。查前督臣楊昌濬電請雷正綰帶隊馳赴河州，雷正綰咨稱抽調馬步勇丁七百餘名，先後抵河，分紥城中。原參所稱虛冒缺額，雖無實據，然近年以來，各處統兵大員競尚浮華，廣通聲氣，以結納饋贈爲能，以伺候夤緣爲事，而於士卒之強弱、軍械之利鈍，漠然不動於其心。雷正綰平日所爲亦不免沾染近時習氣，故一遇有事，卽難振作。其平昔營武之廢弛，可想而知。惟該提督往年戰功尚在人口，身膺專閫三十餘年，聞其四川原籍服官處所，並無廣置產業、厚積貲財等事，似較之專事肥已者稍有區別。現該提督業已奉旨革職開缺，應否懇恩從寬議處，出自聖裁。所有遵旨飭查緣由，謹恭摺據實覆陳。伏乞皇上聖鑒訓示。謹奏。光緒二十二年十月初八日[3]。

（硃批）：知道了[4]。

光緒二十二年十月二十五日，奉硃批：知道了[5]。

補證

【案】此摺原件①藏於臺北"故宫博物院"，兹據校勘。

[1]【頭品頂戴署理陝甘總督新疆巡撫臣陶模跪】底本無此前銜，兹據原件補。

[2]【震懾】原件作"鎮懾"，當是。

[3]【光緒二十二年十月初八日】原件、錄副均作"光緒二十二年十月十三日"，查《隨手檔》②，署"報四百里，十月十三日"字樣。底本疑誤。

[4]【知道了】此"硃批"據原件補。

[5]【光緒二十二年十月二十五日，奉硃批：知道了】此硃批日期，據《隨手檔》補。

〇八四　密陳遊擊崔嶽被參情形摺

光緒二十二年十月十三日（1896年11月17日）

頭品頂戴署理陝甘總督新疆巡撫臣陶模跪[1]奏，爲遵旨查覆，恭摺密陳，仰祈聖鑒事。

竊臣於光緒二十二年二月初二日承准軍機大臣字寄：正月十四日奉上諭：據董福祥奏：崔嶽所帶回勇從未出力，即其教下人，亦謂其居心叵測。近又散布謠言，惑亂兵眾，以致西甯愈加戒嚴，請飭裁撤，等語。回情狡詐異常，崔嶽所部既不得力，又復造謠惑眾，自應即行

① 臺北"故宫博物院"藏：《軍機及宫中檔》，文獻編號：408003032。

② 中國第一歷史檔案館藏：《軍機處隨手登記檔》，檔案編號：03-0289-2-1222-288。

裁撤。惟西甯逆燄尚張，此項回勇遽行遣散，勾結滋患，亦不可不豫爲慮及，應如何妥爲遣散之處，著陶模體察情形，斟酌辦理，毋致別滋事端，是爲至要。將此由四百里諭令知之，欽此。臣查崔嶽以武生投効軍營，同治、光緒年間，隨大軍剿辦回匪、番匪，歷保遊擊。光緒十九年五月二十七日，前督臣楊昌濬委帶武毅左旗馬隊，尚無貽誤。上年回匪亂起，提督李培榮困於西甯之平戎驛，十一月，總兵牛師韓由安定率兵馳援，十三日，牛師韓派隊入大峽，賊數千圍之。鏖戰一日，斃賊數百名，賊衆由此膽寒。副將湯仁和等率馬隊由碾伯馳赴大峽，分路進剿，賊遂紛紛潰退。崔嶽因乘機說降，賊目韓文秀、包良等，懲於十三日之敗，又恐大兵繼至，遂於十六日詣李培榮營中乞降，十八日崔嶽隨同李培榮、湯仁和由小峽直抵西甯，城圍遂解。此係當時實在情事。竊查平戎驛回匪，雖未經大創，然自崔嶽說降之後，大、小峽之路遂通，與馬安良之招撫河回，其用意大致相等，雖有爭功之心，並無造謠、惑衆之事。崔嶽旋於今年二月初一日病故，所遺武毅左旗馬隊，楊昌濬委其姪黎園營都司崔金魁接帶，駐紮臯蘭縣西鄉之漫坪，尚稱得力。現經臣與董福祥商派崔金魁帶勇四十名，前赴固原，隨同鄧增查辦海城逸匪。此項回勇以後應否遣散，容臣隨時斟酌辦理外，所有查明崔嶽所帶回勇，並無造謠、惑衆緣由，謹恭摺密奏。伏乞皇上聖鑒訓示。謹奏。光緒二十二年十月十三日。

（硃批）：知道了[2]。

光緒二十二年十月二十五日，奉硃批：知道了。欽此[3]。

補證

【案】此摺原件①藏於臺北“故宮博物院”，錄副②藏於中國第一歷史檔案館，茲據校勘。又，此摺除具奏日期外，餘與第〇八二號摺同。疑重復。

---

① 臺北“故宮博物院”藏：《軍機及宮中檔》，文獻編號：408003031。

② 中國第一歷史檔案館藏：《錄副奏摺》，檔號：03-5760-036。

[1]【頭品頂戴署理陝甘總督新疆巡撫臣陶模跪】底本無此前銜，茲據原件補。

[2]【知道了】此“硃批”據原件補。

[3]【光緒二十二年十月二十五日，奉硃批：知道了。欽此】此硃批日期，據錄副補。

〇八五　叩謝簡放甘督並陳下忱摺

光緒二十二年十一月初一日（1896年12月5日）

頭品頂戴陝甘總督臣陶模跪[1]奏，爲恭謝天恩，瀝陳感悚下忱並實在不能勝任情形，籲懇鴻慈收回成命，恭摺仰祈聖鑒事。

竊臣恭閱邸抄：本年十月初四日，奉上諭：陶模著補授陝甘總督。欽此。跪誦之下，感愧莫名，當即恭設香案，望闕叩頭謝恩。伏念臣庸才薄植，疊荷殊恩，本無濟世之宏謨，謬荷封疆之重寄。上年十月二十八日，欽奉署理陝甘總督之命，當於謝恩摺內縷陳下情，維持河湟小醜未就敉平，雖明知才力不及，而下顧生靈之塗炭，上維宵旰之憂勤，惟有勉竭血誠，委身圖報。幸仗朝廷威福，巨魁、逆黨以次削平。此皆統軍諸將仰承廟算、剿撫兼施，未及一年，悉行戡定。臣實無勞之可錄，更無功之可言。迺荷絲綸疊沛，節鉞真除，高厚生成，雖頂踵捐糜，豈足仰酬萬一！然臣聞古人之事君也，重在勿欺，苟不顧力小任重之譏，即不免負職曠官之咎。甘省邊防重地，現當大難初平，流亡者未盡復業，反側者未盡洗心，加以民心之浮動、吏治之卑靡、財務之蕭條、營伍之廢弛，事事必期整頓，即在在須費經營，而剛柔緩急之間，非得宏通強幹、不顧毀譽之員，不足以挽頹風而維大局。臣自忖才識庸疏，一籌莫展。近因思慮過度，心血大虧，夜不成寐。每遇一事，過輒遺忘。入冬以來，加以氣喘，接見僚屬，恆苦氣弱力微、言不盡意，似此衰憊之軀，俾膺重任，倘有貽誤，臣一身固不足惜，而關係大局實非淺鮮。再四籌思，惟有籲懇聖明收回成命，另簡賢能，以重疆寄。臣非敢過爲謙讓[2]，實以才力所限，不能不委曲自陳於君父之前。合無仰懇天恩，許臣來京陛見，冀遂積年犬馬之私，而皇上亦可鑒臣衰憊情形，實非出於矯飾。謹將微臣感激悚懼下忱，恭摺馳陳。伏乞皇上聖鑒訓示。謹奏。光緒二十二年十一月初一日。

（硃批）：甘省甫就肅清，該督當力任其難，毋許固辭。所請陛見之處，著再候諭旨[3]。

光緒二十二年十一月二十三日，奉硃批：甘省甫就肅清，該督當力任其難，毋許固辭。所請陛見之處，著再候諭旨。欽此[4]。

補證

【案】此摺原件①、錄副②均藏於中國第一歷史檔案館，茲據校勘。

[1]【頭品頂戴陝甘總督臣陶模跪】底本無此前銜，茲據原件補。

[2]【過爲謙讓】原件、錄副均作“故爲謙讓”，當是。

[3]【甘省甫就肅清，該督當力任……】此“硃批”據原件補。

[4]【光緒二十二年十一月二十三日，奉硃批：……欽此】此硃批日期等，據錄副校補。

〇八六　密陳陝西撫臣魏光燾被參情形摺

光緒二十二年十一月二十四日（1896年12月28日）

頭品頂戴陝甘總督臣陶模跪[1]奏，爲遵旨查明陝西撫臣魏光燾被參各情，恭摺密陳，仰祈聖鑒事。

竊臣於光緒二十二年五月十七日承准軍機大臣字寄：五月初二

① 中國第一歷史檔案館藏：《硃批奏摺》，檔號：04-01-13-0387-001。

② 中國第一歷史檔案館藏：《錄副奏摺》，檔號：03-5348-102。

日，奉上諭：有人奏疆臣擁兵欺飾，請飭查辦一摺。據稱陝西巡撫魏光燾駐紮多巴一帶，捏報勝仗，一意主撫，以致回眾竄入青海。今年正月間，逆回以八騎前來窺探，該撫聞風驚潰，軍械、糧餉委棄一空，等語[2]。著陶模按照所參各節，確切查明，據實具奏，毋稍徇隱。原摺著鈔給閱看。將此諭令知之。欽此。遵旨寄信前來。臣查陝西撫臣魏光燾所部湘軍，於今年正月初間抵湟，會同鄧增勦洗西甯府城東三關踞匪。時北川一帶回逆，經鄧增及張成基等先已勦平數堡，又聞湘軍大隊繼至，遂相率驚奔，湘軍因乘勢蹋平蘇家堡等處回莊，北川一帶逆匪自此廓清，湘軍實不爲無功。正月十五日，魏光燾派令各軍，會同鄧增進攻多巴。十七日，後軍副將羅吉亮、馬隊遊擊魏榮斌逼近堡城，賊前隊數十人被髮塗面，口銜短刀，手持長矛，突來猛撲，後軍因之驚潰。鄧增及湘軍礮隊吳元愷合兵進擊，賊始敗退入堡。魏光燾以羅吉亮恇怯失機，旋即撤換。正月二十七、二月初三等日，賊傾巢猛撲，各軍合力進戰，斬獲甚眾，終以堡城堅固，猝難攻克。官軍每戰整隊交鋒，必如墻以進，而賊黨出隊，皆零星跳走，隨時挖坑避礮，倏起倏伏，槍礮不能多中。湘軍因潛設地雷轟擊，將隊伍退站二、三里，正待然放，而賊已將地雷挖去，人遂傳爲笑談。其實並非因戰敗而退。原參稱正月間，逆回玩視湘軍，以八騎前來窺探。魏光燾聞風驚潰，軍械、糧餉委棄一空。或卽此兩事風傳所致。二月初九日，魏光燾親至多巴督戰，其時上五莊等處賊堡已經鄧增攻破，賊勢窮促。至二月十一日，該匪等遂斬其逆首多名，呈繳馬械，詣湘軍乞降。魏光燾飭將堡城平毀。此係當時實在情事。原參稱其觀望因循，一意主撫，究非確論。竊查此次河湟煽亂，其良回被脅不得已而從逆者不下數十萬人，萬不能一律殲除、曲從漢民之欲。董福祥之勦辦河回，亦終歸於撫局。河狄漢民以回眾未經大創，怨及於董福祥，與魏光燾之受謗大致相同。原參又稱逆回竄入青海，皆魏光燾不密爲防範所致。臣查青海之賊，由蘇家堡、上五莊一帶竄出者甚多，實不止多巴一處，然亦幸而竄走窮荒，若闖入內地，則完善之區重遭蹂躪，其禍更有不堪設想者。巴燕戎格所屬撒回撫而復叛。三月十五日，湘軍分統總兵龍恩思等率兵至札什巴城，撫定黑城回眾。三月下旬，魏光燾添派後軍分統徐有禮等會平水、地川諸賊堡。四月初八日，龍恩思約同徐有禮等進攻甘都塘，徐有禮等因雨雪失期，龍恩思由水地川獨進，不能取勝。次日，徐有禮等與賊接仗，亦以地險收隊，賊大股紛來追逼，湘軍設伏以待，賊至，發槍擊之，轉而獲捷，斃賊多名，乘勝燬賊莊數處。時湘軍營務處知府嚴金清率馬隊追青海竄賊，董福祥親至西甯接辦軍務，魏光燾奉旨回陜，湘軍遂無戰事。

臣觀魏光燾之用兵也近拙，然自多巴經湘軍平毀後，董福祥派兵搜捕餘逆，無敢抗違者，故湟回之受創較甚。董福祥之用兵也近巧，然自河回收撫後，一時逆黨並未大加懲創，故河回之隱患較深。惟魏光燾所部將領實不如董福祥所用何得彪、馬安良等爲得力。此其大較也。臣博訪人言，悉心察核，不敢不據實以聞。所有查明撫臣被參各緣由，謹恭摺密奏。伏乞皇上聖鑒訓示。謹奏。光緒二十二年十一月二十四日。

（硃批）：知道了[3]。

光緒二十二年十二月初八日，奉硃批：知道了。欽此[4]。

補證

【案】此摺原件①、錄副②均藏於中國第一歷史檔案館，茲據校勘。

[1]【頭品頂戴陜甘總督臣陶模跪】底本無此前銜，茲據原件補。

[2]【案】光緒二十二年五月初二日，江南道監察御史李擢英以山西巡撫魏光燾擁兵欺飾具摺奏請飭查，曰：

江南道監察御史臣李擢英跪奏，爲疆臣擁兵欺飾，難進易退，請旨飭查懲處，以慎名器而固封疆事。竊維我朝官制承流宣化，責在布政使。至總督、巡撫則晉秩兵部，兼銜提督，原以寄將帥之任。誠以疆圉爲重，故必鎮撫得人，有事之日更無論已。陝西巡撫魏光燾前在新疆，以候補

---

① 中國第一歷史檔案館藏：《硃批奏摺》，檔號：03-01-13-0386-019。

② 中國第一歷史檔案館藏：《錄副奏摺》，檔號：03-6142-015。

道帶兵四營，爲左宗棠修理運道，並未與賊接仗。前年關東有警，魏光燾爲湘軍前敵統領，與李光久相犄角。李光久被圍，魏光燾不救，致李光久大敗，湘、豫諸軍遂相率潰退。此牛莊、營口所以失也。後來何以入告外間不得而知，然貽誤戎機，魏光燾已難辭咎矣。皇上明見萬里，賢否真僞，詎不燭照無遺！而帝德含宏功疑惟重，旋授魏光燾爲陝西巡撫，仍令剿平回匪，以觀後效。該撫具有天良，宜何如感激圖報，乃聞其駐紮多巴及巴燕戎格也，自去夏至今，間雖揑報勝仗，無非空言搪塞，實未能破一堡、滅一股，故歷次奏報接仗情形，如出一轍。夫以董福祥之忠勇，飆馳電掣，所向克捷，既已進規西甯，果使魏光燾同心戮力，蠢茲小醜，早宜一鼓蕩平。無如觀望因循，一意主撫，又不密爲防範，遂使逆回竄入青海，滋蔓難圖，坐失事機，魏光燾咎更難辭。尤可恨者，今年正月，聞逆回玩視湘軍，以八騎前來窺探，詎魏光燾聞風驚潰，軍械、糧餉委棄一空。賊祇八人，亦難盡擕。過後多日，尚有在道撿拾者，遠近傳爲笑談。此關外所共見共聞者也。現在奉旨，令回陝西巡撫本任。天恩優渥，固所以寬其過而使之自新。第以該撫資望之輕而寄以疆域之重，萬一地方稍有不靖，臣恐其屢經摧挫，難冀奮興，內無以服士卒之心，外無以攝逆氛之膽。而顧欲保障閭里，鞏固苞桑，臣知其斷斷不能也。相應請旨飭查懲處，俾凡統兵道員咸知，進可以立功，退不免獲罪，庶各懷儆懼，不至效尤、以圖僥倖矣。臣爲慎名器以固封疆起見，是否有當。伏乞皇上聖鑒。謹奏。光緒二十二年五月初二日。①

[3]【知道了】此“硃批”據原件補。

[4]【光緒二十二年十二月初八日，奉硃批：知道了。欽此】此硃批日期等，據錄副補。

① 中國第一歷史檔案館藏:《錄副奏摺》，檔號：03-6688-058。

卷　七

陕甘三

〇八七　請分別變通另撥餉銀摺

光緒二十三年正月十九日（1897年1月11日）

頭品頂戴陝甘總督臣陶模跪[1]奏，爲遵旨酌核甘省現時情形，再於酌留營旗內極力裁減，騰餉無多，不敷仍鉅，應請分別變通另撥，恭摺具陳，仰祈聖鑒事。

竊准戶部咨開：議覆陝甘總督臣奏撥董軍餉銀一摺[2]，光緒二十二年十二月初八日，奉旨：依議。欽此。鈔錄原奏咨令欽遵辦理前來。臣查原奏內稱：董軍二十營，歲需新餉仍歸無著。此庫藏奇絀，籌款萬難。各省關均有認還洋債要需，亦屬無從指撥。惟查甘肅新餉提存甘肅司庫銀三十一萬八千兩，除該督奏請擬撥十八千兩，暫供董軍十六營目前行餉外，尚應存銀十三萬八千兩。臣等公同商酌，擬俟各省關於來年新餉解到，即由該督照數陸續提供董軍行餉之需。其新疆司庫提存之二十七萬七千兩，仍照奏案存儲，以備緩急，不得率行動用。此外董軍尚短銀四十三萬二千兩，應令於甘省酌留增募馬步營內核實裁汰，騰挪的餉，就近供支，仍令酌核奏明辦理。至甘省二十二、三兩年徵存糧石變價應有若干，能否足供餉需，應一併查明奏報，各等語。臣查董軍二十營行餉，並現經督辦軍務處核定，該軍薪公等項約需銀十萬兩上下，合共歲需銀八十五萬兩。除遵照部議將甘肅新餉提存甘肅司庫銀三十一萬八千兩全數提供董軍行餉外，仍不敷銀五十三萬數千兩，較前所短更鉅。部咨飭在甘省酌留增募馬步營旗內核實裁汰，騰餉供支。在部臣以庫藏奇絀、籌款爲難，各省關均有認還洋債要需，無從指撥，本係實在情形。臣非不知仰體時艱，極力裁供，但甘省當未亂以前，歷有防軍三十旗，大亂甫平，即經臣先後裁去增募營旗一百四十餘起。目下連舊有及酌留供祗五十營旗，較前所增祗二十營旗。緣軍務甫靖，反側者未盡洗心，流亡者未盡復業，加以各處尚在搜捕漏匪，回族衆多，人心惶恐，勢不能不周密布置，暫資鎮攝。疊據各府廳州縣稟請，將現紮防軍暫緩裁撤前來。臣察看情形，均屬實在，擬俟一年後，民心安貼，伏莽稍清，自當陸續遣留，仍復舊時原設三十旗之額，斷不敢日久虛糜餉項。況查所留二十營旗，歲只需坐餉銀二十餘萬兩，縱使全數裁騰，亦仍不敷董軍所短五十餘萬之數。惟部中籌撥本極艱難，臣與司道等再三籌商，擬再裁六、七旗，亦祇能騰出銀十萬兩之譜，尚不敷董軍餉銀四十三萬餘兩。臣曉夜思維，無法再騰，仍應籲請天恩，飭部設法指撥；抑臣再有請者，查董軍二十營，現係團紮一處，與臣所部營旗分紮處所寬狹不同，支餉又異，如果另有徵調，固毋庸再事更張，倘專爲甘省防務起見，似可酌量變通，或於二十營內酌改若干旗，或酌支坐餉，分別散紮，則節省較多。臣亦可於所留營旗內再加裁遣，遺出防地，卽以董軍分撥填補，庶幾餉力可紓，且於地方大有裨益。愚昧之見，伏乞聖裁。

再，甘省二十一、二兩年各屬倉糧，除撥作賑撫動用外，屢次奉准變價抵餉銀二十五萬餘兩，因糶變甚難，尚未能如數抵撥。現將應糶糧石劃除，僅餘糧三十餘萬石，應留備地方緩急，不能專恃爲供餉之用。其二十三年額糧尚未徵收，刻難預擬糶變。合併陳明。除咨部外，謹將遵旨酌核現時情形，再於酌留營旗內極力裁減，騰餉無多，不敷甚鉅，應請分別變通另撥各緣由，恭摺馳陳。伏乞皇上聖鑒訓示，並飭部迅速核議，施行。謹奏。光緒二十三年正月十九日。

（硃批）：戶部妥議具奏[3]。

光緒二十三年二月初三日，奉硃批：戶部妥議具奏。欽此[4]。

補證

【案】此摺原件①現藏於中國第一歷史檔案館，錄副②藏於臺北“故宮博

① 中國第一歷史檔案館藏：《硃批奏摺》，檔號：03-01-03-0183-016。

② 臺北“故宮博物院”藏：《軍機及宮中檔》，文獻編號：137068。

物院”，兹據校勘。

[1]【頭品頂戴陜甘總督臣陶模跪】底本無前銜，兹據原件補。

[2]【案】光緒二十二年十一月初七日，陜甘總督陶模片請飭部暫撥甘肅董軍行餉，曰：

再，准甘肅提臣董福祥咨稱：十月二十二日，奉軍務處電開："效"電悉，先募足十六營，即照辦仍給行糧一節，務須斟酌妥定，毋致彼此參差。軍務處遵旨電知，等因。奉此，除欽遵外，理合咨明，等情。准此，旋經董福祥將募補十六營仍須按照行糧發餉各緣由，會同臣模恭摺陳奏在案。查董軍駐防之西甯、大通、循化、巴燕戎格、碾伯、河州等各廳州縣，均係被難之區，糧料、柴草皆由殘黎從遠道販運而至，價較平時倍蓰，人馬費用自然加增。提臣董福祥因慮徵調不時，遷移靡定，行糧餉章長夫較多，自不至臨事遲悮。此董軍募補十六營不能不按行糧發餉之實在情形也。至甘省酌留之馬步防勇四營四十六旗，散布四方，與董軍圍紮瘠痍之區者不同，需費自省，且駐紮皆有定處，無移徙之勞。設有調遣，軍裝一切例由地方官代爲轉輸，雖與董軍同在一省，而日費之多寡、行止之勞逸，各有不同。臣與藩司隨時將以上各情曉諭，當不致啟彼此參差之見。此酌留之營旗可照坐糧發餉之實在情形也。惟十六營行餉每月約五萬金，以一歲計須銀六十萬兩。至甘省前募多營，謹遵諭旨，再加删汰，約計前後裁撤營旗共一百四十餘起。現酌留四營四十六旗，布置全省要隘，實屬萬無可減，即以四分減平銀二十萬兩，蒙恩允撥，歸入二十三年不足防餉內應用，所短尚多。其董軍十六營行餉，甘省裁撤營旗餉內實在無可騰挪，擬將常年遵照部咨提存之十八萬兩，懇恩飭部暫撥爲董軍目前行餉之用，尚短四十二萬兩，應請飭部核議如何指撥、以應急需之處，謹附片具陳。伏乞聖鑒訓示。謹奏。①

光緒二十二年十一月二十日，奉硃批：戶部議奏。欽此②。

[3]【戶部妥議具奏】此“硃批”據原件補。

① 中國第一歷史檔案館藏：《硃批奏片》，檔號：04-01-03-0182-006。

② 中國第一歷史檔案館藏：《録副奏片》，檔號：03-6141-058。

[4]【光緒二十三年二月初三日，奉硃批：戶部妥議具奏。欽此】此硃批日期與内容，據録副校補。

〇八八　叩謝丙申冬季恩賞福字摺
光緒二十三年正月二十七日（1897年2月22日）

頭品頂戴陝甘總督臣陶模跪[1]奏，爲恭謝天恩，仰祈聖鑒事。

竊臣齎摺差弁回甘，捧到恩賞福字一方，欽頒到臣，當即恭設香案，望闕叩頭祇領。伏念臣邊符謬領，歲琯新更，建樹無聞，年華虛擲。神馳北極，正殷戀闕之忱；春滿東郊，忽荷自天之寵。輝騰鳳藻，參羲畫以延禧；彩絢龍牋，備箕疇而錫羡。欽瞻墨寶，益懍丹忱。臣惟有勉效涓埃，冀酬高厚。榮褒一字，仰九五福有極之歸；氣靖三邊，上億萬年無疆之頌！所有微臣感激榮幸下忱，謹繕摺叩謝天恩。伏乞皇上聖鑒。謹奏。光緒二十三年正月二十七日。

（硃批）：知道了[2]。

光緒二十三年二月二十日，奉硃批：知道了[3]。

補證

【案】此摺原件①現藏於中國第一歷史檔案館，茲據校勘。

[1]【頭品頂戴陝甘總督臣陶模跪】底本無前銜，茲據校補。

[2]【知道了】此"硃批"據原件補。

[3]【光緒二十三年二月二十日，奉硃批：知道了】此硃批日期，據《隨手檔》②校補。

---

① 中國第一歷史檔案館藏：《硃批奏摺》，檔號：04-01-13-0388-071。

② 中國第一歷史檔案館藏：《軍機處隨手登記檔》，檔案編號：03-0292-1-1223-048。

〇八九　密保武職大員摺

光緒二十三年二月十二日（1897 年 3 月 14 日）

頭品頂戴陝甘總督臣陶模跪[1]奏，爲武臣堪膺專閫重任，恭摺密陳，仰祈聖鑒事。

臣維圖治以求才爲先，而折衝禦侮之才尤爲當今時勢所急。數十年來，武臣彪起，然經先年督撫保薦之員，往往年老志衰，難膺重寄。近年將士之中臨敵致果、打仗出力者，實不乏人，然或膽力有餘而才略不足，求其能勝專閫大員之任，甚屬寥寥。邇來軍務保案纍百盈千，朝廷豈暇一一別其材器？惟有督撫隨時隨事，就近察核保奏，以備皇上量才簡用，庶足以清闒茸而濟時艱。臣查有頭品頂戴記名提督騰奇初克巴圖魯羅平安，四川人，隨前巴里坤鎮總兵徐占彪轉戰關隴，克復肅州，洊保今職。臣於光緒二十一年冬，派令統帶親軍副中營馬步隊進關，該提督派所部馬隊隨焦大聚赴北大通，自率步隊扼紮甘州，防賊他竄。適西甯竄賊由青海擾及安山、玉門之南山，聞信即馳赴關外，會同牛允誠合力堵勦。四月十八、十九等日扁博溝之役，我軍窮追入險，賊繞我後路，勢將被圍。時已天黑，羅平安謂：若俟天明，賊見官軍人少，賊氣愈壯，我軍殆矣。因黑夜就地勢挖濠，築短墻以守。天明，賊四面猛撲，我軍伏地放槍，賊屢撲不動，中槍死者無算。賊酋劉四伏率黨西竄，餘衆乞降。其時，官軍不及千人，而賊實逾萬。該提督靜以待動，卒獲全勝，關外地方不致被賊蹂躪，實賴此一戰之功。又，記名提督胡松額巴圖魯焦大聚，江南人，少入湘軍，隨劉松山援勦直東捻匪，進窺[2]關隴，驍勇素著，礮子洞腹不死，尤爲衆所推許。臣進關時，派令統帶親軍正中營馬步隊進規北大通。三月初，潘效蘇等駐紮大通營城，時賊揚言求撫，心懷叵測。焦大聚率隊赴旱田莊外修築營壘，爲犄角之勢。賊乘我不備，四面合圍。焦大聚令衆伏地不動，俟賊逼近，始命發槍。賊衆披靡。各軍聞信馳援，乘勝逐北，逐將各回莊一律蕩平。是役也，焦大聚實爲功首。又，提督銜記名總兵前洮岷協副將阿爾杭阿巴圖魯陳元萼，江西人，少隨楊岳斌立功江南，旋來關隴，積功至總兵，補授洮岷協副將。丁憂，起復來甘。前年回匪滋事，前督臣楊昌濬派赴循化撫諭撤回，隻身馳往，至河州，雷正綰留守州城。該副將督率土勇，出城擊賊，屢獲勝仗。河州危城得保，實賴該副將之力。又，現署涼州鎮總兵永昌協副將爽勇巴圖魯劉璞，陝西人，少隨多隆阿①、曹克忠②徵剿回逆，轉戰關隴，洊升副將，補授永昌協副將。前年夏，回逆肆擾。該副將帶隊扼守平番、碾伯一帶，與賊鏖戰多次，救出難民甚衆，平番當四面要衝，爲河西各郡屏蔽，賴該副將之力，賊不敢窺伺平番。有功大局，實非淺鮮。

臣觀羅平安才氣開展，某勇兼全；焦大聚沈靜有度，樸實勇敢；陳元萼勇敢善戰，膽識堅卓；劉璞久歷行陳，屬悉韜鈐。該四員年歲均在五十左右，正值有爲之時，合無仰懇天恩，量予簡用，以勵戎行。謹繕摺密陳。伏乞皇上聖鑒，施行。謹奏。光緒二十三年二月十二日。

光緒二十三年三月初五日，硃批[3]。

---

① 多隆阿（1818—1864），字禮堂，蒙古正白旗人。咸豐二年（1852），以軍功授驍騎校。四年（1854），補防禦，加佐領。次年，晋協領。六年（1856），升副都統銜，授行營翼長，賞呼爾察圖巴圖魯、霍鑾齊吐巴圖魯名號。九年（1859），調補福州副都統。十一年（1861），賞雲騎尉，晋都統銜。同年，補正紅旗蒙古都統，轉荊州將軍。同治元年（1862），授欽差大臣、督辦陝西軍務，封騎都尉。次年，調西安將軍。三年（1864），卒於任，謚忠勇。贈太子太保、一等輕車都尉、一等男爵。

② 曹志忠（1840—1916），湖南長沙府湘鄉縣人。咸豐五年（1855），以武童投效湖北水師中營。七年（1857），以軍功保把總，戴藍翎。次年，保千總。八年（1858），加守備銜。十年（1860），保升都司。次年，晋遊擊，賞戴花翎。同治元年（1862），先保參將，再遷副將。三年（1864），保以總兵記名簡放，加勁勇巴圖魯名號。五年（1866），保提督銜。次年，管帶霆慶中營，賞芬臣巴圖魯勇號。九年（1870），保記名提督。光緒三年（1877），管帶霆慶中營。次年，封建威將軍。六年（1880），統帶楚軍慶祥等營。八年（1882），率師渡臺駐防臺北基隆。十年（1884），賞穿黃馬褂。十二年（1896），統領凱字等營，節制長間金牌划鰍射馬福斗等處礮臺礮勇。十四年（1888），帶營助勦彰化土匪。十九年（1893），署理福建陸路提督。二十七年（1901），署福建漳州鎮總兵，暫統福強全軍。二十九年（1903），署福建水師提督，統領常備軍右鎮暨長門各營臺差務。三十年（1904），實授福建水師提督。同年，調補湖南提督。民國五年（1916），卒。

補證

【案】此摺缺原件，錄副[①]現藏於臺北“故宫博物院”，兹據校勘。

[1]【頭品頂戴陝甘總督臣陶模跪奏】底本無前銜，兹據錄副校補。

[2]【進窺】錄副作“進規”，當是。

[3]【光緒二十三年三月初五日，硃批】此“硃批”日期，據《隨手檔》[②]校補。

○九○　加徵各屬罌粟地稅片

光緒二十三年二月十二日（1897年3月14日）

再，甘肅各屬民間栽種罌粟本干例禁，前督臣楊昌濬因籌備海防軍餉，奏准倣照陝西章程，按畝抽稅，議定每畝川原地徵銀一錢、山坡地徵銀六分，業經飭屬，遵辦在案[1]。兹查兩年來各屬徵解稅銀，爲數甚少，於餉需仍屬無濟。現經臣酌定新章，自光緒二十三年起，按水地一畝徵稅銀三錢，川原旱地一畝徵稅銀二錢，山坡旱地一畝徵稅銀一錢二分。其不種罌粟之地，概不徵稅。仍是隱寓抑制之意，於小民並無所傷，於餉需或可稍裕。其餘一切悉照舊章辦理，仍嚴禁不准借端擾纍。至罌粟多係零星種植，查勘、造册等事不無需費，擬請於所收稅銀内酌提一成，以資津貼，而杜侵漁。除飭藩司通飭各屬一體遵辦外，謹附片具陳。伏乞聖鑒，飭部查照立案，施行。謹奏。光緒二十三年二月十二日。

（硃批）：戶部知道[2]。

光緒二十三年三月初五日，奉硃批：戶部知道。欽此[3]。

---

① 臺北“故宫博物院”藏：《軍機及宫中檔》，文獻編號：137809。

② 中國第一歷史檔案館藏：《軍機處隨手登記檔》，檔案編號：03-0292-1-1223-062。

補證

【案】此奏片原件[①]、錄副[②]均藏於臺北“故宫博物院”，兹據校勘。

[1]【案】光緒二十年九月初二日，陝甘總督楊昌濬爲遵旨籌備海防軍餉事具摺曰：

太子太保頭品頂戴陝甘總督臣楊昌濬跪奏，爲籌備海防軍餉，恭摺仰祈聖鑒事。竊臣准户部咨：光緒二十年七月十四日，奉上諭：户部奏，餉需緊要，請飭各省就地籌款，等語。現在倭氛不靖，沿海籌防，募勇練兵，以籌餉爲最要。各該督撫均有理財之責，即著各就地方近日情形，通盤籌畫，何費可減，何利可興，何項可先行提存，何款可暫時挪借，務須分籌的餉，湊支海上用兵之需，一面先行奏咨立案，毋得以空言搪塞。如其軍事速平，仍准該省留用，總期寬籌的款，有濟時艱，是爲至要。欽此。咨會到甘。伏維倭氛不靖，防剿兼施，需餉正急。臣忝膺疆寄，自應力籌餉項，以濟時艱，仰紓宸廑。當經臣行司移行遵照，並與甘肅藩司沈晉祥再三熟商，查甘省僻處西陲，地方斥鹵，民間瘠苦，生計維艱，不若東南財富之鄉籌措尚易，故歷年支發各款均賴各省協餉接濟，一切艱窘情形，早在聖主洞鑒之中。今於無可設法之中，極力籌畫，謹擬四條爲我皇上敬陳之。一、額糧宜變價濟餉也。查甘省各屬額徵糧石，存儲較多，現在陳陳相因，截至光緒十九年底止，尚存倉石八十萬石之譜，日久既虞霉變，即令出陳易新，愈久愈多，亦實無倉可儲。且州縣存糧太多，盤查不易，尤慮啟虧挪之弊。如今將存儲糧數較多之處酌量出邊倉斗糧三四十萬石，色樣新陳不一，按照各處新糧時價，酌減變賣，均匀牽算，約可得銀三四十萬兩。在各屬連年豐收，地方概藏尚厚，且有社糧等項可備荒歉，不致遽行匱乏。而各營歲額應估糧料，每年所收額徵易尚足敷供支。是此項變價足資海軍暫借之用，於本省倉儲尚無關礙。伺奉准後，即當飭屬遵辦。一、

① 臺北“故宫博物院”藏：《軍機及宫中檔》，文獻編號：408003038。

② 臺北“故宫博物院”藏：《軍機及宫中檔》，文獻編號：137818。

抽收地稅，興利兼可除弊也。查甘省地土，肥磽不一。農民於種五穀雜糧之外，每有栽種罌粟者。雖疊經飭屬嚴禁，而民間以收成較速、獲利較多，仍有違禁種植者。迨地方官臨時迫令拔除，愚民不免反生怨懟，況出山土藥向章祇完釐金，並不納稅，較之各項貨物似不免於便宜，不若倣照陝西等省抽收土藥地稅之法，於每種罌粟川原地一畝定收稅銀一錢，山地一畝定收稅銀六分，責令該管地方官於播種時，周歷勘視，造具花名、地畝細冊，呈齎該管知府、直隸州查明，於收割時由府州派員，會同州縣抽收。雖數目難於預定，然以出山土藥釐金核計，亦屬出產大宗。此本係應禁之物，於民既不爲傷，於公不無裨益，且可藉此以徵爲禁。伺奉准後，即當飭屬自光緒二十一年春種起徵。一、截留新餉減平銀兩，俾提用較便也。查新疆、伊犁、塔城三處餉項，均由甘肅於收到各省解到協餉後，按月照數分攤，委員管解。其減平銀兩隨同正銀，一併批解封存。今海防需款孔殷，擬將此項減平自本年十月分起，截留甘庫，如軍務平定無須提用，仍由甘肅解還新省，照常收儲。倘須提用，則一奉部咨，即可由甘中批解，似較之必向新疆提撥可期迅速。一、借扣餉銀移緩可以濟急也。查甘省防軍步隊二十旗、馬隊十旗，每年按十二關發餉，共需銀四十四萬三千三百餘兩，雖操防彈壓，究無徵調之勞。從前軍務方興，餉項不給，從徵兵勇多有欠餉末關前後始行補發者。現值海防喫緊，各防勇既未調派出徵，每旗餉銀若按十一關發給，暫欠一關，俟隨後餉項充足，再行補發。計通歲一關餉銀，可借扣銀三萬七千五百餘兩，練軍與防軍事同一律。計練軍馬隊七旗、步隊八旗，每年按四本八折發給糧銀，除四個月支發本色糧石外，其餘八個月餉銀共十二萬九千餘兩，扣借一關，亦可共借銀一萬六千一百二十餘兩，二共實可借撥銀五萬三千六百二十餘兩。將來餉項充足，分别補發。擬俟奉准後，自光緒二十一年起扣。據該司詳請奏咨前來。臣查現擬各條，實因大局攸關，無款可籌，不得已爲此權宜辦理之舉。但荷皇威遐鬯，迅奏膚功，軍事早平，則各款仍准留用。是則微臣寸衷所企禱者也。除咨部查照外，謹繕摺由驛馳陳。伏乞皇上聖鑒，飭部核覆施行。謹奏。光緒二十年九月初二日。①

光緒二十年九月十五日，奉硃批：戶部議奏。欽此②。

[2]【戶部知道】此"硃批"據原件補。

[3]【光緒二十三年三月初五日，奉硃批：戶部知道。欽此】此硃批日期等，據錄副補。

○九一　變通陝甘武職補缺章程摺
光緒二十三年二月二十八日（1897年3月30日）

頭品頂戴陝甘總督臣陶模跪[1]奏，爲擬請變通陝甘武職補缺章程，以裨營伍而資整頓，恭摺具陳，仰祈聖鑒事。

竊查前准兵部議定武職輪補章程：一缺、二缺儘先，三缺預保；四缺、五缺儘先，六缺揀撥；七缺、八缺儘先，九缺應升、應補，十缺捐輸。另議每一輪第一缺，由部咨取旗員擬補。又，提鎮除准借補副將、參將外，其副將祇准借補參將，參將借補遊擊，遊擊借補都司，都司借補守備，守備借補千總，千總借補把總，各等因。歷經遵照在案。臣查陝甘自同治初年軍與以後，候補武職較各省尤衆。上年回匪亂起，由軍功保舉比前又益加增。此項人員若比徇資按格照班次請補，非守候十餘年不能到班，而現在陝甘兩省所出武官額缺，臣於候補人員中留心查看，凡合例人員多係年力就衰，不敢遽任以地方之事，所以未及奏補者職是之故。夫老其才以待用，以之處文員則可，以之處武職，則實有難言。平日既鮮讀書，又無別項差事可以餬口，飢困日久，無以養其廉恥，更何以作其忠忱？將才之優劣不係乎資格之深淺[2]，武員以勞積遞保至提鎮者實繁，有徒論其才具，實有不堪爲參將、遊擊者。官階有定，而才具各有短長，若不稍爲變通，則上無以

① 中國第一歷史檔案館藏：《硃批奏摺》，檔號：04-01-01-1000-057。

② 臺北"故宮博物院"藏：《軍機及宮中檔》，文獻編號：135443。

副國家養士之心，亦下無以收人地相宜之效。臣恭查光緒二十二年十月初六日承准總理各國事務衙門電寄諭旨：此時善後事宜最要者，曰戎政，曰吏治，等因。欽此。伏念時勢多艱，將才尤重。陝甘界連邊徼，回番雜處，種類繁多，鑒覆轍於前，不能不預防於後。微臣忝任兼圻，亟思得人而任，以期責效將來，再四思維，按班輪補章程行於陝甘兩省，殊多窒礙。合無仰懇天恩，俯念今昔情形不同，准將陝甘兩省武職補缺照新疆現行章程，不論何項班次，祇論銜缺相當、人地相宜，變通奏補。仍照前直隸督臣曾國藩奏定儘先人員章程[3]，提督、總兵借至副將、參將，遊擊止，副將、參將、遊擊借至都司、守備止，都司、守備借至千、把總止。其揀發、補用等項人員，仍准一體酌量補用。至旗員如何擬補，應由部核議。如此變通辦理，實於營伍、地方裨益匪淺，俟三四年後察看情形，再當奏請規復舊章。是否有當，謹會同陝西撫臣魏光燾、陝西提臣鄧增、署甘肅提臣張永清，合詞恭摺具陳。伏乞皇上聖鑒訓示。謹奏。光緒二十三年二月二十八日。

（硃批）：兵部議奏[4]。

光緒二十三年三月十九日，奉硃批：兵部議奏。欽此[5]。

補證

【案】此摺原件①、錄副②均藏於臺北"故宮博物院"，茲據校勘。

[1]【頭品頂戴陝甘總督臣陶模跪】底本無前銜，茲據原件補。

[2]【深淺】原件、錄副均作"淺深"，當是。

[3]【案】同治七年十一月初三日，調任兩江總督曾國藩奏報酌擬武職借補章程，曰：

> 大學士調任兩江總督一等候臣曾國藩跪奏，爲酌擬武職借補章程，恭摺仰祈聖鑒事。竊准兵部咨：會議具奏，嗣後曾經軍務省分綠營各

① 臺北"故宮博物院"藏：《軍機及宮中檔》，文獻編號：408003040。

② 臺北"故宮博物院"藏：《軍機及宮中檔》，文獻編號：138099。

缺，暫准奏請通融借補，提鎮准借至副、參，副將准借至遊擊，以次遞借，不得借至三級以下。其已經借補實缺之員，即以本銜在任候補，不得照借缺品級再行陞借他缺。至已經借補一缺，每項不准接續借補。年終開單奏明借補成數，統計至多不准過五成。如逾此數，仍於次年將序補人員補還。至長江水師各缺，亦應按此次定章，以三級爲限。統俟十年後，再察情形，應否仍復舊例，奏明酌核辦理，等因。於同治七年五月初三日欽奉諭旨：著照所議辦理，欽此。查部臣所議章程，斟酌時宜，仍不背乎古法，極爲周妥，自應遵照辦理。惟與現在情形不能不再求變通者，約有數端：一在借補官階，部議不得逾三級。查軍營出力人員，洊保崇階者太多，不得不推廣借補，以爲安插之計。擬請嗣後各項補缺，提、鎮借至副、參、遊止，副、參、遊借至都、守止，都、守借至千、把止。如此明示限制，雖與部議稍有不符，而品級不甚懸殊，體制亦無窒礙。惟千、把補缺向歸咨案，現以大銜借補，擬請改歸奏案，以示區别。其本班擬補千、把者，則仍歸咨案辦理。一在借補人數，部議不得逾五成。查十餘年來，各路軍營搜拔人材，稍有才略者，斷不致沈淪未弁。循例應補之員，較之降格借補之員，才具之優劣迥殊，人數之多寡亦異。即使借補人數十居八九，亦不致令本班之人頓形觖望。准部臣慮及借補太多，易滋流弊，擬請嗣後各項補缺，借補者三缺得二，挨補者三缺得一。借補則分考試、當差兩班，擇其技藝嫺熟、差事勤奮者，按班借補；挨補則分候補、應升兩班，核其名次在前、歷俸較深者，按班挨補。如此明定班次，既可超拔人才，亦頗限以資格，似與部議尚相吻合。一在借補後升轉之途，部議只准照本銜候補，自屬簡便良法。惟尚有未能限定者，如提、鎮借補參、遊之後，本班額缺較少，斷難冀倖簡放，而著有功績，亦不能不循例升轉。以下遞推，本銜之難於得缺，情形相同。嗣後借補各官，如遇升轉，擬請隨時酌量，奏明請旨定奪，仍照部議以十年爲限。十年之後，應否仍復舊制，再行體察情形，奏明酌辦。臣所以鰓鰓過慮者，實因三江，兩湖用兵太久，武職保舉大員太多，姑存借補小缺之途，以爲安插閑將之地。臣今奉命調任直隸，該省募勇無多，武職保舉之員較少，本可不再置議。然東南江、楚等省遣撤將弁惶惶無所依歸者，實不乏人。臣不敢以身離兩江，遂不謀一安置之法，且處處可以收標，省省可以考試。技高者固可考補實缺，技劣者亦可稍沾薪糧，庶漸少遊蕩無歸之員，亦足戢囂淩不靖之氣。謹將江南近年考試武職章程，錄呈御覽。至長江水師初次擬補各缺，尚未明定章程。即第二次、三次出缺，酌補亦尚難期畫一。臣今議奏江蘇外海水師，應俟部議允准，暨閩粵等省水師次第議定後，再由部臣議一水師班次遷補章程，與陸軍畫分兩途。而疆臣亦各參末議，庶爲可久之道。所有酌擬武職借補章程，恭摺具奏。伏乞皇太后、皇上聖鑒訓示。謹奏。十一月初三日。同治七年十一月十七日，軍機大臣奉旨：兵部知道，單併發。欽此。①

[4]【兵部議奏】此"硃批"據原件補。

[5]【光緒二十三年三月十九日，奉硃批：兵部議奏。欽此】此硃批日期等，據錄副補。

〇九二　請免扣河湟文武各官三成養廉摺

光緒二十三年二月二十八日（1897年3月30日）

頭品頂戴陝甘總督臣陶模跪[1]奏，爲河湟遭難甫平，辦公支絀，擬懇天恩將該處文武養廉免其核扣三成，以示體恤，恭摺仰祈聖鑒事。

竊照前准戶部通行：光緒二十三年分外官應支養廉，文職自府經歷縣丞以下、武職自都司、守備以下，仍照全數開支。其文職州、縣以上、武職參將、遊擊以上，照案再行核扣三成，彙總撥用，等因。當經行司遵照辦理去後。茲據藩司會銜詳稱：遵查甘肅此次軍務，西甯一道全被蹂躪，蘭州所屬狄河爲甚，勦撫之後，難民歸農已遲，商貨懋遷更寡，布帛、薪糧、鹽韲、芻豆，其價無不倍於曩時，文武各官日用資

① 中國第一歷史檔案館藏：《錄副奏摺》，檔號：03-4739-046。

斧在在支絀，若再將養廉核扣三成，實無以資其辦公。擬請將西甯一屬及狄道州、河州官員除府經歷、都司以下微員本未核扣外，其文自青海大臣下至州縣、武自西甯、河州二鎮下至參將、遊擊，應支二十三年分養廉銀兩，一體免其核扣三成，合計共請免扣銀五千六百一十一兩八錢，於部中通計百萬之數，所損無多，而於難後各官辦公之資，所裨甚鉅。開摺詳請具奏前來。臣覆加查核，委係實在情形。合無仰懇天恩准照所請，勅部[2]免予核扣，以示體恤。謹恭摺具陳。伏乞皇上聖鑒訓示，施行。謹奏。光緒二十三年二月二十八日。

（硃批）：著照所請，該部知道[3]。

光緒二十三年三月十九日，奉硃批：著照所請，該部知道。欽此[4]。

補證

【案】此摺原件①、錄副②均藏於臺北“故宮博物院”，茲據校勘。

[1]【頭品頂戴陝甘總督臣陶模跪】底本無前銜，茲據原件補。

[2]【勅部】原件、錄副均作“飭部”。

[3]【著照所請，該部知道】此“硃批”據原件補。

[4]【光緒二十三年三月十九日，奉硃批：著照所請，該部知道。欽此】此具奏日期與內容，據錄副校補。

〇九三　續行裁減馬步營旗並土勇數目摺

光緒二十三年三月二十一日（1897年4月22日）

頭品頂戴陝甘總督臣陶模跪[1]奏，爲續行裁減馬步營旗土勇並分別改支坐餉、練餉各起數目，另開清單報部，恭摺仰祈聖鑒事。

---

① 臺北“故宮博物院”藏：《軍機及宮中檔》，文獻編號：408003043。

② 臺北“故宮博物院”藏：《軍機及宮中檔》，文獻編號：138106。

竊自光緒二十一年甘肅軍興，節次添募馬步營旗並各屬城防土勇，爲數頗多，需餉甚鉅。嗣因軍事將平，陸續裁減營旗，截至二十二年七月底止，於八月初七日奏咨在案。茲據甘肅布政使曾鉌詳稱：自八月初一日起至十二月底止，裁減馬步營旗土勇並行餉改支坐餉、營改爲旗，以及前次由練添募爲營，今仍改歸練軍，計共六十二起，開單分晰截餉改支坐餉、練餉日期，詳請奏咨立案前來。臣覆核無異，除飭該司查明現留防軍馬步數目再行分別裁減、以節餉需，另行奏報，並將此次清單咨送戶、兵部查照外，所有續行裁減馬步營旗土勇並非別改支坐餉、練餉各起數目緣由，理合恭摺具陳。伏乞皇上聖鑒。謹奏。光緒二十三年三月二十一日。

（硃批）：該部知道[2]。

光緒二十三年四月初三日，奉硃批：該部知道。欽此[3]。

補證

【案】此摺原件①、錄副②均藏於臺北"故宮博物院"，茲據校勘。

[1]【頭品頂戴陝甘總督臣陶模跪】底本無前銜，茲據原件補。

[2]【該部知道】此"硃批"據原件補。

[3]【光緒二十三年四月初三日，奉硃批：該部知道。欽此】此硃批日期等，據錄副補。

○九四　審明已革循化廳主簿一案摺

光緒二十三年三月二十一日（1897年4月22日）

頭品頂戴陝甘總督臣陶模跪[1]奏，爲審明已革循化廳主簿並原保

---

① 臺北"故宮博物院"藏：《軍機及宮中檔》，文獻編號：408003046。

② 臺北"故宮博物院"藏：《軍機及宮中檔》，文獻編號：138429。

要證人等，分別擬結，恭摺具陳，仰祈聖鑒事。

竊查前督臣楊昌濬任內承准軍機大臣字寄：光緒二十一年五月十六日，奉上諭：本日有人奏，撒匪生變，始因爭教涉訟，地方官有索費情事，遂致激而生變，等語。著該督確切查明，先將辦理不善之員從嚴參辦，毋稍徇縱，等因。當經前督臣將兼護廳事循化廳主簿陳慶麟奏參革職，並聲明俟提省訊明確情，再行從嚴參辦。是年八月初四日，奉硃批：着照所請，該部知道。欽此[2]。經前督臣飭蘭州府移提人卷，來省審辦去後。時值軍務喫緊，未能卽時解省。嗣據署循化廳同知歐陽樂清將原保土司韓起忠、韓膺祿及要証韓六箇、韓七十二押解到省，並據該革員陳慶麟自行投案，由署蘭州府知府周景曾督同局員審擬，詳經布政使曾鉌、署按察使周綬會同核轉前來。臣覆加查核，緣已革主簿陳慶麟，江蘇通州人，由安定縣典史升補循化廳主簿，光緒十七年十月初三日到任。二十年二月間，該廳街子工老教撒目韓奴力與新教撒目韓老四爭教起衅，互相糾眾焚掠，經該管土司韓起忠等開導不聽，牒請已故前任循化廳同知長賓屢次差傳未到。八月間，韓奴力差人赴廳稟求免罪未准，復遣其黨韓七十二、韓伏元、韓舍木素赴府懇求，經西甯府將韓七十二等發回該廳看管訊辦。九月間，長賓會營帶領兵勇，將老教撒目韓奴力並其黨韓新莊、韓已連及韓一素夫四人，新教撒目韓老四並其黨韓五十八、韓星莊、韓老山卜、韓五麥目五人先後拿獲到案。正在訊辦間，適有河州回目馬國良約允上四工土司韓起忠、下四工土司韓膺祿，具狀保領韓奴力、韓老四等出外調處，經長賓於十一月十八日批准保釋。二十一日，長賓病故。陳慶麟奉委兼護廳篆，詎韓奴力、韓老四仍復尋仇焚殺。陳慶麟慮釀大禍，正擬稟請派員查辦間，十二月初六日，韓奴力忽遣其黨韓老三卽羊牙子，手執回經一本進城，聲言老教勢大，漢、回不必驚慌，定要討取廳官准其免罪印諭，始敢解散息事。陳慶麟因其有意挾制，立即差拏責押。十三日，韓老三在押患病，經後隨叛伏誅之韓五十六等保領回家，至二十七日病故。維時韓奴力等初衹爭教互鬬，後竟焚掠漢民村堡，狄河各回相繼變亂，經楊昌濬派兵剿辦，並委已故前署西甯道陳嘉績查明韓奴力等究係何任保釋時賊已臨城，不及調卷細查，僅憑外間傳聞之詞稟覆。謂在陳慶麟任內保釋，並以韓老三係頂經老民，被陳慶麟杖斃，因將陳慶麟參革，飭委蘭州府胡孚駿審辦。胡孚駿移提人卷未到，旋卽交卸。該署府周景曾到任，准署循化廳歐陽樂清牒解前來。經該府督同局員逐一研審，陳慶麟堅稱，韓奴力等實於二十年十一月十八日經長贇批准保釋，二十一日長贇病故伊始兼護廳篆，並無保釋韓奴力等之事。韓老三雖執有經卷，實係詐降回匪，並非老民因其來城恐嚇、挾制，將其拏獲責押。嗣因患病取保，在家病故，委非杖斃，亦無受賄、激變之事。調閱該廳看管人犯號簿，與供相符，案無遁飾。據該署府周景曾分別議擬，詳由兩司核轉到臣。經臣覆核無異，應請擬結。

此案已革循化廳主簿陳慶麟兼護廳篆，其於拏獲爭教滋事之撒目韓奴力等，看管後復准保外，致釀巨禍，雖訊係已故長贇任內之事，並非陳慶麟私擅保釋，惟於韓老三執經進城恐嚇，挾制，既經拏獲責押，自應隨時稟請批示辦理，仍輒任叛黨韓五十六等保釋，雖死逾旬餘，非由杖斃，亦無受賄情事。但以其黨滋事擾亂，未能預防，究屬辦理不善，業已參革，請免重議。土司韓起忠、韓膺祿在長贇任內保領韓奴力等出外，其時僅止爭教，反跡未露，且其子韓臘月保亦拘押在禁，因韓奴力係老教頭目，眾所遵服，是以連新教頭目韓老四一併保出。令其調處，原爲弭禍起見，迨至次年春間，韓奴力等愈肆猖獗，率眾圍城，其子韓臘月保經西甯道，提訊正法，實非該土司等意料所及，應請免議。要証韓六個、韓七十二雖均爲韓奴力餘黨，惟現在軍務肅清，脅徒罔治，自應免科。未到人証，免傳省累。除全案供招咨部外，所有審明擬結緣由，是否有當。理合恭摺具陳。伏乞皇上聖鑒訓示。謹奏。光緒二十三年三月二十一日。

（硃批）：著照所請，該部知道[3]。

光緒二十三年四月初三日，奉硃批：著照所請，該部知道。欽此[4]。

補證

【案】此摺原件[①]、錄副[②]均藏於臺北"故宫博物院"，茲據校勘。

[1]【頭品頂戴陝甘總督臣陶模跪】底本無前銜，茲據原件補。

[2]【案】光緒二十一年六月十六日，陝甘總督楊昌濬具摺特參循化主簿陳慶麟，並請旨將其革職，曰：

太子太保頭品頂戴陝甘總督臣楊昌濬跪奏，爲遵旨查覆，先將辦理不善之主簿請即革職，恭摺仰祈聖鑒事。竊臣前准軍機大臣字寄：本日，有人奏撒匪生變，始因爭教涉訟，地方官有索費情事，遂致激而生變，等語。著該督確切查明，先將辦理不善之員從嚴參辦，毋稍徇縱，等因。到臣。當即欽遵咨行查辦在案。伏查循化撒回上年爭教生事，先經該前廳同知長贇將該犯等管押，正在訊辦，長贇病故。該廳主簿陳慶麟兼護廳篆，並不請示辦理，輒將撒回首犯韓奴力等擅行釋放，以致韓奴力等糾眾滋鬧，釀成事端，並聞該主簿杖斃頂經老民情事。業經臣將陳慶麟摘去頂戴撤任，聽候查辦。嗣欽奉諭旨飭查，遵即委署西甯道陳嘉績確切查覆。茲據稟稱：原參所云地方官索費一節，查明委無實據。第該撒回蓄意作亂，不過欲藉爭教以肇釁端，等語。臣查撒回豺狼成性，是否蓄意爲亂，固不可測。惟該主簿陳慶麟前此兼護廳篆，當撒匪韓奴力等在押候訊之際，如能持平訊斷，妥爲了結，未必該撒匪敢肆逆志。乃該主簿既未訊結，又未請示辦理，輒行取保釋放，致釀鉅端，實屬辦理不善，相應奏明請旨將循化主簿陳慶麟先行革職。其果否杖斃頂經老民及有無索費情事，現提該主簿來省，俟訊明確情，再行從嚴參辦。所有遵旨飭查先將辦理不善之主簿即請革職緣由，理合恭摺覆陳。伏乞皇上聖鑒訓示。謹奏。光緒二十一年六月十六日。[③]

光緒二十一年七月十一日，奉硃批：著照所請，該部知道。欽此[④]。

---

① 臺北"故宫博物院"藏:《軍機及宫中檔》，文獻編號：408003047。

② 臺北"故宫博物院"藏:《軍機及宫中檔》，文獻編號：138493。

③ 中國第一歷史檔案館藏:《硃批奏摺》，檔號：04-01-12-0568-008。

④ 中國第一歷史檔案館藏:《錄副奏摺》，檔號：03-5327-058。

[3]【著照所請，該部知道】此“硃批”據原件補。

[4]【光緒二十三年四月初三日，奉硃批：著照所請，該部知道。欽此】此硃批日期與內容，據錄副校補。

〇九五　嘉峪關二十二年分收支各款摺

光緒二十三年三月二十一日（1897年4月22日）

頭品頂戴陝甘總督臣陶模跪[1]奏，爲嘉峪關光緒二十二年分收支各項銀兩數目造册報銷，恭摺仰祈聖鑒事。

竊據嘉峪關監督安肅道何福堃①詳稱：該關於光緒二十一年由江漢關撥到銀兩，收支數目業經詳請奏咨核銷在案。今查光緒二十二年分收到江漢關撥借經費銀九千兩，並舊管項下存儲洋稅銀五百九十兩四錢一分四厘一毫，共銀九千五百九十兩四錢一分四厘一毫。除支一年各官役薪工銀八千二百九十五兩四分、駐蘭繙譯委員薪水銀九百三十兩，共銀九千二百二十五兩四分，實在支剩銀三百六十五兩三錢七分四厘一毫，全數歸還十八年分借用釐款外，連前十九、二十一兩年分還過銀四百七十五兩一錢九分三釐二毫，共歸還銀八百四十兩五錢六分七厘三毫，下欠未還銀七兩四錢四分二厘六毫四絲。應俟隨後照議在於支剩款內歸還清楚。再，提存自光緒二十一年十月初十日第四十三結起至二十二年十月初九日第四十六結止，共四結，收穫進口正、子洋稅銀三百一十三兩三錢三分一厘五毫，實儲道庫，造具細數清册，詳請奏咨前來。臣覆核無異，除將清册分送總理衙門及部科核銷外，理合恭摺具奏。伏乞皇上聖鑒。謹奏。光緒

① 何福堃，生卒年不詳，字受軒，山西靈石人。光緒三年（1877），中式進士，改庶起士，授編修，後任福建道監察御史。十八年（1892），補甘肅安肅道。二十四年（1898），升補甘肅按察使。次年，署理任甘肅布政使。二十七年（1901），遷甘肅藩司。同年，護理陝甘總督。著有《午陰清舍詩草》行世。

二十三年三月二十一日。

（硃批）：該衙門知道[2]。

光緒二十三年四月初三日，奉硃批：該衙門知道[3]。

補證

【案】此摺原件①現藏於臺北"故宫博物院"，兹據校勘。

[1]【頭品頂戴陝甘總督臣陶模跪】底本無前銜，兹據原件補。

[2]【該衙門知道】此"硃批"據原件補。

[3]【光緒二十三年四月初三日，奉硃批：該衙門知道】此硃批日期與內容，據《隨手檔》②校補。

○九六　咨取各處局印官書摺

光緒二十三年四月初一日（1897年5月2日）

頭品頂戴陝甘總督臣陶模、甘肅學政翰林院編修臣劉世安③跪[1]奏，爲甘肅書籍缺乏，擬懇聖恩准臣咨取各處局印官書，免其繳價，以惠士林，恭摺仰祈聖鑒事。

竊臣等接准部咨，屢以整頓書院、推廣學校爲培植人才之計。甘肅地當邊徼，士子專攻時文，見聞狹隘，有志之士苦於無力購求書籍，於古今中外大經大法因革損益之端以及天文、地輿、算數、器藝一切格致之學，素少研求，習非所用，無補時艱，甚非國家作育人才之本

① 臺北"故宫博物院"藏：《軍機及宫中檔》，文獻編號：408003048。

② 中國第一歷史檔案館藏：《軍機處隨手登記檔》，檔案編號：03-0292-2-1223-090。

③ 劉世安（1852—1898），字静皆，漢軍鑲黄旗人。光緒十五年（1889），中式一榜第三名進士（探花），授翰林院編修。十七年（1891），充陕西乡试主考官。十九年（1893）任順天乡试同考官。二十年（1894），授甘肅學政。二十三年（1897），回廣州駐防省親。二十四年（1898），卒於廣州。

意。方今時局不同，需才甚急，非大興學校無以爲求才之本，非廣購書籍無以爲興學之資，惟有購置古今中外有用書籍，藏之書院，朝夕瀏覽，識見既擴，才智漸生，風氣一開，則學校之興、人才之盛必有進而益上者。甘省自軍興以來，庫儲、外款提用一空，整頓書院，費既苦於不貲；推廣學校，法又難於驟變。臣等再四商酌，惟有仰懇天恩，准由臣等咨取京都官書局、同文館及各省局印官書，並繙譯外洋各種書籍，擇其有裨實用者，設法運送來甘，以備士子觀覽，庶幾人知嚮學，即可爲培植人才之基。所需書價爲數非細，甘省瘠苦之區，非他省可比，擬懇聖恩免其措繳，以惠士林，是否有當。謹合詞恭摺具陳。伏乞皇上聖鑒訓示。再，此摺係臣模主稿，合併聲明。謹奏。光緒二十三年四月初一日。

（硃批）：即著該督等分別咨取，餘依議[2]。

光緒二十三年四月二十四日，奉硃批：即著該督等分別咨取，餘依議。欽此[3]。

補證

【案】此摺原件①、錄副②均藏於臺北“故宮博物院”，茲據校勘。

[1]【頭品頂戴陝甘總督臣陶模、甘肅學政翰林院編修臣劉世安跪】此前銜據原件校補。

[2]【即著該督等分別咨取，餘依議】此“硃批”據原件校補。

[3]【光緒二十三年四月二十四日，奉硃批：……欽此】此硃批日期等，據錄副補。

① 臺北“故宮博物院”藏：《軍機及宮中檔》，文獻編號：408003054。
② 臺北“故宮博物院”藏：《軍機及宮中檔》，文獻編號：138913。

○九七 董軍行餉改供坐餉摺

光緒二十三年四月初二日（1897 年 5 月 3 日）

頭品頂戴陝甘總督臣陶模跪[1]奏，爲董軍二十營行餉極力裁汰騰挪，不敷仍鉅，擬懇酌量變通改供坐餉，以便匀支，恭摺仰祈聖鑒事。

竊准戶部咨開：議覆臣前奏提臣董福祥所部各營不敷餉項，懇請分別設法另撥一摺。謂現在各路防勇均支坐餉，董軍既屬防營，並非另有徵調。自宜改支坐糧，分別散紮。惟該提督所部二十營係奉諭旨添募，如難遽擬裁改，惟有仍將該督挑留防、練各軍，再行酌量裁撤，等因。於光緒二十三年二月十九日具奏，奉旨：依議。欽此。欽遵咨行前來。臣查甘肅軍務甫平，僅於舊有防、練各軍之外酌留二十營旗，原以地方反側未安，不能不周密布置，暫資鎮懾，今既飭令再行裁騰，亟應遵照辦理。第查董軍二十營行餉、薪公，歲需銀八十餘萬兩，前奏除部議甘肅新餉提存甘肅司庫銀三十一萬八千兩提供董軍外，尚不敷銀五十餘萬兩，爲數過多，縱將挑留各營旗全數裁撤，所短仍鉅。至綠營、官制[2]現當遵奉諭旨，另行酌裁，惟一時礙難多汰，並須遵照原奏酌給裁兵銀糧，以資生計。約計騰餉無多，尚不能截定時日，即難抵作董軍目前餉需，而董軍二十營係奉諭旨添募，自未便遽行裁減[3]。際此時局日艱，本省既羅掘早空，部中又無款可撥，在微臣亟應竭力籌畫，挹此注彼，斷不敢稍從推諉[4]。在提臣公忠素抱，必能仰體時艱，力求撙節。臣與藩司等再四商酌，董軍二十營，部咨既謂現無徵調，惟有請按坐糧支餉，歲可省銀三十餘萬兩，尚不敷董軍坐餉銀二十餘萬兩。臣擬於防、練各軍内極力裁遣，以騰出之餉儘數供支董軍坐糧之需。倘或仍形不足，再當設法另籌，以期上慰宸廑。董軍既支坐糧，所有該提督歲需薪工，並懇飭部按坐糧章程核議勻撥，稍資節省。抑臣更有請者，臣部防、練各軍各有分駐巡防要隘，茲既爲董軍騰餉，分別裁撤，則所有遺防地未免遽形空虛，應請由臣隨時咨明提臣撥隊填紮，以重防務。除咨提臣董福祥查照外，合將董軍二十營行餉極力裁汰騰挪，不敷仍鉅，擬懇酌量變通改供坐糧、以便勻支各緣由，謹恭摺具陳。伏乞皇上聖鑒訓示，並請飭部查照施行。謹奏。光緒二十三年四月初二日。

（硃批）：戶部議奏[5]。

光緒二十三年四月十四日，奉硃批：戶部議奏[6]。

補證

【案】此摺原件①現藏於臺北"故宮博物院"，茲據校勘。

[1]【頭品頂戴陝甘總督臣陶模跪】此前銜據原件校補。

[2]【綠營、官制】原件作"綠營、制兵"，確。底本誤。

[3]【遽行裁減】原件作"遽請裁減"，當是。

[4]【稍從推諉】原件作"稍存推諉"。

[5]【戶部議奏】此"硃批"據原件校補。

[4]【光緒二十三年四月十四日，奉硃批：戶部議奏】此硃批日期，據《隨手檔》②校補。

〇九八　造報光緒二十年防軍收支各款摺
光緒二十三年四月二十二日（1897年5月23日）

頭品頂戴陝甘總督臣陶模跪[1]奏，爲造報光緒二十年分關內防軍收支各款，懇恩飭部核銷，恭摺仰祈聖鑒事。

---

① 臺北"故宮博物院"藏：《軍機及宮中檔》，文獻編號：408003055。

② 中國第一歷史檔案館藏：《軍機處隨手登記檔》，檔案編號：03-0292-2-1223-101。

竊查前准部咨：甘肅關內、外軍餉自光緒十一年起，均歸甘肅藩司統收分撥，所有關內十一年起至十九年止收支各款，業經造册具奏核銷在案。兹據甘肅布政使會鉌詳稱：關內二十年應分新餉，除撥歸司庫支發標、練各軍等項另册造銷，湖北尚欠短平餉銀八十八兩零外，計防軍餉項共收銀九十一萬三千六百一十九兩零；又收馬步各旗報繳曠銀一千八十餘兩；又收製造、軍火、軍裝、採買各項扣回平餘銀五百二十兩零。通共各項實收湘平銀九十一萬五千二百二十餘兩，計支馬步各旗薪糧、馬乾銀四十一萬六千叁百餘兩，買補倒馬價銀二千五百餘兩；又發火藥局委員薪水、書識、護兵口糧、配造工料及各匠工價、房租銀三萬二千七百九十餘兩，採買、軍械、物料等項銀二萬七千八百五十九兩零；又，新募武毅新左旗馬隊、督標鎮南中旗步隊兩旗，小口糧錢合銀二千七百八十餘兩。通共各款實支銀四十八萬二千二百五十餘兩。又奉部飭提二十年存儲銀一十八萬六千四百一十兩，又提存裁撤鎮東步隊一旗二十年應支口糧銀一萬七千九百九十餘兩[2]；又，提存裁撤關內防軍子藥夫二十年應支口糧銀一萬三千五百九十餘兩，又，部議裁減關內防軍步隊各旗親兵正勇內，除肅西左、右二旗原裁親兵八名、正勇四十八名，經前督臣於光緒十九年五月初四日奏明添募足額外，實在原裁親兵正勇二十年應支口糧銀一萬九千八百八十兩零。以上四款，均經另册列收存儲。統計支銷撥存共湘平銀七十二萬一百三十餘兩，實存湘平銀一十九萬五千八十餘兩，列入下屆接續開支造報。所有二十年分關內防軍收支各款造具細數清册，呈請具奏前來。臣逐加覆核，收支各款均屬相符，支發各項皆係實用實銷，委無浮冒，相應籲懇天恩俯准飭部核銷，以清款目，除將清册分送户、兵、工三部外，理合恭摺具陳。伏乞皇上聖鑒訓示。謹奏。光緒二十三年四月二十二日。

（硃批）：户部議奏[3]。

光緒二十三年五月十九日，奉硃批：户部議奏[4]。

補證

【案】此摺原件①現藏於臺北"故宮博物院",兹據校勘。

[1]【頭品頂戴陝甘總督臣陶模跪】此前銜據原件校補。

[2]【又,新募武毅新左旗馬隊、督標鎮南中旗步隊兩旗小口糧錢合銀二千七百八十餘兩。通共各款實支銀四十八萬二千二百五十餘兩。又奉部飭提二十年存儲銀一十八萬六千四百一十兩,又提存裁撤鎮東步隊一旂二十年應支口糧銀一萬七千九百九十餘兩】此節文字原件缺。

[3]【戶部議奏】此"硃批"據原件校補。

[4]【光緒二十三年五月十九日,奉硃批:戶部議奏】此硃批日期,據《隨手檔》②校補。

○九九　改撥營旗片

光緒二十三年四月二十六日(1897年5月27日)

再,上年十月間,河湟軍務大定,甘肅提臣董福祥來省商將所部二十營減作十二營旗,並以所部勇丁曾經出力不忍多裁,且恐裁撤過急,另滋事端,因將西甯鎮何美玉所帶之甘軍副中營、署河州鎮本任甯夏鎮王鉞安所帶之甘軍副前營、署循化參將朱廷芳所帶之甘軍副右營各步隊,撥歸督臣管轄。從十一月初一日起,按照坐糧章程由臣所部防軍內支餉,旋將何美玉所帶一營裁減成旗。現董福祥既遵旨添足二十營,部咨令將督臣所部營旗極力裁併,騰餉供支。復經臣商允於前撥三營旗內,以何美玉一旗、朱廷芳一營仍撥還董福祥統轄,餉項截至本年四月底止,歸臣所部防軍內支給報銷。自五月初一日起,由董福祥二十營餉內給領造報,俾清界限。至原撥之甘軍副前營步隊,現經王鉞安由

① 臺北"故宮博物院"藏:《軍機及宮中檔》,文獻編號:408003058。

② 中國第一歷史檔案館藏:《軍機處隨手登記檔》,檔案編號:03-0292-2-1223-134。

河州帶赴甯夏，駐防甯遠，未便收還，仍歸併臣部防軍內，按月支餉，容臣隨後酌情形，分別裁留，以資節省。據甘肅糧臺布政使曾鉌詳請具奏前來。臣覆核無異，謹會同甘肅提臣董福祥，附片陳明。伏乞聖鑒，飭部查照施行。謹奏。光緒二十三年四月二十六日[1]。

（硃批）：該部知道[2]。

光緒二十三年五月初九日，奉硃批：該部知道[3]。

補證

【案】此奏片原件① 現藏於臺北"故宮博物院"，茲據校勘。

[1]【光緒二十三年四月二十六日】此具奏日期僅見於底本。

[2]【該部知道】此"硃批"據原件校補。

[3]【光緒二十三年五月初九日，奉硃批：該部知道】此硃批日期，據《隨手檔》② 校補。

一〇〇 請給陣亡勇丁卹銀片

光緒二十三年四月二十六日（1897 年 5 月 27 日）

再，查甘省於光緒二十一年春間河湟、海城逆回相繼變亂，各軍分路進勦，血戰年餘，始得漸次盪平。陣亡文武官弁、兵勇爲數甚多，應得卹、賞等項業經奏明在案。內除各標弁兵照例另案辦理外，所有湘軍、甘軍由各該總統自行核發，其餘陣亡勇丁卹銀，據甘肅新疆總糧臺布政使會鉌以詳：蒙前督臣楊昌濬批令，援照前督臣左宗棠勦辦逆回章程，不分馬步，每名准給銀三十兩，團勇、番丁每名准給銀二十兩。核較"軍需則例"，所定數目約減過半，遵即照辦，隨報隨

① 臺北"故宮博物院"藏：《軍機及宮中檔》，文獻編號：408003062-0-A。

② 中國第一歷史檔案館藏：《軍機處隨手登記檔》，檔案編號：03-0292-2-1223-124。

發。比及二十二年秋間，業已發過銀三萬餘兩。旋因庫款支絀，詳由臣批令折半給發，迄今又發銀九千五百餘兩。通計發過卹賞銀四萬數千兩。現在軍務肅清，各營旗裁撤十之七八，各該家屬正在紛紛領卹搬柩，且有各營旗官當時漏列補報之案，經臣查明，給發，一時尚難截數。所有發過陣亡勇丁卹賞銀數章程大概情形，詳請奏咨立案，等情。前來。臣覆核無異，除咨明戶、兵二部查照外，理合附片陳明。伏乞聖鑒，飭部立案施行。謹奏。光緒二十三年四月二十六日[1]。

（硃批）：該部知道[2]。

光緒二十三年五月初九日，奉硃批：該部知道[3]。

補證

【案】此奏片原件①現藏於臺北"故宮博物院"，茲據校勘。

[1]【光緒二十三年四月二十六日】此具奏日期僅見於底本。

[2]【該部知道】此"硃批"據原件校補。

[3]【光緒二十三年五月初九日，奉硃批：該部知道】此硃批日期，據《隨手檔》②校補。

一〇一　遵裁綠營制兵二成節省銀糧數目摺
光緒二十三年四月二十六日（1897年5月27日）

頭品頂戴陝甘總督臣陶模跪[1]奏，爲遵旨裁減甘肅綠營兵丁，節省銀糧及酌給裁兵遣餉銀糧各數目，據實覆陳，恭摺仰祈聖鑒事。

竊臣於本年三月十六日承准軍機大臣字寄：光緒二十三年三月初四日，奉上諭：戶部奏冗兵耗財過鉅，亟宜大加裁汰一摺[2]。近因庫款支絀，各省亦籌解維艱，是裁減兵勇一事，事機所迫，勢在必

---

① 臺北"故宮博物院"藏:《軍機及宮中檔》，文獻編號：408003062-0-B。

② 中國第一歷史檔案館藏:《軍機處隨手登記檔》，檔案編號：03-0292-2-1223-124。

行。各直省將軍、督撫奉到此旨，統限一月內，將裁減兵勇若干、節省餉銀若干切實覆奏。所留兵勇務當精選訓練，鎮撫地方。至所裁兵勇應酌給遣餉、銀米之處，並著體察情形，奏明辦理。原摺著鈔給閱看，等因。欽此。遵旨寄信前來。仰見皇上於裁兵截餉之餘，仍寓慎重地方之至意，謹當欽遵大加裁減，上紓宸廑，斷不敢瞻徇情面，意存見好，亦未便過事操切，貽誤地方。當與藩、臬司、道再四商酌，竊維甘肅地處邊陲，自前歲猝遭回亂，年餘始就平定，各廳州縣人民非慘被焚殺，即聞風驚避。現雖漸次歸業，而大難之後貧窶不堪，均經奏明籌款賑撫。今春始一律播種，計此時相距秋成爲期尚遠，目下糧價多未平減，若一時裁減過衆，轉恐易滋事端。除河州鎮本標及所屬循化、保安、起臺、臨洮各營，並西甯鎮統轄地方從前被難較重，民兵情形困若，擬請緩至二十四年秋季再行議裁外，其餘各處截至本年夏季底止，擬請酌量先裁二成，仍按名酌給遣餉行、銀糧一季，以資生計。所留八成仍當切實訓練，暫資鎮撫，容俟來年再當斟酌營汛緊要、偏僻、地方情形，酌量再裁，另行具奏。計督標、甘肅提標、涼州、肅州、甯夏三鎮及固原提督所轄駐甘各營汛並河洲鎮所屬蘭州城守營、洮岷協營、鞏昌營，存營馬、步、守兵共一萬七千五百四十四名。此次裁減二成，計裁各兵三千五百九名。其各標營馬兵營馬本未復舊，僅有騎操馬匹，尚不敷用，未能裁汰。惟固原駐甘所轄之秦州、利橋兩營屬及化平一營、硝河一汛並甯夏全鎮，尚是每兵一馬，共有馬四百四十二匹，計裁二成，共應裁馬八十九匹。以滿年核算，計節省餉乾草折共銀四萬二千六百六十兩一錢一分，節省兵糧、馬料共糧二萬一千六百八十六石六斗，節省草一萬二千九百六十束。所裁各兵三千五百九名，按名照原支口分，給予一季銀糧作爲遣資，共計應支給遣銀一萬五百七十一兩，遣糧五千三百一石五斗。

至甘省舊有、新添各勇營，自上年軍務肅清後，已陸續裁遣，隨時專案奏報。現時所存各勇營均駐防要隘，容再體察情形，竭力裁減，隨時具奏。其陝西各綠營應裁兵丁，俟陝藩司議詳至日，再行核辦。

新疆勇營由撫臣饒應祺另行奏明辦理外，所有酌裁甘肅綠營兵丁，節省銀糧及酌給裁兵遣餉銀糧各數目，據甘藩司曾鉌具詳前來。臣覆核無異，除將清册分咨戶、兵二部外，謹會同甯夏將軍臣宗室鍾泰①、署甘肅提臣張永清②、陝西提臣鄧增，合詞恭摺具陳。伏乞皇上聖鑒訓示，施行。謹奏。光緒二十三年四月二十六日。

（硃批）：該部知道[3]。

光緒二十三年五月初九日，奉硃批：該部知道。欽此[4]。

補證

【案】此摺原件③、錄副④均藏於臺北"故宮博物院"，茲據校勘。

[1]【頭品頂戴陝甘總督臣陶模跪】此前銜據原件校補。

[2]【案】光緒二十三年三月初四日，大學士管理戶部事務宗室麟書等以冗兵耗財宜大加裁汰以紓餉力具摺曰：

大學士管理戶部事務臣宗室麟書等謹奏，爲冗兵耗財過鉅，亟宜大

---

① 鍾泰（1833—1902），別稱宗室鍾泰，愛新覺羅氏。咸豐元年（1851），於宗人府效力，任七品筆帖式。八年（1858），署理主事。次年，補宗人府經歷。同治元年（1862），任副理事官。四年（1865），亦副理事官兼步軍統領衙門行走。七年（1868），加四品卿銜。九年（1870），授殺虎口監督。十二年（1873），升正理事官。光緒二年（1876），署理正黃旗漢軍副都統。次年，授正白旗蒙古副都統。五年（1879），兼署鑲黃旗漢軍副都統、備查壇廟大臣、管理健銳營事務。六年（1880），任右翼監督，署正藍旗漢軍副都統，兼署正黃旗護軍統領，調正紅旗滿洲副都統，管理正紅旗滿洲專操大臣。七年（1881），以左翼監督兼署鑲藍旗護軍統領，旋即調補廣州漢軍副都統。十三年（1887），兼署廣州左翼副都統。十四年（1888），遷甯夏將軍。二十八年（1902），調補綏遠城將軍。同年，卒於任。

② 張永清（1843—1909），河南南陽府舞陽縣人，武生。同治元年（1862），經張之萬派充豫軍大營營務處管帶親軍，次年加六品頂戴。三年（1864），保儘先外委。次年，保把總。七年（1868），保藍翎千總，晉守備，賞換花翎，加都司銜。次年，保河南都司。十年（1871），保以遊擊儘先題補。十一年（1872），晉副將銜。光緒二年（1876），先保儘先參將，再保儘先副將，加方勇巴圖魯勇號，賞正二品封典。六年（1880），保以總兵記名簡放。十七年（1891），賞加頭品頂戴。十九年（1893），補甘肅涼州鎮總兵。次年起，署甘肅提督。二十九年（1903），調補甘肅甯夏鎮總兵。宣統元年（1909），病卒。

③ 臺北"故宮博物院"藏：《軍機及宮中檔》，文獻編號：408003062。

④ 臺北"故宮博物院"藏：《軍機及宮中檔》，文獻編號：139242。

加裁汰，以紓餉力，以濟時艱，恭摺仰祈聖鑒事。竊維方今之計莫急於理財，理財之計莫急於節用，節用之計莫急於去冗兵，是以近年臣部因需款緊要，先後奏請裁減綠營七成、勇營三成，騰出餉銀，聽候撥用，均奉諭旨允行。上年，軍機大臣、總理各國事務衙門會同臣部議覆盛宣懷條陳自強大計摺內，亦請飭催各直省將裁減兵數及切實辦法速行奏明，毋得含混延宕；並聲明內外軍務均已平定，如江南之榆關撤回各營、陝西之善後防軍，固應一律盡裁。即直隸之練軍、旅順之毅軍、長江之內河水師，亦應分別覈實裁減，以節虛糜。奉上諭：練兵一條爲各省將軍、督撫專責，不論綠營、勇營，當此餉項支絀，均應大加裁汰。該將軍、督撫等奉到此旨，務須腳踏實地，見諸施行，毋得粉飾因循，一奏塞責，等因。欽此。是裁減兵勇一事，朝廷本期必行，乃自臣部奏准行知各省以來，惟山東巡撫李秉衡請將山東制兵分限五年，裁減五成；又清裁減防勇一萬六千餘人、練軍一千九百餘人，最爲認真辦理。其餘各省綠營除同治年間裁減兵數毋庸併計，及近時湖廣總督奏請酌量裁減尚無成數可計外，四川則裁減一成，廣東、廣西則裁減二成，江蘇、江西、安徽、河南則裁減三成。各省勇營除東洋事定罷遣各營，及近日旅順毅軍裁撤六營不計外，四川則裁撤一百二十餘名，江蘇則裁撤四百八十餘名，安徽則裁撤一千八百餘名，湖北、福建各裁撤三千餘名。此各省裁減兵勇之大略也。

查各省兵勇約共八十餘萬人，歲需餉銀約共三千餘萬兩，而裁減兵數、勇數僅止如此，此亦奚濟於事哉！夫各省之所以不肯裁減兵勇，與夫稍爲裁減而不肯大爲裁減者，在腹地則曰伏莽堪虞，在邊陲則曰外侮可慮耳。然如山東一省，西接河南則腹地也，東濱大海則邊陲也，二者蓋兼而有之。山東兵勇既可大爲裁減，他省獨不可大爲裁減乎？自古兵愈多者國愈弱，史策所書，不可枚舉。我朝定鼎中原，當時所用僅八旗勁旅而已，無敵於天下。其後額設綠營、制兵，多或六十餘萬人，少亦五十餘萬人，較之八旗勁旅不啻倍蓰，乃粤匪、捻匪、川匪、回匪之亂，制兵竟不足恃，於是加餉挑練，而有練軍，招募勇丁，而有湘軍、楚軍、淮軍、豫軍。及日本之役，練兵、練勇又不足時，於是仿照西法，添練新軍，而有袁世凱、聶世成兩軍及湖北之洋操隊、江南之自強軍。夫明知制兵不足恃，而終不肯大爲裁減，明知練兵、練勇不足恃，而亦不肯大爲裁減，豈非甘棄有用之餉、空養無用之軍乎？且招募勇丁以有事而來，即當以無事而罷，此亦古今之通義。乃昔之日。因粵匪、捻匪、川匪、回匪平定垂三十年，而勇營猶未盡去也。昔之日因越南搆爭、日本開釁而招募者，今越南罷戰已逾一紀，日本講和將及兩載，而勇營亦未盡去也。無事而於綠營、制兵數十萬人之外，又養此數十萬招募之勇丁，歲費帑金二千餘萬兩，庫款幾何、民力幾何，豈能堪此？在昔乾隆年間增兵六萬餘名，增餉二百餘萬兩，當時大學士阿桂已言，後難爲繼，及嘉慶十九年，阿桂之言果驗。仁宗睿皇帝乃特降諭旨，令廷臣會議裁汰。嘉慶二十五年，宣宗成皇帝御極之初，復諭令各督撫覈議抽裁。夫國家全盛之時，增兵六萬餘名，增餉二百餘萬兩，似於庫儲尚無大礙。而三十年後，竟以帑藏不支，一再議裁，況今之增勇數十萬人、增餉二千餘萬兩，而可聽其長年耗蠹竟無已時乎？現在中外相交，兵事利鈍已可概見，謀國者祗當以先籌賠款爲急務，各省兵勇但取足爲鎮撫之用而止，誠不宜因仍舊習，耗鉅費而擁多營，以致借無可借，抵無可抵，民生日蹙，而國計因之愈窮。擬請飭下各省將軍、督撫等恪遵上年十一月初三日諭旨，腳踏實地，不論勇營、綠營，迅速大加裁汰。其直隸之練軍、淮軍，旅順之毅軍、長江之內河水師，亦即切實裁汰。他如江南之楡關撤回各營、浙江、河南之新募各營、陝西之善後防軍，尤應一律盡撤，毋得藉詞推宕。至裁減勇丁或應分別遠近，酌給一兩月遣餉，以資旅費；裁減制兵或應體恤貧苦，酌給半年、一年餉銀、餉米，以資生計。均聽各該將軍、督撫體察情形，奏明辦理。其裁撤兵數、勇數及節省餉銀，統限文到一月內切實覆奏。各將軍、督撫素著公忠，當不至瞻徇情面、意存見好，而不念冗兵之弊、不顧公家之急也。除將直隸綠營、練軍、留防淮軍、南洋防軍、河南、浙江各防營專條奏明辦理外，所有臣等請催各省切實裁汰兵勇緣由，理合恭摺具陳。伏乞皇上聖鑒。謹奏。光緒二十三年三月初四日。大學士管理戶部事務臣宗室麟書（假），經筵講官戶部尚書臣宗室敬信，戶部尚書臣翁同龢，降二級留任又降一級留任革職留任戶部左侍郎臣立山（住班），戶部左侍郎臣張蔭桓（出差），署戶部左侍郎吏部左侍郎臣徐用儀，戶部右侍郎臣宗室溥良，戶部右侍郎臣陳學棻（假）。[①]

【案】戶部此摺於當日即獲允行，飭令各直省將軍、地方按照所奏，切實舉行，曰：

軍機大臣字寄：各直省將軍、督撫：光緒二十三年三月初四日，奉上諭：戶部奏，冗兵耗財過鉅，亟宜大加裁汰一摺。近因庫款支絀，各省亦籌解維艱，經戶部先後奏請裁減綠營七成、勇營三成，疊經降旨諭令遵行。上年十一月初二日，復通諭各直省將軍、督撫不論綠營、勇營，均應大加裁汰。是裁減兵勇一事，事機所迫，勢在必行。茲據戶部奏稱自行知各省以來，惟山東一省經該撫李秉衡奏明，將制兵分限五年裁減五成，並將防營練勇分別裁減。此外各省或請將兵額酌裁，尚無成數；或僅裁綠營二三成，所裁勇營，更屬寥寥無幾。似此敷衍塞責，有名無實，何濟於事！現在綜計各省兵勇尚有八十餘萬人，歲需餉銀約共三千餘萬兩。綠營積惰，久同虛設，當茲償款期迫，中外諸臣自應合力通籌，先其所急。若猶復飾詞搪塞，坐擁多營，值此需款緊急之時，棄有用之餉養無用之兵，以致借無可借，抵無可抵，民生日蹙，國計亦因之愈窮。在公忠體國之大臣當不出此。各直省將軍、督撫奉到此旨，統限一月內將裁減兵勇若干、節省餉銀若干條分縷析，切實覆奏。所留兵勇務當精選訓練，鎮撫地方。至所裁兵勇應酌給遣餉銀米之處，並著該將軍、督撫等體察情形，奏明辦理。原摺著鈔給閱看。除直隸、南洋、河南、浙江現有各軍另行諭令切實裁汰外，將此由四百里通諭各直省將軍、督撫知之。欽此。遵旨寄信前來。[②]

---

① 臺北“故宮博物院”藏：《軍機及宮中檔》，文獻編號：138005。

② 中國第一歷史檔案館編：《光緒朝上諭檔》第 23 冊，第 48 頁。又，《德宗景皇帝實錄》，卷四百二，光緒二十三年三月上，《清實錄》第 57 冊，第 250—251 頁。

[3]【該部知道】此“硃批”據原件校補。

[4]【光緒二十三年五月初九日，奉硃批：該部知道。欽此】此硃批日期等，據錄副補。

一〇二　裁減陜西綠營節省銀糧各數目摺

光緒二十三年五月十一日（1897年6月10日）

頭品頂戴陜甘總督臣陶模跪[1]奏，爲遵旨裁減陜西省綠營兵丁，節省銀糧及酌給裁兵遣餉銀糧各數目，據實覆陳，恭摺仰祈聖鑒事。

竊臣欽奉諭旨，飭令裁減兵勇，等因。當卽欽遵先將甘肅綠營兵丁酌裁二成，聲明勇營隨時裁遣，由驛馳奏在案。臣查固原提標駐陜各營及延、榆、綏、陜、安、漢中各鎮從前額設馬步、守兵二萬四千八百九十五名，現實存營兵八千二百二十名，不及原額三分之一。陜省幅員遼闊，各處巡防、護送、稽查、彈壓在在均關緊要，委屬無可裁減。惟際此時艱，誠如聖諭，事機所迫，勢在必行，不得不於無可裁減之中力求節省，茲亦援照甘省，截至本年六月底止，先汰二成；自七月初一日起，卽照減定數目支放，仍酌給裁兵銀糧一季，以資生計。其餘所留各兵容俟來年，再與陜西撫臣察酌情形，分別裁遣。除西安城守協營兵丁前於同治三年奏請改勇僅存制兵一十五名，與撫標制兵改勇外，僅存制兵八十二名，均撥商州防堵，奉文只開不補，應請勿庸議裁。其撫標及西安城守協營所改勇丁，應由撫臣魏光燾酌核具奏外，計督臣所轄固原提標駐陜各營及延、榆、綏、安、漢中各鎮按二成共裁減馬、步、守各兵一千六百四十三名，每年節省銀二萬三千二兩二錢八分，節省兵糧、馬料三千九百一十二石五斗七升四合，節省草一萬三千四百四十四束八分。所裁各兵一千六百四十三名，按名照原支口分，給與一季銀糧作爲遣資，計應支給遣銀五千七百五十兩五錢七分，遣糧八百九十五石二斗。據陜西布政使張汝梅具詳請奏前來。臣覆核無異，除將清册咨送户、兵二部外，所有裁減陝西省綠營兵丁、節省銀糧及酌給裁兵遣餉銀糧各數目，理合會同陝西撫臣魏光燾、陝西固原提臣鄧增，合詞恭摺具奏。伏乞皇上聖鑒訓示，施行。謹奏。光緒二十三年五月十一日。

（硃批）：該部知道[2]。

光緒二十三年五月二十三日，奉硃批：該部知道。欽此[3]。

補證

【案】此摺原件①、錄副②均藏於臺北"故宫博物院"，兹據校勘。

[1]【頭品頂戴陝甘總督臣陶模跪】此前銜據原件校補。

[2]【該部知道】此"硃批"據原件校補。

[3]【光緒二十三年五月二十三日，奉硃批：該部知道。欽此】此硃批日期等，據錄副補。

一〇三　新授總兵羅平安請暫緩陛見赴任片
光緒二十三年五月十九日（1897年6月12日）

再，記名提督新授陝西延榆綏鎮總兵羅平安，現統帶督標親軍馬步各營旗，駐防肅州及關外玉門一帶，深資得力。前年冬隨臣入關，先分兵助剿北大通，復率隊馳赴關外，堵截西竄竄匪，一戰獲勝，地方得免蹂躪，實爲勇敢善戰之軍。南山零匪現已搜剿殆盡，第該處爲關内外咽喉，地關緊要，防務仍不宜稍懈。臣飭該總兵率所部馬步分紮嚴防，未便遽易生手，擬懇天恩俯准羅平安暫緩陛見，並暫緩赴延榆綏鎮總兵新任，以重防務。至開缺總兵蔣雲龍，應飭交卸送部引見。所遺之缺查有

① 臺北"故宫博物院"藏：《軍機及宫中檔》，文獻編號：408003065。

② 臺北"故宫博物院"藏：《軍機及宫中檔》，文獻編號：139532。

提督銜記名總兵陳元萼，久歷戎行，威望素著，堪以署理。除檄委外，謹附片具陳。伏乞聖鑒訓示。謹奏。光緒二十三年五月十九日。

（硃批）：著照所請[1]。

光緒二十三年六月十一日，奉硃批：著照所請。欽此[2]。

補證

【案】此摺原件①、錄副②均藏於臺北"故宫博物院"，茲據校勘。

[1]【著照所請】此"硃批"據原件補。

[2]【光緒二十三年六月十一日，奉硃批：著照所請。欽此】此硃批日期等，據錄副校補。

一〇四　查明海城平遠二縣控案分別擬議摺
光緒二十三年五月十九日（1897年6月18日）

頭品頂戴陝甘總督臣陶模跪[1]奏，爲查明海城、平遠二縣士民控案，分別擬議，恭摺具陳，仰祈聖鑒事。

竊前准總統甘軍甘肅提督董福祥咨：據海城縣貢生楊鳳鳴、平遠縣紳民任永等稟控：前署固原直隸州知州程敏達、署海城縣知縣栢以麗、署平遠縣知縣閔同文、陝西提標左營遊擊顏咸吉，藉亂漁利，縱賊殃民，等情。當經臣奏請暫行革職[2]，一面飭司另委妥員前往確查去後。茲據候補知府張大墉、候補知縣史文光、靖遠縣知縣儲英翰馳赴固原，按照原稟逐一查明，呈由布政使會鉌、兼署按察使黃雲議擬，會詳請奏前來。臣查貢生楊鳳鳴、任永等分隸海城、平遠各縣，歸固原直隸州兼轄。光緒二十一年五月初間，海城逆回糾眾爲亂，戕官劫

① 臺北"故宫博物院"藏：《軍機及宫中檔》，文獻編號：408003068-0-A。
② 臺北"故宫博物院"藏：《軍機及宫中檔》，文獻編號：140000。

獄，竄擾平遠一帶，經前督臣楊昌濬調撥陝西撫標馬隊，會同固原提標左營遊擊顏咸吉所帶馬隊，跟蹤追勦，迭獲勝仗，並經顏咸吉購覓回民高阿訇、鐵河州作爲眼線，誘擒逆首李萬耿、馬伏先後正法，地方漸安。該州奉文查辦餘匪，陸續拏獲五十二名，訊明供證確鑿，登時正法三十二名，並監斃七名，內有楊芝彥、馬貴，余阿訇、楊如雲、馬天才、買萬成、李三娃子即李三幸子、馬元祥、白布立、李麻兒、羅一約、李文富、楊保成十三名，或因挾嫌妄拏，或因供詞狡展，當由該州分別禁押，發回查訊。該紳民等以未悉數駢誅，心懷不甘，並以栢以麗前往海城署任未能嚴辦回匪、提標左營遊擊顏咸吉於賊初起之時未能登時帶兵往剿，且以不應收留高阿訇、鐵河州在營作爲眼綫，旋又縱去，至閔令委署平遠，時在海城逆匪已平之後到任，辦理善後，查拏餘匪，因恐兵役搜捕滋事，阻止駐紮該處馬隊，不必往拏，自傳回紳蘇灝、李國棟進署，諭拏餘匪，送縣懲辦。惟時漢民廟宇被賊焚燬，適奉前任固原州匡翼之諭令該回紳等派資賠修，該回紳等乘查辦之便，兼籌賠修之費。嗣因交到賊匪內，有馬保龍、馬保虎、蘇文有、李昌太、羅生明、白鳳義、馬科智、馬達五子、馬明成九名，訊無從逆實據，交保看管，另候訊辦，不期於光緒二十二年五月十八日一併乘間潛逃，旋經閔令拏獲馬明成、馬科智、馬達五子三人，其餘逃逸無蹤，以致漢民心疑賄縱。此程敏達、栢以麗、閔同文、顏咸吉被楊鳳鳴等控指藉亂漁利、縱賊殃民之所由來也。

茲經委員查訊，該原告等得悉前情。其從前所獲尚未訊明之楊芝彥等十三名，現亦查訊明確。除楊如雲、馬天才、余阿訇、買萬成、李麻兒五名實係從賊焚掠、當時漏網、法無可逭，已飭就地正法外，其楊芝彥、馬元祥、白布立、馬貴、羅一約、李文富、楊保成、李三娃子即李三幸子八名，均係安分良回，委未從賊，亦均遞籍取保釋放。至顏遊擊雇用回民高阿訇、鐵河州充作眼綫，於誘擒逆首正法後即行遣去。高阿訇等查係良民，且又誘擒逆首有功，顏咸吉並無賄縱情事。閔同文任內取保逃脫之馬保龍等九名，內經自行拏獲馬明成等三名，解送固原，歸入前次奉旨查辦逸匪案内，訊明正法。其餘馬保龍等六名，現未弋獲，是否眞正從逆，尚不可必。回紳蘇灝等奉諭賠修廟宇，雖經攤派，並未收取分文。原控前署固原直隸州知州程敏達、前署海城縣知縣栢以麗、署平遠縣知縣閔同文、陝西提標左營遊擊顔咸吉等，現經委員查訊，均無藉亂漁利、縱賊殃民各情事，自應分別擬結。除前署海城縣候補知縣栢以麗經臣另案參革，應毋庸議外，其程敏達、閔同文應請開復暫行革職處分，仍以原班候補。惟閔同文任内尚有在保逃脱，未及訊定供罪馬保龍等六犯，不能無疏忽之咎，其應得處分聽候部議。固原提標左營遊擊顔咸吉兼帶練軍馬隊，當海城逆回初起，不即帶兵馳往，本屬咎有難辭，但其時循化亂起，提督雷正綰已將標練各軍抽調七成隊伍，赴河州防勦，固原城守空虛，該遊擊所部不及百人，未便置之不顧，且李旺堡一役，力解賊圍，擒斬首要，得以蕩平餘黨，厥功亦不可沒，現准部咨開缺，足以示懲，應請仍予開復原職，另候補用。貢生楊鳳鳴等懷疑妄控，本應坐誣，第念該士民等均遭回匪殺戮之慘，情尚可原。惟訪查楊鳳鳴平日恃衿好訟，此次列名具控之任永等又係楊鳳鳴一人慫恿所致，應請將楊鳳鳴衣頂斥革，以示薄懲。其餘概請從寬免究。回紳蘇灝、李國棟雖遵諭派捐，現已查明並未收取，應毋庸議。平遠疏脱各犯係在保潛逃，已飭現署縣李瑞徵提訊保戶人等有無賄縱，并差拏在逃之馬保龍等務獲，訊明有無從逆各情，另行分別辦理。是否允協。合將查明擬議緣由，謹恭摺具陳。伏乞皇上聖鑒訓示，施行。謹奏。光緒二十三年五月十九日。

（硃批）：該部議奏[3]。

光緒二十三年六月十一日，奉硃批：該部議奏。欽此[4]。

補證

【案】此摺原件①、錄副②均藏於臺北“故宮博物院”，茲據校勘。

---

① 臺北“故宮博物院”藏：《軍機及宮中檔》，文獻編號：408003073。

② 臺北“故宮博物院”藏：《軍機及宮中檔》，文獻編號：139999。

[1]【頭品頂戴陝甘總督臣陶模跪】此前銜據原件校補。

[2]【案】光緒二十二年八月初九日①，陝甘總督陶模奏參署固原知州程敏達等藉亂漁利，請旨革職查辦，曰：

再，准總統甘軍甘肅提督董福祥咨：據海城縣貢生楊鳳鳴、平原縣紳民任永等稟控：署固原直隸州知州程敏達、署海城縣知縣柏以麗、署平遠縣知縣閔同文、陝西提標左營遊擊顏咸吉，藉亂漁利，縱賊殃民，等情。鈔黏原稟，請飭查辦，等因。臣查此案，先據該貢生等以前情赴臣衙門具控，核其情節重大，當將各該牧令、遊擊先後撤任。正查辦間，適董福祥咨同前由，即飭藩、臬兩司遴委道府大員，前往確查，以昭慎重。據藩、臬兩司會詳請奏前來。除前署海城縣候補知縣柏以麗業經臣另案奏參外，仍應請旨將前固原直隸州候補知州程敏達、前署平遠縣候補知縣閔同文、陝西提標左營遊擊顏咸吉，暫行革職，與柏以麗一併歸案查辦。俟查覆至日，再行奏明分別辦理。謹會同開缺固原提督雷正綰，附片具陳。伏乞聖鑒，訓示。謹奏。②

光緒二十二年九月初七日，奉硃批：著照所請，該部知道。欽此③。

[3]【該部議奏】此"硃批"據原件校補。

[4]【光緒二十三年六月十一日，奉硃批：該部議奏。欽此】此硃批日期等，據錄副補。

一〇五　董軍不敷行餉請飭部籌撥摺

光緒二十三年六月初三日（1897 年 7 月 2 日）

頭品頂戴陝甘總督臣陶模跪[1]奏，爲遵照部議查明提臣董福祥所

① 此具奏日期錄副未確，茲據原件（文獻編號：408003020-0-A）及《軍機處隨手登記檔》（檔案編號：03-0289-1-1222-243）校正。

② 臺北"故宮博物院"藏：《軍機及宮中檔》，文獻編號：408003020-0-A。

③ 中國第一歷史檔案館藏：《錄副奏片》，檔號：03-5346-015。

部二十營本年行餉實在不敷數目，懇請飭部籌撥，俾應急需，恭摺仰祈聖鑒事。

竊准戶部咨開：議覆臣前奏提臣董福祥軍餉極力裁騰，不敷仍鉅，擬改坐餉勻支一摺，於光緒二十三年五月初七日具奏，奉旨：依議。欽此。欽遵抄錄原奏咨行前來。臣查戶部原奏內稱：董福祥所部二十營係奉旨令其募足，開支行餉，未便率請改坐糧。惟董福祥一軍餉需，臣部前已撥給銀三十一萬八千兩，加以該督前請裁部下防勇六、七旗，騰出銀十萬兩，合計已有四十餘萬。其不敷之餉，據稱擬於防、練各軍內極力裁遣騰餉，供支不足，再當設法另籌。究竟尚能裁遣若干、騰餉若干以及另籌若干，如果實有不敷，俟該督切實奏明，再由臣部酌量籌撥，各等語。臣查該軍餉項，前與董福祥再四函商，該提臣深知籌款艱難，奏明先成十六營，自本年正月起，歲約需行餉銀五十八萬兩。嗣奉諭旨，添募四營。一俟董福祥招足咨會，即按行餉起支。本年約再加行餉銀六萬兩，並歲需薪工等項，除董福祥自請停止車駝餵養、柴薪銀六萬二千餘兩外，仍需銀三萬兩之譜。合計本年截至十二月底止，實共需銀六十七萬兩。又，董福祥於去年軍務完竣裁併十三營旗，由甘肅糧臺從十一月起至十二月底止，共支過坐糧餉銀並招募經費六萬九千四百餘兩，應歸該軍支餉項下扣算。連前統計，本年實需餉銀七十三萬九千四百餘兩，除已奉部指撥，本年甘肅新餉封存銀三十一萬八千兩，內應劃除本年子藥夫銀一萬四千餘兩，實止撥銀三十萬三千餘兩，尚不敷實銀四十三萬六千餘兩。臣前奏裁防勇六七旗，能騰出銀十萬兩，現在甘肅防軍所留不多，地方遼闊，民情浮動，非此實無以重防務而資鎮攝[2]。臣受恩深重，際此時艱，不得不兼籌並顧，通盤計算，或極力再裁，或另行籌畫，亦祗能騰挪銀十萬兩左右，合前裁騰之十萬兩，共能騰銀二十萬兩，實在仍不敷銀二十三萬六千餘兩。據藩司曾鉌具詳前來。合無仰懇天恩，飭部照數籌撥的款，免誤要需。再，董福祥所部各營餉項，甘省裁撤營旗業經全數挹注，以後並無騰挪之款，所有董福祥應需光緒二十四年分專餉，擬請由該提臣自行奏撥。合併聲明。除咨部外，合將遵照部議查明董福祥所部二十營本年行餉實在不敷數目，懇請籌撥緣由，謹恭摺具奏。伏乞皇上聖鑒訓示，施行。謹奏。光緒二十三年六月初三日。

（硃批）：戶部議奏[3]。

光緒二十三年六月十六日，奉硃批：戶部議奏。欽此[4]。

補證

【案】此摺原件①、錄副②均藏於臺北"故宮博物院"，茲據校勘。

[1]【頭品頂戴陝甘總督臣陶模跪】此前銜據原件校補。

[2]【鎮攝】原件、錄副均作"鎮懾"。

[3]【戶部議奏】此"硃批"據原件補。

[4]【光緒二十三年六月十六日，奉硃批：該部知道。欽此】此硃批日期等，據錄副補。

一〇六　甘肅馬步營旗第五次裁併摺

光緒二十三年六月初三日（1897年7月2日）

頭品頂戴陝甘總督臣陶模跪[1]奏，爲報明甘肅馬步營旗第五次裁撤、歸併，並由營改旗、由行餉改支坐餉各起數目，另開清單報部，恭摺仰祈聖鑒事。

竊查甘省前因軍務添募馬步營旗，於肅清後經臣節次裁減，已截至光緒二十二年十二月底止，先後具奏在案。茲據甘肅布政使會鉌將二十三年正月初一日起至四月底止復又陸續裁撤、歸併馬步各營旗並由營改旗、由行餉改支坐餉，計共二十四起，分晰截餉日期，開單

① 臺北"故宮博物院"藏：《軍機及宮中檔》，文獻編號：408003075-0。

② 臺北"故宮博物院"藏：《軍機及宮中檔》，文獻編號：140075。

詳請奏咨立案，並聲明已撤及酌裁馬步各勇丁，均於遣散時照章加給恩餉，各等情。前來。臣覆核無異，除仍飭該司查明現留防軍馬步數目，再行察酌情形，極力裁減，以節餉需，另行奏報，並將此次清單咨送戶、兵二部查照外，所有第五次裁撤、歸併馬步各營旗並由營改旗、由行餉改支坐餉各起數目緣由，理合恭摺具陳。伏乞皇上聖鑒。謹奏。光緒二十三年六月初三日。

（硃批）：該部知道[2]。

光緒二十三年六月十六日，奉硃批：該部知道。欽此[3]。

補證

【案】此摺原件①、錄副②均藏於臺北"故宮博物院"，茲據校勘。

[1]【頭品頂戴陝甘總督臣陶模跪】此前銜據原件校補。

[2]【該部知道】此"硃批"據原件補。

[3]【光緒二十三年六月十六日，奉硃批：該部知道。欽此】此硃批日期等，據錄副補。

一〇七　停止津貼兵勇糧價摺

光緒二十三年六月二十三日（1897 年 7 月 22 日）

頭品頂戴陝甘總督臣陶模跪[1]奏，爲奉准津貼兵勇四成糧價，擬請將已發者咨部核銷、未發者一律停止，以紓餉力，恭摺仰祈聖鑒事。

竊查甘省光緒二十一年軍務喫緊，糧價奇貴，進勦前敵各軍異常出力，當經前督臣楊昌濬於二十一年十月十五日奏請援案津貼四成糧價[2]，以勵軍心，仰蒙聖恩照准，士卒同深感戴。維時甘省舊有防軍

① 臺北"故宮博物院"藏：《軍機及宮中檔》，文獻編號：408003077。

② 臺北"故宮博物院"藏：《軍機及宮中檔》，文獻編號：140076。

並添募勇營以及調甘助勦之豫、凱、永、定等軍，共馬步一百數十營旗，日需糧料甚鉅，按四成糧價津貼，人馬並計，約共需銀二十三萬餘兩。值此餉項艱難，籌措匪易，亟應設法撙節。當與藩司再四熟商，先儘前敵營旗照章發給，仍查明各營旗有無戰事，分別久暫，以定起止。至於距賊稍遠與夫堵遏要隘等軍，雖同係前敵、同支行糧，究與衝鋒陷陣者有間，自未便一例辦理，以滋糜費。現計已發過各軍津貼四成糧價銀三萬七千三百餘兩，其餘無論營旗已撤、未撤，擬請一律停發，稍資節省。據總糧臺布政使曾鉌詳請奏咨立案前來。臣覆核無異，除將發過各營旗津貼四成糧價銀數開摺咨送戶部外，所有其餘已撤、未撤各軍津貼擬請一律停止緣由，理合恭摺具奏。伏乞皇上聖鑒，飭部立案施行。謹奏。光緒二十三年六月二十三日。

（硃批）：該部知道[3]。

光緒二十三年七月十七日，奉硃批：該部知道。欽此[4]。

補證

【案】此摺原件①藏於臺北“故宮博物院”，茲據校勘。

[1]【頭品頂戴陝甘總督臣陶模跪】此前銜據原件校補。

[2]【案】光緒二十一年十月十五日，陝甘總督楊昌濬奏請前敵各軍援案照扣糧價，曰：

> 太子太保頭品頂戴革職留任陝甘總督臣楊昌濬跪奏，爲前敵各軍援請津貼糧價，恭摺仰祈聖鑒事。竊臣前因各軍進剿需糧甚鉅，已飭於甘肅所屬鞏昌、安定、狄道、河州及白塔寺、西甯、碾伯、平番各處，設局採運糧料，以備供支。其應扣糧價即由甘藩司詳擬章程，劃一辦理，每白麵一斤，定銀二分四釐，麥豆照此計算，原屬通較時估，酌中核議，牽扯合計，期於公款、勇丁兩無損耗，當經飭令一律照辦在案。茲據甘肅布政使曾鉌詳稱：准提臣董福祥函稱，該所部各營去歲赴直防堵，彼時

① 臺北“故宮博物院”藏：《軍機及宮中檔》，文獻編號：408003075-1。

米價昂貴，經兩江督臣劉坤一奏准津貼米價四成。現在甘省糧價日高，加以運腳各費，不免過昂。各營士卒均臨前敵，辛苦萬狀，商令詳請援案奏給津貼，等因。到司。覆查提臣董福祥援案申請，自爲體念兵艱起見。當此衝鋒對敵之時，若不優予體恤，似無以鼓其鋭氣。在公家免此四成銀價，不致遽形竭蹶；而兵勇得此津貼，自當益加奮勉。凡前敵諸軍，如西甯、河州各路均擬照此辦理，以昭公普，而免偏枯。惟此項糧價除照扣六成外，其四成價值並轉運經費，自應作正開銷，事竣造報，俾免賠纍。詳請奏咨前來。臣查前敵諸軍，日有戰事，欲得其力，必先厚其生。雖赴直各軍前沐皇仁優渥，非外省兵勇所敢希倖，而邊地寒苦異常，士卒更堪憐念。合無仰懇天恩俯允，援案照扣糧價，以資津貼而勵軍心，並祈飭下戶部立案。除咨部外，謹會同新疆提臣董福祥，合詞恭摺具陳。伏乞皇上聖鑒訓示，施行。謹奏。光緒二十一年十月十五日。①

光緒二十一年十月二十六日，奉硃批：著照所請，戶部知道。欽此②。

[3]【該部知道】此“硃批”據原件補。

[4]【光緒二十三年七月十七日，奉硃批：該部知道。欽此】此硃批日期與內容，據《隨手檔》③校補。

一〇八　附奏永安大通二營官兵停支津貼片
光緒二十三年六月二十三日（1897年7月22日）

再，西甯鎮屬永安營、大通營兩城於光緒二十一年七月先後失守，二十二年春克復後，經臣遴員署理該兩營遊擊，并飭各將弁兵照舊安設，計永安營照舊設遊擊一員、千總一員、把總二員、經制外

---

① 中國第一歷史檔案館藏:《硃批奏摺》，檔號：04-01-01-1007-089。

② 中國第一歷史檔案館藏:《錄副奏摺》，檔號：03-6136-134。

③ 中國第一歷史檔案館藏:《軍機處隨手登記檔》，檔案編號：03-0293-1-1223-188。

委三員、額外馬、步、守兵二百名；大通營照舊設遊擊一員、千總一員、把總二員、經制外委五員、額外馬、步、守兵二百三名。應需廉俸、餉糧、公費等項，員弁自到任之日起、兵丁自招募入伍之日起，飭司照例分別支給。因念該兩營城地處荒僻，甫經收復，諸物昂貴，不能不酌加津貼，以示體恤。臣已飭司於例支外每官一員月加銀一兩八錢，每兵一名月加銀九錢，隨同正餉一律核發，現已截至本年六月底止，即行停給，以節靡費。據藩司會銜詳請奏咨立案前來。謹附片具陳。伏乞聖鑒，飭部查照，以便造銷。謹奏。光緒二十三年六月二十三日[1]。

（硃批）：該部知道[2]。

光緒二十三年七月十七日，奉硃批：該部知道。欽此[3]。

補證

【案】此奏片原件①、錄副②均藏於臺北"故宮博物院"，茲據校勘。

[1]【光緒二十三年六月二十三日】此具奏日期僅存於底本。

[2]【該部知道】此"硃批"據原件補。

[3]【光緒二十三年七月十七日，奉硃批：該部知道。欽此】此硃批日期等，據錄副校補。

一〇九　附奏甘省免辦騾頭並免岷番改進騾頭片
光緒二十三年六月二十三日（1897年7月22日）

再，前准上駟院咨：現在御用騾頭漸致缺乏，查陝西岷州衛二十四寺喇嘛等，例應間年貢馬。彼地素係產騾之區，奏明准令改進

① 臺北"故宮博物院"藏：《軍機及宮中檔》，文獻編號：408003077-0-A。

② 臺北"故宮博物院"藏：《軍機及宮中檔》，文獻編號：140629。

貢騾，並飭陝甘總督仿照直隸採騾成案，選辦身大、性良、口輕、善走騾十數頭，限五月內送京，歸圈排演應差，等因。當經轉行遵照去後。兹據藩司曾鉌詳：據署岷州知州奎綾轉據護理圓覺寺僧綱司后一世桑介禀稱：圓覺等二十四寺於咸豐年間進貢後，同治初年回匪變亂，各寺院經像焚燬無存，僧人逃竄。數十年來，缺未全補，寺院亦未修復，加以前年河回復亂，擾及番地，僧衆相繼流亡，情形實爲困苦。今奉文改貢騾頭，實係無力呈進，且岷地向不產騾，更難措辦。惟有懇請展緩，俟地方元氣稍復，再行照案分進馬匹，以圖報效，等情。由司委查屬實，並稱甘省各屬實無產騾最盛之區，民間駕車所用非牛即馬，市中間有商車用騾者，皆屬短小難供御用。若求身大、性良、口輕、善走之騾，實無其選。詳請咨奏前來。臣覆查該司所詳，均係實在情形，合無仰懇天恩俯准甘省免其採辦騾頭，並免岷州衛二十四寺改進騾頭，仍懇展緩貢馬，以恤番情而紓民力，出自逾格鴻施。除咨明上駟院及理藩院查照外，謹附片具陳。伏乞聖鑒訓示。謹奏。光緒二十三年六月二十三日[1]。

（硃批）：該衙門知道[2]。

光緒二十三年七月十七日，奉硃批：該衙門知道。欽此[3]。

補證

【案】此奏片原件①、錄副②均藏於臺北“故宮博物院”，兹據校勘。

[1]【光緒二十三年六月二十三日】此具奏日期僅存於底本。

[2]【該衙門知道】此“硃批”據原件補。

[3]【光緒二十三年七月十七日，奉硃批：該衙門知道。欽此】此硃批日期等，據錄副補。

---

① 臺北“故宮博物院”藏：《軍機及宮中檔》，文獻編號：408003077-0-B。

② 臺北“故宮博物院”藏：《軍機及宮中檔》，文獻編號：140623。

一一〇　新授總兵焦大聚請暫緩陛見赴任片

光緒二十三年六月二十三日（1897 年 7 月 22 日）

再，記名提督新授新疆伊犁鎮總兵焦大聚，現統帶督標親軍馬步營旗，駐防安定一帶。該處漢回雜處，爲四路通衢，巡防最關緊要。該總兵前在北大通掃蕩回堡，立功最偉，旋復調剿關外敦煌等處竄匪，亦經迅速奏功。臣以省城重地，防範宜周，因將該總兵調回，分紮東路要隘。數月以來，防務認眞，地方安謐，洵爲得力之軍，未便遽行更替。合無仰懇天恩，俯准焦大聚暫緩陛見，並暫緩赴伊犁鎮總兵新任，以裨地方。除咨明伊犁將軍、新疆撫臣查照外，謹附片具陳。伏乞聖鑒訓示。謹奏。光緒二十三年六月二十三日[1]。

（硃批）：著照所請[2]。

光緒二十三年七月十七日，奉硃批：該部知道。欽此[3]。

補證

【案】此奏片原件①、錄副②均藏於臺北“故宮博物院”，茲據校勘。

[1]【光緒二十三年六月二十三日】此具奏日期僅存於底本。

[2]【著照所請】此“硃批”據原件補。

[3]【光緒二十三年七月十七日，奉硃批：著照所請。欽此】此硃批日期等，據錄副補。

---

① 臺北“故宮博物院”藏：《軍機及宮中檔》，文獻編號：408003079-0-A。

② 臺北“故宮博物院”藏：《軍機及宮中檔》，文獻編號：140633。

卷　八

陕甘四

一一一　甘省添扣二分減平款目摺
光緒二十三年七月十三日（1897 年 8 月 10 日）

頭品頂戴陝甘總督臣陶模跪[1]奏，爲遵照部議甘省添扣二分減平，統按六分核扣各款，約計一年所扣銀數，先行恭摺奏報，仰祈聖鑒事。

竊臣准戶部咨：議覆御史宋伯魯①奏請添扣各項減平以裕利源一摺[2]，光緒二十三年五月十二日具奏[3]，奉旨：依議。欽此。飛咨到臣。當經恭錄，飭司遵照辦理去後。玆據藩司曾鉌詳稱：查部議內開：各省自本年七月起，無論藩、運、道庫及各局處所額支旗綠各營俸、薪、餉、乾、米折、養贍並各項經費、津貼、薪費、口糧暨一切正雜各款，凡支庫平者，每兩核扣六分，統按二兩平發給。其由旗綠各營內挑練之兵所支餉糈，本較額兵爲優，亦應核扣六分減平，以歸一律。至各省勇餉多係開支湘平，當此整頓營勇之時，自未便再行核減。第查各處防餉，間或以庫平支給，未免稍有參差，亦令自本年七月起，無論舊有防勇、新添練勇以及學習洋操各軍，凡餉項開支庫平者，照數核扣四分，統按湘平發給。計各項減平扣出銀數若干，應令按半年報部一次，專款存儲，留備臣部撥還洋款，無論何項，不得擅行動支。其從前減平各案扣存六分、四分各數，並令照案分別解部及報部候撥，毋得迳行截留應用，仍將各該省各項減平一年約扣數目先行專

---

① 宋伯魯（1854—1932），字芝棟、芝洞、芝钝、子鈍。晚年又號鈍叟，別號九峻山樵、瓶園老人、心太平軒老人。陝西省醴泉縣人。光緒十年（1884），中舉。十一年（1885），中式進士，改庶吉士。十四年（1888），授編修。同年，任國史館協修官。十七年（1891），充順天鄉試同考官。二十年（1894），任山東鄉試副考官。二十二年（1896），補山東道監察御史。戊戌政變（1898）後，遁回原籍，致力詩畫，頗存矩矱。民國二十一年（1932），卒。著有《海棠仙館集》、《畫人軼聞》、《清畫家詩史》、《新疆建置志》、《新疆山脈志》、《西輶瑣記》、《海棠仙館詩集》、《焚餘草》、《己亥談時》、《知唐桑艾錄》等行世。

案奏報，毋稍遲延，等因。伏查甘省文武俸廉等項，每年約共扣減平銀二萬八千餘兩，係按六分扣除，無可添扣。惟有司庫並總糧臺支發旗綠各營兵餉、米折、練兵月餉、馬乾、糧料、草折、文職、祭祀、土司俸祿、喇嘛衣單、孤貧口糧、犒賞番目、西甯供應以及各項津貼經費、西甯王公俸銀、新舊酬賞、京職銜米折、兵餉、譯字喇嘛工食等項銀兩，前此係按四分減平，每年約共扣銀二萬八千餘兩。今奉文添扣二分減平，每年約共添扣一萬四千餘兩。遵議自光緒二十三年秋季七月扣起，另款收儲，按半年報部一次，聽候提撥。其舊有之六分、四分減平銀兩，仍照案分別造册詳報。此外甘省新舊防餉等項皆已核扣四分，統按湘平發給，仍另行扣存，並無以庫平開支之項，毋庸再議核減，等情。開具添扣二分減平各項款目清摺，詳請奏報前來。臣覆核無異，除將清摺送部外，所有甘省每年約扣減平銀數，理合恭摺先行奏報。伏乞皇上聖鑒，敕部查核施行。謹奏。光緒二十三年七月十三日。

光緒二十三年七月二十五日，奉硃批：戶部知道。欽此[4]。

補證

【案】此摺缺原件，錄副①現藏於臺北“故宫博物院”，茲據校勘。

[1]【頭品頂戴陝甘總督臣陶模】底本無此前銜，茲據錄副校補。

[2]【案】光緒二十三年三月十二日，山東道監察御史宋伯魯爲酌增各省減平以裕利源，具奏曰：

山東道監察御史臣宋伯魯跪奏，爲酌增各省減平，以裕利源，恭摺仰祈聖鑒事。竊維籌款之法，節流不如開源，而開源之途有二：有刱前此所未開者，取道紆而責效遲；有就已成之局而推廣之者，用力省而成功易。現在洋債重重，庫款支絀，轉瞬交利之期又屆，司農仰屋，計吏束手；新法則緩不濟急，舊漏則搜括無遺。加稅則則成說尚虚，貸外債

① 臺北“故宫博物院”藏：《軍機及宫中檔》，文獻編號：140790。

則抵款宜預。於無可籌畫之中必籌一歲入鉅款，則莫如酌增減平之一法。查減平之法創於嘉慶年間，陝西巡撫畢沅因川楚軍需左藏虧空，藉此爲彌補之計。道光二十三年，經戶部奏定章程，令各直省按年扣存，於二、八月解部。惟時常例支款，如文武廉俸、工食、雜支之項，歲銷千餘萬兩，每兩核扣平餘六分，應扣收銀九十余萬兩。咸豐、同治以來，雖屢經奏准嚴定考成，各直省從未依限解足，推原其故，多由入不敷出，或留以湊京、協各餉，或留以供本省餉需。款已佔定，縱照案嚴催，仍屬空文來往。此六分減平一款可以提解者必無多也。光緒十年，戶部會奏開源節流單內減平條款，雖有餉需等項每兩扣減平四分存儲備撥之議，各直省亦多未遵行。即間有扣存者，亦多係湊撥軍餉。既非閑款，則提解種種爲難。又有採辦外洋物料，多不能核扣平餘，則每年七八千萬出款內又須扣除。核計此四分減平一款，可以提解者亦無多也。今欲於減平一項籌出鉅款，非加扣不爲功。查庫平一兩內核扣減平六分，仍爲京平一兩，雖貴如王公鉅卿，其廉俸莫不核扣。近如宗室覺羅，其錢糧亦莫不核扣。而外省旗綠兵勇餉乾，或竟支庫平，並不扣減；或按庫平只減三四分不等，本非平允辦法，然相沿已久，無故亦不便更張。茲因籌款萬難，不得已擬統按六分核扣。其向有支款佔定者，仍准留用；此外添扣者，概令報解。每月每人所扣無幾，似無傷於政體，而的款每年約可得銀百餘萬兩。若仍不足用，或再將一分平餘扣款普徧推廣，每年又可得因數十萬，合之可得二百萬。蓋軍需定例惟採製、運腳，除扣平外，每百兩向扣平餘銀一兩，餘則不扣。今擬統行核扣也。如擬將以上辦法舉行，須先令該部按歲出歲入登記簿內所列支款付各司處，注明某款向扣幾分減平，某款照軍需例扣收平餘，某款向放庫平，俟各司注齊付回，然後彙總，核計某省可以添扣若干，通盤可以添扣若干。凡添扣之款，奏令提解部庫，以濟要需。各直省以奉到部文之日起爲始，以前已未扣減均置不究；奉文後均需恪遵奏定新章，依限報解，不得延宕；並通行管庫衙門，出示曉諭。除奏定扣平若干外，儻再藉此虧平，一經發覺，從嚴懲辦，以杜流弊。如此既無損於大局，兼可獲此鉅款。此臣所謂就已成之局而推廣之、用力省而成功易也。是否有當。伏乞皇上聖鑒訓示，施行。謹奏。光緒二十三年三月十二日。①

【案】光緒二十三年三月十二日，御史宋伯魯奏請添扣各項減平之摺奉明發諭旨戶部議奏，並將原摺呈覽：

本日，御史宋伯魯奏請添扣各項減以裕利源摺，奉明發諭旨：戶部議奏。又奏，凡遇應辦大工，經欽派大臣勘估後，仍交工部詳議覈奏片，奉交片諭旨：工部議奏。又奏，京城刦案疊出，請嚴行拏辦片，奉交片諭旨：著步軍統領衙門、順天府、五城認真拏辦。謹將原摺、片恭呈慈覽。謹奏。②

[3]【案】光緒二十三年五月二十一日，戶部爲議覆御史宋伯魯奏請添扣各項減平請咨軍機處知照，曰：

戶部謹奏，爲遵旨議奏事。光緒二十三年三月十二日，奉上諭：御史宋伯魯奏請添扣各項減平以裕利源一摺。著戶部議奏。欽此。欽遵由內閣鈔出到部。原奏內稱：籌款之法，節流不如開源，而開源之途有二：有刱前此所未開者，取道紆而責效遲；有就已成之局而推廣之者，用力省而成功易。現在洋債重重，庫款支絀，轉瞬交利之期又屆，司農仰屋，計吏束手，於無可籌畫之中必籌一歲入鉅款，則莫如酌增減平之一法。查庫平一兩內核扣減平六分，爲京平一兩，雖貴如王公鉅卿，其廉俸莫不核扣。近如宗室覺羅，其錢糧亦莫不核扣。而外省旗綠兵勇餉乾或竟支庫平，並不扣減；或按庫平只減三四分不等，本非平允辦法，然相沿已久，無故亦不便更張。茲因籌款萬難，不得已擬統按六分核扣。其向有支款佔定者，仍准留用；此外添扣者，概令報解。每月每人所扣無幾，似無傷於政體，而的款每年約可得銀百餘萬兩。若仍不足用，或再將一分平餘扣款普徧推廣，每年又可得因數十萬，合之可得二百萬。蓋軍需定例惟採製、運腳，除扣平外，每百兩向扣平餘銀一兩，餘則不扣。今擬統行核扣，等語。臣等伏查道光二十三年，臣部奏明將各省文武廉俸

① 臺北"故宮博物院"藏:《軍機及宮中檔》，文獻編號：137985。

② 臺北"故宮博物院"藏:《軍機及宮中檔》，文獻編號：138001。

暨雜支等款一律減平支放，每年約節省銀七十四萬七千餘兩。又，咸豐七年奏明兵餉、馬乾等款毋庸減平，其餘一切放款改用二兩平支放，每年約節省銀二十余萬兩。均令按年如數報部。又，光緒十年奏明各省勇餉，大半按湘平支發。嗣後一切薪水雜項，均照湘平扣銀四分之數，一律扣平支放。扣出銀款，另行存儲候撥。此臣部先後辦理減平之大略也。今御史宋伯魯奏稱籌款萬難，不得已擬統按六分核扣，概令報解，每年可得銀百餘萬兩，等因。查各省支發庫平各款，除京、協各餉、海關經費、中外交涉款目、雇募洋人薪工、購買外洋物料均難議減外，現在旗綠各營兵餉、馬乾、員役薪糧等款，每年約需庫平銀一千四五百萬兩。若每兩減平六分，一年約節省銀八九十萬兩，實不計百餘萬之數。惟每人每月所扣無多，不至遽行困苦，而銖積寸纍，集有成數，於庫儲不爲無裨。臣等公同商酌，擬照該御史所議，行令各直省自本年七月起，無論藩、運、道庫及各局處所額支旗綠各營俸薪、餉乾、米折、養贍並各項經費、津貼、薪費、口糧暨一切正雜各款，凡向支庫平者，每兩核扣六分，統按二兩平發給。其由旗綠各營內挑練之兵所支餉糈，本較額兵爲優，亦應核扣六分減平，以歸一律。至各省勇餉多係開支湘平，當此整頓營勇之時，自未便再行核減。第查各處防餉，間或以庫平支給，未免稍有參差，亦令自本年七月起，無論舊有防勇、新添練勇以及學習洋操各軍，凡餉項開支庫平者，照數核扣四分，統按湘平發給。計各項減平扣出銀數若干，應令按半年報部一次，專款存儲，留備臣部撥還洋款，無論何項，不得擅行動支。其從前減平各案扣存六分、四分各數，並令照案分别解部及解部及報部候撥，毋得迳行截留應用。再，軍需例扣一分平餘、開支書吏工食，爲數無幾，自應循例辦理，毋庸統行核扣。以上核議各節，如蒙俞允，應請飭下各直省將軍、督撫一體遵辦，並將各該省各項減平一年約扣數目先行專案奏報，毋稍遲延。所有遵義緣由，理合恭摺具陳。伏乞皇上聖鑒。謹奏。

咨呈：戶部爲遵旨事。陝西司案呈：准北檔房傳，所有議覆御史宋伯魯奏請添扣各項減平以裕利源一摺，光緒二十三年五月十二日具奏，奉旨：依議。欽此。相應鈔錄原奏，恭錄諭旨，咨呈軍機處可也。須至咨呈者。右咨呈（計單）軍機處。光緒二十三年五月二十一日。①

[4]【光緒二十三年七月二十五日，奉硃批：戶部知道。欽此】此硃批日期等，據錄副補。

一一二　二十二年分收支百貨釐金摺

光緒二十三年七月十九日（1897 年 8 月 16 日）

頭品頂戴陝甘總督臣陶模跪[1]奏，爲報銷光緒二十二年分甘肅關內釐捐總分各局卡收支銀錢數目，恭摺仰乞[2]聖鑒事。

竊照光緒二十一年收支百貨釐金銀兩數目，業經咨奏在案。茲據釐金總局司道詳稱：光緒二十二年正月起至十二月底止，關內各局卡百貨釐金收支款目彙爲一宗，通共新收銀一十九萬三千六百七十二兩八錢四分九釐八毫四絲，以批解藩庫爲大宗，其次粥廠、車價並釐金、各局卡薪工、局費，總共解支銀一十九萬三千六百七十二兩八錢四分九釐八毫四絲，以入抵出[3]，並無餘存。至鹽釐、土藥、加抽糖釐，另案造報，等情。造具總散清册，詳請奏咨前來。臣覆核無異，除清册送部外，合無仰懇天恩，飭部查照，准將光緒二十二年已支之款照册核銷，以清款目。再，查西甯、渭源、河州、狄道、碾伯、丹噶爾各局卡釐金，前因回逆猖獗，商貨停運，無從抽收，二十一年內，先後稟請停止，茲二十二年雖已一律開辦，然兵燹後凋殘太甚，商貨滯銷，一時難望起色。前奉部飭徵收釐金、開支局費章程向不准逾收數十分之一，等因。惟甘肅爲極邊遼闊之地，山徑分歧[4]，若非扼要處所設立局卡，不能遏繞越而杜偷漏，是以開支局費不能照一成之數。合併聲明。所有甘肅省光緒二十二年分收支百貨釐金數目，謹恭摺具奏。伏

① 臺北“故宮博物院”藏：《軍機及宮中檔》，文獻編號：139774。

乞皇上聖鑒訓示。謹奏。光緒二十三年七月十九日。

（硃批）：戶部知道[5]。

光緒二十三年八月十二日，奉硃批：戶部知道。欽此[6]。

補證

【案】此摺原件①，錄副②現均藏於臺北"故宮博物院"，茲據校勘。

[1]【頭品頂戴陝甘總督臣陶模】底本無此前銜，茲據原件補。

[2]【仰乞】原件、錄副皆作"仰祈"。

[3]【以入抵出】原件、錄副皆作"以出抵入"。

[4]【分歧】原件、錄副均作"紛歧"。

[5]【戶部知道】此"硃批"據原件補。

[6]【光緒二十三年八月十二日，奉硃批：戶部知道。欽此】此硃批日期等，據錄副校補。

一一三　二十二年分收支鹽釐片

光緒二十三年七月十九日（1897年8月16日）

再，據甘肅釐金總局司道詳稱：光緒二十二年正月起至十二月底止，甘肅各局卡收支鹽釐款目彙爲一案，計新收並減平共銀二萬四千八百五十兩三錢五分六釐八毫，已先後解交藩庫銀二萬一千五百二十三兩九錢五分六釐八毫。又，支發鹽卡薪工、局費銀三千三百二十六兩四錢。以上共開除銀二萬四千八百五十兩三錢五分六釐八毫，以入抵出，並無餘存。理合造具收支清册，並將各處産銷鹽觔收釐章程、易銀市估及委員職名均於册內聲敘，仍遵照部咨，另造市

① 臺北"故宮博物院"藏：《軍機及宮中檔》，文獻編號：408003086。

② 臺北"故宮博物院"藏：《軍機及宮中檔》，文獻編號：141126。

估細册，一併詳請奏咨前來。臣覆核無異，合無仰懇天恩飭部，准將光緒二十二年已支之款照册核銷，以清款目。除將清册送部查核外，謹附片具陳。伏乞聖鑒訓示。謹奏。光緒二十三年七月十九日[1]。

（硃批）：戶部知道[2]。

光緒二十三年八月十二日，奉硃批：戶部知道[3]。

補證

【案】此奏片原件① 現藏於臺北“故宫博物院”，茲據校勘。

[1]【光緒二十三年七月十九日】此具奏日期僅見於底本。

[2]【戶部知道】此“硃批”據原件補。

[3]【光緒二十三年八月十二日，奉硃批：戶部知道】此硃批日期等，據《隨手檔》② 補。

一一四　二十二年分收支土釐片

光緒二十三年七月十九日（1897 年 8 月 16 日）

再，前准戶部咨：甘省徵收土藥釐金銀兩，應自光緒十六年起，按年據實造報，不得併入百貨釐捐款内開支，以免牽混；並將所收銀兩專款存儲，聽候指撥，等因。遵辦在案。茲據稅釐總局司道詳稱：甘肅省自光緒二十二年正月起至十二月底止，關内各釐局、卡收支土藥款目彙爲一宗，計新收銀一萬四千一百四十二兩一錢六分二釐，業已如數解交藩庫，專款存儲，聽候指撥，造具四柱清册，並聲明土藥釐金向歸百貨釐局兼收，應支薪工仍在貨釐項下開支。所有二十二年收獲土藥釐銀，已由甘肅藩司照數搭解戶部衙門查收，等情。詳請奏

① 臺北“故宫博物院”藏：《軍機及宫中檔》，文獻編號：408003087-0-A。

② 中國第一歷史檔案館藏：《軍機處隨手登記檔》，檔案編號：03-0293-1-1223-213。

咨前來。臣查甘省地處邊陲，向無洋藥到境，本地雖有栽種罌粟，然自用者多，販運者少，故收釐有限。茲稅釐總局將光緒二十二年分所收土藥釐銀一萬四千一百四十二兩一錢六分二釐如數解交藩庫，由甘肅藩司搭解戶部衙門查收在案。仍飭司按年列册報查，並飭各局卡認眞抽收以裨釐務外，謹附片具陳。伏乞聖鑒，飭部查照。謹奏。光緒二十三年七月十九日[1]。

（硃批）：戶部知道[2]。

光緒二十三年八月十二日，奉硃批：戶部知道。欽此[3]。

補證

【案】此奏片原件①、錄副②現藏於臺北“故宮博物院”，茲據校勘。

[1]【光緒二十三年七月十九日】此具奏日期僅見於底本。

[2]【戶部知道】此“硃批”據原件補。

[3]【光緒二十三年八月十二日，奉硃批：戶部知道。欽此】此硃批日期等，據錄副校補。

一一五　二十二年分加抽二成糖釐片

光緒二十三年七月十九日（1897年8月16日）

再，前准戶部咨：甘肅省徵收紅、白蔗糖，於照章完釐外，每斤加抽二成釐金，另款彙存造報，等因。當經轉行遵辦在案。茲據稅釐總局司道詳稱：甘肅省自光緒二十二年正月起至十二月底止，各局卡收穫糖釐款目彙爲一宗，計新收二成釐銀三百三十五兩四分，已照數批解藩庫，專款存儲，聽候指撥。造册詳請奏咨前來。臣覆核無異，

① 臺北“故宮博物院”藏：《軍機及宮中檔》，文獻編號：408003087-0-A。

② 臺北“故宮博物院”藏：《軍機及宮中檔》，文獻編號：141133。

除飭司仍按年列册報查，並飭各局卡認真經徵，實收實報，以裨釐務外，謹附片具陳。伏乞聖鑒，飭部查照。謹奏。光緒二十三年七月十九日[1]。

（硃批）：戶部知道[2]。

光緒二十三年八月十二日，奉硃批：戶部知道。欽此[3]。

補證

【案】此奏片原件①、錄副②現藏於臺北“故宮博物院”，茲據校勘。

[1]【光緒二十三年七月十九日】此具奏日期僅見於底本。

[2]【戶部知道】此“硃批”據原件補。

[3]【光緒二十三年八月十二日，奉硃批：戶部知道。欽此】此硃批日期等，據錄副校補。

一一六　嘉峪關徵收俄稅扣足四結造報摺
光緒二十三年七月十九日（1897年8月16日）

頭品頂戴陝甘總督臣陶模跪[1]奏，爲嘉峪關徵收俄稅扣足四結，造册報銷，恭摺仰祈聖鑒事。

竊照嘉峪關新設俄國陸路口岸，徵收稅項，遵照部議扣足四結專摺奏咨一次。茲查光緒二十二年四月初九日止第四十四結屆滿，業經先後造册奏咨。今自二十二年四月初十日起，至二十三年四月初九日第四十八結止，又屆四結期滿；其第四十五結、四十六結、四十七結、四十八結徵收稅銀，已節次分別咨明在案。所有十二次四結內共舊管、新收，除提火耗每兩一分二釐外，徵收內地正、子稅銀

① 臺北“故宮博物院”藏：《軍機及宮中檔》，文獻編號：408003087-0-C。

② 臺北“故宮博物院”藏：《軍機及宮中檔》，文獻編號：141129。

六百三兩七錢八分八釐八毫。又，開除提入光緒二十二年滿年經費銀三百一十三兩三錢三分一釐五毫，實儲稅銀二百九十兩四錢五分七釐三毫。據該關督何福堃造具清册，詳請奏咨前來。臣覆核無異，除清册分送總理衙門及部科查照外，理合恭摺具奏。伏乞皇上聖鑒。謹奏。光緒二十三年七月十九日。

（硃批）：該衙門知道[2]。

光緒二十三年八月十二日，奉硃批：該衙門知道。欽此[3]。

補證

【案】此摺原件①、錄副②均藏於臺北"故宮博物院"，兹據校勘。

[1]【頭品頂戴陜甘總督臣陶模跪】此前銜據原件校補。

[2]【該衙門知道】此"硃批"據原件補。

[3]【光緒二十三年八月十二日，奉硃批：該衙門知道。欽此】此硃批日期等，據錄副補。

一一七　辦理玉樹囤不大番案動用經費摺

光緒二十三年七月十九日（1897年8月16日）

頭品頂戴陜甘總督臣陶模跪[1]奏，爲造報辦理玉樹囤不大番案動用經費，懇恩飭部核銷，恭摺仰祈聖鑒事。

竊查光緒二十年五月間，法國遊歷士呂推被玉樹囤不大番族戕害一案，欽奉諭旨：此事關係中外交涉，必應迅籌了結，免生枝節，等因。欽此[2]。前督臣楊昌濬、西甯辦事大臣奎順當以事關重要，即遴委西甯鎮標前營都司鄧咸林、分省補用縣主簿龔應榜前往查辦。西甯

---

① 臺北"故宮博物院"藏：《軍機及宮中檔》，文獻編號：408003088。

② 臺北"故宮博物院"藏：《軍機及宮中檔》，文獻編號：141124。

去囤不大一路黄沙戈壁，野番時出劫掠，須多帶馬步隊及嚮導、通事人等，以資護衛、指使。所用薪糧、料草、津貼、口食、脚價等項，前督臣奏准，在於甘肅百貨釐金項下動支，並聲明共用若干，刻難定準，統俟事竣核實造銷在案。旋據甘肅布政使曾鉌詳稱：鄧咸林等在西甯選募馬勇四十騎、步勇二十名，以候補參將鐘青雲爲帶兵官，附生江定瀾辦理文案，各帶跟役及繙漢、書職、通事人等，於光緒二十年九月十三日起程趲行，十月二十二日抵南柴達木地方，因聞野番出巢尋搶，騎步單薄，添募蒙番二十名。時已大雪封山，異常寒冷，過諾門罕山十數站，杳無人煙，鳥道崎嶇，行臥雪窖，凍斃通事、勇丁三名，倒斃騎馬數匹。十二月十七日，始抵囤不大地方。查囤不大即玉樹之迭達族居各族之中，相距西甯實計三千二百九十餘里。鄧咸林等深入該地，未敢操切，誘掖獎勵，百計千方，幸將正兇、贓物拿獲。迨欲解犯轉回，該囤不大番族始悟事體重大，商集衆番，謀爲殺官奪犯之舉。鄧咸林等情急，設法往向別族僱覓番兵二百名，保護押解。及抵南柴達木，適值內地回叛，口外番賊乘間搶奪。行至汪什代克地方，被傷通事、跟役三名；端㮛答爾地方陣亡馬勇二名，受傷勇丁七名，要犯洋贓勉力保護，於二十一年八月十三日到丹噶爾廳時，西甯、多巴一帶回氛正熾，大道梗阻，因將洋贓寄廳，柴達木所雇蒙番一律遣歸。鄧咸林等押犯由小道於九月十四日回抵西甯銷差。除人犯經前督臣楊昌濬、西甯辦事大臣奎順會銜奏辦，贓物及賠贓銀兩亦經先後委員解交總理衙門查收轉交外，所有查辦此案官員、書役薪水、盤費、工食、騎騾、馱馬、脚價、勇丁行糧以及亡故、受傷卹賞、養傷等項銀兩，已遵由百貨釐金項下隨時動支。據鄧咸林等事竣報由藩司按照軍需例章核計，實共應銷銀一萬三千二百九十八兩七錢四分，造册詳請具奏前來。臣查法員吕推被戕，案關中外交涉，委員、勇丁、通事、嚮導、書役人等查拏贓犯，計程六千餘里，往返經年，迥非尋當番案可比。一切支款委係實用實銷，毫無冒濫。合無仰懇天恩俯念番案異常艱險，飭部查照核銷。除將清册分送總理衙門及戶、兵二部外，理合恭摺具陳。伏乞皇上聖鑒訓示。謹奏。光緒二十三年七月十九日。

（硃批）：該部知道[3]。

光緒二十三年八月十二日，奉硃批：該部知道。欽此[4]。

補證

【案】此摺原件①、錄副②均藏於臺北"故宫博物院"，兹據校勘。

[1]【頭品頂戴陝甘總督臣陶模跪】此前銜據原件校補。

[2]【案】光緒二十年七月十二日，陝甘總督楊昌濬會銜西甯辦事大臣奎順，具摺奏報法國游歷官取道野番被戕情形，曰：

太子太保頭品頂戴陝甘總督臣楊昌濬、副都統銜西甯辦事大臣奴才奎順跪奏，爲法國遊歷官由西藏赴青海，取道野番，因拉番馬被戕，恭摺馳陳，仰祈聖鑒事。竊臣於光緒十六年九月內，承准總理衙門咨：光緒十六年八月十四日，准法國李使照稱：因格致要務，簡派吕推一員前往新疆、甘肅、青海、蒙古及陝西、山西、直隸各省，學習一切，繕發護照，咨請保護，等因。該遊歷官吕推於十七年五月初一日隨帶醫生人等，由俄屬入新疆之疏附縣。又於十八年五月二十五日由和闐州行抵于闐縣境。是年七月初五日，在于闐河源起程，越崑崙山往東南出境，取道西藏，遊歷西甯一帶。旋於是年十月初三日由英屬之城意地方仍來和闐，當經和闐直隸州知州江遇璞詢問，據稱前由于闐向東南行走，無路可通，是以折回，擬俟明春再由大道行走，等語。嗣於十九年三月十九日，該遊歷官復由和闐行抵于闐，耽延兩月。五月十八日，仍由于闐起程往卡牆，將由山路徑赴西甯，當經署于闐縣知縣柳葆元告以由卡牆至西甯係荒僻之區，人跡罕到，不特未便遊行，亦且礙難保護，勸令由大道前行，以便沿途照料。據吕推覆稱：卡牆至西甯乃係捷徑，正欲遊歷，情形即令或遭險阻，不與中國地方官相干，等語。准新疆巡撫咨，仍飭行青海、

---

① 臺北"故宫博物院"藏：《軍機及宫中檔》，文獻編號：408003088。

② 臺北"故宫博物院"藏：《軍機及宫中檔》，文獻編號：141131。

蒙古王公、臺吉察漢諾們罕等一體保護在案。是年九月初八日，柳葆元接得呂推來信內稱：七月二十四日，由卡牆南行到烏洛可梭地方，因前途無路，在此小住，現定不向南而向東，由布庫洛可至青海，再取道出西甯，各等語。查呂推之來新疆也，取道於俄。其由新疆遊歷也，時而及於英屬，又時而及於卡牆，或去或來，或東或西，行蹤匪夷所思。呂推之意，自謂所歷罔非空闊，無復有難我者，是以勸阻不聽，偵探無從，即保護亦無所施，非中國地方官不遵條約，漠視遠人也。烏洛可梭及布庫洛可等處是否呂推由此兩路擇一行走，無從懸揣。突於二十年六月十六日，據幫辦遊歷委員李默德呈稱：於上年七月二十四日由卡牆越蔥嶺，度崑崗，十月二十三日，抵西藏屬之南州滄海。十二月二十四日，在拉卡雀度歲。本年三月，抵格吉大西光壩買糧，因該處番民不肯賣與洋人，遂向東路，投奔界谷，幸得傅、李兩通事買糧救饑。四月二十九日，到屯不大地方。三十日，被賊偷去馬二匹。五月初一日，呂推飭通事向該處頭目詢問失馬未獲，遂將番民馬二匹拉來，不料該莊百姓暗放鎗砲，打傷呂推左腹倒地，比即開箱取藥灌服。忽然靠南莊內百姓齊出，口稱此處不可停留，爾可速去，若要遲延，一命不留。衹得收拾馱子往小河邊站，再來搬取呂推，誰知上下七大莊百姓齊放槍礮，委員與夫役人等分路逃走。至六七日之久，始得重聚，衣箱、行李、格致器具、考古書籍、緊要公文、金銀、牛馬，概行搶去。初三日，經李姓通事將委員尋獲，寄居拉布寺民莊。據李通事云：呂推受傷後，被胡人用繩索捆住，拋棄通天河中，理合呈請鑒察，等情。前來。當經臣奎順諭飭玉樹各番族千、百戶等，將呂推屍軀打撈，並嚴拏兇犯，追取失物在案。臣等查青海境內之玉樹地方，距西甯近三千里，與川省、西藏毗連，向例三年會盟一次，先期奏明，往返必須半年，尚有年餘始歸者。該處戈壁黃沙，人煙稀少，向無臺站，會盟必須多帶隊伍，方能前往。各番民插帳游牧，種類繁多，來去靡常，無從稽核。今李默德所指失事之屯不大地方是何番百戶所轄，其所指胡人是否係玉樹番族，抑或係西藏游牧之族，均不可知。呂推原領護照係指新疆、甘肅、青海、蒙古遊歷，並無赴藏一說。

向使呂推聽信柳葆元之言，不由卡牆轉入西藏，當可無事；向使到藏後接准駐藏大臣保護文件，則甘中必須派兵赴柴達木迎護，亦可無事；向使來至屯不大地方不強拉番馬，則不致激怒番民，仍可無事。乃呂推孟浪孤行，卒至自喪其身，實非中國地方官意料所能及也。臣查光緒四年間，馬加國世襲伯攝政義遊歷來甘，由青海覓通西藏路徑，曾經前任辦事大臣喜昌附片奏請飭下總理衙門，照會駐京使臣寄信攔阻，厥後攝政義必欲由此行走，亦係隨同玉樹會盟便員，送至柴達木，並咨請四川總督、駐藏大臣派兵來柴達木，接替保護。原無私自行走之理。又，查光緒十三年，駐藏大臣文碩奏請西藏貢道仍復舊制，由北路西甯進京，經前督臣譚鐘麟會同臣奎順奏明。自回亂後，河南、北野番不時出巢肆劫。前駐藏大臣恩麟率兵數十名護送呼弼勒罕，行至川省通天河，被果洛克番匪搶掠一空，行十餘日，始抵柴達木，等情。懇請將西藏貢道仍由內地行走，各在案。呂推既到西藏，問宿問禁，此等情形豈得諉爲不知，而竟以身試險耶？惟既已被戕，自當仰體朝廷柔遠之意，極力懲辦，以敦睦誼。現飭委候補通判李附枝，會同西甯鎮標前營都司鄧咸林，帶領兵丁多名，前往屯不大地方，將起釁確情切實查明，嚴拏兇犯。其所失衣物、書籍，並即逐一追取。所指屯不大實係何百戶所轄，所指胡人是何種類，並設法將呂推屍身撈取，以憑分別嚴究。所有法國遊歷官呂推由西藏赴青海取道野番，因拉馬被戕暨趕緊查辦緣由，謹合詞恭摺馳陳。伏乞皇上聖鑒訓示。謹奏。七月十二日。

光緒二十年七月二十四日，奉硃批：該衙門知道。欽此。

【案】光緒二十年七月十四日，總理各國事務和碩慶親王奕劻等爲法國游歷士呂推行抵西甯被蕃屯槍傷淹斃籌辦情形具摺曰：

臣奕劻等跪奏，爲法國遊歷士呂推行抵西甯，被番屯槍傷，綑投通天河淹斃，現將辦理情形具奏，仰祈聖鑒事。竊臣衙門於光緒二十年六月二十六日接陝甘總督楊昌濬、西甯辦事大臣奎順電稱：據西甯縣呈報：法國遊歷士李默德於六月十五日由藏抵甯，據稱十八年夏間，隨法員呂推由和闐抵英屬之鐵曲底地方，因無路近（進）藏，仍返和闐。

十九年四月，到于闐縣之卡牆。五月二十四日，同呂推由卡牆向南轉蔥嶺，度峷峰，走從無人行之處。十月二十三日，抵藏屬之南州滄海度歲。今春二月，由藏取小道來西甯，一路飢困。五月初二日，行至江帽番屯地方，失馬二匹。呂推飭役強將民馬二匹牽用，不料番民齊出，將呂推槍傷，綑投通天河身死。伊等各顧性命逃走，遇夸、李兩通事救護，接濟糧餌，得以投奔前來，等情。前准新疆巡撫陶模咨：呂推行至于闐縣之卡牆村，即由山路徑赴西甯，勸令由大道行走，呂推以卡牆至西甯爲捷徑，正欲遊歷。當經轉飭青海蒙古照約辦理。茲據報前情，是呂推經由卡牆向南翻山入藏，取捷徑赴西甯，所過之區並無營、縣、汛、防、臺、站，以致無人保護。該處距西甯二十餘里，當炎天盛暑之時，呂推屍身未知能否找獲，現已委員剋日馳往查辦，等因。臣等以呂推係法國特派遊歷之員，歷任法國使臣咸相推重，猝被槍傷、綑投河內，法必有詞，當即電致該督臣等迅飭地方官，尋覓屍首，拏辦正兇，並酌取李默德由何路行走、因何啟釁切實憑據，以備辯論。旋據陝甘督臣電稱：李默德擬借銀二千兩，已允照給。適法國使臣施阿蘭來臣衙門會晤，當將前情告知。該使臣甚爲驚訝，請臣衙門電知陝甘總督，迅速尋屍辦兇，並根尋呂推隨身書籍、遊記，又令李默德來京面詢一切。臣等已電告陝甘督臣設法辦理。越日，復准該使臣來文，語甚激切，並謂電達本國，將來如何辦理，俟其國家裁奪，等語。臣等因知該使必電達法廷，設或砌詞聳聽，辦理益形棘手，當即電知出使大臣龔照瑗，詳告該國外部。該國外部已允從容和商，並謂中國現正與日本有事，法國願事事相諒，斷不作難。惟呂推爲法國知名之士，恐日本藉此煽惑，宜先登報聲明，並請議給卹款，以安該家屬之心。經龔照瑗允行撫卹。至卹款數目，擬由施阿蘭在華商定。續接龔照瑗電：准法外部復稱：呂案辦法已登洋報，並電施阿蘭和結，勿作難，各等語。現臣衙門尚未據施阿蘭來商。惟接陝甘督臣覆電：已飛飭該處地方官嚴拏兇手，並飭委員前往找尋屍身。惟通天河係四川省地界，值此炎天，尋覓尤爲不易，等語。臣等查呂推由小路翻山越卡牆村前行，地方官本有不及保護之勢。惟在中國境內距西甯僅二十餘里，至被槍傷綑縛，投之河中身死，其情亦甚可矜，必須迅籌了結，庶免別啟釁端，且免各國藉口。現據龔照瑗兩電：法國已允從容和結，並將撫卹一節等諸洋報，刻似不致與我作難。如施阿蘭悉遵該外部電諭，別無要求，尚易就緒。否則仍應電屬龔照瑗與法外部商辦，責以踐言，以期速結。惟該督臣所稱通天河爲川省地界，查通天河距四川窵遠，去西甯僅二十餘里，呂推係在西甯地方身死，自應仍由該督等辦理。相應請旨飭下陝甘總督臣楊昌濬、西甯辦事大臣臣奎順，遴派妥員，會同地方官尋覓呂推屍身，並緝獲正兇，按律懲辦，毋得遷延推諉，致誤事機。其議給恤賞一節，應俟施阿蘭來商，與之磋磨，酌定數目，請旨辦理，以清巨案而弭釁端。所有臣等籌辦情形，理合先行陳明。伏乞皇上聖鑒訓示。謹奏。七月十四日。臣奕劻，臣宗室福錕，臣孫毓汶，臣崇禮，臣徐用儀，臣廖壽恒（差），臣張蔭桓。

光緒二十年七月十四日，奉硃批：另有旨。欽此。

【案】總理各國事務衙門王大臣奕劻之奏即於同日得允行，"廷寄"曰：

軍機大臣字寄：陝甘總督楊、西甯辦事大臣奎：光緒二十年七月十四日，奉上諭：總理各國事務衙門奏，法國游歷士呂推行抵西甯，被番屯槍傷，綑投通天河淹斃，先將籌辦情形具奏一摺。呂推被傷身死，前經楊昌濬電達總理衙門，據稱通天河距西甯二十餘里，業經該衙門電令迅飭地方官尋覓屍身，拏辦正兇。嗣復接楊昌濬覆稱：通天河係四川地界，值此炎天，尋覓屍身尤爲不易，等語。通天河距四川窵遠，去西甯僅二十餘里，呂推係在西甯地方身死，自應仍由該處尋覓。著楊昌濬、奎順迅速遴派妥員，會同地方官沿途尋獲呂推屍身，並緝拏正兇，按律懲辦。此事關繫中外交涉，必應迅籌了結，免生枝節。該督等務須妥速辦理，毋稍遷延。原摺均著鈔給閱看。將此各諭令知之。欽此。遵旨寄信前來。

【案】光緒二十二年二月二十一日，陝甘總督楊昌濬會銜西甯辦事大臣奎順，爲審明番民札由等戕害法員呂推一案按律定擬，具奏曰：

太子太保頭品頂戴開缺陝甘總督臣楊昌濬、副都統銜西甯辦事大臣奴才奎順跪奏，爲委員赴玉樹查辦法員呂推被戕溺斃，拏獲兇犯解甯，委員審明，按律議擬，請旨嚴懲，以示儆戒，恭摺仰祈聖鑒事。竊查光緒二十年五月間，法員呂推行低玉樹屯不大番地方被戕拋溺，屍身漂沒無著一案，經臣昌濬等當即會委西甯鎮標前營都司鄧咸林、補用主簿龔應榜帶隊馳往該處緝拏查追等情，曾經奏明在案。嗣於光緒二十一年九月十四日，該委員等差旋，拏獲拋溺正兇札由、鳥槍傷人番犯才旦、偷竊洋馬番賊拉青才加、當首幹保達拉布吉共四名，護解到甯。臣等當即會飭署西甯府知府張道生，督同署西甯縣知縣蕭承恩，連日分別提案研訊。據正兇札由供認呂推被才旦槍傷未死，該犯因挾呂推曾在拉受族鎗斃干布勒托之嫌，起意拋水溺斃身死各情不諱。由該府、縣等審明，錄供議擬，詳請核辦，等情。前來。奴才奎順詳加覆鞫，札由係拉受族番民，在屯不大景大地方傭工；才旦係屯不大番民，以撻牲度日；拉青才加係羊根大莊番民，平素務農，達拉布吉係七大莊頭目。光緒二十年五月間，才旦由山撻牲回莊，見該莊男女老幼同法員等吵鬧，因法員路過該莊，住房不與錢，反將該莊騾一頭、青馬二匹強要拉走，尤誣該莊偷拉洋馬。彼此爭鬧攔擋，人多口雜。法員以隨帶洋鎗放撻眾人，才旦心中不平，即用撻牲叉鎗對放一下，傷及呂推右肚腹未死。其隨從法員之人攜帶箱匣，分散跑去。才旦亦同眾人各自走開，呂推尚未身死。旋因札由聽說去看，見呂推坐在地上，聞知該法員曾於四月間在該札由本族拉受族地方鎗斃干布勒托，遂挾嫌起意，拋水溺斃。惟時只餘迭爾蓋番民干札一人在場，該犯札由即邀同干札，將未死之呂推馱在馬上，至通天河拋溺致斃，復看守沉下水底。番民拉青才加種地回家，路過無鞍馬一匹，拉回家中，堅供並非偷竊。頭目達拉布吉向充七大莊頭目，當此案出時，並未在場，僅於事後分得洋銀錢二三文。經該府、縣再四研審，據各供悉前情不諱，由該府、縣錄供，議擬詳報。臣等詳核覆鞫，供詞不移。查例載：凡同謀共毆人傷皆致命，如當時身死，則以後下手重者，當其重罪。又例載：因爭鬬擅將鳥鎗、竹銃釋放殺人者，以故殺論；傷人者，民人發雲貴、兩廣煙瘴少輕地方充軍。又例載：因他事殺人後，偶遇見隨身財物因而取去者，必審其行兇挾何仇隙、有何證據，果係初無圖財之心，殺人後見有隨身衣物、銀錢、乘便取去者，將所得財物賠追給主，仍各依本律科斷，等語。此案札由傭工屯不大，因聞該處番民與法員吵鬧去看，法員呂推雖被才旦鎗傷右肚腹致命處，尚未身死，該犯札由輒敢以聞知法員曾於四月間在拉受族有鎗斃干布勒托之事，遂挾嫌起意，邀同干札，將受傷未死之呂推馱至通天河，抛入水中，以致身死、漂没無著。迭加研訊，矢口不移，並供干札實係該犯邀約同行。是該犯札由確係此案爲首挾嫌起意、故抛溺斃正兇。合依同謀共毆人者，當時身死，以後下手重者，當其重罪。且其挾嫌法員曾有鎗斃干布勒托之事，起意抛水溺斃，自應按故殺正律擬斬監候。惟該犯以番民在傭工地方滋事，已干法律，又有看守沉溺，致法員呂推屍身漂沒無著，情節較重。案關中外交涉，擬請旨將該犯札由就地正法，以昭炯戒。番犯才旦擅用自帶揵牲叉槍對放，致傷呂推致命肚腹偏右，並未因傷登時殞命，該犯先行走開，按例合依爭鬬擅用鳥槍傷人者，除事後分得財物輕罪不計外，擬請將該犯才旦定地發雲貴、兩廣煙瘴少輕地方充軍，仍以極邊足四千里爲限。番民拉青才加堅供向未爲竊，只於路上拾拉無主無鞍之馬一匹，是與竊盜馬匹者有間。惟事後分得洋銀錢兩大半，併估馬價共值十兩以上，合計贓准竊盜杖八十，免刺折責發落。達拉布吉既爲七大莊頭目，即同於內地之里長，地鄰境內遇有人命重案，並不報官，輒復事後分得洋銀錢三大半，計贓甚輕不計外，合依不應重杖八十，折責發落。其餘番眾事後分得財物，均估值不在十兩以上，惟番地荒遠，未便盡數株連，已經飭由委員鄧咸林等就地分別折責發落。無干省釋。又，李默德原稟香錯大喇嘛主使一層，經鄧咸林等在彼確查，並無其事，該處並無掌庫大喇嘛名目。其法員在拉受族鎗斃番人干布勒托，前據李默德稟內曾稱有高放洋鎗之事，是其隱諱傷人，已可概見，業經該委員等按照番例，籌墊牲畜、銀兩，給與干布勒托之家屬收領，以資燒埋之需。均應請免置議。逸犯幫兇干札弋獲無期，案關中外交涉，未便久懸。除嚴飭屯不大各番莊勒限踩緝，獲日另結。至已死法員呂推屍身被札由抛溺，時值盛夏，水漲狂瀾，雖經委員、弁兵等駐紮通天河屢日經旬，僱倩水手，沿河尋撈，查無著落。查通天河發於天山，流入滄浪江，曲折數千里，浩淼無涯，應懇天恩免其撻撈。法員身後所遺各物，除前次奴才奎順差派訪查此案之通丁等追獲箱匣各件已解省由臣昌濬派員呈解總署轉交法使，並有法員原日從僕爾沙拐逃玉器等件已經新疆喀什噶爾道黃光達通報在案，餘物現經該委員追出十箱，因道路不靖，暫交丹噶爾廳衙門驗對收儲，容俟西甯軍事稍定，道路疏通，即解省轉呈總署，查交法使收領。除將全案供招咨送總理各國事務衙門、刑部查核，並由奴才奎順嚴飭該番族千、百戶、頭目等隨時稽查，如有不法之徒儻敢再滋事端，即行嚴拏重懲外，所有審辦緣由，謹合詞恭摺具陳。伏乞皇上聖鑒訓示。謹奏。光緒二十二年二月二十一日。①

光緒二十二年三月初九日，奉硃批：刑部速議具奏。欽此②。

[3]【該衙門知道】此“硃批”據原件補。

[4]【光緒二十三年八月十二日，奉硃批：該衙門知道。欽此】此硃批日期，據錄副補。

一一八 預估二十四年分甘肅新餉摺

光緒二十三年七月二十六日（1897年8月23日）

頭品頂戴陝甘總督臣陶模跪[1]奏，爲援案預估光緒二十四年分甘肅關內軍餉及滿營青海俸餉實需數目，恭摺馳陳，仰祈聖鑒事。

竊臣前准部咨，將光緒二十四年應需餉項迅速分晰奏估，以憑彙撥，等因。當經行司遵照去後。兹據甘肅布政使會鉌詳稱：遵查甘肅關內應需餉項，自光緒十四年起，每年奉撥銀一百一十八萬兩，嗣經先後議減二十三萬七千八百餘兩，飭令提存司庫，每年僅開支

① 中國第一歷史檔案館藏：《硃批奏摺》，檔號：04-01-26-0079-072。

② 中國第一歷史檔案館藏：《錄副奏摺》，檔號：03-7318-012。

銀九十四萬餘兩。迨東海用兵，徵兵籌餉，甘庫歷年封存各款奉部提撥甚多，至二十一年河湟軍興，調募客、土各軍二百數十營旗，需餉浩繁，屢請加撥，遂將以前封儲各款掃數動用無存，庫藏早已空虛，亟應力求撙節。無如地方雖已肅清，民情尚易浮動，仍須重兵鎮攝[2]，實非舊章馬步三十旗足數分布，防軍較多於前，則餉項自難核減，所有甘肅應需光緒二十四年常餉，擬請照舊仍按一百一十八萬兩，如數指撥，并請全數動支，俾免竭蹶。一俟防軍裁減復舊，再行分案提存，以資節省。此外寧夏、涼州、莊浪、西甯、青海等處俸餉，亦自光緒十四年起每年奉部專撥銀二十二萬兩。數年以來，滿營生齒日繁，原撥餉銀時形不敷，實難再減，請仍照舊專撥銀二十二萬兩，免致匱乏，各等情。詳請具奏前來。臣查關內餉項歷年核減，已屬[3]有絀無贏。此次軍興而後，防務仍不敢鬆懈，未便過事裁汰，貽誤邊陲。然當此籌款艱難，亦不敢遽請加撥，惟有籲懇天恩准將二十四年甘肅關內軍餉飭部照舊指撥銀一百一十八萬兩，各滿營及青海俸餉亦照舊指撥銀二十二萬兩，合共指撥銀一百四十萬兩，應請儘數撙節動支，一俟防務如常，仍即照數提存，以符定章。所有援案預估甘肅關內光緒二十四年分實需軍餉及滿營、青海俸餉各數目緣由，謹恭摺馳奏。伏乞皇上聖鑒訓示。遵行。謹奏。光緒二十三年七月二十六日。

（硃批）：戶部議奏[4]。

光緒二十三年八月初九日，奉硃批：戶部議奏。欽此[5]。

補證

【案】此摺原件①、錄副②均藏於臺北“故宫博物院”，茲據校勘。

[1]【頭品頂戴陝甘總督臣陶模跪】此前銜據原件校補。

---

① 臺北“故宫博物院”藏：《軍機及宫中檔》，文獻編號：408003091。

② 臺北“故宫博物院”藏：《軍機及宫中檔》，文獻編號：141066。

[2]【鎮攝】原件、錄副均作“鎮懾”。

[3]【已屬】原件、錄副均作“已覺”。

[4]【戶部議奏】此“硃批”據原件補。

[5]【光緒二十三年八月初九日，奉硃批：戶部議奏。欽此】此硃批日期等，據錄副補。

一一九　購連軍械動用經費請飭立案片

光緒二十三年七月二十六日（1897年8月23日）

再，甘肅前年河湟軍務驟起，添募勇營，苦無制勝軍火，經前督臣楊昌濬電致兩江督臣代購後膛車礮拾尊、格林礮五尊、毛瑟、格拉司、來福馬步槍四千五百支，銅帽火八百萬顆，並礮彈、槍彈、粗細洋藥數十萬觔，共合各價湘平銀一十七萬一千六百餘兩。又加水陸運腳、解員川資以及包皮、繩索等項湘平銀二萬二千餘兩，總共湘平銀一十九萬三千六百餘兩，內除老河口以西運費外，業已一律在於江蘇、兩淮協甘新餉內扣抵清楚，經兩江督臣及臣先後奏咨在案。惟前項軍火價值、運費，當時並未另請專款。查各省協撥甘新餉項，係關內外常年計口授食之需，雖一時就近扣抵，仍不能照數籌還，當經飭司在於二十一、二兩年添撥軍餉項下，撙節勻挪[1]，將以上湘平銀一十九萬三千六百餘兩分別歸款。茲據甘肅新疆總糧臺布政使曾鉌開具購運外洋軍火並支發現存各數目清單，詳請奏咨前來。臣覆查無異，除將清單咨送總理衙門及戶、兵、工部查照外，合無仰懇天恩飭部立案，以便造銷。謹附片具陳。伏乞皇上聖鑒訓示。謹奏。光緒二十三年七月二十六日[2]。

（硃批）：該衙門知道[3]。

光緒二十三年八月初九日，奉硃批：該衙門知道。欽此[4]。

補證

【案】此奏片原件①、錄副②均藏於臺北“故宮博物院”，茲據校勘。

[1]【匀挪】原件、錄副均作“匀拏”。

[2]【光緒二十三年七月二十六日】此具奏日期僅見於底本。

[3]【該衙門知道】此“硃批”據原件補。

[4]【光緒二十三年八月初九日，奉硃批：該衙門知道。欽此】此硃批日期等，據錄副補。

一二〇　叩謝欽頒方略恩摺

光緒二十三年九月十七日（1897年10月12日）

頭品頂戴陝甘總督臣陶模跪[1]奏，爲恭謝天恩，仰祈聖鑒事。

竊臣准吏部咨：奉旨頒發《平定陝甘新疆回匪方略》③一部，經駐京提塘官寄到。臣當即恭設香案，望闕叩頭祗領。欽維皇上恩周八表，福被九垓，當軒籙之初膺，尚檀車之肆伐。時則岑陬部落，敢倚天驕；葱雪遐荒，未歸戎案。致有北方之念，轉廑西顧之憂。我皇上聖武維揚，神機默運，用掃除[2]夫餘孽，張撻伐於六師，草踐龍庭，俾羽箭不傳青海；花開雁塞，知春風已度玉關。紀裴岑之豐碑，悉收甌脫；劃烏孫之舊界，免啟鞲張。凡先朝未竟之貽謀，皆皇上纂成之丕業，開明堂而受賀，大告武成；召太史以策勳，誕敷文德。搜麟臺

① 臺北“故宮博物院”藏：《軍機及宮中檔》，文獻編號：408003091。

② 臺北“故宮博物院”藏：《軍機及宮中檔》，文獻編號：141066。

③《平定陝甘新疆回匪方略》，三百二十卷，清代官修，恭親王奕訢領銜監修，另以世鐸、李鴻藻、翁同龢、剛毅、錢應溥、額勒和布、張之萬、孫毓汶、徐用儀和許庚身爲總裁官，參與撰寫者一百五十七人。是書始撰於光緒十四年（1888），至二十二年（1896）蕆事。前有光緒之《序》、奕訢等《進平定陝甘新疆回匪方略表》。卷首一卷，刊載咸豐、同治之“聖訓”、詩文，正文記事內容自咸豐五年（1855）八月始，至光緒十四年九月止，記述剿辦西北回民暴動以及擊潰阿古柏之全程，史料豐富，價值較高。

之事實，付蠡管而扢揚；叙來赫濯聲威，光爭日月摹寫。師貞將帥，氣壯山河，慰列祖在天之靈，加聖母宫中之膳。從知西戎卽叙，兩階之干羽常新；行看東壁騰輝，滿紙之琳瑯焕採。寶書忽頒於天上，簫舞已遍於人寰，奉爲典謨，被諸歌詠。臣自慚下乘，謬領兼圻，未竭張華建策之勞，又乏韓愈平准之紀，恭承寵命，無任悚惶！惟有緬中興禦侮之才，兵畧願儲爲武庫，廣盛世同文之化，聲教不閑於流沙。所有微臣感激下忱，謹繕摺叩謝天恩。伏乞皇上聖鑒。謹奏。光緒二十三年九月十七日。

（硃批）：知道了[3]。

光緒二十三年十月十一日，奉硃批：知道了。欽此[4]。

補證

【案】此摺原件①、錄副②均藏於臺北“故宫博物院”，兹據校勘。

[1]【頭品頂戴陝甘總督臣陶模跪】此前銜據原件校補。

[2]【掃除】原件、錄副均作“騷除”。

[3]【知道了】此“硃批”據原件補。

[4]【光緒二十三年十月十一日，奉硃批：知道了。欽此】此硃批日期等，據錄副補。

一二一 加抽土藥釐税摺

光緒二十三年九月十七日（1897 年 10 月 12 日）

頭品頂戴陝甘總督臣陶模跪[1]奏，爲查明甘省辦理土藥情形，擬請於舊章外酌量加抽，俾收實效，恭摺覆陳，仰祈聖鑒事。

---

① 臺北“故宫博物院”藏：《軍機及宫中檔》，文獻編號：408003105。

② 臺北“故宫博物院”藏：《軍機及宫中檔》，文獻編號：142299。

竊臣前准戶部咨會：具奏內地土藥出產日盛，擬另籌徵收之法、以廣利源一摺[2]，光緒二十三年四月二十八日，奉旨：依議。欽此。鈔錄原奏，行令欽遵辦理前來。臣查甘肅屢經兵燹，地多曠廢，錢糧迄未復額，土藥所產無多。初定章程：每生土藥百斤，抽稅釐銀五十兩。商販嫌其過重，多方繞越，幾至毫無徵收。嗣復體察情形，改溼漿三百斤，合乾土百斤爲一擔，仍抽銀五十兩，較前所收略增，然歲猶不滿二萬兩。本年經臣於按畝徵收地稅內分別加抽，委員會同印官，認真辦理，均經先後奏准在案。查甘肅所產稀漿土藥，每百兩衹值銀七八兩上下，以一百斤爲一擔，計稀漿土藥一千六百兩，合成本銀一百一二十兩。若如部咨抽收銀六十兩，是所徵稅釐幾逾成本一半，迨至販往他處，爲日稍久，稀漿百斤僅成乾土三十餘斤。商販折耗過多，相率裹足，所以前有改溼漿三百斤爲乾土一百斤之請，意在寬以招徠，或可徐圖增益。夫土藥產自畎畝，民間喫者甚衆，除自用外，有餘方出售賣，一聞稅釐加重，或嚴密固藏，或零星潛貿，勢不能按戶而搜，遍人而索，因又有按畝加徵地稅之請。如部咨所議，設立總局，在出產土煙繁盛處所，畧仿洋藥稅釐併徵之法，所籌何嘗不善？但土藥種種[3]畸零，甘省本無總匯之區，斷不能處處設局，致滋繁費，似不如就現在所辦，販運者仍由各局卡認真抽釐，種植者就地按畝徵稅，或可無甚隱漏。值此時局艱難，苟能於帑項稍有所裨，敢不竭力籌畫！奈限於地勢、人力，無論如何整頓，斷難如稅務司原摺所開約略之數。臣與釐金總局司道再四籌商，惟有籲懇[4]仍照奏定現辦章程，將販運出境土藥溼漿三百斤合成乾土一百斤，原抽釐銀五十兩外，加抽銀十兩，以符部咨每百斤六十兩之議，仍由甘省起運。地方之第一局卡全數收清，隨時填票，黏貼印花，所過本省境內再不重抽。如運至他省，另有他省照章辦理，統俟年終分別彙總開報。據甘肅布政使曾鉌、按察使丁體常①、釐金總局蘭州

---

① 丁體常（1841—1909），字慎五，貴州大定府平遠州附貢生。同治六年（1877），任刑部陝西司行走。後請假回籍。九年（1870），以軍功賞戴花翎。光緒四年（1878），加鹽運使銜。七年（1881），署山西太原府知府。九年（1883），署山西大同府知府、潞安府知府。是

道黄雲具詳請奏前來。理合恭摺覆陳。伏乞皇上聖鑒訓示。謹奏。光緒二十三年九月十七日。

（硃批）：戶部知道[5]。

光緒二十三年十月十一日，奉硃批：戶部知道。欽此[6]。

補證

【案】此摺原件①、錄副②均藏於臺北"故宫博物院"，茲據校勘。

[1]【頭品頂戴陝甘總督臣陶模跪】此前銜據原件校補。

[2]【案】光緒二十三年四月十二日，陝西道監察御史張兆蘭奏報各省土藥行銷日盛，擬請改徵落地正稅，曰：

陝西道監察御史臣張兆蘭跪奏，爲各省土藥行銷日盛，擬請變通章程，改收落地稅，以期實效而裕度支，恭摺仰祈聖鑒事。竊維籌款之要，貴在設法開源，方今庫儲日絀，洋息日多，欲求一歲增鉅款之方，莫如統收土藥落地正稅最爲切要。臣前在總理各國事務衙門當差，深知土藥自弛禁以來，各省出產甚多。光緒十六年，經戶部、總理衙門會奏整頓土藥釐稅，奉旨通行在案。聞數年以來，綜計各省所收釐稅每年不過一百五十余萬兩，並未逐年加增，奉行不力，文誥徒勞。即如江蘇徐州府土藥，於十七年改辦統捐，據原奏內稱：八州縣每年可收稅銀三十萬兩。乃開辦以後，衹歲收二十三四萬兩，近更減至二十萬兩。其徵收不力，已可概見。至各省土藥出產數目，現除奉天、吉林、江蘇等省奏報斤數外，其餘各省均未詳報。究竟各省歲出土藥若干，部中無從深悉。查光緒十六年總稅務司赫德呈內稱：各省土藥每年實有二十萬石之數，

（接上页）年，署山西河東道。十一年（1885），還山西河東道、署山西按察司使，賞二品頂戴。十二年（1886），丁憂，回籍守制。十五年（1889），服滿起復，補甘肅鞏秦階道。二十一年（1895），升補甘肅按察使。二十四年（1898），擢甘肅布政使。同年，調補廣東布政使。二十九年（1903），署廣西巡撫，監臨廣西鄉試，晉頭品頂戴。宣統元年（1909），卒於任。於秦州地方建專祠。

① 臺北"故宫博物院"藏：《軍機及宫中檔》，文獻編號：408003104。

② 臺北"故宫博物院"藏：《軍機及宫中檔》，文獻編號：142297。

等語。若均照徐州章程，以每擔統捐六十兩核算，每年可徵銀一千二百萬，與現在統收數目大相懸殊。使非官吏侵漁、商賈隱匿，何至如此鉅款不能涓滴歸公？臣愚以爲此項實爲籌款大宗，似宜另圖辦法，擬請限令各省查明土藥實在出産數目，專案報部，一律改捐落地正稅，蓋就地徵收較關卡易於查察。自收落地稅後，任其運銷，別省概不重徵。商民知不重徵，亦必樂於從事；並擬請由戶部發給印花，領新繳舊，收稅後即准黏貼印花。所過關卡隨時查驗，有印花者放行，無印花者罰扣；並請裁撤各局委員，以省浮費，專歸地方官經理，按結詳報。如能收稅足額，由該上司比照徵收錢糧之例，酌加獎敘。設有隱匿，一經查出，即行嚴參。蓋設立關稅釐金不過遏其走私之路，徵收落地正稅，可以清其出産之源。一經變通，較現收自可逐漸加增，於度支不無裨益。應如何妥定章程之處，可否請旨飭下戶部及總理各國事務衙門，酌核辦理。臣爲籌款開源起見，是否有當，謹恭摺具陳。伏乞皇上聖鑒訓示。謹奏。光緒二十三年四月十二日。①

【案】御史張兆蘭之奏於同日即得允行，《清實錄》：

又諭：御史張兆蘭奏，各省土藥行銷日盛，請變通收稅章程。下部議。尋戶部奏，遵擬另籌徵收之法。從之。②

【案】光緒二十三年五月十九日，戶部爲內地土藥出産日盛擬另籌徵收之法，飛咨各省遵辦，咨請軍機處查照，曰：

戶部謹奏，爲內地土藥出産日盛，擬另籌徵收之法，以擴利源，以除積弊，恭摺仰祈聖鑒事。竊惟土藥一項爲自古載籍所無，既不能物土之宜，則無從則壤成賦，從前固懸爲厲禁。自開禁之後，種植日廣，販售日多，駸駸有不可遏抑之勢，是以光緒十六年，總理各國事務衙門會同臣部，議立章程，並將總稅務司赫德採訪各節具摺請旨飭下各省督撫，體察情形，核實興辦。近年以來，各省覆奏或按畝輸稅，或設局統捐。按畝者則揑報歉收，統捐者則隱匿短絀。即如江南徐州土藥，該督撫初

① 臺北“故宮博物院”藏：《軍機及宮中檔》，文獻編號：138654。

② 《德宗景皇帝實錄》，卷四百四，光緒二十三年四月，《清實錄》第57冊，第275頁。

報以產計捐，可收銀三十萬兩，旋又改辦統捐，在徐局每百斤捐足六十兩，所過各關不復再捐。乃自改章後，每年僅售二十四五萬，近又短至二十一萬餘兩。即此一處，前後收數已屬懸殊，一再改章，竟同虛設。其餘各省辦法不同，要之一無實際。統計各省收數，每年不過一百數十萬，其中胥役之包庇、商販之偷漏、官吏之侵漁，種種弊端，更僕難數。國家徒受開禁之名，賦稅未獲徵收之實，若不亟圖變計，將大利徒歸於中飽。臣等反覆籌商，並令總稅務司赫德詳加查訪。據該總稅務司開呈手摺報：近年出產吉林六千擔，甘肅、陝西、山東、山西、河南、直隸六萬擔，四川十二萬擔，雲南八萬擔，貴州四萬擔，浙江一萬四千擔，江蘇一萬擔，福建二千擔，總計三十三萬四千擔。雖所開者衹係約略之辭，然西人工於心計，於中國物產較量稽考，精密無遺，證以臣等所聞之抵邊塞荒寒之地、炎方瘠薄之區，凡五穀不宜者，罌粟轉能豐殖。所出之數與該總稅務司所開，無甚出入。若釐稅併徵，每一擔以六十兩爲度，則三十三萬擔歲可得銀二千萬兩。如此則不加稅而稅足，不開源而源裕。此等商販本非廉賈，所謂多取之而不爲虐者也。臣等查閱該總稅務司所開中國土藥，吉林、四川、雲南、江蘇等省最爲出色，擬先由四川興辦，辦有頭緒，再爲推及他省。吉林由山海關稅務司兼理，四川由重慶稅務司兼理，雲南由蒙自關稅務司兼理，江蘇由鎮江關稅務司兼理，等語。然土藥與洋藥不同，洋藥必先至通商各口，而後散入內地，在新關稅釐併徵，實爲包括無疑；土藥則產銷內地，而後分運通商各口，在新關稅釐併徵，不免多所挂漏。中國土藥吉林、四川、雲南、江蘇以外，各省不乏出產之區，若專由山海、重慶、蒙自、鎮江四關徵收稅釐，其距四關較遠，該省商販不常經過者，固難徧行查考。即距四關較近，而本地土藥已在本地銷售者，亦屬無從徵收。若俟辦有頭緒再爲推及他省，不惟纍歲經年，難期速效，終恐鞭長莫及，徒費周章。蓋各省可以兼統四關，而四關不足以兼統各省，事理灼然，不待辯也。茲據通行各直省將軍、督撫選派幹員，在出產土藥繁盛各處設立總局，略仿洋藥稅釐併徵之法，先行試辦，每擔百斤徵銀六十兩，就近在總局交納，納足之後，發給印票，黏貼印花，任其銷售，無論運往何處，概不重徵。如所過關卡查無總局印票及黏貼印花，或斤重不符，除令補足六十兩，仍照章議罰。自開辦之日起，半年報部一次，一年彙總開報。惟一年徵過土藥數目必與總稅務司手摺所開大致不甚懸殊，方爲核實。如所短過鉅，則是賣放偷漏等弊未能杜絕，該將軍、督撫即應將貪劣疲玩之員從嚴參辦。如與手摺所開不相上下，或更有加增，亦准擇其尤爲廉能勤奮者，奏請優予獎敘。至總稅務司手摺未開之奉天、黑龍江、熱河、新疆、湖南、湖北、廣東、廣西、江西等省，或向產土藥，抑或新種土藥，均應照此次徵收新章一律辦理。將來各省收有成數，准提一成開支局用經費，六成留歸本省，專備撥還續借洋款。其餘三成儘數解部，照案作爲奉宸苑、頤和園等處工程之用，庶鉅款不致盡歸無著，而部庫與各省餉力均可稍紓。現因需用過鉅，籌款極難，此事勢在必行，各直省將軍、督撫等自當共體時艱，實心經畫。其應如何各就地方情形速籌開辦之處，即行妥定詳細章程，專案奏報。所有臣等籌擬另籌徵收土藥辦法緣由，理合恭摺具陳，並將總稅務司所開手摺節錄恭呈御覽。伏乞皇上聖鑒。謹奏請旨。

謹將總稅務司所開手摺節錄恭呈御覽：計開：一、土藥係中國各省所產，而最出色者爲吉林、四川、雲南、江蘇四省。特將採訪各省每年出產大概數目列左：吉林六千擔，甘肅、陝西、山東、山西、河南、直隸六萬擔，四川十二萬擔，雲南八萬擔，貴州四萬擔，浙江一萬四千擔，江蘇一萬擔，福建二千擔，總計三十三萬四千擔。

咨：戶部爲傳付事。貴州司案呈：准北檔房傳付內稱：所有具奏內地土藥出產日盛，擬另籌徵收之法，以廣利源一摺，光緒二十三年四月二十八日具奏，奉旨：依議。欽此。應傳付貴州等司，即赴本檔房鈔錄原奏，飛咨各省將軍、督撫、關、道等欽遵辦理，等因。前來。相應刷錄原奏清單，移咨軍機處查照可也。須至咨者。右咨（計單）軍機處。光緒二十三年五月十九日。主政：劉。[①]

---

① 臺北“故宮博物院”藏：《軍機及宮中檔》，文獻編號：139771。

【案】光緒二十三年五月十九日，戶部爲議覆御史奏請變通土藥收稅章程飛咨各省遵辦，並咨請軍機處查照，曰：

戶部片奏，再，光緒二十三年四月十二日，御史張兆蘭奏各省土藥行銷日盛，請變通收稅章程一摺，軍機大臣面奉諭旨：戶部議奏。欽此。欽遵鈔交到部。據原奏内稱：土藥爲籌款大宗，擬令各省查明實在出產數目，專案報部，一律改捐落地正稅，較關卡易於省察。自收落地稅後，任其運銷別省，概不重徵。商民知不重徵，亦必樂於從事，並擬請由戶部發給印花，領新繳舊。收稅後即准黏貼印花，所過關卡隨時查驗，有印花者放行，無印花者罰扣；並請裁撤各局委員，以省浮費，專歸地方官經理，按結詳報。如能收稅足額，由該上司比照徵收錢糧之例，酌加獎敘。設有隱匿，一經查出，即行嚴參，等語。臣等伏查各省土藥，臣部已另籌徵收之法，定議具奏。正繕摺間，據御史張兆蘭奏請前因。查該御史請徵收落地稅，核與臣部所擬在出產土藥繁盛之處就近每百斤繳足六十兩、概不重徵各節，大致尚屬相符。惟所請裁撤各局委員、專歸地方官經理，雖爲節省浮費起見，第恐地方官公事繁多，未能常川稽查，似不如設立總局、派委妥員就近徵收較爲得力。至印花請由戶部發給，恐遙遠省分赴京具領，未免有稽時日，且易開需索留難之弊。應由各省將軍、督撫自行妥酌議定。應用何項印信，迅即奏明開辦，以免遲延。所有遵議緣由，理合附片具陳。伏乞聖鑒。謹奏。

咨：戶部爲傳付事。貴州司案呈：准北檔房傳付内稱：所有議覆御史張兆蘭奏各省土藥行銷日盛，請變通收稅章程附片一件，光緒二十三年四月二十八日具奏，奉旨：依議。欽此。應傳付貴州等司，即赴本檔房鈔錄附片，飛咨各該省將軍、督撫、關、道等欽遵辦理，等因。前來。相應刷錄附片，移咨軍機處查照可也。須至咨者。右咨（計單）軍機處。光緒二十三年五月十九日。主政：劉。[1]

[3]【種種】原件、錄副均作“種植”，確。

---

① 臺北“故宮博物院”藏：《軍機及宮中檔》，文獻編號：139772。

[4]【籲懇】原件、錄副均作“擬懇”，當是。

[5]【戶部知道】此“硃批”據原件補。

[6]【光緒二十三年十月十一日，奉硃批：戶部知道。欽此】此硃批日期等，據錄副補。

一二二　查明甘軍二十四年不敷餉數由甘抵兑摺
光緒二十三年九月十七日（1897年10月12日）

頭品頂戴陝甘總督臣陶模跪[1]奏，爲遵旨查明光緒二十四年分甘肅提臣董福祥一軍實需餉數、不敷之款，擬由甘庫抵兑，恭摺仰祈聖鑒事。

竊准戶部咨：議覆董福祥所部二十營二十四年應需餉項一片，光緒二十三年七月十五日具奏，奉旨：依議。欽此。欽遵轉行到臣。據原奏内稱：董福祥所部馬步二十營二十四年分行餉，自應預爲撥定，免誤供支。二十四年分甘肅新餉仍按四百八十萬撥給，内有節省封存各款關内外應銀七十餘萬兩，本年關内兩次裁騰二十萬，來年仍可裁騰，併計將及百萬，請旨飭下陝甘總督飭司查明二十四年董福祥部下實需軍餉若干、雜支若干，除照數撥供外，尚應封存某款若干，一併查明奏報，等語。臣查前因本年關内防餉不敷，奏蒙恩准於常餉外，加添新餉減平銀二十萬兩。嗣經兩次裁騰，並擬另行籌畫，仍由關内撥出銀二十萬兩，補足董軍之餉。其所裁係添募之勇，所騰係外加之餉，且須另籌合湊，並非常餉内有餘可騰舊額，防軍能以裁減也。兹飭據甘藩司查明二十四年分係有閏之年，董福祥所部馬步二十營十三個月，約需行餉銀七十八萬兩，又約需雜支四萬兩，共八十二萬兩。現經戶部指撥二十四年新餉減平並關内外節省封存，共銀七十九萬五千兩，内應除關内未提子藥夫銀一萬四千兩，實撥銀七十八萬一千兩。如各省、關解足無欠，尚不敷銀三萬九千兩。

惟甘省大亂甫平，人情浮動，祇存舊額防軍三十旗，酌留先經添募之勇六、七營旗，較諸同治年間軍務後留防營數不及三分之一，勉強分布，頗形單弱。且准戶部咨稱：原令裁老弱而裕餉源，並非裁勁旅而鬆防務，應於得力弁勇加意操練，以固邊防，等因。現存弁勇均尚得力，揆度時勢，斷難再裁，而明年常餉業已撥定，即此額外六、七營旂之餉，尚須設法另籌，實無從再爲騰撥，更無從提款封存。所有不敷董軍餉項三萬九千兩，應請在於二十四年分甘省應行解部款內全數抵兌，以歸簡便。理合恭摺覆陳。伏乞皇上聖鑒。謹奏。光緒二十三年九月十七日。

（硃批）：戶部議奏[2]。

光緒二十三年十月初十日，奉硃批：戶部議奏。欽此[3]。

補證

【案】此摺原件①、錄副②均藏於臺北"故宮博物院"，茲據校勘。

[1]【頭品頂戴陝甘總督臣陶模跪】此前銜據原件校補。

[2]【戶部議奏】此"硃批"據原件補。

[3]【光緒二十三年十月初十日，奉硃批：戶部議奏。欽此】此硃批日期等，據錄副補。

一二三　職官被控賭博審明定擬摺

光緒二十三年十月初四日（1897年10月29日）

頭品頂戴陝甘總督臣陶模跪[1]奏，爲職官被控賭博，審明定擬完結，恭摺仰祈聖鑒事。

---

① 臺北"故宮博物院"藏：《軍機及宮中檔》，文獻編號：408003103。

② 臺北"故宮博物院"藏：《軍機及宮中檔》，文獻編號：142275。

竊查前據皋蘭縣民婦蔣王氏，以伊孫生員蔣英被彭年設局誘賭、蕩盡家產等情，赴臣衙門控告。臣查彭年係甘肅候補縣丞，平日行爲貪鄙，性嗜賭博，紳商子弟多被誘騙，亟應嚴行參辦，當經附奏請旨將藍翎同知銜甘肅候補縣丞彭年，先行革職，歸案審辦，光緒二十二年八月十八日，奉硃批：着照所請，該部知道。欽此[2]。當即欽遵轉飭遵照去後。茲據署蘭州府知府周景曾訊明：已革甘肅候補縣丞彭年與皋蘭縣生員蔣英，並尚有張鎰恆、王槐旺、彭厚菴、徐大、許典森、馬子久等，於光緒二十一年六、七兩月內，不記日期，先後賭過兩次，蔣英輸銀五百一十三兩，彭年赢銀五百一十三兩，餘均並無輸赢，各等語。至彭年被控設局誘賭及紳商子弟多被誘騙各節，嚴詰再三，彭年以聚賭在被控一年以前人皆星散，恃無質証，堅不承認。卽所供同賭之張鎰恆等飭差查傳，或業以病故，或早經他往，未便再事追求，致滋拖纍。茲就到案原、被，分别議擬，由臬司丁體常會同藩司曾鉌覈詳請奏前來。臣查此案已革甘肅候補縣丞彭年，與皋蘭縣生員蔣英兩次同塲賭博，係光緒二十一年六、七月間之事，經將英祖母蔣王氏於二十二年六月内始行控發，雖彭年堅不承認設局誘賭、誘騙各重情，惟與蔣英賭博赢錢，查訊已確，卽罪無可辭。已革甘肅候補縣丞彭年應請照賭博官員有犯革職枷責例，枷號兩個月，杖一百。現已革職，仍照例的決，不准折贖。生員蔣英同塲賭博，厥罪惟均。第其祖母出名告發，應照律聽如罪人身自首法，乃按輸錢者據實出首免罪、仍追所輸之錢給還之例，將生員蔣英依例免罪。所輸銀兩在於彭年名下照數追還，仍革去生員，以示薄懲。張鎰恆等或已病故，或早他往，應請分别免議、免拏，俾杜紛擾。除咨部查照外，謹恭摺具陳。伏乞皇上聖鑒訓示，施行。謹奏。光緒二十三年十月初四日。

（硃批）：該部知道[3]。

光緒二十三年十月二十八日，奉硃批：該部知道。欽此[4]。

補證

【案】此摺原件①、錄副②均藏於臺北"故宮博物院",茲據校勘。

[1]【頭品頂戴陝甘總督臣陶模跪】此前銜據原件校補。

[2]【案】光緒二十二年六月二十八日,陝甘總督陶模以甘肅候補縣丞彭年行爲貪鄙奏參請旨革職,曰:

再,甘肅候補縣丞彭年行爲貪鄙,性嗜賭博,紳商子弟多被誘騙。正查辦間,據生員蔣英之祖母蔣王氏以彭年設局誘賭、蕩盡家產等情,赴臣衙門控告,當批藩臬兩司轉飭蘭州府提案訊明,從嚴參辦,去後。茲據藩臬兩司會詳請奏前來。應請旨將藍翎同知銜甘肅候補縣丞彭年先行革職,歸案審辦。理合附片具陳。伏乞聖鑒訓示。謹奏。光緒二十二年七月二十三日,奉硃批:著照所請,該部知道。欽此。③

[3]【該部知道】此"硃批"據原件補。

[4]【光緒二十三年十月二十八日,奉硃批:該部知道。欽此】此硃批日期等,據錄副補。

一二四 請暫停分發摺

光緒二十三年十月初四日(1897年10月29日)

頭品頂戴陝甘總督臣陶模跪[1]奏,爲甘肅候補人員擁擠,擬請暫停分發,以資疏通而飭吏治,恭摺具陳,仰祈聖鑒事。

竊照甘肅省前因文職候補人數衆多,補缺無期,曾於光緒十七年奏准停止分發一年,限滿後照常分發。計五、六年來,各官補除者有限,繼至者實繁。現計候補道府同通州縣一百餘員,佐二雜職二百餘

---

① 臺北"故宮博物院"藏:《軍機及宮中檔》,文獻編號:408003109。

② 臺北"故宮博物院"藏:《軍機及宮中檔》,文獻編號:142630。

③ 中國第一歷史檔案館藏:《錄副奏片》,檔號:03-5343-078。

員。甘省地瘠缺少，差事無多。道、府兩項，十數年或未得補，同、通、直隸州或數年僅補一、二人，州、縣每年所補不過一成，佐、雜則不過二十分之一。卽各項差使亦難遍及，是徒有候補之名而無從政之實，流品固多淆雜，需次亦形苦纍。若再聽其源源而來，勢必擁滯愈甚，在素勵廉隅之士或能固窮自守，其中材以下負纍日深，營求日亟，流弊不可勝言，於澄清吏治之道大有妨礙。臣與司道再四熟商，擬請援照停止分發成案，除各項正途並曾任實缺之應補及丁憂起復各員仍分別掣籤發省、回省外，相應請旨勅部將捐納指省勞績保舉自道府以至未入流，凡未經赴部人員，一律停止分發甘肅，二年內有先經保留捐指甘肅未及分發者，應請准其改發他省，免繳離省改指捐款，以示體恤。仍俟停止二年限滿，再行察看情形，酌核辦理。據甘肅布政使曾鉌、按察使丁體常會詳請奏前來。謹恭摺具陳。伏乞皇上聖鑒訓示。謹奏。光緒二十三年十月初四日。

（硃批）：吏部議奏[2]。

光緒二十三年十月二十八日，奉硃批：吏部議奏。欽此[3]。

補證

【案】此摺原件①、錄副②均藏於臺北"故宮博物院"，玆據校勘。

[1]【頭品頂戴陝甘總督臣陶模跪】此前銜據原件校補。

[2]【吏部議奏】此"硃批"據原件補。

[3]【光緒二十三年十月二十八日，奉硃批：吏部議奏。欽此】此硃批日期等，據錄副補。

---

① 臺北"故宮博物院"藏：《軍機及宮中檔》，文獻編號：408003107。

② 臺北"故宮博物院"藏：《軍機及宮中檔》，文獻編號：142627。

一二五 河湟軍需用款請先立案摺

光緒二十三年十月初四日（1897年10月29日）

頭品頂戴陝甘總督臣陶模跪[1]奏，爲甘肅河湟軍需用款彙計總數，先行奏咨立案，恭摺仰祈聖鑒事。

竊據甘肅新疆總糧臺布政使曾鉌詳稱：甘省自光緒二十一年春間，河湟、海城逆回相繼變亂，蔓延二千餘里。徵軍雲集，節節防勦。統計主客各軍暨各路土勇、番勇三百餘起，各提鎮協標兵尚不在內。除甘、湘兩軍專餉外，甘省應發之正餉、恩餉、小口糧、軍火、軍裝、卹賞、養傷、津貼、糧價、各統領統費、標兵津貼、各臺局薪工、經費等項，二十一、二兩年總共約支湘平銀六百三十六萬餘兩。至賑撫漢回災民，本係奉撥專款，與軍需隔別，且又頭緒繁多，自應另辦。惟尚有轉運腳費一項，軍需與賑務互相牽雜，爲數頗鉅，由各廳州縣隨時報明，釐剔清查，尚須時日，應請隨後分案辦理。茲先將軍需用款彙開總數簡明清單，呈請先行奏咨立案，等情。前來。臣覆核無異，除將清單咨送戶部查照外，理合恭摺具陳。伏乞皇上聖鑒，並請飭部立案施行。謹奏。光緒二十三年十月初四日。

（硃批）：戶部知道[2]。

光緒二十三年十月二十八日，奉硃批：戶部知道。欽此[3]。

補證

【案】此摺原件①、錄副②均藏於臺北“故宮博物院”，茲據校勘。

[1]【頭品頂戴陝甘總督臣陶模跪】此前銜據原件校補。

[2]【戶部知道】此“硃批”據原件補。

① 臺北“故宮博物院”藏：《軍機及宮中檔》，文獻編號：408003108。

② 臺北“故宮博物院”藏：《軍機及宮中檔》，文獻編號：142628。

[3]【光緒二十三年十月二十八日，奉硃批：戶部知道。欽此】此硃批日期等，據錄副補。

一二六　軍餉車腳請仍准民價造銷片
光緒二十三年十月初四日（1897 年 10 月 29 日）

再，據甘肅布政使會鉌、按察使丁體常會詳稱：竊查甘肅自光緒十二年裁撤里車，分設官局，凡尋常需用車輛，皆以民價招僱。此次河湟軍興，全省騷動，大軍雲集，需車繁多，民間車輛不特價值倍蓰，且多散失棄置。派員四出尋覓，仍難濟事。復向隣省協雇，並搭用馱騾，始克勉應急需。此項車騾斷非平時民價所能辦，曾將爲難情形於請加撥軍餉、車腳案內呈請、附奏在案。玆當造銷之際，該司等綜核支過各軍餉、械並賑糧、車價，自光緒二十一年三月起至二十二年十二月凱撤止。每三套大車一輛載重八百觔，每百里實需價銀二兩四錢；每馱騾一頭載重二百觔，每百里實需價銀六錢。各軍剿遬趲程，車腳咄嗟莫辦，若不議給守候、回空，立致貽悞，故議定每起車騾守候五日，大車每輛日給銀六錢，馱騾每頭日給銀一錢五分，回空各減一半。凡此加增開支，確係實用實銷，毫無浮冒。當時軍情緊急，惟求供支無缺，實不敢稍事拘泥，致誤大局。據實會詳請奏前來。臣覆查該司等所詳，委係實在情形，合無仰懇天恩俯念此次軍務餉糧運腳實在爲難，准照所定加增價值章程，核實造報請銷，並懇敕部立案。除咨明戶、兵、工各部查照外，謹附片具陳。伏乞聖鑒訓示。謹奏。光緒二十三年十月初四日[1]。

（硃批）：著照所請，該部知道[2]。

光緒二十三年十月二十八日，奉硃批：著照所請，該部知道。欽此[3]。

補證

【案】此奏片原件①、錄副②均藏於臺北“故宮博物院”，茲據校勘。

[1]【光緒二十三年十月初四日】此具奏日期僅見於底本。

[2]【著照所請，該部知道】此“硃批”據原件補。

[3]【光緒二十三年十月二十八日，奉硃批：著照所請，該部知道。欽此】此硃批日期與內容，據錄副校補。

一二七　造報二十二年支扣餉項册摺

光緒二十三年十月二十六日（1897 年 11 月 20 日）

頭品頂戴陝甘總督臣陶模跪[1]奏，爲造報甘肅關內馬步練軍光緒二十二年分支扣餉項細數清册，恭摺仰祈聖鑒事。

竊查前准戶部咨開：甘肅省裁勇練兵係屬因時制宜，並非承平舊制。所有開支薪水亦非常例動支，應令專案奏銷，以免牽混，等因。所有光緒二十一年分練軍餉項細數清册，前已奏銷在案。茲據甘肅藩司曾鉌詳稱：遵查甘肅關內馬步練軍光緒二十二年分薪公、口糧等項，共實支銀一十四萬四千九十九兩三錢四分，內扣收過糧價及四分減平銀共二萬九百九兩三錢一分九釐，分別造具細數清册，詳請具奏前來。臣覆核無異，除將賫到册籍分送部科外，理合恭摺具陳。伏乞皇上聖鑒，敕部核銷，施行。謹奏。光緒二十三年十月二十六日。

（硃批）：該部知道[2]。

光緒二十三年十一月二十日，奉硃批：該部知道。欽此[3]。

---

① 臺北“故宮博物院”藏：《軍機及宮中檔》，文獻編號：408003107–0–A。

② 臺北“故宮博物院”藏：《軍機及宮中檔》，文獻編號：142622。

補證

【案】此摺原件[①]藏於臺北“故宫博物院”，錄副[②]藏於中國第一歷史檔案館，茲據校勘。

[1]【頭品頂戴陝甘總督臣陶模跪】此前銜據原件校補。

[2]【該部知道】此“硃批”據原件補。

[3]【光緒二十三年十一月二十日，奉硃批：該部知道。欽此】此硃批日期等，據錄副補。

一二八　請獎道員祝維城片

光緒二十三年十月二十六日（1897年11月20日）

再，光緒二十一年河湟變起，逆回馬筐筐等勾結東路回民，乘機作亂。五月初間，遂有海城戕官刦獄之事，平慶涇固化道祝維城[③]聞信，即電請前督臣楊昌濬飛飭各處防營，分路捉堵，並調陝西遊擊張紹先馬隊兩營，星馳勦辦。該道代備馬掌、草料，以速其行。時馬筐筐、李昌發等焚刦村堡，其勢甚張。張紹先率隊急馳一百八十里，出其不意，擊斃多人，匪黨立時潰散，變亂粗定。張紹先馬隊奉調赴河，

① 臺北“故宫博物院”藏：《軍機及宫中檔》，文獻編號：408003114。

② 中國第一歷史檔案館藏：《錄副奏摺》，檔號：03-6643-020。

③ 祝維城（1835—？），江西鉛山縣人，廩生。咸豐十一年（1851），取辛酉科拔貢。同治二年（1863），朝考二等，以七品小京官籤掣工部，任都水司行走。五年（1866），實授七品小京官。次年，捐免歷俸，作爲額外主事。八年（1869），取軍機章京。十年（1871），充辛酉科會試彌封官。光緒二年（1876），傳補軍機章京。四年（1878），因回疆肅清，加軍功一級。七年（1881），補硝磺庫主事。因恭校列聖御製詩文集、列聖聖訓，加四品銜。同年，以員外郎遇缺即補。十年（1884），充方略館纂修官。次年，兼總理各國事務衙門行走，充軍機處幫領班、方略館收掌官。十二年（1886），補虞衡司員外郎，保送考試御史。十四年（1888），補虞衡司郎中，捐免歷俸，保送堪勝繁缺知府。十五年（1889），保以道員即選，充方略館幫提調兼幫總纂官。同年，充軍機處領班、方略館提調兼幫總纂官。旋補授廣東廣州府遺缺知府。十八年（1892），補授甘肅甯夏府知府。次年，選甘肅平慶涇固化道。二十二年（1896），調署甯夏道。

而海城、平遠一帶空虛，謠言四起。該道復電稟請前督臣楊昌濬，飭駐防平涼之鎮南右營，酌撥兩哨速往海城防堵。至則馬筐筐等糾集餘黨，逆燄復然。幫帶曹松林再戰於黄羊坪，賊始奔潰，竄入河州。該道復派人搜誅逆匪家屬多名，張示曉諭，以釋良回疑懼之心。又塡發護票，使回衆駝騾脚戶得以外出貿易，顯以拯其窮乏，卽隱以消其亂萌。其布置隴東一切事宜，審愼周詳，所以戡亂於已成而弭禍於未著者，實於大局裨益不淺。該道現已開缺，本無希冀獎敘之心，但臣旣有所知，不敢壅於上聞，所有平慶涇固化道祝維城前年辦理甘肅東路事宜可否傳旨嘉獎之處，出自天恩。謹附片陳明。伏乞聖鑒訓示。謹奏。光緒二十三年十月二十六日[1]。

補證

【案】此奏片原件、錄副均查無下落，查《隨手檔》，知其硃批時間爲“光緒二十三年十一月二十日①”，然無硃批內容。僅據前後摺件校之。

[1]【光緒二十三年十月二十六日】附片一般無具奏日期，當僅存於底本。

【案】關於祝維城之生平事跡，查《清代官員履歷檔案全編》一曰：

> 祝維城，現年五十一歲，係江西鉛山縣人，由廩生考取咸豐十一年辛酉科拔貢生。同治二年朝考，奉旨以七品小京官用，籤分工部，是年八月到部都水司行走。五年九月，學習期滿，奏請實授。六年四月，捐免歷俸，作爲額外主事。八年十月，考取軍機章京，奉旨記名。十年三月，三次期滿，奏留本部候補。光緒二年正月，傳補軍機章京。四年二月，回疆肅清，奉旨賞加軍功一級。七年六月，補硝磺庫主事。閏七月，因恭校列聖御製詩文集、列聖聖訓，經軍機大臣保獎，奉旨賞加四品銜。十一月，經軍機大臣保奏，請以員外郎無論題選咨留，遇缺即補，奉旨依議。十年三月，充方略館纂修官。十二年正月，補虞衡司員外郎。四

① 中國第一歷史檔案館藏：《軍機處隨手登記檔》，檔案編號：03-0293-2-1223-308。

月，考試御史，奉旨記名。本年六月，補虞衡司郎中。七月，捐免歷俸截取，經工部堂官保送堪勝繁缺知府。本月十三日，吏部帶領引見，奉硃筆圈出，照例用。[①]

一曰：臣祝維城，江西鉛山縣拔貢，年五十七歲，由甘肅甯夏府知府前在工部郎中任內，欽奉諭旨：著俟補知府後，在任以道員即選。欽此。十九年七月，籤升甘肅平慶涇固化兵備道員缺。今據陝甘總督楊昌濬給咨到部，敬繕履歷，恭呈御覽。謹奏。光緒二十年正月二十八日。[②]

一曰：祝維城，現年五十七歲，係江西鉛山縣人，由廩生考取咸豐十一年辛酉科拔貢，同治二年，朝考二等，引見，奉旨以七品小京官用，籤掣工部。是年八月，到部都水司行走。五年九月，學習期滿，奏留實授七品小京官。六年四月，捐免歷俸二次期滿，奏留作爲額外主事。八年十月，考取軍機章京，引見，奉旨記名。十年三月，充辛酉科會試彌封官。三次期滿，奏留本部候補。光緒二年正月，傳補軍機章京。四年二月，因回疆肅清，奉旨賞加軍功一級。七年六月，補硝礦庫主事。閏七月，因恭校列聖御製詩文集、列聖聖訓，經軍機大臣保奏，請加四品銜，奉旨依議。十月，軍機大臣保奏，請以員外郎無論題選咨留，遇缺即補，奉旨依議。十年三月，充方略館纂修官。十一年十二月，兼總理各國事務衙門行走，充軍機處幫領班、方略館收掌官。十二年正月，補虞衡司員外郎。四月，總理各國事務衙門王大臣保奏，請交部議敘，奉旨依議。是月，工部堂官保送考試御史，引見，奉旨記名。十四年三月，總理各國事務衙門王大臣保奏，請交部從優議敘，奉旨依議。六月，補虞衡司郎中，捐免歷俸截取，經工部堂官保送堪勝繁缺知府。八月，吏部帶領引見，奉旨記名，以繁缺知府用，蒙召見一次。十五年正月，欽奉懿旨，俟補知府後，在任以道員即選。二月，充方略館幫提調兼幫

① 秦國經主編，中國第一歷史檔案館藏：《清代官員履歷檔案全编》第 4 冊，华东師範大学出版社 1997 年版，第 469 頁。

② 秦國經主編，中國第一歷史檔案館藏：《清代官員履歷檔案全编》第 28 冊，第 137 頁。

總纂官。三月，充軍機處領班、方略館提調兼幫總纂官。九月，奉旨補授廣東廣州府遺缺知府，具摺謝恩，蒙召見一次。十八年四月，奉旨補授甘肅甯夏府知府，具摺謝恩，蒙召見一次，十月到省，十一月接印。十九年七月，吏部籤選甘肅平慶涇固化道，題請開甯夏府知府缺，調取引見。十月，交卸府篆。經陝甘總督楊昌濬給咨赴部引見，本年四月十四日，經吏部帶領引見，奉旨著照例用。①

一二九　奏請賞假調理摺

光緒二十三年十一月二十七日（1897年12月20日）

頭品頂戴陝甘總督臣陶模跪[1]奏，爲微臣欬喘甚劇，籲懇天恩，賞假調理，恭摺仰祈聖鑒事。竊臣自維庸陋，無補時艱，渥荷聖恩，忝膺疆寄。自任新疆巡撫、陝甘總督，忽忽七年，愧涓埃之未報，實兢惕以時深。從前精力尚強，能耐勞苦。新疆著名寒冷，臣歷任五載，雖間患欬喘，不甚爲苦。今年體氣更衰，稍觸風寒，即患氣喘。尚幸隨治隨愈，未敢上瀆宸聽。惟本年十月初五以後，連日赴校場考閱武闈騎射，早出晚歸，不覺風寒侵入肌骨，復患欬喘，加以喘氣較前增劇，寢食因之頓減。雖延醫調治，第恐一時不能速痊，合無仰懇天恩，俯准賞假一月，俾得赴緊調理，出自逾格鴻慈。至於一切公事仍當照常辦理，不敢稍涉疏懈。一俟調理全愈，即當隨時銷假，上慰宸系。謹繕摺具陳。伏乞皇上聖鑒訓示，施行。謹奏。光緒二十三年十一月二十七日。

（硃批）：著賞假一箇月[2]。

光緒二十三年十二月二十四日，奉硃批：著賞假一箇月。欽此[3]。

---

① 秦國經主編，中國第一歷史檔案館藏：《清代官員履歷檔案全編》第6冊，第29頁。

補證

【案】此摺原件[1]藏於臺北“故宮博物院”，錄副[2]藏於中國第一歷史檔案館，茲據校勘。

[1]【頭品頂戴陝甘總督臣陶模跪奏】此前銜據原件補。

[2]【著賞假一箇月】此“硃批”據原件補。

[3]【光緒二十三年十二月二十四日，奉硃批：著賞假一箇月。欽此】此硃批日期與內容，據錄副校補。

一三〇　裁撤恩餉懇免追繳片

光緒二十三年十一月二十七日（1897年12月20日）

再，前准戶部咨開：附奏遣散各軍酌定開支恩餉章程一片，光緒二十二年十月二十五日奉旨：依議。欽此。并刷印原片咨行前來。查原片內稱：恩餉本爲體恤勇丁，非爲官弁而設，擬將此次關內外遣散各軍，凡營哨官於正餉外，給予一月薪水，不給公費。其各軍統領於裁撤之日即停薪公，等語。當經臣欽遵轉飭遵照去後。茲據甘肅糧臺布政使曾鉌詳稱：查此次甘省辦理河湟軍務，遣撤各軍應給恩餉，前經詳蒙奏准，距甘道里最遠者，給兩箇月，稍次者一箇半月，鄰省一箇月，籍隸本省者半箇月。本係倣照近時各省遣勇辦法，並未將統領、營、哨各官另行提出，仍一律照章給發。計自二十一年正月起至二十二年十一月十八奉文日止，業將添募勇營裁撤八九。又，自奉文起截至二十二年年底止，僅續裁靖循中旗、鎮夏右旗兩旗。其在先遣撤之統領營官，或回原籍，或投他省，早經星散。今已事隔日久，如果到處行查，按名追繳，竊恐徒滋紛擾，於款項無裨。復查甘省此番

---

① 臺北“故宮博物院”藏：《軍機及宮中檔》，文獻編號：408003122。

② 中國第一歷史檔案館藏：《錄副奏片》，檔號：03-5353-120。

用兵，正值東海大役之後，餉項奇絀，屢奉檄飭，隨事核實，格外撙節。該臺於一切支發，破除情面，省而又省，即如恩餉一項，雖有奏案，亦加嚴核。凡距賊較遠始終未經接仗以及前敵潰退、登時遣散各營旗，概予扣發，有銷册可查。又，各軍勇丁空日曠銀，無論何項事故，不時查明核扣，故截曠銀有十萬餘兩之多，亦經造册報部。以上兩款所省實已不少，所有新奉部章應行追繳二十二年裁撤各營旗統領營、哨各官已領之恩餉，內除甘省餉章哨弁本無公費並未浮支外，統計不過萬餘金，概係奉文之先隨撤隨支，實在無從著追。至奉文後續裁之兩旗，衹差數十金，未便劃出，致涉一案兩歧。詳情附奏前來。臣覆核無異，合無仰懇天恩，俯念各該統領營、哨各官皆係會經出力，裁撤時所領恩餉多在未奉部章以前，現在均已他往，懇免追繳，以示體恤，出自鴻慈。謹附片具陳。伏乞聖鑒訓示，并請飭部查照。再，二十三年正月起，凡有遣撤營旗，已將統領營官恩餉一律扣除。合併陳明。謹奏。光緒二十三年十一月二十七日[1]。

（硃批）：戶部知道[2]。

光緒二十三年十二月二十四日，奉硃批：戶部知道。欽此[3]。

補證

【案】此奏片原件①藏於臺北“故宮博物院”，錄副②藏於中國第一歷史檔案館，茲據校勘。

[1]【光緒二十三年十一月二十七日】此具奏日期僅見於底本。

[2]【戶部知道】此“硃批”據原件補。

[3]【光緒二十三年十二月二十四日，奉硃批：戶部知道。欽此】此硃批日期，據錄副補。

① 臺北“故宮博物院”藏：《軍機及宮中檔》，文獻編號：408003120-0-A。

② 中國第一歷史檔案館藏：《錄副奏片》，檔號：03-6143-048。

一三一　遵查西陲善後各情形摺

光緒二十三年十二月初十日（1897年1月2日）

頭品頂戴陝甘總督臣陶模跪[1]奏，爲遵旨查明覆陳，恭摺仰祈聖鑒事。

竊臣承准軍機大臣字寄：光緒二十二年九月十六日，奉上諭：有人奏西陲善後喫緊，急宜預爲布置一摺。此次湟回變亂，各路收納降匪甚多，自應先事豫防，以爲建威銷萌之計。摺内所稱：目前情形尚有可危者四端，請於現時裁撤營旗中酌留數十營，分布要隘。著陶模、董福祥體察情形，斟酌辦理。原摺均著抄給閱看。將此諭令知之。等因。欽此。遵旨寄信前來。仰見我皇上懲前毖後、廑念西陲之至意，跪聆之下，欽悚莫名。伏查去年九月間，河湟回匪甫就肅清，人心未定，彼時漢回猜忌，時有謠言，疑慮驚惶，在所不免。然已撫之回實無暗購槍械、廣爲嘯聚之事。原奏所稱：洮河橋頭查獲河回所運西洋子藥四馱，督標左旗馬隊在甘草店緝獲八坊奸細一名，下書約期十月初三、五等日，同時齊反，等語。查去年六月間，有洮州回民脚夫馬進良，馱貨由洮河橋頭經過，被該處兵役查出内有火藥一箱，計重五十觔，送經署狄道州楊培之，訊據脚夫馬進良供稱：伊爲卸署洮岷協副將任清鴻所僱，馱物赴省，不知内裝火藥。移准任清鴻覆稱：確係營中用剩火藥，價僱洮州本地良回脚夫馬進良，運省繳銷，並非該脚夫自帶，等語。當時禀報有案。嗣復飭據前統威定軍總兵何建威查明無異，實無洮河渡頭另有查獲河回所運西洋子藥四馱之事，殆卽以此傳聞致訛。去年夏秋間，河州時有謠傳，有謂某人下書至某處，約定某月某日起事，不一而足。臣密爲防範，往往居期並無其事。彼時各處稽查嚴密，遇有形跡可疑回民盤獲查訊，亦所時有，並無供有下書約反確據。去年十月至今，已一載有餘，各處尚屬安靜，唐汪川一路，商旅照常往來，不聞阻絕。河州難民亦無復向省城遷徙者。又，原奏所稱：張家川回民有回目李德昌爲之鎮撫，李德昌年逾七十，設早晚病歿，其子皆弱，恐不能懾服同類。查李德昌去年業已病歿，其子附生李占鵬襲其餘望，尚能與同類相安。該處回民均稱靜謐[2]，並無購買馬匹絡繹於途之事。甘肅提臣董福祥去冬奉旨募練專營，分紮河湟一帶。臣復酌留得力防營，駐紮東、西各路要隘，均經奏明在案。現在餉項奇絀，祗能就現在有營旗分布防範，以安人心。甘省地方遼闊，大難甫平之後，不容稍有疏懈。臣惟有隨時體察情形，咨商提督臣妥爲辦理，以仰副朝廷先事豫防、建威銷萌之至意。謹恭摺據實覆奏。伏乞皇上聖鑒訓示。再，提臣董福祥現已進京陛見[3]，故未列銜。合併陳明。謹奏。光緒二十三年十二月初十日。

（硃批）：知道了[4]。

光緒二十四年正月十三日，奉硃批：知道了[5]。

補證

【案】此摺原件①現藏於臺北"故宮博物院"，茲據校勘。

[1]【頭品頂戴陝甘總督臣陶模跪奏】此前銜據原件補。

[2]【靜謐】原件作"靖謐"。

[3]【案】光緒二十三年九月二十八日，甘肅提督董福祥奏報北上陛見起程日期，曰：

> 太子少保尚書銜總統甘軍甘肅提督奴才董福祥跪奏，爲報明起程日期，恭摺仰祈聖鑒事。竊奴才於本月十五日在平番營次奉到批摺，當即恭摺謝恩，於十七日專差進京齎遞拜發後，馳赴省城，與陝甘總督臣陶模籌商冬防事宜。查現成之十六營，本應團紮合練，第久已分布各處，遠者或千有餘里，調集爲難；且大亂甫平，人心浮動，又時近冬令，姦宄尤宜嚴防。各營之分布河州、西甯、循化、大通、碾伯者，擬皆仍舊。

① 臺北"故宮博物院"藏：《軍機及宮中檔》文獻編號：408003125。

惟將前紮甘凉之提督趙有正副後一營、總兵張銘新祥宇左一營移紮平番，而以總兵馬萬福所帶之親軍、副將張行志之副親軍、參將石慶良之副左營步隊三營、參將姚炳義所帶之正親軍馬隊二哨、直隸州張儒珍之親軍中旗馬隊一旗，移紮靜甯一帶，以故東路門戶。連日與督臣陶模熟商，意見相同。應添募之四營，蒙恩飭部撥足餉項，並預撥光緒二十四年二十營滿年行餉，自應及時募足，仰副聖朝整軍經武之至意。惟深知籌餉之難，遲募一日，即可節省一日之餉，況各營營哨官皆係當日營旗官，稍一展擴成營，實甚易也。營中應行事件，仍委管帶副親軍營前先補用副將張行志，代拆代行。遇有緊要及應奏事件，仍包封遞至奴才行次，自行辦理。奴才沿途衹帶小馬隊一營，派一半由北路行，就便踏勘路徑，安置就緒，定於十月初一日星馳北上。所有起程日期，理合恭摺由驛具陳。伏乞皇上聖鑒。謹奏。光緒二十三年九月二十八日。① 光緒二十三年十月十四日，奉硃批：知道了。欽此②。

[4]【知道了】此"硃批"據原件補。

[5]【光緒二十四年正月十三日，奉硃批：知道了】此硃批日期，據《隨手檔》③ 校補。

一三二　慶陽府捕獲謀逆出力請獎摺
光緒二十三年十二月二十日（1898 年 1 月 12 日）

頭品頂戴陝甘總督臣陶模跪[1]奏，爲捕獲謀逆首從各犯，先後審明，就地懲辦，地方一律安靜，並請將在事出力文武員弁擇尤獎敘，以昭激勸，恭摺仰祈聖鑒事。

竊維甘省自河湟軍務平定後，誠恐遊勇、會匪勾結滋事，屢經嚴飭

① 中國第一歷史檔案館藏：《硃批奏摺》，檔號：04-01-01-1019-033。
② 臺北"故宮博物院"藏：《軍機及宮中檔》，文獻編號：142307。
③ 中國第一歷史檔案館藏：《軍機處隨手登記檔》，檔案編號：03-0296-1-1224-012。

地方文武，隨時認真稽查。光緒二十三年二月，據慶陽府知府徐慶璋稟：據安化縣知縣陳慶驤、合水縣知縣巢鳳岡會稟稱：二月初三日，訪聞兩縣連界之柳村塬地方有匪徒煽惑愚民、謀爲不軌情事。正密查間，卽據武生張彥雄等密報：有四川會匪劉二卽劉天潰，與文在洪卽文二皮及其子文潮琪，並唐三麻子卽唐得金[2]、張三、文在治，製造槍礮、刀矛、旗幟，希圖起事，聞被誘入夥者甚衆。劉二自稱僞王，封文在洪爲僞元帥，文潮琪爲僞總管，唐三麻子、張三、文在治各封僞統領、營官名目。文在洪之親屬不肯從逆，恐走漏消息，閉置土窨內，說俟起事時斬首祭旗。該親屬等遣人密囑伊等出首，乞迅速拏獲，等情。該府徐慶璋以劉二等旣蓄意謀反，匪黨必多，若待調兵前往，緩不濟急，且恐玉石俱焚，激成大事。然又不宜過遲，當與慶陽營遊擊劉鈺熟商，先散脅徒，後拏首要。計議已定，卽派幹弁陳富貴、俞家鴻、徐錫類、彭福耀等持諭，分路張貼，並勸導有被誘從逆者各自首悔，一概不究，違者必殺無宥去後。該府徐慶璋與遊擊劉鈺督同安化縣陳慶驤、合水縣巢鳳岡，帶領兵役，立卽馳往，沿路遇見男婦大小紛紛遷避，多方安慰，諭令回家。至文在洪住處，四面圍捕，該匪等先已聞風逃跑。立將該逆等閉置土窨之親屬男女一律放出。該家屬等哭訴前情，並引領兵役前往離該處十五里之黃家園土窨，起獲刀矛、槍礮、旗布，並搜出劉二所藏書一本。查閱語多悖逆，當卽焚燬。提訊該家屬等供稱，匪等向在山中老君廟聚議。該府等卽督同兵役趕往，正値該匪等在彼約會起事，尚不過數十人，立卽[3]掩捕。該匪等放槍抗拒，兵役奮勇撲擊，當場格斃文在治、張三、並不知姓名夥黨數人，生擒匪目文在洪、文潮琪、唐三麻子三名，餘均竄散。回署後，訊據文在洪、文潮琪、唐三麻子供認：聽信匪首劉二說伊得有天書，言世界不好，允從謀反，製造槍礮、刀矛、旗布，約定二月初六日大舉。劉二手下有千餘人，必能成事，伊等僞封元帥、總管、統領、營官名目屬實，不料尚未至期，卽被官兵得信往拏，伊等與匪首劉二跑往老君廟，仍圖聚議起事，因人尚無多，抗拒不敵被獲，劉二現逃何處，實不知道，各等供認不諱。據實馳稟前來。經臣批飭先將文在洪、文潮琪、唐三麻子就地正法，傳首示眾。其餘脅徒皆不究治。仍飭趕緊嚴拏匪首劉二，務獲懲辦。該府等捐資，分派陳富貴、俞家鴻、徐錫類、彭福耀等赴鄰省，帶同眼線，四處訪拏，直至[4]九月二十九日，始據陳富貴在陝西盩厔縣地方會同該縣差役，將劉二拏獲，押解前來。經該府等提訊，據匪首劉二卽劉天潰供稱：四川閬中縣人，幼習武藝，慣使刀矛，在外遊蕩度日，早入哥老會。光緒二十二年九月來至合水縣柳村塬地方，與寄居該處同鄉文在洪、文潮琪、唐三麻子、文在治、張三先後認識，悄向他們商量，伊係會中頭子，手下有千餘人，並曾得有天書，言世界不好，不如造反，圖個出身的話。文在洪等均各應允，大家湊些銀錢，在僻處打造刀矛、槍礮，買布製旗。伊自稱僞王，封文在洪等爲僞元帥、總管、統領、營官名目，約定二十三年二月初六日起手，一面著人到處送信，令居期都來大舉，不料先被文在洪的家小遣人出首，經官兵前來捕拏，那時伊手下人尚未到齊，就合已到的數十人，同文在洪們跑往老君廟山上商議動手，又被官兵趕來捕捉。伊等一齊抗拒，施放槍礮，人少抵擋不住，乘間逃走，沿路躲藏。到九月裏，至陝西盩厔縣地方，被慶陽府派弁協同縣裏兵役，拏獲解案，等供。續經該府錄供，稟經臣核明，劉二卽劉天潰起意製械謀亂，罪大惡極，不容稍稽顯戮，當即批飭淩遲處死，傳首梟示；仍剴切示諭，凡脅從人等既免拏治，應各安分營生，不得再信邪說。現查該處一帶，如常靜謐。

臣查此次匪首劉二自稱得有天書，嘯聚謀亂，製藏軍械，偽封文在洪等元帥等號，定期起事。雖經文在洪等家屬密通信息，遣人出首，若非該府徐慶璋會同遊擊劉鈺辦理得法，迅赴事機，難保不蹂躪地方。今不煩兵力，消禍於事先，脅從盡行解散，首惡悉數擒誅，地方照常安靜，其功實不可沒。合無仰懇天恩，俯准將花翎三品銜甘肅慶陽府知府徐慶璋以道員不論雙單月在任候選，慶陽營遊擊劉鈺請以參將在任升補，並賞加副將銜。其隨同辦理之安化縣知縣陳慶驤、合水縣知縣巢鳳崗、協獲鄰省匪首之陝西盩厔縣知縣易潤芝，均不無微勞，應請飭部分別照例議敘。至分途持示、解散脅從並出省拏盜之陳富貴、俞家鴻、徐錫類、彭福耀等，均屬異常出力，俟查取各該員弁履歷，另行酌量請獎，俾昭激勵。據甘肅藩司曾鉌、臬司丁體常會詳請奏前來。除咨部並飭該府、縣、遊擊等造齎歷冊送部查核外，所有拏獲謀逆首從各犯，先後審明懲辦，地方一律安謐，並請將在事出力文武員弁擇尤酌量獎敘緣由，謹恭摺具陳。伏乞皇上聖鑒訓示。謹奏。光緒二十三年十二月二十日。

（硃批）：徐慶璋等均著照所請獎勵，該部知道[5]。

光緒二十四年正月十三日，奉硃批：徐慶璋等均著照所請獎勵，該部知道[6]。

補證

【案】此摺原件①現藏於臺北"故宮博物院"，茲據校勘。

[1]【頭品頂戴陝甘總督臣陶模跪奏】此前銜據原件補。

[2]【唐得金】原件作"唐得奎"。

[3]【立即】原件作"立飭"，當是。

[4]【直至】原件僅作"至"。

[5]【徐慶璋等均著照所請獎勵，該部知道】此"硃批"據原件補。

[6]【光緒二十四年正月十三日，奉硃批：徐慶璋等均著照所請獎勵，該部知道】此硃批日期與內容，據《隨手檔》②校補。

一三三　節年奏銷各款請照原冊准銷摺

光緒二十三年十二月二十日（1897 年 1 月 12 日）

頭品頂戴陝甘總督臣陶模跪[1]奏，爲節年各案奏銷間有疏脫，並

---

① 臺北"故宮博物院"藏:《軍機及宮中檔》文獻編號：408003130。

② 中國第一歷史檔案館藏:《軍機處隨手登記檔》，檔案編號：03-0296-1-1224-012。

無浮冒，請旨勅部悉照原册准銷，恭摺仰祈聖鑒事。

竊據甘肅藩司曾鉌詳稱：查甘肅省光緒九年至二十二年止，報過滿營餉項、練軍餉項、驛塘餉項、地丁考成、通收通支各案奏銷，有已奉部駁詰者，有尚未奉覆文者。其所駁詰皆係總、散稍有未合，收、除偶有未明，節目微有未詳，科則畧有未符。更有今昔情形迥異老案、斷難牽合之處。即如地丁銀糧，亂後祇能以現墾現荒爲斷，若必遠較老額，則《賦役全書》四十年未能修正，且各屬多經淪陷燬失，勢必不能懸揣脗合，遇有豁案，科則亦因之有異。又如營員俸廉正支遞食，先雖涉於籠統，後已臚列明白。又如甘標挑揀，少撥一名，係初練以額外能弁暫充，旋即由營更撥，並無可繳之糧，當時惟短於聲明。又如西甯標兵由調防後改練，與挑練無異，本應歸營另開，當時止漏列收、除。又如番案加支子藥、口糧，旋即扣還，當時僅疏於聲叙。又如兵馬册向無花名，練軍挑自原營，亦即省繁不造。其餘各節大率類是[2]。總之，各案奏效疏漏脱誤，誠所不免，虚糜浮冒，可信必無。以此十餘年積纍重案，若必逐細更造，恐經年纍月未能蕆事。即使更造，其間舊例未能強合，難保不遭復駁，駁而再登，登而又駁，嵗月易逝，案積如山，官易吏更，端緒茫昧。且報銷之事重在信實，既無浮冒，似可從寬，等情。詳請具奏前來。臣覆核無異，查臣前在新疆巡撫任内，曾將新疆自光緒四年起至十五年止銀糧、草束、防軍、善後各案奏銷，奏請變通成例核銷，業蒙俞允。今甘肅奏銷各案，情形正復相同，擬懇援照新疆變通核銷，請旨敕下户、兵、工各部，將甘肅自光緒九年起至二十二年止滿餉、練餉、驛餉、地丁收支各案，均照原册核准核銷，免再行查，以清積牘而便造報。至節年奉駁豁案，多因科則有異，各屬造報不能明白聲覆，而畝實在冲刷、坍塌，未能涸出墾復，應請一併飭部查照題奏原案核准，俾免歧異。謹恭摺具陳。伏乞皇上聖鑒訓示，施行。謹奏。光緒二十三年十二月二十日。

（硃批）：該部議奏[3]。

光緒二十四年正月十三日，奉硃批：該部議奏[4]。

補證

【案】此摺原件[①]現藏於臺北“故宮博物院”，茲據校勘。

[1]【頭品頂戴陝甘總督臣陶模跪奏】此前銜據原件補。

[2]【大率類是】原件作“大率類此”。

[3]【該部議奏】此“硃批”據原件補。

[4]【光緒二十四年正月十三日，奉硃批：該部議奏】此硃批日期，據《隨手檔》[②]校補。

一三四　請免更造綠營銷册片

光緒二十三年十二月二十日（1898 年 1 月 12 日）

再，據甘肅藩司曾鉌詳稱：綠營公費亂後僅支五成，先以支用總數造報，繼復造送四柱清冊，屢經戶部駁還，並發咸豐年間舊冊，仍令照舊開造細冊，等因。查綠營所領公費，向例以之開銷常年藥丸、車價一切，名目尚多。現在僅領公費一半，兵丁雖祇四成有奇，無如物用昂貴異常，不敷甚鉅。即如火藥每百觔例價銀三兩八、九錢不等，今則需十四、五兩；鉛丸每百觔例價銀六兩，今則需十六、七兩；領餉車價每輛百里例價銀三錢九分，今則需一兩七、八錢。他事之三倍、四倍者，不一而足。各營領此公費，不知如何捪拄彌縫，疊奉部文，隨時嚴切移行，均以實在賠墊苦纍、萬難照造爲詞。今昔情形迥異，若造册必按例價，無非刪改牽合，轉蹈不實之弊。再四思維，惟有據實詳請附奏，請旨飭下戶部將甘肅綠營公費照節年通收通支册內所造總數核銷，免其改造細册，等情。前來。臣覆加查核，係屬實在情形，理合附片具陳。伏乞聖鑒，飭部核准施行。謹奏。光緒二十三年十二

① 臺北“故宮博物院”藏：《軍機及宮中檔》文獻編號：408003131。

② 中國第一歷史檔案館藏：《軍機處隨手登記檔》，檔案編號：03-0296-1-1224-012。

月二十日[1]。

（硃批）：戶部知道[2]。

光緒二十四年正月十三日，奉硃批：戶部知道[3]。

補證

【案】此奏片原件①藏於臺北“故宮博物院”，兹據校勘。

[1]【光緒二十三年十二月二十日】此具奏日期僅見於底本。

[2]【戶部知道】此“硃批”據原件補。

[3]【光緒二十四年正月十三日，奉硃批：戶部知道】此硃批日期，據《隨手檔》②校補。

一三五　覆陳關内地方善後情形摺

光緒二十三年十二月二十日（1897 年 1 月 12 日）

頭品頂戴陝甘總督臣陶模跪[1]奏，爲覆陳關内外地方善後情形，恭摺仰祈聖鑒事。

竊臣承准軍機大臣字寄：光緒二十三年二月二十一日，奉上諭：御史宋伯魯奏，回匪逆焰難熄，宜早設法籌辦一摺[2]。據稱河湟回匪去歲肅清後，仍有蠢動之勢。善後之法首在遷徙，宜寬籌經費，給以資斧，徙諸關外，責以墾種；其次則嚴查保甲，等語。所奏是否可行，著陶模、饒應祺體察關内外地方情形，妥籌覆奏。原摺均著抄給閲看。將此各諭令知之，等因。欽此。遵旨寄信前來。臣遵將原奏所稱各節逐一查辦，並一面咨商新疆撫臣饒應祺，統籌關内外善後情形，以爲防患未然之計。臣查河州漢回雜處，意見[3]素深。去歲

---

① 臺北“故宮博物院”藏：《軍機及宮中檔》，文獻編號：408003130-0-B。

② 中國第一歷史檔案館藏：《軍機處隨手登記檔》，檔案編號：03-0296-1-1224-012。

地方甫就肅清，難民歸業者，往往因細事與回民爭訟，輒控呈劫奪重情，希圖報怨。漢民見回民所有牲畜，輒指爲亂中被搶原物，兩相爭執。據河州去冬詞訟，月報訊結此等案件凡七十餘起，實無歸業難民仍遭回民搶刦之事。王鉞安署河州鎮總兵時，正値河回收撫之後，在任閱九月餘，查拏漏網匪目，分防要隘，布置尚爲嚴密。原奏稱其部勇屢被該處回民用石驅逐，及用槍礮封城轟擊，係屬謠傳。惟河州回衆當日未經大創，漢民之被害者畛域[4]日深，迭次呈請勦辦，回民因而生疑，謠言四起，故去臘初二日有八坊花寺教門聚議之事。守備馬福祿等聞信潛往，擒拏新老教逆首馬恩、馬如麟等十七名，訊明正法。今春道員張成基等復勒令回衆交出著名稔惡逆目，誅戮多名。現在回民均尚安靜，不至再有他慮。至原奏稱拔本塞源之法首在遷徙，回民實諸關外空地。查河州回衆不下數十萬，八方[5]地土尚屬膏腴，不惟安土重遷，卽籌此鉅費，亦非易易。關外北路雖有隙土，概非沃壤；南路祇羅布淖爾有空地，去歲玉門各營收西甯降回三千餘口，經臣電商新疆撫臣饒應祺陸續解往羅布淖爾，擇地安插。彼處大半沙磧，可耕之土甚稀，縱能將內地回民遷往，恐地瘠人繁，不敷贍養，仍不免流爲盜賊。關內、關外同隸版圖，漢民、回民均屬朝廷赤子，祇視治之善與不善，不在地之遷與不遷。方今無論留甘徙新，總不外責成地方文武，加意拊循，嚴爲防範，以期懷德畏威，消患於未形。該御史所奏遷回一節，揆之情勢，萬不能行。商之新疆撫臣饒應祺，所見亦同。臣惟有隨時體察情形，照原奏所稱嚴查保甲之法，認真整頓，化漢回畛域之見，伸朝廷威惠之權，毖後懲前以仰副國家綏靖邊陲之至意。所有覆陳關內外地方善後各緣由，謹會同新疆巡撫臣饒應祺，恭摺具奏。伏乞皇上聖鑒訓示。謹奏。光緒二十三年十二月二十日。

（硃批）：知道了[6]。

光緒二十四年正月十三日，奉硃批：知道了[7]。

補證

【案】此摺原件[①]現藏於臺北“故宫博物院”，兹據校勘。

[1]【頭品頂戴陝甘總督臣陶模跪奏】此前銜據原件補。

[2]【案】光緒二十三年二月二十一日，御史宋伯魯以逆焰難息，宜早籌辦，具奏曰：

山東道監察御史臣宋伯魯跪奏，爲回匪逆焰難息，宜早設法籌辦，恭摺仰祈聖鑒事。竊維逆回自擾亂河湟以來，用兵幾及二年，蹂躪徧乎兩省。幸仗聖主威福、將士用命，卒使渠魁授首、脅從投誠，凡在舍生同深感戴。惟若輩獷悍好禍，黨惡而堅。聞去歲肅清後，漢民偶有歸業者，仍遭搶劫。前王鉞安署河州鎮時，其部勇亦屢被該處回民用石驅逐，或用槍礮對城轟擊。王鉞安憚不敢詰。去年臘月初二、三等夜，連次聚眾吶喊，意圖蠢動。幸署鎮何得彪協同進士馬福祿等，前往捕弋，擒斬首惡馬如彪、馬如麟、馬恩等十六名，並於馬如彪家抄出洋槍八十枝、白蠟桿六十根、鉛藥無數，餘匪始竄往張家川、甯夏一帶。向非何得彪等先發其覆，則附合二起者，恐又成蔓延之勢。伏思彼種屢次稱戈，跳梁反側，上勞宵旰，下毒生靈。甫幸蕩平，輒萌不軌，若不豫爲籌畫，終恐伺隙煽發。臣維籌畫之法，首在遷徙。河州八坊土地瘠磽，不蕃五穀，饑寒交迫，釀爲亂階。宜寬籌經費，給以資斧，徙諸關外，以實空地，責以墾種，編以保甲。三年之後，曠土可以升科，飽煖自知榮辱。此弭患無形、拔本塞源之法，策之上也。回紳馬進士福祿嘗謂八坊禍本，不可不遷。彼族之言如此，則其情形可知矣。不得已而思其次，則曰嚴查保甲，自古安民弭盜，莫善於保甲一法，應由該督撫責成地方官，認真舉辦，煙落戶口，編入甲冊，由村中公舉甲長。如有形跡可疑及廢業爲非之人，由甲長呈報查拏。外部各城回民，不許寄居羼入，而尤以私藏兵械爲厲禁，一經查出，立予重懲。甲長不報者，照扶同隱匿例治罪。然必有恒產而後有恒心，八坊地確民貧，生計維艱，時懷異志，勢也。應

---

① 臺北“故宫博物院”藏:《軍機及宫中檔》文獻編號: 408003132。

令該督撫妥籌生聚之法，如墾田種樹、畜牧水利之法，相地致宜，因時救弊，衣食有資，廉恥自生。彼族亦人類也，化莠爲良，可跂而待，然後多設義學，牖以詩書，而又責令甲長協同耆老，宣講《聖諭廣訓》以及各種善書，隨時化導。如此而猶有稱亂者，臣不信也。其回漢雜處之處，亦責令地方官妥爲撫字，無少畛域，多方勸諭，交泯猜疑。而將帥之威望素孚、膚功迭奏者，專倚坐鎮，不輕更調。彼將懷我之德、震我之威，雖教之使爲亂，而不能矣。良法具在，惟視奉行者力與不力耳。現在提臣董福祥雖已募足舊營，足資捍衛，而生聚之道不講、保甲之法不行，舍本逐末，亂無底止。應請飭下該督撫，如臣所陳以上各節，妥速籌畫，變通盡利，總期消患未萌，不致再釀邊釁，則腹地既安，外人亦無所覬覦，大局幸甚。臣爲豫籌弭亂起見，是否有當。伏乞皇上聖鑒訓示，施行。謹奏。光緒二十三年二月二十一日。①

[3]【意見】原件作“仇隙”。

[4]【畛域】原件作“仇怨”。

[5]【八方】原件作“八坊”，確。

[6]【知道了】此“硃批”據原件補。

[7]【光緒二十四年正月十三日，奉硃批：知道了】此硃批日期，據《隨手檔》② 校補。

一三六　請卹獎回民馬萬德父子片

光緒二十三年十二月二十日（1898 年 1 月 12 日）

再，據碾伯縣稟稱：縣屬寺爾堡回民六品軍功馬萬德，素稱良善。光緒二十一年夏間，西甯逆回蜂起，冶家川阿渾冶主麻糾黨百餘人，往約馬萬德同叛。馬萬德不從，與寺爾堡居民數十人約同固守，

---

① 臺北“故宮博物院”藏：《軍機及宮中檔》，文獻編號：137482。

② 中國第一歷史檔案館藏：《軍機處隨手登記檔》，檔案編號：03-0296-1-1224-012。

赴省請兵救援，願爲嚮導，往前敵殺賊，半途爲冶主麻邀擊。其次子馬五美死焉。嗣總兵牛師韓率豫凱軍抵平番，馬萬德等約同十五會等處良回，赴營投效。牛師韓諭令回寺爾堡，承辦糧石。二十三年四月十九日，冶主麻探知馬萬德在家，率領黨羽，乘其不備，圍燒馬萬德房屋，刦令從逆。馬萬德罵賊不屈。賊遂臠割其身，死極慘酷。馬萬德、馬五美父子二人仗義死節，擬懇分別請卹，等情。臣復飭營務處甘肅藩司曾鉌覆查屬實，詳請具奏前來。臣查該軍功馬萬德父子，守志不奪，忠義可嘉，在回族中實罕其儔，亟應優予卹奬，以昭激勸。合無仰懇天恩，飭部照例議卹，用慰幽魂而勵末俗。除飭取事實册結分送部科外，謹附片具陳。伏乞聖鑒訓示。謹奏。光緒二十三年十二月二十日[1]。

（硃批）：著照所請，該部知道[2]。

光緒二十四年正月十三日，奉硃批：著照所請，該部知道[3]。

補證

【案】此奏片原件①藏於臺北“故宮博物院”，茲據校勘。

[1]【光緒二十三年十二月二十日】此具奏日期僅見於底本。

[2]【著照所請，該部知道】此“硃批”據原件補。

[3]【光緒二十四年正月十三日，奉硃批：著照所請，該部知道】此據《隨手檔》②校補。

---

① 臺北“故宮博物院”藏：《軍機及宮中檔》，文獻編號：408003130-0-C。

② 中國第一歷史檔案館藏：《軍機處隨手登記檔》，檔案編號：03-0296-1-1224-012。

卷　九

陕甘五

一三七　遵查甘省礦務籌辦情形摺

光緒二十四年二月初三日（1898年2月23日）

頭品頂戴陝甘總督臣陶模跪[1]奏，爲遵旨籌辦甘省礦務情形，據實覆陳，恭摺仰祈聖鑒事。

竊臣承准軍機大臣字寄：光緒二十二年正月三十日，奉上諭：自上年與日本訂約以來，内外臣工多以廣開礦産爲方今濟急要圖，當通諭各直省將軍、督撫體察各省情形，酌度辦法具奏。昨據總理各國事務衙門、戶部會奏，議准御史王鵬雲①請開礦務一摺[2]，已依議行矣。著各直省將軍、都統、督撫俟部文到日，詳議切實章程，即行覆奏。總之，開辦礦務以金銀礦産爲最先，各該省如能實力訪查，確有金銀礦地，設法興辦，自較煤礦等項得款爲鉅。其各振刷精神，實力奉行，毋得畏難苟安，仍蹈從前錮習。將此由四百里諭令知之。欽此。遵旨寄信前來。當經欽遵轉飭遵辦去後。竊維礦學，别有專門，必有人精於此學，然後審查山脉，辨别石質，可免得不償失。無論[3]官辦、商辦，自可開致富之基。臣身任疆圻，受恩深重，敢不竭力籌畫，以冀稍裨國用？無如甘省素乏知礦之人。從前原有安西、敦煌南北山金廠，早已因亂廢輟，屢飭照舊開採，仍以沙空苗竭奏明停免課金。嗣於大通縣乙思門慶地方試辦，歲徵課金六十餘兩，奏明後不數年，金少課絀。復移採於甘州之野牛溝，歲課減爲二十四兩，得金仍不敵所

---

① 當爲“王鵬運”。王鵬運（1848—1904），字幼遐、佑遐，號半塘、鳥翁、幼霞等，廣西臨桂縣人。同治九年（1870），中式舉人，捐内閣中書。十三年（1874），任内閣中書行走。光緒二年（1876），充國史館校對官，補内閣中書。十年（1884），署内閣侍讀。十三年（1887），實授内閣侍讀，同年，任會典館纂修官、總纂官，加四品銜。十七年（1891），考取御史，晉三品銜。十九年（1883），授江西道監察御史，兼巡城御史。二十年（1894），升掌江西道監察御史，兼稽查北新倉。後補禮部掌印給事中。三十年（1904），客卒蘇州。著有《袖墨集》一卷、《蟲秋詞》一卷、《味梨集》一卷、《鶩翁集》一卷、《蜩知集》一卷、《校夢龕集》一卷、《庚子秋詞》一卷、《春蟄吟》一卷、《半塘定稿》、《剩稿》一卷等存世。

費。臣不敢因難而止，復於司道博訪周諮，有謂肅州南山之金佛寺、紅水壩、西甯府屬之金羌灘、果子灘、羊腸溝、蘭州府屬之黄石坪等處礦産可開，飭司選派委員分途查勘試辦，旋據先後禀覆：金佛寺雖有舊礦，浮面金沙早經淘挖殆盡，以下大石分隔，有無金沙，殊難懸揣。紅水壩、黄石坪礦在深峒，發苗不旺，施工甚難。惟金羌灘、果子灘、羊腸溝等處金苗較好，檄令原勘委員甘肅試用通判宋之章，切實開辦。維時西甯、平靖被難漢回衆多，在彼召集流亡，貸給資本，置辦器具，相地採挖，權作以工代賑。共計三千餘人，貸過資本一萬餘串，議定得金作價歸本，旋歸旋借。爲期已逾一年，核計僅敷人工食用各費，尚有虧本無從追繳者，一時礙難徵課，應俟再辦一年後，察度實在情形，另行定章，奏明辦理。竊查甘省玉關内外非無礦可開，第能識礦産、精於勘煉者，實無其人，致辦理終鮮實效。若不亟圖變計，另籌辦法，仍不能收礦産之利。竊念黑龍江漠河金廠早著成效，當有熟習礦務、精於查看化分之人，合無仰懇天恩，飭下直隸總督由黑龍江漠河或天津學堂選派一二員，帶領工匠，酌帶器具來甘，遍歷各山，尋覓佳礦，招商開採，庶不致坐失大利，冀有成效。據藩司曾鉌、臬司丁體常會詳請奏前來。謹恭摺覆陳，伏乞皇上聖鑒訓示，施行。謹奏。光緒二十四年二月初三日[4]。

（硃批）：著總理各國事務衙門咨行王文韶①揀員派往[5]。

---

① 王文韶（1830—1908），字夔石，號耕娱、退圃、退囿、詩娱，浙江仁和人。咸豐元年（1851），中舉人。二年（1852），中式進士。十一年（1861），選福建司主事，補四川司員外郎。同治二年（1863），升陝西司郎中。次年，補湖北安襄鄖荊道，間鹽運使銜。四年（1865），署漢黄德道。六年（1867）升湖北按察使。是年，兼署湖北布政使。八年（1869），署湖南布政使。旋實授湖南藩司。十年（1871），署湖南巡撫。次年，實授湘撫。光緒四年（1878），任軍機大臣上學習行走、禮部左侍郎，兼署兵部左侍郎。同年，任總理各國事務衙門行走。五年（1879），充軍機大臣上行走、戶部左侍郎，兼署兵部左侍郎，兼管三庫事務。六年（1880），充殿試讀卷官。八年（1882），署戶部尚書，兼署禮部右侍郎、吏部右侍郎。十四年（1888），調補湖南巡撫。次年，遷雲貴總督。二十年（1884），授幫辦北洋事務大臣。次年，署直隸總督北洋大臣，授直隸總督北洋大臣。二十四年（1898），任總理各國事務衙門行走、軍機大臣上行走、戶部尚書。二十五年（1899），擢協辦大學士、經筵講官。次年，授國史館副總裁，晉體仁閣大學士，管理戶部事務，加太子少保銜。二十七年（1901），升國史館正總裁，兼外務部會

光緒二十四年二月十七日，奉硃批：著總理各國事務衙門咨行王文韶揀員派往。欽此[6]。

補證

【案】此摺原件①藏於臺北"故宫博物院"，録副②現藏於中國第一歷史檔案館，玆據校勘。

[1]【頭品頂戴陝甘總督臣陶模跪】底本無此前銜，玆據原件補。

[2]【案】光緒二十一年十二月二十五日，掌江南道監察御史王鵬運以制錢日少、產銅日稀，具摺奏請開辦礦務，鼓鑄銀圓，曰：

三品銜掌江西道監察御史臣王鵬運跪奏，爲制錢日少，產銅日稀，民用大絀，請明諭天下開辦礦務，鼓鑄銀圓，以塞漏卮而爲大局，恭摺仰祈聖鑒事。竊近日以來，京師錢價日貴，銀價日賤，咸歸咎於私鑄之充斥、銀號之把持，而不知皆非也。邇來東南各省紋銀每兩僅易制錢千二百文，洋錢每圓僅換制錢八百餘文，銀賤錢貴，有甚於京師者，蓋其間有大漏卮焉。不可不亟思補救也。當光緒十一、二年間，越事初定，即有倭人串同內地奸商，以銀易錢，裝運出口，以致各省錢價陡長，銀價愈低，於時乃有鼓鑄制錢之議。滇南產銅日少，遂不得不購買洋銅。倭商購去中國制錢，將其中金銀提出，已敷購錢資本。及購銅議起，復以淨銅售諸中國，本一而息三倍之。天下之利，孰有大於是者。此皆由中國商人不通化學。當閉關絕市之時，尚可無虞外洩。通商以來，若固守成規，不思變計，則旁有大盜，其覬覦而盤剝之也，亦固其宜。此次倭索償款多至二萬三千餘萬，彼以一萬萬兩購錢出口，可買盡中國制錢，

（接上页）辦大臣、議和全權大臣，授文淵閣大學士、政務處大臣，兼督辦路礦大臣。二十九年（1903），任武英殿大學士、文淵閣領閣事，兼署翰林院掌院學士，管理戶部事務。次年，充殿試讀卷官。三十四年（1908），加太子太保，晉太保。是年，卒於任。謚文勤。行世著述有《宣南奏議》、《湘撫奏議》、《滇督奏議》、《直督奏議》，《王文勤公全集》、《王文韶日記》等，修《續雲南通稿》一百九十四卷、《光緒續雲南通志稿》二百卷等。

① 臺北"故宫博物院"藏：《軍機及宫中檔》，文獻編號：408003140。

② 中國第一歷史檔案館藏：《録副奏摺》，檔號：03-9644-018。

以我之矛陷我之盾，則現錢立竭。銅產不多，官力無可挽回，民間不能不用，其必至於潰敗決裂，窮而思亂，明矣。各省禁錢出口，獨未查禁輪船，外洋不用中國銅錢，其運錢出口何爲者？應請旨飭下總署，通行各口稅務司，嚴查充公，不得絲毫徇縱。此節流之法也。然稅司習氣恒刻待華商，而寬待洋商，利之所在，人所必趨。雖法禁綦嚴，仍將百計偷漏。非籌變通之法，決不足以支危局。而開利源，其策有二。請爲皇上縷晰陳之：一曰鑄銀圓。九州作貢，三品兼權，周初九府泉刀，始專以銅錢濟用。迄今民用繁而銅礦少，加以外人盤剝，流弊已深。乾隆時，美洲銀礦大開，皆運至中國，現銀日多，而不自鑄銀錢，以利民用。此何說也？況比年來中國黃金出口，由三百萬增至二千餘萬兩。如不自鑄金錢，則國寶全空，終受外人挾制。應請飭下戶部購買極大機器，鼓鑄金、銀、銅三品之錢，金錢輕重略仿英鎊大小，銀錢用鄂、粵鑄成之式，鑄成後頒發各省，諭天下一體通行。各省亦一律鼓鑄，以資利用。仍特派大臣，總理其事。惟救急之法則宜先鑄銀錢，明春錢價必大漲，度購機運京，建廠設局，約需一年。廣東鑄銀局機器甚大，每日可鑄銀錢七萬餘圓、銅錢九萬餘串，應請飭下戶部先撥銀三萬兩，專鑄大小銀錢，運京備用；通行各省籌款，運粵鑄錢，俟機器到京，廠屋齊備，即由京局辦理。此變通之法一也。二曰開礦政。中國五金各礦藏地下者不可勝數，徒以封禁，大利不開。比年西士考察及中國土人所知者，如川藏之金礦、銅礦，江西、湖南之銅礦、金礦、煤礦，雲南、兩廣之五金各礦，奉、吉之金礦，山西、河南之煤鐵礦，皆以官吏貪圖省事，不願開採。小民本小力微，無由上達。藏金銀於地下而懷寶啼饑，甚無謂也。應請特諭天下，凡有礦之地一律准民招商集股，呈請開採，地方官吏認真保護，不得阻撓。俟礦利既豐，然後按十分取一，酌抽稅課。一切贏絀，官不與聞。如礦產微，即行裁撤。認真辦理，則把持壅遏，諸弊一掃而空，期以十年，礦產全開，民生自富，而國用猶有不足、國勢猶有不強者，未之有也。此變通之法二也。夫窮則變，變則通，通則久。苟非時勢所迫，人誰不欲習故安常，坐享無事之福？無如民窮國匱，財用不足，尚有日本及西洋各國，虎視眈眈。倒持太阿之柄，不籌一救弊之法，何以安我蒸黎、保固疆守！惟希宸斷採納，迅賜施行，天下幸甚。謹繕摺上陳。伏乞皇上聖鑒。謹奏。光緒二十一年十二月二十五日。①

[3]【無論】原件、錄副均作“毋論”。

[4]【光緒二十四年二月初三日】原件、錄副及《隨手檔》② 均作“光緒二十四年二月初四日”，底本當誤。

[5]【著總理各國事務衙門咨行王文韶揀員派往】此“硃批”據原件補。

[6]【光緒二十四年二月十七日，奉硃批：……欽此】此硃批日期與內容，據錄副校補。

一三八　續懇賞假摺

光緒二十四年二月十五日（1898 年 3 月 7 日）

頭品頂戴陝甘總督臣陶模跪[1]奏，爲微臣叩謝天恩，並懇續假調理，恭摺仰祈聖鑒事。

竊臣前因欬喘甚劇，於光緒二十三年十一月二十七日奏請賞假調理，本年正月二十九日，差弁賫回原摺，奉硃批：著賞假一個月。欽此。聖慈逾格，感戴難名。伏念臣年逾六十，精力漸衰。入春以來，欬嗽畧愈，滿擬二月初旬可以銷假，無如氣喘仍未就痊。昨值上丁祭祀，勉襄典禮，拜跪之下，氣促難支，幾致不能成禮。近日延見僚屬，言論稍多，更覺心神恍惚，目眩頭昏。醫者謂非靜坐調養，不易復元。合無仰懇天恩，俯准再行賞假一月，俾上緊調理。一俟春深，天氣加暖，病體稍愈，即隨時銷假，斷不敢久躭安逸，自外生成。所有微臣叩謝天恩並續懇賞假緣由，理合恭摺具陳。伏乞皇上聖鑒訓示。謹奏。光緒二十四年二月十五日。

---

① 中國第一歷史檔案館藏：《錄副奏摺》，檔號：03-9531-077。

② 中國第一歷史檔案館藏：《軍機處隨手登記檔》，檔案編號：03-0296-1-1224-045。

（硃批）：著賞假一箇月[2]。

光緒二十四年三月初八日，奉硃批：著賞假一箇月。欽此[3]。

補證

【案】此摺原件①藏於臺北“故宫博物院”，錄副②現藏於中國第一歷史檔案館，茲據校勘。

[1]【頭品頂戴陝甘總督臣陶模跪】底本無此前銜，茲據原件補。

[2]【著賞假一箇月】此“硃批”據原件補。

[3]【光緒二十四年三月初八日，奉硃批：著賞假一箇月。欽此】此硃批日期，據錄副補。

一三九　叩謝恩賞福字摺
光緒二十四年二月十五日（1898年3月7日）

頭品頂戴陝甘總督臣陶模跪[1]奏，爲恭謝天恩，仰祈聖鑒事。

竊臣齊摺差弁回甘，捧到恩賞福字一方，當即恭設香案，望闕叩頭謝恩祗領。欽維皇上璧府凝輝，球圖會極，紫氣拂金花之紙，雲榜璇題；彤廷瞻玉藻之旒，露垂鏤管[2]。茲以青陽律轉，廼蒙丹扆恩頒，捧自日邊，猶帶御鑪之馥；傳來天語，如承華衮之褒。叨聖眷之彌隆，拓皇圖而卽叙。臣惟有勉驅朽鈍，冀答涓埃，效雍容於颺拜賡歌，恆誦鴛鴦之什；被聲教於綏荒侯甸，咸輸鶼鰈之忱。所有微臣感激榮幸下忱，謹繕摺叩謝天恩。伏乞皇上聖鑒。謹奏。光緒二十四年二月十五日。

（硃批）：知道了[3]。

---

① 臺北“故宫博物院”藏：《軍機及宫中檔》，文獻編號：408003141。

② 中國第一歷史檔案館藏：《錄副奏摺》，檔號：03-5357-036。

光緒二十四年三月初八日，奉硃批：知道了。欽此[4]。

補證

【案】此摺原件①藏於臺北“故宫博物院”，錄副②現藏於中國第一歷史檔案館，兹據校勘。

[1]【頭品頂戴陜甘總督臣陶模跪】底本無此前銜，兹據原件補。

[2]【鏤管】原件、錄副均作“縷管”。

[3]【知道了】此“硃批”據原件補。

[4]【光緒二十四年三月初八日，奉硃批：知道了。欽此】此硃批日期等，據錄副補。

一四〇　裁官併汛大概情形片
光緒二十四年三月十六日（1898年4月6日）

再，陜甘兩省綠營兵丁疊經裁減，所剩不過十之二三，而大小員缺迄未減少。此次遵旨裁併，擬將各營員缺一併酌量裁減，已另摺具奏。竊維督臣所轄二提八鎮分駐兩省，其餘分防營汛，散處遼遠，現已移飭各提鎮，察酌所屬營汛繁簡偏要，分别裁併，一俟就緒，即行據實奏報。惟裁官必須另補，各該員弁多係曾在軍營出力，若裁而不補，迹近廢棄，未免可惜。擬請將現在所出武職大小員缺，無論應歸外揀、部選，一併暫請緩補，將來即以所裁缺之官按缺抵補，庶不致棄置閑散，寒將士之心。至各營實缺員弁有應行送部引見者，現值裁留未定之際，併懇飭部暫緩調取，統俟裁留已定，再行分别奏明辦理。是否有當，謹附片具陳。伏乞聖鑒訓示。謹奏。光緒二十四年二月

① 臺北“故宫博物院”藏：《軍機及宫中檔》，文獻編號：408003143。

② 中國第一歷史檔案館藏：《錄副奏摺》，檔號：03-5357-037。

十六日[1]。

光緒二十四年三月二十八日，奉硃批：兵部知道。欽此[2]。

補證

【案】此奏片缺原件，錄副①現藏於中國第一歷史檔案館，茲據校勘。

[1]【光緒二十四年二月十六日】查《隨手檔》②，此片具奏日期應爲“光緒二十四年三月十六日”，底本當誤。

[2]【光緒二十四年三月二十八日，奉硃批：兵部知道。欽此】此硃批日期等，據錄副補。

一四一　覆陳遵照疊次諭旨謹擬切實辦法摺

光緒二十四年三月十六日（1898年4月6日）

頭品頂戴陝甘總督臣陶模跪[1]奏，爲遵照疊次欽奉諭旨，謹擬切實辦法詳細覆陳，恭摺仰祈聖鑒事。

竊臣承准軍機大臣字寄：光緒二十三年十一月二十五日，奉上諭：目下欲圖自強，自以修明武備爲第一要義。惟是出入兩款不敷甚鉅，前經諄諭各該省將軍、督撫，嚴杜釐金中飽，汰除練兵冗數。旋據陸續覆奏，並未將釐金中飽之數和盤托出，所裁兵勇亦未確查空額。著即嚴飭在事各員釐剔弊端，力除中飽，尤須正己率屬，以期大法小廉。應如何認真綜覈，集成鉅款，是在該將軍、督撫等激發天良，認真整頓，應即詳細確實覆奏。如有知兵之員爲該將軍、督撫等素所深悉者，並准其保奏，以備干城之選。將此由四百里通諭知之。欽此。嗣又疊奉二十三年十二月二十五日、二十四年正月初四日及三十日上

① 中國第一歷史檔案館藏：《錄副奏片》，檔號：03-5923-134。

② 中國第一歷史檔案館藏：《軍機處隨手登記檔》，檔案編號：03-0296-1-1224-085。

諭，諄諄以理財用人、裁冗剔弊諸端，反復誥誡，以圖制治保邦之長策。臣跪聆之下，晝夜籌維，既不敢敷衍以塞責，復不敢操切以僨事。謹就甘肅現在情形，先擬切實辦法敬爲我皇上縷晰陳之。

查甘肅山多地瘠，承平之時，本屬入不敷出。同治年間，徧遭回亂，無幾完善之區。朝廷募十數萬之師，糜數千萬之餉，十餘年而始定。由是制兵而外，必須防勇分駐彈壓，費餉更鉅。平靖將二十載，民氣尚未復原，糧賦亦未如額，光緒二十一年又有河湟回逆之變。仰仗皇上威福，不二年即就肅清。本省添募以及外省調援各軍，所費國帑又數百萬。臣到任後，疊次裁撤，仍按昔年防練之數，酌留三十餘營、旗、哨，分布要隘。實緣甘省所轄縱橫俱三千餘里，分紮實不見多。提臣董福祥所部十六營奉旨移紮大慶關、平陽府一帶，遺出防地空虛，臣須撥隊填紮，爲防患未然之計。至防營定章，告假即須募補，中間空日口糧算繳歸公，名曰截曠。各營旗每年准假若干名，截繳曠銀皆已據實報部，若空額之弊從來禁令綦嚴，斷不敢明知故縱。但經查處空額、侵吞欺飾者，輕則撤委，重則參辦，並追繳空額之餉充公。臣現復通行，重申禁令，嗣後如有空額者，即由臣酌量先以軍律從事，追出侵吞之款，據實報繳，庶幾畏法止貪，此風自息。甘肅出入各款，每年皆報部有案，入款則以外省協餉爲大宗，次則本省徵收地丁、銀糧、雜稅及百貨釐金等項。除向有定額者無可籌增外，惟釐金本無定數，所設數十局、卡員役衆多，不能保無弊混中飽之事，從前立有杜弊章程：凡各局、卡收釐，填用四聯大票，一給商民收執，一存局卡備查，一齎總局稽核，一交上下經過局卡，截裁齎局校封。如有受賄賣放，責成經過上下局、卡查出倍罰，並將舞弊者治罪。立法亦極嚴明。現復經臣嚴飭總局，切實督察，犯者撤參懲辦。或有收數較往年異常暢旺者，從優獎勉。似此勵懲兼施，中飽或可漸除。各局卡多一分收數，即少一分中飽，容俟隨時彙核，前後比較，有無中飽，自不難和盤托出。臣私心竊揣，總期較前數年能多收銀五、六萬兩上下，方爲毋負聖主興利剔弊至意。本省出款除防勇、練軍兩大宗外，次則文武官員俸廉、公費、役食、驛站等項，皆有定額，近年文武養廉核扣三成，驛站新添夫馬、工料，亦經臣酌減奏明在案，餘均照章減成支發。再次則省城糧臺、軍裝、火藥、保甲各局委員薪水，糧臺現經奏明裁撤，畧可節省。軍裝、火藥各局爲全省軍火要件，所關省城。保甲、稽查，匪類則有攸歸。各省皆有，勢難一律裁撤；委員、巡役屢經核減，人數衹敷辦公，並無冗濫，所支薪工費款非鉅。至通省釐金，局卡雖多，然甘省山路紛歧，若非酌設分卡，商販必多繞越。倘一經裁併，省費少而所失更多。至各釐局衹有委員司巡，並無總辦紳董虛糜經費之事。甘省額設緑營、制兵，稽查盜賊、賭博、護解人犯等事，習爲故常，久未講究戰陣，誠如聖諭本在可裁之列。惟甘省督標及各提、鎮、協屬原設制兵五萬七千五百餘名，已經疊次裁減，現衹賸一萬七千七百餘名。陝西各提、鎮、協屬原設制兵二萬四千八百餘名，現已衹賸六千五百餘名。去歲於奏請裁減二成摺內聲明，俟本年再行察看營汛繁要、偏僻、地方情形，酌量再裁在案。現奉諭旨，以裁兵節餉爲今日萬不可緩之圖。第裁兵必須裁官，有官而無兵，與無官同，現已仰遵諭旨，查明經制之兵，何處可以歸併，何處可以全裁，移行各提鎮迅速確查，一併裁兵若干名、官若干員。兵則仍按上年奏案，截至何時爲止，另給一季糧餉，以資另謀生計；官則另行調補。合計陝、甘共裁官兵若干，能省銀糧若干，容當續行奏聞。臣約計陝、甘兩省此次連官裁併，節省糧餉、草束，至多亦不過省出銀一十萬兩左右。惟甘省制兵大率纍世充當，與他省情形不同，不裁故屬糜餉，裁急又虞生事，不能不從容辦理，免生枝節。是否有當？伏乞聖裁。

現值時局孔艱，需才尤亟，朝廷特降求賢之詔，臣雖愚昧，亦知以人事君之義，容俟悉心訪察，如有其人，謹當臚列實政成效，出具切實考語，隨時保薦，以仰副我皇上拔擢真才至意。伏念甘肅回番雜處，反復無常，不能不借防營鎮攝[2]，每年耗餉數十萬之多。臣自慚才短，無補時艱，惟有仰遵聖訓，正己率屬，遇事認真籌畫，但有可裁者裁之，可省者省之，隨時具奏，斷不敢稍涉遷就，有負聖恩。除咨部外，合將遵奉疊次諭旨謹擬切實辦法情形先行恭摺覆陳。伏乞皇上聖鑒訓示。謹奏。光緒二十四年三月十六日。

光緒二十四年三月二十八日，奉旨歸籍[3]。

補證

【案】此摺缺原件，錄副①現藏於中國第一歷史檔案館，兹據校勘。

[1]【頭品頂戴陝甘總督臣陶模跪】底本無此前銜，兹據原件補。

[2]【鎮攝】錄副作"鎮懾"。

[3]【光緒二十四年三月二十八日，奉旨歸籍】此奉旨日期等，據《隨手檔》②校補。

一四二　裁撤總糧臺改設新餉所摺

光緒二十四年三月十六日（1898年4月6日）

頭品頂戴陝甘總督臣陶模跪[1]奏，爲裁撤甘肅新疆糧臺，改設新餉所竝歸併裁撤各局，稍資節省，恭摺仰祈聖鑒事。

竊查光緒二十一年三月間，甘省循化河狄回匪叛亂，日益蔓延，前督臣楊昌濬添募新軍，徵調援軍，所需餉械、糧料、柴草轉運、支發，事極紛繁，請於省城設立甘肅新疆總糧臺，添設軍裝各局，省外鞏昌、安定、狄道、平番、碾伯、河州、白塔寺等處，各設採運、車騾等局，均於是年八月初一日起，分別派員經理，經督臣楊昌濬於九月二十一日奏咨在案。又臣二十二年率師入關，分兵進勦北大通一帶逆匪，復在甘州設餉裝總局，永固分設糧局，支應前敵軍需一切。旋因軍務次第平定，飭將省外原設鞏昌等處各局先後裁併。所有裁撤日期

① 中國第一歷史檔案館藏：《錄副奏摺》，檔號：03-5761-010。
② 中國第一歷史檔案館藏：《軍機處隨手登記檔》，檔案編號：03-0296-1-1224-085。

已於二十一、二兩年報銷册内分别聲明，各在案。現查甘肅關内外業已肅清，其二十一、二兩年軍需用款亦於二十三年十一月二十六日[2]奏咨核銷[3]，刻下事務稍減，亟應力求撙節。據甘肅總糧臺布政使曾鉌將原設甘肅新疆總糧臺，截至光緒二十四年二月底止即行裁撤，月需薪工等費一律停止。原設護勇一百名，操練精熟，正當省城兵單之際，散之未免可惜，擬請歸併新操槍隊，照常操練，以備調遣。惟軍務雖平，所有常年統收、分撥甘肅關内外新餉及現存防軍薪糧、軍火一切事宜，頭緒尚繁，不能乏員經理，擬請仍舊改設新餉所，酌派委員、書識，即於三月初一日起接續經管，仍由藩司隨時綜核，俾專責成。至甘肅省城軍裝、火藥兩局，最關緊要，擬請暫免裁撤。其機器、製造兩局，應歸併軍裝局辦理。其餘省城採辦軍糧，並省外原設平番、甘州各局，已於二十三年三月暨冬、臘兩月先後裁撤，容俟彙冊造報。據甘肅藩司曾鉌詳請具奏前來。除咨明戶、兵、工各部暨新疆撫臣查照外，所有裁撤甘肅新疆總糧臺改設新餉所，竝歸併裁撤各局、稍資節省緣由，謹恭摺具陳。伏乞皇上聖鑒訓示，施行。謹奏。光緒二十四年三月十六日。

（硃批）：該部知道[4]。

光緒二十四年三月二十八日，奉硃批：該部知道。欽此[5]。

補證

【案】此摺原件①藏於臺北“故宫博物院”，錄副②現藏於中國第一歷史檔案館，茲據校勘。

[1]【頭品頂戴陝甘總督臣陶模跪】底本無此前銜，茲據原件補。

[2]【二十三年十一月二十六日】據所奏原件，具奏日期應爲“二十三年十一月二十七日”。

---

① 臺北“故宫博物院”藏：《軍機及宫中檔》，文獻編號：408003145。

② 中國第一歷史檔案館藏：《錄副奏摺》，檔號：03-6144-060。

[3]【案】光緒二十三年十一月二十七日，陝甘總督陶模具摺造報光緒二十一、二兩年甘肅關内各軍收支正、雜各款核銷事，曰：

頭品頂戴陝甘總督臣陶模跪奏，爲造報光緒二十一、二兩年甘肅館内各軍收支正、雜各款，懇恩飭部核銷，恭摺仰祈聖鑒事。竊查關内防軍收支餉項，自光緒十一年起，均歸甘肅藩司統收分撥，所有十一年起至二十年止收支各款，業經造冊具奏核銷在案。兹據甘肅糧臺布政使曾鉌詳稱：甘肅自二十一年春間，河湟、海城等處逆回相繼變亂，全省震動，舊有防、練各旗爲數無多，不足以資防剿。經前督臣楊昌濬、西甯青海大臣臣奎順分別奏請，調募土、客各軍二三百起，暨臣由新酌帶關外各營旗，進關助剿，於二十二年秋間一律肅清。所有支發各軍正、雜各款總數，已於本年十月初四日經臣開單奏咨立案。統計此次軍需收支各款内，先後四次收到添撥庫平餉銀四百萬兩，申合湘平銀四百一十六萬六千餘兩，内短收存糧變價抵餉銀二十三萬二千餘兩，實收銀三百九十三萬四千餘兩。又收二十年防軍報銷餉冊實存項下湘平銀一十九萬五千八十餘兩。又收二十一、二兩年關内應分新餉内，每年照案動支銀九十六萬二千兩，共銀一百九十二萬四千兩。又收湖北補解二十年分新餉短平銀八十餘兩，又收二十一、二兩年關内外新餉減平支剩銀二十八萬一千三百餘兩。又收採辦、軍需、物料例扣一分平餘銀三千一百餘兩，共收湘平銀六百三十三萬八千二百餘兩。除支二十一、二兩年馬步各營、旗、哨二百五十起行、坐薪糧、馬乾、正、恩餉銀五百二十七萬八千二百五十餘兩，又支製造、前敵、後路各營、旗、哨領用軍裝、軍火、工料銀三十四萬三千五百六十餘兩，又支由兩江代採外洋軍火價值銀一十九萬三千六百八十兩零，又支各提、鎮、協、標弁兵津貼、鹽菜銀一十六萬二千七百一十餘兩，又支招募馬步各營、旗、哨官弁、勇夫、馬匹、小口糧、料草銀一十二萬六千九百八兩零，又支陣亡勇丁卹賞銀七萬二百九十餘兩，又支各局、臺員書薪公並護勇口糧銀三萬七千八百八十餘兩，又支前敵馬步各營旗津貼四成糧價銀三萬七千二百八十餘兩，又支受傷勇丁養傷銀三萬三千一百四十餘兩，又支各馬隊倒馬例價銀二萬三千四百六十餘兩，又支涼州、莊浪兩滿營官兵薪餉、盤費銀二萬三千一百三十餘兩，又支各軍統領統費銀一萬六千九十兩零，又支製造機器局匠工併採買物料等項價值銀一萬一千八百四十餘兩，又支復設永安、大通二營官弁兵丁加支津貼銀二千七百六十兩零，又支各軍陣斃馬價銀二千三百四十餘兩，又支總理營務處蘭州道黃雲所轄委員薪公銀一千三百七十餘兩，又支皋蘭、河州、循化等廳州縣安設腰站夫馬、工料、站價銀八百五十餘兩，又支火藥局房租銀一百九十餘兩，又支總理營務處甘肅布政使曾鉌所部差弁、書識、馬勇薪公、口糧銀一百五十餘兩。共支湘平銀六百三十六萬五千九百餘兩。以收抵支，不敷銀二萬七千七百餘兩。此項不敷之數暫在扣存截曠銀內隨時挪支，仍俟抵餉未收之存糧變價銀二十三萬二千餘兩補收足額，即行提還歸款。其餘剩銀二十萬四千四百餘兩，歸入轉運脚價，收支造報。至於西軍八營、鎮南中旗餉項，遵照奏案，將兩年新餉減平支剩銀二十八萬一千三百餘兩全數動支之外，尚不敷銀十七萬三千餘兩，統由添撥軍餉內隨時撥補，已於銷冊滿收滿支。以上收支各款，自光緒二十一年正月初一日起，截至二十二年十二月底止，造具細數清冊，詳請具奏前來。臣覆加查核，收支各款均屬相符，皆係實用實銷，委無浮冒。相應籲懇天恩俯准，飭部核銷，以清款目。除將清冊分送戶、兵、工部外，理合恭摺具陳。伏乞皇上聖鑒訓示。謹奏。光緒二十三年十一月二十七日。（硃批）：該部知道。①

光緒二十三年十二月二十四日，奉硃批：該部知道。欽此②。

[4]【該部知道】此"硃批"據原件補。

[5]【光緒二十四年三月二十八日，奉硃批：該部知道。欽此】此硃批日期等，據錄副補。

① 臺北"故宮博物院"藏：《軍機及宮中檔》，文獻編號：408003121。

② 中國第一歷史檔案館藏：《錄副奏摺》，檔號：03-6143-047。

一四三　擬留馬安良暫緩東調摺

光緒二十四年三月十六日（1898 年 4 月 5 日）

頭品頂戴陜甘總督臣陶模跪[1]奏，爲擬留記名總兵馬安良暫緩東調，以資彈壓，恭摺仰祈聖鑒事。

竊臣承准總理各國事務衙門來電：本年二月十八日奉旨：馬安良①著准其調赴平陽，仍著陶模將河州一帶妥爲布置，慎重彈壓。欽此。仰見皇上於徵調營伍之際，仍寓慎重邊陲之意。跪讀之下，欽感莫名。臣查馬安良東調之舉，提臣董福祥先經電商於臣，臣欲留彼彈壓回衆，旋奉諭旨飭調馬安良赴平陽，臣即欽遵辦理；一面札飭該員迅即束裝東上，一面與董福祥函商馬安良起行後妥爲布置之策。昨接董福祥覆函，謂所以調彼之故，原爲馬安良當日有隨同報效之語。今既留於地方有益，何敢固執己見，應請具摺奏留，此間軍事原不倚仗伊，等語。臣接閱來信，再三審度，竊念東方固屬緊要，西顧亦未免多虞。馬安良素爲漢回信服，以之鈐束回衆，實於甘肅地方有益。今董福祥既與臣意見相同，合無仰懇天恩，俯准馬安良仍令帶隊駐紮河州，暫緩東調，以資彈壓。臣不勝惶悚待命之至。謹恭摺具奏。伏乞皇上聖鑒訓示。施行。謹奏。光緒二十四年三月十六日。

（硃批）：另有旨[2]。

光緒二十四年三月二十八日，奉硃批：另有旨。欽此[3]。

---

① 馬安良（1855—1918），字翰如，原名七五，回族，甘肅河州人。光緒年間，以軍功拔遊擊，補參將，升伊犁鎮總兵。三十四年（1908），補授巴里坤鎮總兵。宣統元年（1909），調補甘肅甯夏鎮總兵。民國時期，遷甘肅提督，加北洋陸軍大將軍銜，遂擁兵自重，操縱甘省軍政。後被迫下野。民國九年（1920），病逝。

補證

【案】此摺原件①藏於臺北“故宫博物院”，錄副②現藏於中國第一歷史檔案館，兹據校勘。

[1]【頭品頂戴陝甘總督臣陶模跪】底本無此前銜，兹據原件補。

[2]【另有旨】此“硃批”據原件補。

[3]【光緒二十四年三月二十八日，奉硃批：另有旨。欽此】此硃批日期等，據錄副補。

一四四　委馬安良辦理番案片

光緒二十四年三月十六日（1898年4月6日）

再，臣擬留記名總兵馬安良帶隊，仍駐河州彈壓回衆，已另摺具奏。查甘肅邊境所轄番族，種類頗多，愚而喜爭，最易生事，往往彼此聚衆械鬬，釀成釁端，非得熟悉番情之員威惠兼施、秉公查辦，兩造斷難允服。馬安良生長河州，於番情最爲熟諳，前因循化廳所屬狼家、雙朋兩番族械鬬案件積年相持不下，經臣派令馬安良前往查辦完結。現復據報：有洮州廳所屬買吾、黑錯兩番族因事齟齬，將有動衆之勢。臣又檄飭馬安良酌帶隊伍，趕往查辦。謹會同署西甯辦事大臣聯魁，附片陳明。伏乞聖鑒。謹奏。光緒二十四年三月十六日[1]。

（硃批）：另有旨[2]。

光緒二十四年三月二十八日，奉硃批：另有旨[3]。

補證

【案】此奏片原件③現藏於臺北“故宫博物院”，兹據校勘。

---

① 臺北“故宫博物院”藏：《軍機及宫中檔》，文獻編號：408003146。

② 中國第一歷史檔案館藏：《錄副奏摺》，檔號：03-5923-133。

③ 臺北“故宫博物院”藏：《軍機及宫中檔》，文獻編號：408003146-0-A。

[1]【光緒二十四年三月十六日】此具奏日期僅見於底本。

[2]【另有旨】此"硃批"據原件補。

[3]【光緒二十四年三月二十八日，奉硃批：另有旨】此硃批日期，據《隨手檔》① 校補。

【案】陶模之摺、片於是年三月二十八日獲允行，並諭董福祥遵照辦理，《清實錄》：

又諭：電寄陶模：據奏留馬安良駐紮河州等語。隴西回患甫平，馬安良素爲漢回所信服，著准其留紮，以資鈐束，並諭董福祥遵照辦理矣。洮州番族蠢動，著馬安良馳往妥辦，總以持平解散爲要。電寄董福祥：馬安良現經陶模奏留，已允所請矣。馬安良一軍在該提督部下，不過偏裨，在河州則爲重鎮，朝廷權衡輕重，是以准其留駐甘肅。該提督與陶模函商妥協，想不致膠於成見。所募營旗，即著另派營官管帶赴直。②

一四五　籌辦昭信股票大概情形摺

光緒二十四年閏三月十一日（1898年5月1日）

頭品頂戴陝甘總督臣陶模跪[1]奏，爲頒行昭信股票，息借華款，先擬籌辦大概情形，并先行挪湊銀二十萬，聽候撥用，仍於股票項下劃扣造報，恭摺仰祈聖鑒事。

竊臣於光緒二十四年二月初二日接准戶部咨開：議覆右中允黃思永③奏籌借華款請造股票一摺[2]，欽奉上諭：在京自王公以下，在

① 中國第一歷史檔案館藏：《軍機處隨手登記檔》，檔案編號：03-0296-1-1224-085。

② 《德宗景皇帝實錄》，卷四百十六，光緒二十四年三月，《清實錄》第57冊，第456頁。

③ 黃思永（1842—1914），字慎之，號亦瓢，江蘇江甯人。光緒六年（1880），中式庚辰科狀元，授修撰。後補軍機處章京、國子監司業，遷詹事府右春坊右中允，改左中允。二十四年（1398），因倡建股票、辦鐵路、開礦山，擢侍讀學士，入直上書房，充日講起居注官，授國子監祭酒。二十八年（1902），褫職。次年，聘爲商部顧問。三十年（1904），創工藝局，旋開復原官京銜。民國三年（1914），卒於滬。

外自將軍、督撫以下，無論大小文武，現任、候補、候選官員，均領票繳銀，爲商民倡。地方商民願借者，即將部定章程先行出示，並派員剴切勸諭，不准稍有勒索，等因。欽此。當即欽遵分别咨行遵照，並與司道公同籌議。臣先繳銀五千兩，藩司曾鉌先繳銀三千兩，臬司丁體常先繳銀二千兩。各道及府、廳、州、縣自應酌令出借，爲商民倡。約共可繳借銀一十萬兩左右。惟員缺大小，在任久暫，情形各有不同，借銀即多寡不一，應請由外妥定章程辦理，庶無滯礙。至紳商、士民酌借股款，業經查照部章，在於省城設立昭信分局，並於各屬就近檄飭釐局委員，會同各地方官，妥速勸辦，務在曉以大義，激發天良。各聽量力出借，懍遵諭旨，不准稍有苛派勒索。已飭司先行刊發印收，隨時填用。俟戶部頒到股票，再行換給。第所借數目多寡，一時尚難預定。甘肅屢遭兵燹，實非他省可比。若待逐漸報借、始行彙繳，未免過於遲緩。臣與司道再三熟商，先擬設法挪銀二十萬兩，聽候撥用，前經電達戶部在案。應由勸借股款項下陸續收還，有餘另行報撥。再，甘省候補文員類多貧乏，武職俸廉較少，亦鮮殷實之員。容臣與司道體察勸辦，統俟辦有端緒，再行詳細續陳。除咨部查照外，謹恭摺具陳。伏乞皇上聖鑒訓示。謹奏。光緒二十四年閏三月十一日。

（硃批）：戶部知道[3]。

光緒二十四年閏三月二十三日，奉硃批：戶部知道。欽此[4]。

補證

【案】此摺原件①藏於臺北"故宫博物院"，錄副②現藏於中國第一歷史檔案館，茲據校勘。

[1]【頭品頂戴陝甘總督臣陶模跪】底本無此前銜，茲據原件補。

[2]【案】光緒二十四年正月初九日，詹事府右中允黄思永奏借華款請造

① 臺北"故宫博物院"藏：《軍機及宫中檔》，文獻編號：408003154。

② 中國第一歷史檔案館藏：《錄副奏摺》，檔號：03-5615-027。

自強股票，曰：

署日講起居注官右春坊右中允臣黄思永跪奏，爲籌借華款，請造自強股票，特諭内外大小臣工，激發天良，倡舉急務，恭摺仰祈聖鑒事。竊維時事孔棘，庫藏空虚，舍借款無以應急，舍外洋不得巨款，前已種種喫虧。近聞各國爭欲抵借，其言愈甘，其患愈伏。何中國臣民如此之衆，受恩如此之深，竟無以借華款之策進者。若謂息借商款，前無成效，且有擾民之弊，遂不可行。此誠因噎廢食之説也。不知在外洋與在通商口岸之華民，依傍洋人買票借款者甚多，不能自用，乃以資人。且搢紳之私財寄頓於外國銀行，或託洋商營運者，不知凡幾。存中國之銀號、票莊者，又無論矣。小民不足責，應請特旨，嚴責中外臣僚，激以忠義奮發之氣，先派官借，以爲民倡，合天下之地力、人力、財力，類別區分，各出其餘，以應國家之急。似乎四萬萬民之衆，不難借一二萬萬之款。臣聞外洋動輒以萬萬出借，非其素蓄，不過呼應甚靈。每股百兩，且有折扣，甲附股以售與乙，反掌間即可加增，以爲恒產，傳之子孫者。不願歸還，即輾轉操縱，亦有贏餘。股票勝於銀票，故舉國信從，趨之若騖。每得中國電報借款議成，即由銀行造票，登新聞紙，出售雖萬萬兩之多，尅期立盡。中國風氣若開，豈難漸收成效？擬請勅下戶部速造股票，先按官之品級、缺之肥瘠、家道之厚薄，酌定借款之多少，查照官冊分派，漸及民間。亦仿西法每百兩爲一股，每股分期收繳，還以十年或二十年爲度，每年本利共還若干，預定準數，隨股票另給票據，十年則十張，平時准其轉售，臨期准抵交項。蓋分期寬則交款易，交款易則股本方肯多入，歸款亦不爲難，出入皆就近責成銀行、票莊、銀號、典當，代爲收付，不經胥吏之手，無詐無虞，確有憑信，可售可抵，更易流通。大抵鄉間通緩急，集腋乞鄰，視爲常事，況在軍國之重、君父之尊，苟有天良，安忍推諉？特不用力者，舉一羽而不足；不同道者，拔一毛而不爲。誠能人人以謀身之智謀國，智可勝用矣。其實聚之爲多分於一人，所用其智力者亦無機。若慮激之不動、倡之不應、督之不前，是真可與共富貴而不可共患難者，當不至此。臣謂先派官借者，亦鑒於因循之習已深，又恐因噎廢食，依然徒託空言耳。抑或能借巨款給獎敘，以資鼓勵，亦是一法。頃奉上諭開經濟特科，既重專門之學，法求應變之才，斷非空談名理，徒習虛文。凡一切講武、訓農、通商、惠工之實事，刻不容緩，需款正多，舍己求人，終不可恃。無論洋款如何，華款總當併力圖之，專責任之，尅期待之，志在必成。臣愚揆度時勢，非急求所以自強者，無以自立；非凡求所以自足者，無以自強。足食足兵爲自強之本，民信又爲兵食之本。我朝深仁厚澤，民志尚孚，於此此次借資民力之處，務須格外核實，格外認真，有言必踐，無弊不除。人人曉以休戚相關之理，人人動其忠君愛國之忱，內有可恃，外自不敢生心。不待兵食既足，即此民信之先聲，出人意外，已足震而驚之矣。縱借洋款，患必較輕，洵爲今之急務，故借華款股票謂之自強。再中國集股之舉，慣於失信，人皆望而畏之。即鐵路、銀行、開礦諸大舉，獲利亦無把握，收效未卜何時，故信從者少。若因國計自強派股，皇上昭示大信，一年見利，既速且準，非尋常股票可比，安見將來風行之盛不如外洋？如蒙聖明採納，臣非空言，請先派籌借若干兩，定限繳齊，逾期請治臣罪。其力數倍於臣、數十倍於臣者，如恒河沙數，聚沙成塔，祇在人爲。惟皇上宸斷，令出惟行，則頽風可振，眾志成城，轉弱爲強之機，反求即是矣。愚昧之見，是否有當。謹恭摺具陳。伏乞皇上聖鑒。謹奏。光緒二十四年正月初九日。①

【案】光緒二十四年正月十四日，大學士管理戶部事務麟書等奏報速議右中允黃思永籌借華款請造自強股票一摺，曰：

大學士管理戶部事務臣宗室麟書等謹奏，爲速議具奏事。軍機處交出右春坊右中允黃思永奏籌借華款、請造自強股票一摺，光緒二十四年正月初九日，奉諭旨：戶部速議具奏。欽此。據原奏內稱：時事孔棘，庫藏空虛，舍借款無以應急，舍外洋不得鉅款，前已種種喫虧。近聞各國爭欲抵借，其言愈甘，其患愈伏。何中國臣民如此之眾，

① 中國第一歷史檔案館藏：《錄副奏摺》，檔號：03-9534-001。

竟無以借華款之策進者。若謂息借商款，前無成效，且有擾民之弊，遂不可行。此誠因噎廢食之說也。在外洋與在通商口岸之華民，依傍洋人買票借款者甚多，不能自用，乃以資人。且搢紳之私財寄頓於外國銀行，或託洋商營運者，不知凡幾。存在中國之銀號、票莊者，又無論矣。小民不足責，應請特旨，嚴責中外臣僚，激以忠義奮發之氣，先派官借，以爲民倡，合天下之地力、人力、財力，類別區分，各出其餘，以應國家之急。似乎四萬萬民之衆，不難借一二萬萬之款。聞外洋動輒以萬萬出借，非其素蓄，不過呼應甚靈。每股百兩，且有折扣，甲附股以售與乙，反掌間即可加增，以爲恒產，傳之子孫者。不願歸還，即輾轉操縱，亦有贏餘。股票勝於銀票，故舉國信從，趨之若鶩。每得中國電報借款議成，即由銀行造票，登新聞紙，出售雖萬萬兩之多，尅期立盡。中國風氣若開，豈難漸收成效？擬請勑下速造股票，先按官之品級、缺之肥瘠、家道之厚薄，酌定借款之多少，查照官冊分派，漸及民間。亦仿西法每百兩爲一股，每股分期收繳，還以十年或二十年爲度，每年本利共還若干，預定準數，隨股票另給票據，十年則十張，平時准其轉售，臨期准抵交項。蓋分期寬則交款易，交款易則股本方肯多入，歸款亦不爲難，出入皆就近責成銀行、票莊、銀號、典當，代爲收付，不經胥吏之手，無詐無虞，確有憑信，可售可抵，更易流通。抑或能借巨款給獎敘，以資鼓勵，亦是一法。臣非空言，請先派籌借若干兩，定限繳齊，逾期請治臣罪。其力數倍於臣、數十倍於臣者，如恒河沙數，聚沙成塔，衹在人爲。惟皇上宸斷，令出惟行，則頹風可振，衆志成城，轉弱爲強之機，反求即是，等語。臣等伏查日本償款，數鉅期迫，原擬息借洋債，以應急需，乃需用愈急，息借愈難，或甫有頭緒而不免紛紜，或已立合同而終成反覆。計自去年以迄今日，借債一事，其旋議而旋停者，蓋不知凡幾矣。現在期限日緊，洋債仍無成說，臣部正議息借華款，爲補救萬一之謀。今中允黃思永請特旨，嚴責中外臣僚，激以忠義奮發之氣，先派官借，以爲民倡，並請速造股票，先按官之品級、缺之肥瘠、家道之厚薄，酌定借款之多少，查照官冊分派，漸及民間。亦仿西法，每百兩爲一股，每股分期收繳，還以十年或二十年爲度，每年本利共還若干，豫定準數，隨股票另給票據，十年則十張，平時准其轉售，臨期准抵交項，等因。自屬籌款之一法。第缺分肥瘠、家道厚薄，一時既難周知，且按官之品級以定數之多少，亦恐跡近抑勒，窒礙難行。臣等公同商酌，擬令官紳商民，均量力出借，無庸拘定數目，先由臣部印造部票一百萬張，名曰昭信股票，頒發中外，隨後再製造息摺，給予本人收執。每部票一張，註明庫平紋銀一百兩，銀圓亦准折合抵交。凡中國官民領取部票，繳納借款，或在部庫、藩庫兑交，或寄存諜字號票商，但使無誤提撥，均聽其便。此項借款照洋款辦法，周年以五釐行息，訂用二十年，前十年每年還息一次，後十年本利並還，期以二十年，本利完訖。在京由部庫發給，在外由藩庫發給，斷不准有絲毫需索延誤。平時股票准其轉相售買，每屆還期，准抵地丁、鹽課、釐金，以冀通行而昭大信。夫商民食毛踐土，各懷忠義之心，而內外大小臣工受國厚恩。際此帑絀時艱，尤當熟計安危，出家資以佐國用，況朝廷不則以報效，不強令捐輸，一律按本計息，分期歸還。誰無人心？誰無天良？斷不忍觀望遲回，一任大局之潰裂。該中允原奏先派官借，以爲民倡，所論誠爲扼要，擬請諭旨飭令在京自王公以下、在外自將軍、督撫以下，無論大小文武現任、候補、候選各項官員，均領票繳銀，以爲商民之倡。在京大小官員出借銀若干，應領票若干，由該旗、該衙門開單報部，請領轉發。在外大小官員出借銀若干，應領票若干，由各該省將軍、督撫開單請領轉發。至地方商民人等願借者，亦復不少。在京即責成順天府府尹，在外即責成將軍、督撫，將部定大概章程先行出示，隨即揀派廉幹之員，剴切曉諭，令紳商士民一體量力出借，仍不得苛派勒捐，致滋紛擾。一面由臣部將印票分別省分，酌量發給，一面由地方官將出借銀數隨時報部，聽候撥還日本償款。無論何項，不准挪移動用。惟此項借款待用孔殷，各直省應自奉旨之日起限兩箇月內，將籌借辦法及已借銀數趕緊電報，不得稍有遲逾。如派辦籌借人員多方勸諭，能借鉅款十萬兩以上，准從優獎敘；五十萬以上，准破格獎敘，以示鼓勵。除將息借華款給發股票息摺、詳細章程另行核議外，所有速議緣由，理合恭摺具奏。伏乞皇上聖鑒。謹奏。光緒二十四年正月十三日。大學士管理戶部事務臣宗室麟書（假），經筵講官戶部尚書臣宗室敬信，協辦大學士戶部尚書臣翁同龢，降二級留任又降一級留任革職留任戶部左侍郎臣立山，戶部左侍郎臣張蔭桓，戶部右侍郎臣宗室溥良，戶部右侍郎臣陳學棻（學差），署戶部右侍郎吏部左侍郎臣徐用儀。①

【案】光緒二十四年二月初十日，大學士麟書等呈報昭信股票詳細章程，曰：

謹將昭信股票詳細章程開單，恭呈御覽。

一、由戶部印造昭信股票，編列字號，每票壹百兩者，造五十萬張，計股銀伍千萬兩。每票五百兩者，造六萬張，計股銀三千萬兩。每票一千兩者，造貳萬張，計股銀貳千萬兩。共合一萬萬兩。由戶部設立昭信局，遴選司員經理。

一、股票式樣前幅擬用四圍龍邊，恭錄奉旨年月，並開每票銀數，下半分二十小方，書明年分銀數，每年付還一次，裁去一方。後幅刊列簡明章程。每票編列號數，紙心及騎縫各蓋印一顆，印花用硃色印泥。每票除聯票外，另鱔號冊，以備稽查。

一、擬咨行鑄印局鑄造銅印一顆，文曰：戶部昭信局印。遵用滿、漢篆文，以符定制。

一、選派廉勤司員經理昭信局，分任責成。局內設給票處、收銀處，各有專司，不致紛雜。先收銀後給票，收銀處將收過銀數付至給票處，驗明圖記、花押，即將股票登明冊薄，將股票當面點交本人。稽覈之員逐日將收銀給票數目列單呈堂，以備覈對。冊薄登薄、收掌，皆司員專責。至鈐印覈算，則由司員等始終出力，應照異常勞績奏獎。儻有疏忽貽誤，罰亦從之。若人役舞弊營私，即奏交刑部，按律治罪。

① 中國第一歷史檔案館藏：《錄副奏摺》，檔號：03-9534-003。

一、製造股票、刷印章程及各項經費，應將需用數目覈實給發。至局中常年辦公人役工食，由臣部飯食項下酌量撥給。

以上五條係戶部辦理章程。

一、擬在京師及各直省籌集庫平紋銀壹萬萬兩，畧仿中、西集股成式，印造股票，每票壹佰兩者伍十萬張，每票伍百兩者陸萬張，每票壹千兩者貳萬張，合成庫平紋銀壹萬萬兩。如有以各項平色及銀元交納者，均准折合庫平，就認股數目給予股票，以昭信守。

一、此款限貳拾年還清，周年以伍釐行息，遇閏不加增。前拾年還息不還本，後拾年本息並還，本還則息減。每屆還期，官紳商民人等來取者，隨帶股票呈驗。自第一年起，每付還一次，即剪去一方塊。至第貳拾年本息還訖，即將股票繳銷。

一、戶部既設昭信局，各省藩司亦應設昭信分局，冠以省名，如直隸省即曰昭信直局。各省以此類推。東三省由各該將軍派員設局，以昭一律。在京認股款交戶部昭信局，照章領票；在外認股款交各該省昭信分局領票，或交殷實號商代爲領票，款存該號，候撥無誤，亦可通融辦理。惟該號商須有各號商連環保結，報部報司有案，始准承辦。至認股之人或開列官閥、姓名，或堂名、別號，悉聽其便。股票未發以前，暫給印收，俟股票刷成互換，屆時由部局、省局出示曉諭。

一、起息日期以交銀領票之日爲始，原應扣足，一年付息一次。惟領票有先後，即日期有參差，將來難以截算。擬第壹年交銀給票之日起，均扣至拾貳月底止，將周年伍釐行息息銀攤均，按日計算，共得本年息銀若干，發票時填明數目，取息時照付。光緒貳十肆年爲集股第壹年，應付息銀以光緒貳拾伍年貳月初壹日起至貳月底止付訖，先期壹月由戶部及各省藩司出示曉諭，俾認股者無誤取息之期。若逾期不取，歸入下期並付。以後第貳年至第拾壹年，均按周年伍釐付息。第拾壹年起每年付息時，每百兩並預還本銀拾兩。第拾貳年以後至第貳拾年，均按照股票內所載年限及本息銀數辦理。自第二年至第貳拾年每年付息還本，均以貳月初壹日起至月底付訖，仍先期出示曉諭。

一、歸還本息，在京由戶部昭信局、在外由各省藩司昭信分局屆期憑票，照章付給，裁剪息票一方塊，存局備查，各省年終彙報戶部，以憑綜覈。仍准殷實號商代持股票，赴局代領，局中驗明票據，照數付給，仍照章裁剪息票備查。京外各商號自持票呈驗至發還本人，不得稍有遲延及勒索剋扣情事，一經查出，嚴行懲辦。至該商號承辦收發股票本息，亦宜畧酬其勞。擬令京外匯兑此項票款，概交該商號專辦，以資津貼。

一、股票每年應得本息准抵地丁、鹽課一節，原爲便民起見，第思有股票之人未必皆有應交地丁、監課之款，若輾轉相抵，亦恐轇轕不清，自以概由各省局發給現銀爲妥。俟各省集有股票若干，報部後，覈明每年應給本息若干，先期由部指撥地丁、鹽課等款，如數截留，以備臨時，按票發給，總期隨到隨發，不稍遲逾。

一、京局、省局收銀給票及付還本息，各顧考成，斷無絲毫出入。儻各州縣印委及經手勸集之人有籍端擾累勒掯，准人告發，或別經訪聞的確，即分別治罪。如地方軍民人等有假造股票誆騙情事，一經查實，即照偽造印信例，爲首者斬。

一、股票准其輾轉、抵押、售賣，與產業券憑無異。惟抵押、售賣仍應報局立案，京外官局認票不認人，各宜謹慎收儲，儻有遺失，應將股票某字、某號如何遺失情形，在京徑報戶部昭信局，在外徑報藩司昭信局。如離省稍遠，即報由該州縣轉報各該衙門，立即出示，將此票禁止抵押、售賣。每屆付還本息之期，如有持原票來取者，即行扣留根究。如失主隨時將原票尋獲，亦即呈明原報地方官，轉報存案。儻三年無獲，由局給予憑單，將原有票作廢，所有應付失票之息、本，仍按認股年例給發。

一、凡京外官員認領股票後，或調任他省，或一再遷調，或回原籍，准在原領票處呈報，即於底冊內註明，另給憑單一張，註明股票號數，蓋用印信。如一人而票多者，亦衹給一憑單，註明票數、號數，令其持赴所到之省，將憑單股票一併呈驗。一面將發過憑單行文，知照該省備案，並報部查考。該省將憑單驗明蓋印，連股票一併發還本人。以後應付本息之期，即在該省支領。若再遷調他省，將原領憑單繳銷，另換憑單，仍前辦法。各省凡有請領憑單之票，另立一冊，逐年登載。每年各省各將收發憑單若干號，年終截清報部，以憑稽覈。其各省商民有在他省認領股票後如有他故回籍者，其呈報給單取息辦法，均照此辦理。

一各省官紳商民有一人勸集商民股款至拾萬兩以上及伍拾萬兩以上者，准各省將軍、督撫分別奏請，由戶部覈給獎敘。其由公款提湊者，不在此例。

一各省收有成數，聽候臣部撥還洋款，不作別用，更不准勒令捐輸。至以何款付息還本，臣部責無旁貸，自應寬爲之備。現籌裁減兵勇，加增當稅，覈扣減平養廉，鹽斤加價，漕糧減運、丁漕折錢盈餘各的款，每年新增銀伍陸百萬兩，歸還利息，尚有盈餘。至拾年以後，匯豐克薩洋款已減，復可勝出銀數百萬兩，每年應還本利，斷不致逾期。

一、除利息數目及還本年限永不更改外，如有未盡事宜應行變通者，隨時奏明辦理。

以上十二條係中外通行章程。①

[3]【戶部知道】此“硃批”據原件補。

[4]【光緒二十四年閏三月二十三日，奉硃批：戶部知道。欽此】此硃批日期，據錄副補。

一四六　請變通武科摺

光緒二十四年四月二十日（1898 年 6 月 8 日）

頭品頂戴陝甘總督臣陶模跪[1]奏，爲變通武科，敬抒管見，恭摺仰祈聖鑒事。

① 中國第一歷史檔案館藏:《單》，03-9534-016。

竊臣疊准兵部咨：會議榮祿①、高爕曾②等請設武備特科，並黃槐森③改試洋槍各節，備錄兩次，議覆奏稿，行令各省熟察情形，各抒所見，陸續奏咨，等因。前來[2]。竊維武科改制係爲造就人材起見，創法之始必須預防流弊，審愼出之，部咨所謂彙集眾長，權衡一是，洵切當之論也。原奏至爲周詳，惟取中武生始挑入學堂，及武童生在家自行操演等情，再三詳酌，似宜量爲變通。臣查西人選兵之制，既建

---

① 榮祿（1836—1903），字仲華，號略園，滿洲正白旗人。咸豐二年（1852），封騎都尉，兼雲騎尉。八年（1858），充工部主事，轉員外郎。次年，任戶部銀庫員外郎。十年（1860），補道員。十一年（1861），任神機營大臣。次年，補文案處翼長。同治三年（1864），拔營翼長。次年，授神機健鋭兩營馬隊專操大臣、神機營威遠隊專操大臣，管理健鋭營事務，加副都統銜。五年（1866），署正藍旗蒙古副都統，充正藍旗專操大臣。同年，實授正藍旗蒙古副都統，轉鑲白旗滿洲副都統。七年（1868），補左翼總兵。同年，管理溝渠河道事務。十年（1871），署工部左侍郎，改工部右侍郎，兼管錢法堂事務。十二年（1873），調戶部左侍郎管理三庫事務，兼署吏部左侍郎。十三年（1874），補授正藍旗護軍統領、左翼監督、總管內務府大臣。光緒元年（1875），兼署步軍統領、鑲藍旗蒙古副都統。三年（1877），授步軍統領、鑲黃旗護軍統領。次年，充紫禁城值年大臣、都察院左都御史。同年，遷工部尚書。十三年（1887），補鑲藍旗蒙古都統。次年，任領侍衛內大臣，兼署鑲藍旗漢軍都統。十五年（1889），任扈從鳳輿大臣、專操大臣、稽查內七倉大臣、管理右翼幼官學大臣，署鑲紅旗漢軍都統。十七年（1891），調西安將軍。二十年（1894），任步軍統領。次年，轉兵部尚書。二十二年（1896），擢協辦大學士、玉牒館副總裁。次年，任經筵講官。二十四年（1898），補文淵閣大學士，管理戶部事務。同年，署直隸總督兼辦理通商事務大臣、北洋大臣。同年，兼任軍機大臣上行走、管理兵部事務。二十五年（1899），任文淵閣領閣事，充正藍旗滿洲都統，兼崇文門正監督。次年，任內大臣，管理戶部事務。二十七年（1901），晉太子太保，升文華殿大學士。次年，兼崇文門副監督。二十九年（1903），卒於任。贈太傅，封一等男爵，謚文忠。有《武毅公事略》、《荣文忠公集》、《荣禄存札》等行世。

② 高爕曾（1841—1917），名楠忠，號理臣，湖北孝昌人。咸豐八年（1858），中舉。同治十三年（1874），中式進士，改庶吉士。光緒二年（1876），散館，授翰林院編修。十一年（1885），授山西學政。十六年（1890），任河南道監察御史。十八年（1882），任掌廣西道監察御史，辦理稽察西倉事務。二十年（1894），充巡城御史。次年，授吏科給事中。二十二年（1896），轉巡城給事中，同年，任兵科掌印給事中。二十四年（1898），擢內閣侍讀學士。二十五年（1899），補順天府府丞。民國六年（1917），病卒。

③ 黃槐森（1829—1902），字作鑾，號植亭，廣東香山人。咸丰十一年（1861），中举人。同治元年（1862），中式進士，改庶吉士，授編修。後歷任山東道御史、雲南道刑科給事史。清光緒元年（1875），任給事中郎官，次年，補直隸大順廣道，旋丁內艱，回籍終制。服滿起復後，補四川川北道，轉雲南迤東道。十六年（1890），升貴州按察使，護理貴州巡撫。十八年（1892），調補廣西布政使，護理廣西巡撫。二十一年（1895），擢雲南巡撫。次年，調補廣西巡撫。二十七年（1901），开缺回籍。二十八年（1902），病卒。

武備學堂以儲心腹干城之用，必先由文法學堂學習書數，考有文憑，方能與於此選，故西國之兵，無一人不知書。其將領尤才識過人，數嫻韜畧。我之大弊，在文武分途，無論甲科行伍，大都目不識丁，專恃幕友，弊端百出。今議改制，而童試之初不問讀書識字與否，祇重槍礮，則遊勇匪徒皆得僥倖[3]於一試，其弊當更有甚於未改制之先者。進身之始，既未能正本清源，俟取中武生後，方令入學堂，肄習格致、地輿、兵法之學，是猶未經學步而欲其馳也。臣以爲宜倣西人文法學堂之意，民間子弟願應武試者，報由州縣官查明身家清白、質性馴良者，先行扃試，必須文理粗通，方許送入學堂，作爲學生，則初基端正，庶免莠民混入。此原奏之宜變通者一也。

時局益艱，日後文事亦將更張，勢必倍難於舊制，如武試仍由學臣考試，恐材力不能兼顧。既設學堂，所有總、分教習等員學問較專，久於其任，品評優劣，不敢大違公論；日課、月試，每季、每歲纍次合考，以屢列上等者爲優，較之僅憑一日之短長者當更可信。至於水陸武事，判然不同，西人皆分門專習。今我議改法，但統言之曰：武生不分別水陸兩途，是祇以鎗礮弋取衣頂，上與下皆不知儲爲何軍之材，所取安能適用？臣竊以爲水軍、陸軍當於童時分途肄習，沿江、沿海諸省兼設水師學堂。其水軍學生由華洋教習督練天文、海道、御風、布陣、魚雷、汽機諸法，閱若干年，奏派提鎮大員，會同洋教習駕駛練船，遊歷外洋，親試各生所學專門之技是否純熟，詳記分數。復由本省督撫試以水軍兵法各論，亦詳記分數。總覈兩項分數並優者，作爲水軍秀才，咨送辦理海軍大臣或南北洋大臣，再加考試，擇其優者爲水軍舉人。其陸軍學生入武備學堂，由教習督練馬步、鎗礮、整散、起伏、測算、遙擊、溝壘、工程、繪圖、治械各事，閱若干年，奏派司道會同教習，分場校試技藝，詳記分數。復由督撫試以陸軍兵法各論，亦詳記分數。總覈內外場分數並優者，作爲陸軍秀才咨送兵部或南、北洋大臣，再加考試，擇其優者爲陸軍舉人。仍欽派大員覆校水軍、陸軍各舉人，最優者作爲進士，習之專，擇之精，待之榮，庶可得濟時之彦。此原奏之宜變通者二也。

西人弁兵之所以精强，不僅在鎗礮，而在明於兵法、輿地、各國水陸軍制及創械、用械之理，非久居學堂講習，必不能表裏貫通。原奏章程准武童在家自行操演，未經挑入學堂之武生，亦准令回籍自行學習。黄槐森又奏稱：由士子購買洋鎗，如此是任令獷悍之徒鹵莽從事，既無中西名師益友之指授，又無各國新書奇器之觀摩，所能勉强習用者，惟鎗彈一事，從此假公濟私，漫無限制。雖於鎗桿刻姓名，比鄰具結，州縣存案，徒增騷擾而已。况在上者惟求應試人多，在下者人人託名習武，隱濟其奸。號稱改變武科，於西國善法未得皮毛，轉致家家購置火器，先召變法之禍。臣愚以爲生童在家操演及自買鎗礮二事斷不可行，習武者必令入學堂，所用鎗礮必由教習委員經管，非在學堂時不得私蓄。此原奏之宜變通者三也。

抑臣更有説者，凡議變法不得脱去舊日科臼，便多窒礙。今仍拘執舊章，於[4]處處有武童生應試，以飾觀瞻，不得不令自買鎗礮，在家操演，委曲遷就，誠屬無可如何之事。然值此時艱，更張一政，衹期足用，不必貪多，期於得眞材，不必假名器以爲悦人之具。竊意内而幾輔、外而沿邊險要及瀕臨江海各省，建造武備水師學堂，秀才、舉人選於斯，參、遊、都、守取於斯，果有十餘省得力之學堂，儘足備二十餘省之用。創辦伊始，不妨暫停一兩科，從容學習，將來中選者，即令得官，免因蹭蹬改節若泥。定各省舊有中額，絀於財力，不能盡設學堂，則有自行操演之弊；縱能盡設學堂，而倉猝舉行，難得良師教習，終歸有名無實。此宜覈實酌辦，無庸襲前例以徇俗情者也。至舊日武生武舉，應准投營效力，量材録用。無論新章能否通行，舊例武科應一律停止，以歸畫一。微臣檮昧之見[5]，是否有當。合無仰懇天恩飭部覈議，施行。所有變通武科、敬抒管見緣由，謹會同甘肅學政臣夏啓瑜①，恭摺具陳。伏乞皇上聖鑒。謹奏。光緒二十四年四月

① 夏啓瑜，生卒年不詳。浙江甯波府鄞縣人，字伯瑾，同甫。光緒二十年（1894），中式甲午科進士，殿試二甲21名，改庶吉士。二十一年（1895），散館，授編修。歷任清國史館編修、甘肅學政、江西安吉知府等職。後旅居上海，善作文，創四明文獻館，工書法，以行書見長。

二十日。

（硃批）：著總理各國事務衙門會同兵部，妥速議奏[6]。

光緒二十四年五月初三日，奉硃批：著總理各國事務衙門會同兵部，妥速議奏。欽此[7]。

補證

【案】此摺原件①藏於臺北"故宫博物院"，錄副②現藏於中國第一歷史檔案館，茲據校勘。

[1]【頭品頂戴陝甘總督臣陶模跪】底本無此前銜，茲據原件補。

[2]【案】光緒二十三年十二月二十五日③，協辦大學士榮祿奏請改革武科考試舊制，曰：

> 再，武科之設，原期得折衝禦侮之才。自火器盛行，弓矢已失其利，習非所用，與文科科舉時文、試帖之弊略同，積弱之端，未始不由於此。雖經廷臣屢次條奏，皆於格於成例，難議更張。查應試武童，每縣少則百餘人，多或數百至千人不等。約而計之，縣以二百人爲率，合計天下數可三四十萬，教練成兵，其利有五：年富力強，無老弱濫竽充數，利一。弓馬嫻習，教練易成，利二。有志上進，與苟謀衣食者不同，利三。姓名宅裏，有籍可稽，無逃亡之弊，利四。有室有家，散則歸農，不至流爲盜賊，利五。且近在鄉里，養兵之費自輕。此尤勝於招募者。若每省延聘兼通西法、精於操練教習數十人，就地教練，一歲之後，可成精兵。定以充役三年，作爲武生，選其材武聰穎者，每省設一武備學堂，挑入學習，重學、化學、格致、輿地諸學；分礮隊、槍隊、馬隊、工程隊諸科，限以三年，由各督撫詳加考試，凡考列優等者，作爲武舉人，其名數略參科場舊制，分別大省、中省、小省，各不得逾本省原額十分之五。

① 臺北"故宫博物院"藏:《軍機及宫中檔》，文獻編號：408003167。

② 中國第一歷史檔案館藏:《錄副奏摺》，檔號：03-5615-053。

③ 此具奏日期，據《軍機處隨手登記檔》校正（檔案編號：03-0293-2-1223-343）。

此爲武備特科。其三年一試之武科，暫准照舊舉行，但須酌減舊額一半，以期相濟爲用。試之有效，再將舊制停罷，並將此項特科武舉人咨送京師大學堂，限以三年，由兵部奏請欽派王大臣考試，分列優等者，作爲武進士。其名數與常年會試中額各得其半，仍恭候廷試，各就本科，驗其膂力、技藝，詢以方略，以侍衛、守備分用，屆時并定各路軍營自哨長以上，均須用此項武舉人、武進士人員充補，俾得效力行間，以備干城之選。似此參酌中外兵制造就人才，其用至廣，其效至速。各國聞此舉動，或稍戢其狡焉思啟之心，於國事實有裨益。應請飭下廷臣詳細核議，奏請宸斷，施行。奴才愚昧之見，是否有當。謹附片具陳。伏乞聖鑒。謹奏。①

【案】榮祿之奏於當日得清廷批復，《清實錄》曰："又諭：榮祿奏、請設武備特科，參酌中外兵制，造就人才，等語。著軍機大臣會同兵部議奏。②"

【案】光緒二十四年正月初六日，兵部掌印給事中高燮曾奏設武備特科敬陳管見，曰：

兵部掌印給事中臣高燮曾跪奏，爲議設武備特科敬陳管見，恭摺仰祈聖鑒事。竊臣恭讀光緒二十三年十二月二十六日上諭：榮祿奏，請設武備特科，參酌中外兵制，造就人才，等語。著軍機大臣會同兵部議奏。欽此。仰見皇上整軍經武、發奮爲雄至意，歡忭莫名。方今外侮交來，猖狂已極，所以不敢輕言戰者，非無兵也，無良將也。所以無良將者，求之不得其道、教之不得其方也。臣不諳軍旅，然蒿目時艱，竊欲貢一得之愚，以備芻蕘之採。朝廷准設特科，自與尋常武試迥異。若但較量技勇即成就可觀，不過得一兵之用而止。擬請飭下軍機大臣等詳議章程，始也，求之有道，寬其途，嚴其格，不拘文武，不拘已仕未仕，總以能勝將帥之任爲指歸。今內外三品以上大員各舉所知，懸五事以爲之的：一、嫻韜略，兼貫中法、西法；二、輪輿地，工測繪；三、練身體，善擊刺；四、習洋槍、洋礮及中國擅長火器。此四者闕一不可。五、精製造，創新械。此

① 中國第一歷史檔案館藏:《錄副奏片》，檔號：03-5922-013。
② 《德宗景皇帝實錄》，卷四百十三，光緒二十三年十二月，《清實錄》第57冊，第405頁。

則於四者之外別爲一格，或專長，或兼長，皆可保薦。其有名實相符者，詳具姓名以聞，至京考校合格者，分别給予職官，俾爲武備學堂教習，教有成效，准予超擢。由是而教之方可言矣。京師設武備學堂，徧及於各行省，亦教以上所陳五事，外省兩年服滿，拔其尤，入京師武備學堂，仍令肄習一年。三年學成，請欽派王大臣一體考校，分别等第，以備任使，或充各營教習，或充哨官、營官。其穎異者，令充出使大臣隨員，以廣聞見，卓著勛勤，乃升統帶。似此條理略具，但使王大臣、各疆吏勤勤懇懇，實事求是，勿徇情面，勿尚酬應，日漸月磨，必有名將出乎其間，干城腹心之寄匪異人任，又何懼外侮而不能一雪國恥哉？管窺所及，是否有當。伏乞皇上聖鑒。謹奏。光緒二十四年正月初六日。[①]

【案】給事中高燮曾之奏，亦於當日得獲批復，《清實錄》："又諭：給事中高燮曾奏，請設武備特科一摺。著軍機大臣會同兵部，歸入榮祿奏請參酌中外兵制特設武科片內，一併議奏。[②]"

【案】光緒二十四年二月二十六日，王大臣奕訢等奏報議覆武備特科造就人才等奏，曰：

臣奕訢等跪奏，爲遵旨會議具奏，仰祈聖鑒事。光緒二十三年十二月二十五日，内閣奉上諭：榮祿奏，請設武備特科，參酌中外兵制，造就人才，等語。著軍機大臣會同兵部議奏。欽此。光緒二十四年正月初六日，内閣奉上諭：給事中高燮曾奏，請設武備特科一摺。著軍機大臣會同兵部，歸入榮祿奏請參酌中外兵制、特設武科片内，一併議奏。欽此。欽遵。先後將原奏二件抄出。臣等伏查榮祿所奏，請設武備特科，分列格致諸學、槍礮諸科，以爲之目。舊制之武鄉、會試，姑仍其舊。其應特科之人，由武童層遞作爲武舉、武進士，每次限以三年、略取九年大成之意，不必與舊科同歲舉行，止須將原有中額之半撥入特科，試之有效，再將舊制全停。自係爲轉移風俗、造就人材起見。臣等伏維武

---

① 中國第一歷史檔案館藏：《錄副奏摺》（據摺面字跡，此摺應爲原件），檔號：03-5615-002。又《錄副奏摺》，檔號：03-5615-003。

② 《德宗景皇帝實錄》，卷四百十四，光緒二十四年正月，《清實錄》第57冊，第412頁。

科定制，沿自有明。從前火器尚未盛行，即泰西各國亦迥不如今日之精。我朝龍興遠藩，八旗勁旅，騎射絕人，因而武科亦沿用馬步箭、刀、弓石各項技藝，在當日原屬致勝之具，今則製造、槍礮，考校準頭，精益求精，西人謂之藥彈世界，弧矢誠不足以威天下，習非所用，與製藝取士流弊正同。改弦更張，自宜首議及此。惟是變法之始，貴乎耳目一新，使天下曉然，知上意之所在，無不踴躍奔走，始足以振作士氣，鼓舞人才。舉行之年限可稍遲，而中額不宜分半，應用之槍礮必畫一，而流弊亦宜豫防。當茲時勢多艱，辦事務求覈實，無取鋪張，亦不必有特科名目。臣等謹按照原奏各條，細心紬繹，擇其輕而易舉、簡而可行者，爲我皇上縷析陳之。

查武場改試槍礮，係爲創舉。武童初學，必用教習，多用則經費難籌，且精於操練兼通西法者，一時亦難數覯；少則又苦不敷分布。即使一省之中各就府、廳、直隸州，酌爲延聘，而武童各安土著，距所屬本府、州、廳，遠者或至數百里，平時院、府兩試，已苦跋涉之艱，若令就地教練，充役三年，始准作爲武生，誠恐資斧不繼，閱時過久，轉致半途而廢。惟是國家功令之設，不過懸的以招。至於儲材待售，則視其人之自爲，但使明定章程，通行各省立定年限，自某科爲始，廢馬步箭、刀、弓石不用，所有武場一律改設槍礮，其向應武試者決不至因此輟業。自必購求利器，摩厲以須，猶制科之詩賦、策論、八股，屢易其體，實任無不爭自濯磨，所謂利祿之途使然，初不煩官爲督責也。章程既定，屆時武童應考，仍由各該省學政按臨。考試合格者，照額取中武生，則進取有資，人思自奮矣。取中武生之後，人數較武童爲少，而且發軔伊始已有上進之階。應請即如原奏所擬，由地方官酌量設法，每省籌立武備學堂一區，擇武生之材武聰穎者，或年力富強、有志觀光、自願入堂肄業者，酌照省分大小覈定人數，按名挑入學習，重學化學、格致、輿地諸學；分馬步、礮隊、槍隊、工程隊諸科，派定總、分教習，督同訓練。其挑選教習之法，如南、北洋、湖北等省，先經設有武備學堂，止須酌添教習員數。他如直隸之新建陸軍、江南之自強軍，以及各省所練之洋槍、礮隊，熟於以上諸法、堪勝教習之任者，自不乏人。擬請無論官弁勇丁，一體就近酌量派充。其餘各省由該督撫籌定款項，自行延聘。學堂功課聽總教習按照人數，勻撥教練，官中派員認真稽察。其未經挑入之武生，仍令回籍，自行學習，鄉試屆期，何意省之武生，無論堂內、堂外，一律由該督撫改試槍礮新章，詳加考驗。列入優等者，照額取中武舉。其內場默寫武經，原屬具文，且易滋弊竇，應請即行裁去。新武舉咨送會試，即將本屆新武生挑選，換入學習，嗣後按照科分，挨次輪換。風氣一開，互相傳習，挽強蹶張者，廢然思返。不必仍留舊額之半，亦不患應試乏人矣。各省既設武備學堂，整齊畫一，新中武舉人數褎然可觀。京師首善之區，自應設立武備大學堂，以薈眾材而光盛典。惟是大學堂規模較之各省，尤爲繁重，一切應訂章程、應用器具，亦非倉卒所能集事，且各行省既經徧設學校如林，其八旗順天武生或由該管地方官先行設立尋常學堂，或就近往天津學堂學習，均無不可。京師大學堂之設似可稍緩，各省武舉亦毋庸再限三年在京肄業。擬請每屆武會試之年先期由各省督撫，將此項武舉咨送兵部，由部奏請欽派王大臣考試，仍照鄉試之例，以槍礮中靶之數爲斷，擇其優者取中武進士，名數與常年中額相同。其殿試兩場尚有應行略爲變通之處，擬請由兵部奏明，請旨辦理。至給事中高燮曾所奏，專爲求將帥之材、備教習之選，先設京師武備學堂，然後遍及各行省。所陳五事，除練身體、習槍礮二條外，餘三條皆專門名家所難。倘責令武生、武舉等躐等而進，必至有名無實，徒滋繁費。餘與榮祿所奏大致略同，應請毋庸置議。

以上各節，臣等悉心覈議，參酌中外，擇善而從，寓營制於科舉之中，陰以兵法，部勒之與泰西豫備兵、留後兵之意相合。各疆理誠能認真舉行，需以歲月，有勇知方之士必有脫穎而出者。即綠營、練勇亦可收互相觀摩之益矣。其未盡事宜及應准應駁緣由，摺內未及詳敘者，另列簡明章程十條，開單恭呈御覽。抑臣等更有請者，國朝軍政，自提鎮以下一切武職，本以行伍爲正途，其武舉、武進士原不過聊備一格。道光以前姑不具論，即如咸豐、同治以來，蕩平粵、捻，在事將帥，滿洲如多隆阿、塔齊布，漢人如鮑超、劉松山，皆係行伍出身，蔚爲名將。武科所得率多偏裨奔走之材，斷不能與文場鄉、會相提並論。即歐美各國講求武備，如英國、德國之水、陸軍大書院、美國之委士盤大書院，皆情願入伍之人，始准入堂學習，學成之後，即令分隸各營，充當士卒，並無所謂武科也。今欲建威銷萌，折衝尊俎，宜就各省勇營，認真挑選，厚其贍資，嚴其功課，腹心干城之寄，在彼不在此。至於武科改制，臣等今日所議已得期大概，宋臣蘇軾所謂取士之法，不過如此。不得謂區區一科，遂足盡天下人材也。所有臣等遵旨會議緣由，謹繕摺具陳。伏乞皇上聖鑒。再，此摺係軍機大臣主稿，會同兵部辦理。協辦大學士兵部尚書榮祿因係原奏大臣，應行迴避，未經列銜。合併聲明。謹奏。光緒二十四年二月二十六日。軍機大臣和碩恭親王臣奕訢，軍機大臣和碩禮親王臣世鐸（假），軍機大臣協辦大學士戶部尚書臣翁同龢，軍機大臣刑部尚書臣剛毅，軍機大臣工部尚書臣錢應溥（假），軍機大臣刑部尚書廖壽恒，兵部左侍郎臣楊頤，兵部右侍郎臣文治，兵部右侍郎臣壽昌。[①]

【案】光緒二十四年二月二十六日，恭親王奕訢呈報會議武備特科約舉十條清單，曰：

謹將臣等會議按照原奏分別准駁緣由，約舉十條清單，恭呈御覽。

一、事關變法，必須提綱挈領，然後簡而易行。儻如原奏所擬：就地教練，充役三年，作爲武生，則是童試可裁矣。不知變法伊始，其機括全在童試，業經改用槍礮，小試其端得有進步，自不肯改而之他。若裁去童場，逕令赴省鄉試，所謂就地教練者，究屬有名無實，臨場報考，必至人數寥寥。

一、心思、耳目專用則靈，況乎科場大典，其所以專心致志、百折不回者，緣非此無以致勝之具也。今既明定章程，改試槍礮，若仍參用舊制，酌分中額之半，必俟試之有效，再將舊制全停，則是新章雖經釐定，舊制不必盡捐。人情狃於守舊，難與（於）圖新，必至用槍礮應試者，

① 中國第一歷史檔案館藏:《錄副奏摺》，檔號：03-9446-015。據摺面字迹，此摺應爲原件無疑。

不敷中額。

一、馬步箭、地毬、刀、弓石等項相沿雖久，在今日則爲無用。槍礮兩項原屬武人分内應行學習之事，以此試士，不得謂之特科。其舉行年分不可太驟，亦不宜太遲，應請飭下兵部，通行各省立定期限，由地方官出示，曉以改章伊邇，各生童、武舉趕緊學習，毋得自誤。現在各省業經舉行本屆歲試，未及改用新章，應請自本屆武生錄科起，即行照改；鄉試自光緒二十六年庚子科爲始，會試自光緒二十七年辛丑科爲始，童試自下屆歲試爲始，一律改試槍礮。其本年戊戌科會試，姑仍其舊。

一、改章之後舊制取中之武生、武舉，應准其照新章一體應鄉、會試，毋令向隅。如仍欲廣爲招徠，則練營制兵、防營練勇在省城附近駐紮者，不妨准其報名鄉試。如距省太遠，不准藉此告假趕考。

一、武備學堂之設，事極繁難，各省萬不能同時建齊，必有先後參差之處。立法之始，必須略予變通。其未經設立武備學堂省分，應先准其改用新章鄉試。如有願附他省學堂學習者，亦聽其便，惟應考則必須本籍。

一、近年以來，槍枝礮位名目繁多，日新月異，武場應用之件，必須價值較廉而又堅固耐久者，始可通行無阻。惟是利之所在，弊即因之。如坊間石印書籍，因便於攜帶，每遇鄉、會試年分，購取既衆，獲利不貲。今武科各場需用槍礮甚夥，久之必有一種窳敗惡劣之器，專爲武場射利而作，製造不精，手法亦壞，演習既久，授以精品，反不能用。立法之始，宜豫防流弊，應請於小口徑快槍、陸路快礮，擇其合用者，指定名目，由該衙門奉准官爲代購，肄業之武舉、生童等繳價給領，並行知各省必須畫一，不得任意濫用。

一、私藏火器，例禁綦嚴。赳赳武夫，尤多獷悍之氣。從前疊經臣工奏請改章，部議不准，具有深意。今欲開拓風氣，使之學習槍礮，藥雲彈雨，如取如攜，誠宜加意防閑，立法限制。擬請應由各地方官查明轄境之内武舉、武生、武童肄業者若干名，並教習姓名、學堂坐落以及槍枝之件數、礮位之有無、槍礮之名目，按件報明該管州縣存案。所有槍礮必須存放學堂，酌派教習或學長收管，不准私自攜回，似亦慎重之一道。

一、新章既定，武童在家自行操演，武舉給咨會試，無庸在京學習。其在各省城武備學堂肄業者，止有武生一項，較之原奏亦屬簡而易行。惟是辦事務求實際，武生雖有籍可稽，勝於召（招）募，究屬不及兵勇人數之多。各省建立武備學堂，煞費經營，自非專爲武生而設，應請明定章程，武生入堂肄業者，通覈人數，不得過十分之四。其餘名額留爲他項人員肄業之資。

一、武舉、武進士既經改定新章，加意教育，得人必較盛於前，誠宜廣其登進之途，俾得及時自效。譬之土產，製造既精，必求銷路也。榮祿所有各路軍營自哨長以上，均用此項武舉、武進士充補。高燮曾所請分別等第，以備任使，或充各營教習、哨官、營官。其穎異者令充出使大臣隨員，是否可行？抑或略仿其意、另定章程之處，應請飭下該衙門詳細覈議。

一、事關科舉，不厭求詳。其考試詳細章程及武備學堂規模，有應由部臣釐定者，有應由各省疆臣、學臣籌辦者，一切未盡事宜，嗣後隨時奏明，請旨辦理。[①]

【案】恭親王奕訢等摺、片、單，於當日即獲允行，“上諭”曰：

光緒二十四年二月二十六日，内閣奉上諭：前據榮祿、高燮曾、胡燏棻先後奏請設武備特科、酌改章程各摺、片，當經諭令軍機大臣會同兵部議奏。茲據該王大臣等分別准駁，詳議覆奏，並擬定大概章程，開單呈覽。朕詳加披閱，尚屬切實可行。國家設科，武備與文事並重，原期遴拔真才，以備折衝之用。現在風氣日新，雖毋庸另設特科，亦應參酌情形，變通舊制，著照該大臣等所議，各直省武鄉試自光緒二十六年庚子科爲始，會試自光緒二十七年辛丑科爲始，童試自下屆爲始，一律改試槍礮。其默寫武經一場，著即行裁去。所有一切未盡事宜，暨各省應如何設立武備學堂之處，著該衙門隨時奏明辦理。現在時局艱難，朝廷釐定章程，專務振興實學。武場改試槍礮，亦轉移風氣之一端。嗣後

---

① 中國第一歷史檔案館藏：《單》，檔號：03-9446-016。

主試王大臣及各省督撫、學政，尤當加意講求，認真考覈，務在作其忠勇，開其智識。平時則嚴督功課，校試則秉公去取，毋得奉行日久，又成具文，致負作育人材至意。該部即遵諭行。欽此。①

[3]【僥倖】原件、錄副作"徼倖"。

[4]【於】原件、錄副皆作"欲"，當是。底本誤無疑。

[5]【檮昧之見】原件、錄副均作"檮昧之言"。

[6]【著總理各國事務衙門會同兵部，妥速議奏】此"硃批"據原件補。

[7]【光緒二十四年五月初三日，奉硃批：……欽此】此硃批日期等，據錄副補。

【案】陶模之奏於是年五月初三日得批復，清廷飭令總理衙門會同兵部議奏，《清實錄》：

陝甘總督陶模奏，變通武科，宜設學堂，分門專習，並於沿江、沿海各省兼設水師學堂，所用槍礮由教習委員經理，不得私蓄。舊日武生、武舉，准投營效力；舊例武科，應一律停止，以歸畫一。下所司速議。②

一四七　假期已滿病尚未痊請開缺調理摺

光緒二十四年四月初三日（1898 年 5 月 22 日）

頭品頂戴陝甘總督臣陶模跪奏[1]，爲微臣假期已滿，病尚未痊，懇恩開缺調理，恭摺仰祈聖鑒事。竊臣於光緒二十四年二月十五日奏請續假一月，閏三月初八日差弁齎回原摺，奉硃批：著再賞假一月。欽此。疊承恩眷，無任悚慚。際此時艱，理宜勉力銷假，藉圖報稱，何敢再事妄瀆！惟是微臣犬馬之姿日益衰頹，初意入春和暖，諸病可

① 中國第一歷史檔案館編：《光緒朝上諭檔》第 24 冊，第 59 頁。又，《德宗景皇帝實錄》，卷四百十五，光緒二十四年二月，《清實錄》第 57 冊，第 439—440 頁。

② 《德宗景皇帝實錄》，卷四百十九，光緒二十四年五月上，《清實錄》第 57 冊，第 490 頁。

以漸愈。現自三月以來，欬嗽雖有間斷，而氣喘仍未稍痊，接見僚屬，言語稍多，氣便上升，喘不可支，加以歷年塞外積受風寒，所有腰痠、腳痛等恙，循環疊起，兩月之久，未見輕減。伏念臣知識庸愚，撫躬自省，實不勝封疆之任。前於光緒二十二年十一月初一日恭謝天恩摺內，曾附陳下悃，懇另簡賢能，以重疆寄，未得仰邀恩允。其時甘省甫就肅清，民心尚未大定，臣不敢固執成見。今時閱二載，仰賴朝廷威福，漢回業已相安。第一切整軍、飭吏、理財、决獄，事務殷煩，若以衰病之軀託言報效，安心臥治，釀禍將來，深恐挽救無及。微臣夙夜思維，事多負疚，不能不據實陳明。合無仰懇天恩，俯念微臣病體衰頹，不勝重任，准其開缺，俾免貽誤。容卽訪求良醫，趕緊調治，一俟病痊，當泥首宮門，求賞差使，再圖報效。所有微臣假期已滿，病尚未痊，懇恩開缺調理緣由，謹恭摺具奏。伏乞皇上聖鑒訓示。謹奏。光緒二十四年四月初三日。

（硃批）：著再賞假一箇月，毋庸開缺[2]。

光緒二十四年四月二十七日，奉硃批：著再賞假一箇月，毋庸開缺。欽此[3]。

補證

【案】此摺原件①藏於臺北“故宮博物院”，錄副②現藏於中國第一歷史檔案館，茲據校勘。

[1]【頭品頂戴陝甘總督臣陶模跪】底本無此前銜，茲據原件補。

[2]【著再賞假一箇月，毋庸開缺】此“硃批”據原件補。

[3]【光緒二十四年七月初六日，奉硃批：……欽此】此硃批日期等，據錄副校補。

① 臺北“故宮博物院”藏：《軍機及宮中檔》，文獻編號：408003162。

② 中國第一歷史檔案館藏：《錄副奏摺》，檔號：03-5360-119。

一四八　力疾銷假摺

光緒二十四年六月初九日（1898 年 7 月 27 日）

頭品頂戴陝甘總督臣陶模跪奏[1]，爲微臣力疾銷假，恭摺仰祈聖鑒事。

竊臣前因假期已滿，病尚未痊，懇恩開缺調理，本年五月二十四日差弁齎回原摺，奉硃批：著再賞假一箇月，毋庸開缺。欽此。跪聆之下，感悚莫名。臣前在塞外積受風寒，每年欬喘之疾，冬發春愈。今年交夏以後，氣喘仍未稍痊，病體難支，懇恩開缺。原因封疆重寄，非闒冗之才、衰病之軀所能勝任，乃荷聖恩逾格，優予假期，聞命自天，汗顔無地。現在時值盛夏，氣喘等症[2]疊經設法醫治，較前稍覺輕減，而精神氣血一時尚未復元。今年甘省雨澤愆期，米糧騰貴，各屬疊報成災，前已將大概情形奏明在案[3]，目下正籌款購運粟、麥，辦理平糶，藉資民食。臣忝任封疆，受恩深重，值此時間，急宜勉強支持，力圖報效，稍分朝廷西顧之憂。儻此後仰託福庇，病體漸次就痊，將來交冬或不致觸寒再發，則犬馬之報，自當矢之終身，以期仰答高厚生成於萬一。所有微臣力疾銷假緣由，謹繕摺具陳。伏乞皇上聖鑒。謹奏。光緒二十四年六月初九日。

（硃批）：知道了[4]。

光緒二十四年七月初六日，奉硃批：知道了。欽此[5]。

補證

【案】此摺原件①藏於臺北“故宫博物院”，錄副②現藏於中國第一歷

---

① 臺北“故宫博物院”藏：《軍機及宫中檔》，文獻編號：408003176。

② 中國第一歷史檔案館藏：《錄副奏摺》，檔號：03-5363-008。

史檔案館，茲據校勘。

[1]【頭品頂戴陝甘總督臣陶模跪】底本無此前銜，茲據原件補。

[2]【症】原件、錄副均作“證”。

[3]【案】光緒二十四年五月初九日，陝甘總督陶模奏聞甘肅本年夏禾被旱大概情形，曰：

頭品頂戴陝甘總督臣陶模跪走，爲甘肅本年夏禾被旱大概情形，先行恭摺具陳，仰祈聖鑒事。竊查甘省地方，去冬雪澤甚少，今年自春徂夏，雨澤愆期。雖經各屬設壇祈禱，聞得小雨多未深透。凡夏禾之種植山原者，已形枯萎，水地亦不甚暢茂。四月中、下兩旬，各屬間有稟報得雨者，農民始補種秋禾，但望續沛甘霖，民食或尚可接濟。就甘省全局論，西路甘、涼、肅一帶氣候較遲，旱象尚淺；東路平、慶、涇、固，南路鞏、秦、階各府、州被旱，各有輕重不同。北路甯夏府向賴河渠引水灌田，今河流錢少，未能一律沾溉。至罌粟一物，更不耐旱，山原地畝，亦均枯萎。現已飭屬迅速查明被災輕重，俟查報至日，分別核明，應否停徵錢糧、豁免地稅，再行奏請恩施。據藩司曾鉌詳請先將夏禾被旱大概情形具奏前來。理合恭摺具陳。伏乞皇上聖鑒訓示。謹奏。光緒二十四年五月初九日。（硃批）：戶部知道。[①] 光緒二十一年五月二十一日，奉硃批：戶部知道。欽此[②]。

[4]【知道了】此“硃批”據原件補。

[5]【光緒二十四年七月初六日，奉硃批：知道了。欽此】此硃批日期等，據錄副校補。

---

① 臺北“故宮博物院”藏：《軍機及宮中檔》，文獻編號：408003170。

② 中國第一歷史檔案館藏：《錄副奏摺》，檔號：03-9370-001。又《災賑檔》，編號：02-17516。

卷　十

陕甘六

一四九　請免提學堂經費摺

光緒二十四年八月初一日（1898 年 9 月 16 日）

頭品頂戴陝甘總督臣陶模跪奏[1]，爲甘省州縣折徵並無浮多，籲懇天恩免提學堂經費，以示體恤，恭摺仰祈聖鑒事。

竊臣前准戶部咨：議御史徐士佳①奏請核減地丁折徵制錢數目，暨另加帶徵學堂經費一摺[2]，光緒二十四年五月二十一日具奏，奉旨：依議。欽此。並鈔錄原奏，行令欽遵辦理前來。臣查原奏內開：擬令徵收地漕，折納制錢。各省除照上年通行奏案減徵民間丁漕錢文及提出歸公、湊還洋款不計外，均按現在徵收丁漕，折納錢數，每銀一兩，每米一石，各提出制錢五十文，另款存儲，以爲學堂經費之用，庶提解之數較少，辦理不致爲難。惟此係專指業已徵收在官者而言，其有因此項名目並藉口辦公不敷，向民間多索絲毫者，即隨時查明奏參，不得徇隱，等因。具見部臣特恐以此纍民，令由已徵在官之錢折款內提取，斟酌審慎，用意良厚，事苟可行，亟應遵辦。無如甘肅邊疆瘠苦，與腹地迥不相同，額徵並無漕米，地丁爲數甚少。各州縣間有聽民以錢折納，所收並無浮多，若勉強提取，勢必轉取於民。誠如部臣所言，貽百姓無窮之纍。所以前次奉文加解錢價平餘，經臣奏准免辦在案[3]。此次提取學堂經費，事同一律。據甘肅藩司具詳前來。仍應仰懇天恩，俯念甘肅州縣折徵並無浮多，免予提取學堂經費，以示體恤。除開辦學堂另行議擬具奏外，謹恭摺具陳。伏乞皇上聖鑒訓示。

---

① 徐士佳，生卒年不詳，江蘇江陰人。同治九年（1870），中舉。光緒三年（1877），中式進士，改吏部主事。十二年（1886），充會試收卷官、軍機章京。十七年（1891），補吏部文選司主事。二十一年（1895），改吏部驗封司員外郎。二十四年（1898），充會試監試官、考試拔貢監試官、浙江道監察御使、武會試監試官。二十六年（1900），調督理街道監察御史。次年，轉兵科給事中。三十年（1904），升兵科掌印給事中。宣統元年（1909），授廣東高雷陽道。同年，調補直隸熱河道。

謹奏。光緒二十四年八月初一日。

（硃批）：著照所請，戶部知道[4]。

光緒二十四年八月二十八日，奉硃批：著照所請，戶部知道。欽此[5]。

補證

【案】此摺原件①藏於臺北"故宮博物院"，錄副②現藏於中國第一歷史檔案館，茲據校勘。

[1]【頭品頂戴陝甘總督臣陶模跪】底本無此前銜，茲據原件補。

[2]【案】光緒二十四年四月三十日③，浙江道監察御史徐士佳奏請飭下戶部行令折徵各省地丁，以爲開辦西學經費之用，曰：

再，現在欽奉上諭，行令各直省自省城以至府廳州縣，設立西學大、小學堂，以育人才。誠爲今日切要之圖，但明知切要而猶若遲回者，則以費無所出，實爲各省之通病也。臣愚以爲莫如即取諸地丁之折徵，以目下紋銀市價每兩一千二百文，若照當年酌增四百文計之，則每年丁銀一兩折徵制錢一千六百文，在官已不至賠纍。擬請飭下戶部，行令折徵各省每兩丁銀衹准折收制錢一千六百文，另加帶徵百文，名曰：學堂經費。另行存儲，專備開辦西學之用。計每丁銀一兩，共出制錢一千七百文，視以前尚少三百，而子弟可由此增習西學，民情固自樂從，在官亦並不賠纍，而西學大、小學堂可以藉手開辦。此一舉而得之道也，是否有當。伏乞飭部覈議，施行。謹奏。④

[3]【案】光緒二十三年十一月二十七日，陝甘總督陶模奏報查明甘省地丁數少擬懇免加解錢價平餘，以示體恤，曰：

頭品頂戴陝甘總督臣陶模跪奏，爲查明甘省地丁數少，各州縣折價

---

① 臺北"故宮博物院"藏：《軍機及宮中檔》，文獻編號：408003185。

② 中國第一歷史檔案館藏：《錄副奏摺》，檔號：03-6260-022。

③ 此具奏日期，據《軍機處隨手登記檔》（檔案編號：03-0296-2-1224-145）校正。

④ 中國第一歷史檔案館藏：《錄副奏片》，檔號：03-9459-022。

尚無浮多，擬懇照舊辦理，並免加解錢價平餘，以示體恤，恭摺仰祈聖鑒事。竊臣前准戶部咨：議覆給事中龐鴻書奏江浙等省徵收地丁條銀，折價與市價懸殊，請飭酌減一摺，擬令各直省督撫督同司道，各就本地完納情形暨向來徵收章程，查明地丁折錢，較市價大有浮多者，即行酌量議減。至各州縣徵收糧石，遇有合勺畸零之數，或按一升計算；徵收銀兩，遇有釐毫尾零之數，或按一分計算。亦係官吏營私舞弊，並令一概嚴行禁止。又准部咨：江西奏請減徵丁漕錢價，湊解四國洋款一片內稱：江西因銀價減賤，令徵錢各州縣每地丁一兩，減徵錢一百文，於減徵之外每兩隨正加解錢價平餘銀七分，應由各省督撫查照江西成案，各就本地情形，酌量一體倣辦，各等因。當經行司詳辦去後。茲據藩司曾鉌詳稱：查甘省地瘠民貧，通省地丁僅二十餘萬兩。現在荒蕪地畝尚多，徵收本未足額，訪察各屬花戶，措銀維艱，向多以錢折交，每兩酌加火耗、解費，仍按銀價漲落，隨時增減，曾經迭次嚴飭各屬，不准稍有浮多，歷來辦理相安，尚無浮收之弊。甘南一帶州縣並有照價折收賠貼火耗、解費之處。各屬情形不同，勢難一律核減，轉使州縣更增賠纍。惟有隨時嚴加查察，倘於火耗、解費之外再有浮收者，即當一面核減，一面嚴行參辦，以示懲儆。至收糧、收銀遇有合、勺、釐、毫零數，仍按一升、一分計算扣收。此弊誠難保其必無，自當遵照部飭，一律嚴禁，以恤民艱。惟各屬徵收地丁，按照市價，查無實在浮多，自難責令加解錢價平餘，各等情。詳請具奏前來。臣維甘肅地處邊陲，官民困苦，地丁額徵甚少，雖以錢折收，並無浮多。合無仰懇天恩，俯准照舊辦理，毋庸議減，並免加解錢價平餘，以示體恤。除仍飭司隨時嚴察，倘各州縣有地丁折收浮多者，即行據實詳請參辦，並嚴禁徵收糧銀，不准以合、勺、釐、毫之數算成一升、一分加收，俾除積弊外，謹據實恭摺具陳。伏乞皇上聖鑒訓示，並請飭部查照施行。謹奏。光緒二十三年十一月二十七日。（硃批）：戶部知道。[①]

---

① 臺北“故宮博物院”藏：《軍機及宮中檔》，文獻編號：408003118。

[4]【著照所請，戶部知道】此“硃批”據原件補。

[5]【光緒二十四年八月十七日，奉硃批：著照所請，戶部知道。欽此】此硃批日期與內容，據錄副校補。

一五〇　擬裁督標陝甘提標各後營摺

光緒二十四年八月初一日（1898年9月16日）

頭品頂戴陝甘總督臣陶模跪奏[1]，爲擬裁督標、陝、甘兩提標各後營員弁、兵丁，節省銀糧、草束數目，先行具陳，恭摺仰祈聖鑒事。

竊臣前奏裁兵節餉、謹擬切實辦法摺內，聲明連官弁一併酌裁，當卽移行各提鎮，察看所屬營汛緊要、偏僻地方情形，迅速核辦。臣已先飭督標及蘭州城守營，共裁兵二百二十名，以爲之倡。截至本年閏三月底止，仍另給遣餉銀糧一季，俾別謀生計。復飭再裁督標後營一營弁兵，并與陝、甘兩提臣往返函商，亦各擬先裁提標後營弁兵。計督標後營遊擊一員、守備一員、千總二員、把總四員、經制六員、馬步兵一百三十八名；陝西提標後營遊擊一員、守備一員、千總一員、把總三員、經制五員、馬步守兵八十九名；甘肅提標後營都司一員、守備一員、千總一員、把總四員、經制六員、馬步兵二百四十八名。擬全行裁除，兵則擬截至本年九月底止，仍另給一季遣餉銀糧，官則俟欽奉諭旨允准後，再飭撤回，俾昭愼重。有實缺者，遇有缺出，卽按官階隨時還補，擬請不拘班次、輪次。其未還補以前，仍按從前原缺給予半分俸廉，以示體恤。合共督標、陝、甘兩提標所裁官兵，每歲約共節省銀一萬四千一百二十餘兩、糧料五千四百四十石有零、草四萬三百餘束。

至陝甘各鎭，協均處邊要，情形與督、提標不同。提、鎭所屬分防營汛散處各道、府、廳、州、縣並要隘地方，兵丁屢經裁減，現存不及原額十分之三，而防守城垣、稽查賊盜、賭博以及護解人犯、協拿逃匪等事，仍係武營弁兵專責，防營現亦無多，皆係團紮訓練，即間有散紮分防，並不能分任綠營弁兵之事。一旦裁除殆盡，汛地頓形空虛，不免宵小、匪徒乘隙爲患，且虞勾結滋事。據各提、鎮先後咨稟前來。均屬實在情形。裁兵原圖節餉，而地方所關甚鉅，勢不能不權其輕重緩急。除督標及陝、甘兩提標所裁官兵歲省銀糧、草束飭司造册報存外，其餘各鎮、協並所屬分防各營汛，容臣察酌情形，再行次第辦理，俾昭妥慎。是否有當。合將先裁督標、陝、甘兩提標各後營員弁、兵丁歲省銀糧、草束數目緣由，謹會同陝甘提臣鄧增、署甘肅提臣張永清，合詞恭摺具陳。伏乞皇上聖鑒訓示。謹奏。光緒二十四年八月初一日。

（硃批）：裁兵一事，總宜察酌地方情形，可裁則裁，不可勉強從事，致貽後患。此案著再通盤籌畫，據實奏明辦理[2]。

光緒二十四年八月十七日，奉硃批：裁兵一事，……據實奏明辦理。欽此[3]。

補證

【案】此摺原件①藏於臺北“故宮博物院”，錄副②現藏於中國第一歷史檔案館，茲據校勘。

[1]【頭品頂戴陝甘總督臣陶模跪】底本無此前銜，茲據原件補。

[2]【裁兵一事，……據實奏明辦理】此“硃批”據原件補。

[3]【光緒二十四年八月十七日，奉硃批：裁兵一事，……據實奏明辦理。欽此】此硃批日期與內容，據錄副校補。

【案】此摺於是年八月十七日得清廷之批復，《清實錄》亦載之曰：

陝甘總督陶模奏，擬裁督標、陝、甘兩提標各後營員弁、兵丁，每歲節省銀糧、草束數目，飭司造册報存。各鎮、協所屬分防營汛，

---

① 臺北“故宮博物院”藏：《軍機及宮中檔》，文獻編號：408003188。

② 中國第一歷史檔案館藏：《錄副奏摺》，檔號：03-5762-016。

察酌情形，次第辦理，俾昭妥慎。得旨：裁兵一事，總宜查酌地方情形，可裁則裁，不可勉強從事，致貽後患。此案著再通盤籌畫，據實奏明辦理。①

一五一 擬裁莊浪甯夏同通員缺摺

光緒二十四年八月十二日（1898 年 9 月 27 日）

頭品頂戴陝甘總督臣陶模跪奏[1]，爲酌擬裁汰同通員缺，恭摺仰祈聖鑒事。

竊臣欽奉電傳：七月十四日上諭：國家設官分職，各有專司，京外大小各官舊制相沿，不無冗濫；各省不辦運務之糧道，向無鹽場，僅管疏銷之鹽道。此外如各省同、通、佐貳等官，有專管水利、監捕並無地方之責者，即著查明裁汰。至各省設立辦公局、所，名目煩多，無非爲位置閑員地步，著各督撫將現有局、所中冗員一律裁撤淨盡，並將候補、分發、捐納、勞積等項人員嚴加甄別裁汰，限一月辦竣覆奏，等因。欽此。當經轉行迅速遵辦。臣查甘肅省並未設有糧道、鹽道各缺，惟有凉州府莊浪茶馬同知，現在茶務、馬政久存空名[2]，所管經徵番貢糧石僅數百石，即所管供支報恩寺喇嘛衣單、口糧並平成、松山兩驛，事本無多，且與平番縣同城、古浪縣連界，皆可分別歸併經理。又，甯夏鹽務通判[3]向無地方之責，從前平、慶、甯、涇四府州鹽課歸該通判催收彙解。同治初年之亂，鹽務廢弛，平定後僅惠安堡一處鹽務，責成該通判經理。該處尚有貨釐分局，亦可就近兼辦。以上二缺，均在應行裁汰之列。其裁汰後番糧、鹽務一切應如何分別歸併，容督同司道妥籌辦理，隨時咨部立案。此外，有無員缺可裁及局、所中有無冗員可撤，并候補、分發、捐納、勞積等項人員應如何嚴

① 《德宗景皇帝實錄》，卷四百二十七，光緒二十四年八月中，《清實錄》第 57 冊，第 609 頁。

行甄別、裁汰，請寬期督同司道，查明趕辦，續行奏報，斷不敢推諉[4]因循，空言搪塞，致干咎戾。據藩、臬司、道會詳前來。相應請旨將涼州莊浪茶馬同知、甯夏鹽捕通判二缺，先行裁汰。其實缺茶馬同知趙人龍、鹽捕通判熊振桀二員，并請照例歸爲裁缺即用，不入班次補用。合併陳明。除咨部外，謹恭摺具陳。伏乞皇太后、皇上聖鑒訓示，施行。謹奏。光緒二十四年八月十二日。

（硃批）：吏部議奏[5]。

光緒二十四年九月初八日，奉硃批：吏部知道。欽此[6]。

補證

【案】此摺原件①藏於臺北"故宮博物院"，錄副②現藏於中國第一歷史檔案館，茲據校勘。

[1]【頭品頂戴陝甘總督臣陶模跪】底本無此前銜，茲據原件補。

[2]【久存空名】原件、錄副均作"久成空名"。

[3]【鹽務通判】原件、錄副皆作"鹽捕通判"。

[4]【推諉】原件、錄副作"推委"。

[5]【吏部知道】此"硃批"據原件補。

[6]【光緒二十四年九月初八日，奉硃批：吏部議奏。欽此】此硃批日期等，據錄副校補。

一五二　請免裁督提各標後營官弁兵丁摺

光緒二十四年十月初二日（1898年11月15日）

頭品頂戴陝甘總督臣陶模跪奏[1]，爲據實覆陳，恭摺仰祈聖鑒事。

---

① 臺北"故宮博物院"藏：《軍機及宮中檔》，文獻編號：408003191。

② 中國第一歷史檔案館藏：《錄副奏摺》，檔號：03-5365-048。

竊臣於光緒二十四年八月初二日由驛具奏擬裁督標、陝、甘兩提標各後營員弁兵丁一摺，九月初二日奉到硃批：裁兵一事總宜察酌地方情形，可裁則裁，不可勉強從事，致貽後患。此案著再通盤籌畫，據實奏明辦理。欽此。仰見皇太后、皇上於裁兵節餉之際仍，寓格外慎重之意，下懷曷勝欽感。伏思綠營官兵額設已數百年，平日防守城堡，稽查盜賊，護解人犯，協拿逃匪，是其專責，且人皆土著，有事時自衛桑梓，未必盡屬無用。值此庫儲拮據，朝廷屢飭裁兵節餉，臣不敢不再三斟酌，前已於謹擬切實辦法詳細覆陳摺內，聲請從容辦理在案。因遲之又久，擬先將督標、陝、甘兩提標各後營員弁兵丁請旨裁汰，今我皇太后、皇上明見萬里，洞察下情，著臣再行察酌地方情形，通盤籌畫。臣跪誦之下，感激莫名。竊維陝甘綠營官兵自同治以來，迭遭寇亂，屢次裁汰，已不及從前額設十分之三，而一切差遣、巡防事未減少，一旦裁除殆盡，汛地頓形空虛，誠不能無所顧慮。該制兵等大率纍世充當，視兵糧爲恒業，概令別謀生計，必有流離失所者。目今民食益艱，人心浮動，裁之所省無多，不如留之，尚可收尺寸之用。通盤籌畫，陝、甘兩省原額制兵八萬二千餘名，現祗賸二萬四千餘名，分營分汛，轄境在數千里之遙，所支糧餉不及客勇之半，即使極力裁減，究於餉需無大裨益，而回番雜處地方，關繫甚大，臣再四躊躕，所有臣前奏擬裁督標、兩提標各後營及各提鎮現存官兵，合無仰懇天恩，俯念陝、甘兩省均處邊要，一律免其裁汰。臣當咨行各提鎮，轉飭各營汛員弁切實整頓，期一兵得一兵之用，庶不致虛糜餉糈，以仰副皇太后、皇上慎重邊圉、體恤時艱之至意。謹會同陝西提臣鄧增、署甘肅提臣張永清，合詞恭摺覆陳。伏乞皇太后、皇上聖鑒訓示。遵行。謹奏。光緒二十四年十月初二日。

（硃批）：著照所請，該部知道[2]。

光緒二十四年十月二十五日，奉硃批：著照所請，該部知道。欽此[3]。

補證

【案】此摺原件①藏於臺北“故宫博物院”，錄副②現藏於中國第一歷史檔案館，兹據校勘。

[1]【頭品頂戴陝甘總督臣陶模跪】底本無此前銜，兹據原件補。

[2]【著照所請，該部知道】此“硃批”據原件補。

[3]【光緒二十四年十月二十五日，奉硃批：……欽此】此硃批日期等，據錄副校補。

一五三　叩謝免扣三成養廉摺
光緒二十四年十一月二十九日（1899年1月10日）

頭品頂戴陝甘總督臣陶模跪奏[1]，爲叩謝天恩，恭摺仰祈聖鑒事。

竊臣接准戶部咨開：光緒二十四年十月十九日，奏奉慈禧端佑康頤昭豫莊誠壽恭欽獻崇熙皇太后懿旨：戶部奏，請將京外文武各員俸廉照案再行接扣一年，等語。文武官員所得俸廉藉以養贍身家，若將屢扣三成之案視爲成例，逐年接扣，實不足以示體卹。該部所請將京官文職四品以上、武職三品以上俸銀、外官文職州、縣以上、武職參、遊以上養廉再行接扣一年之處，著無庸議。欽此。欽遵咨行到甘。伏念臣等或職司民社，或身歷戎行，重荷生成，久銘恩於丹悃；虚縻爵祿，常抱愧於素餐。兹廼特奉溫綸，全頒厚稍廉泉讓水胥叨大澤之汪涵；廩粟俸錢，亦繫深宫之寤寐。自天錫祜，率土臚歡。臣等惟有竭盡愚誠，冀酬高厚，統寅寮而拜賜，協恭共勉和衷；體申命以遵行，食祿敢忘敬事！所有臣等感激下忱，謹率同文武僚屬叩謝天恩緣由，理合恭摺具奏。伏乞皇太后、皇上聖鑒。謹奏。光緒二十四年十一月二十九日。

---

① 臺北“故宫博物院”藏：《軍機及宫中檔》，文獻編號：408003203。

② 中國第一歷史檔案館藏：《錄副奏摺》，檔號：03-5928-125。

（硃批）：知道了[2]。

光緒二十四年十二月二十日，奉硃批：知道了。欽此[3]。

補證

【案】此摺原件①藏於臺北"故宫博物院"，録副②現藏於中國第一歷史檔案館，兹據校勘。

[1]【頭品頂戴陝甘總督臣陶模跪】底本無此前銜，兹據原件補。

[2]【知道了】此"硃批"據原件補。

[3]【光緒二十四年十二月二十日，奉硃批：知道了。欽此】此硃批日期等，據録副校補。

一五四　請開缺養病摺

光緒二十四年十一月二十九日（1899年1月10日）

頭品頂戴陝甘總督臣陶模跪奏[1]，爲微臣欬喘復發，兼患怔忡，懇恩開缺調理，恭摺仰祈聖鑒事。

竊臣前於光緒二十三年冬季、本年夏間屢以欬喘未痊，奏蒙一再賞假，並著無庸開缺。聖恩高厚，有加無已。臣自顧何人際此時艱，敢不勉竭駑駘以圖報稱？無如一交冬令，卽觸發舊恙，始欬繼喘，冬至節後，氣喘彌甚，艱於行動。微臣犬馬之齒六十有四，精力就衰，雖設法調治，而邊地難得良醫，不惟欬喘不能輕減，且又添患怔忡，心神恍惚，夜不成寐。竊念陝甘地方遼闊，一切察吏、整軍、理財、決獄諸大端，事繁任重，關繫非輕。微臣既衰病若此，儻不據實陳明，勉強支持，設有貽誤，負咎益深。再四思維，惟有仰懇天恩，准臣開缺調理，一俟病

① 臺北"故宫博物院"藏：《軍機及宫中檔》，文獻編號：408003220。

② 中國第一歷史檔案館藏：《録副奏摺》，檔號：03-5368-105。

痊，仍當泥首宮門，求賞差使，斷不敢久躭安逸，自外生成。所有微臣欬喘復發兼患怔忡，懇請開缺調理緣由，理合恭摺具陳。伏乞皇太后、皇上聖鑒訓示。謹奏。光緒二十四年十一月二十九日。

（硃批）：著賞假兩箇月，毋庸開缺[2]。

光緒二十四年十二月二十日，奉硃批：著賞假兩箇月，毋庸開缺。欽此[3]。

補證

【案】此摺原件①藏於臺北“故宮博物院”，錄副②現藏於中國第一歷史檔案館，茲據校勘。

[1]【頭品頂戴陝甘總督臣陶模跪】底本無此前銜，茲據原件補。

[2]【著賞假兩箇月，毋庸開缺】此“硃批”據原件補。

[3]【光緒二十四年十二月二十日，奉硃批：……欽此】此硃批日期等，據錄副校補。

一五五　請將張俊招募五營餉餉部撥款并以後另行改撥摺

光緒二十四年十二月初二日（1899年1月13日）

頭品頂戴陝甘總督臣陶模跪奏[1]，爲提臣張俊遵旨招募五營，餉籌銀十萬兩，暫於本年未分新餉內借撥，懇恩飭部指撥歸款，並以後每年該軍應需餉項應請另行改撥，以免貽誤，恭摺仰祈聖鑒事。

竊臣承准軍機大臣字寄：光緒二十四年十月十六日，奉上諭：現在張俊署理甘肅提督，著陶模每年籌撥銀十萬兩，解交該提督，

---

① 臺北“故宮博物院”藏：《軍機及宮中檔》，文獻編號：408003221。

② 中國第一歷史檔案館藏：《錄副奏摺》，檔號：03-5368-106。

招募五營，揀派營哨。各員就地認真訓練，遇有徵調，再行按照行餉發給。將此各諭令知之。欽此。遵旨寄信前來。臣卽欽遵，一面恭錄轉咨該提督遵照辦理，一面行司照數籌撥解交去後。玆據甘肅布政使丁體常詳稱：遵查甘庫歷年積儲各款，前因辦理河湟軍需，撥供軍餉，早已動用無存。本年新餉應行封儲銀兩，又奉部指撥董福祥，甘軍專餉不歸甘庫經理。至司庫常年例存及候撥之款本屬無多，而本年一年之內歷奉部飭，以劃撥甘軍專餉銀八十萬兩一款，除將關內外封存各項悉數作抵外，尚有多撥之項由司庫例存款內補發銀五萬九百餘兩；又以甘軍續添回隊五營不敷行餉，由司庫裁兵節餉款內指撥銀四萬二千六百兩；又籌撥福建製造兵輪經費銀五萬兩。司庫極力騰挪，業已搜羅殆盡。近又奉文撥解甘軍不敷餉項銀八萬兩，將甯夏兩案造銷餘款以及秋撥册存悉數提用。此外河湟賑需不敷甚鉅，亦經奏咨有案，一時尚難彌補。庫藏奇絀，諒在聖明洞鑒之中。惟提臣張俊奉旨招募五營，飭由甘庫每年籌撥銀十萬兩，事關練兵要政，無論如何竭蹷，自應欽遵籌撥，以顧要需。而無米之炊，不特每年之十萬無可措籌，卽目前之十萬亦無從挹注，思維再四，惟有暫於司庫收存本年各省關解到未分新餉項下，挪墊銀十萬兩，俾資招募。但此項新餉係關內外各軍計口授食之需，未便絲毫短欠。所有提臣張俊招募五營由新餉內挪墊銀十萬兩，並以後每年該軍應需餉項詳請奏咨迅賜指撥的款，等情。前來。臣覆核該司所詳，委係實在情形，合無仰懇天恩飭部迅賜指撥歸款，並請將提臣張俊以後每年應需餉項另行改撥，以免貽誤。除咨部外，理合恭摺具陳。伏乞皇太后、皇上聖鑒訓示。謹奏。光緒二十四年十二月初二日。

（硃批）：戶部速議具奏，片併發[2]。

光緒二十四年十二月十五日，奉硃批：戶部速議具奏，片併發。欽此[3]。

補證

【案】此摺原件[①]藏於臺北“故宮博物院”，錄副[②]現藏於中國第一歷史檔案館，茲據校勘。

[1]【頭品頂戴陝甘總督臣陶模跪】底本無此前銜，茲據原件補。

[2]【戶部速議具奏，片併發】此“硃批”據原件補。

[3]【光緒二十四年十二月十五日，奉硃批：……欽此】此硃批日期等，據錄副校補。

一五六　陳明張俊軍裝經費不敷銀兩請飭部一併議撥片

光緒二十四年十二月初二日（1899年1月13日）

再，臣欽奉諭旨，飭令提督張俊招募五營，著臣每年籌撥銀十萬兩，解交該提督支用，臣即飭司籌撥。旋據藩司丁體常詳稱：查明司庫實無存款，擬在於本年各省關解到未分新餉項下，先行借撥，暫應急需，仍懇飭部指撥解還，經臣另摺具奏在案。茲准提督臣張俊咨明，擬招募馬步五營，除閏歲需銀一十三萬一千二百一十七兩二錢四分，并聲明所需軍裝、子藥、帳房暨製辦旗幟、號衣經費，另案請領，等因。現亦經臣據情代奏[1]。然核計除借撥之十萬兩外，每年尚不敷銀三萬一千二百一十七兩二錢四分，遇閏尚須照加。至所需軍裝、子藥、帳房等項，臣擬於甘省庫存項下儘所有者，酌量撥給，如尚不敷，及旗幟、號衣皆須該提督自行製辦，所需經費雖無定數，均無款指撥[2]。擬懇天恩飭部歸入臣前奏請撥還十萬兩摺內，一併議撥，庶免貽誤。謹附片具陳。伏乞聖鑒訓示。謹奏。光緒二十四年十二月初二日[3]。

（硃批）：覽[4]。

---

① 臺北“故宮博物院”藏：《軍機及宮中檔》，文獻編號：408003226。

② 中國第一歷史檔案館藏：《錄副奏摺》，檔號：03-6149-015。

光緒二十四年十二月十五日，奉硃批：覽。欽此[5]。

補證

【案】此片原件①藏於臺北“故宫博物院”，錄副②現藏於中國第一歷史檔案館，兹據校勘。

[1]【案】同日，陝甘總督陶模爲調署甘肅提督張俊招募五營兵餉據情代奏，曰：

頭品頂戴陝甘總督臣陶模跪奏，爲調署甘肅提督喀什噶爾提督臣張俊遵旨招募五營，編立馬步營名，開具歲需餉數，恭摺代奏，仰祈聖鑒事。竊臣接准調署甘肅提督喀什噶爾提督臣張俊咨開：提督奉軍機大臣字寄：光緒二十四年十一月十六日，奉上諭：現在張俊署理甘肅提督，著陶模每年籌撥銀十萬兩，解交該提督，招募五營，揀派營哨各員，就地認真訓練，遇有徵調，再行按照行糧發給。將此各諭令知之。欽此。遵旨寄信前來。維時，提督正在固原校閱營伍，隨即馳回省城，欽遵辦理。擬招募肅軍中、左、右、後步隊四營、肅軍前營馬隊一營，合符五營之數，按照坐糧章程核算，計馬步五營，除閏歲需銀一十三萬一千二百一十七兩二錢四分。此項銀兩擬請飭司隨時撥解，以便散放。如有徵調，再照湘軍行糧章程核辦。所需軍裝、子藥、帳房暨製辦旗幟、號衣經費，另案請領奏報外，兹開具營制、餉章數目清摺，咨請分別奏咨立案，等因。前來。除將清摺照鈔送部外，謹恭摺代奏。伏乞皇太后、皇上聖鑒，飭部立案施行。謹奏。光緒二十四年十二月初二日。（硃批）：該部知道。③

[2]【指撥】原件、錄副均作“支撥”。

[3]【光緒二十四年十二月初二日】此具奏日期僅見於底本。

---

① 臺北“故宫博物院”藏：《軍機及宫中檔》，文獻編號：408003226-0-A。

② 中國第一歷史檔案館藏：《錄副奏摺》，檔號：03-6149-016。

③ 臺北“故宫博物院”藏：《軍機及宫中檔》，文獻編號：408003225。

[4]【覽】此“硃批”據原件補。

[5]【光緒二十四年十二月十五日，奉硃批：覽。欽此】此硃批日期，據錄副校補。

一五七　代奏張俊赴京陛見片

光緒二十四年十二月初二日（1899年1月13日）

再，接准調署甘肅提督臣張俊咨開：承准總理各國事務衙門來電：奉旨：張俊著來京陛見。前諭令招募五營，仍著該提督揀派妥員，招募足額，認真訓練。欽此。提督現已遵照前奉上諭，擬募馬步五營，編立營名，並開具營制、餉章清摺，咨請奏咨在案。茲經揀派營哨各員分起招募，一俟招募足額，即飭駐紮平涼、涇州等處，認真訓練，以期上副朝廷整軍經武至意。提督定於十一月十九日，由甘肅省起程，遵旨赴京陛見。咨請代奏前來。謹附片代奏。伏乞聖鑒。謹奏。光緒二十四年十二月初二日[1]。

（硃批）：知道了[2]。

光緒二十四年十二月十五日，奉硃批：知道了。欽此[3]。

補證

【案】此片原件①藏於臺北“故宮博物院”，錄副②現藏於中國第一歷史檔案館，茲據校勘。

[1]【光緒二十四年十二月初二日】此具奏日期僅見於底本。

[2]【知道了】此“硃批”據原件補。

[3]【光緒二十四年十二月十五日，奉硃批：知道了。欽此】此硃批日期，據錄副校補。

---

① 臺北“故宮博物院”藏：《軍機及宮中檔》，文獻編號：408003225-0-A。

② 中國第一歷史檔案館藏：《錄副奏摺》，檔號：03-6149-017。

卷十一
廣東一

一五八　到粵任事日期摺

光緒二十六年十二月二十一日（1901年2月9日）

頭品頂戴兩廣總督臣陶模跪奏[1]，爲恭報微臣接印日期，叩謝天恩，仰祈聖鑒事。

竊臣蒙恩調補兩廣總督，當卽具陳恭謝天恩[2]，並於蒲州及西安行宮瞻覲天顔，備聆聖訓，指示周詳，莫名欽感。陛辭後，由湖北、江西度嶺而南，十二月十九日，行抵廣州省城。二十一日，准廣東巡撫兼署兩廣總督臣德壽委廣州府知府施典章、署督標中軍副將斌成，將兩廣總督關防、鹽政印信及王命旗牌、文卷移送前來。當卽恭設香案，望闕叩頭，祗領任事。伏查兩廣本南服名區，近來民生日益凋瘵，加以交涉事繁，人心浮動，吏治、兵備及一切關繫地方要政[3]，均鮮起色。微臣愚昧，深懼不克勝任，惟有恪遵皇太后、皇上聖訓，以識拔人才、籌餉練兵爲要務，崇獎廉能，攘除貪猾，先正己而後正人，培民俗以扶國脈，冀仰答高厚生成於萬一。遇有要政，仍與撫臣等熟籌審處，斷不敢鹵莽從事，致有貽誤。所有微臣到任日期並感激下忱，敬繕摺叩謝天恩。伏乞皇太后、皇上聖鑒。再，臣經過湖北、江西等處，夏秋雨水甚少，入冬後屢得小雨，地土滋潤，廣東迤北諸州縣亦然，民情均尚安謐。臣所患欬喘諸癥較前稍覺輕減。合併陳明。謹奏。光緒二十六年十二月二十一日。

（硃批）：知道了[4]。

光緒二十七年二月初九日，奉硃批：知道了。欽此[5]。

補證

【案】此摺原件①藏於臺北"故宮博物院"，錄副②現藏於中國第一歷史

① 臺北"故宮博物院"藏：《軍機及宮中檔》，文獻編號：408003355。

② 中國第一歷史檔案館藏：《錄副奏摺》，檔號：03-5400-060。

檔案館，兹據校勘。

[1]【頭品頂戴兩廣總督臣陶模跪】底本無此前銜，兹據原件補。

[2]【案】光緒二十五年十二月二十六日，陝甘總督陶模奏報交御督篆日期，並懇俟病體略痊，即行起程進京，曰：

頭品頂戴陝甘總督臣陶模跪奏，爲恭報微臣交卸日期，並懇俟病體略痊，即行起程，恭摺具奏，仰祈聖鑒事。竊臣前以三年任滿籲請陛見，奏奉硃批，著來見。旋又欽奉上諭：前據陶模陳請陛見，已有旨准其來京。著魏光燾馳赴甘肅，接署陝甘總督。陶模著俟魏光燾接署後，再行來京。欽此。跪誦之餘，實深欣幸。喜天顏之得覲，俾孺慕以稍伸。乃不意十月中，咳喘復發，日甚一日。至十一月中旬，增患咯血，其勢頗劇。當即奏懇天恩賞假一月，並一面電催魏光燾迅速來甘接署督篆在案。兹魏光燾已於十二月二十三日抵省，臣飭委署理蘭州府知府慶恕、署理督標中軍副將楊志勝，謹將陝甘總督兼管甘肅巡撫銀關防及王命旗牌、文卷等件齎送署督臣魏光燾接收，於二月十四日任事。臣即於是日交卸。臣病現正趕緊調治，血證雖幸停止，而咳喘仍未稍瘳，擬俟調理就痊，即行起程北上，俾遂就瞻之願。所有微臣交卸日期並懇俟病體略痊即行起程緣由，謹恭摺具奏。伏乞皇太后、皇上聖鑒訓示。謹奏。①光緒二十六年正月十七日，奉硃批：知道了，著即上緊醫痊，迅速來京，毋稍延緩。欽此②。

【案】光緒二十六年二月十五日，陝甘總督陶模奏報交卸印務起程進京日期，曰：

頭品頂戴陝甘總督臣陶模跪，爲恭報微臣起程日期，仰祈聖鑒事。竊臣遵旨陛見，於光緒二十五年十二月二十四日交卸陝甘總督印務，懇俟病痊即行起程情形，恭摺具奏在案，欽奉硃批：知道了，著即上緊醫痊，迅速來京，毋稍延緩。欽此。跪聆之下，感悚莫名。竊臣咳喘舊疾，

---

① 臺北“故宫博物院”藏：《軍機及宫中檔》，文獻編號：408003326。

② 中國第一歷史檔案館藏：《錄副奏摺》，檔號：03-5386-056。

入冬必發，而此次較上數年尤甚，立春後，仍未稍瘥，現屆驚蟄節氣，咳嗽並減，而喘痓如故，偶有言動，即氣促難支，兩足麻木，艱於步履。醫者謂：上熱下寒，不敢遽投補劑，急切尚難見效。惟臣交卸督篆，淹留日久，寸衷益形焦灼。因念由此東行，天氣漸暖，或於病體稍宜，現於二月十五日束裝起程，沿途訪求醫藥，冀可速痊，俾得早覲天顏，藉遂就瞻之願。所有微臣起程日期，理合恭摺具奏。伏乞皇太后、皇上聖鑒。再，此摺仍借用陝甘總督關防。合併聲明。謹奏。二月十五日。光緒二十六年三月十八日，奉硃批：知道了。欽此。[①]

【案】光緒二十六年三月二十二日，陶模行抵西安，以病體難支奏請賞假一月，曰：

頭品頂戴陝甘總督臣陶模跪奏，爲微臣行抵陝西省，病體難支，懇恩賞假調理，恭摺仰祈聖鑒事。竊臣於光緒二十六年二月十五日具摺，恭報起程日期，即於是月力疾東行。維時，氣喘舊恙未愈，而咳嗽略輕。乃一經勞動，咳嗽復發，氣並上升，出蘭州省城至金家崖驛，頭暈眼花，咳嗽不已，留住一日。十七日，至甘草店，值大風迎面，氣喘尤甚，復留住四日，方克長行，仍未能按站遄徵，日行四五十里。三月十四日，始抵陝西省城，舊病有加無減。每日披衣下床，氣喘不止，兩骽麻木，艱於步履。晤見護理陝西撫臣端方暨司道各官，均推薦醫生，囑調治。無如微臣血氣大衰，難求速效。醫家咸謂必須休息數旬，徐投藥餌，或能就痊。惟有仰懇天恩賞假一月，俾得趕緊調理，一俟宿病稍瘳，即當迅速就道，藉紓戀闕之忱。所有微臣行抵陝省病體難支，籲請賞假調理緣由，理合恭摺具陳。伏乞皇太后、皇上聖鑒，訓示。再，此次拜摺借用陝西巡撫關防。合併聲明。謹奏。三月二十二日。光緒二十六年四月初六日，奉硃批：著賞假一箇月。欽此。[②]

【案】光緒二十六年五月初六日，陶模又以假滿病體未痊陳請開缺，曰：

---

① 中國第一歷史檔案館藏：《錄副奏摺》，檔號：03-5388-090。

② 中國第一歷史檔案館藏：《錄副奏摺》，檔號：03-5389-021。

頭品頂戴陝甘總督臣陶模跪奏，爲微臣假期已滿，病仍未痊，懇恩開缺調理，恭摺仰祈聖鑒事。竊臣於光緒二十六年三月二十二日在陝西省城旅次，奏請賞假一月，差弁賫回原摺，奉硃批：著賞假一箇月。欽此。沐隆恩之疊沛，彌感激以難名。理宜懍遵前奉諭旨，上緊醫治，迅速進京。私冀時令漸暖，舊恙漸退，即可力疾就道。不意微臣精力頓衰，出於意表。自去冬咯血後，元氣大傷，雖廣延名醫，多方調治，或補或瀉，均未見效。屢服中和之劑，仍敷衍而無濟於病，以致入夜不得平臥，自黎明至辰、巳二時，氣喘殊甚，每日祇午後精神略爽，尚能言動。竊思居官辦事，全恃平旦之氣，庶可振作一切。如臣之衰憊，甚至午前未能起身，奚堪復膺重任？現在假期已滿，氣喘如舊，左足跟疼痛，艱於步履。若再三請假，職守久曠，愈滋罪戾。合無仰懇天恩，俯念微臣病幾成廢，准其開去陝甘總督之缺，俾得從容調理，冀可漸痊。微臣渥荷厚恩，值此時艱，何敢自耽安逸！一俟痊愈，當即泥首宮門，求賞差使，再圖報稱。所有微臣假期已滿、病仍未痊，懇恩開缺調理緣由，恭摺具陳。伏乞皇太后、皇上聖鑒訓示。再，此摺借用陝西巡撫關防。合併聲明。謹奏。五月初六日。光緒二十六年五月二十一日，奉硃批：著再賞假一箇月，毋庸開缺。欽此。[①]

【案】光緒二十六年閏八月，甘督陶模以久病不勝兩廣總督重任奏請收回成命，曰：

頭品頂戴調補兩廣總督臣陶模跪奏，爲恭謝天恩，瀝陳微臣舊疾未痊、材力不勝情形，籲懇鴻慈收回成命，恭摺仰祈聖鑒事。竊臣恭閱電鈔：本年閏八月初三日，奉上諭：陶模著調補兩廣總督。欽此。跪聆之下，感悚莫名。當即恭設香案，望闕叩頭謝恩。伏念臣忝任西陲，愧無建樹。自去臘迄今，痰嗽咯血、氣喘心跳、兩骽麻木等證，循環迭發，是以屢次奏請賞假，並懇恩開去陝甘總督實缺。孱軀負國，夙抱疚心，乃渥荷聖恩，曲予矜宥，非惟不加譴責，又復調補巖疆，沐逾格之生成，益撫衷而感泣。際此時艱日棘，自宜力圖報稱，稍效涓埃。惟兩廣地大物

① 中國第一歷史檔案館藏:《錄副奏摺》，檔號：03-5389-189。

博，政務殷繁，加以倡處海濱，習俗強悍，中外交涉煩於他省，非有精明強幹之員，不足以資治理。如臣衰病日增、氣喘咳血等舊恙，經久未愈，煩劇之區，奚堪臥病？倘有貽誤，□①補無從。再四思維，合無仰懇聖恩，俯念微臣久病衰朽，不勝重任，收回成命，另簡賢能，有裨海疆，實非淺鮮。臣當力疾迎指北上，再行面奏下情。所有微臣恭謝天恩，瀝陳舊疾未痊，材力不勝，籲懇收回成命緣由，恭摺具陳。伏祈皇太后、皇上聖鑒訓示。再，此摺借用陝西巡撫關防拜發。合併聲明。謹奏。光緒二十六年閏八月十六日，奉硃批：兩廣地方緊要，毋庸固辭，著俟駐蹕西安後召見。欽此。②

[3]【吏治、兵備及一切關繫地方要政】原件、錄副均作"吏治、兵政"。

[4]【知道了】此"硃批"據原件補。

[5]【光緒二十七年二月初九日，奉硃批：知道了。欽此】此硃批日期等，據錄副校補。

【案】光緒二十六年十二月二十一日，陶模致電清廷曰："陶模十九日到粵，二十一日接印，除具摺謝恩外，敬請代奏。陶模，箇。③"是日，署兩廣總督廣東巡撫德壽亦致電清廷曰："陶模於本月十九日到粵，二十一日接印。德壽即於是日交卸兼署督篆。除另行題奏外，謹電請代奏。德壽叩，印。"

一五九　報解粵海關四批京餉摺

光緒二十七年正月十九日（1901年3月9日）

頭品頂戴兩廣總督臣陶模跪奏[1]，爲粵海關報解第四批京餉等款銀兩，前赴陝西藩庫投納，聽候提用，恭摺仰祈聖鑒事。

竊照光緒二十六年分京餉，戶部奏撥粵海關洋稅銀十萬兩，新增

① 此處疑奪"彌"字。

② 中國第一歷史檔案館藏：《錄副奏摺》，檔號：03-5391-077。

③ 中國第一歷史檔案館藏：《電報檔－光緒》，檔號：2-02-12-026-0190。

盈餘銀六萬兩；又，東北邊防經費撥粵海關六成洋稅銀十二萬兩；又加撥銀二萬四千兩；又，籌備餉需，撥粵海關四成洋稅銀十二萬兩，六成洋稅銀二十萬兩；又，加放俸餉於粵海關四成洋稅每結提銀六千兩；又，另款加復俸餉，每年粵海關應解銀四萬兩；又，造辦處米艇銀三萬兩，內務府廣儲司公用每年撥粵海關稅銀三十萬兩。業經三次報解在案。茲籌解光緒二十六年分第四批部庫京餉銀二萬五千兩，另加平銀三百七十五兩、飯銀七百二十五兩，共銀二萬六千一百兩；又，部庫關稅新增盈餘銀一萬五千兩，另加平銀二百二十五兩、飯銀四百三十五兩，共銀一萬五千六百六十兩；又，東北邊防經費原撥銀三萬兩，加撥銀六千兩；又，籌備餉需四成洋稅銀三萬兩、六成洋稅銀五萬兩；又，加放俸餉四成洋稅銀六千兩；又，光緒二十四年分另款加復俸餉銀一萬兩；又，光緒二十六年造辦處米艇銀三萬兩，另加平銀四百五十兩；又，新增歸公加平銀七百五十兩；又，冬季廣儲司公用銀七萬五千兩，另加平銀一千一百二十五兩；又，新增歸公加平銀一千八百七十五兩、擡費用項銀六百兩，共銀七萬八千六百兩，內除還怡和銀號第十一期洋款本息銀四萬六百六十兩外，實應解銀三萬七千九百四十兩。統共銀二十四萬二千九百兩，由廣東布政使丁體常[2]遴委試用通判陳應元等領賫文批，於光緒二十六年十一月十七日，由海道起程，先將前項銀兩由粵交志成信等銀號匯至漢口裝鞘，再由該委員管解赴陝西藩庫投納，聽候提用，已由前兼署督臣咨明沿途各省妥爲撥護，迅速前進，併咨軍機處、戶部、內務府查照。未及會奏，移交到臣。謹會同粵海關監督臣莊山①，恭摺具陳。伏乞皇太

---

① 莊山，即周莊山（1837—1908），內務府正白旗漢軍俊秀。咸豐三年（1853），先捐監生，再捐筆帖式。六年（1856），襲雲騎尉。十年（1860），充武備院筆帖式。同治五年（1866），捐納貢生。九年（1870），委署武備院主事。次年，捐內務府員外郎。光緒五年（1879），加護軍參領銜。七年（1881），補掌儀司員外郎，賞戴花翎。次年，轉廣儲司茶庫員外郎。十年（1884），加二品頂戴。十一年（1885），調營造司員外郎。次年，授佐領、樂部署丞，兼理雍和宮事務。十四年（1888），補江南織造。十六年（1890），調佐領。二十年（1894），遷都虞司郎中、廣儲司銀庫郎中。次年，兼署驍騎參領。二十二年（1896），署內務府坐辦堂郎中。二十四年（1898），調補粵海關監督。二十六年（1900），任奉宸苑卿。二十八年（1902），擢鑲白旗漢軍副都統、總管內務府大臣，加侍郎銜。次年，署理藩院左侍郎。三十四年（1908），卒。

后、皇上聖鑒。謹奏。光緒二十七年正月十九日。

（硃批）：該衙門知道[3]。

光緒二十七年二月二十六日，奉硃批：該衙門知道。欽此[4]。

補證

【案】此摺原件①藏於臺北“故宮博物院”，錄副②現藏於中國第一歷史檔案館，茲據校勘。

[1]【頭品頂戴兩廣總督臣陶模跪】底本無此前銜，茲據原件補。

[2]【案】光緒二十四年十一月，清廷“調廣東布政使岑春煊爲甘肅布政使，甘肅布政使丁體常爲廣東布政使③”。光緒二十五年正月十三日④，甘肅布政使丁體常具摺謝恩曰：

調補廣東布政使甘肅布政使臣丁體常跪奏，爲恭謝天恩，仰祈聖鑒事。竊臣前蒙恩簡升授甘肅布政使，旋奉陝甘督臣陶模飭令先赴新任，當將交卸臬（印）、接授藩篆日期，並叩謝天恩、籲懇陛見緣由，恭摺奏聞在案。茲於光緒二十四年十二月十一日，奉督臣行知：准吏部咨：十一月初八日，內閣鈔出初七日上諭：丁體常著補授廣東布政使，即赴新任，毋庸來京請訓，等因。欽此。當即恭設香案，望闕叩頭謝恩訖。伏念臣黔陬下士，樗櫟庸材，方忝晋充薇垣，水淵祇懼；復量移於粵嶠，倫綍榮膺。寵畀愈隆，悚惶彌切！查粵東疆隅濱海，防守宜嚴，藩司綜覈錢糧，旬宣是寄，況際時艱孔亟，舉凡用人、行政、籌餉、通商，尤宜力圖振興，實事求是，未便稍涉因循。如臣檮昧，深懼弗勝。正擬趨詣宮廷，跪聆聖訓。乃復欽承恩命，毋庸來京請訓，敢不勉竭駑駘，盡力馳驅！以冀仰答鴻慈於萬一。除俟督臣委員接署甘藩篆務，將經手事件

---

① 臺北“故宮博物院”藏：《軍機及宮中檔》，文獻編號：408003357。

② 中國第一歷史檔案館藏：《錄副奏摺》，檔號：03-6655-055。

③《德宗景皇帝實錄》，卷四百三十三，光緒二十四年十一月上，《清實錄》第57冊，第689頁。

④ 此具奏日期與硃批日期相同，顯誤，疑爲抄錄時誤書。《隨手檔》亦未載明具奏日期，待考。

交代清楚，即行起程馳赴調任外，所有微臣感激下忱，理合恭摺叩謝天恩。伏乞皇太后、皇上聖鑒。謹奏。光緒二十五年正月十三日。奉硃批：知道了。欽此。[①]

【案】光緒二十五年四月十六日，陝甘總督陶模奏報新授廣東藩司丁體常俟交卸後，即令馳赴新任，曰：

再，調補甘肅布政使岑春煊現已到省，應即飭赴新任，以專責成。廣東布政使丁體常俟交卸甘肅藩篆後，即令迅赴廣東藩司調任。除分別檄飭遵照，並咨明廣東督、撫臣查照外，理合附片具奏。伏乞聖鑒。謹奏。光緒二十五年五月二十日，奉硃批：知道了。欽此。[②]

【案】光緒二十五年八月二十六日[③]，兩廣總督譚鍾麟奏請飭令新授廣東藩司丁體常、臬司吳引孫即行赴任事，曰：

再，新授廣東按察使吳引孫、廣東布政使丁體常已先後到省，應飭各赴新任，以重職守。除分檄飭遵外，謹附片具陳。伏祈聖鑒。謹奏[④]。光緒二十五年九月十九日，奉硃批：知道了。欽此[⑤]。

[3]【該衙門知道】此"硃批"據原件補。

[4]【光緒二十七年二月二十六日，奉硃批：該衙門知道。欽此】此硃批日期，據録副補。

一六〇　設立北海洋務局片

光緒二十七年正月十九日（1901年3月9日）

再，廣東廉州府屬北海地方，初開通商口岸之時，洋務事宜係由各前督臣派員兼辦，近年該口商務日盛，交涉漸繁，加以內地貧

① 中國第一歷史檔案館藏：《録副奏摺》，檔號：03-5371-070。

② 中國第一歷史檔案館藏：《録副奏片》，檔號：03-5376-024。

③ 此具奏日期，據《軍機處隨手登記檔》（03-0301-1-1225-251）之同批摺件校正。

④ 中國第一歷史檔案館藏：《硃批奏片》，檔號：04-01-12-0591-071。

⑤ 中國第一歷史檔案館藏：《録副奏片》，檔號：03-5380-097。

民由該口出洋謀生者，日見其衆，彈壓、稽查，尤關緊要，若仍派員兼辦，不足以專責成，疊由該府縣稟經前督臣李鴻章核飭設立洋務局，委員專辦該口交涉事件及稽查華民出洋事宜，於光緒二十六年六月初一日開局，月支薪水、經費等銀四百一十七兩八錢。茲據廣東海防善後局司道詳請奏咨立案前來。臣覆查無異，除咨部外，謹會同廣東巡撫臣德壽，附片具陳。伏乞聖鑒敕部立案。謹奏。光緒二十七年正月十九日[1]。

（硃批）：該衙門知道[2]。

光緒二十七年二月二十六日，奉硃批：該衙門知道。欽此[3]。

補證

【案】此奏片原件①藏於臺北“故宮博物院”，錄副②現藏於中國第一歷史檔案館，茲據校勘。再，錄副目錄將具奏日期署爲“光緒二十七年正月十七日”，誤。

[1]【光緒二十七年正月十九日】此具奏日期僅見於底本。

[2]【該衙門知道】此“硃批”據原件補。

[3]【光緒二十七年二月二十六日，奉硃批：該衙門知道。欽此】此硃批日期，據錄副補。

一六一　提前匯解二十七年第一批京餉摺

光緒二十七年正月十九日（1901 年 3 月 9 日）

頭品頂戴兩廣總督臣陶模、頭品頂戴廣東巡撫臣德壽跪[1]奏，爲報明匯解餉銀赴京日期，恭摺仰祈聖鑒事。

① 臺北“故宮博物院”藏：《軍機及宮中檔》，文獻編號：408003356-0-A。

② 中國第一歷史檔案館藏：《錄副奏摺》，檔號：03-5401-099。

竊光緒二十六年十二月二十四日准兩江總督臣劉坤一[①]電開：遞准行在：戶部奏准於明年所撥各省京餉儘先提銀一百萬兩，限正月底到京，計撥廣東十萬兩，卽行解滬匯京，等因。當經轉行遵照。兹據廣東布政使丁體常、兩廣鹽運使國鈞[②]先後詳稱：查各省京餉向由戶部豫行奏撥，現在廣東省光緒二十七年分京餉尚未奉到部撥文行，兹奉電飭在於光緒二十七年所撥京餉儘先提銀十萬兩，匯滬解京，以應急需，自應遵照辦理。現擬將前項奉撥京餉十萬兩由藩庫籌銀五萬兩，由運庫籌銀五萬兩，所有藩庫應解銀五萬兩擬作爲光緒二十七年地丁，京餉二萬兩、釐金、京餉三萬兩，列作第一批起解。惟目前甫居春初，地丁、釐金均未徵收有款，祇可先向商號借墊，隨後催收歸還。其應由運庫籌撥銀五萬兩，擬將上年商號繳回運庫原解光緒二十六年第二批鹽課、京餉銀四萬五千兩，儘數批解。再，在二十六年分鹽課項下支銀五千兩，湊足銀五萬兩，均定於光緒二十七年正月十九日將前項京餉共銀十萬兩，發交商號新泰厚等號，匯解江海關道衙門投納，限於正月二十六日解到，由江海關道轉解進京，等情。詳

---

① 劉坤一（1830—1902），字峴莊，湖南省新甯縣人，廩生。咸豐五年（1855），敘功以教諭即選，旋丁父艱。六年（1856），加同知銜。次年，升道銜。十年（1860），晉鹽運使銜，同年，再升按察使銜。十一年（1861），補廣東按察使，加布政使銜，賞碩勇巴圖魯名號。同治元年（1862），授廣西布政使。四年（1865），擢江西巡撫。次年，加頭品頂戴。六年（1867）監臨文闈鄉試，充武闈鄉試主考。九年（1870），任文闈鄉試監臨、武闈鄉試主考。十二年（1873），任文闈鄉試監臨、武闈鄉試主考。次年，授兩江總督，兼署辦理通商事務大臣。光緒元年（1875），調補兩廣總督。同年，充江南武闈鄉試主考。次年，兼理粵海關監督。五年（1879），兼署廣東巡撫。是年，任廣東武闈鄉試監臨主考。同年，調兩江總督，兼充辦理通商事務大臣。十二年（1886），丁繼母憂。十六年（1890），任兩江總督，兼辦理通商事務南洋大臣。翌年，任江南武闈鄉試監臨。十九年（1893），任江南武闈鄉試主試。二十年（1894），授欽差大臣，兼署江甯京口將軍，賞雙眼花翎。二十三年（1897），充江南武闈鄉試主試。二十六年（1900），加太子少保。次年，晉太子太保。二十八年（1902），卒於任。追封一等男，晉贈太傅，謚忠誠。著述有《兩淮鹽法志》一百二十卷、《奏議公牘》、《補過齋文集》三卷、《補過齋詩集》、《劉坤一遺集》、劉忠誠公奏疏三十七卷等；修《安徽通志》三百五十卷、《江西通志》一百八十卷等。

② 國鈞，生卒年不詳。滿洲正紅旗監生。咸豐七年（1857），充刑部筆帖式。同治四年（1865），升刑部奉天司主事。次年，轉堂主事。六年（1867），補刑部奉天司員外郎。八年（1869），授刑部直隸司郎中。十二年（1873），放直隸承德府知府。次年，兼護熱河道篆務。光緒元年（1875），加鹽運使銜。三年（1877），任承德府知府。次年，補大名府知府。十七年（1891），署太原府知府。二十四年（1888），遷兩廣鹽運使。

情奏咨前來。臣等覆核無異，除分咨外，謹合詞繕摺具陳。伏乞皇太后、皇上聖鑒。謹奏。光緒二十七年正月十九日。

（硃批）：戶部知道[2]。

光緒二十七年二月二十六日，奉硃批：戶部知道。欽此[3]。

補證

【案】此摺原件①藏於臺北"故宮博物院"，錄副②現藏於中國第一歷史檔案館，茲據校勘。

[1]【頭品頂戴兩廣總督臣陶模、頭品頂戴廣東巡撫臣德壽跪】底本無前銜，茲據原件補。

[2]【戶部知道】此"硃批"據原件補。

[3]【光緒二十七年二月二十六日，奉硃批：戶部知道。欽此】此硃批日期等，據錄副補。

一六二　香山增城產米限數出洋片
光緒二十七年正月十九日（1901年3月9日）

再，廣東商民蕃衍，土產米穀，不敷民食，每賴安南、暹羅洋米接濟，而香山增城所產絲苗、銀粘等米，質細價昂，民間購食較少，轉以運出外洋銷售於舊金山等埠之殷富華商，以貴易賤，以少易多，故粵米出洋相沿已久。前署督臣李鴻章於光緒二十六年三月間奏明，准商領照承運，每石抽繳出口經費洋銀一圓，仍照前督臣張之洞奏定之案，每年以五十萬石爲額，商民咸以爲便。適於六月間奉諭旨，禁止販米出洋，當經欽遵辦理在案。茲據廣東海防兼善後局司道詳稱：現在百貨通商，一切照舊，安南、暹羅之米時有進口。此項絲苗、銀粘細米，似應循案准商

① 臺北"故宮博物院"藏：《軍機及宮中檔》，文獻編號：408003356。

② 中國第一歷史檔案館藏：《錄副奏摺》，檔號：03-6161-059。

領照，承運出口，以濟外洋各埠華商旅食，每石照舊抽收經費洋銀一圓，由九龍、拱北兩關帶收，即以一半留備積穀，一半充濟餉需，仍以五十萬石爲限。此項細米向以春夏所產爲多，并請迅飭九、拱兩關稅務司遵辦，以杜偷漏。如遇荒歉，仍隨時禁止停運，於民食、軍儲兩有裨益，等情。詳請具奏前來。臣等伏查廣東香山增城所產上色細米，向係由商領照，承運出洋，售與各埠華商，該司道等所請係爲便商利民、兼裕餉需起見，似應准其援案辦理。除飭九龍、拱北兩稅務司妥爲稽查抽繳具報，每年仍以五十萬石爲限，遇有荒歉，隨時禁止停運外，謹合詞附片陳明。伏乞聖鑒。謹奏。光緒二十七年正月十九日拜發[1]。

（硃批）：該衙門知道[2]。

光緒二十七年二月二十六日，奉硃批：該衙門知道。欽此[3]。

補證

【案】此奏片原件①藏於臺北"故宮博物院"，錄副②現藏於中國第一歷史檔案館，茲據校勘。再，錄副以硃批日期作爲具奏日期，誤。

[1]【光緒二十七年正月十九日拜發】此具奏日期僅見於底本。

[2]【該衙門知道】此"硃批"據原件補。

[3]【光緒二十七年二月二十六日，奉硃批：該衙門知道。欽此】此硃批日期，據錄副補。

一六三　報解二十七年第二批京餉摺

光緒二十七年二月二十八日（1901年4月16日）

頭品頂戴兩廣總督臣陶模、頭品頂戴廣東巡撫臣德壽跪[1]奏，爲

① 臺北"故宮博物院"藏：《軍機及宮中檔》，文獻編號：408003357－0－A。

② 中國第一歷史檔案館藏：《錄副奏摺》，檔號：03－6680－016。

報明籌解第二批京餉赴陝委員起程日期，恭摺仰祈聖鑒事。

竊照光緒二十七年分京餉，奉撥廣東地丁銀十萬兩、釐金十萬兩、太平關常稅銀五萬兩。又，太平關常稅奉撥內務府經費銀十萬兩、東北邊防經費原撥、添撥共銀九萬六千兩。又，應解籌備餉需銀二十萬兩，加放俸餉。除撥還俄、英、法、德借款外，尚應解京銀十萬兩、固本餉銀十二萬兩、旗兵加餉銀十萬兩，另款加復俸餉銀七千八百兩，自應遵照分批起解，已於本年正月十九日在藩庫地丁、京餉項內籌銀二萬兩，釐金、京餉內籌銀三萬兩，共銀五萬兩，列作第一批交商匯解上海道，轉匯赴京，業經奏報在案。茲再行籌解地丁京餉銀三萬兩、太平關稅京餉銀三萬兩，籌備餉需銀五萬兩、東北邊防經費銀三萬兩、加放俸餉銀四萬兩、固本兵餉銀二萬兩，共銀二十萬兩，作爲第二批，仍照上年辦法，交商匯至漢口，委員領賫匯、單文批，至漢提取足紋，稟明駐漢轉運總局，裝鞘、編號、代粘印花，仍由粵省委員解赴陝西行在戶部投納，飭委候補知州王世釗等，於三月初六日起程。據廣東布政使丁體常詳請奏咨前來。臣等覆核無異，除分咨外，謹會同繕摺具陳。伏乞皇太后、皇上聖鑒。謹奏。光緒二十七年二月二十八日。

（硃批）：戶部知道[2]。

光緒二十七年四月初五日，奉硃批：戶部知道。欽此[3]。

補證

【案】此摺原件①藏於臺北“故宮博物院”，錄副②現藏於中國第一歷史檔案館，茲據校勘。

[1]【頭品頂戴兩廣總督臣陶模、頭品頂戴廣東巡撫臣德壽跪】底本無前銜，茲據原件補。

① 臺北“故宮博物院”藏：《軍機及宮中檔》，文獻編號：408003358。

② 中國第一歷史檔案館藏：《錄副奏摺》，檔號：03-6655-084。

[2]【戶部知道】此“硃批”據原件補。

[3]【光緒二十七年四月初五日，奉硃批：戶部知道。欽此】此硃批日期等，據錄副補。

一六四 閩廠快艦粵省無力領用片

光緒二十七年二月二十八日（1901年4月16日）

再，閩廠新造快艦兩號，經閩浙總督臣許應騤① 奏奉諭旨，改撥粵省遣用，所需工料銀五十萬兩，即由粵籌款協助。准軍機大臣遵旨鈔摺，寄信前來[1]。臣等伏查粵省自廣甲、廣乙、廣丙三輪被燬之後，因度支告匱，迄未置備大號兵輪。今閩省擬將所造快艦兩號撥歸粵省應用，苟能設法勉籌，何敢稍存推諉？惟粵省入款以釐金爲大宗，地丁、鹽課次之，闈捐、臺礮經費又次之。出款以京、協各餉及歸還洋款爲大宗，兵勇糧餉次之，廉俸、雜支又次之。自西江通商以後，稅單盛行，釐金大爲減色，收支已屬不敷。前協辦大學士剛毅② 來粵籌餉，幾

① 許應騤（1830—1903）字筠庵、昌德、筠菴，廣東番禺縣人。道光二十九年（1849），中舉。三十年（1850），中式進士，改庶吉士，散館，授翰林院檢討。同治元年（1862），與撰《文宗顯皇帝實錄》，後歷任翰林院侍講、左、右庶子，署國子監祭酒。十一年（1872），充日講起居注官，十三年（1874），任武會試副考官。光緒元年（1875），授福建鄉試正考官。次年，放甘肅學政。四年（1878），升內閣學士，兼禮部侍郎銜。翌年，任兵部左侍郎。六年（1880），授會試副總裁、殿試續卷官。八年（1882），調戶部左侍郎，兼管三庫事務。同年，充浙江正考官。九年（1983），兼吏部右侍郎。次年，轉吏部左侍郎，署兵部左侍郎。十一年（1885），任順天府學政。十五年（1889），充順天鄉試副考官。次年，任武會試正考官。十七年（1891），補倉場侍郎。二十一年（1895），授都察院左都御史。次年，擢工部尚書。二十三年（1897），授總署各國事務衙門大臣、禮部尚書，署左都御史。二十四年（1898），任會典館副總裁。是年，調補閩浙總督。二十六年（1900），參與“東南互保”。二十八年（1902），被劾褫職。二十九年（1903），病卒。著有《諭折匯存》等行世。

② 剛毅（1834—1900），字子良，滿洲鑲藍旗生員。同治初，充刑部筆帖式。五年（1866），補刑部主事。八年（1869），升刑部員外郎。光緒五年（1879），升郎中。六年（1880），補廣東惠潮嘉道。次年，遷江西按察使。八年（1882），調直隸按察使。同年，升廣東布政使，轉雲南布政使。十一年（1885），擢山西巡撫。十四年（1888），調補江蘇巡撫。十八年（1892），調廣東巡撫。二十年（1894），任軍機大臣，禮部左、右侍郎，署禮部右侍

於搜括一空，所籌之一百六十萬兩大都虛懸無著，及從前通融外銷之項，部臣以之指撥匯豐磅價。上年司局照新籌之項儘力提存，僅得銀八十萬兩。臣德壽因磅價要需業經指撥，未敢延緩，勉向商富認息訂借銀八十萬兩，湊足匯還，當經瀝陳支絀情形、奏請減撥在案[2]。善後局向來外銷之項，實均無可裁節，又加以上年新招之勇二十餘營，雖有前督臣李鴻章奏開之緝捕經費數十萬兩，以之彌補外銷各項及新增勇餉，不敷甚鉅。現又接准戶部咨覆，指撥磅價一百六十萬兩，不准減少。上年息借商款，至今未能籌還；解支各款，相逼而來，正不知如何措拄。此項閩省請撥快艦工料銀五十萬兩，委實無從籌措，且撥歸粵省之後，每年油、煤、火藥、薪糧等項，兩艦約需四、五萬金，更屬難於支應。擬請仍由閩省另行設法，或改撥別省遣用，據藩、運兩司、善後、釐務各局詳請奏咨前來。臣等熟籌覆核，委係實在情形。除咨覆閩浙督臣知照外，謹合詞附片具陳。伏乞聖鑒。謹奏。光緒二十七年二月二十八日[3]。

（硃批）：著即咨商許應騤，妥籌辦理[4]。

光緒二十七年四月初五日，奉硃批：著即咨商許應騤，妥籌辦理。欽此[5]。

補證

【案】此奏片原件①藏於臺北"故宮博物院"，錄副②現藏於中國第一歷史檔案館，兹據校勘。再，據原件及《隨手檔》③之同批摺件判斷，錄副之具奏日期，誤。

（接上页）郎，兼方略館總裁。次年，任戶部右侍郎，兼管錢法堂事務。是年，充滿洲繙譯副考官。二十二年（1896），授工部尚書，兼崇文門監督、會典館正總裁。二十三年（1897），調刑部尚書。次年，補正紅旗蒙古都統、兵部尚書，升協辦大學士、經筵講官。同年，充繙譯閱卷官。二十五年（1899），任內大臣。二十六年（1900），隨慈禧西巡，卒於途。

① 臺北"故宮博物院"藏：《軍機及宮中檔》，文獻編號：408003360-0-A。

② 中國第一歷史檔案館藏：《錄副奏摺》，檔號：03-7123-042。

③ 中國第一歷史檔案館藏：《軍機處隨手登記檔》，檔案編號：03-0308-2-1227-092。

[1]光緒二十六年十月二十八日，閩浙總督許應騤爲廠造快艦改撥廣東遣用，奏請即由廣東籌款協助，曰：

閩浙總督兼管船政臣許應騤跪奏，爲廠造快艦兩號將次告成，擬請改撥鄰省遣用，即由該省籌款協助，以清積欠而免轇轕，恭摺仰祈聖鑒事。竊查廠造快艦兩號，原限三年告成，曲計明年二月已屆限滿，試洋在即，所需經費及積欠洋員料價，除閩海關力能籌撥外，約共短銀四十六萬兩。經署福州將軍臣善聯於本年三月間具奏，請將快艦撥歸北洋遣用，此項短款四十六萬兩，即由北洋協助，奉旨依議，由部咨行欽遵在案。臣接管船政後，通盤籌算，如善聯所稱短銀四十六萬兩，係按閩海關應解船政經費四成項下年解二十四萬兩、又截留南北洋海防經費年撥十四萬兩、全數解足而言。奈本年稅收奇絀，前項經費關解多不足額，積欠漸增，且洋匠十名三年限滿，回國川資以及酬賞等項，未計在內。臣綜覈至少亦須籌銀五十萬兩，始能蕆事。顧茲鉅款，無術取償，惟日向洋員展緩。轉瞬兩艦告成，又將何辭以對？若無款項清還，深恐別生枝節，肆意要求，愈久則愈難消納。綢繆未雨，焦急萬分！閩中瘠苦甲於他省，自籌辦防務以來，騰挪兵餉，羅掘已窮，而艦告成，苦無養船經費，擱置則鏽朽堪虞，糜費滋甚。目下時局艱難，北洋協款已成無著，而船工迫不及待，萬難再事緩延。再四思維，惟有將快艦兩號改撥鄰省遣用，所短之工料五十萬兩，即由籌款協助，庶可以期迅速而解倒懸。伏查各省需船，北洋之外，莫如南洋，其次廣東。現北洋海天、海圻等艦概已南下，南洋供億浩繁，恐無餘力。粵省素稱富庶，設籌較易，即就本年新抽海防緝捕經費一款，便可移緩就急，將來養船之費似亦不難，且該省濱海，風氣早開，居民多業洋務，駕駛自不乏人。認費不及一船料價之半而得兩船之用，於海防不無裨益。合無仰懇天恩飭下廣東督、撫臣，迅即如數協籌，無論何項，先儘挪撥，從速解濟。兩艦告成，即由該省派員驗收，撥歸遣用，庶船工得款，隱患藉以潛消。該省得船巡防，足資拱衛。是否有當。理合將快艦將次告成擬請改撥鄰省遣用，即由籌款協助各緣由，恭摺具陳。伏乞皇太后、皇上聖鑒訓示，施行。

謹奏。光緒二十六年十月二十八日。[①]光緒二十六年十二月十二日，奉硃批：另有旨。欽此[②]。

【案】閩浙總督許應騤之奏於是年十二月得允行，清廷飭令陶模等迅籌協款，如數撥解，以濟急需，"廷寄"曰：

軍機大臣字寄：閩浙總督許，兩廣總督陶，廣東巡撫德：光緒二十六年十二月十二日，奉上諭：許應騤奏，廠造快艦將成，擬請改撥鄰省遣用，請飭籌款協助一摺。據稱閩廠製造快艦兩號將次告成，原係撥歸北洋遣用，現在北洋協款無著，擬請將快艦改撥粵省以備海防之用，所需工料銀五十萬兩，即由該省籌款協助，以應要需，等語。此項經費關繫緊要，快艦尤爲廣東所必需，著陶模、德壽迅籌的款，如數撥解，俟兩艦告成，即由該省派員驗收領用。原摺著鈔給陶模、德壽閱看。將此各諭令知之。欽此。遵旨寄信前來。[③]

[2]【案】光緒二十六年九月十四日，署兩廣總督德壽爲新籌專款未能如數，磅價期迫，息借湊還，以昭大信，奏報萬難照款存儲情形，曰：

頭品頂戴兼署兩廣總督廣東巡撫奴才德壽跪奏，爲擬勸紳富捐輸，援照兩江章程辦理，並請酌留數成，以備緩急，恭摺具陳，仰祈聖鑒事。竊照光緒二十六年七月初九日，承准軍機大臣字寄：奉上諭：御史劉家模奏請勸捐助餉一摺。著各督撫遴選公正紳耆，設法勸辦。有能倡捐鉅資者，奏請破格優獎。其餘按照海防捐例，分別獎敘，並須妥定章程，嚴防弊竇，等因。欽此。欽遵恭錄轉行籌辦去後。茲據廣東海防、善後局司道詳稱：查歷年開辦海防捐務並各省賑捐，已成弩末之勢。今若不稍示區別，恐無以昭激勸而廣招徠。正擬核定捐章，聞兩江督臣劉坤一奏准，照新海防例減一成，五品以下按三成實銀核收，四品以上按四成實銀核收，州縣遇缺先班次，仍與道府以下各官一律以八成實銀上兌；

---

① 中國第一歷史檔案館藏：《硃批奏摺》，檔號：04-01-01-1043-003。

② 中國第一歷史檔案館藏：《錄副奏摺》，檔號：03-6654-021。

③ 中國第一歷史檔案館藏：《電寄諭旨檔》，檔號：1-01-12-026-0382。又，《光緒朝上諭檔》第26冊，第463頁。又，《德宗景皇帝實錄》，卷四百七十六，光緒二十六年十二月上，《清實錄》第58冊，第276頁。

銜、封、貢、監按照三成核奬。當經電詢江甯藩司，所覆相符。粵省事同一律，擬請援照辦理。惟查虛銜封典，各省現辦賑捐，名爲三成，實則跌價招徠，所收尚不及半。若仍實收三成，勢必無人捐繳，自應按照例銀再減一成，以二成實銀上兑，以示公溥。已由司局刊備三聯實收，鈐蓋印信，廣爲勸辦。如有倡捐鉅資者，遵旨奏請破格優奬。所收捐項，當另款存儲，聽候撥用。詳請奏咨立案，等情。前來。奴才伏查粵省餉源日絀，需款日增，既擬設法勸捐，自應援照兩江章程變通辦理，且查自本年五月以來，辦理防務，修葺臺壘，添募勇營，購造器械，以及籌解京津軍餉，撥還各國洋款，無不仰體時艱，力任其難。司局各庫一洗而空。此項捐輸倘將來辦有成效，應請酌留數成，以備本省緩急之用，庶於餉需、地方均有裨益。除咨部查照外，所有擬勸紳富捐輸，援照兩江章程辦理，並請酌留數成備用緣由，謹恭摺具奏。伏祈皇太后、皇上聖鑒訓示。再，廣東巡撫係奴才本任，毋庸會銜。合併陳明。謹奏。光緒二十六年九月十四日。①

光緒二十六年十二月二十日，奉硃批：著照所請，該部知道。欽此②。

[3]【光緒二十七年二月二十八日】此具奏日期僅見於底本。

[4]【著即咨商許應騤，妥籌辦理】此"硃批"據原件補。

[5]【光緒二十七年四月初五日，奉硃批：……欽此】此硃批日期與內容，據錄副校補。

【案】光緒二十七年三月十六日，清廷電諭陶模迅速籌款，撥解閩廠，不得遷延，曰：

奉旨：許應騤電奏，閩快艦將成，積欠料價無著，閩省萬難籌此鉅款，法監督索取急迫。若諉延不交，勢必請其國出頭強索，更生枝節。粵較閩籌措尚易，請仍飭粵籌款收艦，等語。著陶模等仍遵上年十二月諭旨，將快艦撥歸粵省備用。所需價料銀五十萬兩，迅籌的款，如數撥解閩廠，以顧大局，毋再諉延。欽此。③

---

① 臺北"故宮博物院"藏：《軍機及宮中檔》，文獻編號：408003339。

② 中國第一歷史檔案館藏：《錄副奏摺》，檔號：03-6538-067。

③ 中國第一歷史檔案館藏：《電寄諭旨》，檔號：1-01-12-027-0208。

一六五　解還英德洋款摺

光緒二十七年二月二十八日（1901 年 4 月 16 日）

頭品頂戴兩廣總督臣陶模跪[1]奏，爲報解廣東省本年二月應還洋款數目，恭摺仰祈聖鑒事。

案准戶部咨：應還英、德本息，每年指撥廣東省鹽觔加價銀五萬兩、加放俸餉銀五萬兩、闈捐銀二十四萬兩、地丁等項銀三十八萬兩，每年勻分二、五、八、冬四個月解赴江海關道交納，等因。茲據廣東布政使丁體常、兩廣鹽運使國鈞、善後局司道先後詳稱：本年二月分應解前項銀兩，現經設法挪湊，並令各號商借墊足數，作爲鹽觔加價銀一萬二千五百兩、加放俸餉銀一萬二千五百兩、闈捐銀六萬兩、地丁等項銀九萬五千兩，共銀一十八萬兩，定於初九、十三等日，由號商大德恆等滙解江海關道兌收，備還英德之款。至加撥佛郎磅價不敷銀兩，原撥留用商包釐餉已成無著，經戶部覆准，自本年起，改由粵海關庫籌解，抵作還清華款，騰出應解藩庫及善後局兵勇餉項，等情。詳請奏咨前來。臣覆核無異，除咨部查照外謹會同廣東巡撫臣德壽，恭摺具陳。伏乞皇太后、皇上聖鑒。謹奏。光緒二十七年二月二十八日。

（硃批）：戶部知道[2]。

光緒二十七年四月初五日，奉硃批：戶部知道。欽此[3]。

補證

【案】此摺原件①藏於臺北“故宮博物院”，錄副②現藏於中國第一歷史檔案館，茲據校勘。

---

① 臺北“故宮博物院”藏：《軍機及宮中檔》，文獻編號：408003359。

② 中國第一歷史檔案館藏：《錄副奏摺》，檔號：03-6696-034。

[1]【頭品頂戴兩廣總督臣陶模跪】底本無前銜，茲據原件補。

[2]【戶部知道】此"硃批"據原件補。

[3]【光緒二十七年四月初五日，奉硃批：戶部知道。欽此】此硃批日期等，據錄副補。

一六六　變通捐輸章程片

光緒二十七年二月二十八日（1901年4月16日）

再，廣東省遵旨勸辦紳富捐輸，經前兼署督臣德壽於光緒二十六年九月奏明，援照兩江章程辦理在案。茲據辦理紳富捐輸司道等以粵省紳民大都聚族而居，無不建設宗祠，置備祭產。其族大產多之戶經費尚充裕，若令出其餘資捐助公款，俾合族同被恩榮，則捐輸可期踴躍。擬請將捐章量爲變通，凡捐銀一千兩以上者，准予奏請建坊；五千兩以上者，請旨特賞匾額，庶巨族、富紳知所觀感，於捐務不無裨益，等情。會詳請奏前來。臣查近來捐案重疊，勢成弩末，若不因地制宜，勸辦殊無把握。該司道等所請變通捐章，祇係寵錫光榮，於實官銓補章程並無關礙。可否仰懇天恩，俯准變通辦理，以廣招徠而裕餉需。謹會同廣東撫臣德壽，附片陳明。伏乞聖鑒。謹奏。光緒二十七年二月二十八日[1]

（硃批）：著照所請[2]。

光緒二十七年四月初五日，奉硃批：著照所請。欽此[3]。

補證

【案】此片原件①藏於臺北"故宮博物院"，錄副②現藏於中國第一歷史

① 臺北"故宮博物院"藏:《軍機及宮中檔》，文獻編號：408003358-0-A。

② 中國第一歷史檔案館藏:《錄副奏摺》，檔號：03-6539-016。

檔案館，茲據校勘。

[1]【光緒二十七年二月二十八日】此具奏日期僅見於底本。

[2]【著照所請】此"硃批"據原件補。

[3]【光緒二十七年四月初五日，奉硃批：著照所請。欽此】此硃批日期等，據録副校補。

一六七　粵海關攤還英德洋款片

光緒二十七年二月二十八日（1901年4月16日）

再，准戶部咨：應還英、德本息，由各海關洋税、洋藥税釐項下攤派粵海關五十二萬兩，每年匀分二、五、八、冬四箇月解交，等因。疊經[1]遵辦在案。茲准粵海關監督莊山咨稱：准戶部劄開：英、德借款佛郎磅價昂貴，原撥銀數不敷，照案酌量加撥。本年二月期，應解英、德還款銀十三萬兩，又加撥四分之一銀三萬二千五百兩，合共銀十六萬二千五百兩，備文發交西商志成信協成乾銀號，匯解江海關道投納，等因。前來。除咨呈軍機處、戶部查照外，謹會同粵海關監督臣莊山，附片陳明。伏乞皇上聖鑒。謹奏。光緒二十七年二月二十八日[2]。

（硃批）：戶部知道[3]。

光緒二十七年四月初五日，奉硃批：戶部知道。欽此[4]。

補證

【案】此片原件①藏於臺北"故宮博物院"，録副②現藏於中國第一歷史檔案館，茲據校勘。

---

① 臺北"故宮博物院"藏：《軍機及宮中檔》，文獻編號：408003360-0-B。

② 中國第一歷史檔案館藏：《録副奏摺》，檔號：03-6696-035。

[1]【疊經】原件、錄副均作“迭經”。

[2]【光緒二十七年二月二十八日】此具奏日期僅見於底本。

[3]【戶部知道】此“硃批”據原件補。

[4]【光緒二十七年四月初五日，奉硃批：戶部知道。欽此】此硃批日期等，據錄副校補。

一六八 按鄉懲盜請寬民力以清盜源摺
光緒二十七年二月二十八日（1901 年 4 月 16 日）

頭品頂戴兩廣總督臣陶模跪[1]奏，爲廣東盜風甚熾，經責成各州縣同時帶勇，按鄉查辦，並陳粵省支絀情形，請寬民力，以清盜源，恭摺仰祈聖鑒事。

竊廣東素稱多盜，近年日益加厲，廣、惠、肇、羅、高、廉各屬搶劫之案，幾於無日無之，傷斃事主，擄人勒詐，層見迭出，水路尤甚[2]。其始僅搶重載貨船，漸次刦及客渡，近則輪船亦時被刦掠，甚或將搭客船戶拘禁一處，即駕所搶之輪，駛刦別輪。其有盜中巨魁[3]黨羽較多者，公然刋戳列名，打單勒索，名曰：行水。明目張膽，毫無顧忌。而三合會、哥老會等匪類又復參錯其間，以致富商避跡，行旅戒途，小民不能安居，外人藉爲口實。若不痛加懲辦，必致釀成巨患。廣東額設水陸提鎮、綠營、防勇不爲少，而盜匪猖獗至此，固由各營員弁專尚酬應，不知振作。惟其中亦有爲難之處，蓋緝捕盜匪與戰守軍務情事不同，盜匪行刦多不在本鄉，踪跡詭異，甚且竄入洋界，莫能究詰。至其分居村落，聚則爲盜，散則爲民，或有紳士爲之庇護，往往此拏彼竄，勇退盜歸。營勇不能常駐一處，每致力無可施，而地方官事權不一，更易誤事。茲臣酌定章程，責成州縣同時並舉，派撥就近營汛弁勇，隨同州縣，按鄉查辦，按族勒交。派出弁勇均歸州縣節制，拏獲著匪，許其訊明、就地懲辦，以重事權；並令清查保甲，以別良莠，選覓綫工，以窮蹤跡。但能將著名匪首拏獲過半，則其餘附和脅從之徒必將斂跡避罪，悔過自新，盗風或可稍戢。仍先以三箇月爲限，該文武等如有不知愧奮、廢弛如前者，即當從嚴參劾；倘能疊獲渠魁，辦有實效，亦當仰荷天恩[4]，准臣分別異常、尋常勞績，擇尤保獎，以昭懲勸。抑臣更有請者，盗賊起於饑寒[5]，廣東素稱繁富，何以如是多盗？臣細加參考，從前繁富[6]，並非土產沃饒、民務耕織，祇以其時各省未盡通商，領海首開互市，得獨享其利[7]。其出洋貿易、挾資歸來者，動纍數十百萬，是以富甲他省；近則各省、闢有商埠，出口、進口之貨，無煩取道廣東，操奇計贏之輩不能獨擅其長，而貿易外洋者，慮故土不能安居，相率長往不歸，是所稱繁富已實去名存[8]，而內外籌款諸臣仍視廣東爲繁富之區，徵調之餉、興作之費、協助之款、災賑之需，無不取給廣東。在督撫臣因素有繁富之名，不能不羅掘以應，於是鹽課之外有加價焉，釐金之外有臺礮經費焉。近更出於不得已，取有干例禁之規費，美其名以歸之於公，總其數而承之以商，曰大小闈姓，曰緝捕經費。殫力搜羅，多多益善，何暇計所從來。上以是求，下以是應，交徵之習視爲固然，不知商人所繳之鉅餉，無非細民所積之錙銖，日竭脂膏，以供朘削，生路既窮，自必羣趨爲盗。倘不探其本源，稍加培護，日取不養不教之民以誅之，不獨有傷天地之和，且恐法令有時扞格，隱患不可勝言。當此時局多艱，餉需孔急[9]，已開之利、額解之款，臣何敢驟議更張！惟民生彫敝之苦不得不縷晰上陳，可否仰懇恩施，敕下部臣，嗣後遇有額外籌撥之款，務念廣東庫帑空虛，商民財力已竭，不再輕易改撥[10]，俾粵民得以休息。苟安分營生者日多，則犯法爲盗者日少，庶留元氣，以遏亂萌。所有責成州縣按鄉辦盗並請寬民力、以清盗源緣由，除俟三箇月後察看有無成效、分別舉劾外，謹會同廣東巡撫臣德壽，恭摺具奏。伏乞皇太后、皇上聖鑒。謹奏。光緒二十七年二月二十八日。

（硃批）：著照所請，督屬認真查辦，分別勸懲，以清盗源[11]。

光緒二十七年四月初五日，奉硃批：著照所請，督屬認真查辦，分別勸懲，以清盜源。欽此[12]。

補證

【案】此摺原件①藏於臺北“故宫博物院”，錄副②現藏於中國第一歷史檔案館，茲據校勘。

[1]【頭品頂戴兩廣總督臣陶模跪】底本無前銜，茲據原件補。

[2]【水路尤甚】原件、錄副均作“水路搶劫尤甚”。

[3]【巨魁】原件、錄副均作“渠魁”。

[4]【仰荷天恩】原件、錄副均作“仰懇天恩”。

[5]【盜賊起於饑寒】原件、錄副作“自來盜賊起於饑寒”。

[6]【從前富庶】原件、錄副作“從前所以富庶者”。

[7]【得獨享其利】原件、錄副作“得以獨享其利”。

[8]【已實去名存】原件、錄副作“業已實去名存”。

[9]【需餉孔急】原件、錄副作“需餉孔亟”。

[10]【改撥】原件、錄副均作“加撥”，當是。

[11]【著照所請，督屬認真查辦，分別勸懲，以清盜源】此“硃批”據原件補。

[12]【光緒二十七年四月初五日，奉硃批：……欽此】此硃批日期等，據錄副校補。

一六九　請遣散内監摺

光緒二十七年二月二十八日（1901年4月16日）

頭品頂戴兩廣總督臣陶模跪[1]奏，爲請除數千年之弊政，以光盛

① 臺北“故宫博物院”藏：《軍機及宫中檔》，文獻編號：408003360。

② 中國第一歷史檔案館藏：《錄副奏摺》，檔號：03-7377-001。

治，謹陳管見，仰乞聖鑒事。

竊維國家興衰繫乎主德，自古人君未有親君子而不致治者，未有親小人而不致亂者，治亂之幾不可不察也。夫以人民之衆、事幾之繁，遠而外國，近而宮廷，悉待治於一人之身。位則至尊，而事實至難，誠知其難，雖日進正直明智之士討論於前，猶懼未足以應萬幾，而乃以小人間之，則天下之不危者幾何？蓋小人者，豈必皆大姦大惡，但使不讀經史，不識道理，惟伺人主之喜怒爲向背，則朝夕侍側，即足以損君德於無形。夫廷臣雖有不肖，人主無由而近之，其得以常近人主者，惟宦官而已。人主與宦官日近，必與賢士大夫日疏。德之不明，過之不聞，內外之相隔，上下之不通，莫不由此。是以宦臣干政之禍，史不絕書。至其有關君德者，其幾甚微，而爲害尤烈也。我朝家法嚴明，二百餘年從未有內監預聞政事，至治之盛，往古所無。然臣謂除弊當如除莠，留其芽蘖，終恐發生，不若絕其根株，永無滋長。在皇上春秋鼎盛，聖德日新，豈至習於近侍而爲億萬世計？似有應煩聖慮者。伏思前代之用宦官，蓋由妃嬪衆多之故，我皇上後宮減少，左右使令本有宮女。至內廷各項差使，悉可改用士人，均不必定須內監。今者乘輿西幸，扈從內監，其數尚多。臣愚以爲宜及此時大加裁汰，酌留忠謹者二三十人，餘悉遣散。廻鑾之後，請旨飭下王公大臣公同籌議，定宮府一體之制，永不再選充內監，則是數千年相沿之弊政，至我皇太后、皇上而始除，非惟一時至盛事，實亦千古之美談。方今外侮紛乘，事機危迫，誠如聖諭欲求振作，當議更張，惟興革之事本非一端，中外臣工當以陸續上陳。微臣之意竊謂事有似細微而實重要者，宦官是也。此等弊政若不早除，何以爲變法自強之本！且環球各大國均無內監，獨中國尚仍舊習，彼中人之士，恆相譏議。若改此制，則風聲所播，外國傾心，於樽俎折衝之事不無關繫。臣備職外臣，不應妄言內政，惟是受恩深重，未報涓埃，冀效愚忱，以仰裨聖治於萬一。伏乞皇太后、皇上聖鑒訓示。謹奏。光緒二十七年二月二十八日。

光緒二十七年四月初五日，見面帶上，未發下[2]。

補證

【案】此摺原件查無下落，因涉及宮廷，似未錄副。茲據本校。

[1]【光緒二十七年四月初五日，見面帶上，未發下】此日期等據《隨手檔》① 校補。

一七〇 變通政治宜務本原摺

光緒二十七年四月初五日（1901 年 5 月 22 日）

頭品頂戴兩廣總督臣陶模跪[1]奏，爲變通政治，宜務本原，遵旨籌議，仰祈聖鑒事。

欽奉光緒二十六年十二月初十日上諭：著軍機大臣、大學士、六部九卿、出使各國大臣、各省督撫就現在情形，參酌中西政要，各抒所見，詳悉條議以聞，等因，欽此[2]。仰見我皇上懲前毖後、力圖自強之意，跪誦之下，愧奮涕零。伏念臣知識庸愚，忝膺疆寄，職分所在，負咎已多，更何足妄參大計？前以興學校爲養人材之先務，汰内監乃正君德之大端，經臣兩次專摺具陳。惟是不廢科舉不能廣開學堂、不改制度不能盡裁内監，明知敷陳梗概不足規畫全模，然而去故取新，造端宏大，躊躇審顧，實亦未易輕言。近奉電諭：著各疆臣迅速議奏。益見我皇上宵旰焦勞，求言諄切，豈敢緘默以蹈遲延觀望之愆？恭繹諭旨，意在戒天下以自私自利，而歸要於強國利民。竊維強國利民之政不止一端，自私自利之弊已非一日，當興當革，悉數難終。惟能握乎本原，則末流因之俱治，本原何在？竊謂在於朝廷也。必朝廷實能愛國愛民，乃能以愛國愛民責百官；必朝廷先無自私自利，乃能以不自私不自利望天下。在皇上本有愛國愛民之意，然而德不下究者，法未立故也。皇上初無自私自利之心，然而跡有近似者，政未善故也。

① 中國第一歷史檔案館藏：《軍機處隨手登記檔》，檔案編號：03-0308-2-1227-092。

然則轉移之道固有在矣，謹爲我皇太后、皇上條析陳之。

一曰除壅蔽。合上下而爲一，國情本通也。中有壅蔽之者而情暌矣，善通民情者，在立法以去其壅蔽而已。堂廉過遠，隔閡太多，上下所以日疏也；大臣之情不能盡通於皇上，何況小臣僚屬之情不能盡通於長官？何況百姓？擬請定平易之法，一切體制務從簡便，皇上日親大臣而漸及小臣，且由小臣而漸親百姓，則閭閻疾苦無不上達。此所謂除壅蔽者一也。國朝設官多沿明制，積漸既久，寖失本意，於是防弊之官多於治事之官，察吏之官多於親民之官。一官兼數職者有之，一職設數官者有之，升遷既無一定，兵、刑、錢、穀罕能兼長，廢弛阻滯，弊端百出。擬請定分職任事之法，京外閑署悉行裁，省、學、商、農、礦等部皆專門要政，即一時未能增設，亦應責成六部分司其事。各衙門曹司升轉不出本部，其外省及各州縣亦當變通舊制，斟酌損益，務使內外大小各官皆專官久任，文牘不煩，事無牽制，則人人知責任所在，一無旁貸，不能不講求練習，而顢頇畫諾、扞格不行之弊悉除。此所謂除壅弊者又一也。有阻官與民而使不通，且阻官與官而使不通者，胥吏是也。胥吏之害，人人知之，究其根株，實在六部成案山積，輕重准駁曾無定比，吏得上下其手以爲奸，而外省書吏亦得依附朋比，以便牟利之計。今若變通官制，堂司各官皆用其所習，已不致爲所蒙蔽，更請飭令部臣編定則例，凡煩苛細碎之法悉行删汰，務使簡要易行，一切舊案不准援引。任是官者既人人知識分所當爲，即非任是官者亦了然，於重輕准駁之自有一定則，書吏無從舞文弄法，但供鈔寫之役足矣。則例既定，部吏無權，而外省大小衙署之書吏亦因之而無權，吏治常肅，民生愈安。此所謂除壅蔽者又一也。至於議院之制，中國誠未易舉行，然議院議政而行政之權仍在政府，交相爲用，兩不相侵，而政府得由議員以周知民間之好惡，最爲除壅蔽良法，或謂中國民智未開，驟難創立。竊考泰西選舉議員本有限制，民智未開，限可從嚴；民智漸開，限亦漸寬，自無衆論紛淆之弊。諭旨所謂取外國之長補中國之短者，議院亦其一端也。此數者法立弊除，上下之間壅蔽悉去，四萬萬人情聯力合，富強諸政可次第行矣。

二曰去畛域。界限之與畛域似同而實異，界限不可無，無則相混；畛域不可有，有則相妨。同爲中國之民，軒輊相形則必爭；同任中國之事，彼此不顧則致敗。中國積習，幾於無事無畛域，言其大者，部臣、疆臣爲皇上辦事，通力合作，始能有成。乃臣近觀數十年來，部臣、疆臣以私事相干者固不得知，而於公事轉以不通音問爲高。疆臣之賢者，苦心擘畫，極意經營，既無人爲之維持調護，其不賢者營私自便，又或固執己見，不能通達世情、政府。諸臣雖明知之，而不一言，絕無古名臣交相儆戒之風，且世之當否，先時既未豫商，則其後之推諉擱置，在所必至。擬請皇上嚴申誥誡，令內外諸臣有善相勸、有過相規，成敗是非毋得膜視，一切政事互相妥籌，斟酌情理，務使可行。部臣與疆臣不分畛域，而後此省與他省乃不分畛域，統籌全局以利國家。此內外之畛域宜去也。滿漢分職之制、八旗駐防之兵，在聖清定鼎之初，爲此權宜鈐制之法，良非得已。今已二百餘年，漢人世受國恩，滿人已無二致，而猶沿此制而不改，無論其病國也，示天下以不廣亦甚矣。旗兵窳弱情形早在聖明洞鑒，今庫帑支絀如此，若再因仍舊制，虛耗巨款，實屬難乎爲繼。既爲世僕，亦當體念時艱，自圖生計。擬請將京營八旗暨各省駐防，挑選精壯，使習東、西洋兵法者，統帶教習之，俾成勁旅，內則鞏衛京師，外則分防邊要，均不使久駐一處。別選其年少勤敏者，使入各種學堂，分習士、農、工、商各業，以爲謀生之路。其餘酌量分年裁汰，使得從容他謀，不致以驟裁失業，有負朝廷軫恤之意。至於滿漢各缺，形迹未化，亦恐害事，應請飭下王公大臣籌議，酌量變通，非微臣所敢擅擬。要使天下知朝廷之大公無我，則感戴悅服者益深，八旗子弟既不坐食，自無廢材，而國家歲省餉項且數百萬，爲益尤大。此滿漢之畛域宜去也。中國之俗貴士而賤農工商，夫農工商之與士執業不同，所以利國家者則一。臣以爲士無定名，農能善種植者，工能精製造者，商能廣貿易者，皆可名之爲士。其專爲士者，於三者當通知大意，而又講求政治之學、名物之理，以導助農工商而使之益善，是以四民當並重而不當偏重。擬請明降諭旨，以此意風示天下，令廣設社會，以精其業，其中傑出者，錫以民爵，使與官齒，則農工商競相奮勵，而爲士者亦不敢以空疏無具，虛冒儒名。此貴賤之畛域宜去也。古之時兵農合一，文武不分，今既迥判兩途，於是口不言兵者，懦弱日甚；目不知書者，粗鄙亦日甚。且合辦一事，各存意見，窒礙尤多。外國之制，文武雖各有學堂，而武員必先學文法，文士亦皆講求武備。擬請參仿其法，更定制度，務宜文武兩途互相爲用。文能畧知武事，臨時無畏葸張皇，而武員能識書史，通曉道理，自無鹵莽滅裂之患。此文武之畛域宜去也。此數者之畛域去，則事事之畛域無不因之而俱化，天下如一家，中國如一人，治平之效可操券致也。

三曰務遠大。孔子曰：人無遠慮，必有近憂。又曰：見小利則大事不成。臣嘗反覆斯言，竊以爲爲政之要盡於此矣。今如捐輸開例已數十年，官場嗜利之風成爲習尚，各棄本業以爲官，更各棄本業以爲官之親友、僕役，務本者日少，逐末者日多，其害蓋至今而大著。且歲入不過一、二百萬，計其侵漁剝削何止此數？得不償失，未有甚於此者。官俸之薄，萬萬不給，而又扣其廉俸，賢者已難自愛，不肖者日肆，其貪害仍自國家受之。他若鐵路、船、鑛諸務，皆富國要政，然而創行之始虧折必多。西人恒多方保護，甚至國家擔補其息。今中國於此等商務未聞有保護、補息之法，乃招商獲利，則責以報効；漠鑛暢旺，則提其餘利。在計臣籌欵不得已而爲此，然而阻礙商務其損多矣。擬請永停捐納，即銜封貢監亦皆停止，創設民爵，以爲鼓勵農工商之具；厚加官禄，務令足用。其一切興利之事，廣勸商人，集股開辦，官不干預其事，但任保護之責，有厚利無庸報効，凡從前爲小失大之弊，一概捐除。但使官吏清廉，即是藏富於民之道，而工商踴躍，百利皆興，物產日多，則國家之課税自旺。此行政之當務遠大也。取民之財，治民之事，此古今中外立國之通義；用民財以爲之興利除害，雖多取不爲虐，況於少取不爲之興利除害，而但取其財，縱少取不爲恩，況於多取？今中國之民窮困甚矣，而國用日繁，皇上縱以愛民爲心，計臣不能不以籌款爲急。雖國家款項無一非用之民事，然積弊未去，善政未行，實惠之及民者鮮，而進出款目，平時既未宣布，民但見其取財而不知其所用，不免因疑而生怨。日以籌款之事責之窮困疑怨之民，臣竊危之。今既欲變更法制，則興利除害之政自必實力舉行。更請皇上誥誡羣臣，俾人人知取民財、治民事之義。仿照各國，將每年進出款項列爲詳表，頒示天下；其外省所解內務府經費應改戶部統收，而歲撥款若干萬爲皇宮費用，一律列入表內宣示，使咸知朝廷之無私。臣聞法之敗於德也，賠兵費至二百兆鎊，未五年而償畢，惟其民多素豐，上下相信，是以爭貸於國。我中國誠能力求自強，十年之後，民力漸裕，民信益孚，則商借民債自易爲力。至於裁去釐金、變通課稅諸事，皆目前要務。然必取民之大義既明，始可議取民之制之善不善。此理財之宜務遠大也。武備不修，無以立國。外國之經營水陸軍，爲時或百年、數十年，用款皆以億萬萬計，甫能有此規模。中國習於故常，不知遠畧，卽如北洋海軍經費，僅千數百萬而舉國震駭，咎其糜帑，不知外國極大鐵艦一艘，有値價百萬磅者。區區之數，曾何足云！今中國既貧且弱，而欲大舉練兵，與之角勝，不特無此人材，亦萬萬無此物力。竊謂舉行新政，兵事衹可緩言。惟水陸將材亟應儲備，擬請選王公大臣子弟及民間聰壯少年，分年赴各國學堂學習兵法；停止武科，令各省廣設水師武備學堂，使人肄習。至地方除盜詰奸之事，應有專司查。東西各國之制，緝捕偵察，巡警任之；戰守防禦，兵將任之。截然不紊，各善其事。考警察卽保甲、團練之意，但其章程細密，法立令行，視保甲、團練遠勝。擬請詳譯其法，於都會城鎮仿照設立，俟有端緒，不特綠營固可全裁，卽營勇亦當大減，各省衹須酌留數營，以資鎮懾。宿將習氣甚重，狃故忌新，可用者少，宜悉罷歸，厚予俸賜，酬其前勞。其各營將弁悉用學已卒業之武備學生及曾在外國學習者，使此後學堂生徒皆知學成之有用。十年之後，物力漸充，將材亦次第成就，然後整軍講武，事可不勞而集。若不懲前事，竭蹶經營，徒糜有用之財，適貽外人之笑，甚無謂也。此治兵之宜務遠大也。凡若此者，務持大計，不貪近功。究其所成，必有出尋常萬萬者。如其沾沾目前，欲圖小效，愈求富強，愈成貧弱，一利未見，百害俱生矣。

以上三大弊端，因於自私自利，害至於病國病民，溯其弊之所自，或在近今，或在往昔，甚有在千百年前者。當中國全盛之時，元氣尚足，外患不侵，病伏於隱微而不覺。今者環球各國角智競能，彼有而我無，人同而吾異，因循苟且，將無以自立於五洲。然而積習既深，來源甚遠，一旦改革，豈易言非？朝廷以身作則，克己勝私，則雖日言變通無由獲變通之效。伏願我皇太后、皇上念祖宗創業之艱難，憫億兆民生之昏墊，以日本爲前事之師，以印度、波瀾、越南、緬甸作覆車之鑒，速定國是，以奠危基，天下幸甚，萬世幸甚！臣受恩深重，衰疾侵尋，願於未盡之年得覩太平之日，敢附責難於君之義，冀效愚者千慮之忱。敬獻芻蕘，以備採擇。至於條欵、節目，頭緒繁多，非兼通中西源流畢貫者不能條分縷析。微臣愚陋，不敢輕議。所有遵旨籌議變通政治緣由，是否有當。伏乞皇太后、皇上聖鑒訓示。謹奏。光緒二十七年四月初五日拜發[3]（由驛）。

光緒二十七年五月初二日[4]，（奉旨）。

補證

【案】此摺原件、錄副，兩岸各档案机构，查無下落，《光緒朝東華錄》亦未收錄。茲據理校。

[1]【頭品頂戴兩廣總督臣陶模跪】此前銜據《隨手檔》校補。

[2]【案】此“上諭”現載於《上諭檔》與《清實錄》，茲據補如下：

光緒二十六年十二月初十日，內閣奉上諭：世有萬古不易之常經，無一成不變之治法，窮變通久見於《大易》，損益可知，著於《論語》，蓋不易者三綱五常，昭然如日星之照世，而可變者令甲令乙，不妨如琴瑟之改絃。伊古以來，代有興革，即我朝列祖列宗，因時立制，屢有異同。入關以後，已殊瀋陽之時。嘉慶、道光以來，豈盡雍正、乾隆之舊，大抵法積則敝，法敝則更，要歸於強國利民而已。自播遷以來，皇太后宵旰焦勞，朕尤痛自刻責，深念近數十年積習相仍，因循粉飾，以致成此大釁。現正議和，一切政事尤須切實整頓，以期漸圖富強。懿訓以爲取外國之長，乃可補中國之短，懲前事之失，乃可作後事之師。自丁戊以還，僞辯縱横，妄分新舊，康逆之禍，殆更甚於紅拳，迄今海外逋逃，尚以富有、貴爲等票誘人謀逆，更藉保皇保種之妖言，爲離間宫庭之計。殊不知康逆之談新法，乃亂法也，非變法也。該逆等乘朕躬不豫，潛謀不軌，朕籲懇皇太后訓政，乃拯朕於瀕危，而鋤奸於一旦，實則翦除亂逆。皇太后何嘗不許更新損益科條？朕何嘗概行除舊，執中以御，擇善而從。母子一心，臣民共見。今者恭承慈命，壹意振興，嚴禁新舊之名，渾融中外之跡。我中國之弱在於習氣太深、文法太密，庸俗之吏多，豪傑之士少，文法者庸人藉爲藏身之固，而胥吏倚爲牟利之符。公事以文牘相往來而毫無實際，人才以資格相限制，而日見消磨。誤國家者在一私字，困天下者在一例字。至近之學西法者，語言、文字、製造、機械而已。此西藝之皮毛而非西政之本源也。居上寬臨下簡，言必信，行必果，我往聖之遺訓。即西人富強之始基，中國不此之務，徒學其一言一話一技一能，而佐以瞻徇情面，自利身家之積習，舍其本源而不學，學其皮毛而又不精，天下安得富強耶？總之法令不更，錮習不破，欲求振作，當議更張。著軍機大臣、大學士、六部、九卿、出使各國大臣、各省督撫各就現在情形，參酌中西政要，舉凡朝章國故、吏治民生、學校科舉、軍政財政，當因當革，當省當併，或取諸人，或求諸己，如何而國勢始興，如何而人才始出，如何而度支始裕，如何而武備始修，各舉所知，各抒所見，通限兩箇月，詳悉條議以聞，再由朕上稟慈謨，斟酌盡善，切實施行。自西幸太原，下詔求言，封章屢見，而今之言者率有兩途，一則襲報館之文章，一則拘書生之成見，更相笑，亦更相非，兩囿於偏私不化。覩其利，未覩其害，一歸於窒礙難行。新進講富強，往往自迷本始；迂儒談正學，又往往不達事情。爾中外臣工當鑒斯二者，參酌中發論，通變達權，務極精詳，以備甄擇。惟是有治法尤貴有治人，苟得其人，敝法無難於補救；苟失其人，徒法不能以自行。流俗之人已有百短，遂不願人有一長，以拘牽文義爲認真，以奉行故事爲合例，舉宜興宜革之事，皆坐廢於無形之中。而旅進旅退之員，遂釀成此不治之病。欲去此弊，其本在於公爾忘私，其究歸於實事求是。又改絃更張以後，所當簡任賢能，上下交儆者也。朕與皇太后久蓄於中，事窮則變，安危強弱，全繫於斯。儻再蹈因循敷衍之故轍，空言塞責，省事偷安，憲典具存，朕不能宥！將此通諭知之。欽此。①

[3]【光緒二十七年四月初五日拜發】據《隨手檔》②，此摺硃批日期爲“光緒二十七年五月初二日”，查閱陶模同日硃批摺件，則具奏日期均爲“光緒二十七年二月二十一日”，與底本相異殊甚。底本當誤。

[4]【光緒二十七年五月初二日】此日期據《隨手檔》校補。

一七一　報明庚子上半年釐金收解數目摺

光緒二十七年四月初六日（1901年5月23日）

頭品頂戴兩廣總督臣陶模、頭品頂戴廣東巡撫臣德壽跪[1]奏，爲廣東省光緒二十六年上半年收解釐金數目，開單具陳，仰祈聖鑒事。

竊照廣東省釐金收解各數目，向係半年奏報一次。茲查光緒二十六年正月初一日起至五月底止，各廠、關共收貨釐洋銀六十九萬三千二百七十三兩三錢八分四釐九毫五絲，又收鹽釐洋銀三萬六千五百七十兩四錢七分一釐。據廣東布政使丁體常會同釐務局司道，造册詳請奏咨前來。臣等覆核無異，除册咨送戶部外，謹繕清

① 中國第一歷史檔案館編:《光緒朝上諭檔》第26册，第460—462頁。又，《德宗景皇帝實錄》，卷四百七十六，光緒二十六年十二月上，《清實錄》第58册，第273—275頁。

② 中國第一歷史檔案館藏:《軍機處隨手登記檔》，檔案編號：03-0308-2-1227-118。

單[2]，恭呈御覽。至鹽釐一項，改歸運司，按引抽收，是以清單內不列各廠名目。伏乞皇太后、皇上聖鑒，敕部查照施行。謹奏。光緒二十七年四月初六日拜發。

（硃批）：戶部知道，單併發[3]。

光緒二十七年五月十四日，奉硃批：戶部知道，單併發。欽此[4]。

補證

【案】此摺原件①藏於臺北"故宮博物院"，錄副②現藏於中國第一歷史檔案館，茲據校勘。

[1]【頭品頂戴兩廣總督臣陶模、頭品頂戴廣東巡撫臣德壽跪】底本無前銜，茲據原件補。

[2]【案】此"清單"現藏於中國第一歷史檔案館，茲據補：

謹將廣東省光緒二十六年正月初一日起至五月底止收解貨釐並繁盛、海口補抽貨釐暨鹽釐各數目，分晰開單，恭呈御覽。

貨釐入款：一、收北江韶州廠行釐洋銀一萬四千二百五十一兩九錢四分五釐一毫。一、收北江蘆包廠行釐洋銀三萬五千五百二十九兩一錢一分七釐，又帶抽坐釐洋銀一萬六千七百二十一兩六錢八分四釐，共收洋銀五萬二千二百五十兩八錢一釐。一、收西北江河口馬口廠行釐洋銀五萬四千七百七十四兩三錢三分一釐，又帶抽佛山埠釐洋銀五千四百二十三兩三錢八分一釐，共收洋銀六萬一百九十七兩七錢一分二釐。一、收西江都城廠行釐洋銀四千八百八十五兩七錢七分六釐，又帶抽埠釐洋銀七千二百三十二兩八錢四分六釐，共收洋銀一萬二千一百一十八兩六錢二分二釐。一、收西江後瀝廠行釐洋銀三萬三千七百三十九兩四錢七分九釐，又帶抽坐糧洋銀四千一百三十二兩六分三釐，共收洋銀三萬七千八百七十一兩五錢四分二釐。一、收

① 臺北"故宮博物院"藏：《軍機及宮中檔》，文獻編號：408003364。
② 中國第一歷史檔案館藏：《錄副奏摺》，檔號：03-6513-032。

西江四會廠行釐洋銀九千九百七十三兩四錢八分，又帶抽坐糧洋銀五千四百八十六兩九錢二分九釐，共收洋銀一萬五千四百六十兩四錢九釐。一、收東江石龍廠行釐洋銀三萬八千九百一十五兩七錢三分七釐六毫五絲。一、收東江白沙廠三錢二分七釐六毫，又帶抽坐糧洋銀二萬五千六十二兩三錢二分七釐六毫，又帶抽坐糧洋銀六千四百五十一兩五錢六釐，共收洋銀三萬一千五百一十三兩八錢三分三釐六毫。一、收高州水東廠行釐洋銀四百四十七兩四錢二分一釐。一、收雷州赤墈等廠燮行釐洋銀五百三兩九釐。一、收各廠茶釐洋銀八千二百九兩八錢二分八釐。一、收各廠土藥釐金洋銀三萬七百五十三兩三千四分七釐。一、收各廠加抽煙釐洋銀二萬一千四百六十七兩七錢八分八釐。一、收各廠加抽酒釐洋銀一萬二千九百一十四兩三錢二分二毫。以上煙酒兩項係加抽兩倍，嗣又續加一倍釐銀收數。至原抽釐銀，仍歸併百貨釐內。合註明。以上共收貨釐洋銀三十三萬九千二百一十八兩五錢一分一釐一毫五絲。一、收省城補抽貨釐洋銀四萬五千五百七十七兩八錢八分六釐八毫。一、收省河補抽貨釐洋銀一十萬七千八百九十四兩二錢五分二釐。一、收九龍、拱北兩關補抽貨釐洋銀八萬九千六百八兩五錢八分六釐。一、收九龍、拱北兩關茶釐洋銀一千一百八十六兩五分三釐。查該稅司按西歷月結造報，自光緒二十六年正月初二日起至六月初四日止，即一百五十八結第二月至一百五十九結第三月，共收百貨釐金九萬一千五百兩三錢九分八釐。現解銀九萬七百九十四兩六錢三分九釐，餘俟陸續解到，再行核收具報。合註明。一、收佛山補抽貨釐洋銀一萬九千三百二十三兩八錢七分七釐。一、收江門補抽貨釐洋銀一萬九千八百一十一兩三錢一分九釐。一、收陳村補抽貨釐洋銀五千九百五十八兩二錢四分三釐。以上共收補抽貨釐洋銀二十八萬九千三百六十兩二錢一分六釐八毫。一、收商捐土絲、土茶釐費洋銀六萬四千六百九十四兩六錢五分七釐。此項商捐土絲、土茶釐費向歸外銷，儘數撥解善後局，充支本省海防經費。光緒二十五年九月籌餉案內奏明提解藩庫，聽候部撥。合註明。

通共收貨釐並補抽貨釐、又絲、茶釐費洋銀六十九萬三千二百七十三兩三錢八分四釐九毫五絲。又，光緒二十五年下半年十二月底止，冊報尚存貨釐並補抽貨釐、又絲、茶釐費洋銀六萬八千三百七十四兩三錢一分九釐一毫三絲。

貨釐出款：一、解廣東藩庫釐金項下奉撥京餉洋銀九萬兩，又九二易換紋銀、補水洋銀七千八百二十六兩八分五釐，共解洋銀九萬七千八百二十六兩八分五釐。一、解廣東藩庫釐金項下奉撥加放俸餉洋銀三萬兩，又九二易換紋銀、補水洋銀二千六百八兩六錢九分五釐，共解洋銀三萬二千六百八兩六錢九分五釐。一、解廣東藩庫釐金項下奉撥東北邊防經費洋銀五萬兩，又九二易換紋銀補水洋銀四千三百四十七兩八錢二分五釐，共解洋銀五萬四千三百四十七兩八錢二分五釐。一、解廣東藩庫釐金項下奉撥鐵路經費洋銀二萬兩。一、解廣東藩庫釐金項下奉撥黔省協餉洋銀一萬兩，又九二易換紋銀補水洋銀八百六十九兩五錢六分五釐，共解洋銀一萬八百六十九兩五錢六分五釐。一、解廣東藩庫釐金項下奉撥廣西省協餉洋銀三萬兩，內二萬兩撥還俄、法、英、德借款，隨解九二易換紋銀補水洋銀一千七百三十九兩一錢三分，又一四匯費洋銀二百八十兩，共解洋銀三萬二千一十九兩一錢三分。一、解解廣東藩庫釐金項下奉撥本省庚子年兵餉洋銀四萬兩，又九二易換紋銀補水洋銀三千四百七十八兩二錢六分，共解洋銀四萬三千四百七十八兩二錢六分。一、解廣東藩庫轉給委員領解京餉六萬兩，應給西商匯費洋銀一千八百兩，委員盤費洋銀六百兩；又解東北邊防經費五萬兩，應給西商匯費洋銀一千五百兩，委員盤費洋銀五百兩；又解鐵路經費二萬兩，應給西商匯費洋銀六百兩，委員盤費洋銀二百兩；又解加放俸餉二萬兩，撥還俄、法、英、德借款，應給一四匯費洋銀二百八十兩，共解洋銀五千四百八十兩。一、解廣東藩庫光緒二十五年七月起至二十六年五月止各廠所收土藥釐金洋銀四萬一千九百九十八兩五錢八分九釐。一、解廣東藩庫各廠所收加抽煙酒釐金洋銀三萬四千三百六十八兩四錢一分三釐。一、解廣東藩庫商捐土絲、土茶釐費洋銀七萬一千六百二十三兩一錢六分四釐。一、解解廣東藩庫釐金項下奉提光緒二十五年十二月起至二十六年三月止計四箇月加增比較洋銀七萬一千一百三十三兩三錢三分二釐。此項加增比較係於光緒二十五年九月籌餉案内，核定每年加增銀二十一萬九千四百兩，按月匀解候撥。惟定章以後雖經竭力整頓，各廠收數仍無起色，有加增之名，無加增之實。按月所解前項銀兩，係在所收釐金内照案提撥。合註明。一、撥給鹽釐項下收解西徵軍餉、改撥籌備餉需九二易換紋銀補水洋銀三千一百七十一兩七錢五分六釐。一、支拱北關稅務司添建廠卡工料洋銀一千六百四十九兩八錢八釐。一、支廣東同文館添設俄東學堂自光緒二十六年二月起至六月止五箇月，每月脩金經費銀七百兩，共支洋銀三千五百兩。一、解廣東善後總局支用本省海防、善後各經費洋銀一十五萬三千三百二十兩四錢一分三釐五毫。

以上共支撥洋銀六十七萬九千三百九十五兩三分五釐五毫，除收抵支外，實存洋銀八萬三千二百五十二兩六錢六分八釐五毫八絲。

鹽釐入款：一、收兩廣鹽運司庫解繳北櫃埠鹽釐洋銀三萬三百二十五兩四錢七分七釐。一、收兩廣鹽運司庫解繳中櫃埠鹽釐洋銀三千三百二十八兩三錢二分五釐。一、收兩廣鹽運司庫解繳東櫃埠洋銀二千九百一十六兩六錢六分九釐。以上共收洋銀三萬六千五百七十兩四錢七分一釐。此項鹽釐係由兩廣鹽運司於上半年陸續撥解光緒二十五年十一月起至二十六年五月止各埠收數，歷遵部文照兩淮鹽釐格式造報。至額引包斤數目，應由運司奏銷案内分晰開報。理合聲明。

鹽釐出款：一、解廣東藩庫撥解西徵軍餉改撥籌備餉需洋銀三萬六千五百七十兩四錢七分一釐。查此項籌備餉需，應以紋銀起解。所收鹽釐均係洋銀，應易換紋銀補水銀兩，現由貨釐項下撥給，已於貨釐出款開列。合註明。以上共支撥洋銀三萬六千五百七十兩四錢七分一釐，除收抵支外，實存無項。合併聲明。（硃批）：覽。①

[3]【戶部知道，單併發】此“硃批”據原件補。

① 中國第一歷史檔案館藏:《單》，檔號：03-6513-033。

[4]【光緒二十七年五月十四日，奉硃批：戶部知道，單併發。欽此】此據錄副校補。

一七二　報解鹽課京餉等款摺

光緒二十七年四月初六日（1901年5月23日）

頭品頂戴兩廣總督臣陶模跪[1]奏，爲報解鹽課、京餉等款銀數、日期，恭摺仰祈聖鑒事。

案照光緒二十七年分奉撥廣東鹽課、京餉銀二十萬兩，又撥内務府經費鹽課銀五萬兩，兹於二十六年分鹽課項内籌解京餉銀五萬兩，隨解一五加平飯食銀一千五百兩，又内務府經費銀二萬兩，隨解平餘抬、費等銀六百六十兩，作爲本年第一批京餉及内務府經費。又搭解光緒二十六年第二批京餉一五加平飯食銀一千五百兩，内務府經費銀九千兩，隨解平餘、擡費等銀三百三十兩。統共銀八萬二千九百九十兩，飭委候補鹽運司經歷葉基琳等管解，於本年三月二十日起程，由商號大德恒等以現銀運至漢口，再由漢口轉運總局裝鞘，粘貼印花、封條，備齊車輛，添撥兵隊，隨同委員護解赴陝西行在軍機處投納。據兩廣鹽運使國鈞詳請奏咨前來。臣覆核無異，除分咨查照外，謹會同廣東巡撫臣德壽，恭摺具陳。伏乞皇太后、皇上聖鑒。謹奏。光緒二十七年四月初六日拜發。

（硃批）：該衙門知道[2]。

光緒二十七年五月十四日，奉硃批：該衙門知道。欽此[3]。

補證

【案】此摺原件①藏於臺北"故宮博物院"，錄副②現藏於中國第一歷史

① 臺北"故宮博物院"藏：《軍機及宫中檔》，文獻編號：408003366。

② 中國第一歷史檔案館藏：《錄副奏摺》，檔號：03-6474-032。

檔案館，兹據校勘。

[1]【頭品頂戴兩廣總督臣陶模跪】底本無前銜，兹據原件補。

[2]【該衙門知道】此“硃批”據原件補。

[3]【光緒二十七年五月十四日，奉硃批：該衙門知道。欽此】此硃批日期等，據錄副補。

一七三　藩運兩司匯解俄法借款片

光緒二十七年四月初六日（1901年5月23日）

再，准戶部咨：應還俄、法借欵，每年指撥廣東鹽觔加價銀五萬兩、加放俸餉銀五萬兩、闈捐銀二十四萬兩、地丁等項銀二十四萬兩，各按六成之數，於三月內解交，等因。兹據廣東布政使丁體常、兩廣鹽運使國鈞、善後局司道先後詳稱：本年三月分應解前項銀兩，現經設法挪湊，並令各號商借墊足數，作爲鹽觔加價銀三萬兩、加放俸餉銀三萬兩、闈捐銀十四萬四千兩、地丁等項銀十四萬四千兩，共銀三十四萬八千兩，於二月二十六及三月初一等日，先後交號商源豐潤等匯解江海關道兑收，備還俄、法之款，詳請奏咨前來。臣覆核無異，除咨部查照外，謹會同廣東巡撫臣德壽，附片具陳。伏乞聖鑒。謹奏。光緒二十七年四月初六日拜發[1]。

（硃批）：戶部知道[2]。

光緒二十七年五月十四日，奉硃批：戶部知道。欽此[3]。

補證

【案】此片原件①藏於臺北“故宫博物院”，錄副②現藏於中國第一歷史

① 臺北“故宫博物院”藏：《軍機及宫中檔》，文獻編號：408003366-0-B。

② 中國第一歷史檔案館藏：《錄副奏摺》，檔號：03-6696-056。

檔案館，兹據校勘。

[1]【光緒二十七年四月初六日拜發】此具奏日期僅見於底本。

[2]【戶部知道】此“硃批”據原件補。

[3]【光緒二十七年五月十四日，奉硃批：戶部知道。欽此】此硃批日期等，據録副校補。

一七四　粤海關滙解俄法借款片

光緒二十七年四月初六日（1901 年 5 月 23 日）

再，准戶部咨：應還俄、法本息，由各海關洋税、洋藥税釐項下攤派粤海關三十六萬兩，每年匀分三、九兩月解交，等因。迭經遵解在案。咨准粤海關監督莊山咨稱：准戶部劄開：俄、法借款佛郎、磅價昂貴，原撥銀數不敷，照案酌量加撥本年三月期內應解俄、法還款銀二十一萬六千兩，又加撥銀兩內之六成銀五萬四千兩，合共銀二十七萬兩，先後備文發交西商志成信協成乾銀號滙解江海關道衙門投納，等因。前來。除咨呈行在軍機處及戶部查照外，謹會同粤海關監督臣莊山，附片陳明。伏乞聖鑒。謹奏。光緒二十七年四月初六日拜發[1]。

（硃批）：戶部知道[2]。

光緒二十七年五月十四日，奉硃批：戶部知道。欽此[3]。

補證

【案】此片原件①藏於臺北“故宮博物院”，録副②現藏於中國第一歷史檔案館，兹據校勘。

① 臺北“故宮博物院”藏：《軍機及宮中檔》，文獻編號：408003366-0-A。

② 中國第一歷史檔案館藏：《録副奏摺》，檔號：03-6696-055。

[1]【光緒二十七年四月初六日拜發】此具奏日期僅見於底本。

[2]【戶部知道】此“硃批”據原件補。

[3]【光緒二十七年五月十四日，奉硃批：戶部知道。欽此】此硃批日期等，據錄副校補。

一七五　造報黃江廠徵稅數目摺

光緒二十七年四月初六（1901 年 5 月 23 日）

頭品頂戴兩廣總督臣陶模跪[1]奏，爲黃江廠第十四次徵收稅銀數目，恭摺具陳，仰祈聖鑒事。

案照廣東肇慶府黃江稅廠，無閏之年應徵正稅銀一萬二千八百六十八兩六錢九分五釐，院司養廉銀三百八十六兩六錢一釐，羨餘銀一萬五千九百六十七兩六錢九分六釐，加徵盈餘銀二萬兩、橋羨銀一萬兩，共額解銀五萬九千二百四十兩九錢九分二釐。所有光緒二十五年五月以前徵收數目，業經前督臣奏報在案。茲據廣東藩司丁體常會同善後局司道詳稱：光緒二十五年五月二十二日起至二十六年五月二十一日止，第十四次無閏一年期滿，該廠徵收銀一十二萬四千六百四十九兩六錢一分三釐，又由羅定桂稅項下劃還該廠稅銀九千七百一十八兩四錢六分八釐，共徵銀一十三萬四千三百六十八兩八分一釐，內除支銷廠用不及一成銀一萬一千七十六兩二錢二分，實解司庫四項正額暨院司養廉銀五萬九千二百四十兩九錢九分二釐，又解善後局額外節省防費銀六萬四千五十兩八錢六分九釐。共解繳司局銀一十二萬三千二百九十一兩八錢六分一釐。又，橋羨加徵盈餘項下解足一萬二千兩，照案歸入併計。共溢解銀七萬六千五十兩八錢六分九釐。再，羅定桂稅劃還該廠正稅項下，向不提一成廠用，造具收支清册，詳請奏咨前來。臣覆核無異，除册咨部外謹會同廣東巡撫臣德壽，繕摺具陳。再，辦理黃江廠務委員，每年徵收溢額，例應請獎，本

居並非一員經理，毋庸議獎。合併聲明。伏乞皇太后、皇上聖鑒訓示。謹奏。光緒二十七年四月初六拜發

（硃批）：戶部知道[2]。

光緒二十七年五月十四日，奉硃批：戶部知道。欽此[3]。

補證

【案】此摺原件①藏於臺北“故宮博物院”，錄副②現藏於中國第一歷史檔案館，茲據校勘。

[1]【頭品頂戴兩廣總督臣陶模跪】底本無前銜，茲據原件補。

[2]【戶部知道】此“硃批”據原件補。

[3]【光緒二十七年五月十四日，奉硃批：戶部知道。欽此】此硃批日期等，據錄副校補。

---

① 臺北“故宮博物院”藏：《軍機及宮中檔》，文獻編號：408003365。

② 中國第一歷史檔案館藏：《錄副奏摺》，檔號：03-6513-034。

卷十二

廣東二

一七六　喘嗽咯血乞賞假一月摺
光緒二十七年四月初六日（1901年5月23日）

頭品頂戴兩廣總督臣陶模跪[1]奏，爲微臣喘恙未痊，痰中近又帶血，懇恩賞假調理，恭摺仰祈聖鑒事。

竊臣精力就衰，數年來，頻患喘嗽及咯血等癥，渥蒙朝廷逾格恩施，調任兩廣，離苦寒之地、就溫暖之區，本與微臣賤體相宜，初意一至東南，諸病卽可霍然。乃履任以後，僅晚間欬嗽稍輕，而行動氣喘依然如舊。蓋兩廣政事繁劇，洋務轇轕又倍於曩時。微臣人地生疏，益行勞憊，中心憂憒，藥餌無功。接見寅僚，言語稍多，卽上升呼吸喘促。近日吐痰較多，間又帶血。醫家謂肺質久傷，非靜養不能漸愈。再四思維，合無仰懇天恩賞假一月，得以從容調治，冀可漸瘳。假期以內一切緊要公事，仍當躬親料理，不敢自躭安逸，致有貽誤。俟喘嗽稍減，卽當力疾銷假。所有微臣喘恙未痊，痰中近又帶血，懇恩賞假調理緣由，謹恭摺具陳。伏乞皇太后、皇上聖鑒。謹奏。光緒二十七年四月初六日拜發。

（硃批）：著賞假一箇月[2]。

光緒二十七年五月十四日，奉硃批：著賞假一箇月。欽此[3]。

補證

【案】此片原件①藏於臺北"故宮博物院"，錄副②現藏於中國第一歷史檔案館，茲據校勘。

[1]【頭品頂戴兩廣總督臣陶模跪】底本無前銜，茲據原件補。

① 臺北"故宮博物院"藏：《軍機及宮中檔》，文獻編號：408003363。
② 中國第一歷史檔案館藏：《錄副奏摺》，檔號：03-5406-111。

[2]【著賞假一箇月】此“硃批”據原件補。

[3]【光緒二十七年五月十四日，奉硃批：著賞假一箇月。欽此】此硃批日期與內容，據錄副校補。

一七七　參劾庸劣文員摺

光緒二十七年四月初六日（1902年5月23日）

頭品頂戴兩廣總督臣陶模跪[1]奏，爲甄別庸劣不職文員，請旨分別懲處，以肅吏治，恭摺仰祈聖鑒事。

竊廣東吏治不修由來已久，去冬撫臣德壽分別舉劾，稍資整頓。臣續有所聞，亦既訪察確實，不能不臚列上陳。茲查有雷瓊兵備道葉大道①，嗜好漸深，怠於理事，晝眠夜起，屬吏罕見其面。卽選道廣東候補知府盧秉政②才具平庸，作事苟且，前任惠州知府被參革職，旋經開復[2]，仍署惠州府，考試不公，士論譁然。南海縣知縣楊鎮榮③閱

---

① 葉大道（1845—1907），字敷恭，號鐸人，福建閩縣人，廪生。同治四年（1865），中舉人。光緒六年（1880），中式進士，改庶吉士。九年（1883），授翰林院編修。十一年（1885），充武英殿協修官，調國史館協修官。十四年（1888），補武英殿纂修官。十九年（1893），遷武英殿總纂官。次年，大考三等，保以道府用，加五品頂戴。二十一年（1895），任國史館纂修官。翌年，充武英殿提調官。二十三年（1897），授廣高廉欽道員。二十六年（1900），調補東雷瓊兵備道。二十七年（1901），經陶模奏參，勒令休致。三十三年（1907），卒。

② 盧秉政（1846—？），字燮堂、實堂，四川巴縣人，附生。同治三年（1864），中舉人。四年（1865），中式進士，籤分刑部。同年，告假回籍。六年（1867），保員外郎。次年，丁母憂。十年（1871），到部學習。十二年（1873），學習期滿，奏補刑部員外郎。十三年（1874），丁父憂，回籍終制。光緒三年（1877），到刑部候補。六年（1880），補刑部四川司員外郎，轉刑部奉天司員外郎。八年（1882），充順天鄉試同考官。十四年（1888），保記名以道府用。同年，升刑部河南司郎中。翌年，放廣東廣州府遺缺知府。十六年（1890），調廣東惠州府知府。次年，保以以道員即選。十九年（1893），充內簾監試。二十一年（1895），被參革職。二十五年（1899），署廣東惠州府知府。二十七年（1892），經陶模奏參，勒令休致。

③ 楊鎮榮（1868—1901），湖南善化縣人，原籍乾州直隸廳，由監生報捐縣丞。因其祖父甘督楊岳斌在任病故，清廷賞以知縣用。光緒十九年（1893）赴部投供。二十年（1894），選授曲江縣知縣。二十四年（1898），調補南海縣知縣，後署羅定直隸州知州。二十七年（1901），在任病故。

歷太淺，辦事輕率，難勝繁要之任。同知銜四會縣知縣張經年貌若勤能，品行卑鄙。四品銜試用通判署電白縣知縣蔡繼昌信任劣幕，聲名平常。同知銜候補知縣曾瑞琪性情巧滑，工於牟利，前署瓊山縣任內聲名甚劣。均難稍事姑容，擬合請旨將雷瓊兵備道葉大遒、即選道廣東候補知府盧秉政均勒令休致；南海縣知縣楊鎮榮開缺另補；同知銜四會縣知縣張經年開去同知銜四會縣缺；四品銜試用通判蔡繼昌撤銷撤銷四品銜試用通判；均以府經歷縣丞歸部選用。同知銜候補知縣曾瑞琪即行革職，以肅吏治。至所屬各員賢否不一，一時未能周知，容臣隨時查看、續行具陳外，所有甄別庸劣不職文員各緣由，恭摺具奏。伏乞皇太后、皇上聖鑒訓示。謹奏。光緒二十七年四月初六日拜發。

（硃批）：另有旨[3]。

光緒二十七年五月十四日，奉硃批：另有旨。欽此[4]。

補證

【案】此摺原件①藏於臺北"故宮博物院"，錄副②現藏於中國第一歷史檔案館，茲據校勘。

[1]【頭品頂戴兩廣總督臣陶模跪】底本無前銜，茲據原件補。

[2]【案】光緒二十一年六月二十二日，兩廣總督譚鍾麟、廣東巡撫馬丕瑤片奏曰：

> 再，臣等承准軍機大臣字寄：光緒二十一年四月二十一日，奉上諭：廣東惠州府知府盧秉政，著譚鍾麟、馬丕瑤悉心察看，如竟不能勝任，即行據實參奏，毋稍遷就。將此諭令知之。欽此。遵旨寄信前來。查惠州府知府盧秉政，經臣丕瑤於甄別案內，以該員平庸貪汙、嗜好更深奏參，奉旨即行革職在案。自毋庸再行查參。理合附片陳明。伏乞聖鑒。

---

① 臺北"故宮博物院"藏：《軍機及宮中檔》，文獻編號：408003362。

② 中國第一歷史檔案館藏：《錄副奏摺》，檔號：03-5406-110。

謹奏。[1] 光緒二十一年七月二十三日，奉硃批：知道了。欽此[2]。

【案】光緒二十四年七月十六日，兩廣總督譚鍾麟、廣東巡撫許振禕以已革知府盧秉政捐銀二萬兩，奏請將其開復陞階，曰：

太子少保頭品頂戴兩廣總督臣譚鍾麟、頭品頂戴廣東巡撫臣許振禕跪奏，爲革員報效鉅款，助購軍械，懇請特恩獎敘，恭摺仰祈聖鑒事。竊照戶部通行：議覆兩江總督劉坤一條陳籌餉事宜，如有官紳捐銀至一萬兩以上者，准專摺奏請特恩獎敘，等因。奉旨：依議。欽此。欽遵在案。本年五月，廣西梧州鬱林土匪滋事，危急萬分，臣等當派署高州鎮潘瀛、總統方準、莫善積等營，分道兼程前進，仰託天威，一鼓剿平。維時美商運有快槍、軍火，需價十餘萬兩，而善後局正值絀乏，適有已革惠州府知府即選道盧秉政呈稱：當此軍事火急，籌款維艱，革員身受國恩，願報銷銀二萬兩，以資接濟，不敢仰邀議敘，等情。臣等查盧秉政，四川巴縣人，同治乙酉科進士，由刑部郎中京察一等記名道府，奉旨補授欽州府知府。嗣捐順直賑款，經直隸督臣李鴻章奏奉硃批：以道員即選。欽此。光緒二十一年，前廣東撫臣馬丕瑤奏參革職。臣等詳查，該革員人才可用，原參並無實據。茲報效鉅款，核與捐銀一萬兩以上准專摺請敘章程相符。前安徽甯池太廣道恭鎧捐豫賑銀一萬兩，經河南撫臣倪文蔚奏請獎敘，蒙特恩仍以道員選用；前廣東高廉道陸心源捐東賑銀一萬兩，經山東撫臣張曜奏蒙特恩，開復原官，交吏部帶領引見；又，前四川富順縣知縣捐助軍餉，經直隸督臣王文韶奏蒙特恩，開復原官，留省補用。今盧秉政捐銀二萬兩，較恭鎧等捐數加倍，歲據稱不敢仰邀議敘，似未便沒其報效之忱。合無仰懇天恩，准將前廣東惠州府知府即選道盧秉政開復原官陞階，仍留原省補用，以昭激勵，出自逾格鴻慈。臣等謹合詞恭摺具陳。伏乞皇上聖鑒訓示。謹奏。光緒二十四年七月十六日。[3]

---

① 中國第一歷史檔案館藏:《硃批奏片》，檔號：04-01-12-0568-108。

② 中國第一歷史檔案館藏:《錄副奏片》，檔號：03-5328-038。

③ 中國第一歷史檔案館藏:《硃批奏摺》，檔號：04-01-01-1027-011。

光緒二十四年八月初六日，奉硃批：著照所請，該部知道。欽此①。

[3]【另有旨】此"硃批"據原件補。

[4]【光緒二十七年五月十四日，奉硃批：另有旨。欽此】此硃批日期等，據錄副校補。

一七八　參劾庸劣武員摺

光緒二十七年四月初六日（1901年5月23日）

頭品頂戴兩廣總督臣陶模跪[1]奏，爲特參庸劣不職武員，請旨分別懲處，以肅營務，恭摺仰祈聖鑒事。

竊兩粵爲濱海要區，軍政尤關緊要。臣到任以來，悉心察訪，粵西路途較遠，一時未能周知，粵東武職中職分較崇者已略得梗概。茲查有北海鎮總兵劉邦盛②，嗜好甚深，辦事顢頇，去年惠州會匪作亂，該鎮帶隊防剿，措置無方，幾壞大局。旋回本任，不知整頓營務，所屬把總滋事，檄令查辦，多方庇護，實難勝專閫之任。肇慶協副將斌成，才具平庸，辦事竭蹶，難勝海疆副將之任。赤溪協副將張邦福，闒茸嗜利，在署南韶連鎮任內聲名尤劣。順德協副將劉盛濯，庸懦無能，緝捕廢弛。新會營參將武永泰③，貌似勤幹，專工酬應。均未便稍事姑容，擬合請旨將北海鎮總兵劉邦盛、肇慶協副將斌成均開缺，送

① 中國第一歷史檔案館藏：《錄副奏摺》，檔號：03-5364-046。

② 劉邦盛（1838），安徽合肥人，武童。同治元年（1862），充樹字營哨長。旋因打仗出力，保兩江補用參將，加副將銜、果勇巴圖魯名號。光緒五年（1879），晉總兵銜。七年（1881），補廣東增城營參將。八年（1882），遷廣東督標中軍副將。十一年（1885），調補廣東惠州協副將。二十二年（1896），擢廣東北海鎮水陸總兵。二十七年（1901），被參開缺，送部引見。同年六月，行抵湖南，因病身故。

③ 武永泰（1842—1904），直隸天津縣人。光緒初年，充勇目。十四年（1888），補廣東澄海營右營守備。十八年（1892），授碣石鎮右營都司。二十年（1894），升廣東水師提標右營遊擊。次年，遷署廣東平海營參將。二十三年（1897），署新會營參將。二十四年（1898），署廣東大鵬協副將。二十七年（1901），被參以都司候選。三十年（1904），在任病故。

部引見；赤溪協副將張邦福①、順德協副將劉盛濯，均卽革職；新會營參將武永泰開去參將缺，以都司歸部選用。以肅營務。如蒙俞允，所遺北海鎮總兵員缺，請旨簡放，以重職守。其副將、參將各缺，廣東現有應補人員，請由外揀補。其粵西各營及東省各營員弁隨時察看，再行具奏外，所有特參庸劣不職武員各緣由，恭摺具奏。伏乞皇太后、皇上聖鑒訓示。謹奏。光緒二十七年四月初六日拜發。

（硃批）：另有旨[2]。

光緒二十七年五月十四日，奉硃批：另有旨。欽此[3]。

補證

【案】此摺原件②藏於臺北“故宮博物院”，錄副③現藏於中國第一歷史檔案館，兹據校勘。

[1]【頭品頂戴兩廣總督臣陶模跪】底本無前銜，兹據原件補。

[2]【另有旨】此“硃批”據原件補。

[3]【光緒二十七年五月十四日，奉硃批：另有旨。欽此】此硃批日期等，據錄副校補。

【案】粵督陶模特參庸劣不職文、武員弁兩摺，均於是年五月得允行，《上諭檔》：

光緒二十七年五月十四日，內閣奉上諭：陶模奏，特參庸劣不職

① 張邦福（1829—?），安徽合肥縣人。同治元年（1862），充淮軍樹字正營什長。三年（1864），保把總，賞戴藍翎。五年（1866），保儘先守備。七年（1868），保都司，換花翎。十二年（1873），加伯奇巴圖魯勇號。九年（1870），保遊擊，晉參將銜。十三年（1874），保參將，管帶武毅右軍前營，晉副將銜。光緒十年（1884），隨張樹聲赴廣東差委。光緒十二年（1896），委署廣東碣石鎮標中軍遊擊。十四年（1888），署廣東督標前營參將。同年，補廣西全州營參將。十五年（1889），署廣東瓊州鎮標中軍遊擊，調署廣東潮州鎮標左營遊擊。十六年（1890），加總兵銜。次年，補廣西撫標中軍參將，管帶魚珠礮臺全字營。十八年（1892），調補撫標中軍參將。二十年（1894），保廣東水師提標儘先副將。二十一年（1895），署廣東北海鎮總兵官，是年，赴部引見。翌年，補授赤溪協副將。二十三年（1897），遷廣東外海水師赤溪協副將。二十七年（1901），被參革職。二十九年（1903），遞回原籍，嚴加管束。

② 臺北“故宮博物院”藏：《軍機及宮中檔》，文獻編號：408003361。

③ 中國第一歷史檔案館藏：《錄副奏摺》，檔號：03-5951-015。

文武、官員各一摺。廣東雷瓊兵備道葉大遒嗜好甚深，怠於理事；候補知府盧秉政才具平庸，作事苟且；均著勒令休致。南海縣知縣楊鎮榮閱歷太淺，辦事輕率，著開缺另補。同知銜四會縣知縣張經年貌若勤能，品行卑鄙；四品銜試用通判署電白縣知縣蔡繼昌信任劣幕，聲名平常；均著撤銷加銜，以府經歷縣丞歸部選用。候補知縣曾瑞祺性情巧滑，工於牟利，著即行革職。北海鎮總兵劉邦盛辦事顢頇，措置無方；肇慶協副將斌成才具平庸，辦事竭蹶；均著開缺送部引見。赤溪協副將張邦福闒茸嗜利，聲名尤劣；順德協副將劉盛濯庸懦無能，緝捕廢弛；均著即行革職。新會營參將武永泰貌似勤幹，專工應酬，著開去參將缺，以都司歸部選用。以肅吏治而飭戎政。餘著照所議辦理，該部知道。欽此。①

一七九　廣東裁提各款不能如數籌足摺

光緒二十七年四月二十八日（1901年6月14日）

頭品頂戴兩廣總督臣陶模、頭品頂戴廣東巡撫臣德壽跪[1]奏，爲廣東裁、提各款奉撥指抵鎊價實難如數提存，預爲陳請改撥，以免衍期失信，恭摺仰祈聖鑒事。

竊光緒二十六年四月准戶部咨：將剛毅前在廣東所籌裁、提各項銀一百六十萬兩指撥，歸還匯豐鎊價，當因剛毅所籌各款均無實在著落，司局提存不及一半，而鎊價期限已迫。臣德籌不得已向商富息借，湊足匯解，並瀝情奏陳，聲明剛毅所籌之款萬難照數籌足，每年祇能儘力提存銀八十萬兩，聽候撥用，當奉硃批：戶部知道。欽此。本年二月十九日，准行在戶部咨：以本年應提銀兩務照原奏提存足數，專備本部撥還匯豐各洋款本、息之用。明知廣東用

① 中國第一歷史檔案館編：《光緒朝上諭檔》第27冊，第105頁。又，《德宗景皇帝實錄》，卷四百八十三，光緒二十七年五月，《清實錄》第58冊，第379—380頁。

款繁鉅，提存本屬爲難，無數如洋款攸關，該省如不能應解，他省更無從籌撥。現在和局將成，賠款必鉅，將來該省攤還洋債尚不免續有加增，其以前備還洋債各款何能輕易減免？等因。臣等伏查剛毅原籌之款，係釐金加增比較及加增臺礮經費銀四十四萬九千四百兩，又外銷之商捐土絲、土茶、釐費及茶膏、牙餉、節省廠用等銀四十萬七百二十兩，又善後局節省銀四十萬三百兩，又運庫節省外銷銀十二萬二百兩，鹽務各差缺酌提盈餘銀八萬四千三百兩，又督、撫、藩司各衙門酌提公費銀五萬三千六百兩，各府縣報效銀十萬兩，統計共得洋銀一百六十萬八千五百二十兩。在剛毅祇以一己私見極力搜括，以見其籌餉之多，而未計及所籌之項是否實可提儲。剛毅回京之後，即以所籌之款指抵鎊價，以虛有其名之項而作實不可緩之用，不知釐金自西江通商以後，洋單暢行，正釐尚難足額，雖有加增之名，並無加增之實，有歷次奏報銷册可憑，何能以虛加之數指作實提之款！至外銷節省各項，亦皆實有支銷，萬無可省。剛毅原謂釐金該歸商包之後，可以通融挹注。今則商辦包釐，已因虧餉中止，更何從得此餘款以資彌補？督撫、藩司秩分較崇，辦公即有支絀，總應照數提存，若地方府縣及鹽務差缺薪俸本薄全賴盈餘，藉資周轉，提解過多，公用不足，謹慎者力不能應，不過拖欠延宕；不肖者催提過急，則取此償彼，更將緣以爲奸。是以前督臣李鴻章、臣德壽一再奏請，分别減免、規復，實皆出於萬不得已之苦衷。回憶上年鎊價居期之時，提款數未及半，經理度支之員束手無策，萬一商富無可通融，必將貽誤期限，失信外人。即舉廣東闔省管理遍加徵處，而大局已誤，何裨於事！興言及此，猶切悚惶。令部臣仍令將本年之款照數提存。臣等與司道細心籌畫，通盤核計，當時所謂加增者，既未見增；當時所謂節省者，均未能省。上年息借商欵，至今尚未還清。前奏所云每年酌提一半，已屬萬分爲難，若令照數提存，實在無從著手，且現奉電傳諭旨，以新定賠款飭令各省分認籌還，縱使别有可籌，亦應歸入新議賠款辦理，不能挪抵此項。與其臨時貽誤，不若及早陳明。明知各省度支同一竭蹶，粵省所減之銀，戶部又須另籌指撥。惟查武衛新軍，現經遣散，騰出之餉，似可撥還匯豊鎊價。粵省應提裁節盈餘一項，應請仍照臣德籌原奏，每年勉力提存銀八十萬兩，聽候撥用。據廣東布政、鹽運兩司會同善後、釐務各局，詳請具奏前來。臣等復加察核，委係實在情形。所有奉撥指抵鎊價實難如數提存、預請改撥緣由，謹合詞恭摺具奏。伏乞皇太后、皇上聖鑒訓示。謹奏。光緒二十七年四月二十八日拜發。

（硃批）：戶部知道[2]。

光緒二十七年六月初五日，奉硃批：戶部知道。欽此[3]。

補證

【案】此摺原件①藏於臺北"故宮博物院"，錄副②現藏於中國第一歷史檔案館，茲據校勘。

[1]【頭品頂戴兩廣總督臣陶模、頭品頂戴廣東巡撫臣德壽跪】底本無前銜，茲據原件補。

[2]【戶部知道】此"硃批"據原件補。

[3]【光緒二十七年五月十四日，奉硃批：戶部知道。欽此】此硃批日期等，據錄副校補。

一八〇　剿捕十萬大山遊匪片

光緒二十七年四月二十八日（1901年6月14日）

再，據辦理欽廉邊防候補道潘培楷③先後電稟：欽防邊界十萬大

① 臺北"故宮博物院"藏：《軍機及宮中檔》，文獻編號：408003367。

② 中國第一歷史檔案館藏：《錄副奏摺》，檔號：03-6696-061。

③ 潘培楷（1842—1911），廣西平樂縣人，監生。同治初年，報捐貴州試用縣丞。六年（1867），賞戴藍翎。十年（1871），保貴州即補縣丞。十三年（1874），捐貴州同知。光緒二年

山地面有遊匪竄擾，扼要分踞，刦殺擄捉，道路幾至不通。欽廉一帶會匪甚多，深慮勾結爲患，等情。臣等當查十萬大山係在欽州防城交界之處，與廣西上思廳接壤。該處亂山叢雜，遊匪最易潛聚。除飭潘道調集邊防各營上緊剿捕，並飭欽廉各屬暨上思廳嚴密防堵，查緝境內會匪，毋任勾結蔓延爲患，一面咨會督辦廣西邊防提督蘇元春①，一體派營防勦外，所有欽防邊境十萬大山地面有遊匪竄擾，已飭潘道調營勦捕情形，謹合詞附片陳明。伏乞聖鑒。謹奏。光緒二十七年四月二十八日拜發[1]。

（硃批）：著會督蘇元春、潘培楷，合力兜剿，迅速撲滅，毋留餘孽[2]。

光緒二十七年六月初五日，硃批：著會督蘇元春、潘培楷，合力兜剿，迅速撲滅，毋留餘孽[3]。

補證

【案】此奏片原件②藏於臺北"故宫博物院"，茲據校勘。

【案】光緒二十七年四月二十八日，陶模等即收悉電寄諭旨，命其協力搜拏土匪，曰：

軍機大臣字寄：兩廣總督陶，廣東巡撫德，調補廣西巡撫丁，貴州

（接上页）（1876），改捐廣東試用。十年（1884），隨蘇元春出關，總理營務，賞戴花翎。次年，保廣東補用知府。二十二年（1896），捐二品頂戴。二十四年（1898），保道員。二十五年（1899），署廣東高廉道。翌年，加誠勇巴圖魯。二十七年（1901），晉布政使銜。次年，辦理廣東欽廉邊防。二十八年（1902），經山東巡撫張人駿奏調，赴山東差委。旋丁母憂，仍留廣東候補。次年，統帶綏遠軍赴南甯剿匪。宣統三年（1911），積勞病故。

① 蘇元春（1846—1908），字子熙、子溪，廣西永安州人，武童、廩膳生。同治二年（1863），充精毅營哨長。翌年，管帶中軍。四年（1865），加遊擊銜，次年，晉總兵銜。六年（1867），加健勇巴圖魯，换鋭勇巴圖魯名號。八年，（1869），升提督銜，賞换法什尚阿巴圖魯勇號。翌年，封雲騎尉。光緒十年（1884），署廣西提督，封騎都尉。次年，督辦廣西軍務。同年，實授廣西提督，加三等輕車都尉，再换額爾德蒙額巴圖魯勇號。十六年（1890），晉太子少保。二十年（1894），升二等輕車都尉。二十七年（1901），調補湖北提督。翌年，兼署廣西提督，旋補廣西提督。三十年（1904），因案被參，免其死，發往新疆效力贖罪。三十四年（1908），卒於迪化。宣統元年（1909），開復官銜。

② 臺北"故宫博物院"藏：《軍機及宫中檔》，文獻編號：408003368-0-A。

巡撫鄧：光緒二十七年四月二十八日，奉上諭：俞廉三奏，勦捕土匪情形，請飭各鄰省協力搜拏，等語。湖南伏莽素多，經該省隨時拏辦，尚未盡絕根株。其南與兩廣、貴州接壤之區，時有會匪糾眾放飄，潛謀不軌。著陶模、德壽、丁振鐸、鄧華熙嚴飭所屬文武員弁，毋分畛域，協力搜拏，以靖地方。原片均著鈔給閱看。將此各諭令知之。欽此。遵旨寄信前來。①

[1]【光緒二十七年四月二十八日拜發】此具奏日期僅見於底本。

[2]【著會督蘇元春、潘培楷，合力兜剿，迅速撲滅，毋留餘孽】此"硃批"據原件補。

[3]【光緒二十七年六月初五日，硃批：……】此硃批日期等，據《隨手檔》② 校補。

一八一　粵海關匯解籌備餉銀摺

光緒二十七年四月二十八日（1901年6月14日）

頭品頂戴兩廣總督臣陶模跪[1]奏，爲報解粵海關應解籌備餉需銀兩，匯滬轉行解京應用，恭摺具陳，仰祈聖鑒事。

竊本年四月初六日准户部微電：京師需款甚急，各該省、關即在本年應解籌備餉需項下，按原撥數目先提一半，刻日解滬，由滬道設法匯京，等因。查上年户部奏撥籌備餉需案內，每年撥粵海關四成洋稅銀十二萬兩、六成洋稅銀二十萬兩，歷經按照四季分解在案。茲光緒二十七年春、夏兩季應解四成洋稅銀共六萬兩、六成洋稅銀共十萬兩，二共銀十六萬兩，竭力設法籌足，備具文批發，交西商志成信協成乾銀號，匯解上海江海關道衙門投納，轉行解京應。除咨户部查照

---

① 中國第一歷史檔案館藏:《電寄諭旨檔·光緒朝》，檔號：1-01-12-027-0306。又，《德宗景皇帝實錄》，卷四百八十二，光緒二十七年四月，《清實錄》第58冊，第373頁。

② 中國第一歷史檔案館藏:《軍機處隨手登記檔》，檔案編號：03-0308-2-1227-151。

外，理合會同粵海關監督臣莊山，恭摺具陳。伏乞皇太后、皇上聖鑒。謹奏。光緒二十七年四月二十八日拜發。

（硃批）：戶部知道[2]。

光緒二十七年六月初五日，奉硃批：戶部知道。欽此[3]。

補證

【案】此摺原件①藏於臺北“故宮博物院”，錄副②現藏於中國第一歷史檔案館，兹據校勘。

[1]【頭品頂戴兩廣總督臣陶模跪】底本無前銜，兹據原件補。

[2]【戶部知道】此“硃批”據原件補。

[3]【光緒二十七年六月初五日，奉硃批：戶部知道。欽此】此硃批日期等，據錄副校補。

一八二　水師人員請暫緩引見片
光緒二十七年四月二十八日（1901年6月14日）

再，改用外海水師人員試驗一年期滿，例應保題送部引見。兹准廣東水師提督何長清③先後咨稱：改用廣東外海水師儘先副將陳良傑④，於光緒二十三年正月二十日到營，現署水師提標左營遊擊事務；

---

① 臺北“故宮博物院”藏：《軍機及宮中檔》，文獻編號：408003370。

② 中國第一歷史檔案館藏：《錄副奏摺》，檔號：03-6063-024。

③ 何長清（1843—1909），字榆庭，廣東香山人。咸豐十一年（1851），中鄉試武舉。同治二年（1863），中式武進士。同年，以守備用。同治十一年（1872），保遊擊，戴花翎。光緒三年（1877年）署前山營都司。七年（1881），補水師提標右營遊擊。九年（1883），署平海營參將，赴虎門砲臺委帶勇營。十年（1884），升海門營參將。十七年（1991），遷大鵬協副將，署北海鎮總兵。同年，調補湖北鄖陽鎮總兵。二十二年（1896），擢廣東水師提督。三十年（1904），因案褫職，旋經奏保，開復原銜，署北海鎮總兵。次年，丁母艱，回籍終制。宣統元年（1909），卒於籍。

④ 陳良傑（1848—？），浙江省鎮海縣人。同治三年（1864），投效銘軍，充勇目，旋保把

又，改用外海水師儘先參將石玉山①，於光緒二十四年十二月初三日到營，現帶廣毅軍勇，辦理惠州東江餘匪；又，改用外海水師儘先都司黃麟瑞②，於光緒九年十二月初一日到營，現署香山協左營都司事務。各該員業已試驗一年期滿，水師均尚熟悉，例應考驗給咨送部。惟或署員缺，或帶營勇，正資得力，未便遽易生手，咨請核辦，等情。前來。臣覆核無異，合無仰懇天恩俯准副將陳良傑、參將石玉山、都司黃麟瑞，均暫緩送部，敕部先行注册序補，俟補缺時，併案給咨赴部引見，出自逾格鴻施。理合附片具陳。伏乞聖鑒訓示。謹奏。光緒二十七年四月二十八日拜發[1]。

（硃批）：著照所請，兵部知道[2]。

光緒二十七年六月初五日，奉硃批：著照所請，兵部知道。欽此[3]。

補證

【案】此奏片原件③藏於臺北"故宮博物院"，錄副④藏於中國第一歷史檔案館，兹據校勘。

[1]【光緒二十七年四月二十八日拜發】此具奏日期僅見於底本。

（接上页）總、千總。六年（1867），保守備。九年（1870），保都司。十一年（1872），任江南輪船局各兵輪船鎗礮總教習，戴藍翎。十三年（1874），補江陰江防南北岸及虎門等各礮臺總教習。光緒七年（1881），兼理礮臺事務。十年（1884），勘地繪圖、建築礮臺，以功加遊擊銜。一二年（1886），保升遊擊。十四年（1888），管理河海三營輪扒各船事務，辦瓊州海口秀英礮臺工程。十七年（1891），署廣東海口營參將，委帶瓊軍右營事務，賞戴花翎。十九年（1893），授兩廣總督督標中營中軍都司，並保參將。二十一年（1895），署海口營參將、崖州協副將。翌年，保副將。二十六年（1900），署廣東水師提標左營遊擊。次年，保以總兵記名簡放。二十八年（1902），補廣東順德協副將，署廣東香山協副將，兼管秀英礮臺事務。同年，署廣東高州鎮水陸總兵。三十二年（1906），署廣東增城營參將。

① 石玉山，河南人，生卒年不詳，因剿辦捻軍出力，保補用參將。光緒二十二年（1896），署水師參將。二十九年（1903），補授大鵬營協副將。其他待考。

② 黃麟瑞（1835—？），廣東廣州府香山縣人，由武童歷保花翎儘先都司。光緒九年（1883），保遊擊，後保參將。二十七年（1901），經兩廣總督陶模奏報，以參將補用。宣統二年（1910），送部引見，補授廣東水師提標中軍參將。

③ 臺北"故宮博物院"藏：《軍機及宮中檔》，文獻編號：408003368。

④ 中國第一歷史檔案館藏：《錄副奏片》，檔號：03-5952-012。

[2]【著照所請，兵部知道】此“硃批”據原件補。

[3]【光緒二十七年六月初五日，奉硃批：……欽此】此硃批日期等，據錄副校補。

一八三　京餉被刦片
光緒二十七年四月二十八日（1901 年 6 月 14 日）

再，光緒二十六年第二批鹽課、京餉内搭解一成銀圓六千五百七十兩，運至天津，被洋兵、拳匪刦去。前據兩廣鹽運使詳經臣德壽咨明行在戶部，請免予賠繳在案[1]。兹准覆稱：本部查例載：凡護解餉鞘，管解官不申請防護、不經由大路以致有失者，所失餉鞘着落管解官全賠。若解官已請防護，又係經由大路而餉鞘被失者，所失餉鞘地方文員分賠十分之五，簽差不慎之大員分賠十分之三，管解官分賠十分之二，等語。若猝遭兵燹，中途被刦，例内既無明文，亦無辦過似此成案。咨請免予賠繳，礙難率准，應令查明有無揑報情弊，自行奏明辦理，等因。當經行司遵照去後。兹據兩廣鹽運使國鈞詳稱：伏查上年第二批京餉及内務府經費等項共計紋銀五萬五千八百三十兩外，應搭一成銀圓六千五百七十兩，原交通商銀行及源豊潤等號匯兑，該銀行等將搭解一成粤鑄龍紋銀元裝箱，交開平公司之廣平輪船載運，於上年五月二十日駛抵天津，隨即提銀上岸，正擬轉解進京，適值洋兵、拳匪麕集，致被刦去，實係猝遇兵燹，變出非常，力難防護，並無揑報情弊，詳請具奏，免予賠繳，等情。前來。臣覆核無異，除咨明戶部外，謹會同廣東巡撫臣德壽，附片具陳。伏乞聖鑒訓示。謹奏。光緒二十七年四月二十八日拜發[2]。

（硃批）：戶部知道[3]。

光緒二十七年六月初五日，硃批：戶部知道[4]。

補證

【案】此奏片原件[①]藏於臺北“故宫博物院”，茲據校勘。

[1]【案】光緒二十六年，廣東巡撫德壽以京餉被劫附片奏請免予賠繳，曰：

再，粵東省起解光緒二十六年第二批京餉，内有搭解一成銀元二萬五千兩，運至天津，被洋兵、拳匪劫去，經奴才德壽咨明行在戶部，請免予賠繳在案。茲准覆稱：猝遭兵燹，中途被劫，例内既無免繳明文，部中亦無辦過成案，咨請免予賠繳，礙難率准，應令查明有無捏報情弊，自行奏明辦理，等因。當經飭行遵照。茲據布政使丁體常會同善後總局詳稱：查上年藩庫起解光緒二十六年第二批京餉銀二十五萬兩，係交通商銀行及新泰厚等商號領匯。其中搭解一成銀元二萬五千兩，因都中無可匯兑，是以將粵鑄銀元自行裝箱運解，由廣平輪船載運，於上年五月二十日駛抵天津，隨即提銀上岸。正擬轉解進京，適值洋兵、拳匪麕集，致被劫去，實係猝遇兵燹，變出非常，力難防護。移查粵海關税務司覆稱：上年五月初九，廣平輪船報關出口，確有報明載運銀元往天津情事。再三訪察，並無捏飾情弊。詳請具奏免予賠繳，等情。前來。奴才覆核無異，除咨明戶部外，謹會同兩廣總督臣陶模，附片具陳。伏乞聖鑒訓示。謹奏。（硃批）：戶部知道。[②]

[2]【光緒二十七年四月二十八日拜發】此具奏日期僅見於底本。

[3]【戶部知道】此“硃批”據原件補。

[4]【光緒二十七年六月初五日，硃批：戶部知道】此硃批日期等，據《隨手檔》[③]校補。

---

① 臺北“故宫博物院”藏：《軍機及宫中檔》，文獻編號：408003369-0-A。

② 中國第一歷史檔案館藏：《硃批奏片》，04-01-35-1055-062。

③ 中國第一歷史檔案館藏：《軍機處隨手登記檔》，檔案編號：03-0308-2-1227-151。

一八四 商人包辦鲞金虧欠勒賠摺

光緒二十七年四月二十八日（1901年6月14日）

頭品頂戴兩廣總督臣陶模、頭品頂戴廣東巡撫臣德壽跪[1]奏，爲商包鲞金，虧欠鉅餉，擬勒限承辦各商及督辦提調各員分成賠繳，以重餉需，恭摺仰祈聖鑒事。

竊查廣東鲞金前於光緒二十五年冬間，經剛毅奏請招商承辦。旋據商首岑敬輿、麥英俊、伍培章、黃健光四人情願承包，每年認繳餉銀四百萬兩。並據該商等於五月間稟請派委天津鎮總兵黃金福①、翰林院編修黎榮翰爲督辦，又於七月間稟請派委廣東試用知縣姚光耀，駐廠總辦提調商鲞總局事務，均經飭准照辦。後因虧餉甚鉅，流弊滋多，經臣德壽於光緒二十六年九月間奏請，將該商等撤退，仍改歸官辦在案[2]。自光緒二十六年六月初一該商包辦之日起至九月二十六撤退之日止，連閏計四箇月零二十六日，核應認繳餉銀一百六十二萬二千二百二十二兩二錢二分二鲞。該商等陸續呈繳及撥抵共銀一百一十八萬五千二百四十七兩六錢九分五鲞七毫，共欠繳銀四十三萬六千九百七十四兩五錢二分六鲞三毫。經臣等先後檄飭勒追，迄今未清繳。伏查廣東鲞金自西江通商以後，洋單暢行，抽收實有爲難，包商本屬非計，當時剛毅之固執更張，該商等之冒昧承攬，實皆黃金福爲之迎合播弄。黃金福爲潮州巨富，素善經商，向與各商聯絡，故

① 黃金福（1843—1908），廣東潮陽縣人。同治元年（1862），以軍功賞戴六品藍翎。四年（1865），保把總。七年（1868），保千總、守備，換花翎。次年，保升遊擊。十三年（1874），加阿克敦巴圖魯勇號，並加副將銜。光緒元年（1875），保參將。四年（1878），保升副將，晉總兵銜。五年（1879），調赴廣東水師提標中營。十年（1884），保總兵。十二年（1886），借補廣東水師參將。十五年（1889），署廣州協副將。二十年（1894），補廣東南韶連鎮總兵。二十八年（1902），調補貴州安義總兵。三十二年（1906），署廣東潮州鎮總兵、直隸天津鎮總兵。三十年（1908），病故。

該商等請委黄金福督辦之時，有宣德達情、惟黄鎭是賴之語。後又爲試用知縣姚光耀所惑，謂會計全省釐費四百萬兩綽綽有餘，如或辦理不前，惟彼是問。該商等深信其言，於是請改官督商辦，派委姚令提調總局事務。姚令到局之後，事權獨攬，物議繁興，是該商等之虧欠餉銀，固由於不審利害，輕率承認，亦未始非受人愚惑，爲所拖纍。現在虧欠餉銀至四十三萬六千餘兩之多，各商承認包釐，其中贏絀不同，固應分别追繳。惟黄金福家本巨富，先既從中聯合，經該商等稟請派爲督辦，自應責令分賠。試用知縣姚光耀提調一切事務，亦應分認賠繳。編修黎榮翰幫同料理，較之黄金福、姚光耀責任稍輕，惟既曾在局督辦，亦難置身事外。臣等公同商酌，擬將該商等欠繳餉銀四十三萬六千餘兩，責令承辦各商賠繳五成，黄金福賠繳三成，姚光耀賠繳一成半，黎榮翰賠繳半成，勒限兩箇月，照數繳清，限滿繳不及數，即由臣等奏參嚴追，以重餉需而懲玩抗。是否有當，伏候訓示。遵行。所有臣等查明商包釐金虧欠餉銀、擬責令承辦各商及督辦提調各員分成賠繳緣由，謹合詞恭摺具奏。伏乞皇太后、皇上聖鑒。謹奏。光緒二十七年四月二十八日拜發。

（硃批）：著照所請，該部知道[3]。

光緒二十七年六月初五日，奉硃批：著照所請，該部知道。欽此[4]。

補證

【案】此摺原件①藏於臺北“故宫博物院”，録副②藏於中國第一歷史檔案館，兹據校勘。

[1]【頭品頂戴兩廣總督臣陶模、頭品頂戴廣東巡撫臣德壽跪】底本無前銜，兹據原件補。

[2]【案】光緒二十六年九月二十二日，廣東巡撫德壽以商包釐金辦無成

① 臺北“故宫博物院”藏：《軍機及宫中檔》，文獻編號：408003369。

② 中國第一歷史檔案館藏：《録副奏片》，檔號：03-6163-022。

效奏報收回官辦，以裕餉源，曰：

頭品頂戴署兩廣總督廣東巡撫奴才德壽跪奏，爲廣東商包釐金欠餉甚鉅，日久並無成效，收回官辦，以顧餉源，恭摺仰祈聖鑒事。竊照廣東釐金一款，經前協辦大學士剛毅來粵會議，改爲招商承辦，每年認繳銀四百萬兩。嗣經議定章程，限於領諭後三箇月內，繳足預餉一百萬兩，作爲試辦三箇月之餉，於第三箇月內即分六期勻繳三十三萬三千餘兩，爲第四箇月預繳之餉，以後按期提前一月先繳，不准逾期。飭令該商首岑敬輿等遵照試辦，當經恭摺具奏，並聲明萬一商情爲難，事關通省餉項，如有變通更易之處，再行妥籌辦理，隨時奏聞在案。兹據布政使丁體常會同釐務總局司道詳稱：該商首岑敬輿等試辦三月期滿後，僅據先後繳到現銀五十萬兩，並備具期票二十萬兩，共成七十萬兩，其餘三十萬兩，請展限一月。當經批飭依限繳足。迨四月初四日展限屆滿，迭次嚴催，又據將先繳之期票二十萬兩湊足現銀，其餘三十萬兩，仍請以期票作抵，又經批准照辦，無非體恤商艱、力爲維持起見。及批示後，展轉月餘，再四督催，始據稟請定期六月初一日接餉開辦，所欠預餉三十萬兩，又復遷延日久，僅繳現銀六萬兩，尚欠二十四萬。旋由該商首稟請候補知縣姚光耀辦理商釐總局，並備具啟榮號期單呈繳，定分五期上兌，並由姚光耀與該商首等酌議變通章程，改坐爲行，委員分駐各廠督抽，即經批行司局督催妥議。嗣因各行商情不洽，紛紛具控。一面隨時開導，一面嚴追餉項。現計開辦已屆五月，前後僅繳到現銀九十三萬二千餘兩，不惟應繳試辦三月之預餉一百萬兩未能清繳，且月餉積壓至五十餘萬兩。至提前之餉更無論矣。其辦理毫無成效，流弊甚多，已可概見。應將該商首岑敬輿等即行撤退，收回官辦，仍由司局遴委妥員，認真稽徵，並嚴定章程，竭力挽回，藉圖補救，等情。詳請奏咨前來。奴才伏查釐金爲餉源大宗，京、協各餉及本省度支無不取給於此。該商首果能將每年所任四百萬兩籌繳足數，洵可裕餉惠商，有裨大局。今辦理數月，章程屢易變更，雖已曲爲遷就，而應繳餉項竟至催繳不前，積欠甚鉅。此由該商首承辦之始未能通盤籌畫，商情既不齊一，所舉又非其人，遂致訐訟紛紜，萬難起色。若不趕緊收回，不但四百萬之歲餉成效難期，恐本省固有之釐金已成無著，官商交困，挽救更難，貽誤要公，誠非淺鮮，自應迅令撤退，仍歸官辦，以重餉源。惟粵省釐務自此次更張後，元氣已虧。其盈絀情形，尤可資以考鏡，每年能否收至四百萬之數，實無把握，應由該司道等督飭委員，嚴杜中飽，涓滴歸公，但能稽核加嚴，庶於籌餉較有實際。除仍飭嚴追該商首岑敬輿等清繳欠餉及咨軍機處、戶部查照外，所有廣東商包釐金辦無成效、收回官辦緣由，謹恭摺具陳。伏乞皇太后、皇上聖鑒訓示。再，兩廣總督係奴才兼署，毋庸會銜。合併陳明。謹奏。光緒二十六年九月二十二日。① 光緒二十六年十二月三十日，奉硃批：戶部知道。欽此②。

[3]【著照所請，該部知道】此"硃批"據原件補。

[4]【光緒二十七年六月初五日，奉硃批：……欽此】此硃批日期等，據錄副校補。

一八五　造報修建礮臺各項費用片

光緒二十七年四月二十八日（1901年6月14日）

再，廣東省修建礮臺、礮篷各項工程，所有光緒二十六年閏八月以前支用銀數，先經列册奏咨在案。茲查光緒二十六年九月起至十二月底止修理礮臺、兵房、營房、礮具各具程[1]并鋪板等項，共用銀九千九百餘兩。其營盤地租一款，向在外銷項下籌給。千年剛毅來粵籌餉，經將內外銷款目和盤托出，所有支過前項修費自當彙同造報。據廣東善後局司道照章詳請奏咨立案前來。臣等覆查無異，除册送部外，謹附片具陳。伏乞聖鑒，敕部立案。謹奏。光緒二十七年四月二十八日拜發[2]。

---

① 中國第一歷史檔案館藏：《硃批奏摺》，檔號：04-01-35-0578-055。

② 中國第一歷史檔案館藏：《錄副奏摺》，檔號：03-6512-097。

（硃批）：該部知道[3]。

光緒二十八年六月十二日，奉硃批：該部知道。欽此[4]。

補證

【案】此奏片原件①藏於臺北“故宫博物院”，錄副②藏於中國第一歷史檔案館，茲據校勘。

[1]【各具程】原件、錄副均作“各工程”，確。底本誤無疑。

[2]【光緒二十七年四月二十八日拜發】此具奏日期僅見於底本。

[3]【該部知道】此“硃批”據原件補。

[4]【光緒二十八年六月十二日，奉硃批：該部知道。欽此】此硃批日期等，據錄副校補。

一八六　滙解克薩鎊款本息片

光緒二十七年四月二十八日（1901年6月14日）

再，准行在戶部咨：光緒二十七年上半年，克薩鎊欵應還本息銀甚鉅，限期已迫，惟有將鉄路經費應解部庫之款酌量挪用，庶可無誤。鉄路經費內有廣東五萬兩，應由該省於本年五月初三日以前匯解江海關兌收，以爲歸還克薩款本息之用，等因。當經轉行遵照。茲將應解光緒二十七年分鉄路經費銀五萬兩照數備足，於本年四月二十三日發交商號源豐潤等領匯，限於五月初三日以前解至江海關道衙門投納。據廣東布政使丁體常詳請奏咨前來。臣等覆查無異，除咨部外，謹附片具陳。伏乞聖鑒訓示。謹奏。光緒二十七年四月二十八日拜發[1]。

---

① 臺北“故宫博物院”藏：《軍機及宫中檔》，文獻編號：408003370-0-B。

② 中國第一歷史檔案館藏：《錄副奏片》，檔號：03-6186-109。

（硃批）：戶部知道[2]。

光緒二十七年六月初五日，奉硃批：戶部知道。欽此[3]。

補證

【案】此奏片原件①藏於臺北"故宫博物院"，錄副②藏於中國第一歷史檔案館，兹據校勘。

[1]【光緒二十七年四月二十八日拜發】此具奏日期僅見於底本。

[2]【戶部知道】此"硃批"據原件補。

[3]【光緒二十七年六月初五日，奉硃批：戶部知道。欽此】此硃批日期等，據錄副校補。

一八七　剿辦惠州會匪員紳懇照原摺給獎摺
光緒二十七年四月二十八日（1901年6月14日）

頭品頂戴兩廣總督臣陶模、頭品頂戴廣東巡撫臣德壽跪[1]奏，爲剿辦惠州會匪在事出力文武員紳懇恩仍照原請給奬，邀免刪減，以資鼓勵，恭摺仰祈聖鑒事。

竊照光緒二十六年閏八月間，廣東惠州會匪起事，剿辦獲勝，先經臣德壽於九月十四日奏報，聲明擇尤優奬，奉硃批：准其擇尤酌保，毋許冒濫，等因。欽此[2]。嗣因各營剿捕一律肅清，又經臣德壽開具出力文武員紳，分别異常、尋常勞績，奏請給奬，奉硃批：該部議奏，等因。欽此[3]。兹准兵部咨稱：奏定章程，軍功異常勞績，准保免補、免選本班；其餘勞績概不准保。又，拏獲著名巨盜，准酌保升階、升銜，各等語。剿辦惠州會匪各員，雖較拏獲巨盜爲優，究與

① 臺北"故宫博物院"藏：《軍機及宫中檔》，文獻編號：408003369-0-B。

② 中國第一歷史檔案館藏：《錄副奏片》，檔號：03-6696-062。

軍營戰功有間。今該督隨摺保獎及單開各員至四十餘名之多，且多照異常勞績請獎，未免太無限制。若率行議准，殊非綜核名實之道；若改照尋常給獎，又恐無以激勵戎行。擬令該督核實刪減，並注明尤爲出力、其次出力，分別勞績，俟覆奏到日，再行核議，等因。前來。臣等伏查逆首孫汶上年在惠州招集各路會匪，大舉起事，厚集資財，購運外洋軍火，據歸善縣之三洲田爲巢穴，先擾逼近租界之沙灣墟，意在挑啟外衅，易於決裂，與唐才常等勾結長江、兩湖會匪作亂情形，如同一轍。其時和平、河源、海豐等縣伏匪盡起，徧地皆賊，惠州府縣城池危在旦夕，各軍初次接仗，頗挫鋭氣。該匪戕弁擄官，焚刦村舍，豕突狼奔之勢，即省城重地亦謠言四起，岌岌堪虞。各國兵艦環集，屢以派兵助剿爲言，越俎代謀，幾難勸阻。臣德壽當時不得不激勵各軍，許以從優奏獎，幸地方文武印委、團紳、練勇踴躍用命，力保危城。吳祥達[①]、莫善積率領各軍，血肉相薄，奮勇力戰，先後大小接仗凡十餘次，直至三多祝一戰，陣斬逆匪頭目多名，並斃悍匪五六百人，精鋭漸除，賊勢披靡。乘勝克復三多祝、黃沙洋等處，而和平、海豐等縣同時報捷，三洲田匪巢又經竭力攻毀，各匪進無所據，退無所歸。官軍分投猛擊，再接再厲，始將大股各匪次第蕩平。匪類如此猖狂，戰功如此奮勇，儻照尋常給獎，誠有如部臣所謂恐無以激勵戎行，且查惠州匪類初起之日，正長江一帶會匪逆謀敗露之時，其同謀不軌，蓄志深遠，情迹顯然；又值乘輿西巡，海內鼎沸，儻撲滅稍稽時日，因內亂而召外侮，不特廣東一省可危，即東南大局亦何堪設想！當時兩江總督臣劉坤一、兩湖督臣張之洞、閩

① 吳祥達（1851—1914），浙江淳安人。光緒二十七年（1901），保副將、記名總兵，加精勇巴圖魯勇號。二十九年（1903），署廣東陸路提督，統帶誠字三營及廣毅信等營。三十年（1904），保記名提督，署廣東潮州鎮總兵，同年，補廣東高州鎮總兵。三十四年（1908），署廣東南韶連總兵。宣統元年（1909），署廣東碣石鎮水師總兵，統帶東路巡防第一、第二兩營。三年（1911），署高州鎮總兵。民國三年（1914），授廣東省潮梅鎮守使。同年，卒於任。

浙督臣許應騤均以匪勢浩大，屢次電問盛宣懷，並以股數衆多，上達天聽，仰蒙電旨垂詢。是惠匪鴟張、軍務緊要情形，既煩朝廷南顧之憂，尤爲各省疆臣所共悉。肅清以後，水陸提督查明實在出力員弁，列摺請獎者三百餘人，均係身臨前敵，核與章程相符。臣德壽以人數過多，一再删減，僅保文武員紳八十二人；其請照異常勞績給獎者衹四十餘人，實係毫無冒濫。臣楧上年十二月到任，匪事已平，稽諸案牘，證以人言，知當日匪勢之狓猖、軍情之危險，實非尋常可比。幸未擾及租界、失守城池，兩月肅清，不致貽外人口實。其所保全者尤大。至副將銜遊擊用廣東補用都司吳祥達，驍勇善戰，紳民至今同聲稱許，原保以副將儘先補用，似屬稍優，然該員原有副將升銜，照銜獎官，尚非漫無限制。臣楧上年召見時，曾蒙皇太后、皇上聖訓，破格用人，等因。吳祥達秉性忠誠，謀勇兼裕，實爲管將中不可多得之員。其餘文武員紳擬請免補、免選者，僅衹四十餘人，請照尋常給獎者三十餘人。臣楧逐一覆核，均屬在事尤爲出力，礙難删減，應請仍照原摺給獎，上以體朝廷破格用人之意，下以勵戎行效命之忱。且廣東遠控越南，近連港澳，新增九龍、廣州灣，各租界，會、盜易於竄匿，事變不可勝防。設令偵緝稍疏，外人便生詰難，而欲營務之整飭、捕務之認真，非信賞必罰無以鼓勵軍心。合無仰懇天恩俯准，敕下兵部將勦辦惠匪出力人員查照原請給獎，邀免删減，原單分別異常、尋常勞績逐段註明，亦請免其再行聲敘。至吏部應行核議人員尚未准咨，並懇敕下一併照擬獎叙，以彰勤而勵將來。倘蒙俯念時艱，特旨俞允，出自聖主逾格鴻施，非臣等所敢擅請。除催取各員履歷送部外，謹合詞恭摺具奏。伏乞皇太后、皇上聖鑒訓示。再，此摺係臣楧主稿。合併聲明。謹奏。光緒二十七年四月二十八日拜發。

（硃批）：著照所請，該部知道[4]。

光緒二十七年六月初五日，硃批：著照所請，該部知道[5]。

補證

【案】此摺原件[①]藏於臺北“故宮博物院”，玆據校勘。

[1]【頭品頂戴兩廣總督臣陶模、頭品頂戴廣東巡撫臣德壽跪】底本無前銜，玆據原件補。

[2]【案】光緒二十六年九月十四日，廣東巡撫德壽奏報剿辦廣東會黨獲勝情形，曰：

頭品頂戴兼署兩廣總督廣東巡撫奴才德壽跪奏，爲廣東惠州會匪被外匪勾結起事，派營剿辦獲勝，並仍飭搜捕餘匪情形，恭摺具陳，仰祈聖鑒事。竊照惠州會匪肆擾，欽奉電旨垂詢，經奴才將康、孫各逆勾結土匪起事及咨飭水陸各軍剿辦情形，於閏八月十八日先行電奏。二十三日，欽奉電旨：此起土匪仍著督飭何長清等各營，合力痛剿，迅速撲滅，毋任蔓延。欽此。欽遵嚴督剿辦。嗣據該文武先後稟報：屢次接仗獲勝，大股匪類業已撲滅，等情。經奴才於九月初七日電奏，十一日，欽奉電旨：惠州土匪辦理尚未迅速，仍著嚴飭搜捕，毋留餘孽。欽此。又經恭錄轉行，並嚴催各營欽遵辦理在案。玆將該土匪勾結起事及調營防剿詳細情形，謹縷晰陳之。查廣東惠州府屬民情強悍，聚衆拜會，械鬬搶擄，習爲故常。近海之歸善、海豐等縣尤多洋盜鹽梟，以故嘯聚甚易，動輒滋事。即歸善一屬，十餘年來，稔山會匪黄亞春、煙墩黄狂成，拒敵官軍，搶劫墟市，屢經派營剿散，迄未盡絕根株。本年閏八月初間，奴才訪聞歸善縣屬三洲田地方，有孫、康逆黨勾結土匪起事，並在外洋私運軍火至隱僻海汊，轉入内地。當以逆黨主謀意圖大舉，實非尋常土匪可比。且查三洲田地方山深林密，路徑紆迴，南抵新安，緊偪九龍租界，西北與東莞縣接壤，北通府、縣二城，均可竄出東江，直達省會。東與海豐毗連，亦係會匪出沒之處。非多派營勇、面面顧到，難期迅速撲滅。爰咨水師提督何長清，抽撥新、舊靖勇及各臺礮勇，共足一千五百餘人，先由新安之深圳墟向北兜截，直擣三洲老巢。防擾租界，復派大

---

① 臺北“故宮博物院”藏:《軍機及宮中檔》，文獻編號：408003368。

小兵輪在洋面遊弋，斷其接濟；西北一路，派介勇一營駐紮歸善、東莞交界要隘；又派總兵黃金福所統信勇一營、提督刁經明所帶廣安水軍一營，分扼東江水陸，防竄江面；東路爲海豐、陸豐二縣，原派都司吳祥達帶哲勇左營駐紮，即飭回顧歸善，並移潮州信勇一營填紮海豐，三面兜截，而以惠州府、歸善二城爲進兵之路。陸路提督鄧萬林原統哲字中、左、右三營、練兵正、副兩營、廣毅軍一營，分赴惠州十屬，辦理緝捕。在歸善者，僅哲勇練兵數哨，一聞匪警，各屬震動，不能抽回。奴才先派補用副將莫善積管帶喜勇一營，由省馳往會辦，一面咨令鄧萬林添募一營，名曰：立捷軍。又派北海鎮總兵劉邦盛另募一營，名曰：靜字營。均由府城直攻巢穴。莫善積喜勇於閏八月初十日馳抵歸善，維時匪黨未齊，猝聞兵到，遂定於十二日豎旗起事，先以數百人猛撲新安、沙灣墟，欲擾租界。幸何長清靖勇已抵深圳，乃回攻橫岡，進踞龍岡。喜、哲各勇連次接戰，互有勝負，兇焰益張，警報日至。奴才以總兵黃金福所統信勇已撥兩營分駐東西兩路，因令再帶一營，由府城進剿；並令記名總兵陳維熊帶熊勇兩營繼進，以壯聲援。此奴才添調營勇、分投防剿之情形也。逆首孫汶伏處香港，暗施詭計，而三洲田匪巢則以鄭士良、劉運濼等充偽軍師，蔡景幅、陳亞怡等充偽先鋒，何崇飄、黃盲幅、黃耀廷等充偽元帥，黃揚充偽副元帥，旗幟偽書“大秦國”及“日、月”等悖逆字樣。各匪頭纏紅巾，身穿白布鑲紅號褂甫，於閏八月初八、九日聚集，既踞龍岡，四出焚搶，附脅日眾。總兵劉邦盛新募靖勇成軍，惠州府知府沈傳義募土勇二百名，委歸善縣縣丞杜鳳梧管帶，二十二日，會同喜、哲各軍，齊赴前敵，行至距城十餘里之平潭地方，賊隊麕至。莫善積奮勇當先，陣斬偽先鋒蔡亞生、陳亞幅等，斃匪數十名，正期得手，詎附近匪鄉糾約千餘人，各帶快搶、牌刀，齊來助匪，分路包抄。我軍被困，陣亡勇丁數十人，縣丞杜鳳梧被擄，府、縣兩城同時戒嚴。幸是日都司吳祥達帶哲字左營由海豐來，鄧萬林所招立捷新軍亦同時抵惠，橫瀝、森柏洞團練適又誘獲偽副元帥黃揚，訊明正法。兵氣稍振。連日匪竄附城之梁化雷公嶺，意圖直出東江。各軍力扼其前，不得上竄。此閏八月二十六日以前歸善匪勢猖獗之情形也。匪既不得竄出江面，乃折而向東，欲與海豐、陸豐股匪聯爲一氣。三多祝者，歸善著名匪鄉、與海豐交界之要隘也。先派哲勇練兵，預防勾結。二十六日，匪攻三多祝相近之黃沙洋。管帶練兵營副將朱意騰竭力救援，吳祥達亦由間道趕到。而匪已進踞三多祝。二十七日黎明，吳祥達率哲字左營及哲字中、右營各哨並立捷軍，三路進剿，莫善積率喜字營勇援應。匪亦分路拒敵。自辰刻戰之日昃，槍礮齊施，匪不少卻。吳祥達持槍血薄，當場殺斃僞軍師劉運滦、僞元帥何崇飄、楊發等多名，匪勢漸覺披靡。遂揮眾掩殺，斃匪五六百名，奪獲旗幟、馬匹、槍礮無算，救拔縣丞杜鳳梧及被擄婦孺數百人，乘勝克復三多祝、黃沙洋兩處；查驗陣斬匪屍，内有一具係服外洋衣褲，詢之生擒各匪，均指爲僞軍師鄭士良，未知是否確實。同日，何長清率隊進攻三洲田，覆其巢穴，搜獲槍枝、紅巾等件，餘黨潰散。此閏八月二十七日剿辦歸善會匪獲勝之實在情形也。當歸善匪勢鴟張之日，海豐縣大嶂山聚匪數千，河源、和平兩縣亦有匪千餘人、數百人不等，同時撲城，意欲乘我惶遽之際，逞彼狡謀。幸海豐先派信勇填紮，又調署碣石鎮總兵莫善喜率隊剿匪。遂聞風潰散。河源、和平兩屬先派參將石玉山，帶廣毅軍策應。閏八月二十五日夜，匪攻河源縣城，經知縣唐鏡沅竭力抵禦，匪退黃沙磚瓦窰。二十七日黎明，石玉山帶隊掩至，縱火圍攻，斬馘百餘，焚斃無算。和平本駐廣毅軍勇一哨，匪首曾金養率眾焚燒南門城樓，營勇、兵團齊出力戰，陣斬匪首曾金養，生擒數十名，匪始潰散。此又惠州各屬會匪響應、各勇營先後獲勝之實在情形也。奴才伏查逆首孫汶以漏網餘兇，遊魂海外，乃敢潛回香港，勾結惠州會匪，潛謀不軌；軍火購自外洋，煽誘徧及各屬，豎旗叛逆，先擾逼近租界之沙灣墟，意在挑起中外釁端，從中取事。其兇險詭譎，實與康、梁逆黨勾結長江、兩湖會匪同時作亂情形遙遙相應。雖官軍乘其未定，先已兜截，使各路之匪不能聯合一氣，歸善之匪不能竄越一步。然猶豕突狼奔，橫厲無比，槍殺弁勇，擄捉印官；各路會匪仍敢同時並舉，雲集響應，罪大惡極，無以逾此。幸仰仗朝廷威福，將士用命，旬日之間，群凶授首，脅從逐漸解散，地方轉危爲安，城池、租界均未擾及，不致貽外人口實，尤爲始料所不及。其偽軍師、偽元帥等半已伏誅，而首逆孫汶與同謀之康、梁各黨初則伏匿港、澳，繼聞竄跡外洋，前已照會香港、澳門各洋官，密拏懲辦。即不能剋期就網，當亦不敢潛回。惟是惠州各屬本多匪鄉，散則爲民，聚則爲匪。此次當會匪猖獗之時，竟敢豎旗助戰，甘心從逆，尤爲狂悖。現在大股匪徒雖已拏散，仍當懍遵電旨，嚴飭搜捕，已分咨水師提督何長清、陸路提督鄧萬林，督率營勇，分赴各鄉，挨村清查，如有當時助匪之犯，擒獲嚴辦，毋留餘孽，務使根蒂悉除，以仰副聖主綏靖海疆之至意。至此次出力員弁衝鋒陷陣，擒斬渠魁，實有微勞足錄，且於外釁方張之日力除內患，其裨益大局尤非淺鮮。可否俟事竣後由奴才查明擇尤奏請優奬，以示鼓勵，出自鴻慈。除分咨軍機處、吏、兵、刑三部查照及俟各屬匪鄉肅清另行奏報外，所有惠州會匪勾結滋事、剿辦獲勝情形，理合繕摺具陳。伏乞皇太后、皇上聖鑒訓示。再，廣東巡撫係奴才本任，毋庸會銜。合併陳明。謹奏。光緒二十六年九月十四日。光緒二十六年十二月三十日，硃批：知道了。即著嚴飭該提督等將餘匪搜捕淨盡後，准其擇尤酌保，毋許冒濫。①

[3]【案】光緒二十六年十二月初一日，廣東巡撫德壽以剿辦會黨出力奏懇請奬敘，曰：

頭品頂戴兼署兩廣總督廣東巡撫奴才德壽跪奏，爲恭報廣東惠州會匪經各營剿捕一律肅清，並將在事出力員弁籲懇天恩，俯准奬勵，恭摺仰祈聖鑒事。竊照孫逆黨羽勾結惠州會匪，購運軍火，在歸善縣屬三洲田地方豎旗起事，戕弁擄官，焚掠村舍，官軍在三多祝剿辦大獲全勝各情形，先經奴才於九月十四日專摺奏報，並聲明在事出力員弁擇尤奏請優奬在案。查歸善股匪，閏八月二十七日在三多祝潰敗後，吳祥達等分兵窮追，各有斬獲。其兇悍死黨猶敢竄攻三多祝迆東之平政墟，欲擾海豐。吳祥達

① 臺北"故宮博物院"藏：《軍機及宮中檔》，文獻編號：408003340。

等合隊馳至，匪復狂奔。九月初五日，追至黄埠地方，相偪甚近，匪衆數百列隊抗拒。我軍分路包抄，四面掩殺，擒斬逾半，奪獲槍械、馬匹、衣幟無算。餘匪遂零星紛散，其南走者漸衆，於濱海之巽寮，又謀圍攻平海所城。水師提督何長清得信後，飛飭副將張邦福督帶靖勇、礮勇，於九月初八日乘船駛往，匪又聞風驚潰，旋復聚集赤岸地方，列礮固守。張邦福掩至猛撲，礮傷勇丁五人，我軍奮不顧身，聯隊併進，當將匪巢攻破，擒斬多人，起出槍刀、子藥多件，乘勝焚擊匪船七艘。其鳧水得生者，寥寥無幾。歸善縣三洲田股匪至是始全數盪平。奴才以惠屬會匪歷年滋事，總未大加懲創，股匪雖已剿除，首要尚未全獲。當時豎旗助匪各鄉，尤應趁此兵威，澈底清辦，即經咨請陸路提督鄧萬林親督大軍，駐紮稔山等處，水師提督何長清督軍，在新安、東莞、歸善三縣沿海一帶，署碣石鎮總兵莫善喜率勇，在海豐、歸善兩縣交界一帶。分路查辦。博羅、河源、和平等縣先後分撥廣毅軍熊勇、靜勇前往，四出偵捕。凡山海險阻之區以及著名匪鄉，逐處搜查，務使匪徒無從託足。鄧萬林各軍會同署歸善縣知縣鄭業崇，自九月十四日起，周歷稔山、範和、鹽竈背及附近數十里之火燒寮、礤背村、龜洲、蟹洲、仙姑廟、磧背、船澳、鶴嘴、黄埠、大洲之、十八寮、巨寮、東坑窩、長排、擔水坑、尾山等鄉，搜獲一二名、十數名、四五十名不等。綜計先後獲匪薛老三語等三百餘名，並在範和鄉拏獲歷年庇匪縱鬬之候選訓導楊開第一名。何長清在三縣沿海各鄉先後獲匪廖觀秀等二百餘名，莫善喜會同署海豐縣知縣劉能，在海豐縣屬先後獲匪吳亞亨等五十余名，並起獲大小會票多張。其河源等縣亦由靜勇、廣毅軍先後搜獲要匪鄭國材等十數名。均由該府縣隨時訊明，分别懲辦。楊開第一面咨革，一面訊明正法。其爲首糾衆情罪較重者，由奴才飭令淩遲處死，以昭炯戒。茲據提督鄧萬林、何長清等咨報一律肅清，並將在事出力員弁、團紳開單請獎前來。奴才伏查此次惠匪起事，實係逆犯孫汶等爲首，糾結死黨，在香港租界設立同義興松柏公司，購備洋槍、鉛藥、馬匹、乾糧、旗幟、號衣，招集各路會匪，付給資本銀三十萬元，分投布置，約期大舉。據綫工探報及各匪生供，均相符合。其逆謀倚三洲田爲老巢，據三多祝爲形勝，先擾逼近租界之沙灣墟，意在挑起外釁，使我顧此失彼，俾大股匪類竄出東江，直達省會。其時，和平、河源、海豐各縣伏匪聞風響應。省城居東江下游，匪蹤一日可到，其勢更爲岌岌。雖調營四路迅速堵截，不能逞其遠大之謀，而兇焰鴟張，四出衝突，兵團初次接仗，精鋭頗有傷亡。其僞軍師鄭士良、劉運滐等攻據三多祝、黄沙洋，焚毁民房至九百餘間，殺掠男婦數百人，府縣城池危在旦夕。嗣獲三多祝敗匪，猶稱議竄海豐，上擾潮州、嘉應。是其能謀善戰，狡詐兇殘，更非尋常土匪可比。幸該地方文武、印委及團紳、練勇同心協力，戰守兼籌；復得營官莫善積力支於各營未到之前，吴祥達力戰於匪勢已成之後，各營將士奮勇殺賊，死傷相繼，鋭氣不撓。三多祝一戰，陣斬僞軍師劉運滐、僞元帥何崇飄、楊發等多名，匪勢始漸披靡，而河源、和平、海豐等處又同時報捷，遂將大股匪類次第盪平，實非始念所及。其逃竄餘匪，復經水陸勇營竭力搜除，不遺餘力。統計先後稟辦搜獲匪類五百數十名，即在逃匪首僞副元帥薛老三語、黄班有、僞八千歲鄭國材及蔡班帶、黄番鬼、廖慶發、廖觀秀、吴亞亨等罪大惡極之犯，均已一律駢除，不使倖逃法網。此皆仰賴我聖主天威震疊勇營、團練無不踴躍用命，是以未及兩月，全境肅清。奴才事後思維，實爲惶悚，惟首逆孫汶等遁跡外洋，行蹤詭祕，一時仍難弋獲。至調往剿匪之何長清所帶靖勇、莫善積所帶喜勇、静勇、黄金福所帶信勇、刁經明所帶廣安水軍，現已陸續調回。奴才仍慮惠屬各縣匪鄉太多，海港分歧，難保不散而復聚，痛定思痛，不得不派駐重兵，隨時清查，以免後患。已飭總兵劉永福統帶福軍四營，填紮稔山、範和、鹽竈背等處，會同提督鄧萬林認真籌辦。被匪擾害各鄉，先飭該府縣籌款振撫，並由善後局撥銀三千兩，解往散放；督同紳士，招集安置，俾免失所。所有統帥各軍親督攻剿、有膽有識、頗合機宜之頭品頂戴廣東陸路提督振勇巴圖魯鄧萬林，官職較崇，應如何優加獎賞之處，出自特恩，非奴才所敢擅擬。其尤爲出力之管帶哲字左營副將銜遊擊用補用都司吴祥達，擬請免補都司、參、遊，以副將儘先補用，並請賞加勇號。統帶喜字、静字等營補用副將莫善積，擬請免補副將，以總兵記名簡放，並請賞加勇號。管帶廣毅軍中營副將銜水師提標候補參將濟勇巴圖魯石玉山，擬請免補參將，以副將仍留本標儘先補用，並加總兵銜。鹽運使銜軍機處記名道惠州府知府沈傳義，擬請仍交軍機處存記，遇有道員缺出，開列在前，請旨簡放，俟歸道員班加二品銜。總理營務處鹽運使銜儘先補用道廣東候補知府秦炳直，擬請免補知府，以道員仍留廣東儘先補用，並加二品頂戴，送部引見。其餘文武員紳或衝鋒陷陣，不避艱危；或督隊窮搜，擒獲首要；均屬異常出力。經奴才督同司局按名覆核，力加刪減，尚無冒濫。謹繕具文武團紳各員弁清單，恭呈御覽。合無仰懇天恩，俯准如請給獎，以彰勞勩而勵戎行。其千總以下出力人員，照章咨部核辦；陣亡哨弁、副將銜儘先補用參將任福年、花翎遊擊銜補用都司嚴寶泰、候補千總黃新曙三員，力戰捐軀，殊堪憫惻，相應請旨敕部從優議卹。兵勇團丁，查明分別恤賞。除將起出大小會票並擇要摘錄各匪口供咨送軍機處查照，及飭取各員弁履歷送部查核外，所有剿捕惠州會匪一律肅清，並酌擬保獎緣由，理合恭摺具陳。伏乞皇太后、皇上聖鑒訓示。再，廣東巡撫係奴才本任，毋庸會銜。合併陳明。光緒二十六年十二月初一日。①

硃批：覽奏，已悉。鄧萬林著交部從優議敘，餘著該部議奏，單併發②。

[4]【著照所請，該部知道】此"硃批"據原件補。

[5]【光緒二十七年六月初五日，硃批：……】此硃批日期與內容，據《隨手檔》③ 校補。

一八八　匯解第三批京餉摺

光緒二十七年六月初一日（1901年7月16日）

頭品頂戴兩廣總督臣陶模、頭品頂戴廣東巡撫臣德壽跪[1]奏，爲

---

① 臺北"故宮博物院"藏：《軍機及宮中檔》，文獻編號：408003347。

② 中國第一歷史檔案館藏：《軍機處隨手登記檔》，檔案編號：03-0305-2-1226-380。

③ 中國第一歷史檔案館藏：《軍機處隨手登記檔》，檔案編號：03-0308-2-1227-151。

交商匯解奉提籌備餉需銀數、日期，恭摺具陳，仰祈聖鑒事。

竊准行在戶部電開：京師需款甚急，各省關即將本年應解籌備餉需項下，按原撥數目先提一半，刻日解滬，由滬道設法匯京，等因。當經轉行遵照。查廣東省奉撥光緒二十七年分籌備餉需銀二十萬兩，除已解銀五萬兩外，尚未解銀一十五萬兩，茲應按照原撥之數先提一半十萬兩，作爲第三批起解。本應遵照解滬轉解，惟粵省現有商號源豐潤等均能設法滙京，自可交其匯兑，無庸由滬轉解，以省周折而期妥速。現於光緒二十七年四月二十六日在藩庫各款內籌支銀一十萬兩，作爲應解本年籌備餉需，發交該商等匯京，定限五月底赴戶部衙門投納。據廣東布政使丁體常詳請奏咨前來。臣等覆核無異，除分咨外，謹合詞繕摺具陳。伏乞皇太后、皇上聖鑒。謹奏。光緒二十七年六月初一日拜發。

（硃批）：戶部知道[2]。

光緒二十七年七月十七日，奉硃批：戶部知道。欽此[3]。

補證

【案】此摺原件①、錄副②均藏於臺北“故宮博物院”，茲據校勘。

[1]【頭品頂戴兩廣總督臣陶模、頭品頂戴廣東巡撫臣德壽跪】底本無前銜，茲據原件補。

[2]【戶部知道】此“硃批”據原件補。

[3]【光緒二十七年七月十七日，奉硃批：戶部知道。欽此】此硃批日期等，據錄副校補。

① 臺北“故宮博物院”藏：《軍機及宮中檔》，文獻編號：408003371。

② 臺北“故宮博物院”藏：《軍機及宮中檔》，文獻編號：142905。

一八九　裁營節餉摺

光緒二十七年六月初一日（1901年7月16日）

頭品頂戴兩廣總督臣陶模、頭品頂戴廣東巡撫臣德壽跪[1]奏，爲廣東餉需日絀，陸續酌裁營勇，以資節省，恭摺仰祈聖鑒事。

竊廣東盜風素熾，惟賴多設營勇，藉資防衛。北方事起，海防喫緊，前督臣李鴻章及臣德壽先後增募各營，以資防剿，八月間，惠州土匪竊發，賴以無虞。惠匪剿平之後，餘孽仍竄伏附近港澳，時存窺伺。其內地及水面搶刦之案，亦日有所聞。臣模抵任後，整頓輪船、扒船，分段巡緝，飭派營勇，按鄉清辦，原有各營分布尚慮不敷，何能驟議裁減！無如廣東餉款入不敷出，上年冬間因湊解撥還鎊價銀一百六十萬兩，司庫、善後局羅掘一空，各營勇餉竟至無從支發，幾有譁潰之虞。現經臣等瀝陳實在情形，奏請將鎊款改撥。其剛毅所籌之一百六十萬兩，飭部減提一半，即使仰荷天恩俯允所請，通盤核計，仍屬萬分拮据。若不將各營量加裁汰，設竟無餉可支，隱憂不堪設想。臣等悉心商酌，於萬難裁汰之中設法抽裁，計陸續裁去水師提督何長清所統靖勇、礮勇一千名，署高州鎮馬維騏所統介勇、虎勇各一營，都司莫善積所統靜勇一營，知州張宏運所帶緝捕行營水勇一百名，總兵陳維熊所統熊勇二百名，總兵黃金福，所統信勇三營。統計陸續裁汰營勇四千三百名，庶月餉稍資節省，俾得通挪周轉。裁存各營擇要通融勻布，其水師扒船實在不敷分布之處，尚擬量爲增設，以期互相接應。此次裁減各營實係出於萬不得已，裁節之後勇餉是否足敷支應，尚須隨時查看辦理。除將各營裁勇停餉日期及節省餉銀數目開單咨部查照外，所有因餉需支絀酌裁營勇緣由，謹合詞恭摺具陳，伏乞皇太后、皇上聖鑒。謹奏。光緒二十七年六月初一日拜發。

（硃批）：該部知道[2]。

光緒二十七年七月十七日，奉硃批：該部知道。欽此[3]。

補證

【案】此摺原件①、錄副②均藏於臺北"故宫博物院"，兹據校勘。

[1]【頭品頂戴兩廣總督臣陶模、頭品頂戴廣東巡撫臣德壽跪】底本無前銜，兹據原件補。

[2]【該部知道】此"硃批"據原件補。

[3]【光緒二十七年七月十七日，奉硃批：該部知道。欽此】此硃批日期等，據錄副校補。

一九〇　紳士捐貲給匾片

光緒二十七年六月初一日（1901年7月16日）

再，廣東省勸辦紳富捐輸，前經臣等奏請變通章程，凡捐銀五千兩者，准請旨特賞匾額一方，欽奉硃批：著照所請。欽此。欽遵轉行在案。兹據督辦紳富賑捐善後局司道詳稱：據勸辦紳富捐輸委員請補欽州直隸州知州李家焯③勸據順德縣紳士花翎候選治中蘇銘璋、五品銜候選教諭蘇泰、花翎五品銜候選教諭蘇乃成、同知銜候選知縣蘇士光、花翎三品銜候選直隸州知州蘇豫等，仰承親志，捐銀伍千兩。請賞給該紳等蘇姓合族祠堂匾額一方。又捐銀五千兩，請賞給該紳等故夫從一品封職候選郎中副貢生蘇文震祠堂匾額一方。共捐銀一萬兩，

---

① 臺北"故宫博物院"藏：《軍機及宫中檔》，文獻編號：408003373。

② 臺北"故宫博物院"藏：《軍機及宫中檔》，文獻編號：142908。

③ 李家焯（1843—？），湖南長沙縣人，監生。光緒十七年（1891），報捐知縣，指分廣東試用，並捐同知銜。十九年（1893），補安定縣知縣。同年，赴省城管帶辦理緝捕事宜。二十年（1894），丁母憂，經兩廣總督李瀚章奏留帶勇。二十二年（1896），服闋起復，以直隸州知州補用。二十五年（1899）被參降級。次年，補授欽州直隸州知州。二十九年（1903），兼辦廣東欽廉邊防事宜。

請給匾額兩方，核與奏定章程相符，合無仰懇天恩俯准，特賞匾額兩方，以示鼓勵而昭激勸。除咨移部、科查照外，謹合詞附片陳明。伏乞聖鑒。謹奏。光緒二十七年六月初一日拜發[1]。

（硃批）：著照所請，該部知道[2]。

光緒二十七年七月十七日，奉硃批：著照所請，該部知道。欽此[3]。

補證

【案】此奏片原件①、錄副②均藏於臺北“故宮博物院”，兹據校勘。

[1]【光緒二十七年六月初一日拜發】此具奏日期僅見於底本。

[2]【著照所請，該部知道】此“硃批”據原件補。

[3]【光緒二十七年七月十七日，奉硃批：……欽此】此硃批日期等，據錄副校補。

一九一　請旌孝婦片

光緒二十七年六月初一日（1901年7月16日）

再，據廣州府虎門同知王朝瀚、永安縣知縣姚庭煇、臨高縣知縣吳志道稟稱：已故孝婦孫江氏現年二十六歲，係浙江錢塘縣監生孫士頤之妻。孫士頤隨父已故廣東補用知縣孫應霖來粵，江氏年十九，歸孫士頤爲妻。時翁已故，事姑克盡婦職，先意承志，能得親心。本年三月間，姑患時疫，此病百無一愈，江氏親侍床蓐，夜深焚香禱天，願以身代，刲臂和藥以進，姑病逐轉危爲安，而江氏卽夕染病不起。職等與江氏夫族係屬同鄉，且兼親戚，見聞旣確，不敢壅於上聞。伏見孝子孝婦刲臂療親，均蒙請旨旌表。今孫江氏刲臂療姑，較之刲臂療親者，尤足風世。孫江氏之夫孫士頤隨宦寄寓廣東，故鄉並無近支親族堪以舉

① 臺北“故宮博物院”藏：《軍機及宮中檔》，文獻編號：408003374-0-A。

② 臺北“故宮博物院”藏：《軍機及宮中檔》，文獻編號：142918。

報，聊名出結，稟懇具奏前來。臣等伏查隨宦寄寓節孝婦女，例准由同鄉州縣以上實缺官員出結，稟請旌表。本年並准行在禮部行知：節孝婦女請旌，應准改題爲奏。今浙江已故孝婦孫江氏刲臂療姑，洵屬孝義可風。既據該同鄉實缺同知王朝瀚等聯名加結稟請，合無仰懇天恩，俯准旌表，以勵孝行而闡幽光。除將册結咨移部科查考外，謹合詞附片具陳。伏乞聖鑒。謹奏。光緒二十七年六月初一日拜發[1]。

（硃批）：著照所請，禮部知道[2]。

光緒二十七年七月十七日，奉硃批：著照所請，禮部知道。欽此[3]。

補證

【案】此奏片原件①、錄副②均藏於臺北"故宫博物院"，兹據校勘。

[1]【光緒二十七年六月初一日拜發】此具奏日期僅見於底本。

[2]【著照所請，禮部知道】此"硃批"據原件補。

[3]【光緒二十七年七月十七日，奉硃批：……欽此】此硃批日期等，據錄副校補。

一九二　匯解英德洋款摺

光緒二十七年六月初一日（1901年7月16日）

頭品頂戴兩廣總督臣陶模跪[1]奏，爲報解廣東省本年五月應還洋款數目，恭摺仰祈聖鑒事。案准戶部咨：應還英德本息，每年指撥廣東省鹽觔加價銀五萬兩，加放俸餉銀五萬兩，闈捐銀二十四萬兩，地丁等項銀三十八萬兩，每年勻分二、五、八、冬四個月，解赴江海關道交納，等因。兹據廣東布政使丁體常、兩廣鹽運使國鈞、善後局司道先後詳

① 臺北"故宫博物院"藏：《軍機及宫中檔》，文獻編號：408003371-0-A。

② 臺北"故宫博物院"藏：《軍機及宫中檔》，文獻編號：142916。

稱：本年五月分應解前項銀兩，現經設法挪湊，並令各號商借墊足數，作爲鹽觔加價銀一萬二千五百兩，加放俸餉銀一萬二千五百兩，闈捐銀六萬兩，地丁等項銀九萬五千兩，共銀一十八萬兩，定於五月十三日由號商大德恒等匯解江海關道兑收，備還英德之款。詳請奏咨前來。臣覆核無異，除咨部查照外，謹會同廣東巡撫臣德壽，恭摺具陳。伏乞皇太后、皇上聖鑒。謹奏。光緒二十七年六月初一日拜發。

（硃批）：戶部知道[2]。

光緒二十七年七月十七日，奉硃批：戶部知道。欽此[3]。

補證

【案】此摺原件①、録副②均藏於臺北"故宫博物院"，茲據校勘。

[1]【頭品頂戴兩廣總督臣陶模跪】底本無前銜，茲據原件補。

[2]【戶部知道】此"硃批"據原件補。

[3]【光緒二十七年七月十七日，奉硃批：戶部知道。欽此】此硃批日期等，據録副校補。

一九三　奏留武員片

光緒二十七年六月初一日（1901年7月16日）

再，記名提督孫國乾③、記名提督吳貴年④來粵有年，委帶水陸

① 臺北"故宫博物院"藏：《軍機及宫中檔》，文獻編號：408003371。

② 臺北"故宫博物院"藏：《軍機及宫中檔》，文獻編號：142910。

③ 孫國乾（1843—？），廣東揭陽縣人。同治元年（1862），補把總。三年（1864），捐納都司。五年（1866），升參將。八年（1869），遷副將，加安勇巴圖魯勇號。十三年（1874），保總兵。光緒六年（1880），保記名提督。十四年（1888），補收塔城城守中營都司。二十五年（1899），管帶廣東西江上游廣安水軍，會辦廣東高州石城縣團練。二十七年（1901），統帶廣東東江水師。三十二年（1906），署廣東潮州鎮總兵。翌年，署閩粵南澳鎮總兵。宣統元年（1909），署潮州鎮總兵。

④ 吳貴年，履歷不詳，待考。

營勇，均能講求捕務，勤奮供差；升用總兵儘先補用副將姚秀芳素著戰功，熟悉營務；補用遊擊劉飛龍、光緒揀發守備周德光，熟悉外海水師情形，均係可用之材。合無仰懇天恩，准將記名提督孫國乾、記名提督吳貴年留於廣東差遣，總兵用副將姚秀芳[1]、補用遊擊劉飛龍、廣西揀發守備周德光，均留於廣東，按班補用，劉飛龍、周德光並改發外海水師標營效力，以資任使。除飭取各該員履歷咨部外，相應附片陳伏明。乞聖鑒訓示。謹奏。光緒二十七年六月初一日拜發[2]。

（硃批）：著照所請，兵部知道[3]。

光緒二十七年七月十七日，奉硃批：著照所請，兵部知道。欽此[4]。

補證

【案】此奏片原件①、錄副②均藏於臺北“故宮博物院”，茲據校勘。

[1]【總兵用副將姚秀芳】原件、錄副作“總兵用補用副將姚秀芳”，當是。

[2]【光緒二十七年六月初一日拜發】此具奏日期僅見於底本。

[3]【著照所請，兵部知道】此“硃批”據原件補。

[4]【光緒二十七年七月十七日，奉硃批：……欽此】此硃批日期等，據錄副校補。

一九四　請派署鎮協片

光緒二十七年六月初一日（1901年7月16日）

再，廣東北海鎮總兵劉邦盛嗜好甚深，辦事顢頇，經臣奏請開缺，送部引見，應飭先行交卸。所遺總兵篆務，查有提督銜記名總兵廣州

① 臺北“故宮博物院”藏：《軍機及宮中檔》，文獻編號：408003371-0-B。

② 臺北“故宮博物院”藏：《軍機及宮中檔》，文獻編號：142915。

協副將李先義①，堪以署理。李先義所遺廣州協副將事務，查有統帶安勇記名提督鄭潤材②，堪以署理。除分檄飭遵外，謹附片具奏。伏乞聖鑒。謹奏。光緒二十七年月六初一日拜發[1]。

（硃批）：兵部知道[2]。

光緒二十七年七月十七日，奉硃批：兵部知道。欽此[3]。

補證

【案】此奏片原件③、錄副④均藏於臺北"故宮博物院"，茲據校勘。

[1]【光緒二十七年六月初一日拜發】此具奏日期僅見於底本。

[2]【兵部知道】此"硃批"據原件補。

[3]【光緒二十七年七月十七日，奉硃批：兵部知道。欽此】此硃批日期等，據錄副校補。

一九五　斥革守備千總等員片
光緒二十七年六月初一（1901年7月16日）

再，廣西懷集營守備張毓松於光緒二十五年正月准補到任，因與該營千總、外委等爭收地租，合營不服，千總張文漢等帶同兵丁遠

---

① 李先義（1838—？），安徽合肥縣人，行伍出身。咸豐九年（1859），以軍功保以把總儘先拔補。同治三年（1864），保千總、守備。四年（1865），保都司儘先，並加確勇巴圖魯勇號。六年（1867），保升遊擊，並加副將銜。翌年，保參將。旋保副將，晉總兵銜。十一年（1872），保記名總兵。光緒十二年（1886），署三江協副將。十四年（1888），補廣州協副將。同年，署瓊州鎮總兵。十七年（1891），署廣東北海鎮水陸總兵，升提督銜。

② 鄭潤材（1845—1904），廣東三水縣人。同治六年（1867），補廣東潮州鎮中營守備。九年（1870），以軍功加副將銜。光緒十三年（1887），補廣東南韶連鎮標中軍遊擊。二十一年（1895），署廣州協副將。次年，統帶安勇軍。二十四年（1898），補授羅定協副將。二十七年（1901），遷廣東北海鎮水陸總兵，兼署順德協副將。二十九年（1903），署左江鎮總兵。同年，回北海鎮總兵本任。三十年（1904），自盡身亡。

③ 臺北"故宮博物院"藏：《軍機及宮中檔》，文獻編號：408003372-0-B。

④ 臺北"故宮博物院"藏：《軍機及宮中檔》，文獻編號：142914。

赴梧州協衙門控告，抗不辦事。經前督臣譚鍾麟將張文漢等撤退，並調張毓松來東察看。嗣督臣李鴻章蒞粵，以張毓松年力精壯[1]，於二十六年六月檄飭回任。詎復與同城儒學教官伍登員挾嫌，恃強毆擊。十二月間，飭令卸事，盤查公款，虧欠銀二百一十八兩零，實屬性情乖謬，屢戒不悛，未便稍事姑容，相應請旨將廣西懷集營守備張毓松即行革職，勒令將欠款如數清繳。其逞刁挾制、擅離汛守之懷集營千總張文漢、存城外委陸廣輝、洽水汛外委張熾林，亦應一併斥革，以肅營伍。所遺懷集營守備係部推之缺，應照章聽候部選。除飭取張毓松劄付送部查銷外，謹附片陳明。伏乞聖鑒訓示。謹奏。光緒二十七年六月初一日拜發[2]。

（硃批）：著照所請，該部知道[3]。

光緒二十七年七月十七日，奉硃批：著照所請，該部知道。欽此[4]。

補證

【案】此奏片原件①、錄副②均藏於臺北“故宮博物院”，茲據校勘。

[1]【年力精壯】原件、錄副作“年力青壯”。

[2]【光緒二十七年六月初一日拜發】此具奏日期僅見於底本。

[3]【著照所請，該部知道】此“硃批”據原件補。

[4]【光緒二十七年七月十七日，奉硃批：……欽此】此硃批日期等，據錄副校補。

一九六　粵海關匯解一批京餉摺

光緒二十七年六月初一日（1901年7月16日）

頭品頂戴兩廣總督臣陶模跪[1]奏，爲報解粵海關第一批京餉等款

---

① 臺北“故宮博物院”藏：《軍機及宮中檔》，文獻編號：408003373-0-B。

② 臺北“故宮博物院”藏：《軍機及宮中檔》，文獻編號：142917。

銀數、日期，恭摺仰祈聖鑒事。

竊照光緒二十七年分京餉，戶部奏撥粵海關洋稅銀十萬兩，新增盈餘銀六萬兩；又東北邊防經費撥粵海關六成洋稅銀十二萬兩，又加撥銀二萬四千兩，又加放俸餉於粵海關四成洋稅每結提銀六千兩，又另款加復俸餉每年粵海關應解銀四萬兩，又內務府廣儲司公用每年撥粵海關稅銀三十萬兩。以上各款均應速解。兹籌解光緒二十七年分第一批京餉銀二萬五千兩，另加平銀三百七十五兩、飯銀七百二十五兩，又新增盈餘銀一萬五千兩，另加平銀二百二十五兩、飯銀四百三十五兩，又東北邊防經費銀三萬兩，又加撥銀六千兩，又加放俸餉銀六千兩，又光緒二十四年分另款加復俸餉銀一萬兩，又光緒二十七年春季分廣儲司公用銀七萬五千兩，另加平銀一千一百二十五兩，新增歸公加平銀一千八百七十五兩，抬費用項銀六百兩。共銀一十七萬三千三百六十兩。飭由西商志成信協、成乾兩號先行墊解，由廣東布政使丁體常遴委試用知縣趙德垣等領齎匯單文批，於光緒二十七年四月二十七日起程進京，支取銀兩，前赴戶部、內務府分別交納。除分咨查照外，謹會同粵海關監督臣莊山，繕摺具陳。伏乞皇太后、皇上聖鑒。謹奏。光緒二十七年六月初一日拜發。

（硃批）：該衙門知道[2]。

光緒二十七年七月十七日，奉硃批：該衙門知道。欽此[3]。

補證

【案】此摺原件①、錄副②均藏於臺北“故宫博物院”，兹據校勘。

[1]【頭品頂戴兩廣總督臣陶模跪】底本無前銜，兹據原件補。

[2]【該衙門知道】此“硃批”據原件補。

[3]【光緒二十七年七月十七日，奉硃批：該衙門知道。欽此】此硃批日期等，據錄副補。

---

① 臺北“故宫博物院”藏:《軍機及宫中檔》，文獻編號：408003372。

② 臺北“故宫博物院”藏:《軍機及宫中檔》，文獻編號：142911。

一九七　粤海關匯解英德本息片

光緒二十七年六月初一日（1901年7月16日）

再，准戶部咨：應還英、德本息，由各海關洋税、洋藥、税釐項下攤派粤海關五十二萬兩，每年匀分二、五、八、冬四箇月解交，等因。迭經遵解在案。兹准粤海關監督莊山咨稱：准戶部劄開：英、德借款佛郎鎊價昂貴，原撥銀數不敷，照案酌量加撥本年五月期應解英、德還款銀十三萬兩，又加撥四分之一銀三萬二千五百兩，合共銀十六萬二千五百兩，備文發交西商志成信協成乾銀號匯解江海關道投納，等因。前來。除咨呈軍機處及咨戶部查照外，謹會同粤海關監督臣莊山，附片陳明。伏乞聖鑒。謹奏。光緒二十七年六月初一日拜發。

（硃批）：戶部知道[2]。

光緒二十七年七月十七日，奉硃批：戶部知道。欽此[3]。

補證

【案】此奏片原件①、錄副②均藏於臺北“故宫博物院”，兹據校勘。

[1]【光緒二十七年六月初一日拜發】此具奏日期僅見於底本。

[2]【戶部知道】此“硃批”據原件補。

[3]【光緒二十七年七月十七日，奉硃批：戶部知道。欽此】此硃批日期等，據錄副校補。

① 臺北“故宫博物院”藏：《軍機及宫中檔》，文獻編號：408003373-0-A。

② 臺北“故宫博物院”藏：《軍機及宫中檔》，文獻編號：142906。

一九八 甄別鹽大使留省片

光緒二十七年六月初一日（1901 年 7 月 16 日）

再，廣東試用鹽大使呂鳳儀，廣西舉人，遵新海防例報捐鹽大使，指分廣東，於光緒二十四年七月十八日到省；又，試用鹽大使多壽，正黃旗滿洲巴彥布佐領下人，由例貢生報捐筆帖式。光緒二十一年十二月，補授工部都水司筆帖式。復遵新海防例報捐鹽大使，指分廣東，光緒二十五年九月初十日到省；又，試用鹽大使郭祖葆，江蘇副貢，遵新海防例報捐鹽大使，指分廣東，光緒二十六年三月初十日到省。均已試用一年期滿，例應甄別。據兩廣鹽運使國鈞會同廣東布政使丁體常具詳前來。臣查呂鳳儀年壯才明，多壽年力富強，郭祖葆辦事奮勉，均堪以本班留省，照章補用，除咨部外，謹附片具陳。伏乞聖鑒。謹奏。光緒二十七年六月初一日拜發[1]。

（硃批）：吏部知道[2]。

光緒二十七年七月十七日，奉硃批：吏部知道。欽此[3]。

補證

【案】此奏片原件①、錄副②均藏於臺北“故宮博物院”，茲據校勘。

[1]【光緒二十七年六月初一日拜發】此具奏日期僅見於底本。

[2]【吏部知道】此“硃批”據原件補。

[3]【光緒二十七年七月十七日，奉硃批：吏部知道。欽此】此硃批日期等，據錄副校補。

---

① 臺北“故宮博物院”藏：《軍機及宮中檔》，文獻編號：408003372-0-A。

② 臺北“故宮博物院”藏：《軍機及宮中檔》，文獻編號：142913。

一九九　請開復知府片

光緒二十七年六月初一（1901年7月16日）

再，前督臣李鴻章任內，據廣西梧州府屬蒼梧、容藤、岑溪等縣紳士湖南試用知縣梁廷樞等，以前任梧州府知府張壁封被參寃抑，禀求奏請開復，當經前督臣李鴻章檄飭廣西藩、臬二司確切查復。茲據廣西藩、臬二司以伏查前梧州府知府張壁封係於光緒二十四年梧鬱會匪肇衅案內被劾，經湖南巡撫俞廉①三查復，以因循玩寇、坐誤事機，奉旨革職。自應以該員前次辦匪有無貽誤爲斷。查二十四年五月鬱林會匪起事，容縣逆首甘沛棠外託團練，內通匪黨，接濟軍火，攻陷縣城，旋以收復爲名，肆其劫掠之計。張守先派防營哨弁王占魁、李安邦豫爲防制，復密飭委辦容縣剿撫事宜補用知縣錢錫寶，將甘沛棠密拏伏誅，攻破巢穴，殲除黨羽，容縣始克一律肅清，商民齊聲稱快。當時即經廣西撫臣黄槐森電奏，嗣奉諭旨，以有人奏廣西土匪滋事由於容縣團首甘沛棠勾結會匪、攻陷縣城，飭令拏辦[1]，又經撫臣黄槐森將張壁封派員密拏懲辦情形奏覆在案。其蒼藤交界會匪頭目黄杏山、孔憲模等亦係張壁封先後飭屬拏辦。是張壁封當日辦理並無貽誤，確有案卷可稽。其平日居官亦能講求吏治，在港西多年，歷委差缺，均能稱職，被參委係寃抑，等情。詳覆前來。臣查張壁封於光緒二十四年密派委員拏辦容縣逆首甘沛棠，地方賴以安靜，商民至今稱

---

① 俞廉三（1841—1912），字廙軒、廙仙，浙江山陰縣人，監生。同治初年，任山西候補縣丞。八年（1869），補山西候補知縣。十三年（1874），調山西武鄉縣知縣。光緒四年（1878），授山西代州直隸州知州。九年（1883），升山西甯武府知府。十一年（1885），署山西河東道。次年，署山西太原府知府。十三年（1887），補授山西太原府知府。十五年（1889），署山西冀甯道。十七年（1891），署山西按察使、山西布政使。二十年（1894），調補湖南按察使。二十二年（1896），遷山西布政使。二十四年（1898），調湖南布政使。同年，擢湖南巡撫，兼湖南学政。二十八年（1902），調山西巡撫。三十三年（1907），授修訂法律大臣，協理開辦資政院事務。宣統元年（1909），調補倉場侍郎。民國元年（1912），卒於津。諡敏僖。

道，並有奏案可稽[2]。是當時辦理尚無貽誤，地方紳士於該員被參之後爲之申訴，輿情愛戴，於此可見。現在剿辦鬱匪出力各員已由廣西撫臣開列奏獎，該員密誅匪首，轉罣吏議，未免向隅。既據署廣西布政使張廷燎①、兼署按察司廣敏會詳請奏前來，合無仰懇天恩，俯准將已革花翎二品頂戴三品銜道員用梧州府知府張璧封開復原官翎銜、仍留廣西補用之處，出自逾格鴻慈。所有知府被參冤抑請旨開復緣由，謹會同廣西巡撫臣黄槐森，附片陳明。伏乞聖鑒。謹奏。光緒二十七年六月初一拜發[3]。

（硃批）：著照所請，吏部知道[4]。

光緒二十七年七月十七日，奉硃批：著照所請，吏部知道。欽此[5]。

補證

【案】此奏片原件②、錄副③均藏於臺北"故宫博物院"，兹據校勘。

[1]【案】光緒二十三年七月十九日，清廷飭令湖南巡撫陳寶箴將廣西兩次土匪之案一併確切查明，據實參奏，"廷寄"曰：

軍機大臣字寄：湖南巡撫陳：光緒二十三年七月十九日，奉上諭：都察院代奏廣西舉人李文詔等公呈一摺。據原呈内稱：廣西土匪滋事，勢尚蔓延，雖稍有擒獲，皆團練之力。官軍退縮不前，捏報戰功。現在匪首嘯聚多人，將圖四竄。梧州知府張璧封怠玩廢弛，紳耆請兵，置之不理。迨容城失陷，紳耆等徑行電請督撫派兵，該府又電稟賊發無多，

---

① 張廷燎（1846—1924），河南舞陽縣人，拔貢生。同治十二年（1873），鄉試中舉。翌年，中式進士，改庶吉士。光緒二年（1876），散館，授編修。同年，任國史館協修。五年（1879），充順天鄉試同考官。十年（1884），補陝西道監察御史。次年，轉掌廣西道監察御史。十三年（1887），任巡城御史。十四年（1888），升禮科給事中。十八年（1892），授工科掌印給事中。次年，放雲南迤西道。二十年（1894），加二品銜。二十四年（1898），遷廣西按察使。翌年，署廣西布政使。二十七年（1901），調補浙江布政使。二十九年（1903），調廣西布政使。次年，轉雲南布政使。同年，再調廣西布政使。宣統元年（1909），授洛潼鐵路公司駐汴總理。是年，辭職。民國十三年（1924），卒於籍。

② 臺北"故宫博物院"藏：《軍機及宫中檔》，文獻編號：408003372-0-C。

③ 臺北"故宫博物院"藏：《軍機及宫中檔》，文獻編號：142907。

求緩進兵。蒼梧長行鄉新利墟一帶土、會各匪紛起，該府若罔聞知。梧州爲西商交涉之地，恐外人乘機釀亂，牽動大局，請飭嚴辦，等語。著陳寶箴歸入前次交查廣西土匪案內，一併確查，據實參奏，毋稍徇隱。原呈著鈔給閱看。將此由五百里諭令知之。欽此。遵旨寄信前來。[①]

[2]【可稽】原件、錄副均作“可憑”。

[3]【光緒二十七年六月初一日拜發】此具奏日期僅見於底本。

[4]【著照所請，吏部知道】此“硃批”據原件補。

[5]【光緒二十七年七月十七日，奉硃批：……欽此】此硃批日期等，據錄副校補。

【案】關於張壁封其人其事，廣西巡撫史念祖奏請以之請補梧州府知府之奏可資參考：

頭品頂戴廣西巡撫臣史念祖跪奏，爲請補知府，恭摺仰祈聖鑒事。竊照梧州府知府劉桂文，於光緒二十三年九月十六日在任病故，應歸九月三十日截缺。所遺員缺係內地腹俸選缺，業經聲請扣留外補。是月並無缺項相同，毋庸掣籤，應即遴員請補。查定例：各省道、府、同知、直隸州知州係奉旨命往及督撫題明留於該省候補並著有勞績經該督撫保奏，奉旨儘先補用、遇缺即補者，均無論應題、應調、應選之缺，俱令該督撫酌量才具，擇其人地相宜，悉准先儘酌量補用。又，道、府、同知、直隸州知州、通判，酌量以候補人員請補時，該省如有截取、記名、分發人員，應先儘酌量請補。又，定例：各省道、府、同知、直隸州知州、通判、知州，如係選缺，遇告病、病故、休致所遺，應先儘候補班前酌補一人，次將候補正班酌補一人，等因。廣西選缺病故、休致知府一項，上次用至候補知府張祖祺奏補潯州府知府缺止，今此一缺係第三輪第二次，留缺應歸外補。該府爲三江總匯、兩粵要區，非精明幹練之員弗克勝任。現無新海防，遇缺先舊海防；新海防即鄭工遇缺先、遇缺及記名、分發、正途出身並鄭工海防各例銀捐候補班先人員，應用勞績候

① 中國第一歷史檔案館編：《光緒朝上諭檔》第24冊，第344頁。又，《德宗景皇帝實錄》，卷四百二十四，光緒二十四年七月中，《清實錄》第57冊，第565—566頁。

補班前先之員請補。查有候補班前先補用知府張壁封，現年五十六歲，廣東廣州府順德縣人，由附監生挑取同治庚午科順天鄉試謄錄，籤分國史館，癸酉科順天鄉試，中式舉人，遵例報捐內閣中書，分發行走，充國史館校對官。因國史館承辦畫一臣工列傳告成保奏，光緒五年十二月初九日，奉旨：著賞加五品銜。欽此。六年二月，補授內閣中書，免試俸、歷俸。八月二十九日進單，奉硃筆：圈出，記名外用。欽此。十月，由記名同知指分廣西，歸候補班補用。嗣因方略館承辦軍機漢檔告成議敘，列爲一等加一級記錄三次。復因恭校穆宗毅皇帝本紀告成保奏，七年七月十四日，奉旨：著以知府仍留原省，歸候補班前先補用。欽此。十月十三日，聞訃丁父憂，回籍守制，於十年正月十三日服闋，入都。四月初十日，蒙欽派王大臣驗放，覆奏堪以照例發往。十一日，奉旨：依議。欽此。二十一日，領照出京，七月十五日到省，業經甄別留省補用在案。十二年三月二十一日，接奉行知，因前在國使館承辦畫一臣工列傳告成議敘列爲一等加一級記錄三次，七月，委署思恩府事，八月到任。十四年十二月，交卸回省。在思恩府任內因剿辦所屬古零土匪藍妙涫案內出力保奏，俟補知府後，以道員用。十五年八月初一日，經吏部核准覆奏，奉旨：依議。欽此。十六年，遵順直賑捐例，報捐花翎。十七年三月，委署太平府事，四月到任。復因邊防出力保奏，請加三品銜。十八年三月十八日，經吏部核准覆奏，奉旨：依議。欽此。七月，卸署太平府事，回省。因前在太平府任內辦理蠶桑保奏，俟補知府離任歸道員班後，加二品頂戴。十八年十一月十四日，經吏部核准覆奏，奉旨：依議。欽此。十九年正月，奏補泗城府知府，尚未奉准部覆，旋丁母憂，請咨回籍守制。二十一年六月二十三日，服闋起復，由本籍請咨仍赴廣西原省補用。光緒二十一年八月，領咨起程，十月初八日到省，委署思恩府事，二十一年十一月二十七日到任，本年三月，卸事回省。查該員精敏安詳，才識鑒定，前署思恩、太平等府，皆能實心任事，治理裕如，足資表率。以之請補梧州府知府，實屬人地相宜，與例亦符。據藩、臬兩司會詳前來。相應仰懇天恩，俯准以該員張壁封補授梧州府知府，俾收得人之效。該員係保舉以知府仍留原省歸候補班前先補用之員，今請補缺，銜缺相當，毋庸核計參罰，亦毋庸送部引見。合併陳明。謹會同兩廣總督臣譚鍾麟，恭摺具奏。伏乞皇上聖鑒，飭部核覆。謹奏。光緒二十三年十月二十六日。[①] 光緒二十三年十一月三十日，奉硃批：吏部議奏。欽此[②]。

① 中國第一歷史檔案館藏：《硃批奏摺》，檔號：04-01-12-0582-063。
② 中國第一歷史檔案館藏：《錄副奏摺》，檔號：03-5352-121。

附　　录

一、相關人物傳記

陶模傳[1]

陶模，字方之，浙江秀水人。同治七年進士，改庶起士。散館，授甘肅文縣知縣，調皋蘭。左宗棠爲總督，方徵回，又創建貢院，兵工諸役並作，模躬自料量，民不知擾。遷秦州直隸州。歲旱，流徙饑民數十萬麕集，出積俸，並割公使銀四萬餘金設粥廠，不足，貸金益之。修養濟院，增義田，恤嫠婦。州南藉水齧城堙，模爲築堤沼三百五十丈，植芙蕖楊柳，蓄鱗介，取其利，以時繕完。署甘州府知府，罷屬縣供億。宗棠奏模治行第一，調補迪化州。編修廖壽豐薦模器識宏遠，堪備閫寄。時回久亂，民戶寥落，模和輯漢、回，耕者復聚。時議定賦則，模謂經畫窮塞，當通周官一易再易之義，令民以二畝當一畝，徵其六緩其四。宗棠採其議，邊民始有久居志。曆署蘭州府、蘭州道、按察使，調直隸按察使、陝西布政使，護巡撫。

光緒十七年，授甘肅新疆巡撫。當蔥嶺西，有地曰帕米爾，乾隆間爲我軍鋒所及，高宗嘗勒銘焉。蔥嶺東南有小部落曰坎巨提，歲納貢於我。模未至新疆，俄侵帕米爾，謀通印度，英攻破坎巨提。中外方議戰，模謂："將士能戡土匪，未能禦強敵。軍資百物，運自內地，數月乃達。俄、英鐵軌，瞬息可至。新疆與俄相接幾五千里，增兵十倍未足固。當民窮財匱之時，不可輕言戰。惟當購機砲，擴電線，飭邊將嚴爲備。羈坎巨提故酋無令北走，而撫其流民，與駐俄、英使臣合爭。"議未定，俄曰防英，英曰防俄，莫可究詰。明年，二國兵益進，將吏鹹憤激請戰，

---

① 趙爾巽等撰:《清史稿》卷四百四十七。

終不許。於是奏請廢黜坎巨提故酋。會英人亦立其弟買賣提艾孜木，令鎮撫部民，歲納貢如故事，坎巨提事乃定。而俄兵在帕米爾，意叵測。模以邊防無效，自請罷斥，不允。廷議將以帕米爾爲三國甌脱，英垂諾，俄猶不可，陳兵相持。模取德意志兵法練邊軍，選幼童百餘，課以測算諸法，將徐推之各軍。見將佐必以惜勞苦、寶槍彈爲戒。初，俄人借巴爾魯克山以處所屬哈薩克，期十年。山饒水泉林木，當塔城西北，廣袤數百里。至是期滿，無還意。模爭之，逾年乃如約。俄商及附英諸部至新疆皆不税。模曰："是獨苦吾民！"爲奏請普免焉。纏回文字語言不相通，漢民愚之，貸金輒取重息，至賣鬻妻子以償。模爲之規定章條，令讀書習漢語，於是回族欣欣向化矣。羅布淖爾，古蒲昌海也，荒沙無垠，亙新疆中部。模議辟徑路，自新疆之南，青海、西藏之北，噶斯、烏蘭達布遜、阿耨達、托古兹尼蟒依諸大雪山之陰，迂回出入，分道測繪，得金鐵煤諸礦數十百計，欲開採利民，以絀於貲，工不克舉。乃於羅布淖爾北四百餘裡築蒲昌城，南百四十裡設屯防局，回民徙居成村落。其後設置營縣，實自模開之。

二十年，日本略朝鮮，朝議決戰，師屢敗。甘肅提督董福祥先以祝嘏在京，募兵備戰，河湟回族聞亂思蠢動。二十一年春，撒拉河州、西甯、大通諸回先後反。西甯回酋劉四伏尤悍，模遣將援巴燕戎格，與總督楊昌濬合疏請命福祥帥師西援。夏，平番回亦變，河西諸府東不能通省會，則西乞援新疆。模奏陳回亂日亟，部遣諸將羅平安戍哈密，牛允誠守安西、玉門，趙有正屯肅州，而於哈密置東防營務處，以道員潘效蘇護諸將。諸亂回遣其徒出關煽新疆回部。九月，綏來回發難，以有備，旋定。迪化回應之，模詗知莠民與牙役密相結，捕斬六人而亂弭。十月，回逼甘州，上罷昌濬，以模署陝甘總督，命入關剿撫。時福祥將甘軍渡洮，魏光燾將湘軍臨湟水。模策東路兵大集，回且西竄，乃遣兵分駐天山北迪化、鎮西爲中權，而繕完防禦天山以南諸要隘。後路既設備，乃將馬步八營馳入關，道經沙漠至吐魯番城，回王瑪木特來會，勖以大義。至哈密，校閱各軍，令纏回與焉。模以有正兵寡，戒毋輕出。

有正喜功，出攻察漢俄博、永安二城皆下。二十二年元夕，薄北大通營，敗歸。模遣涼州戍軍赴援。二月，入關，群回斂聚山南，模至蘭州視事，令效蘇督諸將略北大通營，破所領十大莊堡，戮其酋，殲數千人，諸回氣奪。會光燾亦定西甯，諸回自水峽口西竄青海。模令效蘇等出塞，陳兵玉門諸山徑，毋縱賊出平地。青海蒙古積弱，久怵回悍，告急。朝議令光燾、福祥二軍追逐。模以師行絕域，糧芻車馱，重爲民纍，內地空虛，爲禍滋大，奏寢其議。新疆將吏慮回更西竄，亦告急。朝議令提督鄧增出青海，張俊防北路。模策賊非至玉門、敦煌掠食，不能遽犯新疆，復請罷移軍議，而令增屯肅州爲聲援。光燾將湘軍還陝西，以與福祥不相能也。賊自青海犯玉門，允誠等擊卻之。模令玉門軍赴安西。五月，賊大至，劉四伏奪路求食，諸將力戰，金蘭益匹馬陷陣，大敗賊於牛橋，降斬各數千人，饑凍死磧中者過半。四伏以千數騎遁，中道伏發，就擒。於是徙降回塔里木河濱，計口授田。關內外悉平，論功，實授總督。方日事之初起也，和戰議不決。模言："國強弱視人才，人才不足，和戰皆不足恃，即戰勝亦無益。"因言："天下事當變通者非一，如減中額，停捐例，汰冗員，令京官升遷不出本部，司員分類治事，刪棄舊案，破除旗兵積習，禁士大夫食鴉片，分設算學、藝學科目，廢武科，變操法，擇勳舊子弟遊學各國，培植工藝。尤原皇上鑒天災之屢警，念民困之莫蘇，懔內政之宜修，知外患之難弭，毋始勤終怠，毋狃目前而忘遠慮。"時中外諸臣條奏，多言變法袪積習。模言："推行宜漸，根本宜急。聚闒茸嗜利之輩以期富強，止於舊法外增一法，不得謂之變法；於積習外增一習，不得謂之袪積習。欲求富強，當先崇節儉，廣教化，恤農商。"其恉意大率類此。模督陝甘數年，銳欲開礦制械，興學廣教，皆以用不足，不能盡舉，纍疏乞罷。

二十六年，述職入覲，道疾，留陝西。俄調補兩廣總督。兩宮西幸，迎謁蒲州，再乞休，不允，乃力疾上官。二十七年，疏請裁減宦官，略言："宦官干政，史不絕書，我朝家法嚴明，從未有內監預聞政事。然除弊如除莠，留其芽蘖，終恐發生，宜大加裁汰。內廷差使悉可改用士人，定宮府一體之制，永不再選內監，非唯一時盛事，實亦千古美談。”別疏言：“變通政治，宜務本原。本原在朝廷，必朝廷實能愛國愛民，乃能以愛國愛民責百官；必朝廷先無自私自利，乃能以不自私不自利望天下。轉移之道，一曰除壅蔽，一曰去畛域，一曰務遠大。朝廷當以身作則，克己勝私，否則雖日言變通，無由獲變通之效。”粵故多盜，模定清鄉章程，信賞必罰。凡練軍分屯，許所在州縣節制。一歲中捕斬名盜千餘人，欽、廉、肇、羅諸屬盜藪，皆次第削平。模謂民貧思亂，非殺可止，令府縣設勸工廠，囚不至死者令入廠教養。廣東名饒富，然取諸民者已重於他行省，歲不足五百餘萬，則取之賭規，仍不足，則貸之外人。模睹民力已屈，追呼不得寬，欲有所興革，皆坐中沮。迭疏請疾，甫受代，九月，卒於廣州，贈太子少保，謚勤肅。

模自爲諸生，食貧力學，與平湖優貢生顧廣譽、震澤諸生陳壽熊、吳江舉人沈曰富以道義相勖。既通籍，大學士閻敬銘、總督楊昌濬皆嘗論薦，不以告模，模亦不謝也。儉約自將，不立崖岸，恂恂卑下，將吏爭爲用，而無敢以私幹者。卒後，蘭州、迪化皆允建專祠。

劉錦棠傳①

劉錦棠，字毅齋，湖南湘鄉人，松山從子也。從松山討捻，積勛至同知直隸州。從入陝，復同州、朝邑，釋省城圍，擢巡守道。同治七年，左宗棠西徵，從克懷遠、鎮邊，還定綏德，賜號法福淩阿巴圖魯。進軍甘肅，攻金積堡，夷旁近七寨，破靈州。九年，擊馬五寨，松山戰死，詔加三品卿銜，接統其軍。軍新敗，偏裨自恃爲宿將，滋驕，錦棠禮詘之。喪懸吳忠堡，或請徙它處，錦棠不可，曰：“櫬在軍，可繫將士心。”宗棠貽書，爲列堅守、退頓二策。錦棠謂：“不力戰，則靈州不保，必勠力致死，而後軍可全。”於是一戰擒馬五，再戰破河、狄，軍復振。是時馬

① 趙爾巽等撰：《清史稿》卷四百五十四。

化龍啖日熾，三決水困我軍，錦棠三拒之，不獲逞，糧且匱，率其子耀邦乞款附。錦棠曰："諾。令若先繳馬械。"不應，再引馬連水入湖。會大風從西北起，濤齧堤岸，勢洶涌。錦棠囊土以禦，化龍計益窘，哀詞乞耕墾。錦棠知其詐，隱卒下橋、永甯洞，又敗去，乘勢下蔡家橋，克東關。化龍度不得脫，於是三踵軍門乞撫矣。錦棠白宗棠請進止，迺徙陝回化平川，而分置甘回於靈州。論功，予雲騎尉世職，賞黃馬褂。十年，誅化龍父子，生致馬八條，置喪所，臠而祭之，遂輿喪歸。明年，度隴攻西甯。次碾伯平戎驛，先破小峽，遣軍奪南北兩山，圍解，道員郭襄之率男婦二萬繈負來迎。是役也，提湘軍八十營，扼攻九十里，往往徹夜不休，露立冰天雪窖中，詔嘉之。十二年，克大通，斬叛官馬壽。遴陝回爲旌善五旗，餘徙平涼、秦安、清水。白彥虎奔肅州。方湘軍之定西甯也，宗棠緣事責錦棠，盛氣辨，銜之，以故徇肅州未下，亦不召。及錦棠至，又大喜，爲夸其軍以勵眾。錦棠計誅馬天祿，殺土回、客回立盡，關隴平。權西甯道。明年，破河州，獲閔殿臣，伏誅。迺合諸將殲回於賈家集、郭家嘴，殲焉。

光緒元年，出關。時彥虎走依安集延，帕夏阿古柏助之，勢復熾。二年，至阜康，與金順計事，議先攻古牧。遣將分壁木壘河，而自領軍軍九營銜。度戈壁乏水，佯掘井以懈敵，陰遣精騎襲奪黃田，通汲道，收古牧地。錦棠策烏城寇必駭奔，復自將精兵走之，遂復烏魯木齊、迪化，予騎都尉世職。三年春，踰嶺西南攻達坂。寇引湖水衞城，泥深及馬腹。錦棠周城徼循，誡各營警備。列燧如白晝，轟擊之，彈落爆藥窖，聲砉然，人馬碎裂。迺下令軍中曰："能縛獻服異服者賞。"於是愛伊德爾呼里以下皆就俘，愛伊德爾呼里，猶華言"大總管"也。且釋降回數千，給貲糧縱歸。或請其故，曰："俾歸爲我宣播朝威也，吾欲以不戰勝之。"自是破吐魯番、托克遜，南路門洞開，阿古柏如失左右手，亦被執，飲藥死。賞雙眼花翎。已而彥虎據開都河西岸，覬入俄。師抵曲惠，與余虎恩分擊，彥虎亦決水以阻。錦棠入喀喇沙爾城，廬舍漂沒，迺徙和碩特帳房河東數百戶，實後路，復庫爾勒。會軍中患飢乏，下令掘窖糧，獲數千石以濟。連下庫車、拜城。其南纏回苦安集延淫暴久，重以彥虎奔擾，益不堪命，旦夕望我軍如時雨。比至，各城阿奇木伯克、阿渾玉子巴什各攜湩酪，持牛羊來犒師。抵阿克蘇，錦棠先入城，受降畢，回皆伏服。聞彥虎奔烏什，亟遣旌善旗渡河復其城。於是東四城俱下，詔晉三品京卿。值喀城守備何步雲告亟，遂大舉出師，令虎恩、黃萬鵬分道進取，而自率師徑搗葉爾羌，並克之。彥虎遁入俄。錦棠進定英吉沙爾，遣董福祥收和闐，西四城亦下，錫二等男。四年，錦棠既定喀城，以次巡歷葉爾羌、和闐。凡西人僑居其地者，英乳目阿喇伯十餘人，印度溫都斯坦五千餘人，咸服其勇略，稱爲“飛將軍”云。方彥虎之入俄也，俄人處之阿爾瑪圖。錦棠猶致書圖爾齊斯坦總督，謂將入境搜捕，宗棠勸止之。俄復徙之托呼瑪克。其秋，彥虎又遣黨犯烏什邊，驟入格爾品。錦棠扼之瑪喇爾巴什，別遣將要其歸路，大敗之。未幾，安集延入，又破之玉都巴什。是歲補太常寺卿，轉通政使。五年，安夷復搆布魯特內犯，戰烏帕爾，捕斬二千餘級。自是邊寇頗息警。維時俄據伊犁，宗棠疏請崇其秩，資鎮撫，詔佐軍事。俄益增兵守納林河。已，宗棠入都，上以此專屬任錦棠關外事，命署欽差大臣。徙頓哈密，益治軍。逾歲除真。八年，和議成，錦棠策善後，請設新疆行省，省置巡撫、布政使，加鎮迪道按察使銜，道、府、州、縣視內地。立城垣、壇廟、學校、驛傳，又廣屯田，興水利。南疆歲徵賦至二十餘萬石。九年，擢兵部右侍郎，加尚書銜，旋除新疆巡撫，仍行欽差事。十一年，進駐烏魯木齊，奏省參贊大臣，改置都統，設喀什噶爾、阿克蘇、巴里坤提鎮各營。復增道、府、廳、縣，徙分防官駐要塞，南北郡縣之制始定。先是，錦棠以祖母老病，纍疏乞歸省，不許。十三年，申前請，始俞允。錦棠悉召諸部酋長大酺，遂發。所過，黃童白叟望風相攜負以迎，往往擁車數日不得走。

十五年，加太子少保銜。明年，晉太子太保。二十年，晉錫一等男。會弟薡以山西按察使入覲，垂詢近狀，欲強起之。適中日有違言，電旨趣召，未行而病作，朝廷書問日數至。疾革時，猶喃喃呼舊校指述邊事。未幾，卒，年五十一。事聞，震悼，謚襄勤，予建祠。

楊昌濬傳[1]

楊昌濬，字石泉，湖南湘鄉人。粵寇亂，以諸生從羅澤南治團練，出援湖北，連復廣濟、黃梅，敘訓導。從徵贛、皖，戰楓樹嶺，下德興，戰高沙，下婺源，頻有功，遷知縣。同治元年，從左宗棠入浙，規江山，與劉典、劉璈分三路攻石門，破寇卡數重。進取花園港，縱火燔其棚，會天雨，止。其秋，規龍遊，昌濬禦寇蓮塘，破之；又敗之孟塘，寇逸。李世賢聞警，遣悍黨赴救，中路寇方攻劉培元營，昌濬自山下擊，寇大潰，遷知衢州府。明年，師偪龍遊城南，築三壘。寇夜奔，昌濬躡之湯溪。城拔，授糧儲道。與蔣益澧合兵萬三千戰餘杭城西北，寇益浚壕樹壘拒師。昌濬攻北門，寇出戰，會諸軍擊之，寇卻，昌濬連夷五卡。次日，攻林清塘，去城北十裡，汪海洋老巢也，昌濬覘寇壘阻水，慮日暮爲寇乘，乃退師。又明年，規武康，復其城。進略湖州，寇竄泗安、梅溪，昌濬自簰頭進桐嶺扼之，北攻安吉，追寇至孝豐，遇湖州敗寇，復與璈合攻之，降者七千餘人，輒解散。浙西平，遷鹽運使，纍擢布政使。

九年，除巡撫。巡視鎮海海口，條具見聞，陳大恉，謂宜師敵伎，練勁旅，修築砲臺，上嘉納之。是時朝廷方鋭意求治，詔舉賢才，昌濬以糧道如山四人應，力薦甘肅知縣陶模才器遠大，卒如所言。坐餘杭葛畢氏案褫職。光緒四年，起佐新疆軍事。數遷至漕運總督。十年，法人擾海疆，朝旨以閩事亟，命宗棠爲欽差大臣，主軍務，昌濬與穆圖善佐之，張佩綸則會辦也。閩浙總督何璟自以不諳兵事，請解職，遂命昌濬代之。昌濬未至軍，而佩綸已遁，事下宗棠、昌濬。覆奏入，上責其袒護，移督陝甘，加太子太保。

昌濬性和巽，而務爲姑息。督甘日，左右通回匪，莫能制，槍械反資寇，遂釀成湟中河、狄亂。昌濬檄各路募土勇助戰守，電令提督雷正綰往

[1] 趙爾巽等撰：《清史稿》卷四百四十七。

河州鎮懾，張永清往西甯策應，蘇員嶼往巴燕戎甘、都堂駐防，並具起事顛末以上。事聞，嚴旨責其庸瞶，乃罷官。二十三年，卒，釋處分。嗣以魏光燾請，予甘肅建祠。

董福祥傳[①]

董福祥，字星五，甘肅固原人。同治初，回亂作，鳳、邠、汧、瀧寇氛殆遍。福祥亦起安化，與其州人張俊、李雙良蹂躪陝、甘十數州縣，竊據花馬池，犯綏德，窺榆林，潰勇、饑民附之，眾常十餘萬。嗣爲劉松山所敗，其父世猷降，福祥亦率眾乞歸款。乃簡其精鋭者，編爲董字三營：福祥居中營，俊居左，雙良居右。從攻金積堡，福祥襲卡後，被創不少卻，破其禮拜寺。頓板橋，寇來爭，與蕭章開夾擊敗之，金積堡平，超授都司。十一年，從劉錦棠至碾伯，趨峽口，與陝回禹得彥、雀三大戰，破之。進擊白彥虎於高家堡，焚其壘而還。已而僞知府高桂源構彥虎圍西甯，撲雙良營，福祥又大敗之，圍解，遷遊擊。徙守向陽堡城，復討平河州叛回，積功至提督。

光緒元年，從出關，戰天山，會大風晝晦，吏士弗敢進。福祥率眾先登，一鼓殲之，又破之木壘河、古牧地，進復烏魯木齊諸城及瑪納斯南城。是時彥虎猶據開都河西岸，覬入俄。福祥自阿哈布拉緣塗置哨壘，至曲惠而營，士卒儲薪草，濬井泉，以俟錦棠軍至，破之，復喀喇沙爾。是冬，克和闐，南疆西四城告甯。繇是董軍名震西域。論功，賞黃馬褂、世職，賜號阿爾杭阿巴圖魯。安夷既就撫，布魯特酋阿布都勒哈誘之，復入寇色勒庫爾，北走庫倫，福祥馳之，抵空谷根滿，步卒足重繭，乃遴健者乘騾隊，從騎旅及之木吉。寇方解鞍秣馬，驚起，依山而陣，俊敗之，福祥縱兵搜捕，復斬三百餘騎。自此寇不敢犯邊。授阿克蘇總兵，駐防喀城。未幾，而所部索餉譁變，戕營官胡登花，或請擊之，福祥曰：“營勇

① 趙爾巽等撰：《清史稿》卷四百五十五。

與叛勇有約，如昏夜回應，將奈何？不如閉城守，彼勢孤必自斃也。”越三日，悉爲兵民擒獻，乃分別誅宥之。事定，領俊及夏辛酉移駐葉爾羌、和闐。十六年，擢喀什噶爾提督。二十年，加尚書銜。會德攘膠澳，命率甘軍入衛。明年，西甯、碾伯又告警，督師還抵狄道。河州馬永林叛，渡洮戰卻之，連破高家集、三甲集，道始通。事甯，調甘肅。福祥自請援西甯。又明年，克上下五莊，乘勝復大通、多巴。朝命駐西甯專剿撫，以魏光燾二十七營屬之。會巴燕戎格、劉四復奔關外，福祥亟遣騎踵之，拔卡爾岡，先後夷海城、冶諸麻、甘州南山寇堡，關内外及青海悉平，加太子少保。

二十三年，入覲，命領武衛後軍，召對，福祥曰："臣無他能，唯能殺外人耳。"榮禄頗信仗之。拳亂起，日本書記杉山彬出永定門，福祥兵殺之。於是董軍圍東交民巷，攻月餘不下。敵兵自廣渠門入，福祥走彰儀門，縱兵大掠而西。兩宫西幸，充隨扈大臣。和議成，外人堅欲誅福祥。李鴻章曰："彼綰西陲軍寄久，慮激回變，當緩圖之。"乃褫職錮於家。榮禄在西安綜大政，福祥移書讓之，略謂："辱隸麾旌，任公指使，命攻使館，祥猶以殺使臣爲疑。公言'僇力攘外，禍福同之'。祥本武夫，恃公在上，故敢效奔走。今公執政而祥被罪，祥死不足恤，如軍士憤懣何！"榮禄得書，置不答。三十四年，卒。其子天純，輸銀四十萬濟帑復官。

饒應祺傳[①]

饒應祺，字子維，湖北恩施人。幼穎悟好學，試作渾天儀，旋轉合度。年十二，入邑庠，益究心經世學。咸豐九年，粵寇石達開自湘、鄂犯蜀，道恩施，應祺率鄉團助城守。由候選訓導議敘國子監學正。同治元年，舉於鄉，揀選知縣，援例爲主事，分刑部。父卒，廬墓側。服闋，陝甘總督左宗棠檄參軍幕。以克金積堡、巴燕戎格諸處功，擢知府。光緒

① 趙爾巽等撰：《清史稿》卷四百四十八。

三年，署同州知府。時秦、晉亢旱，赤地千里，饑民洶洶，遮道不得前。應祺諭之曰："此來賑汝饑耳！譁變者殺無赦。"乃捐俸錢爲官紳倡，弛重糶禁，旬日得糧七十餘萬石，又截留他省糧運以助不繼。復爲招流亡，定墾章，給牛種，蠲雜稅。歲稍轉，教民興水利，勤樹植，設義倉，行保甲。又規復豐登書院，創修府志，文化蔚興，士民爲立生祠。

左宗棠疏薦應祺守絕一塵，才堪肆應，請以道府簡補。十年，授甘州知府。陝西自軍興，兵差旁午，設裡局董之，凡四十一州縣大困。上命巡撫邊寶泉赴陝查辦，疏留應祺理其事。應祺量道路沖僻定收支之數，分別兵流，掃浮汰冗，歲省數十萬兩。是年冬，抵甘州任，賑饑勸學，設織紡局、孤嫠所，革徵草之弊，復七斤一束舊章。十一年，遷蘭州道。瀕行，士民攀轅留行，多泣下者。旋署按察使。嚴搶嫠爲婚之禁，擒督署差弁及鄉人楊營弁置之法。手訂清理庶獄章程，以詔群吏，視其功過而黜陟之。十五年，調新疆喀什噶爾道，改鎮迪道，兼按察使銜。十七年，署新疆布政使；十九年，實授。新疆兵燹後，民物凋弊，地多荒棄。伊犁故腴壤，回屯舊八千戶，四不存一。應祺建議伊犁將軍給新裁錫伯、索倫兵牛糧，使之屯種；給新裁察哈爾、厄魯特兵羊馬，使牧放；並招致關內災民，按丁授地，實行寓兵於農之法。羅布淖爾者，舊史所稱星宿海也，漢爲且末、尉犁、婼羌諸國地，東西廣千六百餘裡，南北袤千里或數百里，自陽關道梗，其地遂成甌脫。應祺建議巡撫築蒲昌城，設英格可力善後局、卡克裡克屯防局，招徠漢回客纏，通道置驛，建堡濬渠，教以耕織。又請改防軍爲標營，定額徵糧石每年折色之法，畫一錢法。

俄領事原議駐吐魯番，後求移駐省垣，將軍、巡撫難之。應祺謂："此不必爭。我所應爭者，洋商稅則須與華商一律，同時議定。新省毗連英、俄，陸路進口地不一，北道伊犁，南道喀什，應設關，各以本道爲監督；塔城、烏什、葉爾羌應設分卡，歸各道兼轄。"均如議行。南路初設領署，應祺貽書伊塔、喀什兩道曰："交鄰之道，莫先於自治。我之用人行政，使彼族聞而敬服，則遇事不至以非禮相要，此爲折衝禦侮第一要義。飲食往還，平時貴以情誼相聯。至華洋訴訟，必先得華民是非曲直實情而後與之爭，庶可關其口而奪之氣。一詞稍僞，彼將執以相例，而全案皆虛矣。情以篇之，理以盾之，又其次也。”新疆向受協餉，每苦款絀，應祺開源節流，數年庫儲逾百萬。

二十一年，河、湟回煽亂，蔓延甘、涼諸郡，其別股萬餘謀西竄。上命應祺署新疆巡撫，應祺檄提督牛允誠防安西、玉門諸處，拒寇境外。回酋劉四伏果竄玉門之昌馬，遇允誠軍，戰數不利，盡棄輜重，逾雪山西逸。應祺遣參將李金良要之紅柳峽，生擒劉四伏，降其眾八千，安置於羅布淖爾，設軍鎮撫。同時庫車回謀起事，甯遠回亦以爭新教相仇殺，洶洶思變。應祺皆先期撲滅，故四伏無內應，卒就殲。上嘉其功，實授巡撫。應祺以新疆僻處國西北隅，密邇強俄，士卒眾而器械窳，生齒繁而司牧少，不足以固吾圉，乃購快槍萬枝於德國，而設機器廠製造子彈，奏設左右翼馬隊爲遊擊師。又開辦於闐、塔城金礦，墾荒田，開渠井，廣興實業，凡有利於民生者，皆次第舉。自是地利盡辟，兵備有資，較初建行省時迴異矣。

拳匪亂起，俄兵自薩馬進逼邊卡，應祺會總督魏光燾、伊犁將軍長庚仿東南各省，與各領事結互相保護之約，俄兵乃退。議成，應祺應詔陳言，略謂："古今中外治法務在求實。舊章非無可守，守之不以實，成法亦具文；新法非不可行，行之不以實，良法亦虛飾。心之實不實，宜於行事之實不實驗之。”逾年，詔設武備學堂，編立常備、續備、巡警各軍。應祺主操練用新法，器械用新式；人惟求舊，必樸實勤奮久於戰陣者，方可入選。上疏極論之，並謂："中國習洋操三十年，一敗於日本，再敗於聯軍，爲務虛名而貽實禍之證。”所言皆切中時弊。而尤齗齗於界約，不少遷就。帕米爾高原，國境也，有高宗禦制平寇碑，立於蘇滿。英、俄交覬其地，而俄人先竊據之。應祺官布政使時，商之巡撫，以理退俄兵，遣軍戍焉。俄人悔失計，日聒於總署，要我撤兵。應祺持不可，謂："我自守門戶，其理直。我退則英必至，英來則俄又必爭，是息事而益多事也。”後竟如應祺言。坎人求租種莎車屬喇斯庫穆荒地，應祺謂："坎本我屬，宜示懷柔。其在玉河卡倫外者，可允其租墾，納賦比於華人；其在玉河東北屬邊內者，宜卻之，防後患。”總署與英使議界約，以坎部讓與印度，而塔墩巴什帕米爾及喇斯庫穆全境皆讓與中國。應祺抗言：“喇本我地，不得謂之讓。”而俄人轉謂中國以喇地讓與英人，利益宜均，以兵威相脅。應祺飭屬嚴備邊，而以議租原委及議約界限詳諭之，俄人始無辭。

應祺官西疆久，辟地安民，屢請建官設治以資鎮撫。二十八年，復疏言：“新疆自光緒四年改建行省，土地日辟，戶口日繁，原設州縣，轄境遼遠，非增設府，不足治理。西四城喀什噶爾道：疏勒州爲極邊重要，請升爲府；距府百八十裡之排素巴特地屬唐伽師城，改爲伽師縣；莎車地廣而腴，英商麕集，請升爲府：府南爲澤勒普善河，增設澤普縣；府西南色勒庫爾爲古蒲犂國，實坎巨提出入要路，又與英、俄接壤，請設蒲犂分防通判；距於闐縣四百里之洛浦莊，增設洛浦縣；嗎喇巴什爲古巴爾楚地，改爲巴楚州。東四城阿克蘇道：溫宿州爲南疆要衝，請升爲府；舊城巡檢升爲溫宿縣；距縣四百八十裡之柯爾坪，增設柯坪縣丞；焉耆府南六百三十裡布古爾分防巡檢爲古之輪臺，請分設輪臺縣；卡克裡克縣丞，其地爲古婼羌國，改設婼羌縣；庫車土地廣沃，請改爲州；州南沙爾雅增設沙雅縣。北路阜康縣之濟木薩縣丞，富庶逾於縣，舊驛名孚遠，升爲孚遠縣；距吐魯番二百四十裡之辟展巡檢地爲古鄯善國，升爲鄯善縣；昌吉縣所屬之呼圖壁巡檢向收錢糧，請改爲縣丞。計升設府三，改直隸州二，增通判一、縣九、縣丞二。”又奏增設鄉試中額二名，會試中額一名，暨各府學官學額，先後皆議行。是年，調安徽巡撫，行抵哈密，病卒，賜恤如例。

曾鉌傳[①]

曾鉌，字懷清，喜塔臘氏，滿洲正白旗人。父慶昀，甯夏將軍。以任子爲工部主事，纍遷郎中，充軍機章京，轉禦史。光緒九年，出爲陝西督

① 趙爾巽等撰：《清史稿》卷四百六十四。

糧道。西、同各屬農民納糧例繳省倉，道塗艱遠，多弊竇，設法清釐之，民稱便。三輔士風樸僿，藝事苦窳，延長安柏景偉、咸陽劉光蕡主關中書院，督課實學，士論翕然。又設蠶桑局，聘織師教以煮湅織染法，歲出絲帛埒齊、豫。十三年，遷按察使。明年，母憂解職。服除，起故官，俄遷甘肅布政使。二十四年，調直隸，回避，留本任。擢湖北巡撫，慨然曰："時艱至此，猶可拘成法不變耶?"於是假陝甘總督印上陳補官、掣簽、度支、訟獄四事，宜變通成例，厚植國本。侍讀學士貽穀、光祿寺少卿張仲炘彈其亂政，詔褫職。始，曾鉌官京朝，家綦貧，僦居陋室。及任外臺，孜孜民事，不顧問有無。既閒廢，出入皆徒步，陝民恆歲醵金濟之。後益困，至敝衣鬻葡都市。未幾，卒。宣統改元，總督端方爲奏復原官。

二、清代官員品級一覽表①

品	級	文職	武職
一品	正	太師、太傅、太保、殿閣大學士	領侍衛內大臣、掌鑾儀衛事大臣
	從	少師、少傅、少保、太子太師、太子太傅、太子太保、協辦大學士、尚書、都御史	提督九門步軍巡捕五營統領、內大臣，將軍、都統、提督
二品	正	太子少師、太子少傅、太子少保、左右侍郎、內務府總管、總督	左右翼前鋒營統領、八旗護軍統領、鑾儀使、副都統、總兵
	從	內閣學士、翰林院掌院學士、巡撫、布政使	散秩大臣、副將
三品	正	副都御史、宗人府丞、通政使、大理寺卿、詹事府詹事、太常寺卿、順天府尹、奉天府尹、按察使	一等侍衛、火器營翼長、健鋭營翼長、前鋒参領、護軍参領、驍騎参領、王府長史、城守尉、参將、指揮使
	從	光祿寺卿、太僕寺卿、鹽運使	包衣護軍参領、包衣驍騎参領、王府一等護衛、遊擊、五旗参領、協領、宣慰使、指揮同知
四品	正	通政使司副使、大理寺少卿、詹事府少詹事、太常寺少卿、太僕寺少卿、鴻臚寺卿、督察院六科掌院給事中、順天府丞、奉天府丞、各省守巡道員	二等侍衛、雲麾使、副護軍参領、副前鋒参領、副驍騎参領、太僕寺馬廠駝廠總管、貝勒府司儀長、侍衛領班、防守尉、佐領、都司、指揮僉事、宣慰使司同知
	從	內閣侍讀學士、翰林院侍讀學士、翰林院侍講學士、國子監祭酒、文職外官：知府、土知府、鹽運使司運同	城門領、包衣副護軍参領、包衣副驍騎参領、包衣佐領、四品典儀、二等護衛、宣撫使、宣慰使司副使
五品	正	左右春坊庶子、通政司参議、光祿寺少卿、給事中、宗人府理事官、郎中、太醫院院使、同知、土同知、直隸州知州	三等侍衛、治儀正、步軍副尉、步軍校、監守信礮官、分管佐領、關口守御、防御、守備、宣慰使司僉事、宣撫使司同知、千戶

① 據《清史稿》、《清會典》等輯錄。

续表

五品	從	翰林院侍讀、翰林院侍講、鴻臚寺少卿、司經局洗馬、宗人府副理事、御使、員外郎、知州、土知州、鹽運司副使、鹽提舉	四等侍衛、委署前鋒參領、委署護軍參領、委署鳥鎗護軍參領、委署前鋒侍衛、下五旗包衣參領、五品典儀、印物章京、三等護衛、守御所千總、河營協辦守備、安撫使、招討使、宣撫使司副使、副千戶
六品	正	內閣侍讀、左右春坊中允、國子監司業、堂主事、主事、都察院都事、經歷、大理寺左右寺丞、宗人府經歷、太常寺滿漢寺丞、欽天監監判、欽天監漢春夏中秋冬五官正、神樂署署正、僧錄司左右善事、道錄司左右正一、京縣知縣、通判、土通判	藍翎侍衛、整儀尉、親軍校、前鋒校、護軍校、鳥鎗護軍校、驍騎校、委署步軍校、門千總、營千總、宣撫使司僉事、安撫使司同知、副招討使、長官使、長官、百戶
	從	左右春坊贊善、翰林院修撰、光祿寺署正、欽天監滿洲蒙古五官正、漢軍秋官正、和聲署正、僧錄司左右闡教、道錄司左右演法、布政司經歷、理問、允判、州同、州同、土州同	內務府六品藍翎長、六品典儀、衛千總、安撫使司副使
七品	正	翰林院編修、大理寺左右評事、太常寺博士、國子監監丞、內閣典籍、通政司經歷、知事、太常寺典籍、太僕寺主薄、部寺司庫、兵馬司副指揮、太常寺滿洲讀祝官、贊禮郎、鴻臚寺滿洲鳴贊、京縣縣丞、順天府滿洲教授、訓導、知縣、按察司經歷、教授	城門史、太僕寺馬廠協領、把總、安撫使司僉事、長官司副長官
	從	翰林院檢討、鑾儀衛經歷、中書科中書、內閣中書、詹事府主薄、光祿寺署丞、典薄、國子監博士、助教、欽天監靈臺郎、祀祭署奉祀、和聲署署丞、京府經歷、布政司都事、鹽運司經歷、州判、土州判	七品典儀、盛京遊牧副尉

续表

八品	正	司務、五經博士、國子監學正、學錄、欽天監主薄、太醫院御醫、太常寺協律郎、僧錄司左右講經、道錄寺左右至靈、庫大使、司大使、鹽引批驗所大使、按察司知事、府經歷、縣丞、士縣丞、四氏學錄、州學正、教諭	外委千總
	從	翰林院典薄、國子監典薄、鴻臚寺主薄、欽天監挈壺正、祀祭署祀丞、神樂署署丞、僧錄司左右覺義、道錄司左右至義、布政司照磨、鹽運司知事、訓導	八品典儀、委署親軍校、委署前鋒校、委署護軍校、委署驍騎校
九品	正	禮部四譯會同館大使、欽天監監侯、司書、太常寺漢贊禮郎、文職外官：按察司照磨、府知事、同知知事、通判知事、縣主薄	各營蘭翎長、外委把總
	從	翰林院侍詔、滿洲孔目、禮部四譯會同官序班、國子監典籍、鴻臚寺漢鳴贊、序班、刑部司獄、欽天監司晨、博士、太醫院吏目、太常寺司樂、工部司匠、府廳照磨、州吏目、道庫大使、宣課司大使、府稅課司大使、司府廳司獄、司府廳倉大使、巡檢、土巡檢	太僕寺馬廠委署協領、額外外委
未入流		翰林院孔目、都察院庫使、禮部鑄印局大使、兵馬司吏目、崇文門副使、典史、土典史、關大使、府檢校、長官司吏目、茶引批驗所大使、鹽茶大使、驛丞、土驛丞、河泊所所官、牐官、道縣倉大使	百長、土舍、土目

參考文獻

一、館藏檔案

[001] 中國第一歷史檔案館藏 . 諭旨 . 檔號：03-5453-2.
[002] 臺北“故宮博物院”藏 . 軍機及宮中檔 . 文獻編號：408003522-0.
[003] 臺北“故宮博物院”藏 . 軍機及宮中檔 . 文獻編號：50400.
[004] 中國第一歷史檔案館藏 . 電報檔・光緒朝 . 檔號：2-04-2-028-082.
[005] 臺北“故宮博物院”藏 . 軍機及宮中檔 . 文獻編號：43393.
[006] 臺北“故宮博物院”藏 . 軍機及宮中檔 . 文獻編號：5049.
[007] 中國第一歷史檔案館藏 . 軍機處隨手登記檔 . 檔案編號：03-033-2-228-264.
[008] 臺北“故宮博物院”藏 . 軍機及宮中檔 . 文獻編號：408009467.
[009] 臺北“故宮博物院”藏 . 軍機及宮中檔 . 文獻編號：56777.
[010] 中國第一歷史檔案館藏 . 硃批奏摺 . 檔號：04-0-4-0099-04.
[011] 臺北“故宮博物院”藏 . 軍機及宮中檔 . 文獻編號：60394.
[012] 中國第一歷史檔案館藏 . 軍機處隨手登記檔 . 檔案編號：03-038-2-230-2.
[013] 臺北“故宮博物院”藏 . 軍機及宮中檔 . 文獻編號：408002696.
[014] 中國第一歷史檔案館藏 . 錄副奏摺 . 檔號：03-5275-049.
[015] 中國第一歷史檔案館藏 . 錄副奏摺 . 檔號：03-5278-04.
[016] 中國第一歷史檔案館藏 . 錄副奏摺 . 檔號：03-5279-02.
[017] 臺北“故宮博物院”藏 . 軍機及宮中檔 . 文獻編號：408002695.
[018] 中國第一歷史檔案館藏 . 錄副奏摺 . 檔號：03-5289-004.
[019] 中國第一歷史檔案館藏 . 電報檔・光緒 . 檔號：2-02-2-07-0483.
[020] 中國第一歷史檔案館藏 . 電報檔・光緒 . 檔號：2-02-2-07-0494.
[021] 中國第一歷史檔案館藏 . 電報檔・光緒 . 檔號：2-02-2-08-0004.
[022] 中國第一歷史檔案館藏 . 電報檔・光緒 . 檔號：2-02-2-08-0008.
[023] 中國第一歷史檔案館藏 . 電報檔・光緒 . 檔號：2-02-2-08-000.
[024] 中國第一歷史檔案館藏 . 電報檔・光緒 . 檔號：2-02-2-07-000.
[025] 中國第一歷史檔案館藏 . 電報檔・光緒 . 檔號：2-02-2-08-0022.
[026] 中國第一歷史檔案館藏 . 電報檔・光緒 . 檔號：2-02-2-08-0024.
[027] 中國第一歷史檔案館藏 . 電報檔・光緒 . 檔號：2-02-2-08-0028.
[028] 中國第一歷史檔案館藏 . 電報檔・光緒 . 檔號：2-02-2-08-0034.
[029] 中國第一歷史檔案館藏 . 電報檔・光緒 . 檔號：2-02-2-08-0054.
[030] 中國第一歷史檔案館藏 . 電報檔・光緒 . 檔號：2-02-2-08-0065.
[031] 中國第一歷史檔案館藏 . 電報檔・光緒 . 檔號：2-02-2-08-0084.
[032] 中國第一歷史檔案館藏 . 電報檔・光緒 . 檔號：2-02-2-08-0095.
[033] 中國第一歷史檔案館藏 . 軍機處隨手登記檔 . 檔案編號：03-0272--28-05.
[034] 臺北“故宮博物院”藏 . 軍機及宮中檔 . 文獻編號：408002705.
[035] 中國第一歷史檔案館藏 . 軍機處隨手登記檔 . 檔案編號：03-0272-2-28-096.
[036] 臺北“故宮博物院”藏 . 軍機及宮中檔 . 文獻編號：408002703.
[037] 臺北“中央研究院”近代史所藏 . 總理衙門檔案 . 館藏號：0--09-0-07-009.
[038] 中國第一歷史檔案館藏 . 硃批奏摺 . 檔號：04-0-30-0503-00.
[039] 中國第一歷史檔案館藏 . 錄副奏摺 . 檔號：03-9437-027.

[040] 中國第一歷史檔案館藏 . 軍機處隨手登記檔 . 檔案編號：03-0272-2-28-08.
[041] 臺北“中央研究院”近代史所檔案館藏 . 總理衙門檔案 . 館藏號：0-09-0-06-004.
[042] 中國第一歷史檔案館藏 . 硃批奏摺 . 檔號：04-0-0-0987-080.
[043] 中國第一歷史檔案館藏 . 錄副奏摺 . 檔號：03-9437-082.
[044] 中國第一歷史檔案館藏 . 硃批奏摺 . 檔號：04-0-0-0993-05.
[045] 中國第一歷史檔案館藏 . 錄副奏摺 . 檔號：03-9437-090.
[046] 臺北“故宮博物院”藏 . 軍機及宮中檔 . 文獻編號：40800274.
[047] 中國第一歷史檔案館藏 . 錄副奏摺 . 檔號：03-6504-033.
[048] 中國第一歷史檔案館藏 . 錄副奏摺 . 檔號：03-5908-099.
[049] 臺北“故宮博物院”藏 . 軍機及宮中檔 . 文獻編號：40800279--A.
[050] 中國第一歷史檔案館藏 . 電報檔・光緒 . 檔號：2-02-2-08-0098.
[051] 中國第一歷史檔案館藏 . 電報檔・光緒 . 檔號：2-02-2-08-0099.
[052] 中國第一歷史檔案館藏 . 電報檔・光緒 . 檔號：2-02-2-08-0338.
[053] 中國第一歷史檔案館藏 . 電報檔・光緒 . 檔號：2-02-2-08-0352.
[054] 中國第一歷史檔案館藏 . 電報檔・光緒 . 檔號：2-02-2-08-030.
[055] 中國第一歷史檔案館藏 . 電報檔・光緒 . 檔號：2-02-2-08-043.
[056] 中國第一歷史檔案館藏 . 電報檔・光緒 . 檔號：2-02-2-08-062.
[057] 中國第一歷史檔案館藏 . 電報檔・光緒 . 檔號：2-02-2-08-068.
[058] 中國第一歷史檔案館藏 . 軍機處隨手登記檔 . 檔案編號：03-0272-2-28-55.
[059] 中國第一歷史檔案館藏 . 軍機處隨手登記檔 . 檔案編號：03-0272-2-28-88.
[060] 中國第一歷史檔案館藏 . 軍機處隨手登記檔 . 檔案編號：03-0273--28-232.
[061] 軍機處隨手登記檔 . 檔案編號：03-0273--28-232.
[062] 軍機處隨手登記檔 . 檔案編號：03-0273--28-232.
[063] 臺北“故宮博物院”藏 . 軍機及宮中檔 . 文獻編號：408002722.
[064] 中國第一歷史檔案館藏 . 錄副奏摺 . 檔號：03-5555-090.
[065] 臺北“故宮博物院”藏 . 軍機及宮中檔 . 文獻編號：408002725.
[066] 中國第一歷史檔案館藏 . 電報檔・光緒 . 檔號：2-02-2-07-0396.
[067] 中國第一歷史檔案館藏 . 電報檔・光緒 . 檔號：2-02-2-07-0576.
[068] 中國第一歷史檔案館藏 . 電報檔・光緒 . 檔號：2-02-2-07-0578.
[069] 中國第一歷史檔案館藏 . 電報檔・光緒 . 檔號：2-02-2-07-0579.
[070] 中國第一歷史檔案館藏 . 電報檔・光緒 . 檔號：2-02-2-08-003.
[071] 中國第一歷史檔案館藏 . 電報檔・光緒 . 檔號：2-02-2-08-0037.
[072] 中國第一歷史檔案館藏 . 電報檔・光緒 . 檔號：2-02-2-08-0042.
[073] 中國第一歷史檔案館藏 . 電報檔・光緒 . 檔號：2-02-2-08-0044.
[074] 中國第一歷史檔案館藏 . 電報檔・光緒 . 檔號：2-02-2-08-03.
[075] 中國第一歷史檔案館藏 . 電報檔・光緒 . 檔號：2-02-2-08-034.
[076] 中國第一歷史檔案館藏 . 電報檔・光緒 . 檔號：2-02-2-08-0279.
[077] 中國第一歷史檔案館藏 . 軍機處隨手登記檔 . 檔案編號：03-0273--28-95.
[078] 中國第一歷史檔案館藏 . 電報檔・光緒 . 檔號：2-02-2-08-033.
[079] 中國第一歷史檔案館藏 . 電報檔・光緒 . 檔號：2-02-2-08-033.
[080] 中國第一歷史檔案館藏 . 電報檔・光緒 . 檔號：2-02-2-08-033.
[081] 中國第一歷史檔案館藏 . 電報檔・光緒 . 檔號：2-02-2-08-0388.

[082] 中國第一歷史檔案館藏 . 電報檔・光緒 . 檔號: 2-02-2-08-039.
[083] 中國第一歷史檔案館藏 . 電報檔・光緒 . 檔號: 2-02-2-08-039.
[084] 中國第一歷史檔案館藏 . 電報檔・光緒 . 檔號: 2-02-2-08-047.
[085] 中國第一歷史檔案館藏 . 電報檔・光緒 . 檔號: 2-02-2-08-0455.
[086] 中國第一歷史檔案館藏 . 電報檔・光緒 . 檔號: 2-02-2-08-0695.
[087] 臺北“故宮博物院”藏軍機及宮中檔 . 文獻編號: 40800275.
[088] 臺北“中央研究院”近代史所藏 . 總理衙門檔案 . 館藏號: 0-7-056-20-003.
[089] 中國第一歷史檔案館藏 . 電報檔・光緒 . 檔號: 2-02-2-08-078.
[090] 中國第一歷史檔案館藏 . 電報檔・光緒 . 檔號: 2-02-2-08-0208.
[091] 中國第一歷史檔案館藏 . 電報檔・光緒 . 檔號: 2-02-2-08-023.
[092] 中國第一歷史檔案館藏 . 電報檔・光緒 . 檔號: 2-02-2-08-028.
[093] 中國第一歷史檔案館藏 . 電報檔・光緒 . 檔號: 2-02-2-08-0269.
[094] 中國第一歷史檔案館藏 . 電報檔・光緒 . 檔號: 2-02-2-08-0300.
[095] 中國第一歷史檔案館藏 . 電報檔・光緒 . 檔號: 2-02-2-08-0304.
[096] 中國第一歷史檔案館藏 . 電報檔・光緒 . 檔號: 2-02-2-08-0324.
[097] 中國第一歷史檔案館藏 . 電報檔・光緒 . 檔號: 2-02-2-08-0338.
[098] 中國第一歷史檔案館藏 . 電報檔・光緒 . 檔號: 2-02-2-08-0346.
[099] 中國第一歷史檔案館藏 . 電報檔・光緒 . 檔號: 2-02-2-08-0352.
[100] 中國第一歷史檔案館藏 . 電報檔・光緒 . 檔號: 2-02-2-08-0370.
[101] 中國第一歷史檔案館藏 . 軍機處隨手登記檔 . 檔案編號: 03-0273-2-28-304.
[102] 臺北“中央研究院”近代史所藏 . 總理衙門檔案 . 館藏號: 0-7-056-20-004.
[103] 臺北“中央研究院”近代史所藏 . 總理衙門檔案 . 館藏號: 0-7-056-20-002.
[104] 中國第一歷史檔案館藏 . 硃批奏片 . 檔號: 04-0-0-066-06.
[105] 臺北“故宮博物院”藏軍機及宮中檔 . 文獻編號: 408002763.
[106] 臺北“故宮博物院”藏 . 軍機及宮中檔 . 文獻編號: 23368.
[107] 臺北“中央研究院”近代史所檔案館藏 . 總理衙門檔案 . 館藏號: 0-20-033-0-00.
[108] 中國第一歷史檔案館藏 . 錄副奏摺 . 檔號: 03-607-082.
[109] 中國第一歷史檔案館藏 . 硃批奏摺 . 檔號: 04-0-35-0987-008.
[110] 中國第一歷史檔案館藏 . 錄副奏摺 . 檔號: 03-664-05.
[111] 中國第一歷史檔案館藏 . 硃批奏摺 . 檔號: 04-0-35-0565-00.
[112] 中國第一歷史檔案館藏 . 軍機處隨手登記檔 . 檔案編號: 03-0254--23-228.
[113] 中國第一歷史檔案館藏 . 軍機處隨手登記檔 . 檔案編號: 03-0273-2-28-34.
[114] 中國第一歷史檔案館藏 . 錄副奏摺 . 檔號: 03-5299-033.
[115] 中國第一歷史檔案館藏 . 軍機處隨手登記檔 . 檔案編號: 03-0273-2-28-353.
[116] 臺北“故宮博物院”藏 . 軍機及宮中檔 . 文獻編號: 40800277.
[117] 中國第一歷史檔案館藏 . 軍機處隨手登記檔 . 檔案編號: 03-0276--29-02.
[118] 臺北“故宮博物院”藏 . 軍機及宮中檔 . 文獻編號: 408002775.
[119] 中國第一歷史檔案館藏 . 錄副奏摺 . 檔號: 03-5302-063.
[120] 軍機處隨手登記檔 . 檔案編號: 03-0258--25-03.
[121] 中國第一歷史檔案館藏 . 硃批奏摺 . 檔號: 04-0-2-0536-06.
[122] 中國第一歷史檔案館藏 . 錄副奏摺 . 檔號: 03-528-08.
[123] 中國第一歷史檔案館藏 . 硃批奏片 . 檔號: 04-0-3-0409-063.

[124] 中國第一歷史檔案館藏 . 錄副奏片 . 檔號: 03-5429-060.
[125] 中國第一歷史檔案館藏 . 硃批奏摺 . 檔號: 04-0-2-064-3.
[126] 中國第一歷史檔案館藏 . 錄副奏摺 . 檔號: 03-5436-82.
[127] 中國第一歷史檔案館藏 . 硃批奏摺 . 檔號: 04-0-0-072-007.
[128] 中國第一歷史檔案館藏 . 錄副奏摺 . 檔號: 03-732-08.
[129] 中國第一歷史檔案館藏 . 硃批奏摺 . 檔號: 04-0-2-0650-059.
[130] 中國第一歷史檔案館藏 . 錄副奏摺 . 檔號: 03-732-08.
[131] 中國第一歷史檔案館藏 . 硃批奏片 . 檔號: 04-0-2-069-07.
[132] 中國第一歷史檔案館藏 . 錄副奏片 . 檔號: 03-7460-044.
[133] 中國第一歷史檔案館藏 . 錄副奏片 . 檔號: 03-598-064.
[134] 中國第一歷史檔案館藏 . 軍機處隨手登記檔 . 檔案編號: 03-0257--24-009.
[135] 中國第一歷史檔案館藏 . 硃批奏片 . 檔號: 04-0-2-0522-062.
[136] 中國第一歷史檔案館藏 . 錄副奏片 . 檔號: 03-5233-06.
[137] 臺北“故宮博物院”藏 . 軍機及宮中檔 . 文獻編號: 40800278.
[138] 中國第一歷史檔案館藏 . 軍機處隨手登記檔 . 檔案編號: 03-0276--29-064.
[139] 臺北“故宮博物院”藏 . 軍機及宮中檔 . 文獻編號: 408002790-0-B.
[140] 中國第一歷史檔案館藏 . 錄副奏片 . 檔號: 03-76-007.
[141] 臺北“故宮博物院”藏 . 軍機及宮中檔 . 文獻編號: 408002790.
[142] 中國第一歷史檔案館藏 . 錄副奏摺 . 檔號: 03-5755-042.
[143] 中國第一歷史檔案館藏 . 咨文 . 檔號: 03-6026-054.
[144] 中國第一歷史檔案館藏 . 軍機處隨手登記檔 . 檔案編號: 03-0265--26-338.
[145] 中國第一歷史檔案館藏 . 錄副奏片 . 檔號: 03-690-009.
[146] 中國第一曆史檔案館藏 . 軍機處隨手登記檔 . 檔案編號: 03-0265--26-338.
[147] 臺北“故宮博物院”藏 . 軍機及宮中檔 . 文獻編號: 408002964-0-A.
[148] 中國第一歷史檔案館藏 . 錄副奏片 . 檔號: 03-9555-050.
[149] 臺北“故宮博物院”藏 . 軍機及宮中檔 . 文獻編號: 408006298.
[150] 中國第一歷史檔案館藏 . 錄副奏摺 . 檔號: 03-5368-6.
[151] 臺北“故宮博物院”藏 . 軍機及宮中檔 . 文獻編號: 408002790.
[152] 中國第一歷史檔案館藏 . 軍機處隨手登記檔 . 檔案編號: 03-0276-2-29-098.
[153] 中國第一歷史檔案館藏 . 硃批奏摺 . 檔號: 04-0-0-0963-058.
[154] 中國第一歷史檔案館藏 . 錄副奏摺 . 檔號: 03-679-026.
[155] 臺北“故宮博物院”藏 . 軍機及宮中檔 . 文獻編號: 408002794.
[156] 中國第一歷史檔案館藏 . 軍機處隨手登記檔 . 檔案編號: 03-0276-2-29-03.
[157] 中國第一歷史檔案館藏 . 軍機處隨手登記檔 . 檔案編號: 03-0259-2-25-337.
[158] 中國第一歷史檔案館藏 . 錄副奏摺 . 檔號: 03-5256-094.
[159] 中國第一歷史檔案館藏 . 錄副奏片 . 檔號: 03-6722-080.
[160] 臺北“故宮博物院”藏 . 軍機及宮中檔 . 文獻編號: 408002800.
[161] 中國第一歷史檔案館藏 . 錄副奏摺 . 檔號: 03-9429-06.
[162] 中國第一歷史檔案館藏 . 硃批奏摺 . 檔號: 04-0-0-0968-008.
[163] 中國第一歷史檔案館藏 . 錄副奏摺 . 檔號: 03-5250-007.
[164] 中國第一歷史檔案館藏 . 軍機處隨手登記檔 . 檔案編號: 03-0276-2-29-30.
[165] 臺北“故宮博物院”藏 . 軍機及宮中檔 . 文獻編號: 408002809.

[166] 中國第一歷史檔案館藏 . 錄副奏摺 . 檔號: 03-5894-04.
[167] 中國第一歷史檔案館藏 . 硃批奏摺 . 檔號: 04-0-6-0238-084.
[168] 中國第一歷史檔案館藏 . 錄副奏摺 . 檔號: 03-5889-070.
[169] 中國第一歷史檔案館藏 . 錄副奏摺 . 檔號: 03-4739-046.
[170] 中國第一歷史檔案館藏 . 錄副奏摺 . 檔號: 03-5002-092.
[171] 臺北“故宮博物院”藏 . 軍機及宮中檔 . 文獻編號: 40800285.
[172] 中國第一歷史檔案館藏 . 錄副奏摺 . 檔號: 03-63-.
[173] 中國第一歷史檔案館藏 . 單 . 檔號: 03-63-2.
[174] 中國第一歷史檔案館藏 . 硃批奏摺 . 檔號: 04-0-30-024-08.
[175] 中國第一歷史檔案館藏 . 錄副奏摺 . 檔號: 03-669-03.
[176] 中國第一歷史檔案館藏 . 單 . 檔號: 03-669-04.
[177] 臺北“故宮博物院”藏 . 軍機及宮中檔 . 文獻編號: 25333.
[178] 中國第一歷史檔案館藏 . 咨呈 . 檔號: 03-63-37.
[179] 臺北“故宮博物院”藏 . 軍機及宮中檔 . 檔案編號: 408002545-0-A.
[180] 中國第一歷史檔案館藏 . 軍機處隨手登記檔 . 檔案編號: 03-0277--29-28.
[181] 臺北“故宮博物院”藏 . 軍機及宮中檔 . 文獻編號: 30704.
[182] 臺北“故宮博物院”藏 . 軍機及宮中檔 . 文獻編號: 32954.
[183] 臺北“故宮博物院”藏 . 軍機及宮中檔 . 文獻編號: 40800285-0-B.
[184] 中國第一歷史檔案館藏 . 錄副奏摺 . 檔號: 03-9422-073.
[185] 中國第一歷史檔案館藏 . 軍機處隨手登記檔 . 檔案編號: 03-0277--29-28.
[186] 臺北“故宮博物院”藏 . 軍機及宮中檔 . 文獻編號: 408002874.
[187] 臺北“故宮博物院”藏 . 軍機及宮中檔 . 文獻編號: 32987.
[188] 臺北“故宮博物院”藏 . 軍機及宮中檔 . 文獻編號: 408002889.
[189] 臺北“故宮博物院”藏 . 軍機及宮中檔 . 文獻編號: 35407.
[190] 臺北“故宮博物院”藏 . 軍機及宮中檔 . 文獻編號: 35407-0-B.
[191] 中國第一歷史檔案館藏 . 錄副奏片 . 檔號: 04-9424-02.
[192] 臺北“故宮博物院”藏 . 軍機及宮中檔 . 文獻編號: 3590.
[193] 中國第一歷史檔案館藏 . 錄副奏片 . 檔號: 03-637-096.
[194] 臺北“故宮博物院”藏 . 軍機及宮中檔 . 文獻編號: 40800289.
[195] 中國第一歷史檔案館藏 . 錄副奏摺 . 檔號: 03-6633-2.
[196] 臺北“故宮博物院”藏 . 軍機及宮中檔 . 文獻編號: 408002824-0-A.
[197] 中國第一歷史檔案館藏 . 錄副奏摺 . 檔號: 03-6688-029.
[198] 中國第一歷史檔案館藏 . 硃批奏摺 . 檔號: 04-0-35-060-022.
[199] 中國第一歷史檔案館藏 . 錄副奏摺 . 檔號: 03-9470-005.
[200] 臺北“故宮博物院”藏 . 軍機及宮中檔 . 文獻編號: 408002846.
[201] 中國第一歷史檔案館藏 . 軍機處隨手登記檔 . 檔案編號: 03-0280--220-053.
[202] 臺北“故宮博物院”藏 . 軍機及宮中檔 . 文獻編號: 408002850.
[203] 臺北“故宮博物院”藏 . 軍機及宮中檔 . 文獻編號: 30892.
[204] 中國第一歷史檔案館藏 . 硃批奏摺 . 檔號: 04-0-20-009-056.
[205] 中國第一歷史檔案館藏 . 錄副奏摺 . 檔號: 03-756-048.
[206] 中國第一歷史檔案館藏 . 硃批奏片 . 檔號: 04-0-37-03-004.
[207] 中國第一歷史檔案館藏 . 錄副奏片 . 檔號: 03-756-049.

[208] 臺北“故宮博物院”藏 . 軍機及宮中檔 . 文獻編號: 408002755-0-A.
[209] 中國第一歷史檔案館藏 . 錄副奏摺 . 檔號: 03-760-046.
[210] 中國第一歷史檔案館藏 . 單 . 檔號: 03-760-047.
[211] 臺北“故宮博物院”藏 . 軍機及宮中檔 . 文獻編號: 408002855.
[212] 臺北“故宮博物院”藏 . 軍機及宮中檔 . 文獻編號: 3278.
[213] 臺北“故宮博物院”藏 . 軍機及宮中檔 . 文獻編號: 408002864.
[214] 中國第一歷史檔案館藏 . 軍機處隨手登記檔 . 檔案編號: 03-0280-2-220-03.
[215] 臺北“故宮博物院”藏 . 軍機及宮中檔 . 文獻編號: 408002868.
[216] 中國第一歷史檔案館藏 . 軍機處隨手登記檔 . 檔案編號: 03-0280-2-220-27.
[217] 臺北“故宮博物院”藏 . 軍機及宮中檔 . 文獻編號: 408002872.
[218] 臺北“故宮博物院”藏 . 軍機及宮中檔 . 文獻編號: 32986.
[219] 中國第一歷史檔案館藏 . 硃批奏摺 . 檔號: 04-0-28-0023-009.
[220] 中國第一歷史檔案館藏 . 錄副奏摺 . 檔號: 03-7400-038.
[221] 中國第一歷史檔案館藏 . 錄副奏摺 . 檔號: 03-7400-045.
[222] 臺北“故宮博物院”藏 . 軍機及宮中檔 . 文獻編號: 408006654.
[223] 中國第一歷史檔案館藏 . 錄副奏摺 . 檔號: 03-9555-00.
[224] 臺北“故宮博物院”藏 . 軍機及宮中檔 . 文獻編號: 40800288.
[225] 臺北“故宮博物院”藏 . 軍機及宮中檔 . 文獻編號: 34028.
[226] 中國第一歷史檔案館藏 . 硃批奏摺 . 檔號: 04-0-0-0250-006.
[227] 中國第一歷史檔案館藏 . 錄副奏摺 . 檔號: 03-25-002.
[228] 中國第一歷史檔案館藏 . 硃批奏摺 . 檔號: 04-0-0-025-029.
[229] 中國第一歷史檔案館藏 . 錄副奏摺 . 檔號: 03-25-003.
[230] 中國第一歷史檔案館藏 . 硃批奏摺 . 檔號: 04-0-0-0250-009.
[231] 中國第一歷史檔案館藏 . 錄副奏摺 . 檔號: 03-25-007.
[232] 中國第一歷史檔案館藏 . 軍機處隨手登記檔 . 檔案編號: 03-028--220-97.
[233] 臺北“故宮博物院”藏 . 軍機及宮中檔 . 文獻編號: 408002892.
[234] 臺北“故宮博物院”藏 . 軍機及宮中檔 . 文獻編號: 3607.
[235] 中國第一歷史檔案館藏 . 硃批奏片 . 檔號: 04-0-6-0277-083.
[236] 臺北“故宮博物院”藏 . 軍機及宮中檔 . 文獻編號: 408002897.
[237] 中國第一歷史檔案館藏 . 錄副奏摺 . 檔號: 03-6635-040.
[238] 臺北“故宮博物院”藏 . 軍機及宮中檔 . 文獻編號: 3045.
[239] 臺北“故宮博物院”藏 . 軍機及宮中檔 . 文獻編號: 3339.
[240] 臺北“故宮博物院”藏 . 軍機及宮中檔 . 文獻編號: 3478.
[241] 中國第一歷史檔案館藏 . 單 . 檔號: 03-6635-04.
[242] 臺北“故宮博物院”藏 . 軍機及宮中檔 . 文獻編號: 408002290.
[243] 中國第一歷史檔案館藏 . 錄副奏摺 . 檔號: 03-5899-088.
[244] 中國第一歷史檔案館藏 . 錄副奏摺 . 檔號: 03-4746-00.
[245] 臺北“故宮博物院”藏 . 軍機及宮中檔 . 文獻編號: 40807459.
[246] 臺北“故宮博物院”藏 . 軍機及宮中檔 . 文獻編號: 06652.
[247] 中國第一歷史檔案館藏 . 硃批奏片 . 檔號; 04-0-6-097-04.
[248] 中國第一歷史檔案館藏 . 錄副奏片 . 檔號: 03-4756-079.
[249] 中國第一歷史檔案館藏 . 硃批奏摺 . 檔號: 04-0-0-0929-004.

[250] 中國第一歷史檔案館藏．錄副奏摺．檔號：03-7229-042.
[251] 中國第一歷史檔案館藏．軍機處隨手登記檔．檔案編號：03-027-3-202-284.
[252] 中國第一歷史檔案館藏．硃批奏片．檔號：04-0-7-08-054.
[253] 中國第一歷史檔案館藏．錄副奏片．檔號：03-5779-040.
[254] 中國第一歷史檔案館藏．錄副奏摺．檔號：03-479-073.
[255] 中國第一歷史檔案館藏．錄副奏片．檔號：03-479-072.
[256] 中國第一歷史檔案館藏．軍機處隨手登記檔．檔案編號：03-030-2-225-304.
[257] 中國第一歷史檔案館藏．錄副奏片．檔號：03-5564-4.
[258] 臺北"故宮博物院"藏．軍機及宮中檔．文獻編號：408002907.
[259] 中國第一歷史檔案館藏．軍機處隨手登記檔．檔案編號：03-0284--22-020.
[260] 臺北"故宮博物院"藏．軍機及宮中檔．文獻編號：408002938-0-A.
[261] 中國第一歷史檔案館藏．錄副奏摺．檔號：03-6636-40.
[262] 中國第一歷史檔案館藏．單．檔號：03-6636-4.
[263] 中國第一歷史檔案館藏．軍機處隨手登記檔．檔案編號：03-0284-2-22-46.
[264] 臺北"故宮博物院"藏．軍機及宮中檔．文獻編號：408002938.
[265] 中國第一歷史檔案館藏．軍機處隨手登記檔．檔案編號：03-0284-2-22-46.
[266] 臺北"中央研究院"近代史所藏．總理衙門檔案．館藏號：0-7-053-03-00.
[267] 臺北"故宮博物院"藏．軍機及宮中檔．文獻編號：408003292.
[268] 中國第一歷史檔案館藏．軍機處隨手登記檔．檔案編號：03-030--225-254.
[269] 邵之棠編．皇清經世文編．卷三十一，內政部四，用人。
[270] 中國第一歷史檔案館藏．軍機處隨手登記檔．檔案編號：03-0284-2-22-59.
[271] 臺北"故宮博物院"藏．軍機及宮中檔．文獻編號：408002945.
[272] 中國第一歷史檔案館藏．錄副奏摺．檔號：03-5996-022.
[273] 臺北"故宮博物院"藏．軍機及宮中檔．文獻編號：408002960.
[274] 中國第一歷史檔案館藏．錄副奏摺．檔號：03-5909-007.
[275] 臺北"故宮博物院"藏．軍機及宮中檔．文獻編號：408002949-0.
[276] 中國第一歷史檔案館藏．錄副奏摺．檔號：03-6637-24.
[277] 臺北"故宮博物院"藏．軍機及宮中檔．文獻編號：408002954-0-A.
[278] 中國第一歷史檔案館藏．軍機處隨手登記檔．檔案編號：03-0285--22-226.
[279] 臺北"故宮博物院"藏．軍機及宮中檔．文獻編號：408002958-0-A.
[280] 中國第一歷史檔案館藏．軍機處隨手登記檔．檔案編號：03-0288--222-09.
[281] 臺北"故宮博物院"藏．軍機及宮中檔．文獻編號：408002958-0-B.
[282] 中國第一歷史檔案館藏．錄副奏片．檔號：03-59-073.
[283] 臺北"故宮博物院"藏．軍機及宮中檔．文獻編號：408002958.
[284] 中國第一歷史檔案館藏．軍機處隨手登記檔．檔案編號：03-0288--222-028.
[285] 中國第一歷史檔案館藏．硃批奏摺．檔號：04-0-02-008-003. 又 04-0-02-008-007.
[286] 中國第一歷史檔案館藏．硃批奏摺．檔號：04-0-35-387-006.
[287] 中國第一歷史檔案館藏．錄副奏摺．檔號：03-5757-027.
[288] 中國第一歷史檔案館藏．錄副奏摺．檔號：03-603-62.
[289] 中國第一歷史檔案館藏．軍機處隨手登記檔．檔案編號：03-0285-2-22-354.
[290] 臺北"故宮博物院"藏．軍機及宮中檔．文獻編號：408002963-0.
[291] 中國第一歷史檔案館藏．軍機處隨手登記檔．檔案編號：03-0285-2-22-350.

[292] 臺北“故宮博物院”藏 . 軍機及宮中檔 . 文獻編號: 408002973.
[293] 中國第一歷史檔案館藏 . 錄副奏摺 . 檔號: 03-5333-020.
[294] 中國第一歷史檔案館藏 . 錄副奏摺 . 檔號: 03-5328-046.
[295] 中國第一歷史檔案館藏 . 錄副奏片 . 檔號: 03-5908-05.
[296] 中國第一歷史檔案館藏 . 軍機處隨手登記檔 . 檔號: 03-0285-2-22-39.
[297] 中國第一歷史檔案館藏 . 錄副奏摺 . 檔號: 03-5328-09.
[298] 中國第一歷史檔案館藏 . 軍機處隨手登記檔 . 檔案編號: 03-0285--22-224.
[299] 中國第一歷史檔案館藏 . 錄副奏片 . 檔號: 03-5335-045.
[300] 中國第一歷史檔案館藏 . 軍機處隨手登記檔 . 檔案編號: 03-0285-2-22-336.
[301] 中國第一歷史檔案館藏 . 錄副奏片 . 檔號: 03-5335-0.
[302] 臺北“故宮博物院”藏 . 軍機及宮中檔 . 文獻編號: 408006224.
[303] 中國第一歷史檔案館藏 . 錄副奏摺 . 檔號: 03-556-006.
[304] 中國第一歷史檔案館藏 . 硃批奏折 . 檔號: 04-0-0-005-030.
[305] 中國第一歷史檔案館藏 . 錄副奏摺 . 檔號: 03-5758-08.
[306] 臺北“故宮博物院”藏 . 軍機及宮中檔 . 文獻編號: 408002964.
[307] 中國第一歷史檔案館藏 . 錄副奏摺 . 檔號: 03-953-067.
[308] 中國第一歷史檔案館藏 . 錄副奏摺 . 檔號: 03-9429-074.
[309] 中國第一歷史檔案館藏 . 硃批奏摺 . 檔號: 04-0-36-008-027.
[310] 中國第一歷史檔案館藏 . 軍機處隨手登記檔 . 檔案編號: 03-0277-2-29-300.
[311] 中國第一歷史檔案館藏 . 錄副奏摺 . 檔號: 03-9642-052.
[312] 中國第一歷史檔案館藏 . 軍機處隨手登記檔 . 檔案編號: 03-0250-4-22-339.
[313] 中國第一歷史檔案館藏 . 錄副奏片 . 檔號: 03-9427-033.
[314] 中國第一歷史檔案館藏 . 硃批奏摺 . 檔號: 04-0-36-006-04.
[315] 中國第一歷史檔案館藏 . 錄副奏摺 . 檔號: 03-9427-039.
[316] 中國第一歷史檔案館藏 . 硃批奏摺 . 檔號: 04-0-36-006-09.
[317] 中國第一歷史檔案館藏 . 錄副奏摺 . 檔號: 03-9427-042.
[318] 中國第一歷史檔案館藏 . 單 . 檔號: 03-9427-043.
[319] 中國第一歷史檔案館藏 . 軍機處隨手登記檔 . 檔案編號: 03-0257--24-004.
[320] 中國第一歷史檔案館藏 . 錄副奏摺 . 檔號: 03-9427-047.
[321] 中國第一歷史檔案館藏 . 單 . 檔號: 03-9427-048.
[322] 臺北“故宮博物院”藏 . 軍機及宮中檔 . 文獻編號: 408002964-0-A.
[323] 中國第一歷史檔案館藏 . 錄副奏摺 . 檔號: 03-5555-050.
[324] 臺北“故宮博物院”藏 . 軍機及宮中檔 . 文獻編號: 408002975.
[325] 中國第一歷史檔案館藏 . 錄副奏摺 . 檔號: 03-5909-056.
[326] 中國第一歷史檔案館藏 . 單 . 檔號: 03-5909-057.
[327] 臺北“故宮博物院”藏 . 軍機及宮中檔 . 文獻編號: 408002976.
[328] 中國第一歷史檔案館藏 . 錄副奏摺 . 檔號: 03-6032-006.
[329] 臺北“故宮博物院”藏 . 軍機及宮中檔 . 文獻編號: 408002980.
[330] 中國第一歷史檔案館藏 . 錄副奏摺 . 檔號: 03-5340-042.
[331] 臺北“故宮博物院”藏 . 軍機及宮中檔 . 文獻編號: 408002986.
[332] 中國第一歷史檔案館藏 . 錄副奏摺 . 檔號: 03-638-3.
[333] 中國第一歷史檔案館藏 . 錄副奏摺 . 檔號: 03-6637-077.

[334] 中國第一歷史檔案館藏 . 硃批奏摺 . 檔號：04-0-0-007-6.
[335] 中國第一歷史檔案館藏 . 錄副奏摺 . 檔號：03-637-05.
[336] 中國第一歷史檔案館藏 . 軍機處隨手登記檔 . 檔案編號：03-0288-2-222-06.
[337] 臺北“故宮博物院”藏 . 軍機及宮中檔 . 文獻編號：408002989.
[338] 中國第一歷史檔案館藏 . 錄副奏摺 . 檔號：03-594-03.
[339] 中國第一歷史檔案館藏 . 軍機處隨手登記檔 . 檔案編號：03-0288-2-222-23.
[340] 臺北“故宮博物院”藏 . 軍機及宮中檔 . 文獻編號：408002988.
[341] 中國第一歷史檔案館藏 . 錄副奏摺 . 檔號：03-556-050.
[342] 中國第一歷史檔案館藏 . 軍機處隨手登記檔 . 檔案編號：03-0288-2-222-23.
[343] 中國第一歷史檔案館藏 . 錄副奏片 . 檔號：03-639-00.
[344] 中國第一歷史檔案館藏 . 錄副奏片 . 檔號：03-594-04.
[345] 中國第一歷史檔案館藏 . 軍機處隨手登記檔 . 檔案編號：03-0288-2-222-23.
[346] 臺北“故宮博物院”藏 . 軍機及宮中檔 . 文獻編號：40800299.
[347] 中國第一歷史檔案館藏 . 錄副奏摺 . 檔號：03-5759-068.
[348] 中國第一歷史檔案館藏 . 單 . 檔號：03-5759-069.
[349] 中國第一歷史檔案館藏 . 軍機處隨手登記檔 . 檔案編號：03-0288-2-222-23.
[350] 中國第一歷史檔案館藏 . 軍機處隨手登記檔 . 檔案編號：03-0288-2-222-38.
[351] 臺北“故宮博物院”藏 . 軍機及宮中檔 . 文獻編號：408002997.
[352] 中國第一歷史檔案館藏 . 軍機處隨手登記檔 . 檔案編號：03-0288-2-222-38.
[353] 臺北“故宮博物院”藏 . 軍機及宮中檔 . 文獻編號：408003002.
[354] 中國第一歷史檔案館藏 . 錄副奏摺 . 檔號：03-5342-027.
[355] 中國第一歷史檔案館藏 . 軍機處隨手登記檔 . 檔案編號：03-0288-2-222-56.
[356] 臺北“故宮博物院”藏 . 軍機及宮中檔 . 文獻編號：408002999.
[357] 中國第一歷史檔案館藏 . 錄副奏摺 . 檔號：03-5760-005.
[358] 臺北“故宮博物院”藏 . 軍機及宮中檔 . 文獻編號：40800300-0-B.
[359] 中國第一歷史檔案館藏 . 錄副奏片 . 檔號：03-640-024.
[360] 中國第一歷史檔案館藏 . 錄副奏片 . 檔號：03-637-07.
[361] 中國第一歷史檔案館藏 . 軍機處隨手登記檔 . 檔案編號：03-0289--222-200.
[362] 臺北“故宮博物院”藏 . 軍機及宮中檔 . 文獻編號：40800300.
[363] 中國第一歷史檔案館藏 . 錄副奏摺 . 檔號：03-6508-009.
[364] 臺北“故宮博物院”藏 . 軍機及宮中檔 . 文獻編號：408002980.
[365] 中國第一歷史檔案館藏 . 錄副奏摺 . 檔號：03-6507-027.
[366] 中國第一歷史檔案館藏 . 咨呈 . 檔號：03-6507-032.
[367] 臺北“故宮博物院”藏 . 軍機及宮中檔 . 文獻編號：4080035.
[368] 中國第一歷史檔案館藏 . 錄副奏摺 . 檔號：03-730-060.
[369] 臺北“故宮博物院”藏 . 軍機及宮中檔 . 文獻編號：408003007-0-B.
[370] 中國第一歷史檔案館藏 . 錄副奏片 . 檔號：03-596-056.
[371] 中國第一歷史檔案館藏 . 硃批奏摺 . 檔號：04-0-2-06-329.
[372] 中國第一歷史檔案館藏 . 錄副奏摺 . 檔號：03-5890-058.
[373] 中國第一歷史檔案館藏 . 硃批奏摺 . 檔號：04-0-7-053-09.
[374] 臺北“故宮博物院”藏 . 軍機及宮中檔 . 文獻編號：359.
[375] 臺北“故宮博物院”藏 . 軍機及宮中檔 . 文獻編號：408003007-0-A.

[376] 中國第一歷史檔案館藏 . 錄副奏片 . 檔號: 03-596-056.
[377] 中國第一歷史檔案館藏 . 錄副奏片 . 檔號: 03-587-062.
[378] 中國第一歷史檔案館藏 . 錄副奏摺 . 檔號: 03-5822-026.
[379] 中國第一歷史檔案館藏 . 硃批奏摺 . 檔號: 04-0-7-049-00.
[380] 臺北"故宫博物院"藏 . 軍機及宫中檔 . 文獻編號: 40800303.
[381] 中國第一歷史檔案館藏 . 錄副奏摺 . 檔號: 03-5602-024.
[382] 中國第一歷史檔案館藏 . 災賑檔 . 檔號: 02-004.
[383] 中國第一歷史檔案館藏 . 軍機處隨手登記檔 . 檔案編號: 03-0289--222-98.
[384] 中國第一歷史檔案館藏 . 硃批奏摺 . 檔號: 04-0-0-003-029.
[385] 中國第一歷史檔案館藏 . 錄副奏摺 . 檔號: 03-560-098.
[386] 臺北"故宫博物院"藏 . 軍機及宫中檔 . 文獻編號: 40800309.
[387] 中國第一歷史檔案館藏 . 錄副奏摺 . 檔號: 03-5345-009.
[388] 中國第一歷史檔案館藏 . 軍機處隨手登記檔 . 檔案編號: 03-0289--222-225.
[389] 臺北"故宫博物院"藏 . 軍機及宫中檔 . 文獻編號: 40800302.
[390] 中國第一歷史檔案館藏 . 錄副奏摺 . 檔號: 03-640-020.
[391] 中國第一歷史檔案館藏 . 軍機處隨手登記檔 . 檔案編號: 03-0289--222-98.
[392] 臺北"故宫博物院"藏 . 軍機及宫中檔 . 文獻編號: 40800305.
[393] 中國第一歷史檔案館藏 . 錄副奏摺 . 檔號: 03-640-032.
[394] 中國第一歷史檔案館藏 . 軍機處隨手登記檔 . 檔案編號: 03-0289--222-203.
[395] 臺北"故宫博物院"藏 . 軍機及宫中檔 . 文獻編號: 40800306-0-B.
[396] 中國第一歷史檔案館藏錄副奏片 . 檔號: 03-597-038.
[397] 中國第一歷史檔案館藏 . 軍機處隨手登記檔 . 檔案編號: 03-0289--222-225.
[398] 臺北"故宫博物院"藏 . 軍機及宫中檔 . 文獻編號: 40800306.
[399] 中國第一歷史檔案館藏 . 錄副奏摺 . 檔號: 03-597-034.
[400] 中國第一歷史檔案館藏 . 軍機處隨手登記檔 . 檔案編號: 03-0289--222-225.
[401] 臺北"故宫博物院"藏 . 軍機及宫中檔 . 文獻編號: 40800306-0-A.
[402] 中國第一歷史檔案館藏 . 錄副奏摺 . 檔號: 03-597-035.
[403] 中國第一歷史檔案館藏 . 軍機處隨手登記檔 . 檔案編號: 03-0289--222-225.
[404] 臺北"故宫博物院"藏 . 軍機及宫中檔 . 文獻編號: 40800309-0-A.
[405] 中國第一歷史檔案館藏 . 錄副奏片 . 檔號: 03-5345-0.
[406] 中國第一歷史檔案館藏 . 軍機處隨手登記檔 . 檔案編號: 03-0289--222-225.
[407] 臺北"故宫博物院"藏 . 軍機及宫中檔 . 文獻編號: 4080037.
[408] 中國第一歷史檔案館藏 . 錄副奏摺 . 檔號: 03-737-065.
[409] 臺北"故宫博物院"藏 . 軍機及宫中檔 . 文獻編號: 40800309-0-B.
[410] 中國第一歷史檔案館藏 . 錄副奏片 . 檔號: 03-597-037.
[411] 中國第一歷史檔案館藏 . 軍機處隨手登記檔 . 檔案編號: 03-0289--222-225.
[412] 中國第一歷史檔案館藏 . 軍機處隨手登記檔 . 檔案編號: 03-0289-2-222-267.
[413] 臺北"故宫博物院"藏 . 軍機及宫中檔 . 文獻編號: 408003024-0-B.
[414] 中國第一歷史檔案館藏 . 錄副奏片 . 檔號: 03-762-077.
[415] 中國第一歷史檔案館藏 . 軍機處隨手登記檔 . 檔案編號: 03-0289--222-260.
[416] 臺北"故宫博物院"藏 . 軍機及宫中檔 . 文獻編號: 408003024-0-C.
[417] 中國第一歷史檔案館藏 . 錄副奏片 . 檔號: 03-597-4.

[418] 中國第一歷史檔案館藏 . 軍機處隨手登記檔 . 檔案編號：03-0289--222-260.
[419] 臺北“故宮博物院”藏 . 軍機及宮中檔 . 文獻編號：408003027-0-B.
[420] 中國第一歷史檔案館藏 . 錄副奏片 . 檔號：03-556-30.
[421] 中國第一歷史檔案館藏 . 軍機處隨手登記檔 . 檔案編號：03-0289--222-28.
[422] 中國第一歷史檔案館藏 . 錄副奏片 .03-5553-02.
[423] 中國第一歷史檔案館藏 . 錄副奏摺 . 檔號：03-5577-04.
[424] 中國第一歷史檔案館藏 . 軍機處隨手登記檔 . 檔案編號：03-0289-2-222-269.
[425] 中國第一歷史檔案館藏 . 錄副奏片 . 檔號：03-598-008.
[426] 中國第一歷史檔案館藏 . 軍機處隨手登記檔 . 檔案編號：03-0289-2-222-288.
[427] 臺北“故宮博物院”藏 . 軍機及宮中檔 . 文獻編號：40800303.
[428] 中國第一歷史檔案館藏 . 錄副奏摺 . 檔號：03-5760-036.
[429] 中國第一歷史檔案館藏 . 軍機處隨手登記檔 . 檔案編號：03-0289-2-222-288.
[430] 臺北“故宮博物院”藏 . 軍機及宮中檔 . 文獻編號：408003032.
[431] 中國第一歷史檔案館藏 . 軍機處隨手登記檔 . 檔案編號：03-0289-2-222-288.
[432] 臺北“故宮博物院”藏 . 軍機及宮中檔 . 文獻編號：40800303.
[433] 中國第一歷史檔案館藏 . 錄副奏摺 . 檔號：03-5760-036.
[434] 中國第一歷史檔案館藏 . 硃批奏摺 . 檔號：04-0-3-0387-00.
[435] 中國第一歷史檔案館藏 . 錄副奏摺 . 檔號：03-5348-02.
[436] 中國第一歷史檔案館藏 . 硃批奏摺 . 檔號：03-0-3-0386-09.
[437] 中國第一歷史檔案館藏 . 錄副奏摺 . 檔號：03-642-05.
[438] 中國第一歷史檔案館藏 . 錄副奏摺 . 檔號：03-6688-058.
[439] 中國第一歷史檔案館藏 . 硃批奏摺 . 檔號：03-0-03-083-06.
[440] 臺北“故宮博物院”藏 . 軍機及宮中檔 . 文獻編號：37068.
[441] 中國第一歷史檔案館藏 . 硃批奏片 . 檔號：04-0-03-082-006.
[442] 中國第一歷史檔案館藏 . 錄副奏片 . 檔號：03-64-058.
[443] 中國第一歷史檔案館藏 . 硃批奏摺 . 檔號：04-0-3-0388-07.
[444] 中國第一歷史檔案館藏 . 軍機處隨手登記檔 . 檔案編號：03-0292--223-048.
[445] 臺北“故宮博物院”藏 . 軍機及宮中檔 . 文獻編號：37809.
[446] 中國第一歷史檔案館藏 . 軍機處隨手登記檔 . 檔案編號：03-0292--223-062.
[447] 臺北“故宮博物院”藏 . 軍機及宮中檔 . 文獻編號：408003038.
[448] 臺北“故宮博物院”藏 . 軍機及宮中檔 . 文獻編號：3788.
[449] 中國第一歷史檔案館藏 . 硃批奏摺 . 檔號：04-0-0-000-057.
[450] 臺北“故宮博物院”藏 . 軍機及宮中檔 . 文獻編號：35443.
[451] 臺北“故宮博物院”藏 . 軍機及宮中檔 . 文獻編號：408003040.
[452] 臺北“故宮博物院”藏 . 軍機及宮中檔 . 文獻編號：38099.
[453] 中國第一歷史檔案館藏 . 錄副奏摺 . 檔號：03-4739-046.
[454] 臺北“故宮博物院”藏 . 軍機及宮中檔 . 文獻編號：408003043.
[455] 臺北“故宮博物院”藏 . 軍機及宮中檔 . 文獻編號：3806.
[456] 臺北“故宮博物院”藏 . 軍機及宮中檔 . 文獻編號：408003046.
[457] 臺北“故宮博物院”藏 . 軍機及宮中檔 . 文獻編號：38429.
[458] 臺北“故宮博物院”藏 . 軍機及宮中檔 . 文獻編號：408003047.
[459] 臺北“故宮博物院”藏 . 軍機及宮中檔 . 文獻編號：38493.

[460] 中國第一歷史檔案館藏 . 硃批奏摺 . 檔號: 04-0-2-0568-008.
[461] 中國第一歷史檔案館藏 . 錄副奏摺 . 檔號: 03-5327-058.
[462] 臺北“故宮博物院”藏 . 軍機及宮中檔 . 文獻編號: 408003048.
[463] 中國第一歷史檔案館藏 . 軍機處隨手登記檔 . 檔案編號: 03-0292-2-223-090.
[464] 臺北“故宮博物院”藏 . 軍機及宮中檔 . 文獻編號: 408003054.
[465] 臺北“故宮博物院”藏 . 軍機及宮中檔 . 文獻編號: 3893.
[466] 臺北“故宮博物院”藏 . 軍機及宮中檔 . 文獻編號: 408003055.
[467] 中國第一歷史檔案館藏 . 軍機處隨手登記檔 . 檔案編號: 03-0292-2-223-0.
[468] 臺北“故宮博物院”藏 . 軍機及宮中檔 . 文獻編號: 408003058.
[469] 中國第一歷史檔案館藏 . 軍機處隨手登記檔 . 檔案編號: 03-0292-2-223-34.
[470] 臺北“故宮博物院”藏 . 軍機及宮中檔 . 文獻編號: 408003062-0-A.
[471] 中國第一歷史檔案館藏 . 軍機處隨手登記檔 . 檔案編號: 03-0292-2-223-24.
[472] 臺北“故宮博物院”藏 . 軍機及宮中檔 . 文獻編號: 408003062-0-B.
[473] 中國第一歷史檔案館藏 . 軍機處隨手登記檔 . 檔案編號: 03-0292-2-223-24.
[474] 臺北“故宮博物院”藏 . 軍機及宮中檔 . 文獻編號: 408003062.
[475] 臺北“故宮博物院”藏 . 軍機及宮中檔 . 文獻編號: 39242.
[476] 臺北“故宮博物院”藏 . 軍機及宮中檔 . 文獻編號: 38005.
[477] 臺北“故宮博物院”藏 . 軍機及宮中檔 . 文獻編號: 408003065.
[478] 臺北“故宮博物院”藏 . 軍機及宮中檔 . 文獻編號: 39532.
[479] 臺北“故宮博物院”藏 . 軍機及宮中檔 . 文獻編號: 408003068-0-A.
[480] 臺北“故宮博物院”藏 . 軍機及宮中檔 . 文獻編號: 40000.
[481] 臺北“故宮博物院”藏 . 軍機及宮中檔 . 文獻編號: 408003073.
[482] 臺北“故宮博物院”藏 . 軍機及宮中檔 . 文獻編號: 39999.
[483] 臺北“故宮博物院”藏 . 軍機及宮中檔 . 文獻編號: 408003020-0-A.
[484] 中國第一歷史檔案館藏 . 軍機處隨手登記檔 . 檔案編號: 03-0289--222-243.
[485] 臺北“故宮博物院”藏 . 軍機及宮中檔 . 文獻編號: 408003020-0-A.
[486] 中國第一歷史檔案館藏 . 錄副奏片 . 檔號: 03-5346-05.
[487] 臺北“故宮博物院”藏 . 軍機及宮中檔 . 文獻編號: 408003075-0.
[488] 臺北“故宮博物院”藏 . 軍機及宮中檔 . 文獻編號: 40075.
[489] 臺北“故宮博物院”藏 . 軍機及宮中檔 . 文獻編號: 408003077-0.
[490] 臺北“故宮博物院”藏 . 軍機及宮中檔 . 文獻編號: 40076.
[491] 臺北“故宮博物院”藏 . 軍機及宮中檔 . 文獻編號: 408003075-.
[492] 中國第一歷史檔案館藏 . 硃批奏摺 . 檔號: 04-0-0-007-089.
[493] 中國第一歷史檔案館藏 . 錄副奏摺 . 檔號: 03-636-34.
[494] 中國第一歷史檔案館藏 . 軍機處隨手登記檔 . 檔案編號: 03-0293--223-88.
[495] 臺北“故宮博物院”藏 . 軍機及宮中檔 . 文獻編號: 408003077-0-A.
[496] 臺北“故宮博物院”藏 . 軍機及宮中檔 . 文獻編號: 40629.
[497] 臺北“故宮博物院”藏 . 軍機及宮中檔 . 文獻編號: 408003077-0-B.
[498] 臺北“故宮博物院”藏 . 軍機及宮中檔 . 文獻編號: 40623.
[499] 臺北“故宮博物院”藏 . 軍機及宮中檔 . 文獻編號: 408003079-0-A.
[500] 臺北“故宮博物院”藏 . 軍機及宮中檔 . 文獻編號: 40633.
[501] 臺北“故宮博物院”藏 . 軍機及宮中檔 . 文獻編號: 40790.

[502] 臺北“故宮博物院”藏 . 軍機及宮中檔 . 文獻編號: 37985.
[503] 臺北“故宮博物院”藏 . 軍機及宮中檔 . 文獻編號: 3800.
[504] 臺北“故宮博物院”藏 . 軍機及宮中檔 . 文獻編號: 39774.
[505] 臺北“故宮博物院”藏 . 軍機及宮中檔 . 文獻編號: 408003086.
[506] 臺北“故宮博物院”藏 . 軍機及宮中檔 . 文獻編號: 426.
[507] 臺北“故宮博物院”藏 . 軍機及宮中檔 . 文獻編號: 408003087-0-A.
[508] 中國第一歷史檔案館藏 . 軍機處隨手登記檔 . 檔案編號: 03-0293--223-23.
[509] 臺北“故宮博物院”藏 . 軍機及宮中檔 . 文獻編號: 408003087-0-A.
[510] 臺北“故宮博物院”藏 . 軍機及宮中檔 . 文獻編號: 433.
[511] 臺北“故宮博物院”藏 . 軍機及宮中檔 . 文獻編號: 408003087-0-C.
[512] 臺北“故宮博物院”藏 . 軍機及宮中檔 . 文獻編號: 429.
[513] 臺北“故宮博物院”藏 . 軍機及宮中檔 . 文獻編號: 408003088.
[514] 臺北“故宮博物院”藏 . 軍機及宮中檔 . 文獻編號: 424.
[515] 臺北“故宮博物院”藏 . 軍機及宮中檔 . 文獻編號: 408003088.
[516] 臺北“故宮博物院”藏 . 軍機及宮中檔 . 文獻編號: 43.
[517] 臺北“故宮博物院”藏 . 軍機及宮中檔 . 文獻編號: 34056.
[518] 臺北“故宮博物院”藏 . 軍機及宮中檔 . 文獻編號: 33845.
[519] 中國第一歷史檔案館藏 . 硃批奏摺 . 檔號: 04-0-26-0079-072.
[520] 中國第一歷史檔案館藏 . 錄副奏摺 . 檔號: 03-738-02.
[521] 臺北“故宮博物院”藏 . 軍機及宮中檔 . 文獻編號: 40800309.
[522] 臺北“故宮博物院”藏 . 軍機及宮中檔 . 文獻編號: 4066.
[523] 臺北“故宮博物院”藏 . 軍機及宮中檔 . 文獻編號: 40800309.
[524] 臺北“故宮博物院”藏 . 軍機及宮中檔 . 文獻編號: 4066.
[525] 臺北“故宮博物院”藏 . 軍機及宮中檔 . 文獻編號: 40800305.
[526] 臺北“故宮博物院”藏 . 軍機及宮中檔 . 文獻編號: 42299.
[527] 臺北“故宮博物院”藏 . 軍機及宮中檔 . 文獻編號: 40800304.
[528] 臺北“故宮博物院”藏 . 軍機及宮中檔 . 文獻編號: 42297.
[529] 臺北“故宮博物院”藏 . 軍機及宮中檔 . 文獻編號: 38654.
[530] 臺北“故宮博物院”藏 . 軍機及宮中檔 . 文獻編號: 3977.
[531] 臺北“故宮博物院”藏 . 軍機及宮中檔 . 文獻編號: 39772.
[532] 臺北“故宮博物院”藏 . 軍機及宮中檔 . 文獻編號: 40800303.
[533] 臺北“故宮博物院”藏 . 軍機及宮中檔 . 文獻編號: 42275.
[534] 臺北“故宮博物院”藏 . 軍機及宮中檔 . 文獻編號: 40800309.
[535] 臺北“故宮博物院”藏 . 軍機及宮中檔 . 文獻編號: 42630.
[536] 中國第一歷史檔案館藏 . 錄副奏片 . 檔號: 03-5343-078.
[537] 臺北“故宮博物院”藏 . 軍機及宮中檔 . 文獻編號: 40800307.
[538] 臺北“故宮博物院”藏 . 軍機及宮中檔 . 文獻編號: 42627.
[539] 臺北“故宮博物院”藏 . 軍機及宮中檔 . 文獻編號: 40800308.
[540] 臺北“故宮博物院”藏 . 軍機及宮中檔 . 文獻編號: 42628.
[541] 臺北“故宮博物院”藏 . 軍機及宮中檔 . 文獻編號: 40800307-0-A.
[542] 臺北“故宮博物院”藏 . 軍機及宮中檔 . 文獻編號: 42622.
[543] 臺北“故宮博物院”藏 . 軍機及宮中檔 . 文獻編號: 4080034.

[544] 中國第一歷史檔案館藏 . 錄副奏摺 . 檔號: 03-6643-020.
[545] 中國第一歷史檔案館藏 . 軍機處隨手登記檔 . 檔案編號: 03-0293-2-223-308.
[546] 臺北"故宮博物院"藏 . 軍機及宮中檔 . 文獻編號: 40800322.
[547] 中國第一歷史檔案館藏 . 錄副奏片 . 檔號: 03-5353-20.
[548] 臺北"故宮博物院"藏 . 軍機及宮中檔 . 文獻編號: 40800320-0-A.
[549] 中國第一歷史檔案館藏 . 錄副奏片 . 檔號: 03-643-048.
[550] 臺北"故宮博物院"藏 . 軍機及宮中檔》文獻編號: 40800325.
[551] 中國第一歷史檔案館藏 . 硃批奏摺 . 檔號: 04-0-0-09-033.
[552] 臺北"故宮博物院"藏 . 軍機及宮中檔 . 文獻編號: 42307.
[553] 中國第一歷史檔案館藏 . 軍機處隨手登記檔 . 檔案編號: 03-0296--224-02.
[554] 臺北"故宮博物院"藏 . 軍機及宮中檔 . 文獻編號: 40800330.
[555] 中國第一歷史檔案館藏 . 軍機處隨手登記檔 . 檔案編號: 03-0296--224-02.
[556] 臺北"故宮博物院"藏 . 軍機及宮中檔 . 文獻編號: 4080033.
[557] 中國第一歷史檔案館藏 . 軍機處隨手登記檔 . 檔案編號: 03-0296--224-02.
[558] 臺北"故宮博物院"藏 . 軍機及宮中檔 . 文獻編號: 40800330-0-B.
[559] 中國第一歷史檔案館藏 . 軍機處隨手登記檔 . 檔案編號: 03-0296--224-02.
[560] 臺北"故宮博物院"藏 . 軍機及宮中檔 . 文獻編號: 40800332.
[561] 臺北"故宮博物院"藏 . 軍機及宮中檔 . 文獻編號: 37482.
[562] 中國第一歷史檔案館藏 . 軍機處隨手登記檔 . 檔案編號: 03-0296--224-02.
[563] 臺北"故宮博物院"藏 . 軍機及宮中檔 . 文獻編號: 40800330-0-C.
[564] 中國第一歷史檔案館藏 . 軍機處隨手登記檔 . 檔案編號: 03-0296--224-02.
[565] 臺北"故宮博物院"藏 . 軍機及宮中檔 . 文獻編號: 4293.
[566] 臺北"故宮博物院"藏 . 軍機及宮中檔 . 文獻編號: 40800340.
[567] 中國第一歷史檔案館藏 . 錄副奏摺 . 檔號: 03-9644-08.
[568] 中國第一歷史檔案館藏 . 錄副奏摺 . 檔號: 03-953-077.
[569] 中國第一歷史檔案館藏 . 軍機處隨手登記檔 . 檔案編號: 03-0296--224-045.
[570] 臺北"故宮博物院"藏 . 軍機及宮中檔 . 文獻編號: 4080034.
[571] 中國第一歷史檔案館藏 . 錄副奏摺 . 檔號: 03-5357-036.
[572] 臺北"故宮博物院"藏 . 軍機及宮中檔 . 文獻編號: 40800343.
[573] 中國第一歷史檔案館藏 . 錄副奏摺 . 檔號: 03-5357-037.
[574] 中國第一歷史檔案館藏 . 錄副奏片 . 檔號: 03-5923-34.
[575] 中國第一歷史檔案館藏 . 軍機處隨手登記檔 . 檔案編號: 03-0296--224-085.
[576] 中國第一歷史檔案館藏 . 錄副奏摺 . 檔號: 03-576-00.
[577] 中國第一歷史檔案館藏 . 軍機處隨手登記檔 . 檔案編號: 03-0296--224-085.
[578] 臺北"故宮博物院"藏 . 軍機及宮中檔 . 文獻編號: 40800345.
[579] 中國第一歷史檔案館藏 . 錄副奏摺 . 檔號: 03-644-060.
[580] 臺北"故宮博物院"藏 . 軍機及宮中檔 . 文獻編號: 4080032.
[581] 中國第一歷史檔案館藏 . 錄副奏摺 . 檔號: 03-643-047.
[582] 臺北"故宮博物院"藏 . 軍機及宮中檔 . 文獻編號: 40800346.
[583] 中國第一歷史檔案館藏 . 錄副奏摺 . 檔號: 03-5923-33.
[584] 臺北"故宮博物院"藏 . 軍機及宮中檔 . 文獻編號: 40800346-0-A.
[585] 中國第一歷史檔案館藏 . 軍機處隨手登記檔 . 檔案編號: 03-0296--224-085.

[586] 臺北“故宫博物院”藏 . 軍機及宮中檔 . 文獻編號: 40800354.
[587] 中國第一歷史檔案館藏 . 錄副奏摺 . 檔號: 03-565-027.
[588] 中國第一歷史檔案館藏 . 錄副奏摺 . 檔號: 03-9534-00.
[589] 中國第一歷史檔案館藏 . 錄副奏摺 . 檔號: 03-9534-003.
[590] 中國第一歷史檔案館藏 . 單 .03-9534-06.
[591] 臺北“故宫博物院”藏 . 軍機及宮中檔 . 文獻編號: 40800367.
[592] 中國第一歷史檔案館藏 . 錄副奏摺 . 檔號: 03-565-053.
[593] 中國第一歷史檔案館藏 . 軍機處隨手登記檔 . 檔案編號: 03-0293-2-223-343.
[594] 中國第一歷史檔案館藏 . 錄副奏片 . 檔號: 03-5922-03.
[595] 中國第一歷史檔案館藏 . 錄副奏摺 . 檔號: 03-565-002.
[596] 中國第一歷史檔案館藏 . 錄副奏摺 . 檔號: 03-565-003.
[597] 中國第一歷史檔案館藏 . 錄副奏摺 . 檔號: 03-9446-05.
[598] 中國第一歷史檔案館藏 . 單 . 檔號: 03-9446-06.
[599] 臺北“故宫博物院”藏 . 軍機及宮中檔 . 文獻編號: 40800362.
[600] 中國第一歷史檔案館藏 . 錄副奏摺 . 檔號: 03-5360-9.
[601] 臺北“故宫博物院”藏 . 軍機及宮中檔 . 文獻編號: 40800376.
[602] 中國第一歷史檔案館藏 . 錄副奏摺 . 檔號: 03-5363-008.
[603] 臺北“故宫博物院”藏 . 軍機及宮中檔 . 文獻編號: 40800370.
[604] 中國第一歷史檔案館藏 . 錄副奏摺 . 檔號: 03-9370-00.
[605] 中國第一歷史檔案館藏 . 災賑檔 . 編號: 02-756.
[606] 臺北“故宫博物院”藏 . 軍機及宮中檔 . 文獻編號: 40800385.
[607] 中國第一歷史檔案館藏 . 錄副奏摺 . 檔號: 03-6260-022.
[608] 中國第一歷史檔案館藏 . 軍機處隨手登記檔 . 檔案編號: 03-0296-2-224-45.
[609] 中國第一歷史檔案館藏 . 錄副奏片 . 檔號: 03-9459-022.
[610] 臺北“故宫博物院”藏 . 軍機及宮中檔 . 文獻編號: 4080038.
[611] 臺北“故宫博物院”藏 . 軍機及宮中檔 . 文獻編號: 40800388.
[612] 中國第一歷史檔案館藏 . 錄副奏摺 . 檔號: 03-5762-06.
[613] 臺北“故宫博物院”藏 . 軍機及宮中檔 . 文獻編號: 4080039.
[614] 中國第一歷史檔案館藏 . 錄副奏摺 . 檔號: 03-5365-048.
[615] 臺北“故宫博物院”藏 . 軍機及宮中檔 . 文獻編號: 408003203.
[616] 中國第一歷史檔案館藏 . 錄副奏摺 . 檔號: 03-5928-25.
[617] 臺北“故宫博物院”藏 . 軍機及宮中檔 . 文獻編號: 408003220.
[618] 中國第一歷史檔案館藏 . 錄副奏摺 . 檔號: 03-5368-05.
[619] 臺北“故宫博物院”藏 . 軍機及宮中檔 . 文獻編號: 40800322.
[620] 中國第一歷史檔案館藏 . 錄副奏摺 . 檔號: 03-5368-06.
[621] 臺北“故宫博物院”藏 . 軍機及宮中檔 . 文獻編號: 408003226.
[622] 中國第一歷史檔案館藏 . 錄副奏摺 . 檔號: 03-649-05.
[623] 臺北“故宫博物院”藏 . 軍機及宮中檔 . 文獻編號: 408003226-0-A.
[624] 中國第一歷史檔案館藏 . 錄副奏摺 . 檔號: 03-649-06.
[625] 臺北“故宫博物院”藏 . 軍機及宮中檔 . 文獻編號: 408003225.
[626] 臺北“故宫博物院”藏 . 軍機及宮中檔 . 文獻編號: 408003225-0-A.
[627] 中國第一歷史檔案館藏 . 錄副奏摺 . 檔號: 03-649-07.

[628] 臺北“故宮博物院”藏 . 軍機及宮中檔 . 文獻編號: 408003355.
[629] 中國第一歷史檔案館藏 . 錄副奏摺 . 檔號: 03-5400-060.
[630] 臺北“故宮博物院”藏 . 軍機及宮中檔 . 文獻編號: 408003326.
[631] 中國第一歷史檔案館藏 . 錄副奏摺 . 檔號: 03-5386-056.
[632] 中國第一歷史檔案館藏 . 錄副奏摺 . 檔號: 03-5388-090.
[633] 中國第一歷史檔案館藏 . 錄副奏摺 . 檔號: 03-5389-02.
[634] 中國第一歷史檔案館藏 . 錄副奏摺 . 檔號: 03-5389-89.
[635] 中國第一歷史檔案館藏 . 錄副奏摺 . 檔號: 03-539-077.
[636] 中國第一歷史檔案館藏 . 電報檔 - 光緒 . 檔號: 2-02-2-026-090.
[637] 臺北“故宮博物院”藏 . 軍機及宮中檔 . 文獻編號: 408003357.
[638] 中國第一歷史檔案館藏 . 錄副奏摺 . 檔號: 03-6655-055.
[639] 中國第一歷史檔案館藏 . 錄副奏摺 . 檔號: 03-537-070.
[640] 中國第一歷史檔案館藏 . 錄副奏片 . 檔號: 03-5376-024.
[641] 中國第一歷史檔案館藏 . 軍機處隨手登記檔 . 檔案編號: 03-030--225-25.
[642] 中國第一歷史檔案館藏 . 硃批奏片 . 檔號: 04-0-2-059-07.
[643] 中國第一歷史檔案館藏 . 錄副奏片 . 檔號: 03-5380-097.
[644] 臺北“故宮博物院”藏 . 軍機及宮中檔 . 文獻編號: 408003356-0-A.
[645] 中國第一歷史檔案館藏 . 錄副奏摺 . 檔號: 03-540-099.
[646] 臺北“故宮博物院”藏 . 軍機及宮中檔 . 文獻編號: 408003356.
[647] 中國第一歷史檔案館藏 . 錄副奏摺 . 檔號: 03-66-059.
[648] 臺北“故宮博物院”藏 . 軍機及宮中檔 . 文獻編號: 408003357-0-A.
[649] 中國第一歷史檔案館藏 . 錄副奏摺 . 檔號: 03-6680-06.
[650] 臺北“故宮博物院”藏 . 軍機及宮中檔 . 文獻編號: 408003358.
[651] 中國第一歷史檔案館藏 . 錄副奏摺 . 檔號: 03-6655-084.
[652] 臺北“故宮博物院”藏 . 軍機及宮中檔 . 文獻編號: 408003360-0-A.
[653] 中國第一歷史檔案館藏 . 錄副奏摺 . 檔號: 03-723-042.
[654] 中國第一歷史檔案館藏 . 軍機處隨手登記檔 . 檔案編號: 03-0308-2-227-092.
[655] 中國第一歷史檔案館藏 . 硃批奏摺 . 檔號: 04-0-0-043-003.
[656] 中國第一歷史檔案館藏 . 錄副奏摺 . 檔號: 03-6654-02.
[657] 中國第一歷史檔案館藏 . 電寄諭旨檔 . 檔號: 0-2-026-0382.
[658] 臺北“故宮博物院”藏 . 軍機及宮中檔 . 文獻編號: 408003339.
[659] 中國第一歷史檔案館藏 . 錄副奏摺 . 檔號: 03-6538-067.
[660] 中國第一歷史檔案館藏 . 電寄諭旨 . 檔號: 0-2-027-0208.
[661] 臺北“故宮博物院”藏 . 軍機及宮中檔 . 文獻編號: 408003359.
[662] 中國第一歷史檔案館藏 . 錄副奏摺 . 檔號: 03-6696-034.
[663] 臺北“故宮博物院”藏 . 軍機及宮中檔 . 文獻編號: 408003358-0-A.
[664] 中國第一歷史檔案館藏 . 錄副奏摺 . 檔號: 03-6539-06.
[665] 臺北“故宮博物院”藏 . 軍機及宮中檔 . 文獻編號: 408003360-0-B.
[666] 中國第一歷史檔案館藏 . 錄副奏摺 . 檔號: 03-6696-035.
[667] 臺北“故宮博物院”藏 . 軍機及宮中檔 . 文獻編號: 408003360.
[668] 中國第一歷史檔案館藏 . 錄副奏摺 . 檔號: 03-7377-00.
[669] 中國第一歷史檔案館藏 . 軍機處隨手登記檔 . 檔案編號: 03-0308-2-227-092.

[670] 中國第一歷史檔案館藏 . 軍機處隨手登記檔 . 檔案編號：03-0308-2-227-8.
[671] 臺北“故宮博物院”藏 . 軍機及宮中檔 . 文獻編號：408003364.
[672] 中國第一歷史檔案館藏 . 錄副奏摺 . 檔號：03-653-032.
[673] 中國第一歷史檔案館藏 . 單 . 檔號：03-653-033.
[674] 臺北“故宮博物院”藏 . 軍機及宮中檔 . 文獻編號：408003366.
[675] 中國第一歷史檔案館藏 . 錄副奏摺 . 檔號：03-6474-032.
[676] 臺北“故宮博物院”藏 . 軍機及宮中檔 . 文獻編號：408003366-0-B.
[677] 中國第一歷史檔案館藏 . 錄副奏摺 . 檔號：03-6696-056.
[678] 臺北“故宮博物院”藏 . 軍機及宮中檔 . 文獻編號：408003366-0-A.
[679] 中國第一歷史檔案館藏 . 錄副奏摺 . 檔號：03-6696-055.
[680] 臺北“故宮博物院”藏 . 軍機及宮中檔 . 文獻編號：408003365.
[681] 中國第一歷史檔案館藏 . 錄副奏摺 . 檔號：03-653-034.
[682] 臺北“故宮博物院”藏 . 軍機及宮中檔 . 文獻編號：408003363.
[683] 中國第一歷史檔案館藏 . 錄副奏摺 . 檔號：03-5406-.
[684] 臺北“故宮博物院”藏 . 軍機及宮中檔 . 文獻編號：408003362.
[685] 中國第一歷史檔案館藏 . 錄副奏摺 . 檔號：03-5406-0.
[686] 中國第一歷史檔案館藏 . 硃批奏片 . 檔號：04-0-2-0568-08.
[687] 中國第一歷史檔案館藏 . 錄副奏片 . 檔號：03-5328-038.
[688] 中國第一歷史檔案館藏 . 硃批奏摺 . 檔號：04-0-0-027-0.
[689] 中國第一歷史檔案館藏 . 錄副奏摺 . 檔號：03-5364-046.
[690] 臺北“故宮博物院”藏 . 軍機及宮中檔 . 文獻編號：40800336.
[691] 中國第一歷史檔案館藏 . 錄副奏摺 . 檔號：03-595-05.
[692] 臺北“故宮博物院”藏 . 軍機及宮中檔 . 文獻編號：408003367.
[693] 中國第一歷史檔案館藏 . 錄副奏摺 . 檔號：03-6696-06.
[694] 臺北“故宮博物院”藏 . 軍機及宮中檔 . 文獻編號：408003368-0-A.
[695] 中國第一歷史檔案館藏 . 電寄諭旨檔・光緒朝 . 檔號：0-2-027-0306.
[696] 中國第一歷史檔案館藏 . 軍機處隨手登記檔 . 檔案編號：03-0308-2-227-5.
[697] 臺北“故宮博物院”藏 . 軍機及宮中檔 . 文獻編號：408003370.
[698] 中國第一歷史檔案館藏 . 錄副奏摺 . 檔號：03-6063-024.
[699] 臺北“故宮博物院”藏 . 軍機及宮中檔 . 文獻編號：408003368.
[700] 中國第一歷史檔案館藏 . 錄副奏片 . 檔號：03-5952-02.
[701] 臺北“故宮博物院”藏 . 軍機及宮中檔 . 文獻編號：408003369-0-A.
[702] 中國第一歷史檔案館藏 . 硃批奏片 .04-0-35-055-062.
[703] 中國第一歷史檔案館藏 . 軍機處隨手登記檔 . 檔案編號：03-0308-2-227-5.
[704] 臺北“故宮博物院”藏 . 軍機及宮中檔 . 文獻編號：408003369.
[705] 中國第一歷史檔案館藏 . 錄副奏片 . 檔號：03-663-022.
[706] 中國第一歷史檔案館藏 . 硃批奏摺 . 檔號：04-0-35-0578-055.
[707] 中國第一歷史檔案館藏 . 錄副奏摺 . 檔號：03-652-097.
[708] 臺北“故宮博物院”藏 . 軍機及宮中檔 . 文獻編號：408003370-0-B.
[709] 中國第一歷史檔案館藏 . 錄副奏片 . 檔號：03-686-09.
[710] 臺北“故宮博物院”藏 . 軍機及宮中檔 . 文獻編號：408003369-0-B.
[711] 中國第一歷史檔案館藏 . 錄副奏片 . 檔號：03-6696-062.

[712] 臺北“故宫博物院”藏 . 軍機及宫中檔 . 文獻編號: 408003368.
[713] 臺北“故宫博物院”藏 . 軍機及宫中檔 . 文獻編號: 408003340.
[714] 臺北“故宫博物院”藏 . 軍機及宫中檔 . 文獻編號: 408003347.
[715] 中國第一歷史檔案館藏 . 軍機處隨手登記檔 . 檔案編號: 03-0305-2-226-380.
[716] 中國第一歷史檔案館藏 . 軍機處隨手登記檔 . 檔案編號: 03-0308-2-227-5.
[717] 臺北“故宫博物院”藏 . 軍機及宫中檔 . 文獻編號: 40800337.
[718] 臺北“故宫博物院”藏 . 軍機及宫中檔 . 文獻編號: 42905.
[719] 臺北“故宫博物院”藏 . 軍機及宫中檔 . 文獻編號: 408003373.
[720] 臺北“故宫博物院”藏 . 軍機及宫中檔 . 文獻編號: 42908.
[721] 臺北“故宫博物院”藏 . 軍機及宫中檔 . 文獻編號: 408003374-0-A.
[722] 臺北“故宫博物院”藏 . 軍機及宫中檔 . 文獻編號: 4298.
[723] 臺北“故宫博物院”藏 . 軍機及宫中檔 . 文獻編號: 40800337-0-A.
[724] 臺北“故宫博物院”藏 . 軍機及宫中檔 . 文獻編號: 4296.
[725] 臺北“故宫博物院”藏 . 軍機及宫中檔 . 文獻編號: 40800337.
[726] 臺北“故宫博物院”藏 . 軍機及宫中檔 . 文獻編號: 4290.
[727] 臺北“故宫博物院”藏 . 軍機及宫中檔 . 文獻編號: 40800337-0-B.
[728] 臺北“故宫博物院”藏 . 軍機及宫中檔 . 文獻編號: 4295.
[729] 臺北“故宫博物院”藏 . 軍機及宫中檔 . 文獻編號: 408003372-0-B.
[730] 臺北“故宫博物院”藏 . 軍機及宫中檔 . 文獻編號: 4294.
[731] 臺北“故宫博物院”藏 . 軍機及宫中檔 . 文獻編號: 408003373-0-B.
[732] 臺北“故宫博物院”藏 . 軍機及宫中檔 . 文獻編號: 4297.
[733] 臺北“故宫博物院”藏 . 軍機及宫中檔 . 文獻編號: 408003372.
[734] 臺北“故宫博物院”藏 . 軍機及宫中檔 . 文獻編號: 429.
[735] 臺北“故宫博物院”藏 . 軍機及宫中檔 . 文獻編號: 408003372-0-A.
[736] 臺北“故宫博物院”藏 . 軍機及宫中檔 . 文獻編號: 408003372-0-C.
[737] 臺北“故宫博物院”藏 . 軍機及宫中檔 . 文獻編號: 142907.
[738] 中國第一歷史檔案館藏 . 硃批奏摺 . 檔號: 04-01-12-0582-063.
[739] 中國第一歷史檔案館藏 . 錄副奏摺 . 檔號: 03-5352-121.

二、典籍

[01] 中國第一歷史檔案館編 . 乾隆朝上諭檔 . 桂林：廣西師範大學出版社，1999.
[02] 中國第一歷史檔案館編 . 嘉慶朝上諭檔 . 桂林：廣西師範大學出版社，1998.
[03] 中國第一歷史檔案館編 . 道光朝上諭檔 . 桂林：廣西師範大學出版社，1999.
[04] 中國第一歷史檔案館編 . 咸豐朝上諭檔 . 桂林：廣西師範大學出版社，1998.
[05] 中國第一歷史檔案館編 . 同治朝上諭檔 . 桂林：廣西師範大學出版社，1998.
[06] 中國第一歷史檔案館編 . 光緒朝上諭檔 . 桂林：廣西師範大學出版社，1996.
[07] 中華書局影印 . 清實錄 · 仁宗睿皇帝（嘉慶）實錄 . 北京：中華書局，1986.
[08] 中華書局影印 . 清實錄 · 宣宗成皇帝（道光）實錄 . 北京：中華書局，1986.
[09] 中華書局影印 . 清實錄 · 文宗顯皇帝（咸豐）實錄 . 北京：中華書局，1986.
[10] 中華書局影印 . 清實錄 · 穆宗毅皇帝（同治）實錄 . 北京：中華書局，1987.
[11] 中華書局影印 . 清實錄 · 德宗景皇帝（光緒）實錄 . 北京：中華書局，1987.

[12] 中國第一歷史檔案館編．光緒朝硃批奏摺．北京：中華書局，1995.
[13] 秦國經主編．清代官員履歷檔案全編．上海：華東師範大學出版社，2008.
[14] 清高宗敕撰．清朝文獻通考．杭州：浙江古籍出版社，1988.
[15] 劉錦藻．清朝續文獻通考．杭州：浙江古籍出版社，1988.
[16] 中國第一歷史檔案館，福建師大歷史系編．清末教案．北京：中華書局，1996.
[17] 臺北"中央研究院"近代史所編．教務教案檔．臺北："中央研究院"近代史所，1974.
[18] 顧廷龍主編．清代朱卷集成．臺北：成文出版社，1992.
[19] 中央民族大學圖書館藏．欽定平定陝甘新疆回匪方略．

三、著作

[01] 左文襄公全集．上海：上海書店出版社，1986.
[02] 沈雲龍主編．曾惠敏公（劼剛）遺集．臺北：文海出版社，1966.
[03] 沈雲龍主編，蕭榮爵編．曾忠襄公（國荃）奏議．臺北：文海出版社，1966.
[04] 沈雲龍主編，崇實著．惕庵年譜．臺北：文海出版社，1966.
[05] 曾國藩．曾文正公全集．光緒二年傳中書局刊本。
[06] 李翰章編纂，李鴻章校勘．足本曾文正公全集．長春：吉林人民出版社，1995.
[07] 左宗棠．左宗棠全集．奏稿．上海：上海書店，1986.
[08] 朱玉泉．李鴻章全書．長春：吉林人民出版社，1999.
[09] 顧廷龍，戴逸主編．李鴻章全集．合肥：安徽出版集團，2008.
[10] 沈雲龍主編，魯一同著．通甫類稿．臺北：文海出版社，1996.
[11] 沈雲龍主編，劉岳昭著．滇黔奏議．臺北：文海出版社，1966.
[12] 沈雲龍主編，岑毓英著．岑襄勳公遺集．臺北：文海出版社，1966.
[13] 沈雲龍主編，唐炯著．成山老人自訂年譜．臺北：文海出版社，1966.
[14] 沈雲龍主編，寶鋆等修．籌辦夷務始末．(同治朝）臺北：文海出版社，1966.
[15] 沈雲龍主編，黎成禮編．黎文肅公（培敬）遺書．文海出版社，1966.
[16] 沈雲龍主編，蔡冠洛纂．清代七百名人傳．臺北：文海出版社，1971.
[17] 朱壽朋．光緒朝東華錄．北京：中華書局，1958 年
[18] 王先謙等．東華續錄・同治朝．光緒戊戌年文瀾書局石印本。
[19] 蔣良騏．東華錄．北京：中華書局，1980.
[20] 黃盛陸等標點．岑毓英奏稿．南甯：廣西人民出版社，1989.
[21] 貴州大學歷史系近代史教研室點校．平黔紀略．貴陽：貴州人出版社，1988.
[22] 王延熙、王樹敏．皇清道成同光奏議．臺北：文海出版社，1969.
[23] 清史編委會．清代人物傳稿．瀋陽：遼甯人民出版社，1990.
[24] 戚其章，王如繪編．晚清教案紀事．北京：東方出版社，1990.
[25] 汪兆鏞．碑傳集三編．臺北：文海出版社，1980.
[26] 郭嵩燾．郭嵩燾日記．長沙：湖南人民出版社，1982.
[27] 李慈銘．越縵堂讀書記．上海：上海書店出版社，2000.
[28] 李慈銘．越縵堂文集．臺北：文海出版社，1971.
[29] 李慈銘．越縵堂日記．北京：線裝書局，2003.
[30] 郭廷以，尹仲容等．郭嵩燾先生年譜．臺北："中央研究院"近代史研究所，1971.

[31] 翁同龢著，陳義傑整理 . 翁同龢日記 . 北京：中華書局，1993.
[32] 竇宗一 . 李鴻章年譜 . 臺北：文海出版社，1977.
[33] 吳洪均、吳汝綸 . 李肅毅伯（鴻章）奏疏 . 臺北：文海出版社，1968.
[34] 歐陽輔之 . 劉忠誠公（坤一）遺集：書牘 . 臺北：文海出版社，1968.
[35] 蔡冠洛 . 清代七百名人傳 . 臺北：文海出版社，1971.
[36] 金梁 . 近世人物志 . 臺北：文海出版社，1977.
[37] 裘毓麟 . 清代軼聞 . 臺北：華文書局，1932.
[38] 費行簡 . 近代名人小傳 . 臺北：文海出版社，1967.
[39] 沈桐生 . 光緒政要 . 臺北：文海出版社，1971.
[40] 王樹枏 . 張文襄公之洞全集 . 臺北：文海出版社，1970.
[41] 來新夏 . 近三百年人物年譜知見錄 . 上海：上海人民出版社，1983.
[42] 蘇樹蕃 . 清朝御史題名錄 . 臺北：文海出版社，1967.
[43] 湯志鈞 . 戊戌變法人物傳稿 . 北京：中華書局，1982.
[44] 李林年、楊忠 . 清人別集總目 . 合肥：安徽教育出版社，2000.
[45] 章伯鋒、顧亞 . 近代稗海 . 成都：四川人民出版社，1989.
[46] 鄧雲生校點 . 左宗棠全集・札件 . 長沙：嶽麓書社，1986.
[47] 邸永君著 . 清代翰林院制度 . 北京：社會科學文獻出版社，2002.
[48] 商衍鎏著 . 清代科舉考試述錄 . 北京：三聯書店，1958.
[49] 李世愉著 . 清代科舉制度考辨 . 北京：中央廣播電視大學出版社，1999.
[50] 王德昭著 . 清代科舉制度研究 . 北京：中華書局。1984.
[51] 趙爾巽等 . 清史稿 . 北京：中華書局，1976.
[52] 王鍾翰點校 . 清史列傳 . 北京：中華書局，1987.
[53] 蔡冠洛 . 清代七百人物傳 . 北京：中國書店，1984.
[54] 中國社會科學院近代史研究所編 . 曾國藩未刊往來函稿 . 長沙：嶽麓書社 . 1986.
[55] 曾麟書等撰；王澧華等整理 . 曾氏三代家書 . 嶽麓書社，2002.
[56] 王彥威、王亮、王敬立編 . 清季外交史料（全五冊）. 北京：書目文獻出版社，1987.
[57] 李侃等 . 中國近代史 . 北京：中華書局，2004.
[58] 沈雲龍主編，譚寶箴等編 . 譚文勤公（鍾麟）奏稿 . 臺北：文海出版社，1966.
[59] 沈雲龍主編 . 曾惠敏公（劼剛）遺集 . 臺北：文海出版社，1966.
[60] 湖南《左宗棠全集》整理組編 . 左宗棠未刊奏摺 . 長沙：嶽麓書社，1987
[61] 湖南省地方誌編纂委員會編 . 湖南省志・人物志 . 長沙：湖南出版社，1992.
[62] 丁鳳麟、王欣之編：薛福成選集 . 上海：上海人民出版社，1987.
[63] 沈雲龍主編，許景澂著 . 許文肅公（景澂）遺集 . 臺北：文海出版社，1966.
[64] 北京大學圖書館編輯 . 北京大學圖書館藏稿本叢書 . 天津：天津古籍出版社，1991.
[65] 新疆維吾爾自治區檔案局，中國社會科學院邊疆史地研究中心《新疆通史》編委會編 . 近代新疆蒙古歷史檔案 . 烏魯木齊：新疆人民出版社，2008.
[66] 馬大正、吳豐培等編 . 清代新疆稀見奏牘彙編・同治、光緒、宣統朝卷 . 烏魯木齊：新疆人民出版社，1996.

跋

本書材料的收集、購買、鑒定與整理，前後花費了大約三年時間。在此期間，山東大學高等儒學研究院教授杜澤遜先生一直鼎力襄助，殷殷關懷，嘉惠實深，感篆曷極！

在本書的編寫過程中，中國人民大學教授、國家清史編纂委員會文獻部負責人黃愛平先生，中央民族大學圖書館古籍部李婷教授，國家圖書館陳秉松先生，臺北“故宫博物院”王華威先生，著名作家劉風光先生，或指點迷津，或提供資料。鼓勵鞭策，欽感莫名！

石河子大學副校長、北京大學教授、鄉賢夏文斌先生，新疆兵團屯墾戍邊研究中心主任萬朝林博士，石河子大學文學藝術學院院長、同庚王立昌教授，石河子大學科研處副處長王雪玲教授，為本書的出版鼎力贊襄，不遺餘力。知遇之恩，沒齒以銜！

北京市歷史學會副會長、中央民族大學校長陳理教授，對本書的出版鼓勵有加，並欣然賜序。謹致謝忱。

商務印書館丁波先生、編輯張文華女史為本書的出版，不辭勞瘁，往復函商，助克蒇功。此外，石河子大學歷史系劉明月、曾思維同學為本書的整理與研究付出了辛勤的勞動，謹此一併致謝。

由於本人學識淺陋，紕謬之處，實所難免，尚祈海內外方家不吝賜正。

杜宏春